자연과 함께 즐기는 아날로그 감성여행!

타이베이
여행백서 (2017~2018년 개정판)

자연과 함께 즐기는 아날로그 감성여행!
타이베이 여행백서 (2017~2018년 개정판)

초 판 1쇄 인쇄 2015년 10월 10일
개정판 1쇄 인쇄 2017년 4월 1일
개정판 1쇄 펴냄 2017년 4월 10일

지은이   김기연
펴낸이   유정식

편집디자인   홍소연
표지디자인   유재헌
책임편집   박수현

펴낸곳   나무자전거
출판등록   2009년 8월 4일 제 25100-2009-000024호
주소   서울 노원구 덕릉로 789, 2층
전화   02-6326-8574
팩스   02-6499-2499
전자우편   namucycle@gmail.com

ⓒ김기연 2014~2017
ISBN : 978-89-98417-28-4(14980)
ISBN : 978-89-98417-12-3(세트)
정가 : 18,000원

파본이나 잘못 인쇄된 책은 구입하신 서점에서 교환해드립니다.

이 책은 저작권법에 따라 보호받는 저작물이므로 무단전재와 복제를 금합니다.
이 책 내용의 일부 또는 전부를 이용하려면 반드시 저작권자와 나무자전거의 서면동의를 받아야 합니다.

이 도서의 국립중앙도서관 출판예정도서목록(CIP)은 서지정보유통지원시스템 홈페이지(http://seoji.nl.go.kr)와
국가자료공동목록시스템(http://www.nl.go.kr/kolisnet)에서 이용하실 수 있습니다.(CIP제어번호: CIP2017006508)

자연과 함께 즐기는
아날로그 감성여행!

타이베이 여행백서
(2017~2018년 개정판)

김기연 지음

나무자전거

PROLOGUE

아날로그 감성을 품은 타이베이...

타이완 영화 〈말할 수 없는 비밀〉과 〈그시절 우리가 좋아했던 소녀〉를 시작으로 한국 예능프로그램 〈꽃보다 할배〉, 〈런닝맨〉, 〈원나잇푸드트립〉 등으로 더욱 유명해진 타이베이는 이제 홍콩, 오사카 등과 어깨를 나란히 하는 한국인들이 가고 싶어 하는 여행지로 손꼽는 곳이 되었다. 딘타이펑의 딤섬, 융캉뉴러우몐의 뉴러우몐, 춘수이탕의 쩐주나이차, 키키레스토랑의 쓰촨요리, 타이완의 다양한 유명 길거리음식을 즐길 수 있는 스린야시장 등 타이베이는 유명 먹거리들로 가득하고 이제 앞 다투어 한국어 메뉴판까지 선보이고 있다.

'타이베이여행 선호도가 단지 먹거리가 많아서, 저렴해서 높아졌을까?'를 생각해보면 저자는 타이베이만의 다른 매력, 바로 자연을 품은 아날로그 감성을 느낄 수 있기 때문이란 결론에 도달한다. 지하철과 버스를 타고 가다보면 바다, 산, 옛 광산촌, 원주민촌, 철로에서 천등을 날릴 수 있는 마을, 온천을 즐길 수 있는 곳을 만날 수 있다. 한 나라의 수도임에도 불구하고 도심에서 높은 빌딩을 찾아보기 힘들고 골목골목에는 아기자기한 개성 있는 상점들이 눈길을 사로잡는다. 홍콩과 싱가포르처럼 화려하지 않아도, 일본처럼 인위적이지 않은 자연과 어우러져 변하지 않음을 약속해줄 것 같았던 타이베이에도 최근 많은 변화의 바람이 일고 있다.

중국본토문화, 일본문화 그리고 타이완 고유문화가 조화롭게 어우러진 타이베이의 골목골목과 하나하나의 상점마다 저마다의 이야기를 담고 있고 옛것과 새것, 자연과의 공존을 통한 슬로우라이프를 지향하는 도시가 바로 타이베이가 아닐까 한다. 아직까지도 잘 알려지지 않은 조금은 특별한 타이베이의 여행지를 소개하는 이유는 조금은 마음의 여유를 찾을 수 있는 곳이기 때문이다.

우리와 같이 일제강점기를 겪었지만 일본을 통해 발전했다고 생각해서 일본인에게 호의적이며, 한류열풍으로 타이완의 젊은 세대는 한국인들에게 친절하다. 길을 잃었을 때 지나가는 현지인에게 길을 물어본다면 그들의 친절함을 제대로 느낄 수 있다. 여행도 사람과의 만남, 이들의 친절함으로 따스한 정이 묻어나는 타이베이를 만날 수 있다.

여행에는 정답도 없고 기술도 없다. 몇 시간을 하릴없이 카페에 앉아 시간을 보내도, 골목골목을 누비며 한없이 거닐어도, 잠들기 전까지 먹기만 해도 새로운 곳에서 자신만의 만족스러운 여행을 즐길 수 있다면 그것이 바로 진정한 여행이다. 내 입맛에 맞는 음식점이 바로 맛집이고, 나에게 감동과 즐거움을 선사한다면 그곳이 바로 명소가 된다. 하지만 여행에서 무언가를 얻고 싶다면 떠나기 전 그곳에 대한 지식을 알고 가는 것이 중요하다.

가이드북을 집필하면서 언제나 잊지 않고 있는 것은 일생 혹은 어렵게 시간을 내어 가게 된 길지 않은 여행의 제대로 된 나침반이 되고 싶은 마음뿐이다. 하지만 가이드북은 어디까지나 가이드 역할을 할 뿐, 여행은 여러분 스스로 만들어나가는 것이기에 타이베이여행백서가 여러분 여행에 친절한 가이드로 충실한 책이었으면 한다.

여행의 시작을 함께하는 시작점이어도 좋고 여행을 함께하는 동반자여도 좋고, 여행 끝의 추억과 함께 되새겨볼 수 있는 추억상자여도 좋다. 아직도 부족함이 많기에 오만한 글쟁이가 아니라 때론 친구 같고, 때론 언니, 누나 같은 친근한 여행의 동반자이고 싶은 마음을 담은 타이베이여행백서가 여러분의 여행에 길잡이가 되었으면 하는 마음뿐이다. 가도 가도 새롭고, 봐도 봐도 즐겁고, 먹어도 먹어도 맛있는 타이베이여행에서 여러분만의 추억을 한가득 담아 오길 바란다.

> "목적지에 닿아야 행복한 것이 아니라
> 여행하는 과정에서 행복을 느낀다."
> – Andrew Matthews –

Special thank to...

타이베이여행백서를 선택해준 사랑스러운 독자님, 애써주신 나무자전거 출판사 담당자님, 여전히 나의 정신적 여행동반자 쫑아 윤정아, 여행이란 단어로 뭉치게 된 든든한 나의 DT팀원 배짱이 김수진, 김선녀, 박유찬, 새로운 길을 열어준 엘컨톡 송대표님 그리고 사랑하는 부모님께 감사의 말을 전합니다.

벚꽃 휘날리는 봄날을 기대하며... 3월의 어느 날
김기연(미꼬씨)

PREVIEW

이 책은 총 6개 파트에 타이베이 여행준비부터 현지에서 꼭 필요한 정보까지 바로 파악할 수 있도록 구성하였습니다. 1파트에서는 타이완과 타이베이를 이해할 수 있는 전반적인 내용과 여행준비 과정을 소개하였습니다. 2~5파트에서는 타이베이를 대표하는 여행지를 지역별로 구분하여 볼거리, 먹거리, 쇼핑거리 등의 섹션으로 나눠 세세한 정보를 담았습니다. 마지막으로 6파트에서는 타이베이의 다양한 숙박시설을 다루고 있습니다.

쳅터별 구성
몇 개의 인접한 지역을 하나의 챕터로 묶어 동선을 짜기 쉽도록 설명하였습니다.

추천도
지역별 볼거리, 먹거리, 쇼핑거리를 별점으로 표시하여 중요도를 한눈에 파악할 수 있도록 하였습니다.

한눈에 보는 교통편
해당 지역을 여행하는 데 필요한 다양한 교통 정보를 확인할 수 있습니다.

반드시 해봐야 할 것들
해당 지역을 방문한다면 꼭 해봐야 할 것들을 추천하였습니다.

사진으로 미리 살펴보는 베스트코스
여행지의 스팟들을 효율적으로 둘러보기 위한 동선을 제시합니다. 어디를 가야 할지, 무엇을 먹어야 할지 등이 고민된다면 베스트코스를 참고하세요.

베스트코스 이동방법 아이콘
도보   택시   MRT

책 중간중간에는 독립적인 볼거리가 있는 신이계획구와 텐무, 양밍산, 신베이터우, 관두, 빠리, 예류, 진과스, 타이루거 등의 지역을 스페셜지역으로 구분하여 소개하였으며, 이색적인 야시장문화, 핑시선여행도 심도 있게 다루었습니다. 또한 챕터별로 구분한 지역의 스팟들을 찾아가기 쉽도록 상세 지도를 첨부하여 여행지를 한눈에 파악할 수 있도록 하였습니다.

섹션별 구성
원하는 스팟을 빠르게 찾아볼 수 있도록 해당 여행지의 볼거리, 먹거리, 쇼핑거리 등을 각각의 섹션으로 묶어서 한눈에 살펴볼 수 있습니다.

스팟 제목
지역별 스팟들은 큰제목으로 구분하였으며, 그에 대한 간략한 설명을 부제목으로 정리하여 제목만 봐도 어떤 곳인지 미루어 짐작할 수 있습니다.

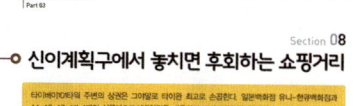

스팟 정보
해당 스팟에 대한 정보를 일목요연하게 정리하였습니다. 주소, 찾아가는 방법, 운영시간, 가격, 추천메뉴, 전화번호, 홈페이지 등의 세세한 정보는 물론, 저자가 알려주는 스팟 팁을 덤으로 알 수 있습니다.

이미지캡션
설명이 필요한 이미지는 캡션을 달아 이해를 돕고 있습니다. 특히 먹거리 메뉴를 사진과 원어로도 표기하여 현지에서 주문 시 도움이 됩니다.

TIP
본문에서 미처 다루지 못한 해당 스팟 관련 정보를 팁으로 추가 설명합니다.

PREVIEW

스페셜페이지
타이베이 인근의 이색적인 볼거리나 즐길거리가 있는 곳은 하나의 지역으로 묶어 스페셜페이지로 구성하였습니다. 타이베이의 야시장과 밤문화, 온천문화는 물론 천해의 자연풍광을 자랑하는 양밍산, 타이루거, 예류, 진과스 등과 핑시선열차로 즐기는 역마을들도 다루고 있습니다.

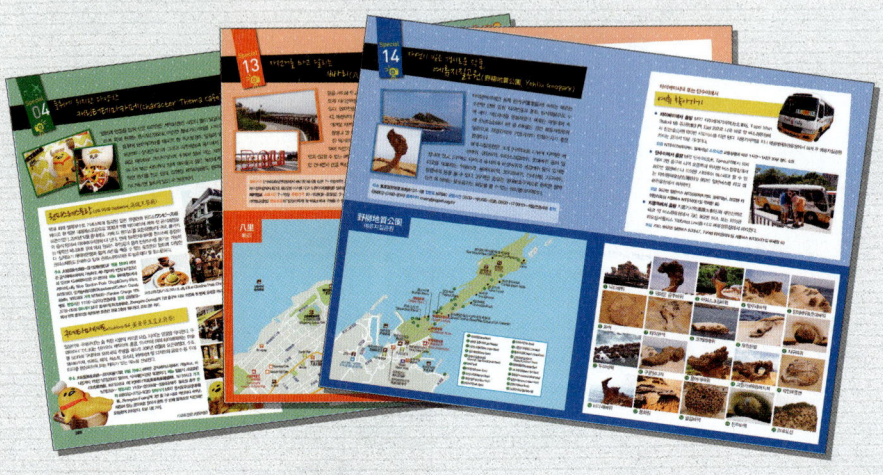

지도
인접한 지역을 묶어 구성한 챕터에는 지역에 해당하는 여행 지도를 삽입하였습니다. 지도에는 교통편과 섹션에서 소개한 스팟들의 정보를 담아 이동경로를 한눈에 파악할 수 있습니다.

지도 아이콘

MRT	페리	버스	출구번호	케이블카
사원	유바이크	은행	관광안내소	호텔
성벽	쇼핑	음식점	편의점	볼거리

저자 강력추천 일정 및 일정별 동선

여행자의 일정과 예산, 동행 등에 따라 여행일정은 천차만별로 짤 수 있습니다. 먼저 1파트에서 제시한 동선을 참고하여 굵직한 동선을 짜고, 세부 동선은 지역별 베스트코스를 참고하여 짠다면 여행자에게 가장 효율적인 동선을 쉽고 빠르게 짤 수 있습니다.

지도나 MRT로 만나는 타이베이여행

타이베이 전체를 한눈에 파악할 수 있도록 전체 지도 상의 주요스팟들의 위치를 사진과 함께 표시하였습니다. 또한 MRT상의 야시장이나 주요 볼거리도 쉽게 파악할 수 있습니다.

CONTENTS

Part01
타이베이여행 제대로 준비하기

Section 01   타이베이여행 계획하기 • 26
잠깐 짚고 넘어가는 타이완 • 26 | 잠깐 짚고 넘어가는 타이베이 • 27 | 타이베이여행 정보수집하기 • 27 | 타이베이여행에 유용한 애플리케이션 • 29 | 타이베이여행은 언제가 좋을까? • 30 | 여권과 비자 준비하기 • 30 | 항공권구입하기 • 31 | 알뜰살뜰 타이완달러로 환전하기 • 33 | 신용카드와 직불카드 사용하기 • 34 | 급할 때 사용하는 생존 영어와 중국어 • 35 | 여행 중 사건/사고에 대처하는 방법 • 36 |

Section 02   지도로 보는 타이베이여행 • 38
한눈에 살펴보는 타이베이근교 여행지 • 38 | MRT로 만나는 타이베이 • 39 | MRT로 만나는 타이베이 야시장 • 40 | 영화, 드라마, 예능 속에 그려진 타이베이 • 41 |

Section 03   행복한 타이베이여행을 위한 일정별 동선 • 43
타이베이여행 예산 잡기 • 43 | 효율적으로 돌아보는 타이베이여행 일정 • 46 | 저자 강력추천 2박 3일 일정 • 47 | 저자 강력추천 3박 4일 일정 • 48 | 추천 2박 3일 일정(타이베이시내 위주) • 50 | 추천 2박 3일 일정(타이베이시내+외곽지역) • 50 | 추천 3박 4일 일정(타이베이시내+근교지역) • 51 | 추천 3박 4일 일정(타이베이시내+외곽지역) • 52 | 추천 4박 5일 일정(타이베이시내+외곽지역) • 53 |

Section 04   공항출국에서부터 타이베이도착까지의 과정 • 54
한눈에 살펴보는 공항출국과정 • 54 | 타이베이로 가려면 국제선이 운항되는 공항으로 가자 • 54 | 발권과 탑승수속하기 • 56 | 출국심사과정 • 57 | 항공기 대기시간 활용하기 • 58 | 비행기 탑승하기 • 59 |

Section 05   타이베이공항 도착과 입국수속 • 60
한눈에 살펴보는 타이베이 입국과정 • 60 | 타이완 출입국카드 작성과 입국심사 • 61 | 수하물찾기와 세관검사 • 62 | 데이터를 무제한으로 사용할 수 있는 유심(USIM) 구입하기 • 62 |

Section 06   공항에서 타이베이시내로 이동하기 • 63
타오위안공항철도 • 63 | 타오위안국제공항 익스프레스버스 • 63 | 타이베이쑹산공항으로 입국했다면 MRT를 이용하자 • 65 | 동행이 있다면 편리한 택시(Taxi) • 65 |

Section 07　타이베이에서 이용할 수 있는 대중교통 • 66

타이베이여행의 필수품 이지카드 • 66 | 타이베이시민의 발 MRT • 67 | 타이베이 MRT 노선도 • 68 | 대표적인 대중교통 일반버스 • 69 | 편하게 이용 가능한 택시 • 71 | 시내를 자유롭게 달릴 수 있는 유바이크 • 73 |

Section 08　맛의 천국, 타이베이의 다양한 먹거리 • 75

타이베이여행에서 꼭 먹어봐야 할 대표음식 • 75 | 타이베이야시장에서 꼭 먹어봐야 할 대표음식 • 77 | 타이베이에서 꼭 먹어봐야 할 대표디저트 • 78 | 타이베이 대형마트에서 꼭 사야 하는 쇼핑리스트 • 79 | 타이완의 대표 전통간식, 펑리수 • 80 | 타이완과자로 급부상한, 누가크래커 • 81 |

Part02 타이베이서부

Chapter 01　타이베이의 중심, 타이베이기차역

타이베이기차역을 이어주는 교통편 • 85 | 타이베이기차역에서 이것만은 꼭 해보자 • 85 | 사진으로 미리 살펴보는 타이베이기차역 베스트코스 • 85 |

MAP 타이베이기차역 • 86

Section 01　타이베이기차역에서 반드시 둘러봐야 할 명소 • 87

타이베이기차역 • 87 | 타이베이기차역 버스정류장 • 87 | 국부사적기념관 • 88 | 타이베이국제예술촌 • 89 | 베이먼 • 89 | 228평화공원 • 90 | 국립타이완박물관 • 91 | 타이베이228기념관 • 92 | 에버그린해양박물관 • 92 | 총통부 • 93 | 국립중정기념당 • 94 | 국가도서관 • 95 | 국가희극원&국가음악청 • 95 | 구링제소극장 • 96 | 우정박물관 • 96 | 국립타이완예술교육관 • 97 | 타이베이식물원 • 97 | 국립역사박물관 • 98 |

Section 02　타이베이기차역에서 먹어봐야 할 것들 • 99

브리즈 타이베이역 • 99 | 오오토야 • 100 | 타이텐삐엔땅 • 100 | 팀호완 • 101 | 량핀뉴러우몐관 • 102 | 훙스푸몐스잔 • 102 | 아취엔몐시엔 • 103 | 타이라오예 • 104 | 리우샨동뉴러우몐 • 104 | 진펑루러우판 • 105 | 아일랜드포테이토 • 105 | 중푸위안 • 106 | 안안샤오관 • 106 | 쥐궈즈 • 107 | 우쓰란 • 108 | 단테커피 • 108 | 뤼다오샤오예취 • 109 |

CONTENTS

Section 03 타이베이기차역에서 놓치면 후회하는 쇼핑거리 • 110
타이베이역지하상가 • 110 | 큐스퀘어 • 110 | 타이베이 지에윈상품관 • 111 | 신콩미츠코시 타이베이역스토어 • 111 |

Chapter 02 타이베이의 삼청동, 중산
중산을 이어주는 교통편 • 112 | 중산에서 이것만은 꼭 해보자 • 112 | 중산 베스트코스 • 113 |
MAP 중산 • 113

Section 04 중산에서 반드시 둘러봐야 할 명소 • 114
타이베이현대미술관 • 114 | 타이베이필름하우스 • 114 | 차이루이웨무용연구소 • 115 | 타이베이시펑 • 116 |

Section 05 중산에서 먹어봐야 할 것들 • 117
페이첸우 • 117 | 푸다증지아오관 • 117 | 멜란지카페 • 118 | 모구카페 • 119 | 카페뤼미에르 • 119 | 로즈메리 • 120 | 진핀차위 • 121 | 샤오치식당 • 121 | 가오지아창 • 122 | 피스오브케이크 • 123 | 빠팡윈지 • 123 | 마유비스트로카페 • 124 |

Section 06 중산에서 놓치면 후회하는 쇼핑거리 • 125
티치우수 • 125 | 타이완하오디뎬 • 126 | 피페이퍼숍 • 126 | 0416×1024 • 127 |

Special 01 타이완판 경동시장, 디화제 • 128
린류신기념인형극박물관 • 128 | 타이베이샤하이청황마오 • 129 | 닝샤야시장 • 129 |

Chapter 03 타이베이의 명동, 시먼딩
시먼딩을 이어주는 교통편 • 131 | 시먼딩에서 이것만은 꼭 해보자 • 131 | 시먼딩 베스트코스 • 131 |
MAP 시먼딩 • 132

Section 07   시먼딩에서 반드시 둘러봐야 할 명소 • 134
시먼홍러우 • 134 | 한중제 • 135 | 타이베이텐허우사원 • 135 | 시먼딩극장가 • 136 | 중산홀 • 137 | 국군역사문물관 • 137 | 국사관 • 138 | 멍지아칭수이옌쭈스마오 • 138 | 멍지아칭산궁 • 139 | 보피랴오리스제 • 139 | 롱산쓰 • 140 |

Section 08   시먼딩에서 먹어봐야 할 것들 • 141
위린지투이다왕 • 141 | 아종몐시엔 • 142 | 야러우볜 • 142 | 싼웨이스탕 • 143 | 썸바디카페 • 143 | 모던토일렛 • 144 | 마라딩지마라위엔양훠궈 • 144 | 왕지푸청러우쫑 • 145 | 뉴뎬 • 146 | 메이관위안 • 146 | 텐와이텐징즈훠궈 • 147 | 펑다카페이 • 148 | 씽춘싼숭메이떠우화 • 148 | 청두양타오빙 • 149 | 슈에왕빙치린 • 149 |

Special 02   접근성이 좋은 야시장, 멍지아야시장 • 150
빠바오빙 • 150 | 어아찌엔 • 151 | 팅지덴푸라 • 151 | 링지아오 • 151 | 멍지아첸마마 • 151 |

Chapter 04   타이베이의 대학로, 융캉제
융캉제를 이어주는 교통편 • 153 | 융캉제에서 이것만은 꼭 해보자 • 153 | 융캉제 베스트코스 • 153 |
MAP 융캉제 • 154

Section 09   융캉제에서 반드시 둘러봐야 할 명소 • 155
융캉제 • 155 | 칭티엔치리우 • 155 | 다안썬린공원 • 156 | 바오창옌국제예술촌 • 157 | 국립타이완대학교 • 157 | 타이베이수도박물관 • 158 |

Section 10   융캉제에서 먹어봐야 할 것들 • 159
딘타이펑 • 159 | 가오지 • 160 | 톈진총좌빙 • 161 | 융캉뉴러우몐 • 161 | 융캉다오샤오몐 • 162 | 둥먼교자관 • 163 | 끽반식당 • 163 | 다인주스 • 164 | 라오장뉴러우몐뎬 • 165 | 꿔빠솬솬궈 • 165 | 허밍간웨이추 • 166 | 치우후이원쿠 • 167 | 카와리이탈리아카페 • 167 | 스무시하우스 • 168 | 8%아이스 • 169 | 마르티네즈카페 • 170 | 에콜카페 • 170 | 쯔텅루 • 171 | 천싼딩 • 172 | 궁관야시장 • 173 |

Special 03   젊은이들의 야시장, 스다야시장 • 174
다타이베이핑지아루웨이 • 174 | 뉴모왕뉴파이관 • 174 | 아눠커리빙 • 175 | 휴지 • 175 | 하오하오웨이 • 175 | 융펑성 • 175 |

CONTENTS

Part 03
타이베이중부

Chapter 01 타이베이의 용산, 중샤오신성

중샤오신성을 이어주는 교통편 • 178 | 중샤오신성에서 이것만은 꼭 해보자 •
178 | 중샤오신성 베스트코스 • 179 |
MAP 중샤오신성 • 179

Section 01 중샤오신성에서 반드시 둘러봐야 할 명소 • 180

화산1914문창원구 • 180 | 광화디지털프라자 • 181 | 수훠종이박물관 • 181 | 타이베
이맥주문화원지구 • 182 | 슈전박물관 • 182 | 젠궈자르위스&젠궈자르화스 • 183 |

Section 02 중샤오신성에서 먹어봐야 할 것들 • 184

헬로키티 키친앤다이닝 • 184 | VVG쓰웨이 • 185 | 이케아하우스 • 186 | 마유르
인디언키친 • 187 | 4마노카페 • 187 | 리얼가츠카페 • 188 | 샤오샤오케산시시찬
관 • 189 |

Chapter 02 타이베이의 상업지구, 둥취

둥취를 이어주는 교통편 • 191 | 둥취에서 이것만은 꼭 해보자 • 191 | 둥취 베스
트코스 • 191 |
MAP 둥취 • 192

Section 03 둥취에서 반드시 둘러봐야 할 명소 • 194

둥취제 • 194 | 국부기념관 • 195 | 송산문창원구 • 196 |

Section 04 둥취에서 먹어봐야 할 것들 • 197

다즐링카페핑크 • 197 | 싼허위엔 • 198 | 우즈나 오무오무 • 198 | 핀촨란 • 199 |
춘수이탕 • 200 | VVG액션 • 201 | 두샤오웨 • 201 | 키키레스토랑 • 202 | 덴수이러
우 • 203 | 둥취터즈량몐 • 203 | 청진중국우육관 • 204 | 아이스몬스터 • 205 | 둥취
펀위안 • 205 | 톈런밍차 • 206 | 베이먼펑이빙 • 207 | 샤오스허우빙궈시 • 207 |

Special 04 둥취에 위치한 다양한 캐릭터테마카페 • 208

원피스레스토랑 • 208 | 구데타마셰프 • 208 | 리락쿠마카페 • 209 | 크래프트홀릭
카페 • 209 | 코비토즈칸카페 • 209 | 치비마루코짱키친 • 209 |

Section 05 **둥취에서 놓치면 후회하는 쇼핑거리 • 210**
태평양소고백화점 중샤오점 • 210 | 태평양소고백화점 푸싱점 • 211 | 둥취지하상가 • 211 | VVG벤스 • 212 | 성품서점 • 213 | 로모그래피갤러리스토어 • 213 | 판타시 • 214 | 스테이리얼 • 215 | 탕지엔씽푸 • 215 | 순청베이커리 • 216 | 브리즈센터 • 217 |

Chapter 03 **타이베이의 맨하탄, 신이계획구**
신이계획구를 이어주는 교통편 • 219 | 신이계획구에서 이것만은 꼭 해보자 • 219 | 신이계획구 베스트코스 • 219 |
MAP 신이계획구 • 220

Section 06 **신이계획구에서 반드시 둘러봐야 할 명소 • 221**
타이베이탐색관 • 221 | 타이베이101타워 • 222 | 타이베이101전망대 • 223 | 타이베이신이궁민후이관 • 224 |쓰쓰난춘의 볼거리&먹거리 • 225 | 취엔춘원우관 • 225 | 심플마켓 • 225 | 하오치우 • 225 | 미도리 • 225 |

Section 07 **신이계획구에서 먹어봐야 할 것들 • 226**
타이베이101 푸드코트 • 226 | 타이베이101 푸드코트에 위치한 유명음식점 • 227 | 딘타이펑 • 227 | 카렌 • 227 | 설악산 • 227 | 더커스 • 227 | 하이스시 • 227| 지광샹샹지 • 227 | 라파르팔라 • 228 | 원비트투고 • 228 | 피피 신이점 • 229 | 커뮨A7 • 230 | 마젠도 • 230 | 후카페 • 231 | 미스터제이 • 232 | 로즈하우스 • 232 | 뉴욕베이글카페 • 233 |

Special 05 **홍대클럽보다 화려한 신이계획구 밤문화 • 234**
베베18 • 234 | 웨이브클럽 • 234 | 클럽미스트 • 234 | 룸18 • 235 | 바코드 • 235 | 라바클럽 • 235 | 인하우스 • 235 | 브라운슈가 • 235 |

Section 08 **신이계획구에서 놓치면 후회하는 쇼핑거리 • 236**
타이베이이101몰 • 236 | 신이신천구 • 237 | 신이신천구에 위치한 백화점&쇼핑몰 • 237 | ATT4Fun • 237 | 비쇼시네마 • 237 | 네오19 • 238 | 신콩미츠코시A4관 • 238 | 신콩미츠코시A8관 • 238 | 신콩미츠코시A9관 • 238| 신콩미츠코시A11관 • 238 | 브리즈신이 • 238 | 벨라비타 • 239 | 성품신이서점 • 239 |

CONTENTS

Special 06 타이베이에서 두 번째로 큰 야시장, 라오허제야시장 • 240
후지아오빙 • 240 | 야오두언파이구 • 240 | 커자이몐시엔 • 241 | 위안위안샤오 • 241 | 우펀푸상권 • 241 |

Chapter 04 고양이가 없는 도심 속 차밭, 마오콩
마오콩에서 이것만은 꼭 해보자 • 242 | 마오콩을 이어주는 교통편 • 243 | 마오콩 베스트코스 • 243 |
MAP 마오콩 • 244

Section 09 마오콩에서 반드시 둘러봐야 할 명소 • 245
타이베이시립동물원 • 245 | 마오콩란처 • 246 | 즈난궁 • 247 | 톈엔궁 • 247 | 타이베이시 톄관인바오중차 연구홍보센터 • 248 | 장수부다오 • 249 | 티마스터 창나이미아오기념관 • 249 | 싼둔스차후박물관 • 250 |

Section 10 마오콩에서 먹어봐야 할 것들 • 251
롱먼커잔 • 251 | 롱멍커잔주인에게 배우는 타이완전통차 우려내는 방법 • 252 | 다구 이름&설명 • 252 | 차 우려내는 방법 • 252 | 샤오무우차팡 • 253 | 마오콩시엔 • 253 | 카페씨앙 • 254 | 마오차딩 • 254 | 아오웨차팡 • 255 |

Part04
타이베이북부

Chapter 01 역사와 예술이 공존하는 위안산&스린
위안산&스린을 이어주는 교통편 • 259 | 위안산&스린에서 이것만은 꼭 해보자 • 259 | 위안산&스린 베스트코스 • 259 |
MAP 위안산&스린 • 260

Section 01 위안산&스린에서 반드시 둘러봐야 할 명소 • 261
국립고궁박물원 • 261 | 고궁박물관 대표 전시유물 • 262 | 취옥백채 • 262 | 육형석 • 262 | 조감람핵소주 • 262 | 백자영아침 • 262 | 모공정 • 262 | 벽사 • 248 | 즈

산위안 • 263 | 순이타이완원주민박물관 • 264 | 스린관저공원 • 264 | 타이베이시공자묘 • 265 | 타이베이엑스포공원 • 266 | 타이베이엑스포공원 공원단지오안궁 • 266 | 위안산공원단지 • 266 | 중산미술공원단지 • 267 | 신성공원단지 • 267 | 바오안궁 • 268 | 타이베이시립미술관 • 268 | 충렬사 • 269 | 그랜드호텔 • 270 | 행천궁 • 270 | 미라마 엔터테인먼트파크 • 271 |

Section 02 위안산&스린에서 먹어봐야 할 것들 • 272

카피엘리 • 272 | 완린루러우판 • 273 | 하이바왕 • 273 | 마지마지스퀘어 • 274 | 홍차우 • 275 | 위안위안 • 275 | 신파팅 • 276 |

Special 07 타이베이의 대표야시장, 스린야시장 • 277

하오따지지파이 • 277 | 왕즈치스마링슈 • 277 | 중청하오 • 278 | 르상톄반샤오 • 278 | 라오탄톄반샤오 • 278 | 샤오안관차이반 • 279 | 라오스린따빙바오샤오빙 • 279 | 꿔지아총요빙 • 279 |

Special 08 타이베이의 서래마을, 텐무 • 280

MAP 텐무 • 280
싼위궁 • 281 | 텐무주말벼룩시장 • 281 | 조선 • 281 | 하겐다즈 • 282 | 하오치우 • 282 | 피에스부부 • 282 |

Special 09 활화산 자연온천, 양밍산국가공원 • 283

MAP 양밍산국가공원 • 283
양밍산국가공원 찾아가기 • 284 | 양밍수우 • 284 | 주즈후 • 285 | 샤요우컹 • 285 | 렁수이컹 • 285 | 칭톈강 • 285 | 다툰자연공원 • 286 | 더탑 • 286 | 초산레스토랑 • 286 | 양밍산에 위치한 유명온천 • 287 | 황츠온천 • 287 | 찬탕 • 287 | 예린온천 • 287 | 텐라이리조트&스파 • 287 |

Special 10 타이완 최초의 온천개발지역, 신베이터우 • 288

MAP 신베이터우 • 288
신베이터우 베스트코스 • 289 | 카이다거란문화관 • 289 | 베이터우시립도서관 • 289 | 베이터우온천박물관 • 290 | 메이팅 • 290 | 디러구 • 291 | 베이터우문물관 • 291 | 만커우라멘 • 291 | 신베이터우에 위치한 유명온천 • 292 | 룽나이탕 • 292 | 친수이공원노천온천 • 292 | 수이메이온천 • 292 | 푸싱공원 노천족욕탕 • 292 |

Special 11 자연생태 그대로를 만날 수 있는 관두 • 293

MAP 관두 • 293
관두자연공원 • 294 | 관두궁 • 294 | 관두강변공원 • 294 | 관두자전거도로 • 295 | 국립타이베이예술대학 • 295 |

CONTENTS

Chapter 02 타이베이의 베니스, 단수이
단수이를 이어주는 교통편 • 297 | 단수이에서 이것만은 꼭 해보자 • 297 | 단수이 베스트코스 • 297 |
MAP 단수이 • 298

Section 03 단수이에서 반드시 둘러봐야 할 명소 • 300
단수이해변산책로 • 300 | 푸유궁 • 301 | 단수이홍로우 • 301 | 단수이칭수이옌 • 302 | 마셰샹 • 302 | 홍마오청 • 303 | 진리대학 • 303 | 담강고급중학 • 304 | 샤오바이궁 • 305 | 신타이베이시 충렬사 • 305 | 후웨이파오타이 • 305 | 이디쉐이 기념관 • 306 | 단수이위런마터우 • 306 |

Section 04 단수이에서 먹어봐야 할 것들 • 307
셔지아콩취에거다왕 • 307 | 헬로키티 타이완반쓰리 • 307 | 바이예원저우다훈툰 • 308 | 라테아 • 309 | 카페라비레버데오쥬 • 309 | 라빌라단수이 • 310 |

Special 12 명물간식으로 가득한 단수이라오제 • 311
아포톄단 • 311 | 웨이이샹 • 311 | 라오파이아게이 • 312 | 정종아게이라오뎬 • 312 | 커커우위완 • 312 | 그 밖에 먹어봐야 할 단수이라오제 먹거리 • 313 | 리우제샤오카오지츠바오판 • 313 | 샹카오단까오 • 313 | 아마더쏸메이탕 • 213 | 아샹샤쥐엔 • 313 | 화즈샤오 • 313 | 반핑우 • 313 |

Special 13 자전거를 타고 달리는 빠리 • 314
MAP 빠리 • 314
빠리라오제 • 315 | 바오나이나이화즈샤오 • 315 | 셔지아콩취에거다왕 • 315 | 쯔메이쌍바오타이 • 315 | 쮜안공원 • 316 | 와즈웨이자연생태보호구역 • 317 | 스싼항박물관 • 317 |

Part05
타이베이 근교

Chapter 01 화산지형이 만든 아름다운 자연풍광, 타이완북부해안
타이완북부해안을 이어주는 교통편 • 320 | 타이완북부해안에서 이것만은 꼭 해보자 • 320 | 타이완북부해안을 이어주는 상세 교통편 • 321 | 타이완북부해안 베스트코스 • 322 |
MAP 타이완북부해안 • 322

Section 01 타이완북부해안에서 반드시 둘러봐야 할 명소 • 323
꽌수이완 • 323 | 바이샤완 • 324 | 린산비무잔다오 • 324 | 싼즈방문자센터 및 유명인박물관 • 325 | 스먼웨딩플라자 • 326 | 푸지위샹 • 326 | 라오메이루스카오 • 327 | 스먼둥 • 328 | 스먼풍력발전소 • 328 | 페이추이완 • 329 | 쥔위안-딩리쥔기념공원 • 329 | 주밍미술관 • 331 |

Section 02 타이완북부해안에서 먹어봐야 할 것들 • 332
르꼬꾸 • 332 | 보사노바 • 333 | 양광우랑 • 333 | 일마레 • 334 | 라오티팡샤오롱바오 • 334 | 진바오리라오제 • 335 |

Special 14 자연이 빚은 경이로운 작품, 예류지질공원 • 336
MAP 예류지질공원 • 336
예류 찾아가기 • 337 | 촛대바위 • 338 | 생강바위 • 338 | 버섯바위 • 338 | 여왕머리바위 • 338 | 절리 • 338 | 린티엔전동상 • 339 | 예류해양세계 • 339 |

CONTENTS

Chapter 02 광산촌 정취를 그대로 간직한 지우펀
지우펀에서 이것만은 꼭 해보자 • 341 | 지우펀을 이어주는 교통편 • 341 | 지우펀 베스트코스 • 341 |
MAP 지우펀 • 342

Section 03 지우펀에서 반드시 둘러봐야 할 명소 • 343
지산제 • 343 | 니런우구이롄관 • 344 | 지우펀비밀기지 • 344 | 수치루 • 345 | 성핑시위안 • 345 |

Section 04 지우펀에서 먹어봐야 할 것들 • 346
위안보어자이 • 346 | 지우펀라오몐뎬 • 346 | 아주쉐짜이샤오 • 347 | 라이아포위위안 • 348 | 맥주와 함께 먹으면 좋은 지우펀 간식 • 348 | 우디샹차 • 348 | 씽바오구 • 348 | 하이즈웨이시엔 카오페이추이루어 • 348 | 아란차오즈궈 • 349 | 아간이위위안 • 349 | 아메이차지우관 • 350 | 지우펀차팡 • 350 | 수이신웨차팡 • 351 | 비정성시 • 352 |

Section 05 지우펀에서 놓치면 후회하는 쇼핑거리 • 353
스청타오디 • 353 | 지우펀무지주총관 • 353 | 루이엔 • 354 | 란샨차오씨아 • 354 | 헝리우 • 355 | 리이빙뎬 • 355 |

Special 15 황금도시의 발자취, 진과스 • 356
MAP 진과스 • 356
진과스 찾아가기 • 357 | 황금박물관 • 357 | 생활미학체험방 • 357 | 쾅공스탕 • 358 | 타이즈삔관 • 358 | 황금신사 • 358 | 취엔지탕 • 359 | 인양하이 • 359 | 황금폭포 • 359 | 스싼청이즈 • 359 |

Special 16 **탄광마을로 향하는 낭만기차여행, 핑시선** • 360

MAP 핑시선 • 360

핑시선 역마를 찾아가기 • 361 | 고양이마을 허우통 • 362 | 허우통고양이마을 • 362 | 217카페 • 362 | 허우통석탄박물관지구 • 363 | 소원 담은 천등을 날리는 마을 스펀 • 363 | 스펀라오제 • 363 | 가용엄마천등 • 364 | 리우제샤오카오지츠바오판 • 364 | 스펀폭포 • 364 | 핑시선의 주인공이지만 소박한 마을 핑시 • 365 | 핑시라오제 • 365 | 타이완 영화감독이 사랑하는 촬영지 징통 • 366 | 징통철도구스관&징통철도문물관 • 366 | 징통광업생활관 • 367 | 탄창카페 • 367 | 메이탄기념공원 • 367 |

Chapter 03 **온천을 품은 원주민 마을, 우라이**

우라이에서 이것만은 꼭 해보자 • 369 | 우라이를 이어주는 교통편 • 369 |

MAP 우라이 • 369

Section 06 **우라이에서 반드시 둘러봐야 할 명소** • 370

비탄 • 370 | 우라이라오제 • 371 | 우라이타이얄민족박물관 • 371 | 우라이온천구역 • 372 | 우라이에 위치한 유명온천 • 373 | 난스천공공노천온천 • 373 | 밍위에온천회관 • 373 | 우라이퍼즈랜디스 • 373 | 칭런온천민관 • 373 | 탕부웬온천관 • 373 | 우라이관광열차 • 374 | 우라이산지문화촌 • 374 | 우라이폭포 • 375 | 윈셴낙원 • 375 |

CONTENTS

Section 07 우라이에서 먹어봐야 할 것들 • 376
타이얄포미식점 • 376 | 우라이라오제음식 • 376 | 우라이에서 놓치면 후회하는 베스트 간식거리 • 377 | 원취엔단 • 377 | 자시샤&자시위 • 377 | 카오마수 • 377 | 산주러우상창 • 377 | 스반샤오츨디 • 378 | 줴써카페 • 378 |

Special 17 자연이 만든 걸작, 타이루거국립공원 • 379
타이루거협곡 찾아가기 • 380 | 지우취둥 • 380 | 옌즈커우 • 381 | 창춘치아오 • 381 |

Part06
타이베이여행 숙박업소 선택하기

Chapter 01 숙박업소를 선택하기 전에 알아둬야 할 사항들

Section 01 타이베이호텔 제대로 이용하기 • 385
호텔 이용의 시작과 끝 체크인과 체크아웃 • 385 | 나만의 공간으로 들어가는 객실카드키 • 385 | 귀중품을 보관할 수 있는 안전금고 • 386 | 객실에서 즐기는 미니바&어메니티 • 386 | 깔끔하게 객실을 정리해주는 청소서비스 • 387 | 호텔에서 사용하는 전압과 인터넷 • 387 | 호텔의 다양한 편의시설 • 387 |

Section 02 호스텔 제대로 이용하기 • 388
호스텔예약하기 • 388 | 체크인&체크아웃은 어떻게 하나? • 388 | 호스텔의 공용공간 • 389 호스텔의 공용욕실 사용하기 • 389 | 호스텔의 도미토리 이용하기 • 389 |

Chapter 02 타이베이 추천 숙박업소

Section 03 여행을 더욱 특별하게 해주는 럭셔리호텔 • 391
험블하우스타이베이 • 391 | 만다린오리엔탈타이베이 • 392 | W타이베이 • 392 | 에슬릿호텔 • 393 | 팔레드쉰호텔 • 394 | 그랜드하얏트타이베이 • 394 | 샹그릴라파이스턴플라자호텔 • 395 | 르메르디앙타이베이 • 396 | 오쿠라프레스티지 타이베이 • 396 | 리젠트타이베이호텔 • 397 | 그랜드호텔 • 397 |

Section 04 감각을 중시하는 젊은 층을 위한 부티크호텔 • 398
웨스트게이트 • 398 | 호텔에클라트타이베이 • 399 | 홈호텔 • 399 | 호텔쿼트타이베이 • 400 | 암바타이베이 • 400 | 저스트슬립호텔 • 401 | 스파크호텔 • 402 | 앰비언스호텔 • 402 | 앳부티크호텔 • 403 |

Section 05 실속파 여행자들을 위한 비즈니스호텔 • 404
탱고호텔신이 • 404 | 앰배서더호텔타이베이 • 405 | 인하우스호텔 • 405 | 포트오렌지호텔 • 406 | 댄디호텔 • 406 | 에어라인인 • 407 | 시티인호텔플러스 • 408 | 뮤지크호텔 • 408 | 타이베이호텔B7 • 409 | 호텔73 • 410 | 컬러믹스호텔&호스텔 • 410 | 엑파호텔 • 411 |

Section 06 배낭족들에게 안성맞춤인 타이베이의 호스텔 • 412
홈미호스텔 • 412 | 휴게스트하우스 • 413 | 미엔더타이베이호스텔 • 414 | 스페이스인 • 414 | 스타호스텔 • 415 | 플랍플랍호스텔 • 416 | 시먼코너호스텔 • 416 | 포모사101호스텔 • 417 | 제이브이스홈 • 418 | 니하오타이베이호스텔 • 418 | 1983 퍼스트호스텔 • 419 | 호스텔H132 • 419 |

INDEX 420

Part
01

타이베이여행 제대로 준비하기

Section01 **타이베이여행계획하기**
Section02 **지도로 보는 타이베이여행**
Section03 **행복한 타이베이여행을 위한 일정별 동선**
Section04 **공항출국에서부터 타이베이도착까지의 과정**
Section05 **타이베이공항 도착과 입국수속**
Section06 **공항에서 타이베이시내로 이동하기**
Section07 **타이베이에서 이용할 수 있는 대중교통**
Section08 **맛의 천국, 타이베이의 다양한 먹거리**

Section 01
타이베이여행 계획하기

타이베이를 여행하기 전 타이베이에 대해 다양한 정보를 미리 알아보고 무엇을 준비해야 하는지를 세세하게 살펴보자. 여행은 현지에서 즐기는 것이지만 여행을 준비하는 과정도 여행의 일부이기 때문에 관심을 가지고 준비하면 여행 못지않게 즐거울 수 있다.

잠깐 짚고 넘어가는 타이완(臺灣, Taiwan)

타이완의 공식 국호는 중화민국中華民國이며 올림픽대회 또는 국제기구에 참가할 때는 중화타이베이中華臺北라고 칭한다. 타이난시台南市 안핑항安平港에 살던 원주민 '타이오완臺員' 부족이름에서 타이완의 명칭이 유래된 것으로 전해지며, 유럽에는 포르투갈어로 '아름다운 나라'라는 의미의 포모사Fomosa로 알려졌다.

중국과는 푸젠성을 마주한 동중국해에 위치하고 있으며, 격렬한 지각운동으로 솟아오른 섬나라이다. 총면적은 35,980㎢로, 충청도와 전라도를 합친 크기 정도로 동서가 좁고 남북으로 긴 지형이다. 중앙의 산악지대가 영토의 55%를 차지하고 해발 3,000m 이상 높이의 산도 133개나 존재한다.

1885년 중국으로부터 하나의 성으로 자치권을 인정받았으며, 1894년 청일전쟁 이후 일본 최초의 식민지가 되었다. 1945년 해방 이후 장제스蔣介石의 국민당정부가 1949년 이곳으로 옮겨오면서 오늘날까지 그 체제를 이어가고 있다. 1948년 타이완과 우리나라는 외교관계를 수립하였지만 1992년 8월 중국과 국교를 수립함에 따라 타이완과는 수교가 단절되었다.

인구구성은 타이완인 약 84%, 본토중국인 14% 그리고 원주민 2%이며, 공용어는 중국표준어 만다린어를 사용한다. 타이완의 화폐단위는 뉴타이완달러(NT$)로 '위안(元)'이라고 부르며, NT$1는 한화 40원(2017년 3월 기준) 정도이다. 전기는 110V로, 60HZ 콘센트를 사용하며 11핀 타입으로 우리나라 가전제품을 사용하려면 멀티어댑터가 필요하다. 시차는 우리보다 1시간 늦어 한국이 오전 9시이면 타이완은 오전 8시이다.

멀티어댑터

조금은 생소한 타이완의 연도표기법

국제적으로 통용되는 연도표기 외에 타이완에서는 1911년 건국된 해를 원년으로 하는 건국기준 표기법에 따라 1911을 빼서 표기하기도 한다. 이에 따라 2017년은 民國106년이 된다. 대부분의 타이완 제품과 현지 신분증에는 民國으로 년도를 표기하기 때문에 우리에게는 조금 생소할 수 있다.

🧳 잠깐 짚고 넘어가는 타이베이(台北, Taipei)

타이완의 수도 타이베이는 타이완의 북쪽지역이라는 의미이다. 타이완 북쪽 타이베이 분지에 위치하며, 남쪽으로 신뎬천新店溪, 서쪽으로 단수이강淡水江과 접하고 있다. 18세기 이전 카이다거란凱達格蘭족의 거주지로 1709년부터 중국본토 푸젠성의 한족들이 이주하면서 타이베이는 한족의 주요 거주지로 성장하여, 1894년 타이완의 성도가 되었다. 장제스정부가 중국본토에서 철수한 후 타이베이를 타이완의 수도로 선포하였고, 현재 12개의 구가 통합되었으며 세계에서 인구밀도가 가장 높은 도시 중 한 곳이다.

타이베이공식홈페이지(www.gov.taipei)

타이베이 구도심지에는 오래된 건물이 많은데, 언젠가 중국본토로 돌아갈 것이라는 생각에 건물에는 큰 투자를 하지 않으면서 자연스럽게 재건축에도 관심이 없었다고 한다. 하지만 이제는 세대가 바뀌고 중국과 타이완을 다른 나라로 생각하기 때문에 서서히 재건축 붐이 일어나고 있다.

타이완의 원래 주인은 누구일까?

중국의 한족이 이주하기 전부터 타이완섬에 살고 있던 말레이계 원주민이 진정한 주인일 것이다. 17~19세기 타이완으로 한족들이 유입되면서 타이완 원주민은 크게 평지에 살면서 한족과 동화된 평푸족과 고산지역에 살면서 한족화 되지 않은 가오산족으로 나뉜다.

- **가오산족(高山族)** 농경이나 수렵생활을 하며, 독자적 문화와 제도를 유지해 왔으나 일제강점기와 중화민국 통치기를 거치면서 생활양식이 크게 변하였다. 근대화과정에서 이들의 권리는 침해되었고 원주민에 대한 차별 또한 심화되었다. 하지만 1980년대 후반 고산족 청년들을 중심으로 '원주민 권리회복운동'이 시작되면서 이들을 위한 정책들이 주도적으로 추진되고 있다. 현재 타이완정부는 고산족을 타이완원주민족으로 인정하면서 평푸족과는 분리하였다. 이들은 크게 타이알(泰雅), 샤오(曹) 그리고 파이완(排灣)으로 나뉘며, 아미(阿美)족, 파이완(排灣)족, 타이알(泰雅)족, 브눈(布農)족, 루카이(魯凱)족, 베이난(卑南)족, 츠우(鄒)족, 싸이씨야(賽夏)족, 다오(達悟)족 등의 부족이 속한다.
- **평푸족(平埔族)** 평지에 살고 있어 한족의 이주로 쉽게 한족화 되어버린 원주민들을 말한다. 타이완정부는 이들이 한족과의 결혼으로 구분되지 않기 때문에 평푸족을 원주민으로 인정하지 않고 있다. 카이다거란(凱達格蘭), 다오카스(道卡斯), 파짜이(巴宰), 카하우(噶哈巫), 파부라(巴布拉), 마오우(貓霧) 등 9개 부족이 속한다.

🧳 타이베이여행 정보수집하기

인터넷, 가이드북 그리고 스마트폰 앱에서 여행에 필요한 다양한 정보를 수집할 수 있다. 인터넷 블로그나 카페를 통해 다른 사람들의 타이베이여행기와 여행정보를 참고할 수 있고, 최신 가이드북을 통해 정확한 정보까지 얻을 수 있으며, 스마트폰 애플리케이션을 통해 현지에서 원하는 정보를 바로 찾아볼 수도 있다.

🧳 언제나 친절한, 타이완관광청 서울사무소

타이베이여행을 계획하는 사람이라면 한번은 방문해야 할 곳으로 관광지, 외식, 문화, 쇼핑, 이벤트 등 타이완에 관한 다양한 정보를 수집할 수 있다. 관광청을 방문하면 가이드북과 지도 등의 자료를 무료로 받을 수 있으며, 시간이 없다면 관광청홈페이지를 통해 신청한 후 택배비 3,000원을 지불하고 우편으로 받을 수도 있다. 또한 예약한 이티켓을 지참하여 방문하면 시즌별로 교통카드 이지카드, 야시장할인쿠폰, 테마파트입장권, 고궁입장권, 기념품교환권 등을 주기도 한다.

타이완관광청홈페이지(tourtaiwan.or.kr)

주소 서울시 중구 삼각동 115번지 경기빌딩 902호 **문의** 02-732-2358 **영업시간** 09:00~18:00(월~금요일, 점심시간 13:00~14:00)/주말과 공휴일 휴무 **찾아가기** 지하철 2호선 을지로입구역 3번 출구로 나와 1층에 일식집 동해도가 있는 경기빌딩 9층에 위치한다.

🧳 타이완을 디테일하게 소개하는, 타이완 관광계간지

타이완 현지의 타이완관광협회에서 발간하는 무료잡지로 타이완의 유익한 여행정보를 한국어로 소개한다. 2012년 5월 창간호가 발행되었으며, 타이완관광청 서울사무소와 타이완국제공항에서 구할 수 있다. 만약 직접 받을 수 없다면 타이완관광협회에서 운영하는 네이버블로그에서 원하는 여행정보를 취합해도 된다.

타이완 관광계간지(blog.naver.com/visit_taiwan)

🧳 네이버 대표카페, 즐거운 대만여행

회원수가 34만 명이 넘으며 타이완에 관한 거의 모든 정보가 집한된 네이버 대표카페이다. 회원들 간 다양한 정보를 공유하는 곳으로 가장 빠르게 타이완소식을 접할 수 있다. 지역별로 분류된 여행지소개, 주요정보, 공항정보, 관광지, 쇼핑, 음식점, 숙박, 교통 등의 후기와 카페매니저가 소개하는 여행기초, 여행일정, 여행기 등이 있으니 차분히 자료를 분석한다면 자신만의 여행을 계획하기 좋다.

즐거운 대만여행(cafe.naver.com/taiwantour)

🧳 타이베이시 정부의 관광국에서 운영하는, 타이베이시 관광홈페이지

타이베이시 관광국에서 운영하는 홈페이지로 한글이 지원되기 때문에 편리하게 여행정보를 얻을 수 있다. 크게 타이베이소개, 관광안내, 숙박, 교통, 맛집 그리고 쇼핑으로 분리되며, 특히 관광명소 카테고리는 추천코스, 인기명소, 투어테마, 지하철여행, 유희타이베이 등으로 여행자 스타일에 맞게 여행일정을 세울 수 있다. 타이베이시 각 기관에서 자료를 제공하여 수시로 업데이트되기 때문에 최신의 정보를 얻을 수 있다.

타이베이시 관광홈페이지(www.travel.taipei/kr)

타이베이여행에 유용한 애플리케이션

다음에 소개하는 애플리케이션 정도라도 미리 설치해두면 여행에 도움이 된다. 앱스토어 검색창에 '타이완, 타이베이, Taiwan, Taipei' 등으로 입력하면 한글뿐만 아니라 영문 또는 중국어 지원의 다양한 애플리케이션을 다운로드할 수 있다.

 타이완관광청에서 새롭게 선보인,
투어타이완 Tour Taiwan

 타이완관광청에서 개발한 앱으로 중국어, 영어를 지원한다. 위치기반서비스를 지원하기 때문에 타이완 현지에서 유용하게 사용할 수 있다. 어라운드미Around Me, 유스풀인포메이션Useful Information 그리고 페스티벌Festivals과 로케이션서치Location Search, 주요 국가풍경지역을 안내해주는 내셔널시닉에리어National Scenic Area, 교통정보 등의 카테고리로 분류되어 다양한 정보를 제공하여 유용하다.

 타이베이 MRT를 편리하게 이용할 수 있는,
트랜짓타이완 Transit TW

 우리나라 지하철앱처럼 타이베이와 가오슝 MRT 노선 그리고 타이완 기차노선을 검색해볼 수 있다. MRT 노선에서 출발지와 도착지를 선택하고 '지금출발'을 터치하면 출발역, 환승역 그리고 도착역 등 각 구간에 대한 출발시간, 도착시간, 소요시간 정보를 한눈에 파악할 수 있다. 오른쪽 하단의 나침반 모양을 클릭하면 현 위치에서 가장 가까운 지하철역을 보여준다.

 타이베이 공공장소에서 즐기는 무료와이파이,
타이베이프리 Taipei Free

 타이베이프리 애플리케이션 마크가 있는 공공장소에서 사용가능한 무료와이파이다. 여행객은 공항, MRT, 관광지 등의 방문자센터 또는 인터넷신청으로 여행기간동안 사용할 수 있는 아이디와 비번을 발급받으면 된다. 방문자센터에서 신청 시 여권을 제시하고 간단하게 신청서를 작성하면 아이디와 비번을 제공받는다. Taipei Free 또는 iTaiwan 애플리케이션을 설치한 후 아이디와 비번을 등록 후 사용하면 된다.

 타이베이버스를 이용할 때 유용한,
버스트래커타이베이 Bus Tracker Taipei

타이베이는 MRT가 잘되어 있기 때문에 MRT가 편리하지만 때때로 타이베이 시내 풍경도 감상하고 싶다면 버스도 이용해보자. 공항버스, 시외버스를 제외한 타이베이 시내를 운행하는 모든 버스의 노선정보, 지도정보, 실시간 도착정보 등을 알 수 있다. 한자와 영어 중 선택할 수 있으며 노선검색, 현 위치에서 가장 가까운 버스정류장 표시, 길찾기, 즐겨찾는 정류장설정 등을 할 수 있다.

 여행 중 사용하는 알뜰살뜰 가계부,
트라비포켓 Trabee Pocket

무료와 유료버전으로 구분된 애플리케이션으로 본인 여행테마를 지정한 후 여행기간, 여행지를 선택하고 여행경비 등을 선택적으로 입력할 수 있다. 여행일자별로 본인이 지출한 금액을 식비, 교통, 쇼핑 등의 항목을 설정하여 입력하면 당일 지출금액과 남은 여행경비가 자동으로 계산되어 알려준다. 사진까지 등록할 수 있어 여행가계부이지만 여행다이어리 같은 역할도 한다.

 여행 이동경로를 파악할 수 있는,
구글맵 Google Maps

 여행 전 인터넷망이 잡히는 곳에서 미리 가고 싶은 곳을 북마크해놓으면 인터넷망이 잡히지 않는 곳에서도 사용이 가능하다. 본인이 움직이는 방향을 표시해주기 때문에 방향감각이 없는 여행자에게는 구세주 같은 앱이다. 구글맵 웹사이트에서 미리 내 여행지도를 만들면 구글맵과 연동되어 더욱 편리하다.

타이베이여행은 언제가 좋을까?

타이완의 북부는 아열대, 남부는 열대기후에 속한다. 타이완북부에 속한 타이베이는 섬나라 특성상 아열대성 해양기후를 보인다. 연중 따뜻하지만 습도가 높고 봄과 겨울에는 날씨의 변동이 심한 편이다. 특히 여름이 길고 상당히 무더우며 겨울은 짧고 습하지만 상대적으로 안정된 기온이다. 연중평균기온은 약 20~23℃이고, 최저기온은 12~17℃로 겨울에도 몇몇 산악지역을 제외한 타이완 전역에서 눈을 보기란 흔치 않은 일이다.
여름이 시작되는 3~5월은 화창한 날씨지만 자주 비가 내리기 때문에 우산을 가지고 다니는 것이 좋다. 본격적인 여름인 6~8월은 태풍이 잦아 좋은 날씨를 기대하기 힘들다. 여행하기 좋은 시기는 9~11월로 화창하고 쾌적한 날씨가 계속된다. 12~2월은 우리나라 늦가을과 비슷해 아름다운 단풍을 감상하기 좋다. 이 시기에도 영하로 내려가는 일은 없지만 난방시설이 잘 되어있지 않으므로 도톰한 옷을 챙겨가는 것이 좋다.

월	1월	2월	3월	4월	5월	6월	7월	8월	9월	10월	11월	12월	연중
평균온도(℃)	16.1	16.5	18.5	21.9	25.2	27.7	29.6	29.2	27.4	24.5	21.5	17.9	20.7
평균 강수량 (mm)	83.2	170.3	180.4	177.8	234.5	325.9	245.1	322.1	360.5	148.9	83.1	77.3	200.6
기후	건기	건기	건기	건기	우기	우기	우기	우기	우기	건기	건기	건기	아열대

 ## 여권과 비자 준비하기

외교부 여권안내 홈페이지
(www.passport.go.kr)

타이베이여행뿐만 아니라 해외여행을 하려면 먼저 준비해야 할 것이 여권과 비자이다. 여권은 해외여행에서 본인을 증명하는 신분증이므로 여행 중 분실이나 도난에 유의해야 한다. 여권이 있는 사람이라도 유효기간이 6개월 미만이라면 연장하거나 재발급받아야 하므로 미리 확인해야 한다. 비자는 방문하고자 하는 상대국정부에서 입국을 허가해 주는 일종의 허가증으로 90일간 체류할 수 있다.

여권발급받기

유효기간이 최대 10년인 전자여권(ePassport)은 유효기간 만료일까지 횟수에 제한 없이 사용할 수 있는 복수여권과 1년에 1회 사용가능한 단수여권으로 나뉜다. 18~35세까지의 병역미필자는 지방병무청에서 국외여행허가신청서부터 발급받아야 한다. 여권에 관한 자세한 내용은 외교통상부 여권안내 홈페이지에서 알아볼 수 있다.
여권은 전국의 시군청이나 구청여권과에서 신청하면 되고 여권상 영문이름과 서명은 사용할 신용카드와 동일해야 한다. 구비서류는 여권발급신청서 1부(여권과에 비치), 신분증(주민등록증, 운전면허증), 여권용사진 2매와 수입인지대 등이다. 여권용사진은 귀가 보여야 하며, 흰색 배경 등 몇 가지 제약조건이 있으므로 외교통상부 홈페이지를 참고하자. 여권발급은 발급기관에서 신청해야 하며 특별한 결격사유가 없는 한 4일 이내에 발급된다.

구분			발급 수수료+국제교류기여금	
			국내	재외공관
복수여권	10년		53,000원	53달러
	5년	만 8세 이상~18세 미만	45,000원	45달러
		만 8세 미만	33,000원	33달러
	5년 미만(20~24세 병역 미필자)		15,000원	15달러
단수여권	1년 이내		20,000원	20달러

※ 해외여행이 잦지 않다면 사증란이 24쪽인 알뜰여권(3,000원 인하)으로 발급받아도 된다.

여권유효기간이 6개월 미만일 경우 기간연장신청을 해야 한다. 구비서류는 여권발급신청서 1부(여권과 비치), 여권용사진 2매, 기존 여권과 수입인지대(25,000원)이고, 여권유효기간이 경과한 지 1년 이내는 언제든 연장할 수 있지만 1년이 넘었다면 새롭게 여권을 발급받아야 한다. 여권을 분실했거나 훼손되어 재발급받는 경우 잔여유효기간이 충분하면 25,000원이지만 신규발급에 준하는 유효기간은 신규발급수수료가 부과된다. 여권은 단순히 신분을 증명하는 용도 외에도 다음과 같은 경우 사용된다.

- 환전/비자신청, 발급/출국수속, 항공기탑승/현지 입국과 귀국수속
- 면세점에서 면세품구입/국제운전면허증 취득
- 해외여행 중 한국으로부터 송금된 돈을 찾을 때

타이완 비자발급받기

비자는 해당국가의 입국허가증으로 우리와 국교는 없어도 상호주의관계를 유지하는 타이완은 비자 없이 여권만으로 90일간 체류할 수 있다. 타이완 정식비자는 방문비자와 거류비자로 나뉘는데 관광이 아닌 교육, 취업 등의 목적이라면 거류비자를 발급받아야 한다. 거류비자 없이 타이완에서 교육을 받거나 취업을 하게 되면 불법체류로 간주된다. 자세한 내용은 주한국 타이베이대표부 홈페이지를 참조하면 된다.

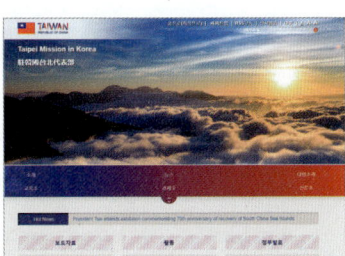

주한국 타이베이대표부(www.taiwanembassy.org/kr)

항공권구입하기

여행일정이 구체화되면 항공권구입부터 서둘러야 한다. 한국에서 출발하는 타이베이행 직항은 10여 개로 가격비교를 통해 저렴한 항공권을 구입하자. 인천이나 김해국제공항에서 출발하는 항공편은 타이완의 대표공항인 타오위안국제공항桃源機場으로 도착하며, 김포공항에서 출발하는 항공편은 타이베이시에 위치한 타이베이쑹산공항台北松山機場으로 도착한다. 직항의 비행시간은 대략 2시간 30분이 소요된다.

다른 항공권과 마찬가지로 타이베이항공권도 미리 구입할수록 저렴하며 비수기와 성수기에 따라 요금차가 크다. 타이완국적기인 에바항공은 매일 3편, 대한항공과 중화항공

은 매일 3~4편 그리고 아시아나는 매일 2~3편을 운항하며 오전, 오후로 출발시간이 분산되어 있어 시간선택의 폭이 넓다. 최근 저가항공사들까지 취항이 늘어나면서 저렴한 항공권을 구할 확률은 더 높아졌다.

목적지	도착공항(코드)	출발공항(코드)	항공사(코드)	비행거리	예상 비행시간
타이베이 (Taipei)	타오위안 국제공항 (TPE)	인천국제공항 (ICN)	에바항공(BR), 유니항공(B7), 중화항공(CI), 대한항공(KE), 아시아나항공(OZ), 진에어(LJ), 제주항공(7C), 캐세이패시픽항공(CX), 타이항공(TG), 델타항공(DL), 에어캐나다(AC)	1,463Km(909마일)	2시간 30분
		김해국제공항 (PUS)	대한항공(KE), 에어부산(BX), 중화항공(CI), 제주항공(7C)	1,345Km(836마일)	2시간 20분
	타이베이 쑹산공항 (TSA)	김포국제공항 (ICN)	에바항공(BR), 중화항공(CI), 티웨이항공(TW), 이스타항공(ZE)	1,476km(917마일)	2시간 10분

※ 타이완은 한국보다 1시간 느리기 때문에 출발할 때는 1시간을 벌지만, 도착할 때는 1시간을 잃게 된다.

할인항공권을 찾아보자

할인항공권이란 국제규정요금을 기준으로 정상가보다 20~50% 이상 저렴한 항공권을 말한다. 같은 노선, 동일항공편이라 해도 여행사나 항공사마다 가격이 다르기 때문에 더 저렴한 항공권을 구하려면 여러 곳을 비교분석해보는 수밖에 없다. 할인항공권은 가격이 저렴할수록 일정이나 유효기간 등에 제한이 많으며, 오프라인여행사보다는 온라인여행사가 대체로 저렴하고, 특가항공권의 행운도 기대해볼 수 있다.

네이버 항공권가격비교(flights.search.naver.com)   인터파크투어(tour.interpark.com)

항공권구입 시 주의사항

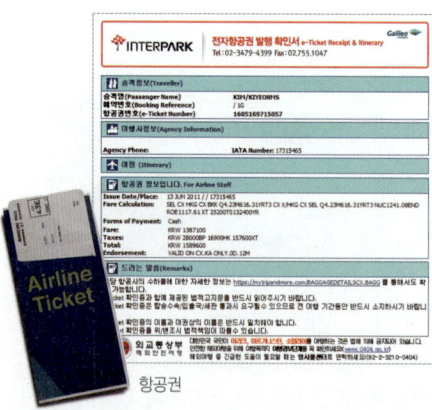

항공권

항공운임뿐만 아니라 공항이용료, 전쟁보험료 등 기타제세공과금과 유류할증료가 포함된 가격이 실질적인 항공권구입금액이다. 유류할증료는 항공유의 시세 변동을 반영하고자 도입된 제도로 출발일이 아닌 발권일(결제 시점) 기준이며, 요금은 항공사와 구간에 따라 다르다.

인천국제공항에서 타오위안국제공항까지는 비행기로 2시간 30분 정도 소요된다. 순 비행시간만 그렇기 때문에 공항까지 이동하는 시간이나 도착해서 숙소까지 이동하는 시간 등을 고려하면 한나절 이상이 소요된다. 한국에서 저녁에 출발하거나 타이베이에서 이른 아침에 출발한다면 일정에서 하루가 그냥 허비되는 것이다. 결국 출도착시간은 일정을 짜는 데 매우 중요하므로 무조건 싼 항공권만 찾지 말고, 출도착시간도 체크해야 한다. 또한 여권과 항공권의 철자가 하나라도 다르면 비행기를 탈 수 없으므로 예약할 때 여권과 항공권의 철자를 동일하게 입력해야 한다.

온라인으로 항공권을 구입하면 메일 또는 해당 사이트에서 다운받은 이티켓을 출력해야 공항에서 탑승권으로 교환받을 수 있다. 가방을 정리할 때는 분실에 대비하여 이티켓과 여권번호, 발행일과 생년월일이 표기된 여권페이지를 여러 장 복사해 가는 것이 도움이 된다.

알뜰살뜰 타이완달러로 환전하기

환전의 기본은 정확한 비용예측이다. 실제 사용하지도 않으면서 여유 있게 환전한다면 결국 돌아올 때 재환전수수료가 이중으로 낭비된다. 타이베이에서 얼마를 사용할 것인지 일정에 맞춰 계산해보고 현금과 카드를 적절하게 배분한 후 환전하자. 타이베이는 쇼핑몰과 대형상점, 대형음식점 등에서 신용카드를 사용할 수 있지만 전반적으로 신용
카드 사용률은 높지 않은 편이다. 다만 호텔에 숙박할 경우 보증금을 신용카드로 결제해야 하는 경우가 많으니 이를 대비하여 신용카드는 가져간다고 생각하면 된다.

타이완달러로 환전은 각 은행의 외환코너를 이용하면 되지만 환전우대률이 높지 않아 타이완달러보다는 US$로 환전하여 도착공항 내의 환전소에서 수수료 NT$30을 지불하고 타이완달러로 다시 환전하는 것이 좋을 때가 많다. 타이베이에서 사용가능한 결제 수단은 현찰, 신용카드, 직불카드 등이 있다.

타이완의 화폐 알아보기

타이완에서 통용되는 법정화폐단위는 뉴타이완달러(NT$), 표기는 타이완달러(TWD)이며 한자로 위안(圓)이라 표기하지만 약자로 元이 널리 사용된다. 우리나라처럼 중앙은행中央銀行 한 곳에서 이를 발행하는데, 지폐는 NT$100, 200, 500, 1,000, 2,000짜리가 있지만, NT$200와 NT$2,000권은 거의 시중에 유통되지 않는데 2라는 숫자를 좋아하지 않는 타이완인들의 특성 때문이다. 동전은 NT$1, 5, 10, 20, 50짜리가 있고 지폐와 마찬가지로 NT$20 동전도 거의 사용되지 않는다.

주로 통용되는
NT$100, 500, 1,000 지폐

주로 통용되는 NT$1, 5, 10, 50 동전

타이완달러 환전하기

국내에서 타이완달러는 기타통화로 구분되어 취급하는 지점이 많지 않고, 환율우대율도 낮은 편이다. 환율표시를 보면 현찰을 '사실 때'와 '팔 때' 가격이 다르게 표시된다. 우리가 환전할 때는 현찰을 사는 금액이 환전율이 되므로 2017년 3월을 기준으로 NT$1는 40원 정도이다. 환전을 할 때는 은행홈페이지에서 환율우대쿠폰을 미

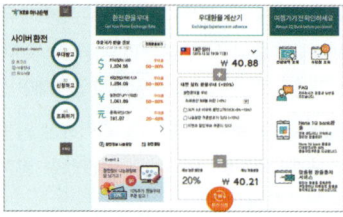

KEB하나은행 외환포탈

리 다운받아 가면 환전수수료를 할인받을 수 있다. 또한 은행이 정한 일정금액 이상 환전하면 여행자보험까지 무료가입해주는 경우도 있으므로 미리 알아보자. 바빠서 은행갈 시간이 없다면 사이버환전을 이용할 수 있다. 보통 KEB하나은행의 외환포털(FxKeb)을 많이 이용하는데, 인터넷으로 환전하면 수수료할인도 받을 수 있고 출국할 때 공항지점에서 바로 찾을 수 있어 편하다.

타이베이 내에서 환전할 경우에는 외환취급은행이나 환전서비스가 마련된 호텔을 이용할 수 있다. 환전 시 건네받은 환전영수증은 잘 보관하고 있다 한국으로 출국하기 전 남은 타이완달러를 원화로 환전할 때 제시해야 환전이 가능하다. 단, 동전은 받지 않으므로 남은 동전은 다 사용하고 오자.

🧳 신용카드와 직불카드 사용하기

휴대성이 편리한 신용카드와 직불카드는 고액의 현금을 따로 들고 다니는 불편함을 덜어주며, 대부분의 쇼핑센터나 대형음식점 등에서 사용할 수 있어 편리하다. 하지만 해외에서 카드를 사용하려면 미리 카드사에 연락하여 해당 카드를 해외에서 사용할 수 있는지 체크해봐야 한다.

🧳 국제신용카드(Credit Card)

타이완은 신용카드사용이 보편화되어 있지 않지만 쇼핑몰, 호텔, 유바이크U-Bike, 고속철도예매 등에 사용할 수 있다. 타이베이 시중은행, 대형백화점, 편의점 등의 ATM에서 현금서비스는 물론 현금인출도 가능하다. 비자VISA, 마스터Master, 다이너스Diners, 아멕스AMEX 등 대부분의 신용카드를 사용할 수 있으며, 여권의 영문명과 동일해야 하고, 카드 뒷면에 서명이 있어야 한다.

🧳 국제직불카드(Debit Card)

해외에서도 사용할 수 있는 국제직불카드에는 VISA, MASTER, PLUS, CIRRUS, MAESTRO 등의 제휴마크가 표시되어 있다. 국내에서처럼 본인통장 잔고만큼 해외에서도 인출이 가능한 카드이다. 직불카드는 찾을 수 있는 금액이나 횟수, 일자가 정해져 있으며, 이는 은행마다 차이가 있다. 인출 당시의 환율이 반영되고, 인출할 때마다 수수료가 붙기 때문에 현금결제보다 불리하다. 특히 해외여행자들이 많이 이용하는 씨티은행Citi Bank은 타이베이시내 17곳에 지점이 있고 인출수수료가 US$1 정도이며, 한국어가 지원되는 ATM이 3지점에 위치해 편리하게 이용할 수 있다.

🧳 급할 때 사용하는 생존 영어와 중국어

타이완 공용어는 만다린어이다. 어휘나 어조의 미세한 차이는 있지만 중국본토와 동일하다. 현지인들은 타이완방언인 민난어閩南語와 하카어客家語를 함께 사용하기 때문에 현지인과 외국인이 많은 MRT 내에서는 만다린어, 민난어, 하카어 그리고 영어로 안내방송을 한다.

공항에서

탑승권 좀 보여주시겠어요? Could you show me your boarding pass, please?
여권 좀 보여주시겠어요? May I see your passport, please?
안전벨트를 매어 주십시오. Please, fasten your seat belt.
담요 한 장 주시겠습니까? May I have a blanket?
짐을 찾을 수 없어요. I can't my checked baggage.
방문 목적이 무엇입니까? What's the purpose of the visit?
관광차 왔어요. I'm here on sightseeing.
어디서 묵습니까? Where are you going to stay?
험블하우스호텔입니다. At the Humble House Hotel.

호텔에서

예약 하셨습니까? Do you have a reservation?
2박 예약했습니다. I have a reservation for two nights.
예약하고 싶은데요. I need to make a reservation.
오늘 저녁 묵을 방이 있나요? Is there a room available tonight?
예약을 취소하겠습니다. I'll cancel my reservation
숙박비가 얼마죠? What are the rates?(How much is the room?)
하룻밤 더 묵고 싶어요. I do like to stay another day.
펜 좀 빌릴까요? May I borrow your pen?
어디서 환전합니까? Where can I change some money?
몇 번 출구입니까? What's the gate number?

물건을 살 때

도와드릴까요? May I help you?
저것 좀 보여주세요. Please, show me that.
전부 얼마입니까? How much in all?
여기 사진 찍어도 돼요? May I take pictures here?
입장료는 얼마입니까? How much is the admission fair?
어떤 관광이 있습니까? What kinds of tours are there?
기념품 어디서 사나요? Where can I buy some souvenirs?
죄송하지만, 험블하우스호텔 가는 길 좀 알려주시겠어요? Excuse me. Can you tell me the way to the Humble House Hotel?
그곳까지 걸어갈 수 있습니까? Can I walk to there from here?
약도를 좀 그려주시겠습니까? Could you draw me a map?
거스름돈은 그냥 가지세요. Keep the change.

식당에서

오늘 저녁 7시에 4인 좌석을 예약하고 싶어요. I'd like to book table for four at seven this evening.
메뉴를 보고 싶어요. May I have the menu, please?
주문을 받을까요? May I take your order, please?
정하지 않았습니다. I haven't made up my mind yet.
무엇이 좋을까요? What do you recommend?
당신이 권하는 것을 먹어볼게요. I'll have what you suggest.
스테이크를 어떻게 해드릴까요? How do you like your steak?
살짝(중간/바짝) 익혀주세요. I'd like it rare(medium/well-done).

의미	중국어	발음
안녕하세요.	你好	니하오
만나서 반갑습니다.	見到你很高興	지엔따오니 혼가오씽
여보세요?	喂	웨이
얼마에요?	多少錢	뚜어샤오치엔
너무 비싸요./깎아주세요.	太貴了/給我便宜点儿	타이꾸이러/게이워피엔이디얄
미안합니다.	對不起	뚜웨이부치
괜찮습니다.	沒關係	메이꽌시
감사합니다.	謝謝	씨에씨에
고수는 빼주세요.	不要放香菜	부야오 팡 샹차이
맛있어요.	很好吃	헌피엔이
계산해 주세요.	買單	마이딴
이것/저것	這個/那	쩨이거/네이거
네/아니오	是/不是	스/부스
좋아요./싫어요.	好啊/不舒服	호우/음호우
안녕히 가세요.	再見	짜이지엔
1, 2, 3, 4, 5, 6, 7, 8, 9, 10, 100, 1000	一, 二, 三, 四, 五, 六, 七, 八, 九, 十, 百, 千	이, 얼, 싼, 쓰, 우, 리우, 치, 빠, 지우, 스, 바이, 치엔

여행 중 사건/사고에 대처하는 방법

타이베이의 치안은 여행하기 불편하지 않을 정도로 안전하지만 야시장이나 관광명소 또는 호스텔 등에서 분실이나 소매치기사건이 발생한다. 여행 중 사고가 나면 남은 일정에 영향을 주므로 예방에 신경을 써야 하고, 사고가 발생하더라도 침착하게 대처해야 한다.

현금이나 소지품의 분실, 도난

여행 중 가장 빈번한 사고가 분실과 도난이다. 분실은 소지품을 제대로 챙기지 못해 발생하고, 도난은 사람이 많은 혼잡한 곳에서 발생하므로 사람이 붐비는 야시장과 출퇴근시간대 MRT에서는 가방을 앞쪽에 매는 등 좀더 주위를 기울여야 한다. 분실이나 도난에 대비하여 여권번호, 발행일, 유효기간 등과 신용카드, 체크카드의 번호 그리고 해당 카드사 신고전화번호도 미리 메모해두자.

현금만 잃어버렸을 경우 신용카드나 직불카드를 이용할 수 있어 대처할 수 있지만, 지갑 채 사고를 당했다면 현지에서 현금을 빌리거나 송금을 받아야 한다. 아쉽게도 타이완에는 국내 은행지점이 없어 미국 송금전문업체인 웨스턴유니온을 통해 송금받거나 국내에서 외교부계좌로 입금하면 해당 재외공관에서 현지화로 전달받을 수 있다. 해외여행자보험을 가입했다면 경찰서에서 도난(분실)증명서를 발급받아 귀국 후 보험사에 제출해야만 가입한 보험상품에 따른 보상금 혜택을 받을 수 있다.

국내 외교부계좌를 이용한 송금

여행 중 현금, 신용카드를 분실 또는 도난당했거나 갑작스러운 사고로 돈이 급하게 필요할 경우, 여행기간을 연장할 경우에 송금을 받을 수 있는 신속해외송금지원제도이다. 국내에서 외교부계좌로 입금하면 해당 재외공관(대사관, 총영사관)에서 현지화로 1회 최대 US$3,000까지 송금 받을 수 있는데, 신청방법은 다음과 같다.
① 재외공관 영사콜센터를 통해 신속해외송금지원제도를 신청한다.
② 국내의 연고자가 영사콜센터에 송금절차를 문의하여 입금계좌정보 및 입금금액을 안내받는다.
③ 국내의 외교부 계좌(우리은행, 농협, 수협 등)로 수수료를 포함한 송금액을 입금한다.
④ 송금수취인은 재외공관에서 현지화로 송금된 금액을 전달받는다.

영사콜센터(www.0404.go.kr)

웨스턴유니온을 이용한 송금

널리 알려진 송금수단으로 고액일 경우 금액대비 수수료가 그리 크지 않아 좋다. 전 세계 200여 개국에 44만여 개의 가맹점을 통해 돈을 찾을 수 있어 더욱 편리하다. 영국과 나이지리아를 제외한 국가는 1일 1건당 US$7,000까지 송금이 가능하다. 한국에서 송금할 때는 국민, 하나, 농협, 대구, 부산은행 전 지점을 통해 웨스턴유니온으로 송금할 수 있다. 송금하는 사람에게 송금수수료를 부과하며, 찾는 사람은 별도수수료를 지불하지 않는다.

웨스턴유니온(www.westernunion.co.kr)

① 가까운 웨스턴유니온 가맹점을 방문하여 영문으로 송금신청서를 작성한다.
② 작성된 송금신청서와 함께 수수료를 포함한 송금액과 신분증을 제시한다.
③ 송금이 처리되면 송금인증번호(MTCN) 10자리와 영수증을 받는다.
④ 송금수취인에게 송금인의 이름, 금액, 송금인증번호, 송금국가 등의 정보를 알려준다.
⑤ 송금수취인은 가까운 웨스턴유니온 가맹점을 방문하여 송금수취신청서를 작성한 후 신분증과 함께 제시한다.(송금인의 이름, 송금국가, 송금액, MTCN 등의 정보가 필요하며 대리인은 수취불가하다.)
⑥ 영수증의 모든 사항을 확인하고 사인한 후 송금된 금액과 영수증을 받으면 된다.

여행자보험과 도난증명서 작성요령

도난, 사고 시 여행자보험에 가입했다면 그나마 도움이 된다. 여행자보험은 환전할 때 은행에서 무료가입해주기도 하고, 여행사에서 일괄가입처리하는 경우도 있다. 일반보험사를 통해 직접 가입한다면 보험료, 보상한도 등을 꼼꼼히 살펴봐야 한다. 보상받으려면 현지 사건, 사고증명 서류(치료비영수증, 진단서, 의사소견서, 도난신고서 등)들을 잊지 말고 챙겨야 한다.

만일 도난/분실을 당했다면 가까운 경찰서에서 도난(분실)증명서를 작성해야 한다. 증명서에는 도난(분실) 사건경위, 도난(분실)물품 등을 빠짐없이 모델명까지 상세히 기록해야 한다. 이는 차후 보험보상금에 영향을 주므로 도난과 분실을 명확히 구분해야 한다. 분실은 대체로 보상이 힘들며, 증명서에 분실 'Lost', 도난 'Stolen'이라 기재하자.

🧳 여권과 항공권, 신용카드 등의 분실

여권을 분실했다면 여권용사진 2장, 여권분실신고서 원본, 여권사본 1부(소지자에 한해), 여권 이외의 국내신분증 및 사본 1부와 항공권을 가지고 타이베이 대한민국대표부에 신고하여 재발급을 받아야 한다. 재발급여권은 무조건 단수여권이며, 기간은 하루에서 일주일 정도 소요되고, 수수료는 NT$450이다. 여권분실에 대비하여 여권사본을 준비해두면 이럴 때 도움이 된다.

주소 No. 333, Section 1, Keelung Road, Xinyi District 문의 (886)02-2758-8320~5 운영시간 09:00~12:00, 13:30~18:00/토~일요일, 공휴일&우리나라 국정공휴일 휴무 찾아가기 MRT 타이베이101/스마오(台北101/世貿, Taipei 101/World Trade Center)역 1번 출구로 나와 직진하다 육교가 보이는 사거리에서 오른쪽으로 걷다보면 오른편에 위치한 타이베이월드트레이드센터/인터내셔널트레이드빌딩(Taipei World Trade Center/International Trade Building) 내에 위치한다. 홈페이지 taiwan.mofat.go.kr

유효기간이 1년인 항공권을 분실했다면 재발급 가능하지만 1년 미만 할인항공권은 재발급이 불가하다. 정규요금 항공권분실 시 항공권번호, 발행일 등의 정보를 해당 항공사에 알리면 확인 후 재발급해준다. 보통 4~7일 정도 걸리는데, 항공권사본이 있다면 도움이 된다. 할인항공권을 분실했다면 편도항공권을 타이베이에서 구하는 수밖에 없다. 신용카드를 분실했다면 해당 카드사에 신고하여 카드거래중지를 해야 한다. 국내 신용카드고객센터는 24시간 전화연결이 가능하므로 분실 즉시 신고해야 한다.

카드회사	국내전화/해외전용전화	홈페이지	카드회사	국내전화/해외전용전화	홈페이지
국민카드	1588-1688/82-2-6300-7300	kbcard.com	삼성카드	1588-8900/82-2-2000-8100	samsungcard.co.kr
신한카드	1800-1111/(82)1800-1111	shinhancard.com	씨티카드	1566-1000/82-2-2004-1004	citibank.co.kr
하나카드	1599-1155/82-2-3489-1000	hanacard.co.kr	현대카드	1577-6200/82-2-3015-9200	hyundaicard.com
BC카드	1588-4515/82-2-330-5701	bccard.com	롯데카드	1588-8300/82-2-2280-2400	lottecard.co.kr

🧳 갑작스러운 부상이나 아플 때

대형호텔에 묵는다면 호텔프런트에서 의사를 불러 적절한 조치를 받을 수 있다. 가벼운 증상일 경우 가까운 약국을 이용하거나 숙소에서 휴식을 취하고, 증세가 심할 경우에는 병원을 찾는 것이 좋다. 가벼운 증상에 대비하여 여행 전 감기약, 멀미약, 소화제, 밴드, 상처에 바르는 약 등 상비약을 준비해 가는 것이 좋다.

관공서	전화번호	관공서	전화번호
응급서비스(경찰, 구급차)	119	타이베이 대한민국대표부	(886)02-2758-8320~5
경찰핫라인	(886)02-2381-7475	대한민국 영사콜센터	00-800-2100-0404
타이베이방문자센터 핫라인	(886)02-2717-3737	수신자부담전화	0080-182-0075

Section 02
지도로 보는 타이베이여행

지도를 통해 한눈에 타이베이의 주요 명소들의 위치를 미리 파악해 놓는다면 여행계획을 세우는 데 많은 도움이 될 수 있다. 이번 섹션에서는 MRT 노선별 명소와 야시장뿐만 아니라 버스 또는 기차로 이동할 수 있는 근교여행지의 정확한 위치를 파악할 수 있도록 제시하였다. 이를 통해 이동시간을 절약한 최적의 동선을 구성하여 자신만의 알찬 여행을 즐길 수 있다.

한눈에 살펴보는 타이베이근교 여행지

타이베이시내에서 1~2시간 정도 MRT, 시외버스, 타이완하오싱 그리고 기차 등의 대중교통을 타고 이동하면 시내와는 색다른 근교여행을 즐길 수 있다. 시간이 여유롭지 않다면 가장 유명한 지우펀, 진과스, 예류 그리고 핑시선 등을 택시투어 또는 데이투어로 편안하게 둘러보면 된다. 시간적인 여유가 있다면 양명산, 지우펀 등의 근교에서 1박을 해보는 것도 좋다.

🧳 MRT로 만나는 타이베이

MRT가 잘되어 있는 타이베이는 역에서 멀지 않은 곳에 주요 볼거리들이 위치한 경우가 많다. 주요역 출구근처에 저렴하게 자전거를 대여할 수 있는 유바이크 무인대여소가 마련되어 있어 역과 거리가 있는 주요 명소도 쉽게 이동할 수 있는 편리성을 제공하고 있다.

Part 01

🧳 MRT로 만나는 타이베이 야시장

MRT 역에서 멀지 않은 곳에 야시장이 형성되어 있어 현지인들뿐만 아니라 여행자들에게 먹거리와 볼거리를 제공해준다. 특히 타이베이의 대표 야시장인 스린야시장은 이른 시간부터 영업을 시작하기 때문에 시간에 구애받지 않으며 대학교 주변에 위치한 스다야시장과 궁관야시장은 현지 대학생들의 분위기를 느낄 수 있는 야시장이다.

영화, 드라마, 예능 속에 그려진 타이베이

잔잔한 감성을 자극하는 타이완영화와 신선한 로맨틱코미디가 우리나라에서도 인기를 얻으면서 영화와 드라마촬영지가 새롭게 부상했다. 그 중 대표적인 영화 〈말할 수 없는 비밀〉의 촬영지였던 단수이는 단숨에 타이베이여행의 대표여행지가 되었고, 풋풋한 첫사랑을 다룬 〈그 시절 우리가 사랑했던 소녀〉는 잘 알려지지 않았던 펑시선을 인기 여행지로 만들었다. 국내에서는 2008년 SBS드라마 〈온에어〉에서 지우편과 예류, 타이루거협곡이 소개되면서 선풍적인 인기를 얻었고, tvN의 〈꽃보다 할배〉 대만편으로 타이완하면 망고빙수를 떠올리게 되었다. 여행을 가기 전 이러한 영화와 드라마를 본다면 여행의 감성이 달라질 수 있다.

꽃보다 할배 (tvN예능, 2013)

〈꽃보다 할배, 대만편〉에 소개된 명소 룽산스, 스다야시장, 국립고궁박물원, 국립중정기념당, 타이베이101타워, 그랜드호텔, 단수이, 진과스, 딘타이펑, 아이스몬스터, 뉴루우몐 그리고 신베이터우온천, 타이루거협곡까지 그야말로 알차게 타이베이여행을 즐기는 법을 제대로 보여주고 있다. 특히 할배 모두를 망고빙수에 빠지게 만든 아이스몬스터의 망고빙수는 이후 우리나라 여행자들이 타이베이에 가면 꼭 먹어봐야 할 것 중 하나가 되었다.

온에어 (SBS드라마, 2008)

드라마 온에어는 타이완관광청의 협조로 타이베이시내보다는 외곽위주로 촬영하면서 당시 생소했던 타이완을 매력적으로 담아내어 우리나라 여행자들의 호기심을 불러 일으켰다. 특히 지우편은 홍등이 켜진 수취루의 아름다운 풍경 때문에 지금까지도 여행자들의 발길이 끊이지 않게 되었고, 자연과 세월이 만든 작품으로 가득한 예류와 자연과 인간이 만들어 낸 타이루거협곡은 호기심을 불러일으키기에 충분했다. 이 밖에도 르웨탄, 그랜드호텔 등도 시청자들에게 타이완의 매력을 충분히 어필하였다.

말할 수 없는 비밀 (不能說的秘密, 2007)

영화 때문에 타이베이 특히 단수이여행을 간다는 사람이 있을 정도로 우리에게 잘 알려진 영화이다. 영화배우 주걸륜이 자신의 경험을 토대로 각본, 감독, 주연을 맡아 우리나라에서도 흥행에 성공한 판타지가 가미된 로맨스영화이다. 주걸륜의 모교인 담강고급중학과 바로 옆 진리대학교에서 대부분의 촬영이 이뤄졌으며 주걸륜이 여주인공을 자전거에 태우고 대나무다리를 달리던 장소는 바이샤완의 린산비무잔다오로 단수이에서 버스로 이동가능하다.

그 시절 우리가 좋아했던 소녀 (那些年, 我們一起追的女孩, 2011)

2011년 개봉과 동시에 중화권을 첫사랑 신드롬에 빠지게 했던 영화로 타이완의 흥행기록을 새롭게 세운 영화이다. 우리나라에는 타이완판 〈건축학 개론〉이란 수식어가 붙었고, 입소문을 통해 타이베이여행 전 꼭 봐야 할 영화로 손꼽힌다. 이 영화를 통해 알려진 지역이 바로 대학생이 된 주인공이 데이트를 즐기던 펑시와 징둥이다. 이곳에 가서 영화 주인공처럼 기차가 지나갈 때 천등도 날려보고 철길을 따라 걷거나 동그란 아이스크림을 먹으며 골목을 거닐어보면 어떨까?

비정성시
(悲情城市, 1989)

지우펀이 드라마 온에어덕분에 우리에게 알려졌다면 현지에서는 영화 〈비정성시〉가 한몫을 했다. 1989년 베니스국제영화제에서 영화가 황금사자상을 수상하면서 1971년 폐광으로 쇠락하던 마을은 제2의 호황을 누리게 되었다. 그야말로 지우펀을 살린 영화이며, 이후 일본 애니메이션 〈센과 치히로의 행방불명〉의 모티브가 되면서 더욱 유명세를 타게 되었다.

청설
(聽說, 2009)

건강한 로맨스영화 〈청설〉은 서로를 청각장애인으로 오해한 남녀배우가 서로 배려하며 수화로 이야기를 전개해 나간다. 영화 속 주인공이 데이트를 즐기던 닝샤야시장, 여주인공이 돈을 벌기 위해 판토마임을 펼치던 신이신천구의 중정광장 그리고 남자주인공 부모가 운영하는 도시락가게 황지샤오라뎬(黃記燒臘店)은 MRT 난스지아오(南勢角, Nanshijiao)역에서 조금 떨어진 곳에 위치한다.

바람의 거리, 맹갑
(艋舺, 2010)

2010년 타이완 금마장에서 영화제작자상 수상 그리고 하와이 국제영화제에서 아시아베스트작품상을 수상한 타이완 대표영화 중 하나로 롱산사 근처의 타이완의 옛 거리를 복원한 보피랴오리스제에서 주요장면을 촬영하였다. 당시 촬영지 일부를 개방한 구역인 '멍지아장졔(The Setting of Movie Mong)'에는 영화 관련 소품, 촬영 당시의 사진, 의상들과 세트장을 전시해 놓았다.

꽃보다 남자
(流星花園, 2007)

일본만화가 원작인 〈꽃보다 남자〉는 일본, 타이완뿐만 아니라 우리나라에서도 드라마로 제작되어 큰 히트를 쳤다. 어느 나라 F4가 가장 잘생겼는지 비교하면서 보는 것도 재미있는 드라마이다. 타이완판 〈꽃보다 남자〉는 엄청난 인기로 시즌2까지 방영되었으며, 주요촬영지는 이국적인 건물이 인상적인 국립타이완대학, 신이구의 대표 클럽 중 하나인 룸18, 텐무의 클래식 자동차테마레스토랑 피에스부부 그리고 촬영당시 중산미술공원이었던 엑스포공원 등으로 드라마 방영당시 마치 성지순례를 하듯 팬들의 발길이 끊이지 않았다.

장난스런 키스
(惡作劇之吻, 2005)

〈꽃보다 남자〉처럼 일본만화가 원작으로 일본, 타이완뿐만 아니라 우리나라에서도 드라마로 제작되었으며 타이완에서는 시즌2까지 방영되었다. 〈장난스런 키스〉의 대표 촬영지는 MRT 신뎬역에 위치한 타이완팔경십이승 중 한 곳으로 꼽히는 비탄이다. 드라마 이후 비탄 흔들다리에서 자전거를 타거나 강물에서 오리배를 타는 데이트 장소로 각광받기 시작했다. 그리고 시즌2에서는 남녀주인공의 결혼기념일 데이트장소로 미라마 엔터테인먼트파크의 대관람차가 알려지면서 연인들에게 더욱 유명해졌다.

타이베이여행 제대로 준비하기

Section 03
행복한 타이베이여행을 위한 일정별 동선

볼거리가 많은 타이베이는 실제 여행을 하다보면 시내와 근교를 오가는 동선이 항상 고민거리가 된다. 오전에는 주요명소나 근교, 저녁에는 야시장과 밤문화 등 하루에 둘러볼 곳이 많아 제대로 계획하지 않는다면 짧은 여행일정은 엉망이 될 수 있다. 다음에 제시하는 일정은 처음 여행하는 사람들을 위한 모범답안 같은 일정이다. 첫 여행이라면 이 일정대로만 움직여도 절대 후회하지 않을 여행이 될 것이다.

🧳 타이베이여행 예산 잡기

여행에서 예산을 크게 좌우하는 것은 항공권을 포함한 숙소와 먹거리이다. 최대한 아끼면서 최대로 즐길 수 있는 알뜰한 여행부터 모처럼 하는 여행이니 럭셔리하게 즐기고자 하는 여행까지 상황별 예산을 대략적으로나마 제시한다. 쇼핑은 정도차가 크기 때문에 제외하였고, 가볍게 둘러볼 수 있는 2박 3일, 1인 기준으로 하였다. 예산을 세울 때는 성수기의 경우 제시하는 금액보다 더 높을 수 있으므로 참고용으로만 활용하자.

최소비용으로 최대효과를 노리는 알뜰한 여행스타일 예산

환율 NT$1=40원(2017년 3월 기준) **항공권** 30만 원~ **숙박** 호스텔 1베드 NT$600×2일=NT$1,200 **식비** 1일 NT$500×2일=NT$1,000 **교통비 포함 기타 경비** NT$500×2일=NT$1,000(쇼핑 제외) **총 합산금액** 50~70만 원 이상

✈️ 여행사에서 땡처리로 판매하는 할인항공권이나 공동구매 특가항공권을 노려보자. 가격이 저렴한 만큼 제약이 많으므로 꼼꼼히 따져 보고 구매해야 한다. 경매입찰로 구입하는 항공권도 있으므로 잘만 찾으면 여행경비를 대폭 줄일 수 있다.

🏨 저렴한 호스텔은 주로 타이베이기차역과 시먼딩 근방에 모여 있다. 호스텔 대부분이 MRT와 멀지 않은 곳에 위치해 있으며 건물 외관은 허름하지만 내부는 잘 꾸며진 대형호스텔이 많다. 4~10인까지 묵을 수 있는 도미토리형식으로 아침, 커피, 간식 등이 무료로 제공되는 곳도 있으므로 꼼꼼히 비교해보고 결정하자.

🍱 타이베이는 먹거리의 천국답게 노점과 야시장에서 저렴하게 맛있는 한 끼를 해결할 수 있다.

노점상의 경우 영어가 통하지 않으므로 주문할 메뉴를 미리 한자로 적어가면 편하다. 특히 야시장에서는 NT$100 정도면 충분히 배를 채울 수 있는 수많은 요리가 있으며, 타이완의 유명음식인 뉴러우몐의 경우 NT$200 안팎으로 즐길 수 있다.

🚌 타이베이 명소 대부분은 MRT역 부근이라 이지카드를 이용하면 편리하다. 예류지질공원, 진과스, 지우펀, 핑시선, 우라이 등 타이베이 근교를 이동하는 버스와 기차도 이지카드를 사용할 수 있어 편리하다.

쓸 때 쓰고, 아낄 것은 아끼는 일반적인 여행스타일의 예산

환율 NT$1=40원(2017년 3월 기준) 항공권 40만 원~ 숙박 1인실 NT$1,200×2일=NT$2,400 식비 1일 NT$1,000×2일 =NT$2,000 교통비 포함 기타 경비 NT$1,000×2일=NT$2,000(쇼핑 제외) 총 합산금액 60~80만 원 이상

✈️ 타이베이 직항할인항공권을 구입한다. 에어텔을 이용하려면 인터넷 검색창에 '타이베이에어텔'로 검색하면 여행사별 다양한 상품이 나오므로 비교하여 선택하면 된다.

🏨 가격이 비교적 저렴한 호스텔의 개인룸을 이용한다. 대부분 대형호스텔 또는 중급호스텔의 경우 도미토리 이외에 개인룸을 보유하고 있는데 싱글룸, 더블룸, 트리플룸 그리고 가족룸까지 다양하다. 어떤 곳은 2명이 묵을 경우 도미토리보다 2인실 개인룸이 저렴할 수 있으며 호스텔 개인룸의 경우 룸 안에 개인욕실이 설치되어 있는 곳도 있지만 공용욕실을 사용하는 곳이 있으니 꼼꼼하게 체크해 봐야 한다. 사적인 공간을 원한다면 3성급호텔을 이용하는 편이 낫다. 낡은 상가건물의 몇 층을 단독으로 사용하는 호텔이 대부분이지만 체인점으로 운영하는 호텔도 있어 안심하고 이용할 수 있다. 가격은 호스텔 개인룸보다 조금 더 비싼 편이며, 독특하게 창문 유무에 따라 가격이 다르다. 성수기와 비수기 그리고 평일과 주말에 따라 가격이 차이나며 주기적으로 프로모션을 진행하기 때문에 저렴한 가격에 숙박을 해결할 수도 있다.

🍽️ 타이베이 3성급 호텔 대부분은 조식이 포함되지 않지만 일부 호텔에서는 호텔과 연계된 패스트푸드의 조식쿠폰을 제공하는 경우도 있다. 아침은 단 테커피, 타이완식 도시락, 이른 아침 현지인들을 위한 음식을 파는 노점 등에서 해결하자. 식사 후에는 망고빙수, 쩐주나이차 등 타이완의 디저트를 즐기고, 저녁에는 유명 레스토랑에서 중국요리를 선택해보자. 클럽과 바를 찾는다면 신이계획구 일대가 좋은데, 몇 곳은 특정 날짜에 여성은 무료입장할 수 있다.

🎵 2명 이상이 함께 여행중이라면 시내에서 가까운 거리는 택시로 이동하는 것이 편리하다. 택시투어를 통한 타이베이 근교여행을 계획한다면 택시 한 대당으로 가격을 측정하기 때문에 해당 사이트에서 동행자를 구해 정원을 채워 함께 이동하면 비용부담을 줄이면서 시간대비 효율적이고 편안한 여행을 즐길 수 있다.

모처럼 여행인데 럭셔리하게 즐기고 싶은 여행스타일의 예산

환율 NT$1=40원(2017년 3월 기준) **항공권** 70만 원~ **숙박** 1인실 NT$10,000×2일=NT$20,000 **식비** 1일 NT$2,000×2일=NT$4,000 **교통비 포함 기타 경비** NT$2,000×2일=NT$4,000(쇼핑 제외) **총 합산금액** 180~200만 원 이상

✈️ 럭셔리한 여행을 원한다면 출발부터 직항비행기의 비즈니스석을 이용하자. 비즈니스석은 이코노미석보다 2배 정도 비싸지만 항공마일리지를 이용한다면 좌석승급이 가능하다. 비즈니스석과 이코노미석의 서비스 차이는 항공사나 기종에 따라 다르다.

🍴 호텔 내 고급레스토랑에서 우아한 식사를 즐기자. 예술작품과 함께 품격 있는 식사를 즐길 수 있는 험블하우스타이베이의 프렌치이탈리안 레스토랑 라파르팔라, 세계적으로 인정받은 미슐랭 스타셰프를 영입해온 만다린오리엔탈타이베

이, 타이베이 최고의 상하이요리전문레스토랑 상하이파빌리온 등이 유명한 샹그릴라파이스턴플라자호텔에서 최고의 음식을 즐겨보자. 또한 뛰어난 전망을 자랑하는 W타이베이의 우바와 야외테라스를 갖춘 팔레드쉰호텔의 르바 그리고 38층에 위치하여 타이베이101타워와 시내 전망을 감상할 수 있는 샹그릴라파이스턴플라자호텔의 마르코폴로라운지 등에서 칵테일이나 와인을 즐겨보자. 주말에는 타이베이 젊은이들의 흥겨운 밤문화를 엿볼 수 있는 유명클럽을 찾아가보는 것도 좋다.

🏨 험블하우스타이베이, 만다린오리엔탈타이베이, W타이베이, 에슬릿호텔, 팔레드쉰호텔, 그랜드하얏트 등 5성급 럭셔리호텔은 시즌별, 객실전망에 따라 요금이 천차만별이며 현지에서 예약하는 것보다 국내 여행사나 전문업체를 통하는 것이

좋다. 럭셔리한 객실에서 차별화된 서비스를 받을 수 있으며, 보통 NT$6,000~12,000 이상이다.

호텔에서 즐기는 고급스파

🚕 택시투어로 편안하게 관광을 즐길 수 있다. 택시투어는 인원수가 아닌 택시자체를 대여하는 비용을 지불하는데, 보통 NT$4,000 이상이다. 기사가 가이드를 해주는 것이 아니라 투어일정에 맞춰 목적지까지 편리하게 여행을 즐길 수 있다. 시내에서 일반택시는 손쉽게 잡을 수 있으며, 요금은 우리나라에 비해 저렴한 편이다.

효율적으로 돌아보는 타이베이여행 일정

타이베이는 실제 여행을 하다보면 촉박한 일정으로 제대로 구경하지 못하는 경우가 많다. 여행자들이 많이 선호하는 2박 3일, 3박 4일 그리고 4박 5일 일정으로 타이베이시내 위주와 타이베이시내와 근교여행으로 구성된 다양한 일정을 제시하니 본인 여행스타일에 맞게 재구성하거나 이대로 움직여도 별 문제없는 여행이 될 것이다.

2박 3일 추천일정

타이베이에 오전 도착, 저녁 출발이라면 짧은 일정이라도 알차게 보낼 수 있다. 보통 숙소체크인이 오후 3시부터이므로 이보다 일찍 도착했다면 숙소에 짐을 맡기고 바로 여행을 시작하자. 첫날은 타이베이기차역, 시먼딩, 융캉제, 국부기념관, 타이베이101타워 등을 둘러보고, 둘째 날은 타이베이근교를 여행하는 일정이 좋다. 타이베이는 이동거리가 짧지만 계속 걷는 것은 무리이므로 MRT나 택시를 이용하는 것이 좋다. 짧은 일정이기 때문에 여행계획은 더 꼼꼼하게 챙겨야 후회하지 않는 여행이 된다.

> 환율 NT$1=40원(2017년 3월 기준)
> 항공권 직항 왕복항공권(30~40만 원선)
> 숙박 최소 2박(호텔 등급, 게스트하우스 시설에 따라 요금차이가 있다.)
> 교통비 이지카드로 MRT 또는 버스이용
> 식비/기타비용 3일×NT$1,000=NT$3,000(12만 원선)
> 총 예상비용 60만 원 이상(항공권, 숙박에 따라 상이)

3박 4일 추천일정

타이베이시내와 근교인 마오콩, 신베이터우, 단수이 등과 외곽지역인 타이완북부해안, 예류, 지우펀, 진과스, 핑시 등의 일정으로 웬만한 타이베이의 유명여행지를 다녀올 수 있다. 여유롭게 이동하고 싶다면 무리하지 말고 꼭 가보고 싶었던 지역 위주로 선택하자. 외곽지역은 비용적인 면에서 부담이 있을 수 있지만 편리하게 이동하고 싶다면 택시투어를 이용해보자.

> 환율 NT$1=40원(2017년 3월 기준)
> 항공권 직항 왕복항공권(30~40만 원선)
> 숙박 최소 3박(호텔 등급, 게스트하우스 시설에 따라 요금차이가 있다.)
> 교통비 이지카드로 MRT 또는 버스이용
> 식비/기타비용 4일×NT$1,000=NT$4,000(16만 원선)
> 총 예상비용 80만 원 이상(항공권, 숙박에 따라 상이)

4박 5일 추천일정

2박 3일, 3박 4일 일정보다 여유롭기 때문에 우라이, 양밍산 또는 신베이터우에서 여유롭게 온천욕을 즐길 수 있다. 타이베이시내도 꼼꼼하게 돌아볼 수 있고, 근교와 외곽지역도 제대로 다녀올 수 있어 타이베이여행을 제대로 즐길 수 있는 일정이다.

> 환율 NT$1=40원(2017년 3월 기준)
> 항공권 직항 왕복항공권(30~40만 원선)
> 숙박 최소 4박(호텔 등급, 게스트하우스 시설에 따라 요금차이가 있다.)
> 교통비 이지카드로 MRT 또는 버스이용
> 식비/기타비용 5일×NT$1,000=NT$5,000(20만 원선)
> 총 예상비용 100만 원 이상(항공권, 숙박에 따라 상이)

타이베이여행 제대로 준비하기

저자 강력추천
2박 3일 일정

Day 01
국립중정기념당/
롱산스/시먼딩/
타이베이101타워

공항도착 — 숙소체크인 30분~1시간 소요 — 228평화공원 1시간 코스 — 총통부 10분 코스 — 국립중정기념당 1시간 코스 — 보피랴오리스제 30분 코스

1시간 소요 / or / 5분 / 5분 / 10분

롱산스 30분 코스 — 멍지아야시장 30분 코스 — 시먼홍러우 30분 코스 — 한중제 30분 코스 — 타이베이101전망대 30분~1시간 코스 — 신이계획구 일대 1시간 이상

2분 / 3분 / 15분 / 1분 / 15분 / 10분 / or

숙소(1박)

Day 02
예류/핑시선/
진과스/지우펀

기상 및 조식 07:00 — 예류지질공원 1시간 이상 — 징통 또는 핑시 30분 코스 — 스펀 30분 코스 — 허우통 30분 코스

1시간 30분 / & 2시간 / 10분 / 10분

진과스 1시간 코스 — 황금폭포 10분 코스 — 스싼청이즈 20분 코스 — 지우펀 1시간 코스 — 스린야시장 30분 코스

& / 20분 / 5분 / 20분 / & 1시간 30분 / or

숙소(2박)

Day 03
국립고궁박물원/
국부기념관/중산/
공항/귀국

기상 및 조식 08:00 — 국립고궁박물원 1시간 이상 — 국부기념관 30분 코스 — 송산문창원구 30분 코스 — 중산골목 30분 코스 — 타이베이기차역 30분 코스

& / & 30분 / 10분 / 3분 / 5분 / 1시간 소요

공항&귀국

저자 강력추천
3박 4일 일정

Day 01
국부기념관/롱산스/융캉제/타이베이101타워

- 공항도착 → 1시간 소요 → 숙소체크인 (1시간 코스) → 화산1914문창원구 (1시간 코스) → 5분 → 국부기념관 (30분 코스) → 10분
- 송산문창원구 (30분 코스) → 15분 → 보피랴오리스제 (30분 코스) → 2분 → 롱산스 (30분 코스) → 15분 → 융캉제 (1시간 코스) → 10분
- 타이베이101전망대 (30분~1시간 코스) → 10분 → 신이계획구 일대 (1시간 이상 코스) → or → 숙소(1박)

Day 02
국립고궁박물원/핑시선/진과스/지우펀

- 기상 및 조식 07:00 → 국립고궁박물원 (1시간 이상) → 10분 → 충렬사 (30분 코스) → 2시간 → 핑시선 (2시간 코스) → 30분
- 진과스 (1시간 코스) → 10분 → 황금폭포 (10분 코스) → 5분 → 스싼청이즈 (20분 코스) → 30분 → 지우펀 (1시간 코스) → 1시간 30분 → 스린야시장 (30분 코스) → or → 숙소(2박)

48

타이베이여행 제대로 준비하기

Day 03
예류/
타이완북부해안/
단수이

| 기상 및 조식 07:00 | 🚌 1시간 30분 | 예류지질공원 1시간 이상 | 🚌 50분 | 주밍미술관 1시간 이상 | 🚌 10분 | 쥔위안 30분 코스 | 🚌 40분 |

| 스먼둥 30분 코스 | 🚌 10분 | 라오메이루스카오 30분 코스 | 🚌 10분 | 바이샤완 30분 코스 | 🚌 30분 | 꽌수이완 30분 코스 | 🚌 30분 | 담강고급중학 30분 코스 | 👣 2분 |

| 진리대학 30분 코스 | 🚌 10분 | 단수이위런마터우 30분 코스 | 🚌 15분 | 단수이라오제 1시간 코스 | 🚆 | 숙소(3박) |

Day 04
신베이터우/
중산/공항/귀국

| 기상 및 체크아웃 09:00 | 🚆 | 베이터우시립도서관 10분 코스 | 👣 3분 | 베이터우온천박물관 30분 코스 | 👣 10분 | 디러구 10분 코스 | 👣 3분 |

| 노천온천 1시간 코스 | 🚌 30분 | 중산골목 30분 코스 | 👣 5분 | 타이베이기차역 30분 이상 코스 | 🚌 1시간 소요 | 공항&귀국 |

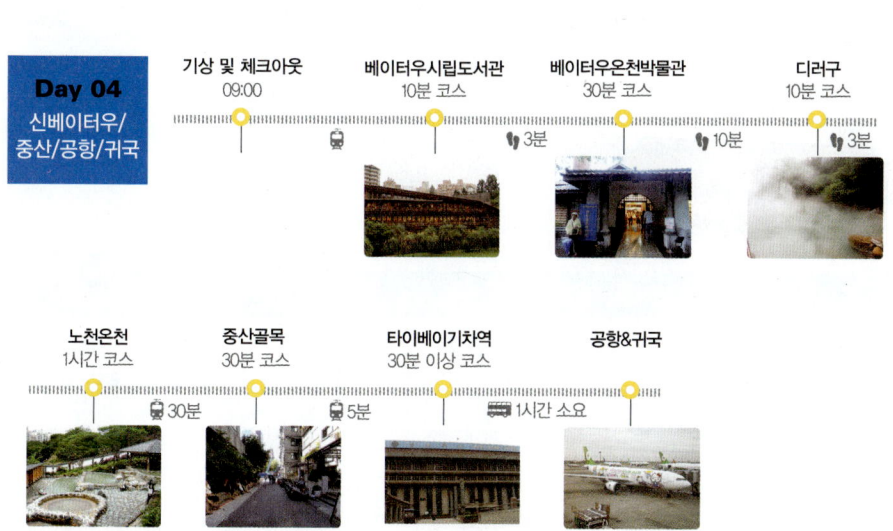

49

추천 3박 4일 일정
(타이베이시내+외곽지역)

Day 01 | 국부기념관/롱산스/시먼딩

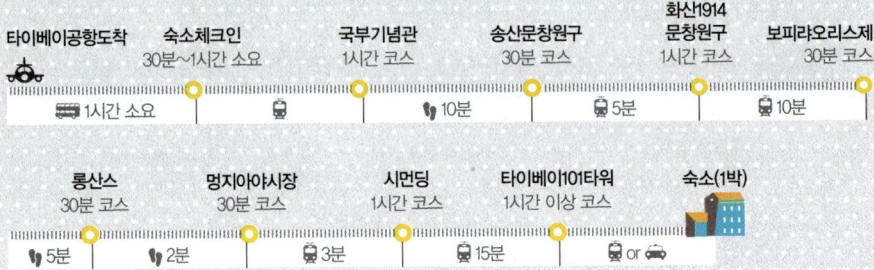

Day 02 | 핑시선/진과스/지우펀/융캉제

Day 03 | 예류/주밍미술관/바이샤완/꽌수이완/단수이

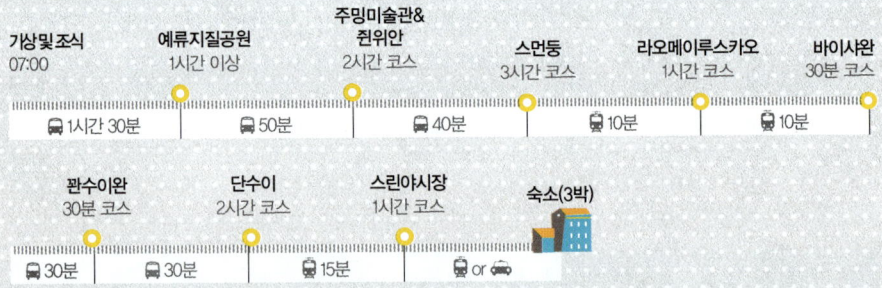

Day 04 | 국립고궁박물원/국립중정기념당/공항/귀국

추천 4박 5일 일정 (타이베이시내+외곽지역)

Day 01 | 국부기념관/롱산스/융캉제/타이베이101타워

- 타이베이공항도착
- (1시간 소요)
- 숙소체크인 30분~1시간 소요
- 국부기념관 1시간 코스
- (10분)
- 송산문창원구 30분 코스
- (5분)
- 화산1914 문창원구 1시간 코스
- (10분)
- 보피랴오리스제 30분 코스
- (3분)
- 롱산스 30분 코스
- (2분)
- 멍지아야시장 30분 코스
- (3분)
- 융캉제 1시간 코스
- (7분)
- 타이베이101타워 1시간 이상 코스
- (or)
- 숙소(1박)

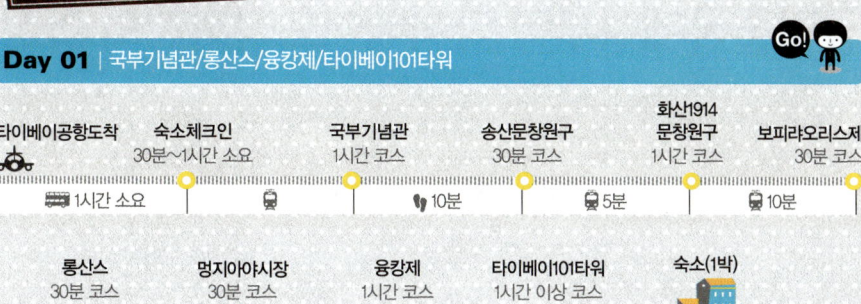

Day 02 | 핑시선/진과스/지우펀/신이계획구

- 기상 및 조식 07:00
- (1시간)
- 핑시선 2시간 코스
- (30분)
- 진과스 2시간 코스
- (10분)
- 지우펀 1시간 코스
- (& 1시간 10분)
- 스린야시장 1시간 코스
- (7분)
- 신이계획구 일대 1시간 코스
- (or)
- 숙소(2박)

Day 03 | 예류/주밍미술관/바이샤완/꽌수이완/단수이

- 기상 및 조식 07:00
- (1시간 30분)
- 예류지질공원 1시간 이상
- (50분)
- 주밍미술관&췬위안 2시간 코스
- (40분)
- 스먼둥 10분 코스
- (10분)
- 라오메이루스카오 30분 코스
- (10분)
- 바이샤완 30분 코스
- (30분)
- 꽌수이완 30분 코스
- (30분)
- 단수이 2시간 코스
- (or)
- 숙소(3박)

Day 04 | 양밍산/신베이터우/우라이/시먼딩

- 기상 및 조식 07:00
- (1시간)
- 양밍산국가공원 2시간 이상
- (35분)
- 신베이터우 2시간 코스
- (1시간)
- 비탄 30시간 코스
- (1시간)
- 우라이 2시간 이상
- (& 1시간 30분)
- 시먼딩 1시간 코스
- (or)
- 숙소(4박)

Day 05 | 국립고궁박물원/국립중정기념당/공항/귀국

- 기상 및 체크아웃
- (&)
- 국립고궁박물원 1시간 이상
- (10분)
- 충렬사 30분 코스
- (& 20분)
- 국립중정기념당 30분 코스
- (5분)
- 228평화공원 30분 코스
- (8분)
- 타이베이기차역 30분 코스
- (1시간 소요)
- 공항&귀국

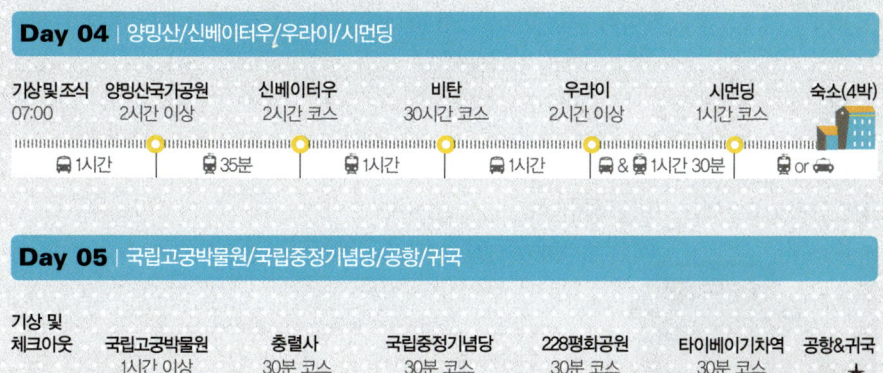

Part 01

Section 04
공항출국에서부터 타이베이도착까지의 과정

공항에는 출발 2시간 전에 미리 도착하는 것이 좋으며, 면세점을 이용하려면 자신의 스타일에 맞게 시간을 계산하여 움직이는 것이 좋다. 타이베이까지는 비행시간이 비교적 짧지만 공항에 도착해 숙소까지 이동하는 시간을 생각하면 한나절 이상이 소요된다는 것을 기억하고 일정을 조율해야 한다.

한눈에 살펴보는 공항출국과정

타이베이행 항공편은 인천, 김포, 김해국제공항에서 출발하고, 안전한 출국수속을 위해서는 비행기 출발 2시간 전까지 공항에 도착해야 한다. 출발하는 공항별로 구조는 다를 수 있지만 절차는 동일하므로 여기서는 여행자들이 많이 이용하는 인천국제공항을 기준으로 설명한다.

❶ 공항도착 ❷ 해당 체크인카운터에서 발권 ❸ 세관신고, 보안검색, 출국심사 ❹ 출발 30분 전 해당 게이트 이동 후 비행기탑승

타이베이로 가려면 국제선이 운항되는 공항으로 가자

타이베이행 비행기는 인천과 김포, 김해국제공항에서 탑승가능하다. 여기서 살펴볼 인천국제공항은 공항리무진을 이용하면 1층이나 3층 출국장 앞에서 내리고, 공항철도를 이용하면 안내표지판을 따라 3층 출국장까지 걸어야 한다. 출국장은 A부터 M까지 카운터가 있어 항공사별로 탑승수속을 처리한다. A~C는 대한항공, L~M은 아시아나 그리고 D~K는 외국계 항공사카운터이다. 공항 3층 출국장에 도착하면 운항정보안내모니터에서 탑승수속카운터를 확인한 후 해당하는 카운터에서 탑승수속을 받으면 된다.

공항리무진버스 이용하기

6000~6030번의 공항리무진버스가 인천국제공항까지 운행되는데 강남, 강서, 강북방면에서 출발하며 요금은 7,000~16,000원이다. 서울뿐만 아니라 용인, 수지, 분당, 성남, 일산, 안양, 안산, 수원, 안성, 의정부 등의 경기도 지역과 대전, 대구, 춘천, 충주, 태안, 광주, 전주 등 각 지방에서도 인천국제공항까지 버스가 운행되고 있다.

공항철도(AREX) 이용하기

서울역과 인천국제공항역을 연결하는 공항철도는 직통과 일반열차 두 가지가 있다. 직통열차는 서울역에서 인천국제공항까지 한 번에 연결하는데, 새벽 6시부터 밤 10시 10분까지 시간당 1~2대를 운행하며 소요시간은 43분이다. 운임은 성인 8,000원, 어린이 6,900원이다. 국적기를 이용할 경우 서울역에서 탑승수속과 수하물탁송, 출국심사를 미리 끝내면 편하게 인천국제공항으로 이동하여 전용출국통로를 이용할 수 있다. 이 서비스는 당일출국 국제선에 한하며 수하물탁송은 05:20~19:00, 출국심사는 08:00~19:00까지 가능하다.

직통열차 운행시간 06:00~22:00(시간당 1~2대 운행) 소요시간 43분 요금 8,000원(성인), 6,900원(어린이)
일반열차 운행시간 05:20~23:38(시간당 5~6대 운행) 소요시간 4~58분 요금 900~4,150원(어린이 50%, 청소년 20% 할인)

인천국제공항행 KTX 이용하기

지방에서 출발하는 경우 김포공항이나 서울역, 용산역에서 공항철도나 리무진으로 환승해야 하는 번거로움이 있었지만 수색연결선이 개통되고 신경의선(문산~용산)과 인천공항철도가 연결되면서 KTX를 타고 곧바로 인천국제공항역까지 이동할 수 있게 되었다. 부산에서 인천국제공항역까지는 약 3시간이 소요된다. KTX 승강장은 공항철도 승강장과는 분리되어 있으며, 귀국 후 KTX를 타고 돌아갈 때에도 KTX 전용 승강장을 이용해야 한다.

택시 이용하기

택시를 이용할 경우 여객터미널 1층 도착층의 5C~8C번 승차장에 하차하면 된다. 서울, 인천, 경기 지역에서 인천공항으로 가는 경우 할증이 적용되지 않지만 인천공항에서 서울, 인천, 경기 지역으로 가는 경우 시계할증이 적용될 수 있으므로 서울이면 서울택시, 인천이면 인천택시 등과 같이 목적지 넘버의 택시를 이용하는 것이 좋다. 또한 심야시간(24:00~04:00)에는 심야할증 20%가 적용되며, 고속도로 통행료는 승객부담이다.

부산 김해국제공항에서 출발하는 경우

김해국제공항에서도 대한항공, 제주항공, 중화항공, 에어부산 등이 타이베이의 타오위안공항까지 직항을 운행하고 있다. 부산시내라면 공항까지 좌석버스나 리무진버스를 이용할 수 있고, 인근의 경주, 구미, 대구, 창원, 통영 등지에서는 시외버스를 이용할 수 있다. 부산시내 리무진버스는 서면, 부산역, 해운대1, 2번에서 이용할 수 있으며, 보통 40여 분 정도 소요되지만 교통체증을 고려하여 조금 서두르는 것이 좋다. 부산지하철을 이용하는 경우에는 2호선은 사상역, 3호선은 대저역에서 경전철로 환승한 후 공항역에서 하차하면 된다. 김해국제공항은 국내선과 국제선 청사가 구분되어 있으며, 1층은 입국장, 2층은 출국장으로 입국장인 청사 1층의 항공사 체크인카운터를 이용할 수 있다.

발권과 탑승수속하기

인천국제공항 출국장은 A~M까지 항공사별 체크인카운터가 있다. 대한항공(A~C)과 아시아나항공(L~M)이 좌우측 끝에 위치하고, 외국항공사는 가운데(D~K)에 자리한다. 체크인카운터를 찾기 힘들 때는 운항정보안내 모니터에서 탑승할 항공사와 탑승수속카운터를 확인한 후 해당 카운터에서 탑승수속을 받으면 된다.

타이베이행 취항항공사 체크인카운터 배치												
A	B	C	D	E	F	G	H	I	J	K	L	M
대한항공							제주항공	에바항공, 캐세이패시픽항공, 중화항공, 에어캐나다		유니항공, 타이항공, 아시아나항공		아시아나항공	
델타항공			에바항공, 진에어, 아시아나항공	이스타항공, 중화항공								에바항공
중화항공												

체크인카운터에 여권과 항공권을 제시하여 좌석을 배정받고, 수하물탁송 후 보딩패스(탑승권)를 받으면 된다. 좌석은 카운터에서 임의지정하지만 원하는 좌석이 있다면 카운터에 요구하여 남는 좌석 중에 고를 수 있다. 타이베이 도착 후 빠른 입국수속을 원한다면 출구와 가까운 좌석이 좋다. 보딩이 끝나면 비행기 탑승시간과 게이트번호를 잘 체크해두자.

병역을 미필한 25세 이상 병역의무자는 병무청(인터넷 발급가능)에서 국외여행허가증을 발급받아 공항병무신고소에 제출한 후 탑승수속을 해야 한다. 삼성동이나 서울역 도심공항터미널에서 수속을 마쳤다면 출국장 측면 전용통로를 이용해 보안검색 후 바로 출국심사대를 통과할 수 있다. 단, 항공기 출발 3시간 10분 전까지 탑승수속을 완료해야 한다.

3분이면 탑승수속 완료! 셀프체크인서비스 키오스크(Kiosk)

카운터에서 진행하는 일반 탑승수속보다 빠르게 탑승수속을 하려면 셀프체크인(Self Check-In)서비스 키오스크를 이용하면 된다. 키오스크는 무비자국가로 출국할 때만 이용가능하며, 수하물은 해당 항공사카운터를 이용해야 한다. 현재 키오스크는 일부 항공사를 대상으로 운영되는데, 타이완의 경우 대한항공, 아시아나, 캐세이패시픽항공, 제주항공 등이 이용가능하다.

항공사선택 → 여권인식 → 본인포함 승객수 선택 → 좌석배정 → 탑승권발권 → 수하물탁송

수하물 보내기

★ **항공기 내 반입** : 항공사나 좌석등급에 따라 기내반입 기준은 다르지만 통상 10~12kg으로 가방은 55×40×20cm에 3면 합이 115cm 이하로 허용되며, 반입 자체가 되지 않는 물품도 있으므로 유의해야 한다.

항공기 반입금지 대상품목	
기내/위탁수하물 모두 금지	폭발물류, 인화성물질 (단, 휴대용 라이터는 1개까지 휴대 허용), 방사성, 전염성, 독성물질, 기타 위험물질
기내/위탁수하물 허용기준	생활도구류(포크, 손톱깎이, 우산, 바늘 등), 의료장비 및 보조도구(주사바늘, 지팡이, 휠체어 등), 액체류 위생용품, 욕실용품, 의약품류(화장품, 소염제, 외용연고 등, 국제선 객실반입 시 100ml 이하, 수하물의 경우 500ml 이하, 1인당 2L까지 반입가능), 건전지 및 휴대 전자장비
위탁수하물만 허용	창, 도검류(과도, 커터칼, 맥가이버칼 등), 스포츠용품류(골프채, 스케이트 등), 무기류(전자충격기, 장난감총, 쌍절곤, 경찰봉, 호신용스프레이 등), 공구류(도끼, 망치, 톱, 드릴 등)
액체류 기내허용기준	– 물, 음료, 화장품 등은 100ml 이하, 1인당 1,000ml 투명한 비닐지퍼백 1개로 넣어 반입가능 – 유아식 및 의약품 등은 반입이 허용되지만 의약품의 경우 처방전 등 증빙서류가 필요하다.

★ **위탁수하물** : 통상적으로 일반석(이코노미)에 적용되는 수하물무게는 항공사별로 차이는 있지만 20~23kg, 크기는 3면 합이 158cm 이하로 허용되며, 초과 시 별도요금이 부과된다. 또한 탑승수속 이나 짐을 보낼 때, 클레임태그Claim Tag를 보딩패스나 여권 뒷면에 붙여주는데 이는 수하물을 붙였다는 증명서와도 같으므로 짐을 찾을 때까지 잘 보관해야 한다.

수하물분실에 대비하여 이름, 주소 등을 영문으로 작성한 네임택도 달아두는 것이 좋다. 위탁수하물 중 세관신고를 해야 하는 경우 대형수하물 전용카운터 옆 세관신고대에서 신고를 하자. 공항이나 시내 면세점에서 구입한 주류, 화장품 등의 액체류는 투명봉인봉투에 담아야 한다. 또한 최종 목적지행 항공기탑승 전까지 미개봉 상태를 유지해야 한다.

출국장 입장 전 처리할 용무

면세구역 내에는 현금자동지급기, 로밍센터(KTF, LGT) 등이 없으므로 출국장으로 향하기 전 필요한 서비스를 받아야 한다. 참고로 SKT 로밍은 면세구역 내(중앙에 위치)에서도 이용할 수 있다. 사용하는 해당통신사 공항부스에서 무료로 변압기를 대여해주며 입국 시 반납한다.(분실 시 300원 청구)

출국심사과정

발권과 탑승수속을 마쳤으면 출국심사과정이다. 심사는 크게 세관신고, 보안검색, 출국심사 3단계이며, 시간은 오래 걸리지 않는다. 세관신고와 출국심사에 관한 정확한 정보는 인천공항 홈페이지(www.airport.kr)에서 미리 체크해보는 것이 좋다.

세관신고

여권과 보딩패스를 제시한 후 출국장으로 들어가면 입구에 세관신고센터가 있으므로 신고할 물건이 있다면 이곳에서 신고하도록 하자. 특히 고가물품(고가의 카메라, 귀금속, 전자제품 등)을 휴대하여 여행지에서 사용한 후 다시 가져올 계획이라면 휴대물품반출신고서를 꼭 작성해둬야 입국 시 엉뚱한 세금문제가 발생하지 않는다.

보안검색

세관신고할 물품이 없거나 마쳤다면 보안검색을 받는다. 여권과 탑승권을 보안요원에게 보여 주고, 휴대한 물품(가방, 핸드백, 코트 등)을 X레이 검색대 위에 올려놓는다. 그 다음 소지품(휴대폰, 지갑, 열쇠, 동전 등)을 바구니에 넣고 검색대를 통과시킨다. 무형탐지기를 통과한 후 검색요원의 검색을 받으면 된다.

신속, 편리한 자동출입국심사 서비스

여권과 지문인식으로 무인출입국심사를 할 수 있는 자동출입국심사 서비스는 사전에 등록을 마친 경우에만 이용할 수 있다. 심사절차는 먼저 여권을 판독기에 교통카드처럼 벨이 울릴 때까지 살짝 대준 후 사전에 등록한 손가락을 지문인식기에 올려놓는다. 심사완료 메시지가 나타나면 출구로 빠져나간다. 자동출입국심사를 이용하려면 먼저 여객터미널 3층 F구역에 위치한 자동출입국심사 등록센터를 방문하여 지문등록과 사진촬영을 해야 한다. 한 번 등록해두면 당일부터 여권유효기간 만료일까지 사용할 수 있어 이후 편리하다.

출국심사

출국심사대 앞 대기선에서 차례를 기다렸다가 심사를 받으면 된다. 심사 시 모자나 선글라스는 벗은 채로 여권과 탑승권을 제시하면 되는데, 여권유효기간 등에 문제가 없다면 출국확인 스탬프를 찍어준다.

사전등록 → 여권인식 → 지문인식 → 안면촬영 → 심사완료

항공기 대기시간 활용하기

출국심사까지 마쳤다면 이제 비행기에 탑승할 일만 남는다. 보통 1시간 정도의 시간 여유가 있으므로 대기시간을 활용할 나름대로의 계획을 세워보자.

현명하게 면세점 쇼핑하기

출국예정자는 항공편이 확정되면 출국일 1달 전부터 출국 전날까지 국내 온·오프면세점 이용이 가능하다. 오프라인 면세점 구매 시 탑승할 항공사와 항공편명 그리고 여권을 제시하면 되고 시간적인 여유가 많지 않다면 온라인면세점을 이용하면 된다. 오프라인이나 온라인면세점 모두 구매일 환율이 적용되며, 계산된 상품은 출국하는 날 교환권(온라인은 교환권을 출력)을 제시하고 면세품인도장에서 수령하면 된다. 공항보다는 오프라인이나 온라인면세점이 더 저렴하며 특히 온라인면세점에서 할인쿠폰을 이용하면 더욱 저렴하게 구입할 수 있다.

★ **오프라인면세점** : 물건을 직접 눈으로 보고 구입할 수 있는 오프라인면세점은 처음 이용할 경우 안내데스크에서 멤버십카드를 발급받아 5~10% 추가할인을 받을 수 있는데, 발급요건은 회사별로 차이가 있다. 또한 오프라인면세점에서는 멤버십카드나 할인쿠폰 등을 잘 활용하면 보통 30~40%의 할인된 가격으로 면세품을 구입할 수 있다.

★ **온라인면세점** : 직접 오프라인매장을 찾아갈 시간이 없다면 온라인을 이용하자. 회원가입만으로도 다양한 할인혜택을 받을 수 있으며, 이벤트로 쇼핑의 즐거움을 더해준다. 하지만 오프라인매장에 비해 상품이 다양하지 않고 상품인도 후에는 교환, 환불이 힘들다는 단점이 있다. 온라인면세점 외에도 대한항공면세점은 대한항공 탑승객을 대상으로 기내면세점과 인터넷면세점을 운영한다.

★ **공항면세점** : 출국 전 마지막으로 면세품을 구입할 수 있는 곳이다. 상품의 종류는 다양하지 않지만 미처 준비하지 못한 상품을 구입하기에 제격이다. 인천국제공항 면세품인도장은 여객터미널 4층 11, 26, 29번 게이트 부근, 탑승동 3층 115, 121, 122번 게이트 부근에 위치한다.

통관 시 유의사항

출국 시 내국인 면세점 구입한도는 1인당 US$3,000이며 입국 시에는 면세점 구입물품을 포함, 해외에서 구입하여 가져오는 물품 총액이 1인당 US$600이므로 초과하는 경우 세관에 신고 후 세금을 내야 한다. 세금은 구입 총금액의 20%를 간이세금으로 부과한다.

항공사라운지(Airline Lounge) 이용하기

탑승동 4층에는 대한항공, 아시아나, 캐세이패시픽, 중국동방, 싱가포르항공사의 라운지가 있으며, 여객터미널 4층에는 대한항공과 아시아나항공사 라운지가 위치해 있다. 대한항공의 KAL라운지는 퍼스트클래스, 프레스티지클래스, 허브라운지 세 곳을 직영하며, 아시아나는 퍼스트클래스, 비즈니스클래스 라운지를 운영하고 있다.

한국문화박물관(Museum of Korea Culture)이용하기

인천국제공항과 국립중앙박물관이 우리문화의 우수성을 홍보하기 위해 탑승동 4층 중앙에 마련한 박물관이다. 전시관, 체험관, 영상관 등으로 구분되며 궁중문화, 전통미술, 전통음악, 인쇄문화 관련 유물들을 전시하고 있다. 세계 최초 목판인쇄본 무구정광대다라니경뿐만 아니라 직지심경, 용비어천가 등 국보급 문화재도 만날 수 있다.

운영시간 07:00~22:00 문의 (032)741-3852

다양한 휴게시설 이용하기

- **사우나** 여객터미널 지하 1층 1B게이트 부근에 위치한 스파온에어는 사우나시설은 물론 마사지, 수면실, 미팅룸, 구두수선 등 최고급호텔 수준의 다양한 부대시설을 갖추고 있다.

  사우나요금 15,000원(06:00~20:00), 20,000원(20:00~06:00)

- **샤워실** 면세구역에 마련된 시설로 환승객은 무료, 당일 탑승자는 샤워키트 구매금액 천 원으로 이용할 수 있다. 여객터미널 4층 SKY허브라운지 옆과 탑승동 중앙에 위치한다. 수건, 비누, 헤어드라이기 등이 무료제공되며 07:00~22:00까지 운영한다.

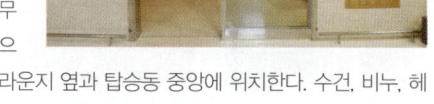

비행기 탑승하기

탑승은 보통 출발 30분 전부터 이뤄지는데 10분 전까지 탑승이 마감되므로 시간에 늦지 않도록 주의해야 한다. 비행기에 탑승하며 승무원 안내에 따라 보딩패스에 적힌 좌석번호를 찾아 오버헤드빈Overhead Bin에 짐을 넣고 착석한다. 파손위험이 있는 물건이나 귀중품은 좌석 밑 공간에 두는 것이 좋다.

여객터미널에 있는 1~50번 게이트는 출국심사를 마치고 바로 이동할 수 있지만, 탑승동에 있는 101~132번 게이트는 여객터미널과 탑승동 사이를 운행하는 셔틀트레인을 이용해야 한다. 셔틀트레인은 5분 간격으로 운행되며, 탑승동까지 5분 정도 소요되기 때문에 국적기가 아닌 외국항공사를 이용한다면 이동시간도 감안해야 한다.

Part 01

Section 05
타이베이공항 도착과 입국수속

항공편으로 2시간 30분 정도면 도착하는 타이베이에는 2개의 국제공항이 있는데, 우리나라의 인천국제공항처럼 국제선전용공항인 타오위안국제공항과 김포공항처럼 도심 가까이 인접해 국내선과 국제선 모두를 운영하는 타이베이쑹산공항이 있다. 어느 공항으로 도착하던 안내표지판을 따라 이동하면 어렵지 않게 입국수속을 마치고 타이베이시내로 이동할 수 있다.

🧳 한눈에 살펴보는 타이베이 입국과정

타이베이여행은 타오위안국제공항이나 타이베이쑹산공항에서 시작된다. 인천이나 김해국제공항에서 탑승했다면 타오위안국제공항, 김포공항이라면 타이베이쑹산공항으로 도착한다. 입국과정에 특별히 신경 써야 할 것은 없고, 표지판만 잘 따라가면 된다.

❶ Immigration 표지판 따라 이동

❷ 입국심사

❸ 수하물 찾기

❹ 세관통과 후 표지판 따라 이동

🛬 타이완타오위안국제공항(臺灣桃園國際機場, Taiwan Taoyuan International Airport)

타이베이 중심에서 약 40km 떨어진 곳에 위치한 타이완을 대표하는 국제공항이다. 가오슝高雄으로 향하는 몇 편의 국내선을 제외하면 국제선 위주로 운항한다. 입국장은 1층에 위치하는데 항공사에 따라 제1터미널과 제2터미널로 분류되며, 입국과 출국 시 터미널은 동일하다. 대한항공과 중화항공은 제1터미널, 아시아나항공, 에어부산, 에바항공 등은 제2터미널로

도착하며, 스카이트레인이나 셔틀버스를 이용하여 터미널 간을 이동할 수 있다. 입국절차를 모두 마치고 타이베이시내로 이동할 때는 공항버스나 택시를 이용하면 된다.

주소 No. 9, Hangzhan South Road, Dayuan District 문의 (886)03-398-3728 홈페이지 www.taoyuan-airport.com

🛬 타이베이쑹산공항(台北松山機場, Taipei Songshan Airport)

1950년 개항한 타이완 최초의 공항이었으나 타오위안국제공항이 개항하면서 국내선 전용공항이 되었다. 하지만 타이완고속철도가 개통되면서 국내선 탑승객마저 줄어들자 2008년부터 한국의 김포공항, 일본의 하네다공항과 오사카공항, 중국의 홍차오공항 등 아시아국가들의 서브공항을 연결하

는 국제공항으로서의 역할도 수행하고 있다. 2012년 MRT 쑹산지창松山機場역이 개통되면서 타이베이 시내까지 20여 분이면 이동가능하다.

주소 No. 340-9, Dunhua North Road, Songshan District
문의 (886)02-8770-3460 **홈페이지** www.tsa.gov.tw

타이완 출입국카드 작성과 입국심사

이륙 후 기내식이 끝나면 스튜어디스가 타이완 출입국카드를 나눠주는데 기내에서 미리 작성해 놓는 것이 좋다. 영문으로 작성해야 하며, 성별에는 남성 Male, 여성 Female 해당 칸에 체크하고, Home Address란에는 한국주소를 작성하면 되는데 Seoul, Korea만 기재해도 별 문제가 되지 않는다. Visa Type과 Visa No는 별도의 비자를 발급받은 사람이 아니라면 기재하지 않는다. in Taiwan란에는 타이베이에서 머물 호텔이나 게스트하우스 등의 숙소를 영어로 기재하면 되고, 서명란의 서명은 여권 서명과 동일해야 한다.

비행기에서 내리면 Arrivals 표지판을 따라 이동하다 입국심사대Immigration 방향으로 이동하면 입국면세점을 지나 좌측에 입국심사대가 보인다. 외국인심사대Non-Citizen에서 차례를 기다려 여권과 입국카드를 제시하면 90일간 타이완체류를 승인하는 스탬프를 찍어주고 여권에 출국카드를 붙여준다.

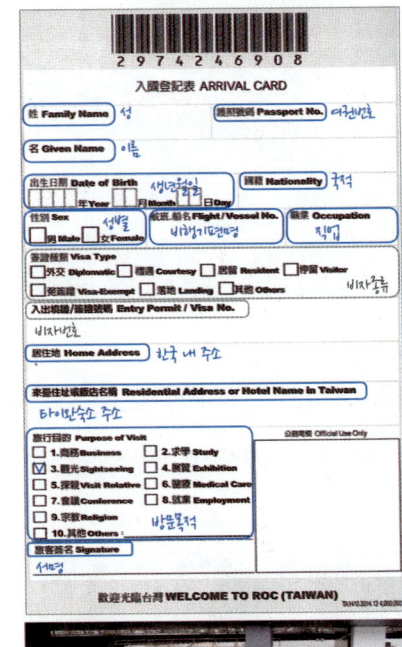

수하물찾기와 세관검사

수하물을 찾을 때는 전광판에서 타고 온 항공편명을 확인한 후 해당 번호에서 찾으면 된다. 만일 자신의 짐이 도착하지 않아 찾지 못했다면 수하물서비스카운터 Baggage Service Counter에 분실신고를 하여 공항직원들의 도움을 받자. 수하물을 찾았으면 세관검사대를 통과해야 하는데 신고품목이 있다면 붉은 선 쪽에 서고, 신고할 품목이 없다면 녹색 선 쪽으로 가면 된다. US$10,000이상을 소지한 경우에도 세관신고를 해야 한다. 세관검사대를 빠져나오면 인포메이션센터에 들러 타이베이여행에 도움이 되는 지도 및 자료를 챙기자. 입국장에는 공항리무진 예약, 호텔 예약, 로밍 서비스, 환전소 등의 서비스창구가 있다.

데이터를 무제한으로 사용할 수 있는 유심(USIM) 구입하기

여행출발 전 한국에서 미리 해당통신사에 데이터를 신청할 수도 있지만 가격면에서 유심을 구입하여 이용하는 편이 훨씬 저렴하다. 세관검사대를 통과하고 입국장에 들어서면 'Telecommunication Service' 표지판이 보인다. 타이완통신사들이 모여 있는 부스로 가격대는 비슷하지만 우리나라 여행자가 선호하는 통신사는 청화텔레콤 中華電信이다. 유심구입 시에는 간단한 신청서를 작성하여 여권과 한국 신분증을 제시하고 요금을 정산한 후 유심칩을 교환하면 바로 사용할 수 있다.

종류	제공내용	NT$
A. 3Days Pass	3일 무한 4G데이터 + 통화 NT$100	300
B. 5Days Pass	5일 무한 4G데이터 + 통화 NT$50	300
C. 5Days Pass	5일 무한 4G데이터 + 통화 NT$300	450
D. 7Days Pass	7일 무한 4G데이터 + 통화 NT$100	450
E. 10Days Pass	8일 무한 4G데이터 + 통화 NT$50	450
F. 15Days Pass	10일 무한 4G데이터 + 통화 NT$100	500
G. 15Days Pass	15일 무한 4G데이터 + 통화 NT$150	700
H. 30Days Pass	30일 무한 4G데이터 + 통화 NT$430	1,000

타이베이여행 제대로 준비하기

Section 06
공항에서 타이베이시내로 이동하기

타오위안국제공항에서 타이베이시내로 이동하려면 공항버스인 익스프레스버스를 이용하면 되고, 타이베이쑹산공항으로 도착했다면 편리하게 MRT로 이동할 수 있다. 좀더 편안하게 이동하려면 택시를 이용하면 된다.

타오위안공항철도(Taoyuan Airport MRT, 桃園機場捷運)

타오위안공항에서 타이베이기차역을 잇는 공항철도가 2017년 3월 2일부터 공식운행을 시작했다. 과거 시내까지 1시간 정도 소요되는 버스나 비용부담이 많은 택시를 이용해야 했지만 이제 공항철도 급행열차를 이용하면 타이베이기차역까지 비교적 저렴하게 35분 만에 이동할 수 있다.

에바항공, 에어아시아, 델타항공 등은 제2터미널 지하 2층에서 탑승, 대한항공, 제주항공, 캐세이패시픽 등은 제1터미널에서 탑승한다. 보라색 급행열차는 총 5개 역을 정차하고, 파란색 일반열차는 13개 역을 정차하며, 급행열차 내에서 무선충전, 4G환경, 와이파이서비스 그리고 20인치 캐리어 600여 개를 실을 수 있는 공간이 마련되어 있다. 참고로 타이베이기차역에서 체크인수속과 수화물위탁 서비스인 인타운체크인In-Town Check in을 실시하고 있다.

요금 편도 NT$160(성인)/이지카드 사용가능 **소요시간** 타이베이기차역까지 급행 35분, 일반 50분 소요 **운행시간** 06:00~23:00/연중무휴

타오위안국제공항 익스프레스버스(Express Bus, 市區巴士)

타오위안국제공항에서 익스프레스버스로 도심까지는 1시간 정도 소요된다. 제1터미널은 지하 1층, 제2터미널은 입국장을 나와 오른쪽에 버스정류장이 있다. 총 6개 버스회사가 운행하며 노선 확인 후 목적지행 버스를 탑승하면 되는데, 버스회사별로 창구가 다르므로 해당 창구에서 티켓부터 구입하자. 만약 버스가 숙소 앞에 정차하지 않는다 해도 호텔이름 또는 주소를 보여주면 숙소와 가장 가까운 버스정류장을 일러준다. 타이베이기차역까지 운행하는 1819번 버스는 종점에서 하차하면 시먼딩까지 무료셔틀버스를 제공한다. 티켓을 구입한 후 해당 정류장에 줄을 서면 버스기사가 짐에 스티커를 붙여주고 같은 번호 스티커 한 장을 건네준다. 건네받은 스티커는 목적지 정류장에서 하차할 때 기사에게 건네주고 짐을 찾으면 된다.

❶ Bus to City/客運巴士 표지판을 따라 간다.   ❷ 익스프레스 매표소에서 티켓을 구입한다.   ❸ 버스정류장을 확인하여 해당 번호판에 줄을 서자.   ❹ 버스타고 시내로 이동

주요 익스프레스버스의 노선

노선번호	편도(NT$)	운행시간	운행간격	버스기점	주요노선
1819	125	24:00~23:45	15~20분	타오위안국제공항	Terminal 2→Terminal 1→Taini Building→The Ambassador Hotel→Taipei Station East Gate
		24:05~23:50		타이베이역 동쪽게이트	Taipei Station East Gate→Sanchong Station→Chong yang Station→Airport Hotel→Terminal 1→Terminal 2
1840	125	06:25~24:00	20~25분	타오위안국제공항	Terminal 1→Terminal 2→Hsing Tian Kong→Minquan Fuxing Road→Songshan Airport
		05:20~22:45		쑹산공항	Songshan Airport→Airport hotel→Terminal 1→Terminal 2
1841	83	06:35~17:40	20~25분	타오위안국제공항	Terminal 2→Terminal 1→Farglory Cargo Station→Santos Hotel→MRT Zhongshan Elementary School Station→Songshan Airport
		06:35~18:30		쑹산공항	Songshan Airport→MRT Zhongshan Elementary School Station→MRT Minquan West Road Station→Farglory Cargo Station→Terminal 1→Terminal 2
5201	124	24:00~23:30	20~30분	타오위안국제공항	Terminal 2→Terminal 1→China Youth Corps
		05:00~16:45		주거우탄	China Youth Corps→Xingan New Village→MRT Nanjing East Road Station→Fuxing S. Rd.→MRT Zhongxiao Fuxing Station→National Taipei University of Technology→Terminal 1→Terminal 2
5202	85	06:15~18:00	60분	타오위안국제공항	Terminal 2→Terminal 1→Transportation Station→Taimao→Nankan Stop→Songjiang Village→China Youth Corps
		07:10~18:00		주거우탄	China Youth Corps→MRT Nanjing East Road Station→Fuxing S. Rd.→MRT Zhongxiao Fuxing Station→National Taipei University of Technology→Nankan Stop→Terminal 2→Terminal 1
1960 (East)	145	24:25~23:45	20~30분	타오위안국제공항	Terminal 2→Terminal 1→MRT Nanjing East Road Station→MRT Zhongxiao Fuxing Station→Howard Plaza→Far Eastern Plaza Hotel→Grand Hyatt Taipei→Taipei City Hall Bus Station
		04:40~23:00		스정푸버스터미널	Taipei City Hall Bus Station→Grand Hyatt Taipei→Far Eastern Plaza Hotel→Howard Plaza→Capital Hotel Taipe→Airport hotel→Terminal 2→Terminal 1
1961 (West)	90	24:00~23:30	20~30분	타오위안국제공항	Terminal 2→Terminal 1→MRT Daqiaotou Station→Taipei Station East Gate
		04:40~22:30		타이베이역 동쪽게이트	Taipei Station East Gate→Sheraton Hotel→Grand Formasa Regent Taipei→The Ambassador Hotel→Imperial Hotel→MRT Minquan West Road Station→Terminal 1→Terminal 2
1968	135	06:30~01:00	30~60분	타오위안국제공항	Terminal 1→Terminal 2→MRT Jing-an Station→MRT Dapinglin Station→MRT Qizhang Station→MRT Xindian Station
		04:40~22:30		신뎬역	MRT Xindian Station→MRT Qizhang Station→MRT Dapinglin Station→MRT Jingan Station→Fourpoints By Sheraton→Terminal 2→Terminal 1
5502	140	01:10~23:35	15~20분	타오위안국제공항	Terminal 1→Terminal 2→MRT Zhongxiao Fuxing Station→MRT Sun Yat-Sen Memorial Hall Station→Nanjing&Dunhua/Taipei Arena→Sonshan Airport
		04:00~23:00		쑹산공항	Sonshan Airport→Nanjing&Dunhua/Sunworld Dynasty Hotel→MRT Zhongxiao Fuxing Station→Terminal 2→Terminal 1

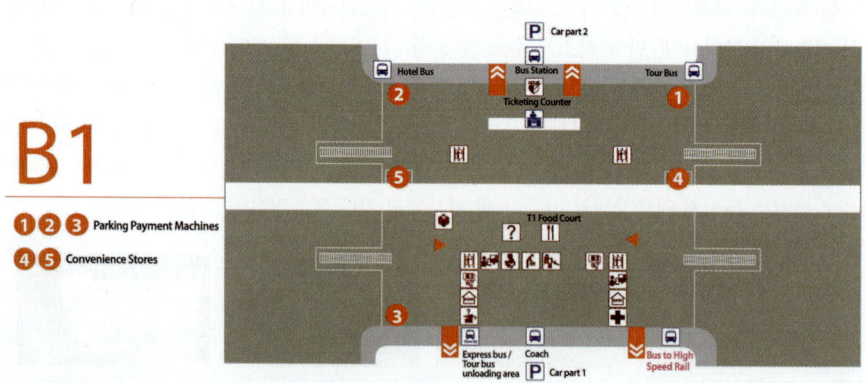

타오위안국제공항 익스프레스버스 탑승위치

🧳 타이베이쑹산공항으로 입국했다면 MRT를 이용하자

타이베이쑹산공항으로 입국했다면 버스보다는 MRT를 이용하는 것이 시간과 비용면에서 경제적이다. 세관검사대를 나와 MRT 표지판을 따라 이동하면 16번 출국장 바로 앞에 쑹산지창역 2번 출구가 보인다. 역 내 인포메이션센터나 편의점에서 이지카드를 구매하거나 MRT 티켓발매기에서 1회용 티켓을 구입하면 된다. 타이베이기차역이나 시먼역으로 이동하려면 중샤오푸싱역에서 파란색의 반난선으로 환승하면 된다. 짐이 많거나 출퇴근 시간에는 복잡하므로 택시를 이용하는 편이 좋다.

❶ MRT 이정표 따라 이동   ❷ MRT 쑹산지창역으로 이동   ❸ MRT 티켓구입   ❹ MRT 탑승

🧳 동행이 있다면 편리한 택시(Taxi)

타이베이시내까지 편하게 이동할 수 있는 택시는 입국홀을 나와 'Taxi · 計程車' 표지판을 따라 가면 보이는 택시정류장에서 탈 수 있다. 공항에서부터 타이베이시내 목적지까지 택시를 이용하면 요금이 비싸기 때문에 익스프레스버스를 타고 숙소와 가까운 정류장에서 하차한 후 택시를 타는 것도 좋은 방법이다. 만일 동행이 3~4명이라면 처음부터 택시를 타는 것이 나을 수 있다.

택시요금은 기본요금에서 거리상으로 측정되며, 톨게이트비용은 별도로 지불해야 한다. 타오위안국제공항에서 타이베이시내까지 대략 NT$1,100~1,500이며, 23:00~06:00까지는 심야할증료가 부과된다. 대부분의 택시기사가 영어를 못하기 때문에 목적지주소나 상호를 한자로 적어 보여주면 편하다. 타이베이쑹산공항은 타이베이시내와 가까워 NT$100~150으로 이동할 수 있어 2명 이상이거나 편하게 이동하고 싶다면 괜찮은 선택이 된다.

귀띔 한마디 트렁크에 짐을 실으면 NT$10이 추가되지만 보통 받지 않는 편이다. **기본요금** NT$70(1.25km까지), 1.25Km 이후 250m 또는 2분 당 NT$5 부과 **야간할증** 기본요금 NT$70(1.25km까지)+NT$20(할증료), 1.25Km 이후 200m 또는 1분 40초당 NT$5 부과. 제1터미널 택시서비스센터 (886)03-398-2832 제2터미널 택시서비스센터 (886)03-398-3599 공항택시 컴플레인센터 (886)03-383-4499

Section 07
타이베이에서 이용할 수 있는 대중교통

타이베이시내에서 가장 많이 이용하는 교통수단은 우리나라 지하철과 비슷한 MRT이다. 타이베이시내 모든 지역을 연결하는 일반버스는 별도 안내방송이 없는 경우가 많아 여행자가 이용하기에는 어려움이 많다. 타이베이근교를 연결하는 시외버스 또는 여행자들을 위해 주요명소만을 운행하는 타이완하오싱은 여행자들에게 편리함을 제공하고 있는 교통수단이다.

타이베이여행의 필수품 이지카드(Easy Card, 悠遊卡)

타이베이여행에서 잊지 말고 구입해야 할 것이 바로 타이베이 교통카드인 이지카드이다. 현지어로 여우여우카 悠遊卡라 부르는 교통카드로 우리나라 티머니카드와 비슷하며 MRT, 시내버스, 일부구간의 시외버스, 기차 등의 대중교통뿐만 아니라 편의점, 타이베이101타워, 성품서점, 스타벅스, 단테커피, 큐스퀘어 등 다양한 가맹점에서 현금대신 사용가능하다. 지우펀, 진과스, 예류, 단수이, 스먼, 싼즈, 지룽 등 타이베이북부를 운행하는 버스에서도 사용가능하며 타이베이동물원, 마오콩곤돌라 그리고 단수이에서 빠리행 페리도 이용가능하다.

충전식 교통카드 이지카드

날짜별 무제한 탑승이 가능한 이지카드

이지카드 구입하기

MRT 역 내 인포메이션센터와 자동판매기 또는 일반 편의점에서 구입할 수 있다. 선불식 충전카드로 최초 구입 시 NT$100의 보증금과 NT$100를 충전한 후 필요할 때마다 추가로 충전하여 사용할 수 있는 이지카드와 보증금 없이 NT$100에 구입하여 금액 내에서만 사용할 수 있는 이지카드로 나뉜다. 보증금이 포함된 충전식 이지카드는 귀국 시 MRT역 내 인포메이션센터에서 수수료 NT$20을 제외한 금액 모두를 환불받을 수 있다. 가맹점 이용 시 가맹점 당 최대 NT$1,000, 하루 최대 NT$3,000까지 결제가능하다.

이지카드로 MRT를 탑승할 경우 요금의 20%를 할인받을 수 있고, 1시간 이내 다른 교통수단으로 환승할 경우에도 환승할인이 주어지며, 잔액이 부족하더라도 마지막 탑승이 가능하다. 편의점에서 구입하는 이지카드는 보증금 없이 NT$100에 구입하는 1회성카드이며 남은 금액을 환불을 받을 수 없으니 되도록 MRT역 인포메이션센터에서 구입하자.

  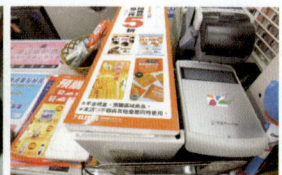

여행자를 위한 타이베이패스(Taipei Pass)

여행일자가 길면 선불식 충전카드가 좋고, 2~3일이라면 타이베이패스가 낫다. 사용가능한 기간동안 거리와 상관없이 무제한으로 버스와 MRT를 이용할 수 있다. 사용시작날짜부터 적용되며 만약 1 Day Pass를 구입하여 처음 사용했다면 다음날 23:59까지 사용할 수 있다. 보증금이 없기 때문에 사용한 카드는 기념으로 갖고, 사용하지 않았다면 구입 후 7일 내 MRT 인포메이션센터에서 수수료 NT$20을 제외한 금액을 환불받을 수 있다.

카드 종류	NT$
1 Day Pass	180
2 Day Pass	310
3 Day Pass	440
5 Day Pass	700

요금충전하기

요금충전은 MRT역 인포메이션센터나 자동충전기에서 NT$50~10,000까지 가능하다. 카드조회기에 카드를 올려놓으면 최근 6회 이용내역과 잔액을 확인할 수 있다. 자동충전기|EasyCard Add-Value Machine|를 이용한 충전은 NT$100, 500, 1,000 지폐와 동전은 NT$50만 사용할 수 있다.

❶ 카드충전기를 찾는다.

❷ 카드센서에 이지카드를 올려놓는다.

❸ 잔액을 확인한 후 충전금액을 투입한다.

❹ 충전금액을 확인한다.

이지카드 보증금 및 잔액환불받기

여행을 마치고 이지카드를 더 이상 사용할 필요가 없다면 MRT역 내 인포메이션센터에서 사용하고 남은 카드잔액을 돌려받아야 한다. 보증금 NT$100가 포함된 이지카드는 수수료 NT$20을 제외한 보증금과 카드잔액을 환불받을 수 있지만 보증금이 없는 이지카드는 카드잔액 모두를 환불받을 수 없다.

타이베이시민의 발 MRT(Taipei Mass Rapid Transit, 捷運)

타이베이는 대부분의 명소가 MRT역과 인접해 있어 역을 기준으로 여행일정을 계획한다면 시간과 교통비를 줄일 수 있다. 신베이터우선, 마오콩곤돌라, 샤오비탄선 등 단거리를 연결하는 노선을 제외한 주요 노선은 총 5개이다. 여행자가 주로 이용하는 노선은 타이베이101타워, 융캉제, 타이베이기차역, 중산, 위안산과 단수이까지 둘러볼 수 있는 2호선과 롱산스, 시먼, 둥취, 국부기념관을 둘러볼 수 있는 5호선이다. 4량의 모노레일 1호선인 원후선은 지상으로 다니기 때문에 타이베이시내 풍경을 볼 수 있어 색다른 재미를 선사한다.

운행시간 06:00~24:30(역마다 상이) 요금 NT$20~65(이지카드 이용 시 20%할인) 홈페이지 english.metro.taipei

타이베이 MRT 노선

기본요금 NT$20에 역단위로 NT$5씩 요금이 증가하는데, 최고 요금은 NT$65를 넘지 않고 이지카드를 이용하면 20%가 할인된다. 개찰구센서에 이지카드나 1회용 티켓을 대고 통과한 후 하차역의 개찰구센서에 이지카드를 대거나 1회용 티켓을 투입하면 된다. 동전모양의 IC코인은 1회만 사용할 수 있다. 타이베이는 MRT 내에서 음식이나 음료수 심지어 껌을 씹어도 안 된다. 이를 어길 경우 NT$7,500라는 엄청난 벌금이 부과되므로 꼭 기억하자. MRT 내 좌석은 하늘색과 파란색이 있는데 하늘색은 일반석, 파란색은 경로우대석이다.

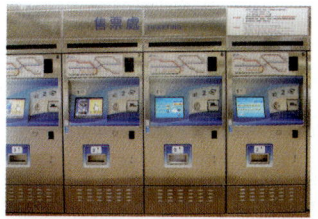

MRT 티켓발매기&1회용 IC코인

MRT 발권기에서 1회용 티켓 구입방법

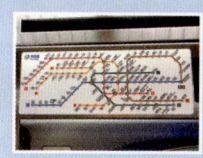   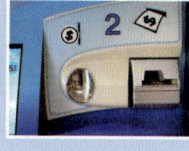 

❶ 목적지와 요금확인   ❷ 화면에서 해당요금과 티켓 수 선택   ❸ 티켓 수 확인 후 요금투입   ❹ 티켓과 거스름돈 확인

한눈에 살펴보는 MRT 탑승방법

 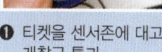   

❶ 티켓을 센서존에 대고 개찰구 통과   ❷ 목적지 확인 후 MRT 탑승   ❸ 목적지 개찰구 통과   ❹ 목적지 출구번호 확인 후 이동

대표적인 대중교통 일반버스(Bus, 巴士)

타이베이는 모든 지역이 버스로 잘 연결되지만 안내방송 없이 전광판에만 표시된다. 버스는 MRT로 연결되지 않는 국립고궁박물원, 충렬사, 우라이, 지우펀, 진과스, 예류 등을 갈 때 이용한다. 우리나라처럼 앞문으로 승차하고 요금은 단말기에 이지카드를 대거나 현금으로 지불한다. 현금 탑승 시에는 거스름돈을 주지 않으므로 미리 잔돈을 준비하는 것이 좋다.

타이베이시내버스

어디서 내려야 할지 모르겠다면 운전기사나 승객에게 도움을 요청하자. 운임은 이동거리 비례제로 기본요금(NT$15)에 거리에 따른 요금이 추가된다. 버스이용 시 이지카드

처리방식이 3가지인데 버스를 탈 때만 찍는 버스, 버스에서 하차할 때만 찍는 버스 그리고 승하차 시 모두 카드를 찍는 버스가 있다. 운전석 위쪽 전광판을 보면 上표시는 승차, 下표시는 하차 그리고 上·下표시는 승하차 모두 카드를 찍는 버스를 의미하다.

홈페이지 www.taipeibus.taipei.gov.tw

승차 시 요금을 지불하라는 전광판 표시

시외버스(Mini Bus, 小型巴士)

타이베이기차역 동3게이트 바로 앞에 위치한 버스정류장과 MRT 중샤오푸싱역 근처 버스정류장에서는 예류, 지우펀, 진과스 그리고 타오위안국제공항을 운행하는 공항버스 등 여행자들이 가장 많이 찾는 지역을 운행하는 시외버스를 탑승할 수 있다. 특히 타이베이서부터미널 A동은 진산, 예류, 지롱 그리고 타오위안국제공항행 공항버스를 운행하며, 중샤오푸싱역 근처 버스정류장에서는 루이팡, 지우펀, 진과스까지 운행하는 1062번 버스를 탑승할 수 있다.

기사에게 표를 구입하거나 이지카드를 사용할 수 있다. 이지카드로 요금을 지불할 경우 승하차 시 모두 단말기에 카드를 찍어야 한다. 탑승 시 기사가 건네주는 긴 종이는 탑승객수를 체크하기 위한 것으로 하차할 때 기사에게 되돌려주면 된다.

시외버스정류장	주요 운행 지역	주요버스번호	편도(NT$)
타이베이기차역 동3문 버스정류장	타오위안국제공항(桃園國際機場), 진산(金山), 지룽(基隆), 예류(野柳) 등	1813번: 지룽행	55
		1815번: 예류, 진산행	96/125
		1819번: 타오위안국제공항행	125
MRT 중샤오푸싱 1번 출구 버스정류장	루이팡(瑞芳), 지우펀(九份), 진과스(金瓜石)	1061번: 루이팡행	76/84
		1062번: 루이팡, 지우펀, 진과스행	100/107

타이완 관광셔틀버스, 타이완하오싱(Taiwan Tourist Shuttle, 台灣好行)

타이완관광청에서 운영하는 관광셔틀버스로 대중교통처럼 저렴하게 타이완의 유명관광지를 돌아볼 수 있다. 크게 북부, 중부, 남부 그리고 동부노선으로 나뉘며 현재 17개 노선이 운행 중이다. 이 중 유용하게 탈 수 있는 노선은 황관북해안선, 무자–핑시선, 베이터우–주즈후선 그리고 황진푸롱선 4개가 있다. 특히 NT$160에 1일 패스를 구입하면 무제한 탑승이 가능하며, 황관북해안선은 타이완 북쪽해안도로를 따라 지룽까지 바다를 감상하며 이동할 수 있어 운치 있는 여행이 된다. 주요 관광지만을 운행하기 때문에 신속하게 여행지에 도착할 수 있어 자유여행자들에게는 시간절약을 할 수 있어 편리하다. 1일 패스는 기사에게 현금으로 구입할 수 있고, 편도라면 이지카드를 사용하자.

홈페이지 www.taiwantrip.com.tw

타이완하오싱버스정류장

주요노선	주요 운행 지역	출발지	운행시간	운행간격	요금(NT$)
황광베이하이안 (皇冠北海岸) 862번	관수이완/바이샤완/주밍미술관/ 예류/지룽기차역 MRT 단수이역(淡水站)─관수이완(淺水灣)─싼즈유명인박물관(三芝遊客中心暨名人文物館)─바이샤완(白沙灣)─스먼웨딩플라자(石門婚紗廣場)─스먼동(石門洞)─췬위안(筠園)─주밍미술관(朱銘美術館)─진산라오제(金山老街)─스터우산궁위안(獅頭山公園)─예류지질공원(野柳地質公園)─지룽기차역(基隆火車站)	단수이역	09:00〜16:00	1시간	160(1일 패스)
무자─핑시 (木柵平溪) 795번	징통/핑시/스펀 MRT 무자역(木柵站)─썬컹라오제(深坑老街)─솽시커우(雙溪口)─구니양먀오(姑娘廟)─징통컹라오제(菁桐坑老街)─핑시(平溪)─스펀랴오(十分寮)─스펀관광안내센터(十分遊客中心)	무자역	05:00〜22:40	40〜60분	45(편도)
베이터우─주즈후 (北投竹子湖) 小9번	신베이터우/양밍산 MRT 베이터우역(北投站)─베이터우온천박물관(北投溫泉博物館)─메이팅(梅庭)─디러구(地熱谷)─류황구(硫磺谷)─양밍공원(陽明公園)─양밍산정류장(陽明山站)─양밍수우(陽明書屋)─주즈후(竹子湖)	베이터우역	05:20〜22:50	25〜60분	15(구간당)
황진푸룽 (黃金福隆) 856번	지우펀/진과스/수이난둥 루이팡기차역(瑞芳火車站)─지우펀(九份)─황금박물관(黃金博物館)─황금폭포(黃金瀑布)─수이난둥(水湳洞)─롱둥쓰지완(龍洞四季灣)─아오디(澳底)─푸룽관광안내센터(福隆遊客中心)	루이팡기차역	09:00〜16:00	1시간	50(1일 패스)/15(편도)

🧳 타이완 투어버스(Taiwan Tour Bus, 台灣觀巴)

타이완꽌빠라고 불리는 타이완 투어버스는 타이완 각지역의 관광명소 주로 코스여행을 제공하고 있다. 호텔, 공항, 기차역 등에서의 픽업서비스는 물론이고 영어, 일본어 등 외국어가이드서비스도 제공한다. 크게 북부, 중부, 남부 그리고 동부노선에 60여 개 코스가 운행되며, 1일 투어와 반나절 투어로 나뉜다. 반나절 코스는 오전에 출발하여 정오쯤 끝나거나 오후 2시경 출발하여 오후 6시경에 끝나는 일정이 있다. 북부지역노선은 우라이, 양밍산&온천, 타이베이시내, 타이베이야경, 지룽&예류&베이하이안공원, 지우펀&둥베이지아, 지우펀&진과스&둥베이지아 등 약 30여 개의 노선이 있다.

타이완투어버스 타이베이 야경투어버스

투어버스는 반드시 홈페이지를 통해 예약해야 하는데 원하는 투어를 검색한 뒤 날짜를 입력하면 된다. 예약이 완료되면 해당 여행사로부터 예약정보와 연락처 등이 메모된 안내메일을 받으며, 투어비용은 투어당일 현금으로 지불하거나 최종 픽업장소에서 카드로 결제하면 된다. 출발가능 최저 인원은 노선에 따라 다르며, 보통 2〜4명이 신청하면 출발이 확정된다.

교통부관광국 여행자서비스센터 (886)02-2717-3737 홈페이지 www.taiwantourbus.com.tw

🧳 편하게 이용 가능한 택시(Taxi, 計程車)

타이베이의 택시는 노란색으로 공항, 기차역, 대형 호텔뿐만 아니라 주요 관광지 앞에서 이용할 수 있으며, 거리에서도 쉽게 잡을 수 있다. 3명 이상이면 다른 대중교통보다 택시가 더 빠르고 저렴할 수도 있다. 기본요금은 처음 1.25km에 NT$70이고 200m마다 또는 2분당 NT$5가 부과된다.

23시부터 다음 날 6시까지는 심야할증료가 부과되고, 추석과 설연휴 등에는 특별요금이 부과된다. 시내에서는 미터제로 운행하지만 공항이나 근교, 외곽으로 갈 경우에는 요금을 흥정한 후 운행하기도 한다. 단거리라도 승차거부가 거의 없고 목적지 또는 주소를 한자로 보여주면 기사가 알아서 찾아간다.

귀띔 한마디 택시는 기본요금이 NT$70부터 시작하지만 만약 신베이시 등 외곽지역에서 탑승했다면 기본요금이 NT$95부터 시작한다. **기본요금** NT$70(1.25km까지), 1.25Km 이후 250m 또는 2분당 NT$5 부과 **야간할증요금** 기본요금 NT$70(1.25km까지)+NT$20, 1.25Km 이후 200m 또는 1분 40초당 NT$5 추가.

택시투어(Taiwan Taxi Tour)

2박 3일이나 3박 4일 일정의 단기여행자들에게는 시간대비 효율적인 투어이다. 택시는 보통 4~6인 또는 최대 8인까지 탑승가능한데, 교통이 불편한 관광지들을 효율적으로 연계하여 둘러볼 수 있어 편하다. 지우펀과 진과스를 운행하는 MRT 중샤오푸싱역 1062번 버스정류장 근처에서 호객행위를 하는 택시기사가 많지만, 타이베이의 택시들과 연계하여 투어를 알선해주는 인터넷카페를 통해 예약하는 편이 여러모로 안전하다. 인원수가 아닌 택시 한 대당 요금이 부과되며 투어일정에 따라 요금은 달라진다.

타이베이에 살고 있는 한국인이 운영하는 택시중개업체, 등롱여행사

타이완 최대 규모의 택시회사와 연계하여 등록된 택시기사를 연결해주는 택시투어전문업체로 한국어로 상담 및 예약이 가능하다. 1~8인까지 탑승가능한 다양한 차량을 보유하고 있으며, 시간은 조율할 수 있다. 또한 타이완현지보험을 필수로 가입하고 있어 투어 중 사고가 나면 바로 병원에 가서 치료를 받고 이틀 안에 보험료가 지급된다. 우리나라 여행자들이 선호하는 코스는 일명 '예진지스'라고 불리는 예류, 진과스, 지우펀, 스펀 4지역을 다 둘러보는 코스로 이동시간까지 고려한다면 대략 9~10시간이 소요된다. 타이베이, 우라이, 화련-타이루거협곡, 르웨탄, 컨딩, 가오슝 등 다양한 투어코스가 있으며, 이외에도 원하는 지역이나 장소가 있다면 맞춤투어도 가능하다.
택시투어는 기본적으로 영어로 의사소통이 가능한 기사가 동승한다. 4~5인승 택시와 6~8인승 밴택시가 있으며 인원수가 아닌 택시 한 대당 요금을 부과하므로 동행이 많다면 상대적으로 저렴하면서도 편하게 투어를 즐길 수 있다. 정원을 채우고 싶다면 등롱여행사카페의 '투어함께해요' 카테고리에서 동행자를 구할 수 있다. 픽업, 하차 및 기사 팁과 식사비용은 포함되어 있으며, 개인적인 식사와 입장료 등은 포함되지 않는다.

※ **택시투어 코스**
① 예류/진과스/지우펀/스펀 **요금** NT$3,500~4,700 **소요시간** 약 9시간 이상
② 양명산/예류/진과스/지우펀 **요금** NT$3,700~6,000 **소요시간** 약 9시간 이상
③ 예류/진과스/지우펀 **요금** NT$3,000~4,700 **소요시간** 약 7시간 이상
④ 스펀/진과스/지우펀 **요금** NT$3,000~4,700 **소요시간** 약 7시간 이상
⑤ 비탄/우라이 **요금** NT$3,000~4,700 **소요시간** 약 7시간 이상
⑥ 화련/타이루거협곡 **타이베이출발 요금** NT$6,500~11,000 **소요시간** 약 12시간 이상
　　　　　　　　　　　화련역출발 요금 NT$3,000~4,000 **소요시간** 약 8시간 이상
⑦ 컨딩 **가오슝출발 요금** NT$5,500~6,000 **소요시간** 약 10시간 이상

네이버카페 cafe.naver.com/linatour **문의** (886)0920-517-700 **카카오톡아이디** Tourtw88 **예약방법** 카페방문→회원가입→택시투어 문의→예약금 송금→택시투어 예약완료(단, 나머지 금액은 투어종료 후 택시기사에게 타이완달러로 지불하면 된다.)

🧳 데이투어(Day Tour)

기사가 목적지까지만 데려다주는 투어가 택시투어라면 데이투어는 현지 한국인 또는 한국어가 유창한 대만인 가이드로 구성되어 여행지에 대한 이야기를 생생하게 전해들을 수 있다. 택시투어보다 가격은 비싸지만 한국어로 의사소통을 할 수 있어 편리하며 가격대비 만족도가 높은 편이다. 일반 밴으로 이동하며, 타이완 현지보험이 가입되어 있는지 꼼꼼하게 확인해야 한다.

한국인 가이드와 함께하는 타이완여행, 팔로우미트립(Follow me Trip)

팔로우미트립은 한국인이 직접 운영하는 현지대행여행사로 타이완 여행관련 상품을 공동구매로 최대 70%까지 할인된 가격에 구매할 수 있다. 데이투어는 예류, 진과스, 지우펀, 스펀뿐만 아니라 화련투어, 타이베이시내투어, 샤마오구 온천투어, 스린야시장투어 등 다양한 상품을 선보이고 있다.

특히, 대만관광청과 런칭하여 2017년 새롭게 떠오르는 대만여행의 필수코스 2층투어버스를 독점운영하며, 할인된 가격에 시중에 판매하고 있다.

※ 팔로우미트립 데이투어
1. 무조건출발 예류/스펀/진과스/지우펀
   요금 1인 37,000원 소요시간 9시간
2. 예류/스펀/진과스/지우펀 with 한국인 가이드
   요금 1인 60,000원 소요시간 9시간
3. 무조건 출발 화련투어 요금 1인 85,000원 소요시간 9시간
4. 샤마오구예린온천 요금 1인 28,900원 소요시간 3시간
5. 2층 시티투어버스 할인요금 4시간 1인 9,990원, 주간 1인 16,650원, 1일 1인 23,310원

홈페이지 www.followmetrip.com 문의 (886)02-2765-6028 카카오톡아이디 @followmetrip 예약방법 홈페이지 접속→회원가입→예약하기→예약신청→투어비용결제(신용카드 혹은 계좌이체 가능)→예약완료

🧳 시내를 자유롭게 달릴 수 있는 유바이크(You Bike, 微笑單車)

타이베이시 교통부에서 시민들의 자전거이용을 활성화하기 위해 지하철역과 명소 등에 공용자전거 무인 대여소를 설치하여 저렴하게 이용할 수 있게 한 서비스이다. 유바이크를 대여하려면 일단 회원등록을 해야 하는데 이때 이지카드와 현지번호를 부여받은 휴대폰이 필요하다.

시내 곳곳에서 볼 수 있는 유바이크 무인대여소

유바이크 무인대여소에는 회원가입 및 대여방법을 설명해주는 키오스크가 설치되어 있다. 키오스크의 터치스크린을 통해 간단하게 회원등록을 하면 바로 자전거를 대여할 수 있다. 대여한 지 5분 내에는 같은 유바이크 무인대여소에서 다른 자전거로 교환할 수 있지만 이후 15분까지는 같은 무인대여

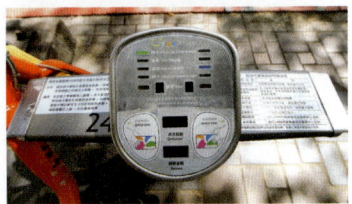

유바이크 카드센서기

소에서 다시 자전거를 대여할 수 없으니 대여하기 전 자전거의 브레이크, 바퀴 압력, 라이트 등을 꼼꼼하게 점검하도록 하자.

요금 4시간 이내 30분당 NT$5, 4~8시간 이내 30분당 NT$20, 8시간 이후 30분당 NT$40 운영시간 24시간 홈페이지 www.youbike.com.tw

자전거 전용도로 표시

유바이크 키오스크를 통한 유바이크 회원등록

① 유바이크 무인대여소 키오스크의 터치스크린을 활성화시킨다.
② [Join Youbike] 버튼을 누른 후 공지사항(Important Notice)을 읽고 [Confirm] 버튼을 누른다.
③ 유바이크 회원가입 동의를 묻는 화면(Service Terms for YouBike Member)에서 [Agree] 버튼을 누른다.
④ 휴대폰번호 입력화면(Input Your Mobile Number)에서 휴대폰번호를 입력한 후 [OK] 버튼을 누른다.

유바이크 키오스크

⑤ 입력한 휴대폰으로 인증번호를 보내겠다는 화면에서 [Confirm] 버튼을 누른다.
⑥ 휴대폰으로 전송된 인증번호를 화면(Type authorization code)에 입력한 후 [OK] 버튼 누른다.
⑦ 비밀번호설정(Set your Password) 화면에서 8~12자리 영문과 숫자를 조합해 비밀번호를 입력한다.
⑧ 유바이크 이용방법을 숙지한 후 등록선택(Select the Registration Mode) 화면이 나오면 이지카드는 왼쪽 버튼, 신용카드는 오른쪽 버튼을 선택한다.
⑨ 키오스크 터치스크린 하단 센서존에 이지카드나 신용카드를 대어 터치스크린에 카드등록이 성공했다는 메시지가 나오면 유바이크 회원이 된 것이다.

유바이크 이용방법

① 타이베이교통카드인 이지카드를 구입한다.
② 유바이크 키오스크나 스마트폰 애플리케이션, 인터넷사이트를 통해 회원가입을 한다.(이지카드가 없다면, 현지번호의 휴대폰이나 신용카드로 자동대여기에서 결제가 가능하다.)
③ 유바이크 무인대여소에서 적절한 자전거를 선택한 후 자전거 옆 카드센서기에 이지카드를 대면 초록색 등이 켜지면서 자전거의 락이 해제된다.
④ 대여한 자전거를 타고 신나게 달리자.
⑤ 반납은 가까운 무인대여소 비어있는 자전거 덕(Dock)에 맞춰 세운 후 카드센서기에 이지카드를 대면 요금이 정산된다.(카드나 휴대폰으로 결제했을 경우에도 자동으로 요금이 계산된다.)

타이베이여행 제대로 준비하기

Section 08
맛의 천국, 타이베이의 다양한 먹거리

타이완은 먹거리 천국으로 저렴한 가격에 다양한 음식을 맛볼 수 있어 여행자에게는 행복한 고민을 안겨준다. 타이베이여행에서 꼭 먹어봐야 할 음식, 야시장에서 꼭 먹어봐야 할 음식 그리고 타이완이 원조인 디저트까지 이왕이면 놓치지 말고 꼭 먹어보도록 하자.

타이베이여행에서 꼭 먹어봐야 할 대표 음식

타이완을 대표하는 다음의 음식만큼은 꼭 먹어보자. 유명레스토랑이라도 가격이 우리나라만큼 비싸지 않기 때문에 여행 중 부담 없이 양껏 즐길 수 있는 곳이 바로 타이완이다. 오히려 먹다가 볼거리를 제대로 못 보게 될지도 모른다.

중화권을 대표하는 음식, 딤섬(飮茶)

타이완여행에서 빼놓지 말고 꼭 맛봐야 할 음식 중 하나가 딤섬이다. 광둥어로 얌차飮茶라고 부르는 딤섬은 한자 뜻 그대로 '차를 즐기기 위한 음식' 또는 '마음에 점을 찍다'라는 의미처럼 간단하게 먹는 음식이다. 딤섬을 대표하는 샤오롱바오는 얇은 만두피에 곱게 다진 돼지고기를 넣은 것으로 딘타이펑의 명성과 함께 유명해진 음식이다. 돼지고기 대신 통새우가 들어간 뉴로우샤오마이 외에도 샤오롱바오에 게살을 얹은 씨에황샤오롱바오, 통새우가 들어간 샤지아오황, 상하이식 철꿔성전만두 테꿔성젠바오 등 딤섬의 종류만 1000여 가지가 넘는다. 대표적인 레스토랑으로 딘타이펑과 가오지가 있다.

▲ 샤오롱바오(小籠包)

씨에황샤오롱바오(蟹黃小籠包) ▲

샤지아오황(蝦餃皇) ▲

타이완식 갈비탕, 뉴러우몐(牛肉麵)

타이완 국민들의 대표 면요리라 불리는 뉴러우몐은 우리나라의 갈비탕과 비슷한 육수에 칼국수와 흡사한 면이 들어간다. 육수에 따라 깔끔한 소고기 맛이 그대로 살아있는 칭두언황뉴러우몐清燉牛肉麵과 매콤하고 얼큰한 맛의 홍샤오뉴러우몐紅燒牛肉麵으로 크게 나눌 수 있다. 매해 '타이베이 국제뉴러우몐대회'가 열릴 만큼 유명한데, 여기서 수상을 하면 해당 음식점은 그야말로 인산인해를 이룬다. 대표 음식점으로 융캉제의 융캉뉴러우몐, 타이베이기차역 부근의 홍스푸몐스잔, 시먼딩의 뉴몐 그리고 둥취의 청진중국우육관이 있다. 우리 입맛에도 잘 맞아 보양식처럼 한 그릇 먹고 나면 더 활기찬 여행을 할 수 있는 힘이 솟는다.

▲ 뉴몐의 뉴러우몐

▲ 융캉뉴러우몐의 뉴러우몐

◀ 홍스푸몐스잔의 뉴러우몐

🧳 숟가락으로 떠먹는 곱창국수, 다창멘시엔(大腸麵線)

곱창국수라고 불리는 다창멘시엔은 걸쭉한 굴소스 국물에 돼지대창과 가느다란 국수를 함께 끓인 타이완의 대표국수이다. 국수가 가늘어 숟가락으로 떠먹는데, 돼지대창이라 비린내가 날 것 같지

만 쫄깃쫄깃한 식감과 고소한 맛으로 우리나라 여행자들의 입맛을 사로잡았다. 야시장에서도 어렵지 않게 만날 수 있지만 시먼딩의 아종멘시엔阿宗麵線이 유명하고, 개인적으로는 현지인들이 많이 찾는 타이베이기차역부근의 아취엔멘시엔阿泉麵線을 추천하고 싶다.

🧳 인심이 후한 타이완의 뷔페식, 훠궈(火鍋)

중국 충칭重慶지방의 대표요리인 훠궈는 일본의 샤브샤브, 태국의 수끼suki 그리고 타이베이의 핫폿Hot Pot처럼 아시아 전역에서 맛볼 수 있는 요리이다. 몽고병사들이 투구에 물을 끓여 양고기와 야채를 익혀먹었던 것에서 유래한 요리로 타이완식 훠궈전문점 대부분은 뷔페형식으로 제공하여 가격이 저렴한 대신 시간제한이 있다. 다양한 훠궈 식재료뿐만 아니라 수십 가지의 요리, 디저트, 음료수를 무한으로 제공하고 있어 한번쯤은 꼭 먹어봐야 할 음식이다.

🧳 타이난의 서민 면요리, 단짜이몐(擔仔麵)

단짜이몐은 7~8월 태풍으로 고기잡이를 할 수 없을 때 한 어부가 긴 작대기에 국수가 담긴 통을 메고, 돌아다니며 팔던 타이난台南의 대표적인 서민 면요리이다. 삶은 국수에 중국식 된장으로 볶아 다진 고기와 새우 한 마리 올린 것이 전부인 단출한 단짜이몐은 양이 적어 여성들에게 인기가 높다. 단짜이몐으로 유명한 식당 두샤오위度小月는 조리과정을 직접 살펴볼 수 있다.

🧳 타이완식 철판구이, 톄반샤오(鐵板燒)

고기, 해산물, 야채 등의 신선한 재료를 주문과 동시에 즉석에서 철판에 요리해주는 타이완의 철판구이는 저렴한 가격으로 즐길 수 있어 현지인들뿐만 아니라 여행자에게도 인기있다. 주로 백화점, 쇼핑몰의 푸드코트, 체인레스토랑과 야시장에서 맛볼 수 있으며 유명한 상점은 카렌과 스린야시장의 르샹톄반샤오日上鐵板燒와 라오탄톄반샤오老潭鐵板燒가 있다.

🧳 타이베이야시장에서 꼭 먹어봐야 할 대표 음식

타이베이야시장은 저마다 특색이 있으며, 그 야시장을 대표하는 음식 한 가지 이상을 가지고 있다. 저렴한 가격에 즐길 수 있는 다양한 메뉴가 있어 동행이 있다면 메뉴당 한 개만 구입하여 나눠먹으면서 여러 가지 음식을 맛보도록 하자.

루러우판(滷肉飯)

타이완 야시장에서 심심치 않게 볼 수 있는 루러우판은 갈은 돼지고기를 간장에 조려 따뜻한 밥 위에 얹어 먹는 간단한 음식이다. 면요리에 지쳐 따뜻한 쌀밥이 생각나는 여행자들에게 안성맞춤인 음식으로 루러우판만 나오는 곳과 큼직하게 썬 고기와 함께 반찬이 나오는 곳도 있다.

주러우샹창(豬肉香腸)

야시장으로 들어서면 어김없이 숯불소시지구이를 만날 수 있다. 사용하는 재료에 따라 색깔도 맛도 다르며, 소스도 골라먹는 재미가 있다. 타이완식 소시지구이는 짭조름하기 때문에 맥주안주로도 그만이다. 소시지구이와도 비슷한 핫도그 다창바오샤오창大腸包小腸은 핫도그 빵 대신 찹쌀로 속을 채운 창자에 소시지구이를 넣고 각종 재료와 소스를 넣어 한 끼 식사로도 그만이다.

커자이지엔(蚵仔煎)

타이완의 야시장에서 빼놓을 수 없는 것이 굴전 또는 굴오믈렛이라고도 불리는 커자이지엔이다. 타이완에서는 어아찌엔이라고도 부르는데 야시장마다 유명한 노점이 하나씩은 있으며 인근 해역에서 양식한 신선한 생굴에 계란을 입힌 것으로 굴을 좋아한다면 꼭 먹어봐야 할 음식이다. 주문과 동시 즉석에서 철판에 바로 요리를 해주며 노점마다 개발한 특제소스가 굴전의 맛을 좌우하기도 한다.

처우떠우푸(臭豆腐)

야시장에 들어서면 아찔하도록 역겨운 냄새 때문에 코를 막게 하는 음식으로 우리에겐 두리안만큼이나 공포를 안겨주는 취두부이다. 절인두부를 발효시켜 소금물에 재운 후 기름에 튀긴 처우떠우푸는 향부터 아주 독특하다. 냄새가 거부감을 일으키지만 한번 먹어보면 중독성이 강해 일부러 찾아다니면서 먹게 된다. 냄새와 달리 바삭하고 고소한 맛을 내므로 두려움을 떨치고 한번 도전해보자.

후지아오빙(福州世祖胡椒餅)

노점간식 중 빼놓아서는 안 될 유명 먹거리로 두꺼운 만두피 안에 다진 돼지고기와 대파 그리고 후추를 듬뿍 넣어 숯불화덕에 구워낸다. 커다란 화덕 안에 다닥다닥 만두를 붙여 굽기 때문에 겉은 바삭하고 속은 고소한 육즙으로 촉촉하다. 제일 유명한 곳은 라오허제야시장饒河街夜市 입구에 위치한 노점이다.

타이베이에서 꼭 먹어봐야 할 대표 디저트

쩐주나이차와 망고빙수로 대변되는 타이베이 디저트 또한 타이완 대표음식만큼 반드시 먹어보고 마셔봐야 한다. 쩐주나이차는 우쓰란, 춘수이탕 등과 같이 유명한 곳이 많으며, 망고빙수는 각 지역마다 지역을 대표하는 빙수가게가 따로 있다.

춘수이탕 쩐주나이차

우쓰란 쩐주나이차

쩐주나이차 (珍珠奶茶)

쩐주나이차는 미국 CNN의 여행프로그램 'CNN Go'에서 '세계인이 가장 좋아하는 음료 50'에서 25위에 선정될 만큼 세계적으로 유명한 음료이다. 우리에게는 버블티로 익숙하며, 타이베이 곳곳에는 프랜차이즈로 운영하는 가게뿐만 아니라 본인들만의 비법으로 유명해진 가게도 많다. 대표적인 대형체인점은 우쓰란, 춘수이탕 등이 있으며 개인상점으로는 궁관역 천싼딩이 있다.

망고빙수 (芒果氷水)

망고빙수 또한 타이완을 대표하는 디저트이다. 망고빙수로 유명한 가게는 아이스몬스터, 융캉제의 스무디하우스가 있다. 우리나라 여행자들에게 새롭게 부상하는 시먼딩의 씽춘싼숑메이떠우화와 스린야시장의 신파팅 등의 망고빙수도 꼭 먹어보자.

위위안 (芋圓)

타이완전통 빙수 또는 탕으로 먹을 수 있는 위위안은 토란으로 만든 쫄깃쫄깃한 경단에 참마, 고구마, 녹차, 참깨 등 다양한 천연재료를 사용하여 만든 건강디저트이다. 지우펀에는 위위안을 파는 유명가게가 밀집해 있으며, 보통 땅콩, 팥 또는 녹두 등을 끓인 국물에 얼음을 넣어 차갑게 빙수처럼 먹거나 팥죽처럼 뜨겁게 먹을 수 있어 사계절 내내 인기가 있다.

떠우화 (豆花)

말랑말랑한 부드러운 순두부에 달콤한 시럽과 다양한 고명을 얹어 시원하게 또는 뜨겁게 즐기는 타이완 전통 웰빙디저트이다. 토핑재료로는 삶은 땅콩, 팥과 녹두 그리고 토란, 고구마, 쌀, 호박 등으로 만든 경단 등이 올려져 건강함을 더할 수 있다.

펑리수 (鳳梨酥)

파인애플 케이크인 펑리수는 선물용으로 구입하기 좋은 타이완 전통간식이다. 타이완 3대 펑리수가게로 손꼽히는 써니힐스, 치아더, 쓰신팡 모두 타이베이시내에 위치하여 있어 쉽게 맛볼 수 있다. 이 밖에도 썬메리와 순청베이커리뿐만 아니라 전통차를 판매하는 찻집에서도 수제펑리수를 맛볼 수 있다.

직접 펑리수를 만들어 볼 수 있는, 곽원익고병박물관 (Kuo Yuan Ye Museum of Cake and Pastry)

1867년 문을 연 타이완에서 가장 오래된 제과점으로 장제스총통의 부인 쏭메이링(宋美齡)여사가 이곳 제품을 좋아해 손님대접과 선물을 했던 곳으로 유명하다. 스린역에 위치한 곽원익고병박물관에서 타이완의 대표간식 펑리수를 직접 만들어 보는 색다른 경험을 할 수 있다. 1층은 곽원인제과점, 4층은 펑리수 쿠킹클래스, 5층은 타이완의 전통혼례, 명절, 의례 등 전통과자와 빵에 관련된 문화를 소개하는 작은 박물관으로 꾸며져 있다. 펑리수 쿠킹클래스는 홈페이지 또는 전화로 예약하면 되고 펑리수를 굽는 동안 박물관투어를 하며 클래스가 끝나면 티타임을 갖는다.

주소 台北市士林區文林路546號4/F **입장료** NT$50 **체험요금** NT$300/펑리수 쿠킹클래스/09:00, 13:00 매일 2회) **운영시간** 09:00~17:30/설 전날 휴무 **문의** (886)02-2838-2700#892 **찾아가기** MRT 스린(士林, Shilin)역 1번 출구로 나와 직진하다 대로변에서 맞은편으로 건넌 후 왼쪽으로 가다 두 번째 골목 웬린루(文林路)를 따라 직진하면 오른편에 위치한다. 도보 2분 거리. **홈페이지** http://www.kuos.com/museum

타이베이 대형마트에서 꼭 사야 하는 쇼핑리스트

타이베이를 여행하는 한국여행자들이 많이 구입하는 펑리수, 망고젤리, 달리치약, 곰돌이 방향제, 타이완맥주, 흑진주팩 등의 상품 대부분은 마트에서 구입할 수 있어 더욱 매력적이다. 특히 시먼딩에 위치한 24시간 운영하는 까르푸 3층에는 한국여행자들을 위한 상품을 모아놓은 코너가 따로 마련되어 있다.

3시 15분 밀크티 (3點1刻)

타이완 쇼핑리스트에서 빠지지 않는 3시 15분 밀크티는 한국에서도 구입이 가능하지만 훨씬 저렴하기 때문에 인기가 높다. 부드러운 우유 맛이 강한 Original, 향긋한 향이 첨가된 Rose Fruity, 홍차향이 진한 Earl Grey, 커피맛이 은은한 Roasted 등 종류도 다양하며 1팩에 15봉지가 담겨있다.

타이완비어 (台灣啤酒)

타이완의 국민맥주로 통하는 타이완비어는 클래식, 골든메달 그리고 망고, 포도, 파인애플 등 과일 맥주와 허니맥주가 있다. 과일맥주는 여성들에게 인기가 있고 부담없는 가격이므로 종류별로 구입하여 마셔보는 것도 좋다.

달리치약 (黑人牙膏)

흑인치약이라고도 부르는 달리치약은 세계적으로 유명한 치약 브랜드이다. 미백치약으로 일반 시중에서 파는 치약보다 향이 강하며 개운함이 좋아 많이 구입한다. 종류는 다양하며 낱개구입도 가능하지만 보통 2~3개 묶음으로 구매한다.

춘수이허 (純粹喝)

화장품 밀크티로 편의점에서도 쉽게 구입할 수 있다. 통이 화장품용기처럼 고급스러워 선물용으로 인기가 있다. 밀크티인 농후시(濃厚系)뿐만 아니라 라떼, 만델링, 화이트커피 등도 판매하고 있다.

펑리수 (鳳梨酥)

현지의 펑리수가게보다는 질이 떨어지긴 하지만 훨씬 저렴한 가격으로 구입할 수 있다. 특히 8개의 펑리수가 들어 있는 구다오펑리수(古道鳳梨)는 저렴하면서도 다른 펑리수보다 과육이 알차 인기가 높다.

숑바오베이 (熊寶貝)

곰돌이방향제로 유명한 숑바오베이는 1팩에 낱개 포장된 3개의 방향제가 들어 있으며, 색깔별로 향이 다르다. 보라색, 분홍색, 파란색, 노란색, 주황색, 빨간색 등 6종류가 있는데, 우리나라 여행자들은 빨간색 방향제를 선호한다.

마이뷰티다이어리 블랙펄마스크 (我的美麗日記黑珍珠面膜)

타이완흑진주팩으로 한국과 가격차이가 있어 우리나라 여성여행자들의 필수 쇼핑아이템이다. 피부영양과 화이트닝에 도움을 주는 흑진주팩은 1박스에 10개의 마스크팩이 들어 있으며, 흑색 마스크팩에 진주가루가 살짝 가미되어 있다.

진먼고량주 (金門高粱酒)

타이완 진먼도에서 자란 수수로 빚은 고량주이다. 고량주 특유의 강한 맛을 없애 맑고 단맛이 나서 조금은 심심하지만 시간이 지날수록 곡물향이 느껴지는 술이다. 타이완에서는 특급 고량주로 알려져 있으며, 도수가 낮은 38°와 도수가 높은 58° 두 종류가 있으며 마실 때도 깔끔하고, 마신 뒤 뒤끝도 없다.

🧳 타이완의 대표 전통간식, 펑리수(鳳梨酥, Pineapple Cake)

타이완 대표 간식거리로 버터를 넣은 빵에 달콤한 파인애플잼이 들어 있다. 펑리鳳梨는 중국어로 파인애플을 뜻하며 타이완어로 왕라이ông-lâi라고 발음한다. '번영하다, 다산하다'와 발음이 유사하여 타이완 전통혼례에 사용하는 6가지 전병 중 하나로 파인애플이 들어간다. 1970년 타이완의 주요 수출품 중의 하나인 파인애플을 활용하여 만든 과자가 펑리수이다. 여행객에게는 선물용으로 인기가 높아 펑리수 매장뿐만 아니라 마트에서도 손쉽게 구입할 수 있다.

써니힐(SunnyHills, 微熱山丘)

치아더, 쓰신팡과 함께 타이완 3대 펑리수로 홍콩, 상하이, 일본, 싱가포르 등에도 진출해 있다. 특히 인공색소와 향을 사용하지 않고 천연재료로 만든 써니힐과 치아더를 투펑리수라 부른다. 일반적인 펑리수전문점과 달리 타오위안국제공항과 쑹산지역 2곳에만 지점을 운영한다. 카페처럼 운영하는 쑹산점에서는 차 한 잔과 펑리수 한 개를 시식할 수 있다. 직사각형 모양의 펑리수에는 100% 파인애플잼을 사용하여 찐득한 식감이 강하고 새콤한 맛이 난다.

주소 松山區民生東路5巷36弄4號 가격 10개 한 박스 NT$420 영업시간 10:00~20:00/연중무휴 문의 (886)02-2760-0508 홈페이지 www.sunnyhills.com.tw

치아더(Chia Te, 佳德糕餅)

유기농재료만으로 만든 펑리수로 치아더의 파인애플잼은 파인애플과 박종류의 하나인 동과를 섞어 만든다. 오리지널은 파인애플잼이지만 체리, 크랜베리, 딸기, 계란노른자, 자두 등 다양한 재료와 혼합한 펑리수를 선보이는데 파인애플과 크랜베리 펑리수가 인기이다. 버터함량이 높아 촉촉하고 부드러우며 잼은 써니힐에 비해 단맛이 강하다.

주소 松山區南京東路五段88號 가격 6개 한 박스 NT$168 영업시간 07:30~21:30/연중무휴 문의 (886)02-8787-8186 홈페이지 www.chiate88.com

쓰신팡(Shushinbou, 手信坊)

타이완 3대 펑리수로 지점이 많아 좀 더 대중적으로 팔린다. 2011년 타이베이 펑리수달인대회에서 금상을 수상하였으며, 엄격한 국제식품인증을 받은 곳이라 믿을 만하다. 일반과 고급형으로 나뉜 펑리수는 써니힐과 치아더 펑리수의 중간 과육 맛으로 고급형에는 과육이 더 채워져 있다. 펑리수 외에도 누가크래커, 에그롤, 모찌류 등 선물하기 좋은 다양한 제과가 있어 여행객에게 인기이다.

주소 大安區忠孝東路3段289號 가격 10개 한 박스 NT$380 영업시간 10:00~22:00/연중무휴 문의 (886)02-2775-2298 홈페이지 www.3ssl.com.tw

순청베이커리(Shun chen Bakery, 順成蛋糕)

1965년 개점하여 50년 역사를 지닌 순청베이커리 펑리수는 2011 타이베이 펑리수문화제 금상을 차지한 유명베이커리이다. 버터맛이 강하며, 파인애플잼은 다른 곳에 비해 덜 단 편이라 호불호가 갈린다. 금상을 차지한 빨간 봉지 관쥔펑리수(冠軍鳳梨酥)는 촉촉하고 부드럽고 파인애플 과육이 듬뿍 들어있어 진한 맛으로 우롱차 또는 아메리카노와 잘 어울린다. 현지인에게는 펑리수보다 다양한 종류의 빵과 케이크가 더 유명한 곳이다.

주소 大安區敦化南路一段212巷 가격 6개 한 박스 NT$210 영업시간 07:30~22:00/연중무휴 문의 (886)02-2711-7222 홈페이지 www.bestbakery.com.tw

우바오춘(Wu Pao chun Bakery, 吳寶春麥方店)

프랑스 세계제빵대회에서 3연승을 거머쥔 우바오춘(吳寶春)이 2010년 가오슝에 본인 이름으로 오픈한 유명베이커리로 2013년 송산문창원구 내 성품생활 지하 2층에 타이베이지점을 오픈하였다. 타이완에서 생산된 재료만을 이용하여 명장이 만든 펑리수는 여행자 선물로 인기이다. 원형으로 만들어진 펑리수는 기름지지 않고 담백하며 100% 파인애플 과육이라 질리지 않는 맛이다.

주소 信義區菸廠路88號B2/F 가격 12개 한 박스 NT$600 영업시간 11:00~22:00/연중무휴 문의 (886)02-6636-5888#1902 홈페이지 www.wupaochun.com

썬메리(Sunmerry, 聖瑪莉)

한입 크기 미니펑리수로 인기 있는 썬메리는 타이완 5대 펑리수로 손꼽히며 버터향과 단맛이 강하다. 15개 타이베이 지점 중 융캉제 초입의 지점이 가장 인기 있으며, 3박스 이상 구입하면 할인도 해준다. 일반적인 펑리수가 보통 45~50g이라면 썬메리 미니펑리수는 14g으로 가격도 1/3 정도라 선물용으로 부담이 없다.

주소 大安區信義路二段186號 가격 12개 한 박스 NT$150 영업시간 07:30~22:00/연중무휴 문의 (886)02-2392-0224 홈페이지 www.sunmerry.com.tw

🧳 타이완과자로 급부상한, 누가크래커(Nougat Cracker, 牛軋餅)

한국여행객에게 펑리수만큼 사랑 받는 누가크래커는 야채크래커 사이에 쫀득한 누가캔디를 넣어 짭조름한 맛과 단맛의 조화가 절묘한 간식거리이다. 파를 넣고 노릇하게 구워 소금을 뿌린 크래커는 짭조름하고, 캔디의 일종인 누가는 굳지 않도록 꿀이나 콘시럽을 넣어 단맛을 낸다. 우리나라 편의점, 홈플러스와 소셜커머스 등에 입점될 만큼 인기가 엄청난 타이완간식이다. 전자레인지에 10~15초 정도 돌려 먹는 것이 누가크래커를 더욱 맛있게 먹는 방법이다.

미미크래커(Mimi cracker, 蜜密牛軋餅)

한국 블로거 사이에 입소문이 나면서 누가크래커 붐을 일으킨 곳으로 동문시장에서 노점으로 시작해 2016년 융캉제에 매장까지 열었다. 간판과 케이스에 한글로 '미미'라고 새길 만큼 한국여행자들의 필수구매상품으로 자리 잡았다. 기본 1인 3상자로 일일 판매량이 정해져 있지만 전화예약을 하면 10상자까지 구매가능하다. 준비된 수량이 소진되면 영업을 종료하기 때문에 오픈시간 전부터 길게 줄이 늘어선 모습을 볼 수 있다. 수제로 만들어 개별포장이 되어 있지 않으며 파향이 진하지만 인공첨가물을 사용하지 않는다. 다른 누가크래커와 달리 전자레인지에 돌리지 말고 그냥 먹는 것이 가장 맛있다.

주소 大安區金山南路二段21號 가격 16개 한 박스 NT$150 영업시간 09:00~13:00/매주 월요일 휴무 문의 (886)953-154-304/02-2351-8853

이지셩(Ijysheng, 一之幹)

누가크래커의 열풍으로 알려지기 시작한 일반 베이커리체인점으로 미미크래커와 가장 많이 비교되는 곳이다. 미미크래커에 비해 짭조름한 맛이 덜하고 고소한 맛이 강하며, 누가가 좀 더 단단한 편이다. 기본 누가크래커와 누가 속에 크랜베리 과육이 들어가 있는 크랜베리 누가크래커 두 가지 맛을 판매한다. 개별포장으로 두 가지 맛이 한 상자에 들어가 있는 것이 인기이며, 낱개로도 판매하고 있다.

주소 松山區南京東路五段154號 가격 14개 한 박스 NT$188 영업시간 07:30~21:30/연중무휴 문의 (886)02-8787-8186 홈페이지 www.ijysheng.com.tw

캐롤베이커리(Carol Bakery, 凱樂(烘焙))

1968년 개업한 캐롤베이커리는 2014년 타이완 누가사탕 경연대회에서 은상을 수상한 바 있는 누가전문점이다. 누가 맛집답게 다양한 누가캔디를 진열하고 있으며, 누가크래커와 함께 선물용으로 구입하기 좋다. 100% 수제로 만들며, 누가 함유량이 상당히 많은 편으로 짭조름한 맛보다는 누가 맛이 좀 더 강한 편이다. 누가 맛집답게 누가가 워낙 맛있기 때문에 누가크래커를 좋아하는 사람은 이 집의 누가크래커를 최고로 손꼽는다.

주소 中山區長安東路二段131-4號 가격 10개 한 박스 NT$120 영업시간 06:30~22:00/연중무휴 문의 (886)02-2507-3891 홈페이지 www.clfood.com.tw

지우펀유기(Joufunyouki, 九份遊記)

지우펀에도 누가크래커를 파는 상점이 많이 늘어났다. 그 중 지산제 입구에서 그리 멀지 않은 55호에 자리하여 상호보다는 '지우펀 55호'로 알려지며 유명해진 곳이 바로 지우펀유기이다. 미미크래커와 여러모로 비슷하여 비교가 많이 되고 있는데 수작업으로 직접 만든 누가크래커만을 판매하는 개인상점이다. 1인당 3박스로 구매개수가 제한되어 있지만 예약을 하면 개수에 제한 없이 구입할 수 있고, 준비된 수량이 소진되면 영업을 종료한다.

주소 瑞芳區基山街55號 가격 15개 한 박스 NT$150 영업시간 09:30~19:30/연중무휴 문의 (886)931-394-553

Part
02

타이베이서부

Chapter01 타이베이의 중심, 타이베이기차역
Section01 타이베이기차역에서 반드시 둘러봐야 할 명소
Section02 타이베이기차역에서 먹어봐야 할 것들
Section03 타이베이기차역에서 놓치면 후회하는 쇼핑거리

Chapter02 타이베이의 삼청동, 중산
Section04 중산에서 반드시 둘러봐야 할 명소
Section05 중산에서 먹어봐야 할 것들
Section06 중산에서 놓치면 후회하는 쇼핑거리
Special01 타이완판 경동시장, 디화제

Chapter03 타이베이의 명동, 시먼딩
Section07 시먼딩에서 반드시 둘러봐야 할 명소
Section08 시먼딩에서 먹어봐야 할 것들
Special02 접근성이 좋은 야시장, 멍지아야시장

Chapter04 타이베이의 대학로, 융캉제
Section09 융캉제에서 반드시 둘러봐야 할 명소
Section10 융캉제에서 먹어봐야 할 것들
Special03 젊은이들의 야시장, 스다야시장

Chapter 01
타이베이의 중심, 타이베이기차역
台北車站, Taipei Main Station

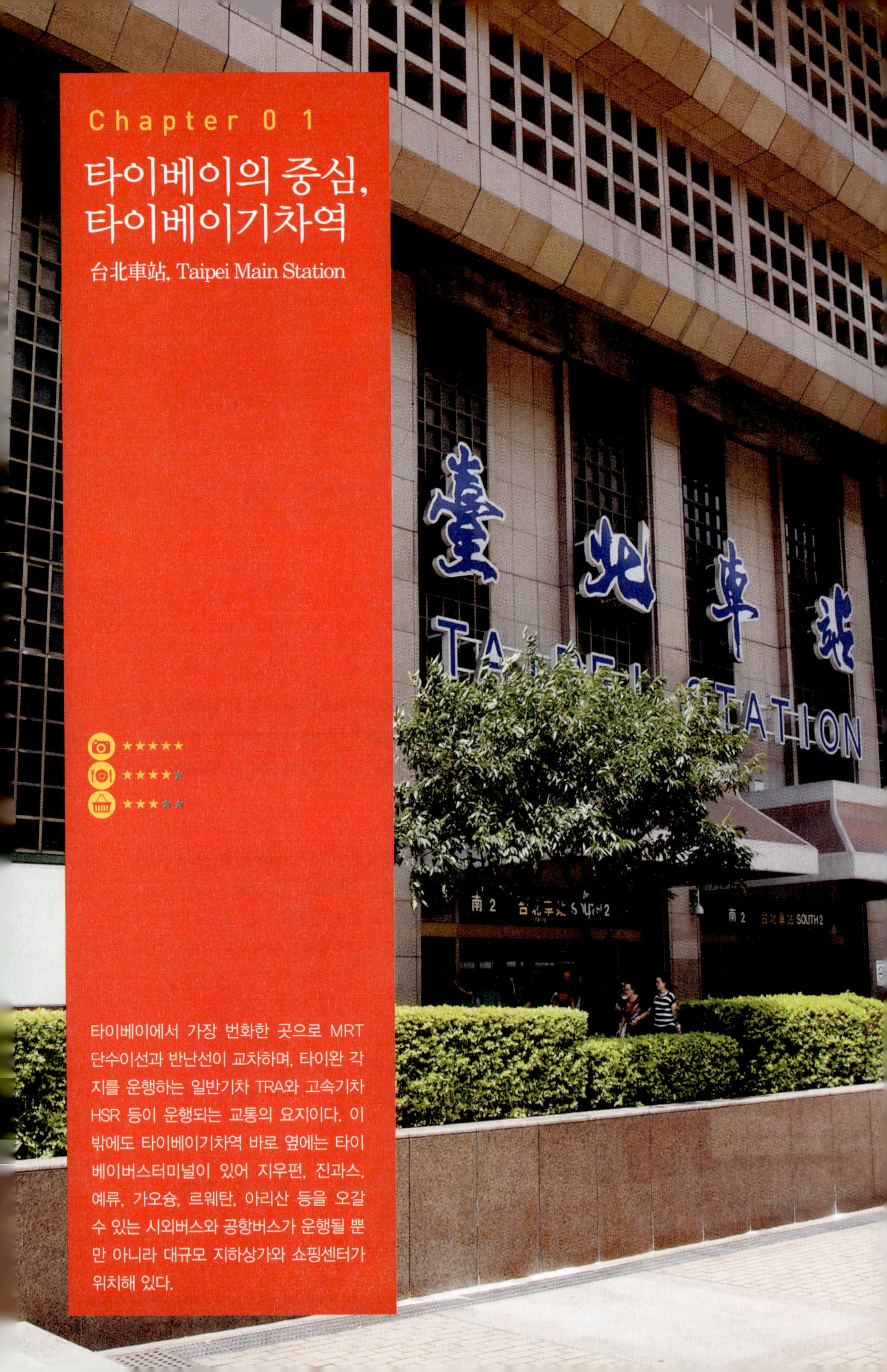

타이베이에서 가장 번화한 곳으로 MRT 단수이선과 반난선이 교차하며, 타이완 각지를 운행하는 일반기차 TRA와 고속기차 HSR 등이 운행되는 교통의 요지이다. 이 밖에도 타이베이기차역 바로 옆에는 타이베이버스터미널이 있어 지우펀, 진과스, 예류, 가오슝, 르웨탄, 아리산 등을 오갈 수 있는 시외버스와 공항버스가 운행될 뿐만 아니라 대규모 지하상가와 쇼핑센터가 위치해 있다.

타이베이기차역을 이어주는 교통편

- MRT 단수이선(淡水線, Tamsui Line)과 반난선(板南線, Bannan Line)의 타이베이기차역(台北車站, Taipei Main Station)에서 하차한다. 출구는 M, K, R, Y, Z로 구분되어 있다. 지하 4층은 MRT 단수이선, 지하 3층은 MRT 반난선, 지하 2층은 TRA와 HSR의 플랫폼 그리고 지하 1층은 타이베이뉴월드몰(台北新世界地下街, Taipei New World Mall)과 타이베이지하상가(台北地下街, Taipei City Mall) 그리고 중산지하상가(中山地下街)가 중산(中山, Zhongshan)역까지 이어진다.

타이베이기차역에서 이것만은 꼭 해보자

1. 타이베이지역에서 중신역까지 지하도를 따라 움직이며 색다른 지하세계를 만나보자.
2. 타이베이기차역의 2층에는 대규모 푸드코트와 미식타운이 있으므로 이곳에서 한 끼를 해결하자!
3. 볼거리들의 거리가 조금 있으므로 유바이크를 대여하여 이동해 보자.

사진으로 미리 살펴보는 타이베이기차역 베스트코스(예상 소요시간 5시간 이상)

타이베이기차역에서 국립중정기념당 주변까지 도보로 이동하기에 큰 무리가 없으므로 천천히 걸으면서 즐기자. 타이베이기차역을 비롯하여 큐스퀘어, 228평화공원, 총통부, 국립중정기념당, 국립역사박물관 등으로 움직이면 타이베이기차역의 볼거리를 알차게 구경할 수 있다.

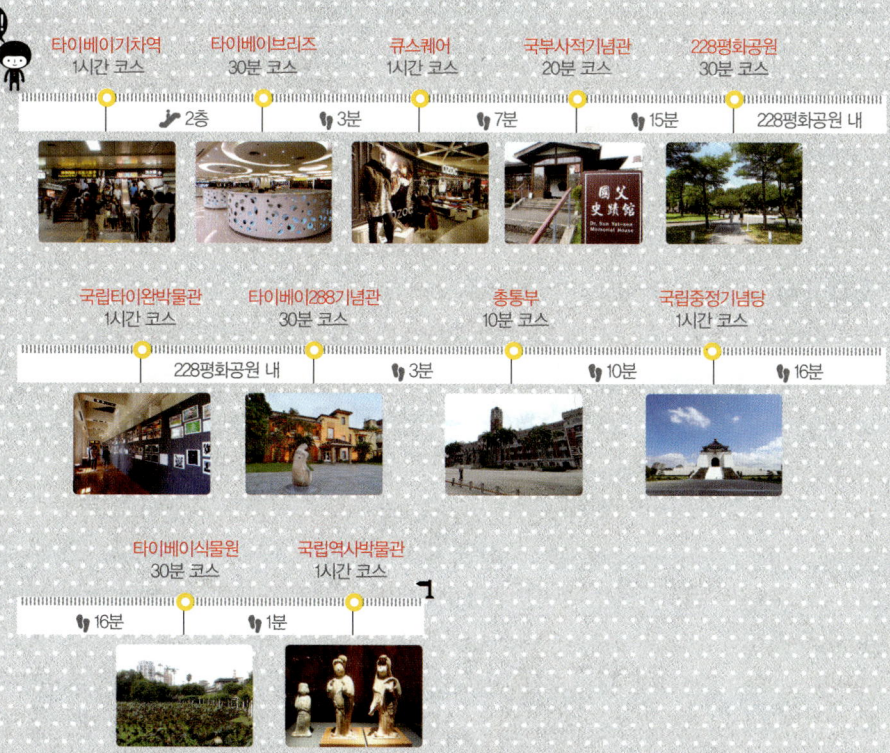

타이베이서부

Section 01
타이베이기차역에서 반드시 둘러봐야 할 명소

타이베이의 심장부인 타이베이기차역에서 시작하여 228평화공원, 총통부, 국립중정기념당 그리고 국립역사박물관 등 타이베이시내에서 봐야 할 명소가 주변에 몰려있다. 또한 주요 도로에는 타이베이시에서 지정한 고적건물도 많으니 놓치지 말고 구경하자. 소소한 볼거리가 이어지기 때문에 교통편을 이용하기보다는 조금 힘이 들더라도 걷는 것을 추천한다.

타이베이의 심장부 ★★★★★
타이베이기차역 台北車站 Taipei Railway Station

우리나라 서울역처럼 타이베이근교와 외곽지역을 오가는 데 중요한 역할을 한다. 지하철 MRT 단수이선과 반난선이 교차하며, 일반기차TRA와 고속열차HSR가 운행되는 타이완교통의 요지이다. 기차역은 지상 6층, 지하 4층이며 주변에 버스터미널, 쇼핑몰, 백화점, 호텔과 금융기관 등이 자리하고 있다.

지하는 중산역까지 상가로 이어진 중산지하상가 R구역, 역전지하상가 Z구역, 성품역전점 지하상가 K구역, 타이베이지하상가 Y구역 그리고 타이베이기차역 외부로 빠져나가는 M1~M8번 출구가 있는 M구역까지 총 5개 구역으로 나뉜다. 지상 2층에는 타이베이 최대의 푸드코트인 브리즈타이베이역점이 있고, 큐스퀘어 백화점과 연결된다. 기차역 곳곳에는 물품보관함이 있어 여행 중 불편한 짐을 여기에 보관할 수 있다.

주소 中正區北平西路3號 귀띔 한마디 일반기차는 지상 1층 중앙, 고속기차는 지상 1층 동쪽 3번 출구 옆 티켓부스에서 표를 구입하고 모두 지하 1층에서 탑승한다. 운영시간 06:00~24:00/연중무휴 문의 (886)02-2371-3558 찾아가기 MRT 단수이선과 반난선의 타이베이기차역(台北車站, Taipei Main Station)에서 하차한다. 홈페이지 www.railway.gov.tw

타이완의 주요지역을 이어주는 ★★★★★
타이베이기차역 버스정류장 台北站 公車站 Taipei Bus Station

여행객들이 가장 많이 찾는 지역을 운행하는 국광버스國光客運의 노선이 2016년 10월 30일부터 일부 조정되었다. 타이베이서부 A동 버스터미널에서 출발했던 타오위안국제공항, 예류, 진산과 지룽행 버스가 타이베이기차역 동3문 버스정류장으로 옮겨졌다. 예전처럼 버스티켓을 판매하지 않으므로 현금이나 이지카드로 요금을 결제해야 한다.

또한 타이베이서부 B동 버스터미널에서 출발하던 타이중, 타이난, 가오슝, 아리산 등 타이완 중·남부 지역행 원거리 버스도 타이베이기차역 맞은편에 자리한 큐스퀘어 내 타이베이버스정류장台北轉運站으로 옮겨갔다. 타이베이버스정류장에서는 이 지역 외에도 신주, 주둥, 터우펀, 주난 등 타이완의 주요 중부지방도시를 연결하며, 편리한 시스템을 갖춘 매표소를 운영하고 있다.

동3문 버스정류장 　　　　타이베이버스정류장 외관 　　　　타이베이버스정류장 매표소

찾아가기 MRT 타이베이기차역 동3문(東三門, East 3 Gate)으로 나오면 바로 대로변에 지룽, 예류, 진산가 타오위안국제공항행 버스정류장이 위치한다

버스정류장	주요 목적지	버스 번호	운행시간	운행간격	소요시간	편도 (NT$)
타이베이기차역 동3문	지룽(基隆 Jilong)	1813	24:01~23:46	10~15분	50분	55
	예류(野柳 Yehliu)	1815	05:40~23:10	10~20분	80분	103
	진산(金山 Jinshan)				100분	125
	타오위안국제공항 (桃園國際機場 Taoyuan International Airport)	1819	24:05~23:50	10~20분	55분	125
타이베이 버스정류장	아리산(阿里山 Alishan)	1835	20:45, 21:45	3~10월 20:45 / 11~2월 21:45 출발	6시간	620
	르웨탄(日月潭 Riyuetan)	1833	07:00~17:00	07:00, 08:30, 10:00, 15:00, 17:00 ※ 07:30 토요일 1대 추가운행	4시간	460
	가오슝(高雄 Kaohsiung)	1838	24:00~09:20	24:00, 01:00, 02:00, 03:00, 08:00, 09:20(매일) ※ 24:30, 01:30, 07:20, 08:20 월요일과 토요일 추가운행	5시간	530

 도심 속 작은 휴식공간 ★★★★★
국부사적기념관 國父史蹟紀念館 Dr.Sun Yat-sen Memorial House

타이완의 국부 쑨원孫文이 1911년 중화민국 건국 후, 중국대륙에서 활동하던 1913~1914년 타이완 방문 시 머물렀던 여관 매옥부梅屋敷를 1946년 기념관으로 지정하였다. 일본식 다다미방으로 지어진 가옥 내부에는 쑨원의 손때가 묻은 유품들이 전시되어 있다.
연못과 정자 등으로 꾸민 가옥 앞 정원은 쑨원의 호 이센逸仙을 따와 이센공원逸仙公園이라 부르며 시민들에게 도심 속 휴식공간으로 자리 잡았다. 정원 한쪽에는 중화민국 건국 60년을 기념하여 쑨원과 밀접한 관계였던 장제스蔣

쑨원의 '匡復中華的起點 重建民國的基地_이곳이야 말로 중화민국 광복의 기초를 다진 터이다.' 글이 새겨진 기념비가 세워져 있다. 기념관이라고 하기에는 쑨원 관련 자료들이 빈약하여 사람들의 발길은 뜸한 편이다.

주소 中正區中山北路一段46號 **귀띔 한마디** 기념관 내부는 사진촬영을 금하고 있다. **입장료** 무료 **운영시간** 09:00~12:00, 13:00~17:00/매주 월요일 휴관 **문의** (886)02-2381-3359 **찾아가기** MRT 타이베이기차역(台北車站, Taipei Main Station) M2번 출구로 나와 직진하다 사거리에서 오른쪽으로 들어서면 오른편에 위치한다. 도보 3분 거리.

국제예술가들을 위한 건축물 ★★★★★
타이베이국제예술촌 台北國際藝術村 Taipei Artist Village

2010년 타이베이 문화국에서 예전 시청사를 개조하여 국제예술촌을 만들었다. 세계에서 초청된 예술가들에게 3개월 동안의 체류비, 작업실 등 창작에 필요한 모든 경비를 제공하고 있다. 예술가들과 일반인들의 예술교류를 위한 다국적네트워크를 구축하는 것이 궁극적인 목적이라고 한다.

예술가들을 위한 13개 스튜디오, 댄스스튜디오, 피아노룸, 회의실, 3개의 전시실 등이 있다. 1층에는 다양한 라이브공연이 열리는 춘루아카페村落咖啡가 위치한다. 예술가를 위한 공간이므로 개방시간 외에는 1층 전시공간과 카페만 이용할 수 있다. 예술가가 아니더라도 숙박비를 내고 이곳에 묵을 수도 있다.

주소 中正區北平東路7號 **귀띔 한마디** 투박한 건물이지만 구석구석을 돌아다니다 보면 예술가들의 다양한 작업흔적을 만날 수 있다. **입장료** 무료 **운영시간** 11:00~21:00(화~일요일)/매주 월요일 휴관 **문의** (886)02-3393-7377 **찾아가기** MRT 산다오스(善導寺, Shandao Temple)역 1번 출구로 나와 첫 번째 사거리에서 오른쪽 골목으로 들어서서 텐진제(天津街)를 따라 걷다보면 오른쪽에 노란색건물이 보인다. 도보 4분 거리. **홈페이지** www.artistvillage.org

130여 년간 원형 그대로 잘 보존된 성문 ★★★★★
베이먼 北門 North Gate

1882년 청나라시기 타이베이를 성곽으로 둘러쌓는데, 당시 완공된 5개 성문 중 하나인 베이먼은 옛 모습 그대로 남아있는 유일한 성문이다. 원래 명칭은 청쓰먼承恩門으로 1895년 일제식민기 성벽과 주변 일부를 허물고, 네 개의 도로를 건설하였다.

베이먼씨앙지제(北門相機街)

도로상에 덩그러니 남겨진 베이먼을 포함하여 현재 둥먼東門, 난먼南門 그리고 샤오난먼小南門 4개의 성문이 남아 있다. 이 4개 성문을 합쳐 타이베이푸청台北府城이라 부르며 타이완 최고급 유적인 국가1급고적으로 지정되었다. 베이먼 맞은편에는 1929년 세워진 타이베이우체국台北郵局이 있고, 우체국골목으로 카메라거리인 베이먼씨앙지제北門相機街가 이어진다.

찾아가기 MRT 타이베이기차역(台北車站, Taipei Main Station) Z8번 출구로 나와 출구 반대쪽으로 직진하여 소방서를 지나면 타이베이중앙우체국 맞은편 사거리, 중앙고가도로 아래 위치한다. 도보 3분 거리.

민중집회가 열렸던 역사적인 공원 ★★★★★
228평화공원 二二八和平公園 228 Peace Park

1899년 타이완 최초의 서양식공원으로 면적 6만㎡ 부지에 야자수, 연못과 정자, 야외 음악당 등이 있어 타이베이시민들에게 도심 속 휴식공간을 제공한다. 처음에는 타이베이공원 또는 타이베이신공원이라 불렸지만 1947년 2월 28일 민중집회가 이곳에서 열린 이후 228평화공원이라 부르기 시작했다. 공원 한가운데에는 228기념비와 중국본토에서 건너온 사람과 토착민들 사이의 평화를 기리는 기념탑이 세워져 있다. 현재 공원은 이른 아침에는 태극권이나 쿵후로 수련하는 사람들이, 오후에는

비극적인 참사, 228사건(二二八事件)

청일전쟁 이후 일제치하에서 해방을 맞이한 타이완은 당시 중국본토에서 벌어진 국공내전에 물자를 지원하면서 물자부족에 시달렸으며, 내전에서 패한 국민당세력이 타이완으로 넘어오면서 원주민과의 갈등은 심화되기 시작했다. 타이완 원주민들이 일본어를 사용했다는 이유로 차별의 빌미가 되었고, 주요관리직을 독차지한 중국본토 사람들의 부정부패는 점점 극에 달하고 있었다.

사건의 발단은 당시 정부의 전매사업이던 담배를 허가 없이 팔던 노인을 단속하는 과정에 빚어졌다. 1947년 2월 27일 단속과정에 소총개머리판으로 노인을 때리는 것을 목격한 시민들이 항의하자 오히려

228사건 목판화_롱잔황(Rong-zan Huang)

총기를 무차별적으로 발포하였고, 다음날인 2월 28일 사건의 발단이 됐던 해당 공무원의 처벌을 시민들이 집단적으로 요구하였다. 경찰은 계엄령을 선포하였고, 이에 맞서 시민들이 경찰서를 습격하면서 일은 더욱 커지게 되었다. 이 과정에 수많은 사상자가 발생하면서 언론의 자유와 담배를 전매품목에서 빼줄 것을 요구하고 정치제도개혁, 인권보장 등 32개 조항을 요구하며 시위는 전국적으로 확대되었다. 당시 국민당군은 요구를 받아들이지 않고 10일 동안의 유혈진압하여 약 3만 명의 사상자가 발생하였다. 이후 지속됐던 계엄령은 1987년 7월 15일, 38년이 지나서야 해제되었다. 1988년 타이완정부 총통이 사건에 대해 공식적으로 사과하였지만 228사건은 무고한 시민이 대량 학살된 가장 비극적인 타이완의 역사로 기록되었다.

나무그늘 아래 휴식을 취하려는 사람들이 그리고 저녁에는 산책을 즐기려는 사람들이 일년 내내 끊임없이 찾는 곳이다.

주소 中正區凱達格蘭大道3號 **귀띔 한마디** 타이베이228기념관과 국립타이완박물관이 공원 내 위치. **입장료** 무료 **운영시간** 24시간/연중 무휴 **찾아가기** MRT 타이다이위안(台大醫院, NTU Hospital)역 1, 4번 출구로 나오면 바로 공원과 연결된다.

타이완에서 제일 오래된 박물관 ★★★★
국립타이완박물관 國立臺灣博物館 National Taiwan Museum

1908년 일제강점기에 타이완을 남북으로 연결하는 횡단철도개설을 기념하기 위해 설립된 타이완정부박물관이다. 개관당시에는 타이완 총독부박물관으로 사용되면서 일본인들의 정치모임 장소로 활용되었다. 해방 이후 타이완 성립박물관(臺灣省立博物館)으로 명칭을 변경하였고, 1999년 타이완 행정부에 의해 국가지정 고적으로 인정받으면서 현재의 국립타이완박물관이 탄생하게 되었다.

타이완에서 가장 오래된 박물관으로 도리아양식 기둥과 로만양식 돔이 돋보이는 르네상스양식의 건축물로 지하 1층, 지상 3층으로 지어졌다. 박물관 내에는 타이완의 역사, 문화, 동식물, 지질 등 1만여 점의 유물이 전시되어 있으며, 타이완 원주민의 역사, 의상, 유물 등의 전시물과 자료도 전시해놓았다. 개관당시 횡단철도개설 기념으로 세워진 건물답게 타이완에서 처음 운행한 증기기관차도 전시되어 있다.

주소 中正區襄陽路2號 **강력추천** 매일 10:30, 15:00 사전신청자 40명이 가이드와 함께하는 무료갤러리투어가 진행된다. **귀띔 한마디** 입장권은 건물 입구 오른편의 사무실에서 구입하면 되고, 사진촬영 시 플래시는 사용할 수 없으며, 동영상 촬영은 금지된다. **입장료** NT$30(투인전시관 입장권 포함) **운영시간** 09:30~17:00(화~일요일)/매주 월요일, 설연휴 휴관(단, 월요일이 공휴일이면 운영) **문의** (886)02-2382-2566 **찾아가기** MRT 타이다이위안(台大醫院, NTU Hospital)역 4번 출구로 나오면 228평화공원 내에 위치한다. **홈페이지** www.ntm.gov.tw

타이완의 아픈 역사를 고스란히 간직한 ★★★☆☆
타이베이228기념관 台北二二八紀念館 Taipei 228 Memorial Hall

타이완국민은 해방과 동시에 장제스가 세운 국민당정부에 대한 기대가 컸지만 오히려 관리들의 차별과 착취에 불신만 커졌다. 이러한 배경에서 폭발한 228사건은 장제스군대와의 충돌로 많은 시민이 학살되거나 투옥되었다. 이후 장징궈(蔣經國) 총통시기 38년 만에 계엄령이 해제되고, 정부는 당시 희생자가족에게 사과와 보상을 약속했다. 전국 각지에 228기념탑과 기념관이 세워졌으며, 2월 28일을 국가기념일로 선포하였다.

1997년 타이베이 라디오방송국이었던 자리에 타이베이 228기념관을 개관하였다. 건물입구는 긴 회랑으로 연결되고, 한쪽 벽면은 당시 사건을 추모하는 글들로 빼곡하다. 1층에는 228사건이 일어나게 된 계기와 과정 등을 보여주는 기록물, 2층에는 당시 희생자들의 사진과 목격자들의 증언, 그리고 방문자들의 메시지가 남겨 있다.

주소 中正區凱達格蘭大道3號 **귀띔 한마디** 국립역사박물관으로 가는 길에는 288국가기념관(二二八國家紀念館, National 288 Memorial Hall)도 있다. **입장료** NT$20 **운영시간** 10:00~17:00(화~일요일)/매주 월요일과 공휴일 다음날 휴관 **문의** (886)02-2389-7228 **찾아가기** 228평화공원 내 위치한다. **홈페이지** 228memorialmuseum.gov.taipei

세계적인 해운업체가 세운 ★★★★★
에버그린해양박물관 長榮海事博物館 Evergreen Maritime Museum

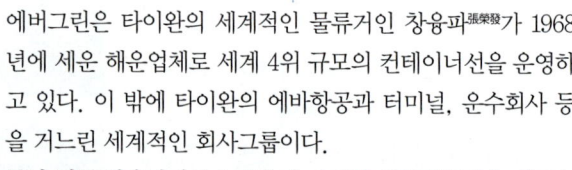

에버그린은 타이완의 세계적인 물류거인 창용파(張榮發)가 1968년에 세운 해운업체로 세계 4위 규모의 컨테이너선을 운영하고 있다. 이 밖에 타이완의 에바항공과 터미널, 운수회사 등을 거느린 세계적인 회사그룹이다.

둥먼 뒤쪽 창융파기금 1~5층에 자리한 해양박물관은 매표소에서 입장권을 구매한 후 엘리베이터를 타고 5층부터 내려오면서 관람한다. 5층은 19세기부터 현재까지 선박의 역사를 한눈에 살펴볼 수 있고, 4층은 20세기 선박들을 전시한다. 3층은 타이완 해양역사와 해양관련 그림을 전시하고, 2층에는 방문객이 직접 체험해볼 수 있는 항해탐색전시실이 있다.

주소 中正區中山南路11號 **귀띔 한마디** 1층은 사진촬영이 가능하지만 박물관내부는 엄격하게 금지된다. **입장료** NT$200 **운영시간** 09:00~17:00(화~일요일)/매주 월요일과 설연휴 휴관 **문의** (886)02-2351-6699 **찾아가기** 타이다이위안(台大醫院, NTU Hospital)역 2번 출구로 나와 조금 걷다 오른쪽 길로 들어서서 사거리에서 직진방향으로 횡단보도를 건넌 후 오른쪽 길을 따라 다시 직진하면 보인다./228평화공원 동문 뒤편 건물이다. 도보 5분 거리. **홈페이지** www.evergreenmuseum.org.tw

타이베이서부

타이완 행정의 중심 ★★★★★
총통부 總統府 Office of the President

1919년 일제강점기 르네상스양식으로 지어진 5층 건물이다. 식민기 일본총통이 거주했으며, 현재는 타이완 총통집무실이 있다. 2001년부터 일반인들에게 상시개방을 하고 있는데, 내부 견학 시 여권을 제시해야 하고 모든 휴대품은 짐보관소에 맡긴한 후 입장할 수 있다. 1층 전시관은 가이드가 총통부의 역사를 영어와 일어로 설명한다.

총통부 앞 대광장에서는 다양한 국가행사 및 집회가 열리는데 특히 새해와 건국기념일인 10월 10일 쌍십절雙十節에는 건물을 화려하게 꾸미고 성대하게 행사를 거행한다.

주소 中正區重慶南路一段122號 **강력추천** 총통부 주변에는 타이완은행(臺灣銀行) 본점 등 오래된 주요 공공기관건물들이 위치한다. **귀뜸 한마디** 총독부 전체가 개방되는 날에는 일부 사진촬영이 가능하지만 평상시에는 사진, 동영상 촬영이 불가하다. **입장료** 무료(여권지참) **개방시간** 09:00~12:00(월~금요일 1층만 개방), 매달 지정된 날짜(주로 토요일로 홈페이지에서 확인)에는 09:00~17:00까지 총독부 전체를 개방/주말과 공휴일 휴관 **문의** (886)02-2312-0760 **찾아가기** MRT 타이다이위안(台大醫院, NTU Hospital)역 1번 출구에서 228평화공원 내 남문으로 나와 오른쪽으로 직진하면 보인다. 도보 7분 거리. **홈페이지** www.president.gov.tw

중산난루(中山南路)의 고적(古跡) 건물 찾아보기

중샤오루(忠孝路)에서 둥먼(東門)까지 야자수가 시원하게 늘어선 중산난루(中山南路) 도로변에는 일제강점기에 지은 건축물들이 심심치 않게 보인다. 현재 대부분 국가시설물로 사용되며 근대문화유산인 고적으로 지정되어 있다.

감찰원(監察院, Control Yuan), 입법원(立法院, Legislative Yuan)
타이완은 총통 아래로 입법원(국회), 행정원(내각), 감찰원, 사법원, 고시원 5권 분립체제로 이 중 입법원과 감찰원 건물이 중산난루에 위치해 있다. 특히 감찰원건물은 일제강점기 지어진 르네상스 후기의 건축양식으로 돔 형태의 지붕이 인상적인 건물이다.

제남기독장로교회(濟南基督長老教會) 고적지정
타이베이에 거주하는 일본인들의 신앙생활을 위해 1916년 타이완의 차(茶)를 유럽 각지로 수출한 리춘성(李春生)의 도움으로 건축된 영국 고딕풍의 교회이다.

타이완대학병원 서쪽구역(台大醫院, 西址大樓) 고적지정
일제강점기 타이베이제국대학의학부 부설병원이라 불리던 병원건물로 해방이후 국립타이완대학의과대학 부설병원으로 명칭이 변경되었다. 붉은색 벽돌을 사용한 서양식 건축물로 건립 당시에는 동남아시아에서 제일 크고 현대화된 병원이었다.

의학인문박물관(醫學人文博物館, Museum of Medical Humanities)
일제강점기 완공된 타이베이제국대 의학부건물로 수차례 개보수가 있었지만 건립 당시의 모습을 유지하고 있다. 대학강의실, 행정센터, 타이완 의학학술활동의거점, 의학인문교육을 위한 장소로 활용되다가 2008년 현재의 박물관으로 변경되었다.

타이베이빈관(台北賓館, Taipei Guest House) 고적지정
1901년 일제강점기 총독의 관저로 지어 중요 외빈을 접대하던 곳이었다. 해방이후 타이베이빈관으로 명칭이 변경되었으며, 이전처럼 외빈접대, 문화활동 등 역사적으로 중요한 행사를 이곳에서 개최하고 있다.

둥먼(東門, Taipei East Gate) 고적지정
청나라 때 쌓은 성곽 5개 성문 중 하나로 징푸먼(景福門)이라 불렸다. 다른 성문보다 규모가 크고, 아치형구조는 베이먼과 비슷하다. 벽돌을 이중으로 쌓은 난공불락의 요새였지만 일제강점기 대부분 파괴되었고, 1996년 왕궁 건축양식으로 재건축되면서 보다 화려해졌다.

타이완 제2의 국부 장제스를 기념하는 ★★★★★
국립중정기념당 國立中正紀念堂 National Chiang Kai-Shek Memorial Hall

1975년 서거한 타이완 초대총통 장제스를 기념하기 위해 타이완국민과 해외교포들이 기금을 모아 정부에 건립을 요구하여 1980년 완공된 기념당이다. 25만㎡의 부지에 자유광장, 국가음악청, 국가희극원이 있고, 그 중앙에 장제스 본명 '중정'을 붙인 웅장한 중정기념당이 자리한다. 2007년 총통 천수이볜陳水扁이 탈중국화의 일환으로 '타이완민주기념관'이라 명칭을 변경했지만 2008년 국민당 마잉주馬英九가 총통으로 당선되면서 원래의 이름을 되찾았다.

하얀색 대리석과 푸른색 팔각지붕이 조화를 이룬 높이 76m의 중국 명대 스타일로 지어진 건축물이다. 아치형 정문이 있는 2층까지 89개 계단이 있는데, 이는 장제스가 89살까지 살았음을 의미한다. 1층에는 장제스와 관련된 다양한 사진과 유품 등이 있고, 2층에는 높이 6.3m 규모의 장제스 대형청동상이 있다. 중정기념당의 또 하나의 볼거리인 위병교대식이 바로 장제스동상 앞에서 행해지는데 동상 양쪽 단상에 서있는 위병은 다음 교대식까지 고정자세로 서있어야 한다. 위병교대식은 매시정각에 이뤄지며 2명의 위병과 인솔자를 포함한 3명이 기존 위병과 합세하여 총 5명이 교대식을 거행한다.

주소 中正區中山南路21號 **강력추천** 매시정각에 행해지는 위병교대식은 놓치지 말고 꼭 보자! **귀띔 한마디** 푸른 하늘과 어우러지는 낮에도 멋있지만 은은한 불빛을 내고 있는 저녁에 와도 건물 자체가 멋지다. **입장료** 무료 **운영시간** 09:00~18:00/연중무휴 **문의** (886)02-2343-1100 **찾아가기** MRT 중정기념당(中正紀念堂, CKS Memorial Hall)역 5번 출구로 나오면 오른쪽 입구와 바로 연결된다. **홈페이지** www.cksmh.gov.tw

중정기념당의 주인, 장제스(蔣介石, 장개석)는 누구인가?

중정(中正)은 장제스 본명으로 1928~49년까지는 중국 국민당정부 주석을 역임하였고 1949년 이후부터 사망 전까지는 총 5번의 타이완총통을 역임했다. 1911년 신해혁명으로 쑨원의 신임을 얻고, 1925년 쑨원이 사망하자 국민당 권력을 잡고 중국통일을 위한 대규모 군사작전으로 1928년 마침내 새 중앙정부 국가주석이 되었다. 이후 그는 정부정보기관을 동원하여 공산주의자와 반체제 인사들을 탄압하고 언론을 통제하였으며, 자신과 국가를 동일시하는 강압정책을 폈다. 하지만 마오쩌둥(毛澤東, 모택동)이 이끄는 중국공산당과의 내전에서 패하면 1949년 타이완으로 정부를 이전하게 된다. 장제스는 중국본토의 4·12사건, 타이완의 2·28사건 등을 군사통치로 강제진압한 독재자이면서 한편으로는 훌륭한 타이완의 지도자였다는 양면의 평가를 받는다.

타이완 최대 규모의 도서관 ★★★★★
국가도서관 國家圖書館 National Central Library

국립중정기념당 광장입구 맞은편에 위치한 타이완 최대의 도서관으로 1940년 건립되었다. 각종 논문, 국가출판물 외에 중국전문서적 13만 권과 희귀도서를 포함해 약 46만여 권을 소장하고 있다. 연구지원, 교육활동후원, 전문사서양성뿐만 아니라 국내외 다양한 활동을 하고 있다. 세계 명문대학도서관과 서로의 자료를 온라인으로 열람할 수 있으며 특히 미국 동아시아도서관과 함께 중국어 희귀도서들을 디지털화하였다.

도서관입구가 2층이라 지하층처럼 보이는 1층에는 도서관, 편의점, 식당 등이 자리하고, 2~6층까지는 열람실로 구성되어 있다. 화~금요일에는 단체투어에 참여할 수 있으며, 6층 일한문열람실日韓文閱覽室에서는 일본과 한국 관련 자료들을 살펴볼 수 있는데 한국 관련 자료는 턱없이 부족한 편이다. 도서관을 견학 또는 이용하려면 여권을 제시하고 임시 또는 정식 열람증을 받아야 한다.

주소 中正區中山南路20號 **입장료** 무료 **운영시간** 09:00~20:30(화~토요일), 09:00~16:30(일요일)/매주 월요일과 공휴일 휴관 **문의** (886)02-2361-9132 **찾아가기** MRT 중정기념당(中正紀念堂, Chiang Kai-Shek Memorial Hall)역 6번 출구로 나와 직진하면 왼편에 위치한다. 도보 1분 거리. **홈페이지** www.ncl.edu.tw

타이완의 종합예술을 책임지는 ★★★★★
국가희극원&국가음악청 國家戲劇院&國家音樂廳 National Theater&National Concert Hall

국가도서관 맞은편 자유광장自由廣場이란 현판이 걸린 패루를 통과하면 붉은색 기둥과 주황색기와가 인상적인 건축물이 마치 쌍둥이처럼 마주하고 있다. 오른쪽이 우리의 국립극장 같은 국가희극원, 왼쪽이 예술의 전당 같은 국가음악청이다. 자유광장은 1990년대 학생운동을 비롯하여 타이완 민주화시위 등이 있었던 곳으로 국가에서 진행하는 각종 대규모 행사가 개최된다.

국가희극원과 국가음악청은 1987년 완공과 동시에 타이완 예술수준을 향상시켰다. 뉴욕필하모니, 마사그레이엄무용단, 샌프란시스코심포니 등 세계 유명공연단들이 공연한 곳으로 지역예술단체의 공연장으로 활용된다. 국가희극원에서는 주로 경극이 공연되고, 국가음악청에는 타이베이의 유명 오케스트라 본부가 상주한다.

주소 中正區中山南路21-1號 **입장료** 공연에 따라 상이 **운영시간** 09:00~20:00(화~일요일, 입장권은 17:30까지 구입가능)/매주 월요일 휴관 **문의** (886)02-3393-9777 **찾아가기** MRT 중정기념당(中正紀念堂, CKS Memorial Hall)역 5번 출구로 나오면 입구와 바로 연결된다./국가도서관 맞은편에 위치한다. **홈페이지** www.ntch.edu.tw

타이완의 첫 번째 실험극장 ★★★★★
구링졔소극장 牯嶺街小劇場 Guling Street Avant-Garde Theatre

일제강점기 병영생활관으로 지어진 건물을 1945년 정부가 인수하여 1995년 이전하기까지 경찰서로 사용하며 국가권력의 상징이었다. 1998년 극장으로 탈바꿈하였고, 2001년 전위예술을 공연하는 타이완 첫 번째 실험극장이었다. 1층은 매표소, 실험극장이 있고, 2층은 전시, 콘서트, 강연, 연극공연이 열리는 아트갤러리, 3층은 리허설공간이다.

주소 中正區牯嶺街5巷2號 **입장료** 공연에 따라 상이 **운영시간** 10:00~22:00(화~일요일)/매주 월요일 휴관 **문의** (886)02-2391-9393 **찾아가기** MRT 중정기념당(中正紀念堂, CKS Memorial Hall)역 2번 출구로 나와 출구를 등지고 왼쪽 난하이루(南海路)를 따라 직진하다가 왼편 난산톄반샤오(南山鐵板燒) 음식점 골목사이로 직진하면 오른편에 보인다. 도보 6분 거리. **홈페이지** www.glt.org.tw

타이완우편의 역사를 한눈에 살펴보는 ★★★★★
우정박물관 郵政博物館 Postal Museum

우정박물관은 타이완의 우편역사뿐만 아니라 세계 각국의 우편역사도 알 수 있는 곳이다. 1층에는 타이완우체국인 청화유정(中華郵政)과 매표소가 있고, 2~6층은 박물관, 7층은 우편도서관과 독서실 그리고 8~10층은 우편국사무실이다.

2층은 우편물뿐만 아니라 각종 그림 등이 전시되어 있고, 3층은 타이완 우정사업에 관련된 물품들이 전시되어 있다. 4층에는 우편물이 보내지는 과정과 집배원의 시대별 유니폼을 전시해 놓았으며, 실제크기로 재연한 우체국이 있어 어린이들이 직접 우편시스템을 이용하며 이해할 수 있게 하였다. 5층에는 1840년 영국에서 발행된 세계 최초의 우표 페니블랙(Penny Black)과 전 세계 200여 개국의 대표우표들을 전시하고 있으며, 6층에서는 새롭게 발매되는 기념우표 등을 만날 수 있다.

주소 中正區重慶南路2段45號 **입장료** NT$5 **운영시간** 09:00~17:00(화~일요일, 입장은 16:30까지 가능)/매주 월요일 및 청명절, 용선축제, 추석연휴, 설연휴 휴관 **문의** (886)02-2394-5185 **찾아가기** MRT 중정기념당(中正紀念堂, CKS Memorial Hall)역 2번 출구로 나와 뒤쪽으로 왼편에 육교가 보일 때까지 직진한다. 육교를 바라보고 왼편 붉은색 건물 내에 위치한다. 도보 6분 거리. **홈페이지** museum.post.gov.tw

타이완 예술교육센터 ★★★★★
국립타이완예술교육관 國立台灣藝術教育館 National Taiwan Arts Education Center

1957년 예술 및 문화교육의 대중화와 발전을 촉진하기 위해 정부가 설립한 예술교육센터이다. 난하이학원南海學園을 들어서면 왼편에는 난하이극장이 있는 국립타이완예술교육관이 자리하고, 오른편에는 2003년 스린지역으로 이전한 예전 과학교육관科學教育館 건물이 남아 있다. 연꽃연못 뒤편에는 비잔틴양식의 원형돔으로 독특하게 지어진 난하이서원南海書院이 자리하고 있다.

주로 학생과 일반인들의 비상업성공연이나 전시회 그리고 교육프로그램이 이뤄지기 때문에 공연수준은 낮지만, 조용히 사색에 잠길 수 있는 난하이서원까지 둘러볼 수 있어 좋다.

주소 中正區南海路47號 **입장료** 무료 **운영시간** 09:00~17:00(화~일요일/매주 월요일 및 공휴일과 설연휴 휴관 **문의** (886)02-2311-0574 **찾아가기** MRT 중정기념당(中正紀念堂, CKS Memorial Hall)역 1번 출구로 나와 등지고 오른쪽으로 가다 육교를 지나 계속 직진하면 오른편에 보인다. 도보 10분 거리./국립역사박물관(國立歷史博物館) 근처이다. **홈페이지** www.arte.gov.tw

타이완 최초의 식물원 ★★★★★
타이베이식물원 台北植物園 Taipei Botanical Garden

국립역사박물관 뒤편에는 1921년 타이완 최초로 개장한 식물원이 있다. 시민들의 휴식공간으로 이용될 뿐 아니라 식물에 대한 연구 및 교육을 목적으로 하고 있다. 양치식물정원, 대나무정원, 야자수정원, 연꽃연못, 띠동물과 연관된 식물이 모인 십이간지정원 그리고 전 세계 식물표본을 수집해 온 타이완 최초의 식물표본관 등 17개의 구역에서 2,000여 종의 식물을 둘러볼 수 있다.

주소 中正區南海路53號 **귀띔 한마디** 국립타이완예술교육관 뒤편에 식물원으로 가는 샛길이 있고, 연꽃연못 오른편에 국립역사박물관으로 가는 작은 길이 있다. **입장료** 무료 **개방시간** 05:30~22:00/연중무휴 **문의** (886)02-2303-9978 **찾아가기** MRT 샤오난먼(小南門, Xiaonanmen)역 3번 출구로 나와 왼쪽으로 직진하면 바로 보인다. 도보 10분 거리. **홈페이지** tpbg.tfri.gov.tw

국립역사박물관 國立歷史博物館 National Museum of History

타이완 국민들의 생활과 문화를 엿볼 수 있는 ★★★★

1955년 설립한 첫 번째 국립박물관으로 명청시대의 전통적인 중국풍 건축물이며, 박물관 내 소장품 대부분은 중국본토에서 가져온 문화재로 일부 지방문화재가 포함되어 있다. 청동기, 진나라 이전 시대의 줄무늬토기, 한나라의 녹유토기, 육조시대의 무약용과 당삼채 등 기관과 개인소장자들이 기부한 약 5만 6천여 점의 유물을 소장하고 있다. 이 중 중국 당나라 때 세 가지 색깔(녹색, 갈색, 남색)의 유약으로 여러 무늬를 장식한 당삼채는 수량과 품질에 있어 타이완 최고라는 평가를 받고 있다.

타이완문화재, 원주민문화재, 국제문화재 등으로 분류되며 원시시대, 상주시대, 당송시대, 원명청시대 및 현대예술작품으로 나뉜다. 도자기와 불교조각품, 옥장식품, 책자 등이 대부분이며 1층은 특별전시관, 2층 국립전시관, 3층 고대중국 유품전시관 그리고 4층은 역사와 문명을 주제로 다룬 다양한 작가의 작품을 전시하는 테마전시관이다. 전시관 외에도 기념품을 살 수 있는 1층 박물관상점과 케이크, 샌드위치, 커피 등의 서양스타일의 간단한 음식과 차를 즐길 수 있는 2층 로터스카페, 정통영국식 브런치와 파이, 푸딩과 차 등을 제공하는 4층 커티삭이 자리한다.

박물관상점(Museum Shop)

커티삭(Cutty Sark)　　　　로터스카페(Lotus Café)

주소 中正區南海路49號 **강력추천** 매년 주기적으로 국제적인 규모의 특별전시가 열린다. **귀띔 한마디** 박물관 입구에 입장권자동발권기가 있으며, 입장 전 짐은 보관함에 맡겨야 한다. 사진촬영은 일체 금지되어 있다. **입장료** NT$30(성인), NT$15(학생) **운영시간** 10:00~18:00(화~일요일, 17:30까지 입장권 구입가능)/매주 월요일 휴관 **문의** (886)02-2361-0270 **찾아가기** MRT 중정기념당(中正紀念堂, CKS Memorial Hall)역 1번 출구로 나와 출구를 등지고 오른쪽으로 직진하다 육교를 지나 계속 직진하면 오른편으로 보인다. 도보 12분 거리. **홈페이지** www.nmh.gov.tw

타이베이서부

Section 02
타이베이기차역에서 먹어봐야 할 것들

타이베이기차역 2층에는 대규모 푸드코트 브리즈타이베이스테이션이 있고, 타이베이기차역 큐스퀘어 지하 푸드코트에는 다양한 음식점이 즐비하다. 또한 신콩미츠코시백화점 뒤편 골목 카이펑제뚜안과 난양제에는 현지인뿐만 아니라 여행자들도 많이 찾는 유명하면서도 저렴한 맛집이 밀집해 있다.

타이베이 최대의 푸드코트 ★★★★★
브리즈 타이베이역 微風台北車站 Breeze Taipei Station

타이베이기차역 2층의 다양한 음식을 맛볼 수 있는 대형 푸드코트이다. 한식, 일식, 중식뿐만 아니라 차와 디저트까지 한곳에서 해결할 수 있다. 체인점이거나 음식 평이 좋은 레스토랑만을 엄선하여 입점시켰기 때문에 많은 사람이 일부러 찾아온다.

20년 전통의 채식뷔페 밍더수쓰위안, 일본레스토랑 오오토야 등은 항상 자리가 없을 정도로 붐빈다. 이 밖에 타이완 야시장 먹거리를 맛볼 수 있는 타이완나이트마켓台灣夜市, 타이완 대표음식 뉴러우몐을 한자리에 모은 비프누들아레나牛肉麵競技館, 태국, 일식, 한식 등 다양한 세계요리를 맛볼 수 있는 미식공화국美食共和國 그리고 인도, 네팔식 커리전문 커리팰리스咖哩皇宮 등 4개의 대형 푸드코트가 있으며, 저렴한 가격에 양도 푸짐하다. 또한 일본의 유명생활용품 체인점인 무지MUJI와 핸드스타일링Hands Tailung 등도 입점되어 있어 쇼핑까지 즐길 수 있다.

주소 中正區北平西路3號2F **귀띔 한마디** 식사시간을 피한다면 좀더 편안하게 요리를 즐길 수 있다. **가격** NT$40~ **영업시간** 10:00~22:00/연중무휴 **문의** (886)02-6632-8999 **찾아가기** MRT 타이베이기차역(台北車站, Taipei Main Station) M3번 출구 방향을 따라가면 2층으로 올라가는 계단이 있다. **홈페이지** www.breezecenter.com

브리즈 타이베이역의 보석 같이 숨은 맛집

밍더수쓰위안(明德素食園, Minder Vegetarian) 20년 전통의 채식주의자를 위한 채식뷔페전문점으로 신선한 재료로 건강한 타이완요리를 만든다. 뷔페라고 해서 우리나라와 같이 일정금액을 계산한 후 무한정 먹을 수 있는 것이 아니라 접시에 음식을 담아 무게를 재서 계산 후에 음식을 먹는다.

다즐링카페(Dazzling Cafe) 지점마다 콘셉트를 달리하는 센스로 개성 넘치는 타이완의 대표 캐주얼카페&레스토랑이다. 과일로 만든 음료수, 와플 그리고 토스트 등이 먹기 아까울 정도로 예쁘게 장식되어 나오므로 주고객층은 젊은 여성들의 눈과 입을 즐겁게 해준다.

앤트스텔라(Aunt Stella) 수제쿠키와 케이크로 유명한 체인점이다. 브런치뿐만 아니라 파스타, 리소토, 샌드위치, 파니니 등의 음식과 다양한 음료, 디저트 등을 모두 수제로 만든다. 가게이름처럼 마치 이모가 만들어준 것 같은 음식을 한자리에서 맛볼 수 있다. 체인점 대부분이 소고백화점에 위치하고 있다.

오오토야 大戸屋 Ootoya
맛있는 일본식 가정백반전문점 ★★★★★

50년 전통을 지닌 일본의 유명체인점으로 상차림이 깔끔한 일본식 가정백반전문점이다. 신선한 재료로 건강한 음식을 만들고 있다. 메뉴는 메인요리, 반찬, 디저트와 음료로 나뉘며 메인은 밥과 요리가 나오는 단품과 국과 반찬이 포함된 정식으로 구분된다. 생선과 고기가 있으며 싱싱한 생선을 숯불에 구운 요리가 인기 있다. 푸짐한 양, 저렴한 가격, 깔끔한 맛으로 일본뿐만 아니라 태국, 싱가포르, 홍콩과 뉴욕 등 세계 각지에 체인점을 두고 있다. 타이완에만 20여 개 체인점이 있으며, 중국음식에 질릴 때쯤 깔끔하게 한 끼로 즐기기에 제격이다. 브리즈타이베이기차역에 위치하며 저녁식사시간에는 자리가 없을 정도로 현지인들에게 인기가 높다.

❶ 미소카츠(滑蛋豬排鍋) ❷ 가츠돈(雞排醬蓋飯)
❸ 고등어구이정식(炭烤鯖魚) ❹ 돼지고기덮밥(炭烤豬肉蓋飯)

주소 中正區北平西路3號2F **귀띔 한마디** 테이크아웃도 가능하다. **베스트메뉴** 무를 갈은 다이콘오로시(大根おろし)를 얹어 먹으면 더욱 맛있는 숯불에 구운 고등어구이(炭烤鯖魚), 단품 NT$240, 정식 NT$300), 돈가스에 특제 소스를 부어 달걀을 넣어 끓인 미소카츠(滑蛋豬排鍋, 단품 NT$260, 정식 NT$330) **추천메뉴** 일본식의 두툼한 안심돈가스를 얹은 가츠돈(炭烤雞肉蛋蓋飯, NT$270), 간장으로 양념한 돼지고기를 숯불에 구워 밥에 올린 돼지고기덮밥(炭烤豬肉蓋飯, NT$270) **가격** NT$230~/Service Charge 10% 별도 **영업시간** 10:00~22:00/연중무휴 **문의** (886)02-2331-9337 **찾아가기** MRT 타이베이기차역(台北車站, Taipei Main Station) 건물 2층 브리즈타이베이기차역에 위치한다. **홈페이지** www.ootoya.com.tw

타이텐삐엔땅 臺鐵便當 Taiwan Railway Bento Honpo
기차에서 즐기는 정겨운 도시락 ★★★★★

1922년부터 기차식당칸에서만 판매하던 도시락으로 1949년부터는 주요 역과 열차객실 내에서 판매하고 있다. 기차를 이용하는 사람들에게 향수를 불러일으키는 도시락은 거의 필수품이다. MRT 내에서는 음식뿐만 아니라 음료수도 마실 수 없지만 일반기차[TRA]와 고속열차[HSR] 내에서는 음식물이 허용되므로 장거리 여행에 허기를 달랠 수 있다.

현지인들에게 '도시락가게便當本舖'라 불리며 많은 사람이 오가는 타이베이기차역 1층 서쪽 3번

타이베이서부

출구에 위치한다. 저렴한 가격에 맛 또한 좋으며, 인기메뉴는 돼지갈비 파이구排骨가 들어 간 도시락으로 제공되는 반찬에 따라 메뉴가 다르다. 기차를 타지 않더라도 가까운 공원 에서 즐겨보자.

주소 中正區北平西路3號1F **귀띔 한마디** 진과스(金石瓜)의 광부도시락도 인기가 높 다. **베스트메뉴** 밥 위에 양념돼지갈비와 삶은 달걀 그리고 계절야채 등이 담긴 돼지 갈비도시락(排骨便當, NT$60) **추천메뉴** 돼지갈비와 등심이 담긴 돼지고기양념도시 락(排骨菜飯便當, NT$100) **가격** NT$60~100 **영업시간** 08:30~19:00(다 팔리면 영업종료)/연중무휴 **문의** (886)02-2361-9309 **찾아가기** MRT 타이베이기차역(台 北車站, Taipei Main Station) 1층 서쪽 3번 출구(西三門)에 위치한다.

돼지갈비도시락(排骨便當)

돼지고기양념도시락(排骨菜飯便當)

채식도시락(素食便當)

아리산특색도시락(阿里山特色便當)

미슐랭이 인정한 홍콩의 유명딤섬레스토랑 ★★★☆☆
팀호완 添好運 Tim Ho Wan

홍콩의 유명 딤섬레스토랑으로 2014년 해외에 2번 째로 타이베이기차역 맞은편에 오픈하였다. 맛집 소개 전문서적 기드미슐랭에서 '세계에서 가장 싼 미슐랭스타레스토랑'으로 선정되면서 선풍적인 인 기를 얻고 있다. 타이완에서도 오픈과 동시에 현지 인들이 줄을 이어 찾아오고 있으며, 타이베이101타 워 뒤편의 신콩미츠코시 A8관 지하 2층에 지점이 있다. 메뉴는 30여 가지로 찜, 튀김, 볶음, 디저트 류가 있으며 주문표에 체크하여 건네주면 주문이 들어간다. 홍콩 본점에서는 저렴하게 딤섬을 먹을 수 있지만 아무래도 이곳은 분점이다보니 가격은 조금 더 비싸고 맛도 홍콩과는 약간 차이가 있다.

주소 中正區忠孝西路一段36號 **귀띔 한마디** 중국차는 1인당 NT$280이며, 잔 은 직원이 계속 채워준다. 테이블이 협소하여 가방과 짐이 있다면 카운터에 맡길 수 있다. **베스트메뉴** 하가우(晶瑩鮮蝦餃, Prawn Dumpling, 4pcs NT$138), 차슈바오(酥皮焗叉燒包, Baked Bun with BBQ Pork, 3pcs NT$118) **추천메뉴** 하청(韭王鮮蝦腸, Vermicelli Roll with Shrimp, 3pcs NT$128), 탕칭차이(白灼時蔬, Poached Fresh Seasonal Vegetable, NT$98) **가격** NT$98~/Service Charge 10% 별도 **영업시간** 10:00~22:00 (마지막 주문 21:30)/연중무휴 **문의** (886)02-2370-7078 **찾아가기** MRT 타 이베이기차역(台北車站, Taipei Main Station) M8번 출구로 나오면 바로 맞은 편에 위치한다. **홈페이지** www.timhowan.com.tw

❶ 하가우(晶瑩鮮蝦餃) ❷ 차슈바오(酥皮焗叉燒包)
❸ 하청(韭王鮮蝦腸) ❹ 탕칭차이(白灼時蔬)

넓적한 면발의 뉴러우멘으로 유명한 ★★★★
량핀뉴러우멘관 良品牛肉麵館 Liang Ping Beef Noodles

육수는 갈비탕, 면은 칼국수와 흡사한 뉴러우멘牛肉麵은 깔끔하고 진한 육수의 맛을 그대로 살린 칭두언황뉴러우멘淸燉黃牛肉麵과 약간 매콤함을 더한 육수를 사용한 홍샤오뉴러우멘紅燒牛肉麵으로 나뉜다. 이곳은 전통적으로 가는 면을 주로 사용하는 중국 면요리와 달리 반죽피를 늘려 넓게 썬 면에 매콤한 육수를 더한 홍샤오뉴러우멘전문점이다. 1971년 개업 이래 40년 동안 한자리를 지켜오고 있으며 타이베이국제뉴러우멘대회에서 홍샤우뉴러우멘으로 2등을 차지했던 음식점이다.

면요리 외에도 밥에 고기와 양념된 반찬을 올린 타이완의 대표음식 덮밥도 인기가 높다. 머리까지 통째로 구운 오리고기를 먹기 좋게 썰어 특제소스를 뿌린 야러투이판鴨腿飯도 한 번쯤 꼭 먹어봐야 할 메뉴이다.

홍샤우뉴러우멘(紅燒牛肉麵)

주소 中正區開封街一段10號 **귀띔 한마디** 야채를 잘게 썰어 초절임한 쏸차이(酸菜, 산채)를 뉴러우멘에 넣어 먹으면 느끼한 맛을 잡아준다. **베스트메뉴** 홍샤오뉴러우멘(紅燒牛肉麵, Winner Braised Beef Noodles, NT$130), 칭두언황뉴러우멘(淸燉黃牛肉麵, Pure Beef Stewed Noodles, NT$130) **추천메뉴** 닭다리 튀김덮밥(香酥雞腿飯, Crispy Fried Chicken Drumstick with Rice, NT$110), 수제 돼지고기물만두(手作水餃猪肉餡, Homemade Dumplings, 10개 NT$65) **가격** 면 NT$70~, 덮밥 NT$90~ **영업시간** 08:30~22:00/매주 월요일 휴무 **문의** (886)02-2371-2644 **찾아가기** MRT 타이베이기차역(台北車站, Taipei Main Station) Z4번 출구로 나와 신콩미츠코시를 바라보고 왼쪽 골목으로 들어가 맥도날드와 이니스프리(innisfree) 골목사이로 라테커피와 스타벅스를 지나면 왼편에 위치한다. 도보 2분 거리.

국제대회로 인정받은 뉴러우멘의 지존 ★★★
홍스푸멘스잔 洪師父麵食棧 Chef Hung Taiwanese Beef Noodle

2006년부터 거의 매해 여러 뉴러우멘대회에서 수상을 하고 있는 유명로컬식당이다. 육수는 간장을 넣지 않고 고아낸 맑은 칭두언淸燉과 고추기름을 사용하여 매콤하고 얼큰한 홍샤오紅燒로 나뉘며, 면은 넓적한 지아창면家常麵, 일반적인 시멘細麵 그리고 당면과 비슷한 동편冬粉 중에 선택할 수 있다.

이 집 대표메뉴는 짭조름한 육수에 두툼한 양지머리가 올려 나오는 두땅이멘과 뉴싼바오멘이다. 뉴싼바오멘은 맑은 육수에 살코기, 내장, 도가니가 함께 나와 원기보강에 제격이다. 소고기가 부위별로 들어간 우화니우난도 이곳의 대표메뉴 중 하나이다. 모든 뉴러우멘은 NT$20만 추가하면 대짜로 변경해주고, 반찬은 냉장고에서 직접 꺼내 먹거나 주문서에 표시하면 된다.

우화니우난(五花牛腩)

주공주러우씨에빙(手工豬肉餡餅)

주소 中正區開封街一段29號 **베스트메뉴** 두땅이멘(獨當一麵, NT$200), 뉴쌘바오멘(牛三寶麵, NT$260) **추천메뉴** 소고기를 부위별로 올린 우화니우난(五花牛腩, NT$260), 중국식 수제파이 주공주러우씨에빙(手工豬肉餡餅, 개당 NT$30) **가격** 면 NT$70~, 반찬 NT$30~ **영업시간** 11:00~22:00/연중무휴 **문의** (886)02-2388-6840 **찾아가기** MRT 타이베이기차역(台北車站, Taipei Main Station) Z4번 출구로 나와 신콩미츠코시를 바라보고 왼쪽 골목으로 들어가 오른쪽의 맥도날드와 이니스프리(innisfree) 골목사이로 라테커피(Latte Coffee)와 스타벅스를 지나면 오른편에 위치한다. 도보 4분 거리.

곱창국수와 취두부의 환상적인 만남 ★★★★★
아취엔멘시엔 阿泉麵線

대창을 넣어 만든 곱창국수 하나만으로 시먼딩 명물이 된 아종멘시엔阿宗麵線이 외국인들에게 인기 있다면 아취엔멘시엔은 취두부臭豆腐, 처우떠우푸와 곱창국수大腸麵線, 다창멘시엔 두 가지만으로 현지인들에게 유명한 음식점이다. 한자리를 20여 년간 지켜온 유명세에 비해 실내가 협소하여 식사시간에는 길게 늘어선 줄이 기본이지만 회전율이 빨라 오래 기다리지 않아도 된다. 쫄깃쫄깃한 곱창국수 다창멘시엔과 취두부 처우떠우푸 메뉴 모두 대소 양에 맞춰 주문할 수 있다. 이곳의 처우떠우푸는 손

다창멘시엔(大腸麵線)   처우떠우푸(臭豆腐)

꼽힐 정도로 맛있는데 두부를 발효시켜 겉은 바삭하면서 속은 부드럽게 튀겨낸 후 특제소스를 뿌려 새콤달콤한 양배추절임과 함께 먹으면 환상적인 맛이 난다. 두 가지 메뉴가 어울리지 않을 것 같지만 실제 잘 어울리므로 두 가지를 함께 주문해 먹어보자.

주소 中正區許昌街26-1號 **귀띔 한마디** 고명으로 올라가는 샹차이(香菜, 고수)가 입에 맞지 않는다면 국물이 우러나기 전에 건져놓자. **베스트메뉴** 다창멘시엔(大腸麵線, Fine Noodles with Intestine, 小 NT$50/大 NT$60) **추천메뉴** 처우떠우푸(臭豆腐, Fermented Tofu, 小 NT$50/大 NT$60) **가격** NT$50~ **영업시간** 11:00~24:00/매주 월요일 휴무 **문의** (886)02-2389-7687 **찾아가기** MRT 타이베이기차역(台北車站, Taipei Main Station) Z2번 출구로 나와 우투아키바몰(WutuAkiba IT Mall)을 바라보고 왼쪽 골목 난양제(南陽街)를 따라 직진한 후 첫 번째 사거리에서 왼쪽 골목으로 들어가면 오른편에 위치한다. 도보 2분 거리.

타이베이 대표골목 중 하나인 카이펑제뚜안(開封街一段, Kaifeng Street)

맥도날드, 스타벅스, 단테커피, 50란, 간이식당, 젊은 감각의 음식점, 웰빙 음료수가게, 편의점, 팬시점 등 다양한 상점이 길지 않은 거리에 빼곡히 들어선 카이펑제(開封街)는 저녁시간과 주말이면 타이베이 젊은이들로 북적거리는 타이베이의 대표골목 중의 하나이다. 이 골목을 따라 직진하면 타이베이의 명동이라 불리는 시먼딩(西門町)이 나온다.

타이베이에서 만나는 정통 태국요리 ★★★★
타이라오예 太老爺 THAI LAO YEH

① 북동부이산 소시지구이　② 파파야샐러드
③ 오징어볶음밥　④ 아이스밀크티 차옌

태국에서 조리법을 공부한 인테리어디자이너 예위칭葉裕清이 오픈한 태국요리전문점이다. 이 집은 태국북부 특히 동북부 이산지역의 정통음식을 주로 하며 라오스, 말레이시아, 싱가포르, 베트남 등 동남아시아요리도 맛볼 수 있다. 태국의 시골학교를 연상케 하는 목조디자인과 실내인테리어 그리고 소박한 식기가 인상적이다.

태국에서 공수한 식재료와 각종 향신료로 태국정통요리를 선보이며, 태국 대표요리 톰얌쿵부터 쏨땀, 생선요리, 다양한 볶음밥과 태국식 게커리 푸팟퐁커리, 그밖에도 서민요리와 특별한 요리까지 다양하게 맛볼 수 있다. 메뉴는 단품위주로 대부분 소량으로 나오는데 싱하, 타이완비어, 타이거비어 등과 태국식 아이스밀크티 차옌을 함께 곁들이면 좋다.

주소 中正區紹興南街10號 **베스트메뉴** 태국북동부 이산지역의 소시지구이(Grilled Northeastern Pork Sausage, NT$160), 태국식 오징어볶음밥(TLY Fried Rice, NT$160), 태국식 꽃게커리(Thai Curry Fat Crab, NT$480/750) **추천메뉴** 파파야와 땅콩 등을 넣은 태국식 파파야샐러드(Papaya Salad, NT$100), 세계 3대 요리로 꼽히는 톰얌쿵(Famous Hot Spicy Soup with Shrimp, NT$420), 태국의 민물생선 고로케(Deep Fried Fish Cake, NT$120) 태국식 아이스밀크티 차옌(Thai Milk Tea, NT$120) **가격** NT$160~/Service Charge 10% 별도 **영업시간** 12:00~15:00, 17:00~22:00/연중무휴 **문의** (886)02-2322-5861 **찾아가기** MRT 산다오스(善導寺, Shandao Temple)역 5번 출구로 나와 첫 번째 골목을 따라 직진하면 오른편에 위치한다. 도보 7분 거리.

좁은 골목에 숨겨진 로컬맛집 ★★★★
리우샨동뉴러우몐 劉山東牛肉麵 Liu Shandong Beef Noodles

① 칭두언뉴러우몐(清燉牛肉麵) ② 자장면(炸醬麵)

2010년 타이완 뉴러우몐대회에서 수상한 30년 전통의 유명 로컬맛집이다. 현지분위기가 그대로 느껴지는 소박한 가게로 대부분 현지인이지만 여행객 사이 입소문을 타면서 한글 메뉴판을 구비해 놓아 주문도 어렵지 않다.

뉴러우몐은 크게 고기가 들어간 것과 들어가지 않은 것으로 나뉘며, 고기가 들어간 뉴러우몐은 맑은 육수의 칭두언뉴러우몐과 약간 매콤한 육수 홍샤오뉴러우몐이 있다. 여느 집보다 진한 육수와 우동면에 가까운 굵은 면발 그리고 푸짐한 양 등이 이 집의 특징이다. 진한 육수에서 한약재 냄새가 나고 굵고 단단한 면의 식감 때문에 뉴러우몐을 처음 먹는 사람보다는 어느 정도 접해본 분에게 권해주고 싶은 맛집이다.

주소 中正區開封街一段14巷2號 **귀띔 한마디** 테이블에 쏸차이(酸菜), 라유(練油), 검은콩을 발효시킨 콩양념장 등이 놓여 있으니 취향에 따라 넣어 먹으면 된다. **베스트메뉴** 부드러운 고기고명이 얹어진 진하고 맑은 육수의 칭두언뉴러우몐(清燉牛肉麵, Pure Braised Beef Noodle Soup, NT$140) **추천메뉴** 고기고명 없이 육수와 면만 제공되는 우육탕면(牛肉湯麵, Beef Noodle Soup, NT$70), 타이완식 자장면(炸醬麵, Noodle with Minced Pork Sauce, NT$80) **가격** NT$70~ **영업시간** 08:00~20:00/연중무휴(단, 설연휴 휴무) **문의** (886)02-2311-3581 **찾아가기** MRT 타이베이기차역(台北車站, Taipei Main Station) Z4번 출구로 나와 신콩미츠코시를 바라보고 왼쪽 골목으로 들어가 맥도날드와 이니스프리(innisfree) 골목사이 왼편으로 단테커피(Dante Coffee)가 있는 좁은 골목길 안쪽에 위치한다. 도보 2분 거리.

타이베이 3대 루러우판 맛집 ★★★★☆
진펑루러우판 金峰魯肉飯 Jinfeng Braised Meat Rice

루러우판魯肉飯은 과거 빈곤했던 시절 타이완 서민들의 대표음식으로 이 집은 타이베이 3대 루러우판 맛집으로 손꼽힌다. 얇게 썬 삼겹살에 간장과 향긋한 5가지 향신료를 함께 조려 따뜻한 밥에 얹어 먹는 소박한 음식으로 2015년 CNN '타이완에서 꼭 먹어야 할 음식' 중 루러우판 추천 맛집으로 소개되었다. 또한 타이완의 유명연예인 임지령과 주걸륜의 단골집으로 알려져 있다.

루러우판과 타이완스타일의 계란장조림 루단을 함께 먹으면 한 끼 식사로 그만이며, 닭, 돼지갈비, 돼지뇌, 돼지위 등으로 우려낸 국물에 여주,

❶ 루러우판(魯肉飯) ❷ 탕칭차이(湯青菜) ❸ 루단(魯蛋)

조개, 인삼 등 보양재료를 넣어 끓인 걸쭉한 탕종류와 모닝글로리로 알려진 콩신차이空心菜 볶음요리인 탕칭차이 등 타이완 가정식메뉴가 인기이다.

주소 中正區羅斯福路一段10號 귀띔 한마디 테이블에 쏸차이(酸菜), 라유(辣油), 검은 콩을 발효시킨 콩양념장 등이 놓여 있으니 취향에 따라 넣어 먹으면 된다. 베스트메뉴 루러우판(魯肉飯), Lu Rou Fan, 大/中/小 NT$50/40/30), 닭고기로 육수를 내고 인삼을 넣어 끓인 인삼계탕(人蔘鷄湯), Ginseng and Chicken Soup, NT$55) 추천메뉴 타이완식 계란장조림 루단(魯蛋, Stewed Egg, 1개 NT$15), 공신차이볶음 탕칭차이(湯青菜, Cooked Veggie 大/中/小 NT$20/30/50) 가격 NT$100~/현금결제만 가능 영업시간 08:00~01:00/연중무휴(단, 설연휴와 공휴일 휴무) 문의 (886)02-2396-0808 찾아가기 MRT 중정기념당(中正紀念堂, CKS Memorial Hall)역 2번 출구로 나와 직진하면 바로 보인다. 도보 1분 거리.

캐주얼한 펍스타일 ★★★☆☆
아일랜드포테이토 愛爾蘭瘋薯 Ireland's Potato

타이완의 인기 아이돌그룹인 비륜해飛輪海가 TV프로그램에 나와 맛집으로 소개하면서 더욱 유명해진 아일랜드식 감자튀김 전문점이다. 신나는 음악과 함께 감자튀김, 맥주를 즐길 수 있는 펍스타일로 후추와 소금을 곁들인 두툼한 감자튀김에 파슬리가루를 뿌린 후 허니머스터드, 체다치즈, 사워크림, 갈릭소스, 커리가루, 와사비마요네즈, 피클마요네즈 등 입맛에 맞는 다양한 소스를 올린 15가지의 포테이토가 있다. 시원한 맥주와 곁들이기 좋은 포테이토 종류 외에도 치킨, 윙, 새우, 어니언링 등의 튀김종류도 있다.

주소 大同區承德路一段1號京站時尚廣場 Q Square 4F 베스트메뉴 허니머스터드포테이토(Honey Mustard Potato, NT$95), 체다치즈가 가득 들어간 스페셜치즈 포테이토(Special Cheese Potato, NT$135) 추천메뉴 식사대용으로 좋은 치즈피자포테이토(Cheese Pizza Potato, NT$125), 새콤한 사워크림포테이토(Sour Cream Potato, NT$115) 가격 NT$90~ 영업시간 11:00~22:00(월~금요일), 11:00~23:00(주말)/연중무휴 문의 (886)02-2929-8775 찾아가기 MRT 타이베이기차역(台北車站, Taipei Main Station) 지하상가 Y구역 Y3번 출구와 연결된 큐스퀘어 4층에 위치한다.

담백한 중국북방식 가정요리 ★★★☆☆
중푸위안 種福園

1983년 오픈한 중국북방식 가정요리전문점으로 228평화공원 근처가 본점이고, MRT 쑹장난징역 근처가 분점이다. 밀전병에 중국 된장을 바르고 고기와 야채 등을 넣어 싸먹는 춘빙春餠을 중국북방에서는 진빙斤餠이라 한다. 춘빙의 밀전병이 좀 두껍고 기름기가 적은 반면 진빙은 얇고 기름지다.

허차이다이마오(合菜代瑁) 징지양뉴러우쓰(京醬牛肉絲) 칭두언뉴러우탕(淸燉牛肉湯)

얇게 썬 소고기를 텐지앙에 볶아 낸 징지앙뉴러우쓰京醬牛肉絲, 숙주나물, 구황, 목이버섯 등의 야채를 함께 볶아 계란을 얹은 허차이다이마오合菜代瑁 그리고 청경채와 새우를 볶은 칭차오하렌淸炒蝦仁 등이 우리 입맛에 맞다. 야채볶음을 먹고 싶다면 청경채에 다진 마늘과 소금으로 간을 하여 기름에 볶은 차오칭차이炒靑菜를 권한다. 기름진 요리와 잘 어울리는 맑은 소고기국 칭두언뉴러우탕淸燉牛肉湯은 샹차이가 들어있어 자극적일 수 있다.

주소 中正區懷寧街106號 **분점** 中山區松江路123巷12-1號 **베스트메뉴** 진빙 4장 NT$35, 고기를 중국된장으로 볶은 징지앙러우쓰(京醬牛肉絲 - 돼지고기 小 NT$140/中 NT$180, 소고기 小 NT$160/中 NT$220), 청경채와 새우를 볶은 칭차오하렌(淸炒蝦仁, 小 NT$210/中 NT$290) **추천메뉴** 나물볶음 허차이다이마오(合菜代瑁, 小 NT$120/中 NT$150), 칭두언뉴러우탕(淸燉牛肉湯, NT$80) **가격** NT$140~ **영업시간** 11:00~14:30, 17:00~21:00/연중무휴 **문의** (886)02-2371-4933 **찾아가기** 228평화공원 서문으로 나와 왼쪽으로 직진하면 오른편에 위치한다.

진빙(斤餠)을 먹는 방법

베이징덕 먹는 방법과 흡사하여 주문한 요리를 전부 넣고 싸먹어도 되고, 한 가지 요리씩 싸먹어도 된다. 진빙은 추가로 주문할 수 있으며, 중국 된장소스 텐지앙(甜醬)은 무한리필이 가능하다.

진빙(斤餠)과 메인요리들을 주문한다. → 진빙 한 장을 펼쳐놓는다. → 텐지앙을 전빙에 바른다. → 요리들을 올려놓는다. → 맛있게 싸서 입에 넣는다.

한적한 골목에 위치한 물만두전문점 ★★★★☆
안안샤오관 安安小館

국립중정기념당 인근 난창루南昌路에는 타이완뿐만 아니라 일본방송에도 소개된 유명한 물만두집이 있다. 중국산둥성山東省 출신의 형제가 타이완으로 건너와 가업을 이은 30년 전통의 음식점이다. 직접 반죽한 얇

은 만두피에 만두소를 아낌없이 넣어 만두의 담백한 맛을 그대로 전달하는 수제물만두가 이 집의 인기메뉴이다.

물만두를 수이자오水餃라고 하며 소고기물만두는 뉴러우수이자오牛肉水餃, 돼지고기물만두는 주러우수이자오豬肉水餃, 새우물만두는 시엔샤수이자오鮮蝦水餃, 대구살로 만든 룽쉐수이자오龍鱈水餃 4가지 물만두를 판매하는데, 소고기육수에 이들을 넣은 만둣국 탕자오湯餃도 인기 있다. 한국인이 좋아할 만한 메뉴로 한국식 자장면辣肉醬乾麵, 족발五香豬蹄, 한국김치韓國泡菜 등도 선보인다.

뉴러우탕자오(牛肉湯餃)

한국김치(韓國泡菜)

주소 中正區南昌街一段59巷19號 **베스트메뉴** 소고기물만두 뉴러우수이자오(牛肉水餃, 10개 NT$80), 신선한 새우물만두 시엔샤수이자오(鮮蝦水餃, 10개 NT$130) **추천메뉴** 소고기물만둣국 뉴러우탕자오(牛肉湯餃, NT$100), 대구살물만둣국 룽쉐탕자오(龍鱈湯餃, NT$140) **가격** 물만두 NT$60~, 만둣국 NT$80~, 면 NT$70~, 반찬 NT$30~ **영업시간** 11:20~14:00, 17:00~19:30(월~토요일)/매주 일요일 휴무 **문의** (886)02-2321-5844 **찾아가기** MRT 중정기념당(中正紀念堂, CKS Memorial Hall)역 2번 출구로 나와 직진한 후 두 번째 골목 난창루(南昌路)로 들어가면 왼쪽에 보인다. 도보 2분 거리.

신선한 과일과 차의 만남 ★★★★★
쥐궈즈 橘菓子 Orange Fruit

기존 타이완식 음료와의 차별화를 표방한 쥐궈즈는 건강한 천연과일즙과 차를 혼합하여 만든 독특한 과일차를 판매한다. 타이베이국제프랜차이즈에서 우수브랜드상을 수상했으며, 중국과 말레이시아 등 동남아시아까지 진출하였다. 과일신선도를 중시하고 계절과일을 고수하여 시즌별 판매음료는 다르다. 음료에 사용하는 재료 모두 천연재료이고, 음료제조 및 서비스까지 철저하게 관리운영하므로 안심하고 마실 수 있다.

자몽, 오렌지, 딸기, 구아바, 망고, 키위, 사과, 자두, 수박, 파인애플 등의 과즙에 녹차, 홍차, 우롱티, 라벤더, 페퍼민트, 커피 등을 혼합한 과일차新鮮果茶가 주메뉴이지만 밀크티風味奶茶, 과일슬러시鮮果現打冰沙, 과즙음료養生鮮果汁 등도 있다. 음료에 갈색설탕이나 꿀을 사용하기도 하며, 대부분의 음료는 700cc 컵에 가득 담아주므로 양은 부족하지 않다.

주소 中正區公園路24號 **베스트메뉴** 오렌지과즙과 녹차를 혼합한 오렌지그린티(鮮柳丁綠, Orange Green Tea, NT$45), 코코넛젤리와 타피오카가 들어간 녹차음료(百香椰果珍珠, Passion Fruit Green Tea with Coconut Jelly&Pearl, NT$45) **추천메뉴** 향이 강한 허브젤리를 넣은 쩐주나이차(幽浮奶茶, Herb Jelly&Pearl Milk Tea, NT$40), 망고슬러시(情人芒果冰沙, Green Mango with Mango Slush, NT$55) **가격** NT$25~65 **영업시간** 10:30~22:00/연중무휴 **문의** (886)02-2371-8895 **찾아가기** MRT 타이베이기차역(台北車站, Taipei Main Station) M8번 출구로 나와 맞은편으로 건넌 후 왼쪽으로 직진하면 오른편에 위치한다. 도보 1분 거리.

Part 02

우유로 맛을 내는 쩐주나이차전문점 ★★★★★
우쓰란 50嵐 50Lan

쩐주나이차珍珠奶茶라 불리는 버블밀크티를 대중화시킨 테이크아웃 전문체인점이다. 1994년 오픈하여 타이베이 곳곳에 500여 개의 매장이 있으며, 노란색 간판 50嵐을 어디서나 쉽게 찾을 수 있다. 다른 브랜드와 달리 버블티에 분말이 아닌 우유를 사용하여 보다 고소하다. 차好茶, 밀크티奶茶, 버블 또는 젤리가 들어간 음료口感, 과일음료新鮮, 라테拿鐵 등으로 분류된 50여 가지 음료가 있으며 계절음료와 매장별 음료는 조금씩 다르다. 메뉴명 옆의 빨간색

원표시는 차갑게 제공되는 음료이며, 이외 메뉴는 냉·온을 선택할 수 있다. 주문하고 계산을 한 후 대기표를 받아 기다리다 번호를 호출하면 음료를 받으면 된다.

주소 中正區開封街一段9號 베스트메뉴 작은 버블밀크티 쩐주나이차珍珠奶茶, Small Bubble Milk Tea NT$50), 큰 버블밀크티 보바나이차波霸奶茶, Big Bubble Milk Tea, M사이즈 NT$35, L사이즈 NT$50) 추천메뉴 진한 홍차에 바닐라아이스크림을 넣은 빙치린홍차冰淇淋紅茶, Black Tea with Ice Cream), 망고아이스크림과 우롱티의 만남 망궈칭차芒果靑茶, Mango Ice Cream Baozhong Tea, M사이즈 NT$35, L사이즈 NT$50), 밀크티에 버블대신 타이완식 푸딩을 넣은 푸딩나이차布丁奶靑, Pudding Milk Tea, M사이즈 NT$50, L사이즈 NT$70) 가격 NT$30~75 영업시간 10:00~22:00/연중무휴 문의 (886)02-2388-5600 찾아가기 MRT 타이베이기차역台北車站, Taipei Main Station) Z4번 출구로 나와 신콩미츠코시를 바라보고 왼쪽 골목으로 들어가 오른쪽 맥도날드와 이니스프리(innisfree) 골목사이의 라테커피(Latte Coffee)와 스타벅스를 지나면 오른편에 위치한다. 도보 2분 거리. 홈페이지 www.50lan.com

---

우쓰란에서 현지인처럼 음료 주문하기!

❶ 음료선택 마시고 싶은 음료를 선택한다. ❷ 설탕 량甜度) 100%(全糖, 췐탕), 70%(少糖, 샤오탕), 50%(半糖, 빤탕), 30%(微糖, 웨이탕), 0%(無糖, 우탕) 중 숫자가 클수록 달고, 0%는 무설탕이다. ❸ 얼음 양冰度) 냉음료(正常, Normal, 정창), 적은 양(少冰, Few Ice, 샤오빙), 얼음을 뺀 것(去氷, No Ice, 취빙) 중 선택한다. 만약 뜨거운 음료를 주문하려면 상온(常溫, Temperature, 창원), 따뜻한 음료(溫, Warm, 원) 그리고 뜨거운 음료(熱, Hot, 러더) 중 선택한다. ❹ 음료 사이즈 중간 사이즈 M(中杯, 중베이), 큰 사이즈 L(大杯, 다베이) 중 선택한다. ❺ 쩐주나이차 주문 시 쫄깃쫄깃한 알갱이 타피오카(Tapioca)가 큰 사이즈인 보바나이차波霸奶茶)와 작은 사이즈인 쩐주나이차珍珠奶茶) 중 선택한다.

※ 무난한 쩐주나이차를 주문하려면 설탕 30%, 얼음 적은 양, 타피오카는 작은 사이즈 쩐주나이차로 선택하자. 필자는 개인적으로 설탕 50%, 얼음 적은 양, 타피오카 큰 사이즈인 보바나이차를 선호한다.

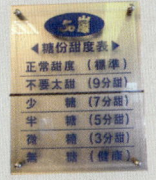

타이완 로컬체인카페 ★★★★
단테커피 丹堤咖啡 Dante Coffee

1993년 난징동루南東路에 1호점을 시작으로 현재 130여 개 체인점이 타이완 곳곳에 자리하며 인도네시아, 필리핀, 이집트까지 진출한 타이완 대표 로컬체인이다. 중세시대 서사시 「신곡(La Divina Commedia)」을 저술한 단테Durante degli Alighieri 의 이름에서 브랜드명을 따온 이탈리아풍 카페로 양질의 커피를 저렴하게 판매한다.

타이베이서부

단테커피는 음료와 함께 먹을 수 있는 다양한 요리도 갖추고 있는데, 조식세트메뉴(07:00~11:00)는 푸짐한 토스트, 핫도그, 샌드위치 등을 음료와 함께 저렴하게 즐길 수 있어 여행자들 사이에 인기가 높다. 11시 이후에도 샐러드, 커리, 스테이크, 파스타, 샌드위치 등의 세트가 제공된다. 커피 외에 차, 슬러시, 빙수 및 케이크, 빵, 쿠키 등이 있다.

주소 中山區開封街一段16號 베스트메뉴 망고슬러시(芒果冰沙, Ice Blended with Mango, NT$100) 추천메뉴 샌드위치에 스푼와 차 또는 커피 선택이 가능한 클럽샌드위치브런치세트(現烤總匯三明治早午餐, Club Sandwich Brunch, NT$160), 태국식 커리(泰式紅咖哩雞肉飯, Thai Red Curry Chicken Rice, NT$176) 가격 커피 NT$60~, 음료 NT$60~, 조식세트 NT$65~, 브런치세트 NT$115~, 식사세트 NT$196~ 영업시간 07:00~22:00/연중무휴 문의 (886)02-2371-3638 찾아가기 MRT 타이베이기차역(台北車站, Taipei Main Station) Z4번 출구로 나와 신콩미츠코시를 바라보고 왼쪽 골목으로 들어가다 오른쪽 맥도날드 골목사이 우쓰란(50嵐)을 지나 맞은편에 위치한다. 도보 2분 거리. 홈페이지 www.dante.com.tw

뤼다오샤오예취 綠島小夜曲 The island
인상적인 공간과 맛의 조화 ★★★★★

일제강점기 일본인들은 타이베이기차역에서 중산역 근처를 다정딩大正町이라 부르며, 교토의 거리를 모방하여 1~9까지로 구획을 나누었다. 현재도 이 거리는 1티아오통, 2티앙통 등으로 불리는데, 과거 일본 관리들이 살던 주택가로 저급관리는 1티아오통, 고급관리는 9티아오통으로 구분하여 각각 관직등급에 따라 배분하였다고 한다. 거리에는 당시의 일본식 목조건물이 남아있는데 2티아오통에 자리한 뤼다오샤오예취도 바로 그런 옛 건물 중 하나이다.

1층은 카페, 2층은 설계사무실로 사용되며, 1층 카페 내부는 목조로 이루어져 은은한 조명과 잘 어우러지면서 차분한 분위기를 연출한다. 워낙 인기 있는 카페로 2시간의 시간제한이 있으나 평일에는 대체로 시간제한 없이 테이블을 차지할 수 있다. 커피, 차, 과일스무디, 쉐이크 등의 음료수와 파니니Panini, 샐러드, 스콘, 케이크 등 간단하게 요기할 수 있는 음식메뉴도 다양하게 준비된다.

바바나&월넛초콜릿파니니(Banna&Walnet Chocolate Panini)

주소 中山區中山北路1段33巷1號 귀띔 한마디 매주 금요일 저녁 7시에는 라이브공연이 열린다. 가격 파니니 NT$140~, 커피 NT$180~, 쉐이크 NT$180~, 디저트 NT$120~ 영업시간 12:00~21:30/연중무휴 문의 (886) 02-2531-4594 찾아가기 MRT 타이베이기차역(台北車站, Taipei Main Station) R1번 출구로 나와 왼쪽으로 직진하다 사거리가 나오면 계속 직진하여 횡단보도를 건넌 후 왼쪽으로 걷다 첫 번째 골목으로 들어가면 왼편에 위치한다. 도보 5분 거리.

Section 03

타이베이기차역에서 놓치면 후회하는 쇼핑거리

큐스퀘어, 우투아키바몰, 신콩미츠코시 등의 백화점이 타이베이기차역 주변에 밀집되어 있다. 간단한 기념품은 타이베이기차역 지하에 위치한 대규모 지하상가를 이용하는 것이 좋다. 구역별로 잘 정돈되어 있어 쇼핑이 어렵지 않지만 생각보다 넓어서 많은 시간을 이곳에서 허비할 수 있으므로 특별히 살 물건이 없다면 지나가듯 아이쇼핑을 즐기는 것이 현명하다.

대규모 지하상가 ★★★★★
타이베이역지하상가 台北車站地下街 Taipei City Mall

타이베이기차역에서 중산역을 지나 쑹롄雙連역까지 이어지는 대규모 지하상가로 2011년 성품서점誠品書店이 인수하면서 새롭게 리뉴얼하였다. 크게 K, R, Y, Z구역으로 나눠, K구역은 성품역전점誠品站前店, R구역은 중산지하상가中山地下街, Y구역은 타이베이지하상가台北地下街 그리고 역전지하상가站前地下街인 Z구역으로 구분된다.

특히 Y구역은 의류, 생활용품, 전자정보, 식당가로 구분되어 250여 개 매장이 있다. K구역에는 맥도날드, 스타벅스, 왓슨스, 유니클로, 성품서점 등 패션, 문구, 식당가 등으로 나뉘며 일식이 많은 푸드코트가 자리한다. 마치 백화점에 온 듯 쾌적한 공간에서 쇼핑을 즐길 수 있다.

주소 中山區市民大道一段100號B1 **영업시간** 상점마다 다이/연중무휴 **문의** (886)02-2559-4560 **찾아가기** MRT 타이베이기차역(台北車站, Taipei Main Station)에서 하차한다. **홈페이지** www.taipeimall.com.tw

의외의 쇼핑아이템이 가득한 ★★★★★
큐스퀘어 京站時尚廣場 Q Square

2009년 문을 연 큐스퀘어는 지하 5층, 지상 4층 규모로, 타이베이지하상가 Y3번 출구에서 지하 2층으로 연결된다. 지하 3층은 다양한 음식을 맛볼 수 있는 푸드코트인 미식광장 및 베이커리와 디저트가게가 위치하고, 지하 2층은 아디다스, 나이키 등 스포츠매장이 자리한다. 지하 1층에는 십대들을 위한 코스메틱매장과 의류브랜드매장이 자리하고 있다.

지상 1층은 여성을 위한 뷰티 및 코스메틱매장과 명품 브랜드매장이 위치하며, 2층은 클라스, 자라 등 여성구두 및 의류매장, 3층은 남성의류 및 남성구두 등의 브랜드매장이 자리한다. 그리고 4층은 태국요리전문 크리스탈스푼Crystal Spoon, 베트남요리전문 리틀스푼little spoon, 뷔페로 훠궈를 즐기는 모모파라다이스Mo-Mo-Paradise 등 다양한 전문레스토랑이 밀집한 식당가이며, 5~17층은 팔레드쉰호텔Palais de Chine Hotel이 자리하고 있다.

주소 大同區承德路一段1號 영업시간 11:00~21:30(월~금요일), 11:00~22:00(토~일요일)/연중무휴 문의 (886)02-2182-8888 찾아가기 MRT 타이베이기차역(台北車站, Taipei Main Station) 지하상가 Y구역 Y3번 출구와 연결된다. 홈페이지 www.qsquare.com.tw

 MRT관련 아기자기한 상품이 모인 ★★★★★
타이베이 지에원상품관
台北捷運商品館 Taipei MRT merchandise shop

타이베이 MRT와 관련된 기념품을 판매하는 상점이다. 타이베이철도공사 캐릭터가 새겨진 머그컵, 인형, 티셔츠, 모자, 문구 등 다양한 생활용품을 구입할 수 있다. 특히 MRT역 주변 관광명소를 그린 지도, LOVE로고와 MRT 노선이 새겨진 머그컵, 마오콩곤돌라의 캐릭터인 마오猫, 콩空, 차茶 관련 상품들은 타이베이여행 기념품으로 제격이다. 타이베이기차역 지하뿐만 아니라 룽산스龍山寺역 지하상가와 마오콩곤돌라猫空纜車에도 위치한다.

주소 中山區忠孝西路一段49號B1 영업시간 10:00~22:00/연중무휴 문의 (886)02-2312-0593 찾아가기 MRT 타이베이기차역(台北車站, Taipei Main Station) 지하 1층에서 M3출구쪽에 위치한다.

 타이베이서부의 랜드마크 ★★★★★
신콩미츠코시 타이베이역스토어
新光三越台北站前店 Shin Kong Mitsukoshi Taipei Station Store

타이완의 대표백화점으로 타이완 신콩新光그룹과 일본의 미츠코시三越백화점이 합작하여 만든 백화점이다. 13층 높이의 타이베이역스토어는 타이베이서부에서 가장 높은 빌딩이다. 지하 1~2층에는 음식점, 베이커리, 슈퍼마켓 등이 위치하며, 1~3층은 코스메틱, 주얼리, 틴에이저 브랜드 등의 매장, 4~5층은 여성브랜드 매장이 자리하고 있다. 6~7층은 남성브랜드, 8층은 아동브랜드 그리고 9층은 생활용품관련 매장이 위치하며, 10층에는 전자제품브랜드 매장이 자리한다. 11층에는 스포츠매장, 12층은 식당가 그리고 13층에는 프로그램 및 이벤트홀이 위치하고 있다.

주소 中正區忠孝西路一段66號 영업시간 11:00~22:00/연중무휴 문의 (886)02-2388-5552 찾아가기 MRT 타이베이기차역(台北車站, Taipei Main Station) Z2번 출구로 나오면 바로 왼편에 위치한다. 홈페이지 www.skm.com.tw

Chapter 02
타이베이의 삼청동, 중산
中山, Zhongshan

★★☆☆☆
★★★★☆
★★★☆☆

중산을 이어주는 교통편

- MRT 단수이선(淡水線, Tamsui Line)의 중산(中山, Zhongshan)역에서 하차한다. 메인출구는 1번과 4번 출구이며 3번 출구는 신콩미츠코시백화점(Shin Kong Mitsukoshi, 新光三越) 바로 앞에 위치해 있다.

MRT 타이베이기차역에서 한 정거장 거리에 위치한 중산역 주변 골목은 작지만 개성 넘치는 상점과 레스토랑 그리고 고급스러운 호텔이 위치해 있어 산책하듯 거닐기 좋은 지역이다. 중산역 4번 출구 골목이 세련된 상점이 밀집했다면 1번 출구 골목은 타이완스러운 골목이라 대조를 이룬다. 마치 우리나라 삼청동과 비슷한 분위기로 특별하게 볼거리가 있는 것은 아니지만 골목여행을 즐기기에 좋다.

중산에서 이것만은 꼭 해보자

1. 중산역 4번 출구로 나와 오른쪽에 위치한 골목골목을 누벼보자.
2. 공정무역상품을 판매하는 상점에서 기념품 하나 정도 구입해보자.
3. 골목에 위치한 카페에 앉아 휴식을 취해보자.
4. 중산의 분위기와는 다른 중산지하상가도 또 하나의 재미이다.

중산 베스트코스(예상소요시간 8시간 이상)

	중산역	페이첸우	타이베이필름하우스	중산골목	티치우스	0416×1024	차이루이웨 무용연구소
대표메뉴		장어덮밥	30분 코스	30분 코스	20분 코스	20분 코스	10분 코스

6분 → 3분 → 1분 → 중산골목 안 → 중산골목 안 → 중산골목 안

	멜란지카페	타이완, 하오디뎬	타이베이현대예술관	디화제	린류신기념 인형극박물관	닝샤야시장	타이베이시핑
대표메뉴	와플	20분 코스	1시간 코스	1시간 코스	30분 코스	1시간 코스	1시간 코스

1분 → 5분 → 20분 → 3분 → 10분 → 5분

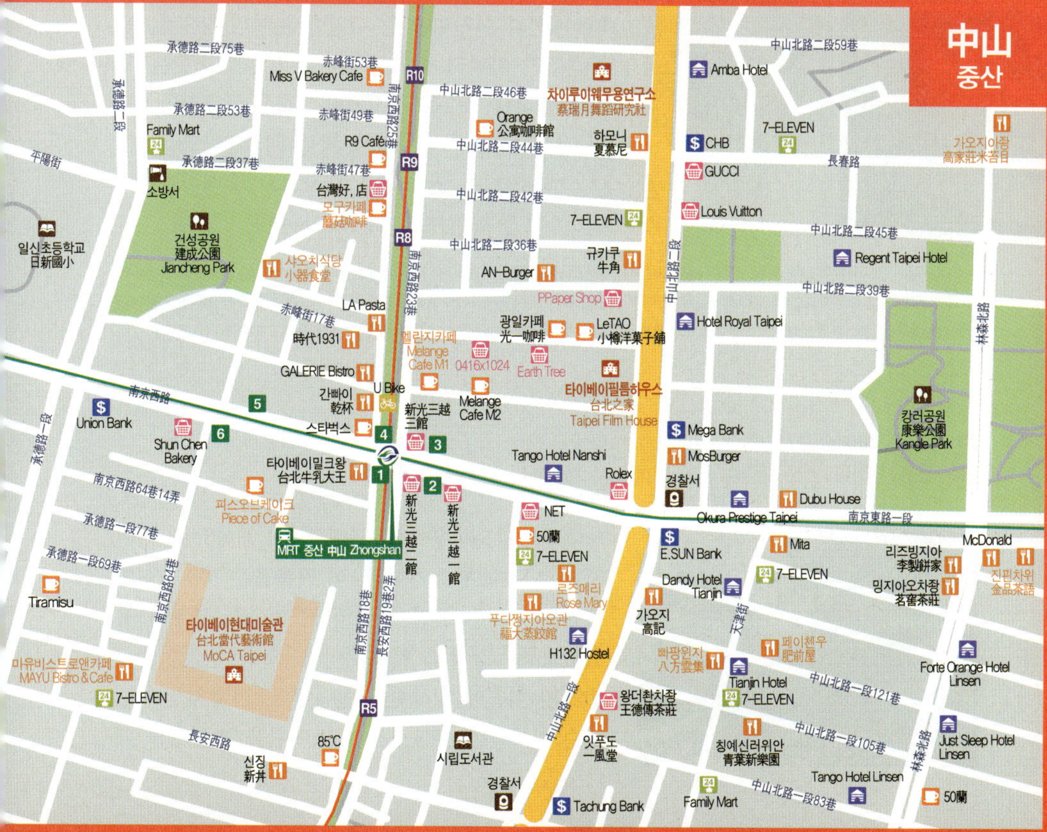

Part 02

Section 04
중산에서 반드시 둘러봐야 할 명소

골목골목 독특한 상점과 이색적인 카페들이 볼거리인 중산에서는 반드시 둘러봐야 할 명소가 타이베이모카예술관과 타이베이필름하우스 정도로 볼거리는 많지 않지만 난징시루23씨앙南京西路23巷과 난징시루25씨앙南京西路25巷의 양옆 골목골목들을 산책하듯 돌아다니면 중산의 매력을 온전히 느낄 수 있다.

개성만점 현대예술을 만나는 ★★★★★
타이베이현대미술관 台北當代藝術館 MoCA Taipei

일제강점기 지어진 초등학교 건물로 2001년부터 타이베이현대미술관으로 사용하고 있다. 100여 년의 세월을 견딘 타이완고적에 타이베이의 첫 번째 박물관이 개관한 것이다. 예전 교실을 전시실로 개조하면서 전시된 작품 하나하나에 집중할 수 있도록 한 전시설치가 돋보인다. 전위예술, 건축디자인, 패션과 설치미술 등 다양한 분야의 창의성, 독창성뿐만 아니라 실험성까지 가미된 촉망받는 작가들의 작품이 주로 전시된다. 1층은 무료지만 2층의 전시작품들은 입장료를 지불해야 관람할 수 있다. 기획전시가 없을 때도 있으므로 홈페이지에서 전시내용을 확인하고 가는 것이 좋다.

주소 大同區103長安西路39號 **귀띔 한마디** 스마트폰에서 QR코드를 입력하면 무료음성가이드 서비스를 받을 수 있다. **입장료** NT$50(6세 이하 무료) **운영시간** 10:00~18:00(화~일요일)/매주 월요일 휴관 **문의** (886)02-2552-3721 **찾아가기** MRT 중산(中山, Zhongshan)역 R4번 출구로 나와 출구 반대방향 오른쪽으로 직진하면 얼마 걷지 않아 보인다. 도보 1분 거리. **홈페이지** www.mocataipei.org.tw

복합문화예술공간 ★★★★
타이베이필름하우스 台北之家 Taipei Film House

타이베이필름하우스는 고대그리스양식으로 지어진 건축물 내에 위치한다. 이 건축물은 100여 년의 세월을 거치는 동안 서양열강들의 영사부로 사용되었으며, 강압적 문호개방을 요구했던 미국도 1926년 이곳에 대사관을 설립했다. 미국의 리처드 닉슨Richard Nixon이 부통령시절 타이완을 방문했을 때

이곳에 머물렀다. 1979년 미국과 외교단절 후 일시 폐쇄되었다가 2002년 명승고적 활성화 프로젝트를 통해 영화 〈비정성시〉의 감독 허우샤오시엔侯孝賢 주도로 영화테마관으로 재탄생하였으며, 현재는 타이완영화문화협에서 운영하고 있다.

1층에는 독립영화를 상영하는 SPOT 시네마, 디자인아트숍인 SPOT 디자인스와 SPOT 카페뤼미에르가 위치하며, 2층에는 영화관련세미나와 출판기념회 등이 열리는 컨퍼런스룸, 예술작품을 전시하는 회랑전람관과 식사와 음료를 제공하는 영화살롱 르발렁호즈가 있다.

주소 中山區中山北路二段18號 **강력추천** 산책하듯 건물 안의 정원을 거닐어도 좋다. **귀띔 한마디** 1층에는 영화관련 서적과 음반 그리고 영화 DVD를 판매하는 코너도 있으니 영화마니아라면 한번 둘러보자. **입장료** 무료/단, 독립영화관람료는 유료 **운영시간** 11:00~24:00(일~목요일), 11:00~02:00(금~토요일)/연중무휴 **문의** (886)02-2511-7786 **찾아가기** MRT 중산(中山, Zhongshan)역 3번 출구로 나와 직진한 후 첫 번째 대로변에서 왼쪽으로 들어서면 왼편에 자리한다. 도보 3분 거리. **홈페이지** www.spot.org.tw

타이완 현대무용의 어머니 ★★★★
차이루이웨무용연구소 蔡瑞月舞蹈研究社 Tsai Jui-yueh Dance Research Institute

타이완 현대무용의 선구자인 차이루이웨蔡瑞月는 16세에 일본 무용학교를 입학하여 당시 현대무용을 한국에 최초로 소개한 이시이바쿠石井漠의 가르침을 받았다. 졸업 후 귀국하여 차이루이웨무용아카데미를 설립하였으며 '인도의 노래', '우리는 우리의 타이완을 사랑합니다' 등 발레 등의 춤을 타이완 민속무용과 결합한 타이완현대무용 500여 편을 창작하였고 후학양성에 힘썼다.

중산베이루中山北路의 일본식 목조기숙사 중 하나를 자신의 집과 무용연습실로 사용하였는데, 이후 건물이 화재로 손실되었다. 1999년 전문고고학자들이 이곳을 타이완 현대무용이 움트기 시작한 역사적인 장소로 인정하면서 2003년 예전 도면대로 재건한 후 고적으로 지정하였으며 현재는 무용교실로 이용되고 있다.

주소 中山區中山北路二段48巷10號 강력추천 수업이 있을 때는 수업 참관정도는 할 수 있다. 귀띔 한마디 티아우카페이팅(跳舞咖啡廳, Dance café) 야외테라스에서 커피와 간단한 디저트를 즐길 수 있다. 운영시간 10:00~17:00, 카페 10:00~22:00/매주 월요일 휴관 문의 (886)02-2523-7547 찾아가기 MRT 중산(中山, Zhongshan)역 R9번 출구로 나와 왼쪽으로 걷다 막다른 골목에서 오른쪽으로 직진하면 왼편에 위치한다. 도보 3분 거리. 홈페이지 rose.dance.org.tw

 수준 높은 타이완 경극을 감상할 수 있는 ★★★★★
타이베이시펑 台北戲棚 Taipei EYE

유네스코 인류무형문화유산으로 등재된 중국 전통연극 경극京劇은 노래, 대사, 동작, 무술 4가지가 종합된 공연이다. 타이완 4대 가문 중의 하나인 구씨 집안의 구셴룽辜顯榮이 일제강점기 단수이극장을 일본인에게 사들여 타이완신무대라 명칭을 바꾸고 중국전통경극을 공연하였다. 하지만 일제말 미국의 공습으로 공연장은 불타고, 구셴룽도 사망하게 된다. 이후 아들 구전푸辜振甫가 아버지의 뜻을 이어 '타이베이신극단'이라는 극단을 만들고 유럽, 미국, 일본 등지까지 공연을 펼쳐 세계적으로 인정받았다. 2004년부터는 사민청士敏廳에 타이베이시펑을 개관하여 전통예술공연을 시작하였다. 타이베이시펑 경극은 중국의 전통경극과는 다른 타이완식 경극으로 타이완 전통공연에 다양한 볼거리와 각색한 내용으로 구성된다. 평일은 주로 경극공연, 토요일은 경극과 다양한 전통춤을 선보인다. 시즌별로 공연내용이 바뀌기 때문에 홈페이지에서 미리 확인해야 하며 공연장에는 한국어(자막은 좌석 왼편), 중국어, 영어, 일본어 자막이 설치되어 공연의 이해를 돕는다. 공연 중 사진촬영은 가능하지만 플래시사용과 동영상촬영은 금지된다.

주소 中山區中山北路二段113號 강력추천 공연 전후로 배우들과 기념촬영이 가능하다. 귀띔 한마디 공연장에 여유 있게 도착하면 배우들의 분장모습이나 공연의상을 입어볼 수 있다. 공연시작 30분 전부터 입장이 가능하다. 공연시간 20:00(월, 수, 금요일, 60분 공연), 20:00(토요일, 90분 공연) 입장료 NT$550(평일), NT$880(토요일) 문의 (886)02-2569-2677 찾아가기 MRT 민취안시루(民權西路, Minquan West Rd.)역 3번 출구로 나와 직진한 후 첫 번째 사거리에서 왼쪽으로 걷다 큰 대로변 건너편 타이니(台泥, Taiwan Cement)빌딩 내에 위치한다. 도보 10분 거리. 홈페이지 www.taipeieye.com

타이베이서부

Section 05
중산에서 먹어봐야 할 것들

타이베이의 유명한 일본음식거리이자 타이완식 불고기문화가 시작된 곳으로 우리나라 삼청동처럼 독특하면서도 전통적인 느낌을 가진 카페와 음식점이 즐비하다. 뿐만 아니라 자연친화적이면서 개성 있는 카페가 중산역 근처 골목골목에 위치해 있어 숨어있는 맛집탐방도 또 다른 즐거움이 된다.

줄을 서서 기다려야 먹을 수 있는 장어덮밥 ★★★★★
페이첸우 肥前屋

중산역 부근 톈진제天津街 골목에서 30년 넘게 영업 중인 일본식 장어덮밥집으로 하루 장어만 1,000마리 이상 소비될 정도로 인기 있는 집이다. 식사시간이면 대기줄이 길게 늘어서지만 테이블회전이 빠른 편이라 오래 기다리지 않아도 된다.
이 집 장어덮밥은 찬합도시락에 나오며, 따뜻한 밥 위에 간장소스를 발라 구운 장어는 미소장국과 곁들여 먹으면 맛이 일품이다. 이외에 생선회, 덮밥, 튀김, 꼬치 등 다양한 일본요리가 있다. 메뉴를 주문하면 직원이 그 자리에서 계산을 해준다.

주소 中山區中山北路一段121巷13-2號 귀띔 한마디 합석은 기본이고, 현금결제만 가능하다. 베스트메뉴 장어덮밥(鰻魚飯), 小 NT$250/大 NT$480), 생선회(生魚片, NT$200), 모둠튀김(綜合炸蝦盤, NT$200) 추천메뉴 새우튀김덮밥(炸蝦飯, NT$120), 계란말이(蛋卷, NT$60), 돼지고기꼬치구이(炸肉豬串, 개당 NT$20) 가격 NT$250~ 영업시간 11:00~14:30, 17:00~21:00(화~일요일)/매주 월요일 휴무 문의 (886)02-2561-7859 찾아가기 MRT 중산(中山, Zhongshan)역 2번 출구로 나와 직진하다 사거리 횡단보도를 건넌 후 오른쪽 첫 번째 골목 텐진제(天津街)로 들어서 왼쪽으로 세 번째 골목 내에 위치한다. 도보 6분 거리.

장어덮밥(鰻魚飯)

생선회(生魚片)

골목에 숨은 맛집 ★★★★
푸다증지아오관 福大山東蒸餃大王

중산역 근처의 숨은 맛집으로 입구 가득 쌓인 찜통만 봐도 이곳이 유명가게임을 단번에 알 수 있다. 만두피부터 소까지 직접 만드는 수제만두로 찐만두 증지아오蒸餃는 겉보기는 투박하지만 육즙이 가득하면서도 비린내가 없어 현지인들에게도 인기이다.

만두 외에 쫄깃한 면에 다진 돼지고기, 표고버섯, 두부, 땅콩 등을 섞은 소스와 오이를 올린 표고버섯자장면 샹구짜지앙멘(香菇炸醬麵)도 인기이다. 스완라탕(酸辣湯)은 찐만두나 자장면과 함께 세트처럼 주문하며, 진한 뉴러우탕(牛肉湯)도 맛있다.

증지아오(蒸餃)　　　뉴러우탕(牛肉湯)　　　샹구짜지앙멘(香菇炸醬麵)

주소 中山區中山北路一段140巷11號 **베스트메뉴** 찐만두 증지아오(蒸餃, NT$85), 표고버섯자장면 샹구짜지앙멘(香菇炸醬麵, NT$75) **추천메뉴** 진한 육수가 일품인 뉴러우탕(牛肉湯, NT$90), 두부, 버섯, 야채 등을 넣고 달걀을 푼 걸쭉한 스완라탕(酸辣湯, NT$35) **가격** 면 NT$75~, 탕 NT$35~, 반찬 개당 NT$30 **영업시간** 11:30~20:30/매주 일요일 휴무 **문의** (886)02-2541-3195 **찾아가기** MRT 중산(中山, Zhongshan)역 2번 출구로 나와 직진한 후 오른쪽 첫 번째 골목으로 들어서면 왼편 두 번째 골목에 위치한다. 도보 2분 거리.

중산의 핫한 카페 ★★★★★
멜란지카페 米郎琪咖啡館 Melange Cafe

중산의 한적한 골목 안쪽에 유럽스타일의 인테리어를 갖춘 디저트카페로 타이완 젊은이들의 꾸준한 사랑을 받는 곳이다. 식사시간에는 대기표를 받아 기다리는 것이 기본이다. 입구에 숫자는 대기자가 아니라 입장한 손님숫자로 대기가 길면 직원이 같은 골목 안의 M2호점으로 안내하기도 한다.

이 집은 두툼하면서 부드러운 수제와플, 찬물에 장시간 우려낸 더치커피가 유명하며, 와플과 커피가 잘 어울린다. 커피는 에스프레소머신을 이용한 이탈리아식 커피와 핸드드립커피, 13시간에 걸쳐 내려 진하고 깊은 맛이 일품인 아이스더치커피가 있다. 브런치메뉴로 와플이 부담스럽다면 샌드위치, 마카롱, 스콘, 조각케이크 등의 디저트메뉴도 괜찮다.

딸기와플(草莓奶油鬆餅,　아이스더치커피(冰咖啡滴,　아이스과일차(夏日鮮果茶,
Strawberry Cream Waffle)　Water Drop Coffee Mark)　Iced Summer Fruit Tea)

주소 中山區中山北路二段16巷23號 **귀띔 한마디** 1인당 미니멈차지 NT$100이 있고, 음료도 1개씩 주문해야 한다. **베스트메뉴** 딸기크림와플(草莓奶油鬆餅, Strawberry Cream Waffle, NT$170), 캐러멜아이스크림와플(焦糖香草冰淇淋, Caramel with Ice Cream Waffle, NT$140) **가격** 커피 NT$100~, 와플 NT$120~, 샌드위치 NT$130~/Service Charge 10% 별도 **영업시간** 07:30~22:00(월~목요일), 07:30~23:00(금요일), 09:30~23:00(토요일), 09:30~22:00(일요일과 공휴일)/연중무휴 **문의** (886)02-2567-3787 **찾아가기** MRT 중산(中山, Zhongshan)역 4번 출구로 나와 왼쪽 신콩미츠코시3관(新光三越三館) 골목사이로 직진한 후 오른쪽 첫 번째 골목으로 들어가면 왼편에 위치한다. 도보 2분 거리.

천천히 시간을 보낼 수 있는 ★★★☆☆
모구카페 蘑菇咖啡 Mogu Café

'버섯'이란 의미지만 '천천히'라는 의미도 가진 모구 MOGU는 디자인 생활잡지 〈MOGU〉에서 운영하는 가게이다. 1층은 천연소재로 만든 의류, 가방, 식기, 문구, 잼 등 다양한 생활잡화를 판매하는 유기농소품 전문점이고, 2층은 유기농음료와 디저트를 판매하는 카페, 3층은 소모임공간이다.

2층 카페내부는 마치 테라스 같은 분위기인데, 창가 테이블은 비 오는 날이면 운치가 더해진다. 벽면에는 그날의 추천메뉴를 적은 커다란 칠판이 있고, 아기자기한 소품 등으로 작은 공간을 아늑하게 꾸며놓았다. 천연재료로 직접 만든 웰빙음식과 디저트류는 젊은 여성들에게 인기가 높으며, 라이스세트는 매일 메뉴가 바뀐다. 메뉴판이 별도로 있지만 모두 한자로 되어 있으므로 직원에게 메뉴를 추천받는 것도 괜찮다.

라이스세트
(Bowl of Rice Set Meal)

애플앤시나몬크레이프
(Apple and Cinnamon Crepe)

다양한 유기농잼

주소 大同區南京西路25巷18-1號2F **귀띔 한마디** 1인당 미니엄차지는 NT$130이다. **베스트메뉴** 매일 메뉴가 바뀌는 건강식 라이스세트(Bowl of Rice Set Meals, NT$250~), 수제 애플앤시나몬 크레이프(Apple and Cinnamon Crepe, NT$200) **추천메뉴** 상큼새콤 베리앤로드 플로랄티(Berry adn Rode Floral Tea, NT$180) **가격** NT$150~/현금결제만 가능 **영업시간** 12:00~21:00(일~목요일), 12:00~22:00(금~토요일)/매달 넷째 주 수요일 휴무 **문의** (886)02-2552-5552 **찾아가기** MRT 중산(中山, Zhongshan)역 4번 출구로 나와 오른쪽 골목을 따라 직진하면 왼편에 보인다. 도보 3분 거리. **홈페이지** www.mogu.com.tw

유럽의 고택정원처럼 아늑한 ★★★☆☆
카페뤼미에르 珈琲時光 Cafe Lumiere

타이베이필름하우스 1층의 과거 미국영사관 응접실을 개조한 문화예술카페이다. 일본영화감독 오즈야스지로 탄생 100주년을 기념하여 허우샤오시엔 감독이 제작한 영화 〈카페 뤼미에르〉와 이름이 동일한데 가배광시珈琲時光는 '커피와 함께 햇빛을 나누다'라는 말로 '마음을 안정시켜 앞일을 준비하기 위한 평온한 시간'이란 의미를 갖고 있다. 높은 천장만큼 실내는 시원한 통유리구조라 정원의 숲을 바라보며 커피 한잔과 더불어 깊은 상념에 빠져들기 좋다.

Part 02

샌드위치와 캐러멜마키아또

아치형통로는 상점과 연결되어 있으며, 흰 벽면은 때때로 스크린으로 변신하여 아련한 기억저편 영화를 상영한다. 아름드리나무가 우거진 정원 야외테이블은 마치 유럽 고택정원처럼 아늑하면서도 한가롭게 커피 한잔 즐기기에 적당하다. 만약 저녁이라면 커피대신 맥주나 칵테일과 함께 타이베이 밤공기를 느껴보는 것도 좋다.

주소 中山區中山北路二段18號 귀띔 한마디 1인당 미니멈차지는 NT$130이다. 가격 커피 NT$100~, 차 NT$120~, 디저트 NT$130~/Service Charge 10% 별도 영업시간 10:00~24:00(일~목요일), 10:00~02:00(금~토요일)/연중무휴 문의 (886)02-2562-5612 찾아가기 MRT 중산(中山, Zhongshan)역 3번 출구로 나와 직진하여 첫 번째 대로변에서 왼쪽으로 들어서면 왼편에 위치한다. 도보 3분 거리. 홈페이지 spotcafe.looker.tw

만 원으로 즐기는 이탈리안요리 전문레스토랑 ★★★★★
로즈메리 螺絲瑪莉 Rose Mary

중산역 후미진 뒷골목에 위치하며 타이베이에서 정통 이탈리안요리를 맛볼 수 있는 레스토랑이다. 1층뿐만 아니라 지하까지 넓은 공간이 있지만 신선한 요리를 만 원 정도로 즐길 수 있어 식사시간에는 어김없이 골목 밖까지 대기줄이 길게 늘어선다.

메인메뉴로 파스타, 그라탱, 리소토 등이 있고 수프, 디저트, 음료 등 사이드메뉴도 있다. 파스타는 크림소스, 올리브오일, 토마토소스, 스페셜소스로 등으로 나뉘며 바삭하면서 부드러운 이탈리아빵 그리시니Grissini와 디저트는 무료로 제공된다. 디저트는 아몬드크림셔벗杏仁霜派, 캐러멜푸딩焦糖布丁, 용암초콜릿케이크熔岩巧克力, 망고아이스크림芒果雪糕, 호박치즈케이크南瓜起司蛋糕 5가지가 있는데, 메인메뉴 수만큼 선택할 수 있다. 디저트는 아몬드크림셔벗과 케이크를 자르면 초콜릿이 용암처럼 흐르는 용암초콜릿케이크가 인기이다.

마리나라해산물스파게티 　훈제연어크림파스타 　아몬드크림셔벗(杏仁霜派) 　용암초콜릿케이크(熔岩巧克力)
(蕃茄海鮮義大利麵) 　(奶油煙燻鮭魚義大利麵)

주소 中山區南京西路12巷13弄9號 귀띔 한마디 몇 가지 메뉴는 일일 한정수량으로 판매한다. 베스트메뉴 신선한 해산물을 아낌없이 사용한 마리나라 해산물스파게티(Seafood Marinara Spaghetti, NT$285), 소 간의 모습을 닮은 야생버섯인 그물버섯 볼레투스로 맛을 낸 볼레투스리소토(Boletus Mushroom Risotto, NT$220) 추천메뉴 훈제연어크림파스타(Smoked Salmon Spaghetti, NT$235) 가격 NT$185~/Service Charge 10% 별도 영업시간 11:30~16:00(마지막 주문 14:30), 17:30~22:00(마지막 주문 20:30)/연중무휴 문의 (886)02-2521-9822 찾아가기 MRT 중산(中山, Zhongshan)역 2번 출구로 나와 직진 후 오른쪽 첫 번째 골목으로 들어서면 왼편 첫 번째 골목 안에 위치한다. 도보 2분 거리. 홈페이지 www.rosemary.com.tw

타이베이서부

고급스러운 타이완요리를 맛볼 수 있는 ★★★★★
진핀차위 金品茶語 King Ping Chayu

40여 년의 역사를 자랑하는 찻잎브랜드 진핀명차金品名茶와 딘타이펑의 전 주방장이 공동으로 설립한 타이완레스토랑이다. 타이완건축의 특징 중 하나인 철강을 기본 재료로 사용하였으며, 실내는 전체적으로 목재가구와 노란색으로 따뜻함과 모던함을 추구하였다.

가장 인기 있는 메뉴는 돼지고기, 수세미, 게살, 새우, 버섯 등으로 만든 샤오룽바오, 뉴러우멘보다 담백하고 자극적이지 않은 홍샹오뉴러우멘, 담백한 맛을 자랑하는 완탕면과 주방장이 개발한 팥과 햄 두 가지 맛의 중국식디저트 등이 있다. 특히, 돼지고기, 수세미, 게살로 만든 3가지 샤오룽바오, 중국식디저트와 차가 나오는 C세트메뉴가 인기 있으며, 이곳에서 특별하게 만든 타피오카와 후발효과정을 걸쳐 홍수우룽차로 만든 홍수버블티는 대표 음료답게 타피오카를 씹으면 달콤한 벌꿀향이 입 안 가득 퍼진다.

주소 中山區南京東路一段88號 **베스트메뉴** 딤섬, 중국식디저트, 차 그리고 반찬이 나오는 C세트(C Set Menu, NT$270), 블랙우룽버블티(Black-oolong Bubble Tea, NT$150) **추천메뉴** 홍샤오뉴러우멘(Braised Beef Noodle Soup, NT$180), 연두부에 삭힌 오리알 송화단을 곁들여 먹는 피단떠우푸(Thousand Year Egg with Tofu, HK$60) **가격** NT$300~/Service Charge 10% 별도 **영업시간** 11:00~21:30(일~목요일), 11:00~23:00(금~토요일)/연중무휴 **문의** (886)02-2521-9669 **찾아가기** MRT 중산(中山, Zhongshan)역 2번 출구로 나와 직진하다 사거리를 건넌 후 직진하면 오른편에 위치한다. 도보 2분 거리.

소박한 일본가정식 식당 ★★★★★
샤오치식당 小器食堂

작은 식기를 의미하는 샤오치란 이름의 소박하고 정갈한 일본가정식 요리를 선보이는 식당이다. 일본의 한적한 골목 안쪽에 숨겨진 작은 식당 같은 분위기로 실내로 들어서면 오픈형주방과 심플한 원목테이블 등이 놓여 있어 전체적인 분위기가 일본영화 <카모메식당>을 연상케 한다. 연어구이, 생선구이, 함박스테이크, 커리, 닭고기튀김 등의 메인요리와 소박한 가정식 반찬, 밥과 미소국이 나오는 정식메뉴가 인기가 있으며, 그 중 연어구이정식과 튀김정식이 가장 인기 높은 메뉴이다.

주소 大同區赤峰街27號 귀띔 한마디 바로 옆에는 샤오치식당에서 직접 운영하는 그릇가게 샤오치(小器)가 자리한다. 베스트메뉴 연어구이정식(特製鮭魚定食, NT$320), 닭고기튀김정식(龍田揚炸雞塊定食, NT$320) 추천메뉴 함박스테이크정식(漢堡排定食, NT$320), 고등어구이정식(鹽烤鯖魚定食, NT$300) 가격 일본가정식 정식 NT$300~, 단품 NT$80~ 영업시간 11:30~15:00, 17:30~21:00/연중무휴 문의 (886)02-2559-6851 찾아가기 MRT 중산(中山, Zhongshan)역 5번 출구로 나와 첫 치펑제(赤峰街)로 들어가 직진하면 오른편에 위치한다. 도보 2분 거리.

연어구이정식

닭고기튀김정식

유명한 야식 맛집 ★★★★★
가오지아좡 高家莊米苔目 Gao Jia Silver Needle Noodles Shop

타이완 우동이라고 불리는 미타이무(米苔目)를 파는 40년 전통의 타이베이 유명맛집이다. 미타이무는 쌀과 고구마가루 반죽을 대나무 구멍사이로 빼낸 면을 삶은 타이완 전통면요리로 면이 굵고 쫄깃쫄깃하여 국물보다는 면의 식감으로 먹는 국수이다. 매일 돼지 뒷다리뼈를 10시간 동안 끓여낸 맑은 육수에 삶은 면과 파만을 넣은 미타이무 외에도 돼지대장, 돼지간, 문어, 새우, 생선알, 소시지 등의 각종 식재료를 찌고 데친 메뉴가 있다. 또한 돼지고기덮밥 루러우판, 튀긴 두부 요우떠우푸(油豆腐), 데친 야채 탕칭차이(燙青菜) 등 다양한 요리도 판매한다.

주소 中山區林森北路279號 귀띔 한마디 테이블에 쏸차이(酸菜), 라유(辣油), 검은콩을 발효시킨 콩양념장 등이 놓여 있으니 취향에 따라 넣어 먹으면 된다. 베스트메뉴 미타이무(米苔目, NT$30), 루러우판(魯肉飯, NT$30), 양념한 돼지고기를 바삭하게 튀긴 훙짜오러우(紅糟肉, NT$60) 추천메뉴 삶은 생선알에 마요네즈를 뿌린 생선알요리(魚蛋沙拉, NT$100), 오징어숙회(芥末軟絲, NT$100) 가격 NT$100~/현금결제만 가능 영업시간 19:00~05:00/연중무휴 문의 (886)02-2567-8012 찾아가기 MRT 중산(中山, Zhongshan)역 3번 출구로 나온 후 사거리의 경찰서를 지나 첫 번째 공원까지 직진한다. 공원과 공원 사이 린센베이루(林森北路)의 오른쪽 대로변을 따라 직진하면 오른편에 위치한다. 도보 7분 거리.

미타이무(米苔目)와 오징어숙회(芥末軟絲)

선술집이 밀집한 골목, 창안둥루1뚜안(長安東路一段)의 중앙시장선술집(中央市場生猛海鮮)

우리나라와 달리 술집이 많지 않은 타이베이에서 늦은 시간까지 한잔하고 싶다면 타이완스타일의 선술집이 즐비한 중산역의 창안둥루1뚜안 거리를 추천한다. 그 중 맥주와 함께 곁들이기 좋은 튀김, 볶음, 조림, 꼬치, 탕, 구이 등 다양한 안주가 있는 100원 술집으로 중앙시장선술집이 가장 인기이다. 100원 술집이지만 먹을 만한 요리는 대체로 NT$120 이상이며, 한국여행자가 많아 한글메뉴판까지 구비되어 있다. 타이완에서 요즘 가장 핫한 18일 안에 마셔야하는 온리18데이즈(Only 18 Days) 맥주는 한정판매라 늦게 가면 마실 수 없다.

일본식 수제롤케이크전문 ★★★★★
피스오브케이크 Piece of Cake

중산의 후미진 골목에 위치한 일본식 카페로 2년간 교토에서 제빵기술을 배워 와 오픈한 카페이다. 맛과 품질이 우수한 케이크를 만들기 위해 재료선택부터 남다르며, 기계가 아닌 직접 손으로 반죽한 후 저가당 수제생크림과 신선한 과일을 사용하여 케이크를 만드는 수제케이크전문점이다. 과일水果原味捲, 티라미수焦糖瑪奇朶捲, 녹차日式綠茶捲, 초콜릿義式巧克力捲, 플레인치즈布丁原味捲, 오리지널原美蛋糕捲, 레몬롤케이크檸檬起司捲 등 7가지의 케이크종류가 있는데, 판매수량은 제한적이고 방부제를 사용하지 않아 유통기한도 이틀로 제한되어 있다.

주소 中山區南京西路64巷9弄19號 **귀띔 한마디** 음료수는 NT$130부터지만 테이크아웃을 하면 NT$50로 마실 수 있다. **베스트메뉴** 과일롤케이크(水果原味捲, 1조각 NT$80), 초콜릿롤케이크(義式巧克力捲, 1조각 NT$80) **가격** 롤케이크 1조각 NT$80, 4조각 NT$250, 조각 케이크와 음료세트 NT$180, 음료수 NT$130 **영업시간** 11:00~18:00/매주 화요일 휴무 **문의** (886)02-2559-7981 **찾아가기** MRT 중산(中山, Zhongshan)역 1번 출구로 나와 왼쪽 길에서 오른쪽 첫 번째 골목으로 들어서서 만나는 작은 삼거리에서 왼쪽으로 직진하면 오른편에 위치한다. 도보 2분 거리.

과일롤케이크(水果原味捲)

저렴하고 맛있는 만두체인 ★★★★★
빠팡윈지 八方雲集 Ba Fang Yun Ji Dumpling

1998년 오픈한 이래 타이완 전국에 우리나라의 김밥천국만큼 엄청난 수의 체인점을 거느린 만두전문체인점으로 홍콩과 중국까지 진출하였다. 군만두와 물만두를 전문으로 하지만 면, 탕 등 만두와 함께 먹으면 좋은 메뉴도 많다. 군만두 꿔티에鍋貼는 6가지 종류가 있는데, 고기招牌, 부추韭菜, 한국식김치韓式辣味, 카레咖哩 등이 있고, 물만두 수이자오水餃는 한국식김치, 카레, 부추, 새우鮮蝦 등 7가지 종류가 있다.

이 집 만두는 짭조름해서 굳이 소스를 찍어 먹지 않아도 괜찮으며, 국민만두체인점답게 만두는 1개당 NT$5~8로 저렴하면서도 맛있다. 만두와 이상하리만큼 잘 어울리는 두유豆漿는 흰두유白豆漿와 검은콩두유黑豆漿가 인기가 많다.

군만두 꿔티에(鍋貼)

주소 中山區南京西路12巷15號 **귀띔 한마디** 주문표에는 접시가 아닌 낱개 개수를 적으면 된다. 물만두는 5개 이상 주문해야 하며, 군만두도 식사시간에는 최소 5개 이상 주문해야 하는 지점이 많다. **베스트메뉴** 매콤한 김치가 들어있는 군만두 한스라웨이꿔티에(韓式辣味鍋貼, 1개 NT$5), 통새우를 그대로 씹히는 물만두 시엔샤수이자오(鮮蝦水餃, 1개 NT$8) **추천메뉴** 완자와 김이 들어간 탕 치위화즈완탕(旗魚花枝丸湯, NT$25) **가격** 만두 NT$5~, 탕 NT$25, 떠우장(豆漿) NT$15 **영업시간** 09:00~21:00/연중무휴 **문의** (886)02-2522-2116 **찾아가기** MRT 중산(中山, Zhongshan)역 2번 출구로 나와 직진 후 오른쪽 첫 번째 골목으로 들어서면 왼편에 위치한다. **홈페이지** www.8way.com.tw

타이베이에서 손꼽히는 디저트카페 ★★★★
마유비스트로카페 MAYU Bistro Café

프랑스의 유명 요리아카데미 꼬르동블루France de Cordon Bleu를 졸업한 타이완인 셰프와 일본인 파티시에 부부가 개점한 카페로 눈과 입이 즐거운 프렌치요리와 일본식 디저트가 유명한 카페이다. 이 집은 유럽풍스타일과 타이완스타일이 자연스럽게 혼합된 중후한 실내 분위기가 인상적이다. 특히 무엇보다 쇼윈도우에 진열된 먹기 아까울 정도로 예쁜 조각케이크들이 압권이다.

평일에는 빵, 수프, 애피타이저, 메인요리, 디저트, 음료수가 함께 나오는 프랑스식 런치세트(12:00~14:00)와 4가지 미니케이크세트나 조각케이크 중 택일, 크레이프, 와플 그리고 음료를 선택할 수 있는 티세트(14:00~17:00)를 제공한다. 샌드위치, 라자냐, 그라탱 등 가볍게 먹을 수 있는 음식도 있다. 또한 봄과 가을에 메뉴가 변경되며 시즌에만 맛볼 수 있는 케이크도 있다.

주소 大同區長安西路47-2號 **귀띔 한마디** 미니엄차지가 평일 1인당 NT$120, 주말 NT$200이다. **베스트메뉴** 고소한 맛이 일품인 몽블랑(蒙布朗, Mont-Blanc, NT$120), 프랑스파이 밀푀유(米勒費尤, Mille Feuille, NT$120) **추천메뉴** 6가지 코스로 나오는 런치세트 NT$280~, 디저트와 음료를 선택할 수 있는 티세트(Tea Set) NT$250~/Service Charge 10% 별도 **영업시간** 11:30~18:00/매주 월요일 휴무 **가격** 요리 NT$160~, 케이크 NT$100~, 커피 NT$110~ **문의** (886)02-2550-3636 **찾아가기** MRT 중산(中山, Zhongshan)역 R4번 출구로 나와 반대쪽 대로변을 바라보고 오른쪽 첫 번째 골목으로 들어가면 왼편에 위치한다. 도보 1분 거리.

타이베이서부

Section 06
중산에서 놓치면 후회하는 쇼핑거리

중산역 골목에는 아기자기하면서 개성강한 작은 상점이 모여 있으며 특히 공정무역, 라이프스타일을 창조하는 상점, 창의적인 디자이너들의 매장과 작업실 등을 만날 수 있다. 감각적이면서도 편안한 느낌을 주는 실내인테리어와 우수한 품질의 독특한 디자인의 아기자기한 제품들을 찾아보는 재미가 있다.

 공정무역을 실현하는 착한 상점 ★★★★★
티치우수 地球樹 Earth Tree

'지구는 하나'라는 취지하에 융캉제永康街에 타이완 최초로 공정무역제품을 위탁판매하는 가게를 오픈하여 중산역 골목까지 진출한 가게이다. 제3국가의 생산자들이 환경을 오염시키지 않는 천연재료만을 사용하여 만든 수공예품을 공정한 가격으로 구입하여 타이베이시민들에게 재판매하고 있다. 디자인과 품질로 경쟁할 수 있도록 영국 친환경공정무역 의류브랜드 피플트리People Tree와 일본의 대표적인 공정무역 회사 네팔리바자로Nepali Bazaro 주도하에 현지 생산자들을 직접 지도하고 판매방식을 가르치는 등 그들의 경제적 자립을 돕고 있다.

생산자가 누군지 사진설명과 함께 진열해 놓은 제품들은 독특한 디자인과 친환경재료로 만든 유기농 코튼의류, 인형, 목공제품, 비누, 액세서리, 커피 등 주로 아기자기한 수공예생활용품을 판매한다. 대부분 네팔, 칠레 등 아프리카, 중남미, 아시아 각지에서 만든 공정무역제품으로 가격도 착하면서 독특하고 예쁜 디자인의 제품을 살 수 있어 선물용 기념품을 구매하기 좋다.

주소 中山區中山北路二段20巷8號 **귀뜸 한마디** 본점은 융캉제(新生南路二段30巷35-1號)에 있다. **영업시간** 12:00~21:30/연중무휴 **문의** (886)02-2567-2559 **찾아가기** MRT 중산(中山, Zhongshan)역 2번 출구로 나와 왼쪽의 신콩미츠코시3관(新光三越南西店三館) 골목사이로 걷다가 오른쪽 두 번째 골목으로 들어서면 오른편에 위치한다. 도보 3분 거리.

타이완 원주민을 위한 공정무역플랫폼 ★★★★★
타이완하오디뎬 台灣好, 店 Lovely Taiwan Shop

'사랑스러운 타이완'이라는 뜻의 타이완하오디뎬은 2009년 타이완호기금회에서 오픈하여 운영하는 상점이다. 타이완 각지의 14개 부족 원주민들이 만든 수공예품과 지역사회가 생산한 특산품을 공정한 거래로 구매하여 이를 소비자에게 재판매한다. 원주민들에게는 판로를 제공함으로써 수익을 돌려주고, 자립경제력을 갖게 하는 것이 목적이라 상점자체의 이익보다는 타이완문화와 상품을 알리는 데 의의를 두고 있다.

1, 2층에는 나무, 직물, 돌, 종이 등으로 원주민들이 만든 수공예제품과 타이완에서 생산되는 유기농 쌀, 차 등을 판매하고 있으며, 3층은 여행자들을 위한 휴식공간으로 차 한잔을 무료로 제공해준다.

주소 中山區南京西路25巷18-2號 **귀띔 한마디** 3층에는 타이완에 관련된 한국어 서적도 구비되어 있으며 직원에게 타이완여행에 대해 문의할 수도 있다. **영업시간** 12:00~21:00/매주 월요일 휴무 **문의** (886)02-2258-2616 **찾아가기** MRT 중산(中山, Zhongshan)역 4번 출구로 나와 오른쪽 골목을 따라 걸으면 왼편에 위치한다. 도보 3분 거리./부다이(Booday, 蘑菇) 바로 옆에 위치한다. **홈페이지** lovelytaiwan.org.tw

디자인전문그룹이 운영하는 디자인숍 ★★★★
피페이퍼숍 前衛設精品 PPaper Shop

하얀색 나선형계단을 내려가면 호기심을 자극하는 아이디어상품으로 가득한 디자인숍이 나온다. 홍콩디자인센터 DFA^{Design For Asia Awards}에서 디자인테마출판물상을 수상하였으며, 영향력 있는 잡지를 출간하는 디자인전문회사 피페이퍼그룹^{PPaper Group}에서 운영하는 상점이다. 감각적인 디자인의 다양한 생활용품이 가득하여 구경하는 재미가 쏠쏠하다.

피페이퍼그룹은 여러 종류의 디자인잡지를 발행하고 있을 뿐만 아니라 피페이퍼카페^{PPaper Cafe}와 피페이퍼숍^{PPaper Shop}을 운영한다. 특히 디자인, 패션 관련 월간지는 NT$99밖에 되지 않아 디자인을 공부하는 사람들에게 인기이며, 이월잡지도 할인된 가격에 구입할 수 있다. 이 외에

피페이퍼에서 디자인한 패션브랜드 '이브앤션 IVE&SEAN' 코너는 눈여겨 볼만하다. 일상생활에 유용한 아이디어와 창조적인 디자인제품을 합리적인 가격에 구입할 수 있어 디자인에 관심이 있다면 반드시 둘러봐야 할 숍이다.

주소 中山區中山北路二段26巷2號B1F **영업시간** 13:00～19:00/연중무휴 **문의** (886)02-2568-2928 **찾아가기** MRT 중산(中山, Zhongshan)역 4번 출구로 나와 사거리에서 왼쪽으로 직진한 후 왼쪽 3번째 골목으로 들어가면 왼편에 위치한다. 도보 5분 거리. **홈페이지** www.ppaper.net

 톡톡 튀는 개성만점 디자인숍 ★★★★★
0416×1024

암호 같은 숫자조합부터가 눈길을 끄는 0416×1024는 두 명의 디자이너가 각자의 생일날짜에 컬래버레이션을 의미하는 곱셈기호를 넣어 만든 브랜드이다. 일러스트디자이너 로빈첸陳榮彬과 세라믹디자이너 랴오첸헝廖振宏이 서로의 창의력을 곱하여 무한한 디자인을 창작한다는 의미로 상호를 이렇게 만들었다고 한다.

입구에는 세라믹디자인팀 '1024木京杉'의 작품을 볼 수 있는데 주로 화분, 램프, 연필통, 시계 등 재질이 나무가 아닐까 착각할 만큼 정교한 목재컬러를 사용하였다. 0416T-Shirt팀의 코너에는 유머러스하고 익살스러운 디자인의류, 문구류 및 생활용품 등을 만날 수 있다. 사랑받는 상품은 티셔츠로 재미있는 일러스트에 독특한 색채가 어우러져 보는 것만으로도 웃음을 짓게 한다. 심플한 모자와 캔버스신발에 디자이너의 톡톡 튀는 캐릭터가 더해져 어디에도 없는 본인만의 아이템을 구입할 수 있다.

주소 中山區中山北路二段20巷18號 **귀띔 한마디** 개성이 돋보이는 피팅룸(Fitting Room)도 둘러보자. **영업시간** 13:00～22:00/연중무휴 **문의** (886)02-2521-4867 **찾아가기** MRT 중산(中山, Zhongshan)역 4번 출구로 나와 왼쪽의 신콩미츠코시3관(新光三越南西店三館) 골목사이로 걷다가 오른쪽 두 번째 골목으로 들어가면 오른편에 위치한다. 도보 3분 거리./인더플레이그라운드 바로 옆에 위치한다. **홈페이지** www.hi0416.com

Special 01

타이완판 경동시장, 디화제(迪化街, Dihua Street)

타이완 최고의 역사와 규모를 자랑하는 재래시장으로 800m 남짓 거리 양옆으로 100년을 훌쩍 넘긴 20세기 초 바로크스타일과 중국남부 푸젠(福建) 전통건축양식이 조화를 이룬 건물이 들어서 있다. 건물은 개인소유지만 문화재로 지정되어 함부로 허물거나 증축할 수 없다. 거리 상점에서는 타이완 전역에서 올라온 약재, 건어물, 식재료, 건과류, 찻잎, 사탕 등의 지역특산품을 판매한다. 상점들의 간판을 보면 빨강, 노랑, 파랑, 흰색 등으로 구분되어 있는데, 노란색 간판 중 일부는 100년 이상의 전통을 이어가는 곳으로 타이베이 전통시장의 일면을 볼 수 있다.

타이완 인형극의 역사를 한눈에 살펴보는
린류신기념인형극박물관 (林柳新紀念偶戲博物館, Lin Liu-Hsin Puppet Teatre Museum)

2000년 타이위안예술문화기금회(台原藝術文化基金會)에서 인형극장을 설립한 후 세계적으로 유명한 영국의 런던왕실축제홀(London Royal Festival Hall)을 시작으로 프랑스, 홍콩, 러시아, 이탈리아, 베트남, 한국, 네덜란드, 캄보디아 등에서 해외공연을 통해 타이완의 인형극을 세계에 소개했다. 공연 후 각국에서 보내준 전통인형과 가면 등 6,000여 점을 수집하였으며, 2005년 전통인형극에 남다른 애정을 가진 린류신(林柳神)의 기부로 인형극박물관까지 개관하게 된다.

1층 인형작업실에서는 수작업으로 인형을 만드는 과정을 볼 수 있고, 2층 추용원(醜容院)은 엽기적이거나 우스꽝스러운 가면부터 타이완 인형극에 관련된 역사자료를 살펴볼 수 있다. 3층은 중국 꼭두각시인형과 그림자극(皮影)에 사용되는 인형들과 타이완의 인형극전성기(1949~1980년)에 활약했던 인형들이 전시되어 있다. 4층은 중국 유령인형과 베트남수상인형극 무대를 축소해놓았는데, 실제 인형들을 움직여볼 수 있다. 타이완 사람들에게 타이완 전통인형극은 단순한 볼거리가 아니라 힘겨웠던 시절 웃음과 희망을 함께했던 또 하나의 문화이다.

주소 大同區西寧北路79號 **입장료** 성인 NT$80, 어린이 NT$50 **운영시간** 10:00~17:00/매주 월요일, 공휴일 휴무 **문의** (886)02-2556-8909 **찾아가기** 송롄(雙連, Shuanglian)역 1번 출구로 나와 왼쪽 디화제이정표(迪化街商圈)를 따라 계속 직진하다 디화제(迪化街) 바로 옆 골목으로 걷다보면 왼편에 위치한다. 도보 17분 거리./송롄역 1번 출구 오른편의 버스정류장에서 811, 紅33 버스를 타고 5번째 정류장인 난징시루입구(南京西寧路口)에서 하차한다. **홈페이지** www.taipeipuppet.com

인연을 찾아주는 사원,

타이베이샤하이청황먀오(台北霞海城隍廟, Taipei Xia-Hai city God Temple)

디화제 남쪽에 위치한 작은 사원으로 중매신 월하노인(月下老人)을 모시고 있어 원하는 짝을 찾고 싶어 하는 청춘남녀가 몰려드는 곳이다. 1971년 43cm 높이의 월하노인상을 이곳에 모셨는데, 다른 사원의 좌상(坐像)과 달리 입상(立像)이라 더 빨리 신도들의 염원을 들어준다고 믿는다. 재미있는 것은 실제 많은 사람이 여기서 소원을 빌어 천생배필을 찾았다고 한다. 그동안 이곳에서 배필을 찾아달라고 염원했다가 인연을 만나 결혼한 6,234쌍이 이곳을 다시 찾아와 감사의 예를 올리기도 했다고 한다. 소원을 빌어보고 싶다면 다음처럼 해보자.

❶ 3개의 향(和香)과 황금지전(金紙)을 구입한다. ❷ 황금지전을 월하노인 앞에 놓는다. ❸ 3개의 향을 피우고 3번 절한다. ❹ 하늘을 향해 이름, 생년월일과 주소를 말한다. ❺ 짝이 없는 사람은 원하는 짝의 모습을 빌고, 있는 사람은 상대방 생년월일을 말한다. ❻ 붉은 실, 백년화합(百年和合)과 백자천손(百子千孫)이 적힌 은전주머니와 모래과자를 구입하여 월하노인에게 바치며 기도한다. ❼ 도사가 건네주는 주머니를 들고 신들에게 차례로 기도한다. ❽ 주머니를 향로 쪽으로 3번 원을 그린다. ❾ 마당을 3바퀴 돈 후 주머니를 잘 소지한다.

주소 大同區迪化街一段61號 **귀띔 한마디** 밸런타인데이에 많은 청춘남녀가 이곳을 찾아온다. **운영시간** 06:15~19:45/연중무휴 **문의** (886)02-2558-0346 **찾아가기** 디화제1뚜안(迪化街一段) 골목의 황토색 건물 제일은행(第一銀行) 바로 옆에 위치한다.

영화 <청설>에서 주인공들이 데이트를 즐기던 곳

닝샤야시장(寧夏夜市, Ningxia Night Market)

현지인들이 추천하는 야시장으로 스린야시장에 비해 규모는 작지만 시장 내 메뉴가 겹치는 상점이 없을 정도로 다양하고, 맛 또한 훌륭해서 늘 사람들로 북적인다. 타이완 로맨스영화 <청설>에서 주인공들이 데이트하던 곳으로도 유명하며, 다양한 종류의 보양식을 맛볼 수 있다. 타이완식 오향돼지고기덮밥 루러우판(滷肉飯), 굴전 커자이지엔(蚵仔煎), 곱창국수 다창커자이몐시엔(大腸蚵仔麵線) 등 특색 있는 음식과 타이완 전통먹거리를 맛볼 수 있다. 50년 이상 역사를 지닌 원조상점 20곳의 역사를 합치면 천 년이 넘어 이곳에서는 치엔쉐이옌(千歲宴)이라고도 부른다.

인기 있는 가게는 리우위터우(劉芋仔, No.91)로 토란으로만 만든 샹수위환(香酥芋丸)과 계란노른자, 돼지고기가루, 토란을 넣은 단황위빙(蛋黃芋餅) 두 가지를 판매한다. 찹쌀떡을 넣은 빙수 마수빙(麻糬冰)으로 유명한 린지마수꾸이화빙(林記麻糬桂花冰, No.97)과 팥, 크림, 토란, 검은깨, 치즈 등을 넣어 계란빵처럼 구워 파는 구자오웨이훙떠우빙(古早味紅豆餅, No.92)도 인기 상점이다.

운영시간 15:00~24:00/연중무휴(상점마다 상이) **찾아가기** MRT 솽롄(雙連, Shuanglian)역 1번 출구로 나와 왼쪽으로 걷다가 노란색 닝샤야시장(寧夏夜市) 간판을 따라 들어가면 된다. 도보 10분 거리./MRT 중산(中山, Zhongshan)역 2번 출구로 나와 오른쪽으로 15분 정도 직진한 후 닝샤야시장 간판을 따라 들어가면 된다. 도보 15분 거리.

Chapter 03
타이베이의 명동, 시먼딩

西門町, Ximending

타이베이 완화구 북동쪽에 위치한 시먼딩은 일제강점기 도쿄의 아사쿠사를 본떠 발전한 곳이다. 1990년대 최초로 보행자거리를 만들어 주말과 공휴일에는 차량통행이 전면금지된다. 의류, 화장품, 액세서리, 레스토랑, 커피숍, 대형쇼핑몰, 영화관 등 골목골목이 우리나라의 명동을 떠올리게 한다. 젊은이들로 항상 거리가 붐비며, 유명 연예인의 사인회와 프로모션, 소규모 콘서트와 거리공연 등이 수시로 진행된다.

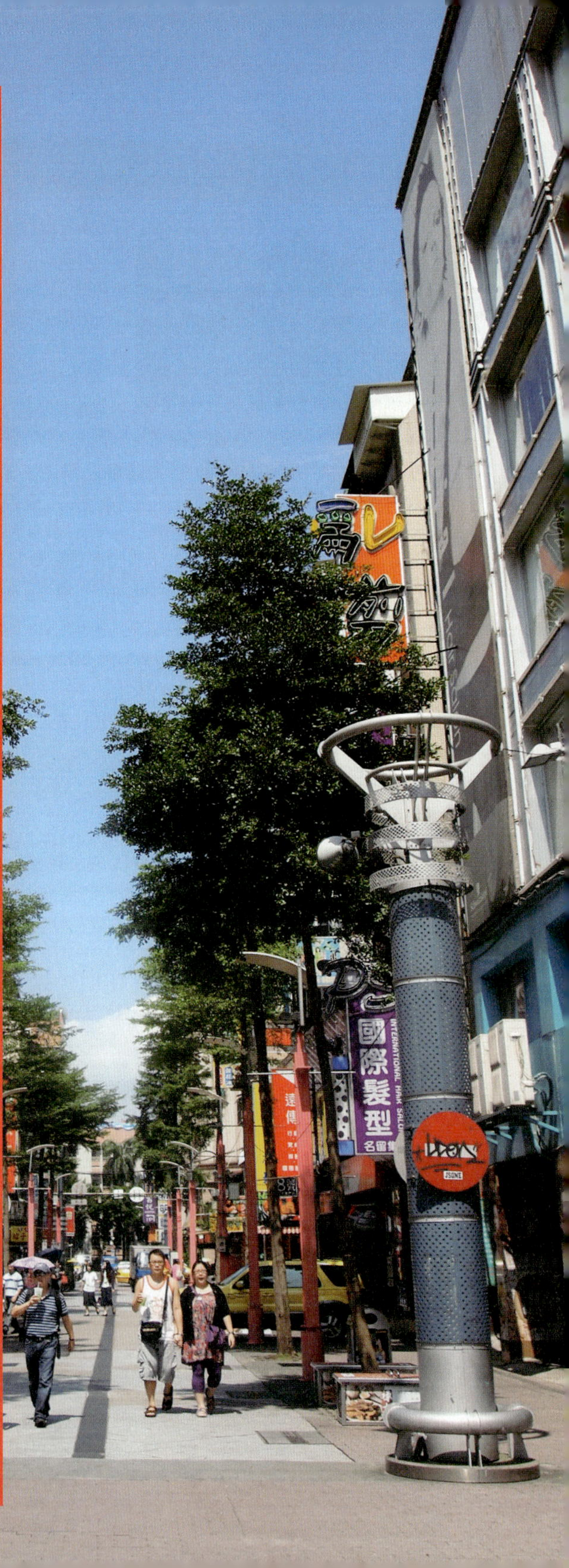

시먼딩을 이어주는 교통편

- MRT 반난선(板南線, Bannan Line)이나 샤오난먼선(小南門線, Xiaonanmen Line)의 시먼(西門, Ximen) 역에서 하차한다. 메인출구는 6번이며 나오자마자 오른쪽이 시먼딩의 중심거리인 한중제(漢中街, Hanzhong St.)이다.
- 타이베이기차역의 대표골목 중 하나인 카이펑제1뚜안(開封街一段, Section 1 Kaifeng Street)을 따라 직진하면 시먼딩과 연결된다.

시먼딩에서 이것만은 꼭 해보자

1. 시먼딩을 즐기려면 금요일 저녁이나 주말이 좋다. 발 디딜 틈도 없는 인산인해 속을 다녀보자.
2. 다양한 먹거리를 파는 노점식당에서 이것저것 양껏 골라 먹어보자.
3. 일명 타투거리에서 벽면을 화려하게 수놓은 그래피티(Graffiti)를 감상하자.
4. 숙소가 시먼딩에 위치해 있다면 발마사지를 받아보자.

시먼딩 베스트코스(예상소요시간 5시간 이상)

MRT 시먼(西門, Ximen)역에서 롱산스(龍山寺, Longshan Temple)역까지 도보로 이동이 가능하기 때문에 시먼홍러우, 한중제, 멍지아칭수이옌쭈스마오,멍지아칭산궁, 롱산스 등의 명소를 둘러볼 수 있다.

Section 07
시먼딩에서 반드시 둘러봐야 할 명소

시먼딩의 상징 시먼홍러우를 제외하면 한중제를 중심으로 뻗어있는 골목들을 누비는 것이 시먼딩의 진짜 볼거리이다. 다양한 패션과 놀이문화의 근원지로 타투거리, 영화거리, 노점거리 등 특색 있는 골목들을 돌아다니다 보면 시간가는 줄 모른다. 타이베이여행에서 빼놓을 수 없는 명소 중의 하나인 롱산스가 시먼딩 다음 역에 위치하므로 함께 둘러보는 것이 좋다.

 시먼딩을 상징하는 대표명소 ★★★★★
시먼홍러우 西門紅樓 The Red House

1908년 타이베이 최초로 설립된 극장으로 전체 건물 골격은 십자형구조인 십자루+字樓이고, 입구는 팔괘 형상 팔각루八角樓인데 이 둘과 난베이광장南北廣場까지를 모두 일컬어 시먼홍러우라 부른다. 단층짜리 시장건물을 1945년 2층으로 증축하면서 경극과 오페라를 공연하는 극장식 레스토랑으로 1950년대까지 최고의 전성기를 누렸다. 공연의 인기가 사그라질 때쯤 흑백영화와 시대극을 상영하는 영화관으로 다시 변신했지만 대형영화관에 밀리면서 1997년 문을 닫았다. 2008년 타이베이문화기금회가 인수하면서 현재는 문예창작활동 공간으로 또 다른 변신을 하고 있다.
팔각루 1층은 중앙전시장, 샵, 기념품점 등이며, 2층은 극장이다. 십자루 수직방향에는 다양한 공방이 모인 창의16공방, 수평방향에는 리버사이드라이브하우스 허안리우옌河岸留言이 자리한다. 베이광장北廣場은 영화를 상영하는 위에광영화관月光電影院과 매주 주말 열리는 창의장터創意市集, 남쪽 난광장南廣場에는 노천카페와 식당가가 형성되어 있다.

주소 萬華區成都路10號 **귀띔 한마디** 1층 안내센터에는 시먼홍러우와 관련된 기념도장이 마련되어 있다. **운영시간** 11:00~21:30 (일~목요일), 11:00~22:00(금~토요일)/매주 월요일 휴무 **입장료** 무료 **문의** (886)02-2311-9380 **찾아가기** MRT 시먼(西門, Ximen)역 1번 출구로 나오면 바로 정면에 위치한다. 경찰서와 NET건물 사이에 있다. **홈페이지** www.redhouse.org.tw

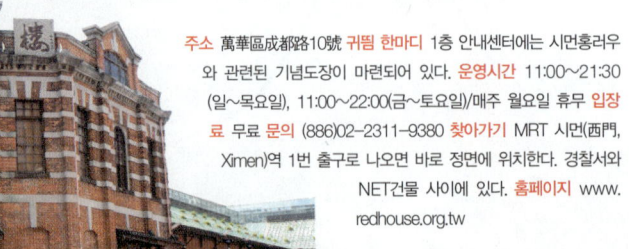

젊은이로 가득한 거리 ★★★★★
한중제 漢中街 Hanzhong Street

시먼역 6번 출구에서 오른쪽 골목이 바로 시먼딩의 중심거리인 한중제이다. 보행자거리로 먹거리, 볼거리, 즐길거리 등이 다양하여 타이완 젊은이들이 모여드는 거리이다. 상점 곳곳에서 K-Pop이 흐르고, 더페이스샵, 에스프리 등 한국의 중저가 화장품브랜드가 거리 한복판을 차지하고 있다. 한류열풍을 반영하듯 음반매장에서는 한국의 드라마, 영화, 음반 등도 쉽게 찾아 볼 수 있다. 그 밖에 의류, 액세서리, 서적, 피규어전문점, 대형쇼핑센터, 이색적인 레스토랑과 다양한 길거리음식, 저렴한 카페와 노래방, 게임방 등이 흔하게 보인다. 주말에는 다양한 거리공연이 펼쳐지며, 연예인들의 팬사인회와 각종 프로모션이 진행되어 거리를 더욱 활기차게 만든다.

붉은 벽돌이 인상적인 스타벅스를 중심으로 젊은이들을 겨냥한 일식, 한식 등과 퓨전레스토랑이 즐비하며 한중제를 따라 가지처럼 뻗은 골목 사이사이에는 아종몐시엔阿宗麵線, 메이꽌위안美觀園, 위린지투이다왕玉林雞腿大王, 왕지푸청리우쫑王記府城肉粽 등 시먼딩을 대표하는 음식점이 자리하고 있다. 한중제50씨안漢中街50巷은 타투거리이며, 타투상점들이 문을 닫으면 멋진 그래피티거리로 변신한다. 레인보우호텔을 지나면 현지 음식점이 즐비한데 NT$30~100로 맛있게 한 끼를 해결할 수 있으며 특히 노점 세세요우위껭謝謝魷魚羹은 오징어국수로 유명하다.

귀띔 한마디 그래피티를 제대로 보려면 상점이 문을 열기 전 이른 아침시간에 방문하는 것이 좋다. **찾아가기** MRT 시먼(西門, Ximen)역 6번 출구로 나와 오른쪽 골목이 한중제(漢中街)이다.

오징어국수가 유명한 세세요우위껭(謝謝魷魚羹)

바다의 수호여신을 모시는 ★★★★★
타이베이텐허우사원 台北天后宮 Taipei Tianhou Temple

중국 푸젠성 장저우漳州와 취안저우泉州 지역에서 건너 온 무역상들에 의해 1746년 건립된 사원이다. 바다의 수호신 마조媽祖를 모시는 도교사원으로 롱산스龍山寺, 칭수이쭈스마오淸水祖師廟와 함께 청나라시대 3대 사원 중 하나였다. 하지만 일제강점기 일본인들은 일본불교 진언

종 창시자인 홍법대사弘法大師를 모시기 위해 홍법사弘法寺를 그 자리에 건립하였다.

해방이후 1948년 도교신자들이 원래 모시던 마조를 홍법사에 홍법대사와 함께 모셨다. 1953년 대형화재로 사원이 크게 불탔지만 다행히 신상은 훼손되지 않았으며 신자들의 기부로 본당을 재건하여 현재의 모습을 갖추게 된다. 옥황상제, 천상성모, 관세음보살, 지장보살, 홍법대사 등을 함께 모시고 있으며, 1967년 명칭을 타이베이톈허우궁으로 공식지정하였다.

바다의 여신 마조(媽祖)

홍법대사(弘法大師)

주소 萬華區成都路51號 **개방시간** 06:00~22:00/연중무휴 **문의** (886)02-2331-0421 **찾아가기** MRT 시먼(西門, Ximen)역 6번 출구로 나와 직진하면 오른편에 위치한다. 도보 2분 거리.

타이베이에서 영화를 보고 싶다면 ★★★★★
시먼딩극장가 西門町電影街 Ximending Theater Street

과거 시먼딩은 타이베이에서 영화관이 제일 많던 지역으로 1960~70년대에는 수십 개의 영화관이 모여 있는 극장가였으나 이후 쇠락하면서 현재는 대형영화관 10여 개가 그 명맥을 잇고 있다.

럭스시네마, 아이맥스관이 있는 비쇼시네마와 하오화수웨이영화관豪華數位院, in89까지 4개의 멀티플렉스영화관이 모여 있어 우창제2뚜안武昌街二段을 영화의 거리라고 부른다. 이 거리가 끝나는 지점 캉딩루康定路에는 비정기적으로 노천영화를 상영하거나 행사가 진행되는 타이베이영화공원台北市電影主題公園이 있다.

귀띔 한마디 Vie Show Cinemas와 in89 영화관 왼편 우창제2뚜안120씨안(武昌街二段120巷)으로 들어서면 다양한 그래피티를 만날 수 있다. **찾아가기** MRT 시먼(西門, Ximen)역 6번 출구로 나와 오른쪽 골목 한중제(漢中街)를 따라 직진한 후 왼쪽 세 번째 골목 우창제2뚜안(Section 2 Wuchang St.)에서 왼쪽으로 직진하면 보인다. 도보 5분 거리.

타이완의 문화예술공간 ★★★★★
중산홀 中山堂 Taipei Zhongshan Hall

1928년 일본천황 등극을 기념하기 위해 건축가 이데 가오루가 설계한 4층짜리 건물로 일제강점기 주요행사가 이곳에서 거행되면서 타이베이공회당台北公會堂이라 불렸다. 타이완 국민당정부가 일본의 항복을 받았던 역사적인 장소로 2급 고적으로 지정되어 있다. 해방 후 중산홀로 명칭을 변경하고 국회 및 외국 고위인사 접견실로 사용되다 현재 공연장으로 쓰이고 있다.
건물중앙 계단벽면에는 타이완 현대조각가 황투수이黃土水의 부조작품 '물소군상水牛群像, Water Buffalo'이 전시되어 있다. 52m×20.5m의 대형작품으로 타이완남부 농촌을 배경으로 물소떼를 모는 아이가 입체적으로 잘 형상화된 그의 마지막 작품이다. 예술공간, 전시공간 외에 타이베이의 숨은 보석 같은 쉼터 극장카페劇場咖啡가 자리한다.

황투수이作 물소군상

주소 中正區延平南路98號 **귀띔 한마디** 매주 토요일과 일요일 14:00와 16:00 두 차례 물소군상을 개방한다. **운영시간** 09:00~17:00(월~토요일)/매주 일요일, 공휴일 휴관 **문의** (886)02-2381-3137 **찾아가기** MRT 시먼(西門, Ximen)역 5번 출구로 나와 두 번째 골목 시양제(西陽街)를 따라 직진하면 오른편에 위치한다. 도보 3분 거리. **홈페이지** www.zsh.taipei.gov.tw

타이완 군역사를 한눈에 살펴보는 ★★★★★
국군역사문물관 國軍歷史文物館 Armed Forces Museum

타이완 국방부소속의 3층짜리 건물로 특별전시실을 포함한 6개의 전시실이 있다. 1층은 정기적으로 전시가 열리는 특별전시실과 쑨원孫文에 의해 설립된 황푸군관학교黃埔軍官學校 관련 전시실로 당시 장제스와 생도들이 쓰던 물품과 자료들이 전시된다. 2층은 일제와 맞서 싸운 타이완군에 관련된 대일항전전시실과 해방이후 중국공산주의와 맞서 싸운 항쟁의 유산을 전시하고 있다. 3층은 타이완 국방부가 생산하는 육해공 군사장비와 타이완군의 시대별 무기들을 전시하고 있다.

주소 中正區貴陽街一段243號 **귀띔 한마디** 황푸군관학교는 독립투쟁을 벌이던 한국의 독립투사들도 함께 훈련받던 곳으로 한국독립운동사에도 많은 영향을 미쳤다. **입장료** 무료 **운영시간** 09:00~16:30(월~토요일)/매주 일요일, 매달 2째, 4째 토요일과 공휴일 휴관 **문의** (886)02-2331-5730 **찾아가기** MRT 시먼(西門, Ximen)역 2번 출구로 나와 세 번째 골목 구이양제(貴陽街)로 들어서면 왼편에 위치한다. 도보 4분 거리. **홈페이지** museum.mnd.gov.tw

타이완 국사편집기관 ★★★★★
국사관 國史館 Academia Historica

일제강점기 지어진 건물로 아치형정문이 인상적이다. 건립당시 총통부의 교통국전신부로 이용되었으며, 현재는 총통부직속 연구기관으로 타이완의 역사자료수집, 보존, 연구 등 타이완의 역사를 편집하는 업무를 담당하고 있다. 원래 국사관은 1912년 중국 베이징에 설립된 이후 충칭, 난징, 광저우로 옮겨 다니다 총통부 직속기관으로 부활하며 2010년 현재 건물로 이전하였다. 국사관 소장품과 관련된 영상 파일을 제공하며 교육행사 및 강의를 비롯하여 전시회를 여는 등 다양한 활동을 하고 있다.

주소 中正區長沙街一段2號 **입장료** 무료 **운영시간** 09:30~17:30(월~금요일)/주말과 공휴일 휴관 **문의** (886)02-2316-1000 **찾아가기** MRT 시먼(西門, Ximen)역 2번 출구로 나와 두 번째 골목 창사제(長沙街)로 들어가 직진하면 오른편에 위치한다./총통부(總統府) 바로 뒤편에 위치한다. 도보 5분 **홈페이지** www.drnh.gov.tw

삼대 쭈스마오 중의 하나인 ★★★★★
멍지아칭수이옌쭈스마오 艋舺清水巖祖師廟 Qingshui Temple

북송시대 고승 진소응陳昭應을 모시는 사원을 쭈스마오祖師廟라 한다. 싼샤三峽와 단수이淡水의 쭈스마오와 함께 삼대 쭈스마오 중 하나로 고적 3급의 도교사원이다. 진소응은 병마에 시달리는 병자를 치료해주었으며 큰 가뭄이 들었을 때는 기우제로 즉각 비를 내리게 하였다고 한다. 사원에는 관우, 문창文暢, 지장보살 등의 도교, 불교, 민간신앙 등을 포괄하는 다양한 신도 함께 모시고 있다.

주소 萬華區康定路81號 **귀띔 한마디** 수행 연기로 얼굴만 까마귀처럼 그을렸다하여 우미안주시(烏面祖師)라고도 불린다. **운영시간** 06:00~22:00/연중무휴 **문의** (886)02-2371-1517 **찾아가기** MRT 시먼역 1번 출구로 나와 도로를 따라 직진하다 초등학교를 지나 왼쪽으로 계속 직진하면 패밀리마트 앞 횡단보도를 건너 왼편에 위치한다. 도보 10분 거리./MRT 롱산스(龍山寺 Longshan Temple)역 3번 출구로 나와 오른쪽 첫 번째 골목 캉딩루(康定路, Kingding Rd.)을 따라 직진하면 오른편에 위치한다. 도보 8분 거리.

타이베이서부

멍지아칭산궁 艋舺青山宮 Qingshan Temple
역병을 퇴치한 신을 모신 ★★★★☆

중국 삼국시대 오나라 손권 휘하의 장수 장곤張滾을 모신 사원이다. 그는 관리시절 공평무사한 태도와 덕으로 백성들을 다스려 사후 칭산왕青山王으로 봉해졌으며 칭산궁青山宮을 건립해 제사를 모셨다. 이곳은 칭산궁의 분사로 사원 내 칭산왕상은 후이안에서 어민들이 멍지아艋舺로 옮긴 것이다. 당시 멍지아 일대는 역병이 돌았는데 이곳에 사원을 지은 후 칭산궁에 참배한 사람들은 역병이 걸리지 않는다하여 전염병 퇴치에 영험이 있다고 전해지며 역병퇴치의 신으로 알려졌다.

주소 萬華區貴陽街二段218號 **귀띔 한마디** 청나라시대 3대 항구였던 멍지아는 지금도 여전히 서민적인 식당과 상점이 즐비하다. **운영시간** 05:30~21:00/연중무휴 **문의** (886)02-2382-2296 **찾아가기** MRT 시먼(西門, Ximen)역 1번 출구로 나와 바로 왼쪽으로 직진한 후 오른쪽 두 번째 골목을 따라 직진, 경찰서가 보이면 왼쪽 제일은행 골목사이로 들어서면 왼편에 위치한다. 도보 12분 거리.

보피랴오리스제 剝皮寮歷史街 Bopiliao Historic Street
타이베이의 옛 모습을 찾아 떠나는 ★★★★★

지금의 완화구萬華區 지역은 현재 유일하게 남은 청나라시대의 한족거리이다. 롱산스龍山寺 근처의 보피랴오剝皮寮는 청대의 거리와 전통상점을 완벽하게 복원한 옛 거리로 '껍질을 벗기는 집'이라는 의미를 가지고 있다. 청나라 때 벌목한 통나무를 강을 통해 운송했는데, 바로 이곳에서 껍질을 벗겨 목재로 가공하면서 붙여진 고을이름이다. 청나라 말부터 일제강점기까지는 상업활동이 가장 활발했던 서민거주지역 중 한 곳이었다.

6년에 걸쳐 보수를 마치고 2009년 개방하였으며 청나라시기부터 일제강점기와 중화민국까지 시대별 건축양식을 한 곳에서 볼 수 있다. 타이완의 일반적인 옛 거리 라오제老街와는 달리 순수하게 옛 거리를 보수하였기 때문에 이곳은 상점이 들어서질 않았다. 타이완 최고의 히트영화인 <멍지아, 艋舺> 촬영지로 유명세를 타면서 촬영지 일부를 개방한 멍지아장경艋舺場景에는 촬영당시의 세트장과 소품, 의상 등을 전시해 놓았다. 현재도 이곳은 영화, 드라마 촬영장이나 웨딩촬영장 및 일반 사진촬영지로 각광받고 있다.

주소 萬華區廣州街101號 **귀띔 한마디** 보피랴오리스제 근처에는 전통먹거리를 파는 음식점이 즐비하다. **입장료** 무료 **운영시간** 09:00~21:00(거리), 09:00~18:00(건물내부)/매주 월요일 휴무 **문의** (886)022720-8889 **찾아가기** MRT 롱산스(龍山寺 Longshan Temple)역 1번 출구로 나와 오른쪽에 위치한 롱산스입구를 바라보고 오른쪽으로 직진하면 왼편에 위치한다. 도보 2분 거리.

롱산스 龍山寺 Longshan Temple

타이베이에서 가장 오래된 사원 ★★★★★

1738년 푸젠성 이주민에 의해 건립된 사원으로 화재와 자연재해 등으로 훼손되었다가 태평양전쟁 때 완전히 파괴되었다. 1957년 오늘날의 모습을 재건하여 2급 고적으로 지정된 오래된 사원이다. 사원구조는 회(回)자 형태로 전전, 정전, 후전 그리고 좌우 호룡 등으로 구성된다. 전전은 삼천전三川殿, 룡문청龍門廳, 호문청虎門廳으로 중국의 전통궁전 건축양식으로 지어졌다. 특히 롱산스를 호위하듯 삼천전 앞마당에는 좌우로 용상이 지키고 서있다. 전각 벽면은 삼국연의,

삼국지, 수호지, 서유기와 함께 중국 4대 기서인 봉신방封神榜과 관련된 이야기가 생동감 있게 벽화로 그려져 있다. 지붕의 기와는 채색유리와 도자기조각으로 장식하였으며, 기둥은 타이완사원 중 유일하게 동으로 세워 용, 봉황, 기린 등 상서로운 동물 문양을 새겼다.

정전에는 관세음보살, 문수보살 등의 불상이 모셔져 있고, 후전에는 문창제군 등 유교 관련 신상과 천상성모, 월하노인 등의 도교신이 함께 모셔져 있다. 이 외에도 민간신앙의 신 100여 존이 모셔진 종합사찰의 성격을 띤 사원이다. 특히 롱산스의 관세음보살은 영험하기로 유명하다. 태평양전쟁 당시 마을사람들은 이곳을 피난처로 이용했는데 어느 날은 모기떼가 극성을 부려 사람들이 모두 집으로 돌아갈 수밖에 없었다. 마침 그날 밤 미군의 폭격기가 롱산스를 총통부로 착각하여 폭탄을 투하하여 사원 전체가 파괴되었지만 관음보살상만 무사하였고, 인명피해 또한 없었다고 전해진다.

주소 萬華區廣州街211號 **귀띔 한마디** 현지인처럼 점괘를 봐보자. **운영시간** 06:00~22:00/연중무휴 **문의** (886)02-2302-5162 **찾아가기** MRT 롱산스(龍山寺 Longshan Temple)역 1번 출구로 나와 오른쪽으로 직진하면 왼편에 위치한다. **홈페이지** www.lungshan.org.tw

---

신의 응답을 들을 수 있는 점(占)보기

❶ 향을 구입하여 향로에 향을 꽂고 기도를 드린다.
❷ 반달모양의 빨간 나무 조각 두 개를 이마에 대고 염원을 담아 바닥에 던진다.
❸ 반달조각이 같은 면이 나오면 신이 기도를 허락하지 않는다는 의미이고, 서로 다른 면이 나오면 기도를 들어준다는 의미이다.
❹ 서로 다른 면이 나와 신의 응답을 받았다면 통에서 나무막대기를 꺼내 막대기에 적힌 번호를 확인한다.
❺ 전당을 바라보고 왼편에 있는 서랍장에서 나무막대기에 적힌 번호와 동일한 번호의 서랍을 열어 해법이 적힌 종이를 꺼낸다.
❻ 이 종이를 들고 롱산스 내 점풀이소(處籤解)로 가져가면 친절하게 점괘를 설명해준다.

타이베이서부

Section 08
시먼딩에서 먹어봐야 할 것들

젊음의 거리답게 젊은이들이 좋아하는 각종 노점음식점과 체인레스토랑, 음료수가게 등이 집중적으로 몰려있다. 중산역과는 또 다른 개성 넘치는 재미난 카페와 레스토랑이 많이 위치하여 있다. 타이베이 여행자들에게는 필수코스가 된 시먼딩의 명물 곱창국수 아종몐시엔을 비롯하여 역사와 전통을 자랑하는 음식점이 많다.

닭다리치킨의 지존 ★★★★★
위린지투이다왕 玉林雞腿大王 Yu Lin Chicken Leg King

노점으로 시작하여 4대째 이어오는 70년 전통의 위린지투이다왕은 일제강점기 때 처음으로 튀긴 닭다리를 판매하기 시작하여 1970년대에는 특허까지 낸 곳이다. 갈은 돼지고기를 간장에 푹 졸인 루러우滷肉와 발효 배추절임 쏸차이酸菜 등을 밥 위에 함께 얹어 내오는 루러우판滷肉飯과 넓적한 닭다리튀김이 함께 나오는 지투이판雞腿飯이 대표요리이다.

신선한 닭다리를 이 집만의 특제 혼합튀김가루로 얇게 입혀 매콤달콤한 칠리소스로 양념한 후 180℃ 고온에서 튀겨내 겉은 바삭하고 안은 부드럽다. 1970년대 한 식품회사가 거액을 제시하며 튀김가루 비법을 인수하려 했지만 거절했고, 이 회

사는 실험실까지 보내 분석하려 했지만 끝내 실패했다는 일화도 전해진다. 지투이판 외에도 타이완 돈가스라고 불리는 파이구排骨, 대구를 튀긴 쉐위파이跰鱈魚排, 새우어묵튀김 샤쥐엔蝦卷, 연두부를 튀긴 짜떠우푸炸豆腐 등 대부분 튀김요리이며, 면요리도 있다.

지투이판(雞腿飯)

파이구판(排骨飯)

탕칭차이(燙青菜)

주소 萬華區中華路一段114巷9號 **베스트메뉴** 닭다리튀김세트 지투이판(雞腿飯, NT$130), 돼지갈비튀김세트 파이구판(排骨飯, NT$120), 대구튀김세트 쉐위파이판(鱈魚排飯, NT$130), 새우어묵튀김세트 샤쥐엔판(蝦卷飯, NT$120) **추천메뉴** 데친야채 탕칭차이(燙青菜, NT$40), 연두부튀김 짜떠우푸(炸豆腐, NT$40), 오징어경단튀김 짜화즈란(炸花枝丸, NT$40) **가격** NT$40~ **영업시간** 11:00~21:00/매주 월요일 휴무 **문의** (886)02-2371-4920 **찾아가기** MRT 시먼(西門, Ximen)역 6번 출구로 나와 오른쪽 한중제를 따라 직진하다 스타벅스를 바라보고 오른쪽 골목으로 직진하면 왼편에 위치한다. 도보 3분 거리.

Part 02

시먼딩의 명물 곱창국수 ★★★★★
아종멘시엔 阿宗麵線 Ay-Chung Flour-Rice Noodle

시먼딩에는 별도 테이블 없이 서서먹는 음식점이 몇 있다. 그 중 시먼딩의 명물이 된 아종멘시엔은 1975년 오픈 이래 현재까지 한자리를 지키고 있다. 곱창국수 하나만으로 시먼딩뿐만 아니라 타이베이를 대표하는 음식점이 된 이곳은 현지인들은 물론 여행자들로 항상 발 디딜 틈이 없다. 걸쭉한 국물에 돼지대창과 가느다란 국수를 함께 끓인 곱창국수로 다창멘시엔大腸麵線이라고도 부른다. 면이 가늘어 젓가락보다는 숟가락으로 먹어야 하며 잡내 없이 고소한 맛이 일품이지만 곱창을 좋아하지 않는다면 입에 맞지 않을 수도 있다.

카운터에서 사이즈를 선택하여 주문하고 바로 옆에서 받는다. 칠리, 마늘, 식초 3가지 소스가 있는데, 특제소스인 칠리를 넣으면 매콤하게 즐길 수 있다. 만일 서서 먹는 것이 싫다면 테이블이 있는 중샤오푸싱역 근처 분점으로 가면 된다.

주소 萬華區峨眉街8-1號 **귀띔 한마디** 샹차이(고수)가 싫다면 '부야오팡샹차이(不要放香菜)'라고 말하면 된다. **가격** 小 NT$50, 大 NT$65 **영업시간** 10:00~22:30(월~목요일), 10:00~23:00(금~일요일)/연중무휴 **문의** (886)02-2388-8808 **찾아가기** MRT 시먼(西門, Ximen)역 6번 출구로 나와 바로 오른쪽 골목 한중제(漢中街)를 따라 직진하다가 사거리의 준플라자(Jun Plaza)건물을 바라보고 오른쪽 골목을 따라 직진하면 오른편에 위치한다. 도보 2분 거리.

간판과 달리 오리가 아닌 거위를 파는 거위요리전문점 ★★★★☆
야러우벤 鴨肉扁 Duck and Traditional Goose Restaurant

어투이(鵝腿)   몐(麵)

1950년 시먼딩에 오픈했을 때는 간판처럼 오리고기를 파는 곳이었지만 오리고기가 팔리지 않자 거위고기를 팔면서 유명해졌다. 3대째 운영하지만 상호는 처음 그대로를 유지하고 있다. 거위는 보혈과 기력회복에 뛰어난 보양식으로 최상급 거위를 삶은 후 숯불에 구워 훈제향이 은은하게 배도록 한 거위 넓적다리편육 어투이鵝腿와 거위를 고와 만든 육수에 국수를 말아주는 거위국수가 대표음식이다.

거위국수는 쌀로 만든 미편米粉과 밀로 만든 몐麵 두 가지가 있으며, 육수에 국수를 말아 파, 콩나물, 샹차이와 거위편육을 올린다. 어투이는 넓적다리를 먹기 좋게 썰어 채 썬 생강 위에 내오는데 달콤매콤한 소스를 찍어먹는다. 잔뼈가 많아 먹기는 번거롭지만 최상급 거위고기를 사용하여 누린내가 전혀 없고 쫀득하다.

주소 萬華區中華路一段98-2號 **귀띔 한마디** 거위고기가 부담스럽다면 국수를 먹어보자. 쌀국수보다 밀국수가 우리 입맛에는 낫다. **베스트메뉴** 거위 넓적다리찜 어투이(鵝腿) 반접시 NT$1,200~1,400, 1/4접시 NT$600~700 **추천메뉴** 거위국수 NT$60 **가격** NT$50~ **영업시간** 09:30~22:30/연중무휴 **문의** (886)02-2371-3518 **찾아가기** MRT 시먼(西門, Ximen)역 6번 출구로 나와 오른쪽 한중제를 따라 직진하다 레인보우호텔 사거리에서 오른쪽으로 대로가 나올 때까지 직진하면 오른편에 위치한다. 도보 5분 거리.

타이베이서부

대왕연어초밥으로 유명한 ★★★★☆
싼웨이스탕 三味食堂 Sunway Siokudo

먹방 예능프로그램 <원나잇푸드트립 in 타이베이>에서 이연복셰프가 소개한 맛집으로 회, 초밥, 데마끼, 구이, 튀김, 탕, 볶음밥 등의 메뉴를 갖춘 유명 로컬식당이다. 일식하면 소량이라는 인식의 틀을 깨고 푸짐한 양, 신선하고 두툼하고 큼직하면서도 저렴한 초밥과 회를 제공한다. 특히 특대크기의 대왕연어초밥은 이 집을 유명하게 만든 대표메뉴이다. 이 집의 특제간장소스를 뿌린 여성의 주먹크기만한 연어초밥 그리고 꼬치와 튀김 등 맥주를 곁들이기 좋은 메뉴가 인기이다.

❶ 연어초밥(Salmon Nigiri) ❷ 닭꼬치(Chicken Skewers) ❸ 연어알데마끼(Salmon Cavier Hand Roll) ❹ 관자꼬치(Scallop Skewers) ❺ 볶음우동(Yaki Udon)

주소 萬華區貴陽街二段116號 **귀띔 한마디** 기본 대기시간은 30분에서 1시간 이상이며 입구 의자에 놓인 대기명단 노트에 직접 이름을 기재해야 한다. **베스트메뉴** 간판메뉴 대왕연어초밥(Salmon Nigiri, 3개/6개 NT$190/360), 소스가 한몫하는 마성의 닭꼬치(Chicken Skewers, 개당 NT$60), 연어알데마끼(Salmon Cavier Hand Roll, 개당 NT$140) **추천메뉴** 신선한 관자의 쫄깃한 식감과 베이컨의 짭짤한 맛이 어우러진 관자꼬치(Scallop Skewers, 개당 NT$80), 볶음우동(Yaki Udon, NT$120), 새우모듬튀김(Deep Fried Shrimp Tempura, NT$220), 모듬회(Assorted Sashimi, 中/大 NT$250/350) **가격** NT$300~/카드결제 불가 **영업시간** 11:20~14:30, 17:10~22:00/1~2주 월요일, 3~4주 일요일과 설연휴 휴무 **문의** (886)02-2389-2211 **찾아가기** MRT 시먼(西門, Ximen)역과 롱산스(龍山寺, Longshan Temple)역 중간에 위치한 골목에 자리하므로 지도를 보고 찾아가는 것이 빠르다. (시먼딩 지도 참조)

아기자기한 소품과 실내인테리어가 인상적인 ★★★☆☆
썸바디카페 貳拾陸巷 Somebody Cafe

타이완의 유명 일러스트디자이너 창판쉬엔張凡旋이 이끄는 디자인브랜드 26크리에이티브26Creative에서 운영하는 복합예술공간이다. 건물 2층은 다양한 아이디어상품과 독립디자이너 작품을 전시판매하는 디자인숍이고, 3층은 독특한 캐릭터를 창조해내는 창판쉬엔만의 감성으로 꾸며진 카페이다. 전체적으로 아늑하면서도 마치 동화 속 한 장면 같은 분위기이다. 창가는 목재책상과 의자, 안쪽은 독특한 디자인의 소파가 눈길을 사로잡는다. 머그컵, 컵받침, 티슈케이스 등 썸바디만의 인상적인 인테리어와 소품 등을 구경하는 것만으로도 재미있다.
피자, 와플, 샌드위치, 핫도그, 케이크, 비스킷 등 간단한 음식뿐만 아니라 커피, 차 등의 음료도 판매한다. 세트메뉴는 차액만 지불하면 음료를 다른 것으로 주문할 수 있고, 디저트는 초콜릿젤리, 장미향연유젤리, 우롱차젤리와 수제비스킷 중에 선택할 수 있다.

주소 萬華區成都路65號2F **귀띔 한마디** 비정기적으로 패션쇼, 사진전, 언더그라운드 밴드공연 등 젊은 예술가들과의 만남의 장이 펼쳐진다. **베스트메뉴** 음료와 디저트 및 참치, 훈제치킨, 야채과일 3가지 샌드위치 중 선택할 수 있는 A세트(NT$260), 음료와 디저트 및 바질치킨피자, 소시지피자, 야채피자 중 선택할 수 있는 피자세트(NT$280) **추천메뉴** 참치샐러드, 과일, 초콜릿, 허니와플 중 선택, 음료와 디저트가 함께 제공되는 와플세트(Waffle Set, NT$300, 주말에만 판매) **가격** 피자 NT$140~, 와플 NT$140~, 샌드위치 NT$110~, 토스트 NT$70~, 커피 NT$120~, 밀크티 NT$120~, 케이크 NT$75 **영업시간** 10:00~22:00/연중무휴 **문의** (886)02-2311-2371 **찾아가기** MRT 시먼(西門, Ximen)역 6번 출구로 나와 직진하다 이지숍(Easy Shop)을 지나면 위치한다. 도보 3분거리.

Part 02

모던토일렛 便所主題餐廳 Modern Toilet
화장실을 테마로 한 이색레스토랑 ★★★★★

1980년대 일본인기만화「닥터 슬럼프」의 똥모양에서 아이디어를 얻어 실내인테리어를 화장실로 꾸민 이색적인 레스토랑이다. 2004년 마틴레스토랑(MARTON Restaurant)이란 이름으로 오픈하여 변기모양 용기의 똥모양 초콜릿아이스크림이 크게 인기를 얻자 2006년부터 모던토일렛으로 상호를 변경하고 핫팟, 스파게티, 그라탱, 스테이크, 스낵, 애피타이저 등 다양한 메뉴를 판매하고 있다.

벽장식은 샤워기, 테이블은 욕조, 의자는 양변기, 똥모양 쿠션과 조명뿐만 아니라 재래식좌변기, 수세식양변기, 소변기 등 변기와 관련된 다양한 모양의 용기에 음식이 담겨 나오며, 종업원들은 샤워가운을 입고 서빙한다. 메인메뉴를 주문하면 밥, 수프, 음료, 디저트가 함께 제공되는데 맛은 가격대비 별로라는 평이 많다. 소변기모양의 통에 음료(NT$40)를 테이크아웃할 수 있다.

모던토일렛핫팟
(Modern Toilet Signature Hot Pot)

치즈치킨스테이크
(Cheese Chicken Steak)

해산물크림스파게티
(Seafood Spag-hetti with Cream Sauce)

치즈스틱
(Mozzarella Sticks)

주소 萬華區西寧南路50巷7號2F **귀띔 한마디** 10여 개 체인점은 화장실이라는 테마는 같지만 분위기는 다르다. **베스트메뉴** 김치에 고기 또는 해산물, 버섯, 야채 등으로 구성된 전골 한국김치핫팟(Korean Kimchi Hot Pot_돼지고기 NT$320, 소고기 NT$350), 해산물 NT$380 **가격** 핫팟(Hot Pot) NT$310~, 커리(Curry) NT$260~, 그라탱(Au Gratin) NT$260~, 스파게티(Spaghetti) NT$230~, 빙수 NT$120 **영업시간** 11:00~22:00(월~금요일), 11:00~22:00(토~일요일)/연중무휴 **문의** (886)02-2311-8822 **찾아가기** MRT 시먼(西門, Ximen)역 6번 출구로 나와 오른쪽 한중제(漢中街)를 따라 걷다가 스타벅스를 바라보고 왼쪽 골목으로 들어서면 오른편 건물 2층에 위치한다. 도보 5분 거리. **홈페이지** www.moderntoilet.com.tw

마라딩지마라위엔양훠궈 馬辣頂級麻辣鴛鴦火鍋
2시간동안 무제한으로 즐기는 뷔페식 훠궈 ★★★★★

현지인뿐만 아니라 한국과 일본여행자들에게도 유명한 마라훠궈는 2시간동안 무제한으로 즐길 수 있는 뷔페식 훠궈집으로 신선한 식재료와 다양한 요리를 저렴하게 즐길 수 있다. 반으로 나뉜 냄비에는 2가지 육수를 선택할 수 있는데 쓰촨고추로 칼칼한 매운 맛을 낸 마라마라궈(麻辣麻辣鍋)와 야채로 담백한 맛을 낸 수차이징리궈(蔬菜精力鍋) 육수가 우리 입에는 잘 맞는다.

한글로 표기된 메뉴판을 보고 고기만 주문표에 별도로 체크하여 주문하고 해산물, 버섯, 야채, 완자, 과일, 소스,

음료수 등 80여 가지의 식재료와 요리는 뷔페식으로 접시에 담아오면 된다. 탄산음료와 타이완맥주, 와인을 무한으로 제공하며, 10여 가지의 하겐다즈아이스크림과 다양한 꽃차도 마련되어 있다. 기본 1~2시간은 기다려야 하며 주말에는 3시간 이상 기다릴 수 있으니 미리 예약하고 방문하자.

주소 萬華區西寧南路62號2F **귀띔 한마디** 현금으로만 계산가능하며 선불이다. **가격** 1인당 평일점심(11:30~16:00, NT$498), 저녁(16:00~04:00, NT$598), 주말과 평일(11:30~04:00, NT$598)/Service Charge 10% 별도 **영업시간** 11:30~04:00/연중무휴 **문의** (886)02-2314-6528 **찾아가기** MRT 시먼(西門, Ximen)역 6번 출구로 나와 직진한 후 오른쪽 이지숍(Easy Shop) 골목으로 들어서서 왼쪽 건물 2층에 위치한다. 도보 3분 거리. **홈페이지** www.mala-1.com.tw

타이베이시에 위치한 마라딩지마라위엔양훠궈

- 푸싱점(復興店) **주소** 大安區復興南路152號 **문의** (886)02-2772-7678
- 난징점(南京店) **주소** 松山區南京東路三段285號 **문의** (886)02-8712-6337
- 신이점(信義店) **주소** 信義區松壽路22號 **문의** (886)02-2720-5726
- 궁관점(公館店) **주소** 中正區汀州路三段86號 **문의** (886)02-2365-7625
- 중샤오점(忠孝店) **주소** 大安區忠孝東路四段223巷10弄4號 **문의** (886)02-2721-2533

타이완식 약밥 쫑즈를 맛볼 수 있는 ★★★☆☆
왕지푸청러우쫑 王記府城肉粽 Wangji Fucheng Zongzi

중국의 명절음식 쫑즈粽子는 단오端午에 먹는 음식으로 불린 찹쌀에 대추만 넣고 댓잎이나 갈잎으로 싸거나 불린 찹쌀에 조, 양념돼지고기, 밤 등 다양한 소를 넣고 댓잎으로 싸 끈으로 동여맨 후 쪄낸 음식이다. 타이완 남부식 쫑즈를 파는 유명가게로 20년 전통의 본점이 시먼딩에 있으며 난징南京, 베이터우北投 등에 8개 지점을 두고 있다. 불린 찹쌀에 돼지고기, 새우, 버섯, 잣, 밤 등이 들어간 러우쫑肉粽과 땅콩을 통째 넣은 차이쫑菜粽, 부드러운 팥을 넣은 떠우샤쫑豆沙粽 3가지 쫑즈를 파는데, 수제소스와 땅콩가루를 뿌려 먹으면 더욱 맛있다. 큼직하게 자른 무와 생선을 갈아 만든 어육경단을 넣고 푹 끓여내 시원한 맛을 내는 위안탕魚丸湯이나 깊은 맛을 내는 곱창국수 다창멘센大腸麵腺과 함께 먹으면 한 끼 식사로 든든하다.

러우쫑(肉粽) 다창멘센(大腸麵腺) 위안탕(魚丸湯)

주소 萬華區西寧南路84號 **귀띔 한마디** 테이크아웃도 가능하다. **베스트메뉴** 고기쫑즈 러우쫑(肉粽, Pork Rice Dumpling Our Specialty, NT$60), 땅콩쫑즈 차이쫑(菜粽, Peanut Rice Dumpling, NT$45), 팥쫑즈 떠우샤쫑(豆沙粽, Sweet Rice Dumpling, NT$45) **추천메뉴** 찹쌀가루에 새우, 돼지고기, 달걀노른자 등을 넣고 찐 후 걸쭉한 소스와 함께 나오는 와꾸이(碗粿, Bowl Rice Cake, NT$45), 곱창국수 다창멘센(大腸麵腺, Taiwanese Style Thin Noodles, NT$45), 새우완자탕 위안탕(魚丸湯, Fish Ball with Radish, NT$45) **가격** NT$45~ **영업시간** 10:00~24:00/연중무휴 **문의** (886)02-2389-3233 **찾아가기** MRT 시먼(西門, Ximen)역 1번 출구로 나와 직진하다 코스메드건물에서 왼쪽 골목으로 들어가면 바로 보인다. 도보 3분 거리.

시먼딩을 대표하는 뉴러우몐전문점 ★★★★★
뉴뎬 牛店

❶ 만한뉴러우몐(滿漢牛肉麵)
❷ 러화깐(熱花 干) ❸ 황과(黃瓜)

타이완과 일본 여러 매스컴에 소개되었으며 2010년 타이베이국제뉴러우몐대회에서 10대 뉴러우몐식당으로 뽑힌 맛집이다. 식사시간에는 30분 정도 기다리는 것은 기본이며, 전체적으로 어두운 톤의 실내는 깔끔하면서도 고급스러운 느낌이다. 이 집에서는 푹 고아 기름지지 않고 깊은 맛을 내는 맑은 칭두언淸燉에 면을 삶아 우근牛筋, 우두牛肚, 우육牛肉 중에 선택한 고기부위를 올린 뉴러우몐을 맛볼 수 있다.

대표메뉴는 칭두언몐에 우근, 우두와 우육이 함께 나오는 만한뉴러우몐滿漢牛肉麵과 연한 자장 맛이 나는 국물 없는 깐몐乾麵에 편육이 함께 나오는 자오마빤몐椒麻拌麵이다. 뉴러우몐 고기는 칠리소스에 찍어 먹고, 매콤한 맛을 원한다면 이 집 특제소스를 넣으면 된다. 느끼하다면 타이완식 오이피클 황과黃瓜와 함께 먹으면 좋다.

주소 萬華區昆明街91號 **귀띔 한마디** 평일에는 가는 시몐(細麵)만 가능하고, 주말과 휴일에는 넓적한 초몐(粗麵) 중에 선택할 수 있다. **베스트메뉴** 만한뉴러우몐(滿漢牛肉麵, NT$230), 우근과 우육을 반반 올린 반진반러우몐(半筋半肉麵, NT$230), 비벼먹는 자오마빤몐(椒麻拌麵, 小 NT$170/大 NT$200) **추천메뉴** 황과(黃瓜, NT$30), 연두부에 삭힌 오리알 송화단을 곁들여 특제소스를 얹은 피단떠우푸(皮蛋豆腐, NT$40) **가격** 뉴러우몐 NT$170~, 뉴러우탕 NT$160~, 반찬 NT$30~, 편육 NT$100~ **영업시간** 11:30~21:00/매주 월요일 휴무 **문의** (886)02-2389-5577 **찾아가기** MRT 시먼(西門, Ximen)역 1번 출구로 나와 국빈(國賓)영화관 사거리에서 왼쪽으로 직진하면 왼편에 위치한다. 도보 5분 거리.

타이완식 일식전문식당 ★★★★☆
메이꽌위안 美觀園 Mei Guan Yuan

1946년 노점으로 시작하여 현재는 3층짜리 건물을 소유한 타이완식 일식전문식당이다. 창업자 장량티에張良鐵에 이어 현재는 차남과 그의 아들이 본점을 운영 중이며 대각선 맞은편 분점은 장남과 그의 아들이 운영한다. 오므라이스, 덮밥 등 저렴한 요리부터 신선한 해산물로 만든 고급요리까지 다양한 메뉴를 갖추고 있다.

대표메뉴는 새우오무라이스와 보탄새우, 연어, 한치, 성게알 등 신선한 해산물이 가득한 모듬회덮밥이다. 이외에 저렴한 초하草蝦로 맛을 낸 타이거새우튀김덮밥, 신선한 명하明蝦를 사용한 보리새우튀김덮밥, 신선한 연어와 새우볶음밥 등도 인기메뉴이다. 신선한 회를 먹고 싶다면 연어, 청새치, 참다랑어 등이 나오는 모듬생선회綜合生魚片나 모듬초밥綜合握壽司을 주문하면 투박하지만 두툼하게 썰어 식감이 좋은 회를 맛볼 수 있다.

새우오무라이스(蝦仁蛋炒飯)

모듬생선회(綜合生魚片)

모듬회덮밥(頂級海鮮蓋飯)

주소 萬華區峨嵋街47號 **귀띔 한마디** 영어메뉴판이 준비되어 있으며 현금결제만 가능 **베스트메뉴** 모듬회덮밥(頂級海鮮蓋飯), NT$550~, 새우오무라이스(蝦仁蛋炒飯), NT$140~, 모듬생선회(綜合生魚片), NT$270~ **추천메뉴** 보리새우튀김덮밥(天丼明蝦), NT$190~, 두툼하고 신선한 연어회가 올려져있는 연어덮밥(鮭魚卜口醋飯, NT$270~) **가격** 생선회 NT$260~, 회덮밥류 NT$160~, 덮밥류 NT$130~ **영업시간** 11:00~21:00/연중무휴 **문의** (886)02-2331-0377 **찾아가기** MRT 시먼(西門, Ximen)역 6번 출구로 나와 오른쪽 한중제(漢中街)를 따라 직진하다 사거리에서 준플라자(Jun Plaza)건물을 바라보고 왼쪽골목으로 들어서면 오른편에 위치한다. 도보 4분 거리. **홈페이지** www.oldshop.com.tw

김치칼국수도 나오는 뷔페식 훠궈 ★★★★★
톈와이톈징즈훠궈 天外天精緻火鍋 Tian Wai Tian Hotpot

마라훠궈보다 가격이 저렴하고 시간제한이 없으며, 늦은 시간까지도 영업을 하여 현지인들에게 소문난 뷔페식 훠궈체인이다. 한국여행자들에게도 이미 입소문이 나서 한국어메뉴판이 따로 준비되어 있다. 칼칼한 매운맛 쓰촨마라궈四川麻辣鍋, 고기육수 샤차이궈沙菜鍋, 토마토육수 판치에궈番茄鍋, 김치로 얼큰한 맛을 낸 파오차이궈韓式泡菜鍋, 레몬글라스로 상큼한 맛을 낸 샹닝멍샹마오궈檸檬香茅鍋 등 9가지 육수 중에서 선택할 수 있다. 2가지 육수를 선택한다면 약간 매운 쓰촨마라궈와 샤차이궈 또는 파오차이궈와 샤차이궈를 추천한다.

소, 돼지, 닭, 오리 그리고 양고기가 있으며 다양한 종류의 해산물, 완자, 야채, 버섯, 면 등을 원하는 만큼 가져와 육수에 데쳐 먹으면 된다. 김치와 고구마전분으로 만든 국수 콴펀寬粉은 한국식 김치칼국수 맛이 난다. 콜라, 스프라이트 등 캔음료는 냉장고에서 마음껏 꺼내먹으면 되고, 차와 생맥주, 12가지 하겐다즈와 일본의 메이지아이스크림, 열대과일, 조각케이크, 빵 등 디저트 역시 무제한이다.

주소 萬華區昆明街76號2F **가격** 평일점심(11:00~16:00) 1인당 NT$499, 저녁(16:00~04:00)&주말과 공휴일(11:00~04:00) 1인당 NT$559/Service Charge 10% 별도 **영업시간** 11:00~04:00/연중무휴 **문의** (886)02-0314-0018 **찾아가기** MRT 시먼(西門, Ximen)역 6번 출구로 나와 오른쪽 한중제(漢中街)를 따라 걷다가 레인보우호텔 사거리에서 왼쪽으로 직진한 후 성품우창점을 지나 사거리에서 오른쪽으로 직진하면 왼편 건물 2층에 위치한다. 도보 10분 거리. **홈페이지** tianwaitian.com.tw

Part 02

신세대 젊은이들도 사랑하는 전통카페 ★★★★★
펑다카페이 蜂大咖啡 Fong Da Coffee

1956년에 문을 연 타이완 최초의 커피전문점 펑다카페이는 고풍스러운 느낌을 간직한 매력적인 곳이다. 입구 진열대에는 예스러운 유리병에 중국식과자, 쿠키, 캐러멜 등이 담겨있고, 원두, 드립도구, 더치기구, 그라인더 등 다양한 커피기구들로 가득하다. 타이완산 커피뿐만 아니라 자메이카, 에콰도르, 에티오피아 등 세계 각국의 원두를 직접 볶아 만든 이 집만의 커피를 맛볼 수 있다.

타이베이 최초의 드립커피 펑다수이빙카페이蜂大水滴冰咖啡, F.D Iced Coffee는 냉더치커피로 진한 커피에 달콤한 생크림이 어우러진 커피이다. 호두쿠키 허타오수核桃酥, 땅콩과자 화성까오花生糕, 녹두과자 뤼떠우까오綠豆糕, 케이크, 파이 등 커피와 잘 어울리는 디저트류도 함께 팔고 있다.

주소 萬華區成都路42號 **귀띔 한마디** 08:00~11:00까지 제공되는 조식메뉴는 1시간 내에 먹고 나와야 한다. **베스트메뉴** 더치아이스카페라테 펑다수이빙카페이(F.D Iced Coffee, NT$85), 아이리시카푸치노(Irish Cappuccino, NT$120) **추천메뉴** 호두쿠키 허타오수(合桃酥, 1개 NT$15), 아몬드쿠키 씽렌빙(杏仁餅, NT$60), 땅콩과자 화성까오(花生糕, 1개 NT$12), 녹두과자 뤼떠우까오(綠豆糕, 1개 NT$12) **가격** 커피 NT$70~, 차 NT$120~ **영업시간** 08:00~22:00/연중무휴 **문의** (886)02-2371-9577 **찾아가기** MRT 시먼(西門, Ximen)역 1번 출구로 나와 직진하면 왼편에 위치한다. 도보 2분 거리.

타이완의 3대 망고빙수가게 ★★★★★
씽춘싼숑메이떠우화 幸春三兄妹豆花

망궈쉐화빙+빙치린(芒果雪花冰+冰淇淋)과 쓰리에스쉐하빙(3S雪花冰)

2001년 빙수와 떠우화豆花로 시작한 싼숑메이는 아이스몬스터Ice Monster, 스무시思慕昔와 함께 타이완의 3대 망고빙수가게로 올라섰다. 연유를 섞은 우유를 얼려 사용하는데, 얼음분쇄기로 갈은 우유얼음이 마치 눈꽃빙수 같다하여 쉐화빙雪花冰, Ice Snow이라고 부른다. 토핑으로 올라가는 과일 등이 빙수의 맛을 결정하는 것이 아님을 증명하듯 우유의 고소함과 연유의 달콤함이 입안 가득 전해지며, 눈 녹듯 부드럽게 사르르 녹는다. 빙수는 크게 눈꽃빙수에 토핑을 올린 쉐화빙雪花冰과 쉐화빙에 아이스크림을 올린 빙치린冰淇淋으로 나뉜다. 별도의 메뉴판이 없으며 벽면에 사진과 함께 1~21번까지 번호가 적힌 메뉴 중에 고르면 된다. 벽면에는 이곳을 다녀간 손님들이 적어 놓은 낙서들로 가득하다.

주소 萬華區漢中街23號 **베스트메뉴** 망고빙수에 망고아이스크림을 올린 망궈쉐화빙+빙치린(芒果雪花冰+冰淇淋, NT$140), 키위, 딸기, 망고와 망고아이스크림을 올린 모든과일빙수 쓰리에스쉐하빙(3 S雪花冰, NT$180) **추천메뉴** 딸기빙수에 딸기아이스크림을 올린 차오메이쉐화빙+빙치린(草莓雪花冰+冰淇淋, NT$140) **가격** 쉐화빙(雪花冰) NT$60~, 빙치린(冰淇淋) NT$140~ **영업시간** 10:00~23:00/연중무휴 **문의** (886)02-2381-2650 **찾아가기** MRT 시먼(西門, Ximen)역 6번 출구로 나와 오른쪽 한중제(漢中街)를 따라 걷다 레인보우호텔 앞 사거리를 지나면 오른편에 위치한다. 도보 5분 거리.

청두양타오빙 成都楊桃冰 Carambola Ice
타이완식 빙수전문점 ★★★★

젊음의 거리 시먼딩과는 어울리지 않는 투박한 간판이 오히려 인상적인 가게로 1966년 오픈한 이래 현지인들에게 꾸준히 사랑받는 곳이다. 별모양 열대과일 양타오楊桃 Carambola, 자두와 매실의 자연교배종 리메이李梅와 파인애플 펑리鳳梨로 만든 타이완식 빙수와 음료를 전문으로 한다. 인공색소를 전혀 사용하지 않고 소금과 설탕으로 3개월 정도 숙성한 양타오, 리메이, 펑리를 사용하여 짭조름한 맛이 나는 양타오, 독특한 단맛이 나는 리메이, 새콤달콤한 파인애플 맛을 즐길 수 있다. 갈은 얼음과 함께 나오는 빙수 양타오빙楊桃冰, 리메이빙李梅冰, 펑리빙鳳梨冰과 음료수 양타오탕楊桃湯, 펑리탕鳳梨湯이 메뉴의 전부이다.

주소 萬華區成都路3號 **베스트메뉴** 양타오빙(楊桃冰, NT$40), 펑리탕(鳳梨湯, NT$20) **추천메뉴** 펑리빙(鳳梨冰, NT$40) **가격** NT$20~ **영업시간** 10:00~22:00/연중무휴 **문의** (886)02-2381-0309 **찾아가기** MRT 시먼(西門, Ximen)역 6번 출구로 나와 오른쪽 건물과 6번 출구 사이로 들어가면 왼편에 바로 위치한다.

슈에왕빙치린 雪王冰淇淋 Snow King Ice Cream
기상천외한 아이스크림이 먹고 싶다면 ★★★★★

1947년부터 3대째 영업 중인 아이스크림가게로 간판은 설왕雪王이 아닌 '맛을 아는 사람이라면 말에서 내려 맛을 본다'라는 한자성어 '知味人士下馬品嘗'이 적혀 있고 실내는 정육점 같아 과연 여기가 아이스크림가게일까 싶다. 미국 여행프로그램 CNN Go에서 재미있는 아이스크림가게로 소개된 적이 있는데, 과일아이스크림뿐 아니라 채소, 술, 두부, 향신료, 치킨, 바질, 한약재, 커리 등 기상천외한 맛을 가진 아이스크림 50여 종을 판매한다. 개업당시 과일아이스크림 위주였지만 세월이 흘러 단골들이 당뇨병에 걸리자 이들도 먹을 수 있는 아이스크림을 개발하였다고 한다. 시행착오를 거쳐 완성한 것 중에는 돼지살코기를 가공하여 만든 러우쑹아이스크림肉鬆冰淇淋도 있다. 지금도 타이완에서 생산되는 식재료를 사용하여 혁신적인 신메뉴를 지속적으로 개발, 판매하고 있다.

주소 中正區武昌街一段65號 **귀띔 한마디** 영어와 일어메뉴판이 별도로 준비되어 있으며 추천메뉴는 메뉴 위에 빨간색 반달모양표시가 있다. **베스트메뉴** 러우쑹(肉鬆, Pork Floss, NT$125), 참깨치킨(麻油雞, Sesame Oil Chicken, NT$135) **추천메뉴** 망고(芒果, Mango, NT$110), 수박(西瓜, Watermelon, NT$90) **가격** NT$70~ **영업시간** 12:00~20:00/연중무휴 **문의** (886)02-2331-8415 **찾아가기** MRT 시먼(西門, Ximen)역 5번 출구로 나와 직진하여 우창제1뚜안(武昌街一段) 골목으로 들어서서 경찰서를 지나면 왼편에 위치한다. 도보 2분 거리. **홈페이지** http://www.snowking.com.tw

Special 02
접근성이 좋은 야시장, 멍지아야시장 (艋舺夜市, Monga Night Market)

예전에는 거리이름을 따서 광저우제야시장(廣州街夜市)이라고 불리던 멍지아야시장은 롱산스 바로 옆에 자리한 지리적인 이점으로 관광객이 많이 찾는 야시장이다. 규모는 크지 않지만 간단한 간식거리는 물론 해산물, 족발, 소와 돼지내장, 굴전 등 한 끼 식사를 해결할 수 있는 다양한 먹거리로 관광객과 현지인들에게 사랑받는 곳이다.

멍지아야시장 중간의 화시제(華西街)를 따라 형성된 화시제야시장(華西街夜市)은 90년대까지는 타이완에서 손가락에 꼽히는 야시장이었지만 현재는 멍지아야시장을 찾아오는 관광객들이 잠시 들르는 시장으로 그 맥을 잇고 있다.

찾아가기 MRT 롱산스(龍山寺, Longshan Temple)역 1번 출구로 나와 오른쪽으로 직진하다 왼편 광정우제(廣州街)를 따라 직진하면 보인다. **영업시간** 16:30~01:00(상점마다 상이)/연중무휴(상점마다 상이)

곡물빙수로 유명한 롱두빙궈(龍都冰果室)의
빠바오빙 (八寶冰)

1920년에 오픈한 역사와 전통을 자랑하는 빙수전문점으로 담백한 곡물 8가지를 토핑으로 올린 팔보빙수 빠바오빙이 대표메뉴이지만 여행자들은 망고빙수를 먹기 위해 찾아온다. 망고는 타이완에서 제철이 아닌 겨울에는 맛보기가 힘들기 때문에 겨울시즌이라면 푹 삶은 콩, 팥, 수수, 녹두, 땅콩, 고구마, 옥수수, 쩐주 등의 다양한 곡물 중 8가지를 선택해 먹는 빠바오빙을 먹어보자. 8가지가 부담스럽다면 4가지 토핑을 고를 수 있는 쓰궈빙(四菓氷)으로 주문하면 된다.

주소 萬華區廣州街168號 **베스트메뉴** 부드럽게 갈은 얼음 위에 우유와 연유 그리고 큼직한 망고를 아낌없이 올린 망고빙수 망궈니우루빙(芒果牛乳氷, NT$150), 망고빙수에 푸딩처럼 생긴 나이라오(奶酪)를 올려 맛을 더 깊게 만들어주는 우디망궈빙(無敵芒果氷, NT$180), 8가지 곡물을 토핑으로 올린 담백한 맛의 빠바오빙(八寶氷, NT$95) **영업시간** 11:30~01:00/연중무휴 **문의** (886)02-2308-3323 **가격** NT$50~

타이완 야시장의 대표 먹거리
어아찌엔 (蚵仔煎)

굴전으로 알려진 타이완의 소박한 간식으로 굴오믈렛 어아찌엔(蚵仔煎)은 타이완 야시장에서는 빼놓을 수 없는 메뉴이다. 17세기 타이완을 개척한 영웅 정성공(鄭成功)이 통상을 요구하던 네덜란드와의 전투에서 군용식량으로 만들었다고 전해지며, 발음은 커자이찌엔이지만 타이완에서는 어아찌엔이라 부른다.

매콤달콤 특별한 덴푸라탕을 만날 수 있는
팅지덴푸라 (頂級甜不辣)

10년 넘게 일본의 튀김요리 덴푸라탕을 파는 곳으로 일본과 타이완의 다양한 매체에 소개된 인기 노점이다. 무(菜頭), 돼지피로 만든 덴푸라 쉐까오(血糕), 돼지고기경단 샤오궁완(小貢丸), 두부덴푸라 요우떠우푸(油豆腐), 반투명 만두 수이징쟈오(水晶餃) 5종류의 덴푸라를 함께 끓여 내온다. 이 집의 매콤달콤한 특제소스를 뿌려먹으면 특별한 덴푸라탕을 맛볼 수 있다. 작은 그릇은 NT$45, 큰 그릇은 NT$60이며, 테이블이 마련되어 있어 편안하게 앉아 먹을 수 있다.

악마의 뿔을 닮은 열매
링지아오 (菱角)

타이완남부 타이난에서 생산되는 일명 악마의 열매라고 불리는 링지아오(마름)는 물에서 자라는 수생식물로 열매가 악마의 뿔처럼 생겼다. 야시장에서 파는 것을 흔하게 볼 수 있으며 껍질을 벗겨내면 하얀 알맹이가 보이는데 맛은 밤과 비슷하다. 링짜아오는 불포화지방산과 단백질이 풍부하며 다량의 미네랄과 비타민을 함유하고 있어 이뇨작용과 숙취해소에 효과적이라고 한다. 링찌아오를 파는 대부분 노점에서는 토란 위터우(芋頭)와 땅콩 화성(花生)을 찐 것도 같이 판매한다.

돼지피로 만든 찹쌀떡
멍지아천마마 (艋舺陳媽媽)

돼지, 닭, 오리, 거위 등 동물의 피와 찹쌀로 만든 음식을 통틀어 미쉐까오(米血糕)라고 하며, 영국여행전문 사이트에서 세계 10대 괴상한 음식 중 1위로 등극한 간식거리이다. 제2차 세계대전이 끝난 뒤 모든 물자가 부족했으므로 도살장에서 가져온 돼지피를 찹쌀과 함께 쪄서 떡처럼 만들어 먹은 간식이 주쉐까오(猪血糕)였다. 돼지피로 만들었다고는 믿어지지 않을 만큼 쫀득쫀득하며, 거기에 샹차이와 고소한 땅콩가루가 더해져 거부감 없이 먹을 수 있다. 샹차이가 싫으면 땅콩가루만 뿌려달라고 하면 된다.

Chapter 04
타이베이의 대학로, 융캉제

永康街, Yongkang Street

딘타이펑, 까오지, 융캉뉴러우멘, 스무시 등 타이완에서 유명한 음식점뿐만 아니라 저렴한 식당과 야시장이 있어 늘 사람들로 북적거리는 거리이다. 초입보다는 사이사이 골목 안으로 들어갈수록 융캉제만의 분위기를 느낄 수 있는 독특한 카페와 상점이 많다. 학생이 많이 거주하고 이동하는 만큼 주말에는 작은 공원에서 소규모 공연들이 열려 대학가 분위기를 풍기고 있다.

융캉제를 이어주는 교통편

- MRT 루저우선(蘆洲線, Luzhou Line) 또는 신이선(信義線, Xinyi Line)의 둥먼(東門, Dongmen)역 5번 출구로 나와 직진하면 첫 번째 골목이 바로 융캉제이다.
- 국가도서관(國家圖書館) 대각선 맞은편에 위치한 버스정류장에서 20, 204번 버스를 타고 신이융캉제입구(信義永康街口)정류장에서 하차하면 된다.
- 국립중정기념당(國立中正紀念堂) 건물을 등지고 오른쪽의 국가음악청 옆에 위치한 입구로 나와 오른쪽의 대로변을 따라 직진하면 융캉제를 만날 수 있다.

융캉제에서 이것만은 꼭 해보자

1. 융캉제의 명물 스무디하우스에서 망고빙수를 먹자!
2. 스다야시장에서 바글바글한 타이베이 젊은이들 사이에서 그들과 함께 맛있는 음식을 사먹으며 걸어보자!
3. 야자수와 함께 건물하나하나가 예쁜 국립타이완대학 캠퍼스를 여유롭게 산책해보자!

융캉제 베스트코스(예상 소요시간 7시간 이상)

타이베이서부

Section 09
융캉제에서 반드시 둘러봐야 할 명소

어슬렁어슬렁 걸어도 채 10분이 걸리지 않는 융캉제는 거리 자체가 하나의 볼거리이다. 학교 자체가 아름다운 공원 같은 국립타이완대학은 영화나 드라마 촬영지로도 유명하며, 스다야시장과 궁관야시장이 주변에 있어 항상 활기찬 밤거리를 즐길 수 있다.

 맛과 멋, 더불어 문화가 있는 휴식거리 ★★★★★
융캉제 永康街 Yongkang Street

일제강점기 일본관리들의 숙소가 밀집했던 주택가로 1960년대부터 사람들이 몰리기 시작하며, 타이완식 만두로 유명한 딘타이펑과 바오궁극장寶宮戲院 등이 들어서면서 자연스럽게 융캉공원永康公園을 중심으로 노점과 상점들이 생겨나기 시작하였다. 80년대 후반에는 유럽과 일본, 고전풍을 모방한 건물들이 들어서기 시작했고 융캉공원을 새롭게 조성하면서 여유로움을 가진 상권으로 변화시켰다. 타이완대학교의 외국학생들이 거주하면서 이국적인 레스토랑, 카페와 상점도 하나둘 생겨나면서 현재는 타이베이 최대 상권지역을 형성하고 있다.

찾아가기 MRT 루저우선(Luzhou Line, 蘆洲線) 또는 신이선(信義線, Xinyi Line)의 둥먼(東門, Dongmen)역 5번 출구로 나와 직진하면 첫 번째 골목이 바로 융캉제(永康街, Yongkang St.)이다.

고즈넉함과 한적함이 어우러지는 ★★★☆☆
칭티엔치리우 青田七六

일본식 목조주택 영택營宅이 많이 모여 있는 칭티엔제青田街는 거리이름 그대로 서양건축양식이 가미된 일본목조주택 칭티엔치리우를 만날 수 있는 곳이다. 1931년 일본의 대학교수 아다치마사시足立仁

에 의해 설계된 주택으로 해방 후에는 그의 친구이자 지질학과 교수 마팅잉馬廷英이 거주하였다. 2006년 고적으로 지정된 이후 2011년부터 카페를 만들어 일반인들에게 개방하였다.

건물은 편백나무를 이용하여 일본식 다다미방으로 지어졌으며 유리로 된 퇴창과 앞뜰 화단 등은 서양식으로 조성되어 동서양건축의 장점들이 잘 융화된 건축물로 평가받고 있다. 현대건축과 지질연구 전시가 하나로 결합된 공간이자 예술문화 전시장이기도 하며, 일본식 식사와 차를 즐길 수 있는 휴식공간이다.

주소 大安區青田街7巷6號 귀띔 한마디 카페를 이용하지 않아도 무료입장이 가능하며 사진촬영도 자유롭다. 입장료 무료/카페는 1인당 미니엄차지 NT$150이 있다. 운영시간 11:30~21:00/매월 첫째 주 월요일 휴무 문의 (886)02-2391-6676 찾아가기 MRT 동먼(東門, Dongmen)역 5번 출구로 나와 첫 번째 사거리에서 오른쪽으로 직진한 후 타이베이칭쩐사스(台北清真寺)을 바라보고 오른쪽 골목 칭티엔제7씨앙(青田街7巷)으로 들어가면 왼편에 위치한다. 도보 13분 거리. 홈페이지 qingtian76.tw

다안썬린공원 大安森林公園 Daan Forest Park
타이베이의 센트럴파크 ★★★★★

시정부가 다안취大安區의 낙후된 주택을 철거하고 1994년 대규모 삼림공원으로 조성한 곳이다. 생태연못, 대나무숲, 수생식물 구역과 열대초화류, 열대림 등 다양한 생태환경을 갖추고 있으며 산책로, 체력단련장, 놀이터, 인라인스케이트장, 광장 등이 있어 휴식과 레저를 즐길 수 있다. 또한 주말에는 야외음악당에서 연주회와 다양한 공연들이 열리고 있다. 매년 여름 세계적으로 유명한 재즈연주단을 초청하여 성대한 공연을 펼치는 '타이베이국제재즈축제'를 개최하고 있다.

주걸륜周杰倫, 왕리홍王力宏, 위원러余文樂 등 중화권 톱스타들이 농구경기를 하는 장소로 유명하며, 특히 MRT 다안썬린공원역은 온통 유리로 덮여있어 햇빛과 녹음이 그대로 전해지는 공원스타일의 역이라 더욱 많은 사람들이 찾는다.

주소 大安區新生南路2段1號 귀띔 한마디 타이완드라마 〈연애의 조건, 我可能不會愛你〉의 깜짝 촬영지이다. 입장료 무료 개방시간 24시간 문의 (886)02-2700-3830 찾아가기 MRT 다안썬린공원(大安森林公園, Daan Forest Park)역 2, 3, 4, 5번 출구로 나오면 공원과 바로 연결된다.

바오창옌국제예술촌 寶藏巖國際藝術村 Treasure Hill Artist Village

옛 촌락의 아름다운 변신 ★★★★★

1960, 70년대 중국에서 건너온 피난민들이 국립타이완대학교 근처 신뎬천新店溪과 바오창옌寶藏巖사원이 위치한 언덕 일대에 정착하면서 이민촌이 형성되었다. 2004년 시정부가 타이베이 최초의 취락형태 역사지로 지정하였으며, 이색적인 동네로 소문이 나면서 2006년 뉴욕타임즈에서 타이베이101타워와 함께 타이베이 주요 스폿으로 선정하였다.

노후된 주택에 살던 주민들을 시에서 보상이주시킨 후 비어있는 건물을 보수하여 젊은 예술가들을 입주시켰으며, 이들은 잔류한 주민들과 화합하며 건전한 지역사회를 만들어가고 있다. 입주예술가들은 마을을 형상화한 작품을 만들거나 주민들을 위한 전시, 공연, 축제 등을 열고 이에 대한 비용은 시로부터 지원을 받는다. 주민들이 사는 일반 가구와 17개의 예술공방, 카페 등이 공존하며 대부분의 공방은 개방되므로 닫힌 문은 열고 들어가 구경하면 된다. 촌락 전체가 예술작품이면서 하나의 전시장인 문화예술촌으로 사진스폿과 영화촬영지로 각광받고 있으며 소소하게 사진 찍기 좋은 곳이다.

주소 中正區汀州路三段230巷14弄2號 **귀띔 한마디** 건물 옥상에서 내려다보는 전망이 아름다우며, 예술촌을 둘러본 후 자전거강변도로를 따라 산책해도 좋다. **입장료** 무료 **운영시간** 11:00~22:00(화~일요일)/매주 월요일과 공휴일 방문불가 **찾아가기** MRT 궁관(公館, Gongguan)역 1번 출구로 나와 오른쪽 대로변으로 계속 직진한 후 하얀 담장에 '羅斯福路四段196巷'이라고 적힌 골목에 들어서서 언덕을 따라 올라가다 주차장에서 왼쪽으로 올라가면 된다. 도보 10분 거리. **홈페이지** www.artistvillage.org

국립타이완대학교 國立臺灣大學 National Taiwan University

중화권을 대표하는 명문대학 ★★★★☆

오랜 전통과 우수한 교수진을 갖춘 명실공히 타이완뿐만 아니라 중화권을 대표하는 명문대학교이다. 1928년 일제에 의해 다이호쿠제국대학台北帝国大學으로 설립되었으며, 해방과 함께 국립타이완대학으로 개칭하였다. 문정학부, 이학부, 농학부, 의학부, 공학부 등의 11개 단과대학에 54개의 학과

가 있으며, 1만 3천여 명의 학생이 다니고 있다. 그 밖에도 30여 개 분야의 국가 및 학교연구센터가 설치되어 있는 종합대학이다.
천수이볜陳水扁과 마잉주馬英九 두 명의 총통과 타이완 유력정치인뿐만 아니라 노벨상수상자와 사회 각계각층의 인사들을 배출하였다. 정문에서 중앙도서관까지 야자수가 길 양옆으로 늘어서 있는 이국적 풍경과 일제강점기 설립된 건물들을 그대로 사용하고 있는 교정은 하나의 유적 및 역사탐방의 장으로 손꼽힌다.

주소 大安區羅斯福路四段一號 **귀띔 한마디** 타이완드라마 〈장난스런 키스〉와 〈꽃보다 남자〉 촬영지이다. **개방시간** 상시개방 **문의** (886)02-3366-3366 **찾아가기** MRT 궁관(公館, Gongguan)역 3번 출구로 나와 직진하여 큰 도로에서 오른쪽으로 가면 정문이 보인다. 도보 1분 거리. **홈페이지** www.ntu.edu.tw

물의 흐름처럼 곡선이 아름다운 ★★★★☆
타이베이수도박물관 自來水博物館 Taipei Museum of Drinking Water

1908년 타이베이 수도사업을 위해 지어진 건축물로 3급 고적이며, 이후 박물관으로 용도를 변경하였다. 일제강점기 타이완충독관저를 설계한 일본인 건축가 노무라이치로野村一郞에 의해 설계된 고전주의 바로크양식의 건축물로 마치 물이 흐르는 것처럼 건물의 곡선미를 강조한 것이 특징이다. 타이베이시가 1997년 펌프실을 수리 및 복원하기 시작하면서 물에 관련된 사진과 장비들을 수집하여 여름에만 개방하던 워터파크 내에 2000년 정식으로 타이베이수도박물관을 개관하였다.

주소 市中正區思源街1號 **입장료** NT$80(야외수영장 입장권 포함) **운영시간** 09:00~17:00/매주 월요일휴관 **문의** (886)02-8369-5145 **찾아가기** MRT 궁관(公館, Gongguan)역 4번 출구로 나와 직진한 후 스타벅스와 캠퍼스북스(Campus Books) 골목사이로 들어서서 아디다스매장이 보이면 오른쪽 대로변을 따라 조금 더 가면 왼편에 위치한다. 도보 5분 거리. **홈페이지** waterpark.twd.gov.tw

타이베이서부

Section 10
융캉제에서 먹어봐야 할 것들

융캉제는 타이베이여행에서 꼭 먹어봐야 할 맛집이 밀집해 있는 거리이다. 대로변에 위치한 딘타이펑 본점과 융캉제로 들어서면 스무시하우스를 비롯하여 까오지, 융캉뉴러우멘 등이 있고, 칭티엔제에는 개성만점의 카페가 몰려있다. 밤이 되면 야시장 스다야시장과 궁관야시장도 활기를 되찾아 잠시라도 배가 꺼질 틈을 주지 않는다.

한번은 꼭 맛봐야 할 샤오롱바오 ★★★★★
딘타이펑 鼎泰豊 Din Dai Fung

1958년 노점으로 시작했던 딤섬전문점이 1993년 뉴욕타임즈에서 '가보고 싶은 세계 10대 레스토랑'에 선정되며 타이완을 대표하는 유명음식점이 되었다. 타이완에만 10여 개 지점이 있고, 한국, 일본, 싱가포르, 태국, 미국 등에 체인점을 두고 있으며 2010년부터 3년 연속 미슐랭원스타에 빛나는 레스토랑이다. tvN 〈꽃보다 할배〉에 소개된 곳은 타이베이101지점이며, 융캉제 이곳이 본점이다.

메뉴는 샤오롱바오, 딤섬, 왕만두, 볶음밥, 탕면, 디저트 등으로 분류된다. 얇은 만두피에 곱게 다진 돼지고기를 넣은 샤오롱바오는 반드시 맛봐야 할 이 집의 대표메뉴이다. 통새우와 육즙이 어우러진 뉴로우샤오마이, 새우계란볶음밥 샤렌단차오판, 진한 소고기육수를 사용한 홍샤오뉴러우멘, 야채고기왕만두 차이로우다바오 등이 인기메뉴이다. 메인메뉴와 어울리는 반찬으로 매콤한 타이완식 오이김치 라웨이황과辣味黃瓜와 새콤달콤한 양배추절임 파오차이泡菜가 있다. 입구에서

❶ 샤오롱바오(小龍包) ❷ 뉴로우샤오마이(糯肉燒賣)
❸ 샤렌단차오판(蝦仁蛋炒飯) ❹ 홍샤오뉴러우멘(紅燒牛肉麵) ❺ 짜파이구(炸排骨) ❻ 파오차이(泡菜) ❼ 가오리차이(高麗菜) ❽ 차이로우다바오(菜肉大包)

번호판을 받고 메뉴를 미리 주문한 후 전광판에 대기번호가 뜨면 자리를 안내 받는다. 한국어로 된 메뉴판과 샤오롱바오를 맛있게 먹는 방법이 적힌 종이가 마련되어 있다.

타이베이시에 위치한 딘타이펑
- **푸싱점(復興店)** 주소 大安區忠孝東路三段300號B2 문의 (886)02-8772-0528 영업시간 10:00〜21:30(일〜목요일), 10:00〜22:00(금〜토요일과 공휴일 전날)/연중무휴
- **타이베이101점(101店)** 주소 信義區市府路45號B1 문의 (886)02-8010-7799 영업시간 11:00〜21:00(일〜목요일), 11:00〜22:00(금〜토요일과 공휴일 전날)/연중무휴

주소 大安區信義路二段194號 **귀띔 한마디** 분위기와 매장크기는 타이베이101점과 푸싱점이 더 낫다. **베스트메뉴** 육즙과 육질이 일품인 샤오롱바오(小籠包, Xiao Long Bao, 5개 NT$105/10개 NT$210), 통새우와 돼지고기로 만든 통새우돼지고기 샤오마이(糯肉燒賣, Steamed Shrimp and Park Shao Mai, 5개 NT$180/10개 NT$360), 새우계란볶음밥 샤렌단차오판(蝦仁蛋炒飯, Shrimp fried Rice with egg, NT$230), 타이완식 김치 파오차이(泡菜, Pickled Cabbage, NT$70) **추천메뉴** 야채고기왕만두 차이로우다바오(菜肉大包, Vegetable and Ground Pork Buns, 2개 NT$80), 매콤한 우육면 홍사오뉴러우몐(紅燒牛肉麵, Braised Beef Noodle Soup, NT$250), 돼지갈비튀김 짜파이구(炸排骨, Fried Pork Chop, NT$130), 양배추볶음 가오리차이(高麗菜, Stir-Fried Cabbage, NT$180) **가격** 샤오롱바오 NT$105~, 딤섬 NT$110~, 왕만두 NT$80~, 반찬 NT$70~/Service Charge 10% 별도 **영업시간** 10:00~21:00(월~금요일), 09:00~21:00(토~일요일)/연중무휴 **문의** (886)02-2321-8928 **찾아가기** MRT 둥먼(東門, Dongmen)역 5번 출구로 나와 대로변을 따라 직진하면 오른편에 위치한다. 도보 1분 거리. **홈페이지** www.dintaifung.com.tw

전통상하이식 샤오롱바오 ★★★★★
가오지 高記 Kao Chi

설립자 가오쓰메이(高四妹)가 상하이에서 비법을 전수받아 1949년 타이완에 문을 연 상하이요리전문 레스토랑이다. 현재는 아들이 운영하고 있으며, 현지인들에게는 딘타이펑보다 인기 있는 가게이다.

상하이식 딤섬, 홍콩식 딤섬, 해산물, 육류, 면, 탕, 밥 요리 등 100여 가지의 메뉴가 있다. 두꺼운 만두피와 고기완자가 함께 씹히는 식감이 일품인 상하이톄궈성젠바오(上海鐵鍋生煎包), 얇은 만두피에 부드러운 돼지고기와 육즙이 가득한 샤오롱바오(元籠小龍包), 삼겹살을 황주(黃酒)에 재워 약한 불로 오래 삶아낸 둥포로우(賣東坡肉)가 이 집의 대표메뉴이다.

씨에황샤오롱바오 (蟹黃小龍包) | 샤렌샤오마이(蝦仁燒賣) | 상하이톄궈성젠바오 (上海鐵鍋生煎包) | 차이러우훈툰(菜肉餛飩)

주소 大安區永康街1號 **베스트메뉴** 상하이식 철판군만두 상하이톄궈성젠바오(上海鐵鍋生煎包, Shanghai style fried Pork Buns, 10개 NT$220), 샤오롱바오에 게알을 장식한 씨에황샤오롱바오(蟹黃小龍包, Steamed Crab Egg&Park Dumplings, 10개 NT$320), 동파육이라 불리는 삼겹살찜 땅마이둥포로우(當賣東坡肉, Braised Pork Belly, 6개 NT$580) **추천메뉴** 통새우를 만두피로 감싼 샤렌샤오마이(蝦仁燒賣, Shrimps&Park Siewmai, 10개 NT$280), 중국식 돼지고기야채만둣국 차이러우훈툰(菜肉餛飩, NT$150) **가격** 딤섬 NT$210~, 요리 NT$140~/Service Charge 10% 별도 **영업시간** 11:30~22:30(월~금요일), 08:00~23:00(주말&공휴일)/연중무휴 **문의** (886)02-2341-9984 **찾아가기** MRT 둥먼(東門, Dongmen)역 5번 출구로 나와 첫 번째 골목 융캉제를 따라 직진하면 왼편에 위치한다. 도보 2분 거리. **홈페이지** www.kao-chi.com

타이베이시에 위치한 가오지
- **중산점(中山店) 주소** 中山區中山北路一段133號 **문의** (886)02-2571-3133 **영업시간** 11:00~23:00
- **푸싱점(復興店) 주소** 大安區復興南路一段150號 **문의** (886)02-2751-9391 **영업시간** 11:00~23:00

타이베이서부

융캉제의 명물 타이완식 호떡 ★★★★
톈진총좌빙 天津蔥抓餅 Tian Jin Onion Pancake

'쥐어뜯은 파가 들어간 떡'이라는 의미의 총좌빙(蔥抓餅)만 파는 노점으로 일일 400~ 600개 이상 팔리는 융캉제의 명물노점이다. 타이완 국민간식으로 불리는 총좌빙은 파를 송송 썰어 넣은 밀가루반죽에 기름을 발라 여러 번 접어 마치 페이스트리(Pastry)와 비슷한 결을 만든 후 1개 분량으로 비닐에 싸서 숙성시킨다. 기계를 이용하여 일정한 크기로 눌린 반죽을 한쪽 불판에서 초벌로 구운 후 주문이 들어오면 다른 한쪽 불판에서 초벌구이 한 총좌빙에 계란, 햄, 치즈 등을 더해 굽는다. 이때 뒤집개로 자꾸 내리치는데 이 과정을 거쳐야 총좌빙 특유의 식감을 만들 수 있다고 한다. 매운맛을 원하면 칠리소스를 발라달라고 하고 아니면 일반소스를 바르면 되는데 소스를 바르지 않아도 맛있다.

주소 大安區永康街6巷1號 귀띔 한마디 다른 음식점에 가기 전 애피타이저로 먹기에 좋다. 가격 총좌빙(蔥抓餅), 1개 NT$25), 계란을 더한 지아단(加蛋, 1개 NT$30), 바질과 계란을 더한 지우청타지아단(九層塔可蛋, 1개 NT$35), 햄과 계란을 더한 훠투이단(火腿蛋, 1개 NT$40), 치즈와 계란을 더한 치즈단(起司蛋, 1개 NT$40), 햄, 치즈, 바질, 계란이 모두 들어간 종휘(總匯, 1개 NT$50) 영업시간 09:00~10:30/연중무휴 문의 (886)02-2321-3768 찾아가기 MRT 둥먼(東門, Dongmen)역 5번 출구로 나와 첫 번째 골목 융캉제(永康街)를 따라 직진하면 오른편에 위치한다. 도보 1분 거리.

타이베이를 대표하는 뉴러우몐 ★★★★★
융캉뉴러우몐 永康牛肉麵 Yong-Kang Beef Noodle

펀쩡파이구(粉蒸排骨)

1963년 오픈하여 입에서 입으로 소문난 맛집이다. 사천요리 정통의 맛을 자랑하며 2014년 타이베이국제 뉴러우몐대회에서 10대 뉴러우몐식당으로 뽑혔다. 뽀얗게 우려낸 칭두언(清燉)과 보기에도 매운 홍샤오(紅燒) 두 가지 육수 가운데 선택할 수 있으며 두툼하고 부드러운 육질의 소고기가 면과 함께 나온다.
고기 대신 도가니만 원할 경우 뉴진몐(牛筋麵), 고기와 도가니 반반씩 원할 경우에는 반진반러우몐(半筋半肉麵)으로 선택하면 되는데, 특히 홍샤오는 중국식 김치 쏸차이(酸菜)를 곁들여 먹으면 더욱 맛있다. 뉴러우몐 외에도 이 집의 대표메뉴로는 찜밥 펀쩡(粉蒸)으로 고구마를 깔고 쌀과 함께 돼지갈비를 쪄낸 펀쩡파이구(粉蒸排骨)와 돼지대창을 쪄낸 펀쩡페이창(粉蒸肥腸)이 있다.

홍샤오뉴러우멘(紅燒牛肉麵)

주소 信義區金山南路二段31巷17號 **귀띔 한마디** 입구에 마련된 반찬은 먹고 싶은 접시를 가져다 먹고, 나갈 때 계산하면 되는데 맛이 그저 그런 김치도 있다. **베스트메뉴** 홍샤오뉴러우멘과 칭두언뉴러우멘(紅燒牛肉麵, 清燉牛肉麵, 小 NT$220/大 NT$250), 돼지갈비 찜밥 펀쩡파이구(粉蒸排骨, NT$120), 돼지대창 찜밥 펀쩡페이창(粉蒸肥腸, NT$120) **추천메뉴** 자장면 짜지앙멘(炸醬麵, 小 NT$120/大 NT$150), 홍샤오육수에 소고기 반, 도가니 반이 나오는 홍샤오반진반러우멘(紅燒半筋半肉麵, 小 NT$240/大 NT$270) **가격** 면 NT$120~, 탕 NT$200~, 반찬 NT$30~ **영업시간** 11:00~15:30, 16:30~21:00/연중무휴 **문의** (886)02-2351-1051 **찾아가기** MRT 둥먼(東門, Dongmen)역 5번 출구로 나와 첫 번째 골목 융캉제(永康街)를 따라 직진하다 정면의 스무시하우스를 바라보고 오른쪽 골목으로 직진하면 초등학교 맞은편에 위치한다. 도보 3분 거리. **홈페이지** www.beefnoodle-master.com

색다른 뉴러우멘 ★★★★
융캉다오샤오멘 永康刀削麵 Yong-Kang Dao Xiao Mian

면 중의 면이라고 칭하는 다오샤오멘刀削麵은 두툼한 반죽을 칼로 대패질하듯 손목스냅으로 한 올 한 올 깎아낸 면발을 바로 뜨거운 물에 삶아 낸다. 이때 속도가 빠르지 못하면 익힘 정도가 차이 나기 때문에 상당한 기술을 요하는데, 면의 굵기는 끝으로 갈수록 얇아지며 두께는 0.2~0.4mm 정도가 되어야 씹을수록 부드럽고 쫄깃한 식감을 느낄 수 있다고 한다.

융캉다오샤오멘은 면도 면이지만 국물이 다른 집과는 차이가 나는데 소고기 힘줄부위와 무를 넣고 푹 고아 조금 덜 진하지만 대신 시원한 맛이 난다. 토마토를 넣어 국물이 담백하고 두툼하고 부드러운 고기를 아낌없이 넣어주는 판체뉴러우멘蕃茄牛肉麵, 고기 없이 면과 탕만 나오는 뉴러우탕멘牛肉湯麵, 쫄깃한 다오샤오멘과 콩나물, 오이채가 어우러진 타이완식 자장면 짜지앙멘炸醬麵 등이 이 집 대표메뉴이다. 면은 다오샤오멘과 일반소면 중 고르고, 크기는 대소 중 선택하면 된다. 입구에 진열된 반찬은 직접 가져오면 종업원이 주문서에 체크한다.

판체뉴러우멘(蕃茄牛肉麵)

짜지앙멘(炸醬麵)

피단떠우푸(皮蛋豆腐)

주소 大安區永康街10巷5號 **귀띔 한마디** 보통 여자 둘이서 대짜 하나면 딱 맞다. **베스트메뉴** 토마토우육면 판체뉴러우멘(蕃茄牛肉麵, 小 NT$160/大 NT$200), 타이완식 자장면 짜지앙멘(炸醬麵, 小 NT$70/大 NT$90) **추천메뉴** 고기 없이 나오는 저렴한 뉴러우탕멘(牛肉湯麵, 小 NT$70/大 NT$90), 짜지앙멘과 함께 마시면 좋은 뉴러우탕(牛肉湯, 小 NT$80/大 NT$160), 삭힌 달걀과 연두부 피단떠우푸(皮蛋豆腐, NT$40) **가격** 면 NT$60~, 탕 NT$20~, 반찬 NT$30 **영업시간** 11:00~14:00, 17:00~20:30/연중무휴 **문의** (886)02-2322-2640 **찾아가기** MRT 둥먼(東門, Dongmen)역 5번 출구로 나와 직진 후 첫 번째 골목 융캉제(永康街)를 따라 걷다 융캉공원 중간쯤 골목에 위치한다. 도보 3분 거리.

타이베이 최고의 만두집으로 인정받는 ★★★★★
둥먼교자관 東門餃子館

중국 산둥山東 출신의 주인이 진산난루골목에서 노점으로 시작하여 3대째 이어온 60여 년 전통의 교자전문점이다. 현재 150여 명을 수용할 수 있는 중국풍의 건물로 이전하였으며, 산둥지방의 다양한 가정요리와 물만두, 군만두, 찐만두 등의 맛있는 만두를 맛볼 수 있다.

이 집의 교자는 녹말이 아닌 100% 밀가루로 만든 두꺼운 수제 만두피에 양배추가 아닌 무와 고기를 섞어 만두소를 만들고, 닭뼈로 우려낸 육수를 사용하여 이곳만의 교자를 제공한다. 돼지고기로 만든 물만두와 군만두가 인기메뉴인데, 식약청검사에서 합격한 신선하고 품질 좋은 돼지고기만을 직접 공장에서 공수해 사용하고 있어 안심하고 먹을 수 있다.

돼지고기물만두(猪肉水餃)　돼지고기군만두(牛肉水餃)　탕추리지(糖醋里脊)　쏸차이바이러우궈(酸菜白肉鍋)

주소 大安區金山南路2段31巷37號 **베스트메뉴** 돼지고기물만두(猪肉水餃, Pork Dumplings, NT$70), 돼지고기군만두(牛肉水餃, Pork Pot Stickers, NT$140), 만두와 함께 먹으면 좋은 산라탕(酸辣湯, Hot&Sour Soup, 小/中/大 NT$65/95/160) **추천메뉴** 중국식 탕수육 탕추리지(糖醋里脊, Stir-Fried Fillet Sweet and Sour Sauce, 小/中/大 NT$210/330), 중국 동부식 훠궈 쏸차이바이러우궈(酸菜白肉鍋, 小/中/大 NT$850/1,050,1,650) **가격** NT$300~/현금결제만 가능 **영업시간** 11:00~14:30, 17:00~21:00(월~금요일), 11:00~15:00, 17:00~21:30(주말)/연중무휴 **문의** (886)02-2341-1685 **찾아가기** MRT 둥먼(Dongmen, 東門)역 5번 출구로 나와 직진하여 첫 번째 골목 융캉제(永康街)를 따라 걷다가 톈진총좌빙 골목으로 들어가 직진하면 오른편에 위치한다. 도보 2분 거리. **홈페이지** www.dongmen.com.tw

타이완 시골가정요리를 맛 볼 수 있는 ★★★★★
끽반식당 喫飯食堂

융캉제의 한적한 골목에 자리한 로컬맛집으로 타이완의 소박한 전통가정요리를 맛볼 수 있다. 재료 본연의 맛을 내기 위해 소금, 설탕, 기름 등을 최소로 사용하고, 화학조미료는 전혀 사용하지 않는 건강한 가정요리를 추구한다. 일본의 맛과 서비스를 반영하였으며, 점포관리와 서비스의 우수성을 정부로부터 인정받았다. 융캉제에 북동부 이란宜蘭지역 요리전문 루상식당(呂桑食堂)도 함께 운영하고 있다. 실내는 전통적인 시골집을 재현하여 편안함을 느낄 수 있고, 사용되는 대부분의 요리재

돼지간요리(煎猪肝)   굴요리(蒜泥蚵)

료는 낯설어도 우리 입맛에 거부감 없이 맛있게 먹을 수 있다.

주소 大安區永康街8巷5號 **베스트메뉴** 돼지간을 설탕에 절여 요리한 돼지간요리(煎猪肝, Sweet Park Liver, 小/中 NT$160/240), 술에 절여 쪄낸 새우요리(枸杞蝦, Medlar Shrimps, 小/中 NT$200/300), 간장과 마늘로 양념한 굴요리(蒜泥蚵, Crushed Garlic Oyster, 小/中 NT$160/240), **추천메뉴** 푸젠성의 한족 전통요리로 동파육과 비슷한 삼겹살조림요리 봉육(封肉, Pork Braised in Brown Suger, 小/中 NT$160/320), 속은 부드럽고 겉은 바삭한 연두부튀김(炸豆腐, Fried Tofu, 小/中 NT$120/180), 표고버섯, 파 등과 함께 반죽하여 튀긴 타로튀김(芋捲, Fried Taro Rolls, 小/中 NT$120/180) **가격** NT$300~, 단품 NT$80~ **영업시간** 11:30~14:00, 17:00~21:30/연중무휴(단, 설연휴 휴무) **문의** (886)02-2322-2632 **찾아가기** MRT 둥먼(Dongmen, 東門)역 5번 출구로 나와 첫 번째 골목 융캉제(永康街)를 따라 직진하다 융캉공원이 보이면 오른쪽 골목을 따라 직진하면 오른편에 위치한다. 도보 2분 거리.

다인주스 大隱酒食 James Kitchen
술 한잔 즐길 수 있는 타이완 가정식요리 심야식당 ★★★★★

융캉제를 따라 안으로 들어가면 예술가들이 모여 있는, 골동품상점이 밀집한 거리와 마주하게 된다. 이곳에는 영화에서나 나올 만한 소박한 식당이 여행객을 반긴다. 주인 제임스는 청년시절 세계각지를 다니며 배운 요리실력을 바탕으로 타이완에 돌아온 후 타이완 가정식식당을 오픈하였다. 초창기에는 대부분 친구를 접대하는 정도였는데 입소문을 타면서 유명해졌다. 가게이름 다인처럼 은거하기 좋은, 시골의 소박한 가정집 느낌이 물씬 풍기는 예스러운 외관, 따뜻함과 편안하게 꾸며진 실내분위기 그리고 2층의 다다미식 다락방에서는 정겨움을 느낄 수 있다.

시간과 정성이 필요한 조림요리가 많으며, 매일 새벽 3개의 시장을 다니며 당일 사용할 신선한 식재료를 직접 구입하여 당일 사용하기 때문에 매일 메뉴가 변경된다.

❶ 가정식밥(干貝肉燥飯) ❷ 굴요리(蒜香油條鮮蚵)
❸ 생선구이(午魚一夜干)

가정식밥과 한정판 생선구이가 유명하며, 간단한 요리와 안주가 주를 이룬다.

주소 大安區永康街65號 **귀띔 한마디** 같은 골목에 동일한 메뉴를 판매하는 샤오인스추(小隱私廚) 식당도 운영하고 있다. **베스트메뉴** 다진 돼지고기, 가리비, 절임야채가 곁들여진 가정식밥(干貝肉燥飯, NT$50), 돼지비계에 양파를 볶아 밥 위에 올린 가정식밥(蔥香猪油飯, NT$25), 하룻밤 말린 생선을 구운 생선구이(午魚一夜干, NT$275) **추천메뉴** 데친 굴에 간장, 식초, 파 등으로 양념한 굴요리(蒜香油條鮮蚵, NT$295), 시원한 국물 맛이 일품인 조개탕(蒜味蛤湯, 小/大 NT$195/395), 타이완스타일의 치킨롤(炸雞卷, NT$180) **가격** NT$100~/현금결제만 가능 **영업시간** 17:00~24:00/매주 월요일 휴무 **문의** (886)02-2343-2275 **찾아가기** MRT 둥먼(Dongmen, 東門)역 5번 출구로 나와 첫 번째 골목 융캉제(永康街)를 따라 계속 직진하면 왼편에 위치한다. 도보 5분 거리.

담백하면서 건강을 강조한 뉴러우멘 ★★★★★
라오장뉴러우멘뎬 老張牛肉麵店

1958년 개점 이래 거의 매해 타이베이국제뉴러우멘대회에서 최고의 맛집으로 선정되었으며 호주, 일본 등의 언론에 소개된 맛집이다. 융캉뉴러우멘永康牛肉麵과 비교가 많이 되는데 은은한 한약재 맛이 감도는 육수가 이 집의 특징으로 두 곳 모두 직접 맛을 보고 비교해 보는 것도 좋다. 융캉뉴러우멘보다 깔끔하고 고급스러운 실내 분위기 때문에 좀더 여유롭게 식사를 즐길 수 있다.

가늘고 쫄깃한 면발 시펀細粉에 힘줄부위를 올린 뉴진멘牛筋麵과 소고기와 힘줄부위 반반씩 올린 진러우멘筋肉麵 중에 선택할 수 있으며, 진한 고기육수 칭두언淸燉과 매콤한 육수 라웨이辣味, 토마토육수 판체蕃茄 3가지 육수 중에 선택할 수 있다. 특히 담백하면서도 건강을 강조한 토마토우육면 판체뉴러우멘蕃茄牛肉麵은 2006년 타이베이국제뉴러우멘대회에서 우승한 메뉴이다.

칭두언뉴러우멘(淸燉牛肉麵)

주소 大安區愛國東路105號 **귀띔 한마디** 주방 앞 반찬은 원하는 것을 직접 가져다 먹거나 주문표에 표시하면 된다. **베스트메뉴** 3가지 육수 칭두언, 라웨이, 판체 중에 골라 힘줄부위를 올린 뉴진멘(牛筋麵, 小 NT$240/大 NT$270), 힘줄부위 반, 소고기 반을 올린 진러우멘(筋肉麵, 小 NT$220/大 NT$250) **추천메뉴** 소고기를 올린 칭두언뉴러우멘(淸燉牛肉麵), 라웨이뉴러우멘(辣味牛肉麵), 판체뉴러우멘(蕃茄牛肉麵) 小 NT$200/大 NT$230 **가격** 면 NT$110~, 탕 NT$200~, 찜밥 NT$110, 반찬 NT$50 **영업시간** 11:00~15:00, 17:00~21:00/매주 화요일 휴무 **문의** (886)02-2396-0927 **찾아가기** MRT 둥먼(東門, Dongmen)역 5번 출구로 나와 첫 번째 골목 융캉제(永康街)를 따라 걷다 융캉공원 끝자락의 오른쪽 골목으로 들어가면 오른편에 위치한다. 도보 5분 거리.

혼자서도 즐길 수 있는 훠궈 ★★★★★
궈빠솬솬궈 鍋爸涮涮鍋 Guo Pa Yang Guo

타이베이에 5개 지점을 운영 중인 궈빠솬솬궈는 1인당 한 개씩 작은 훠궈 냄비를 제공하여 개인의 취향대로 훠궈를 즐길 수 있어 큰 인기를 끌고 있다. 소, 돼지, 양, 오리고기는 주문표에 선택 표시해서 종업원에게 건네고, 나머지 음식들은 뷔페식으로 가져다가 먹으면 된다. 다양한 야채, 해산물, 완자, 면 등 훠궈에 넣어먹는 재료뿐만 아니라 요리도 준비되어 있으며 과일, 디저트, 음료수, 아이스크림 등도 있다. 주류는 별도로 주문해야 하며 시간제한 없이 무제한으로 즐길 수 있는 것도 큰 매력이다.

고기는 즉석에서 기계로 썰어 제공되며, 김치도 마련되어 있어 육수에 면과 김치 그리고 고추양념을 넣어 김치칼국수를 직접 만들어 먹으면 개운하다. 티폿이 별도로 마련되어 준비된 다양한 차를 마실 수 있으며, 탄산음료도 무제한으로 꺼내 마실 수 있다.

Part 02

주소 信義區金山南路二段2號2F 가격 점심 NT$420, 저녁 NT$460/Service Charge 10% 별도 영업시간 11:00~23:00(마지막 입장은 22:00까지)/연중무휴 문의 (886)02-2395-2938 찾아가기 MRT 둥먼(東門, Dongmen)역 3번 출구로 나와 출구 반대 방향의 횡단보도를 건너면 바로 보이는 건물 2층에 위치한다. 도보 1분 거리. 홈페이지 www.gobar.com.tw

타이베이시에 위치한 꾸바산산점
- 창춘점(長春店) 주소 中山區長春路382號 문의 (886)02-2545-2588 영업시간 11:00~02:00(24:00까지 입장)/연중무휴
- 난징점(南京店) 주소 中山區南京東路四段50號B1 문의 (886)02-2577-4000 영업시간 11:00~23:30/연중무휴
- 시먼점(西門店) 주소 萬華區成都路67號B1 문의 (886)02-2311-8828 영업시간 11:00~24:00/연중무휴

말차전문 디저트카페 ★★★★★
허밍간웨이추 和茗甘味處 Myowa Café

10년 이상 일본에 거주했던 오너가 일본 교토의 우지 유기농 말차를 사용하여 다양한 음료와 디저트를 선보이는 말차전문 디저트카페이다. 융캉제 안쪽에 위치한 말차원Matcha One과 함께 타이베이에서 가장 핫한 가게로 부상하고 있다. 말차원이 분위기나 메뉴 등에서 좀 더 일본에 가깝다면 허밍간웨이추는 캐주얼한 분위기와 퓨전메뉴로 인기이다. 상호명의 허밍和茗은 일본을 의미하는 한자 '和'와 차를 의미하는 '茗'이 합쳐진 합성어로 일본차를 뜻한다.

말차로 만든 소프트아이스크림, 선디, 셰이크, 스무디, 파르페뿐만 아니라 크레이프, 밀푀유, 시폰, 오페라, 티라미수 등의 케이크, 푸딩, 파이, 퐁뒤 등 다양한 말차 디저트를 맛볼 수 있다. 융캉제 본점 외에 중샤오둔화와 스린에도 분점을 운영한다.

주소 大安區金華街221號 귀띔 한마디 미니멈차지 1인당 NT$150이 있고, 90분 제한시간이 있다. 베스트메뉴 말차아이스크림(Matcha Soft Ice Cream, NT$100), 금~일요일 한정판매하는 말차밀푀유세트(Matcha Feuille Set, NT$250), 뜨겁게 달군 팬에 녹차토스트와 녹차아이스크림을 올린 후 녹차소스를 부어주는 철판말차케이크(Hot-plate Matcha Cake, NT$200) 추천메뉴 말차크레이프세트(Matcha Crepes Set, NT$250), 말차몽블랑케이크세트(NT$250), 직접 경단꼬치에 간장 또는 흑설탕꿀을 발라 화로에 구워 먹는 경단구이와 걸쭉한 녹차라떼와 팥이 들어간 수프가 함께 나오는 말차팥수프(Matcha Red Bean Sweet Soup, NT$180) 가격 NT$150~/현금결제만 가능 영업시간 13:00~22:00(월~목요일), 13:00~23:00(주말)/연중무휴 문의 (886)02-2351-8802 찾아가기 첫 번째 골목 융캉제(永康街)를 따라 직진하다 오른쪽 진화제(金華街)로 들어가면 오른편에 위치한다. 도보 5분 거리.

시간여행을 즐기는 카페 ★★★☆☆
치우후이원쿠 秋惠文庫 Formosa Vintage Museum Cafe

예스러운 간판과 입구부터 갤러리 느낌이 물씬 풍기는 이 카페는 마치 타이완의 옛 시절을 들여다보는 듯한 착각을 불러일으킨다. 은퇴한 치과의사 린위팡林于昉이 부모의 별세를 '추모'하고 '은혜'에 보답하고자 한다는 의미로 치우후이秋惠라는 이름으로 카페를 오픈했다. 그는 10년 넘게 타이완뿐만 아니라 중국, 일본, 네덜란드 등에서 수집한 그의 부모시대 타이완 관련 수집품을 이곳에 전시하고 있다.
빈티지풍의 고가구, 장식품, 고문서, 고지도, 그림, 포스터 등 10,000여 점의 다양한 소품을 구경하느라 가만히 앉아 있을 수 없다. 번잡한 융캉제에서 이러한 고풍스러운 분위기를 느낄 수 있다는 것만으로도 이색적인 카페이다. 나무로 만든 메뉴판에는 라테, 카푸치노 등 커피와 우롱차, 녹차 등의 차종류가 한자로 적혀있고 뒤에는 영어와 일어로 적혀있다.

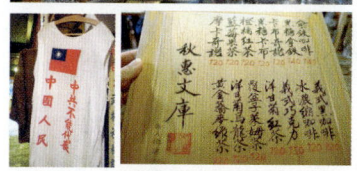

주소 大安區信義路二段178號3F **귀띔 한마디** 화장실마저 독특한 분위기이므로 한번 들러보자. **가격** 음료 NT$120~ **영업시간** 11:00~19:00(화~일요일)/매주 월요일 휴무 **문의** (886)02-2351-5723 **찾아가기** MRT 둥먼(東門, Dongmen)역 5번 출구로 나오면 바로 오른편의 건물 3층에 위치한다.

정통 이탈리안커피를 마시고 싶다면 ★★★☆☆
카와리이탈리아카페 卡瓦利義大利咖啡館 Caffe Italiano Cavaralli

융캉제에 위치한 카페 중 가장 오랜 역사를 지닌 카페로 복고풍의 인테리어와 예술감각이 돋보인다. 통유리 안쪽 실내벽면은 그림액자가 장식되어 있고, 짙은 갈색의 유럽풍 원형테이블과 의자 등도 실내분위기와 잘 어우러진다. 유럽인이 선호하는 강한 맛의 케냐AA원두뿐만 아니라 탄자니아, 에티오피아, 콜롬비아, 자메이카, 과테말라 등지에서 수입한 10 여종의 생두를 SCAA Specialty Coffee Association of America 자격증을 소지한 주인장이 직접 로스팅하여 내려 제대로 된 드립커피를 맛볼 수 있다.

❶ 카페라테(拿鐵) ❷ 치즈케이크(起士蛋糕)
❸ 티라미수(拉米蘇就)

강한 쓴 맛의 이탈리아식 에스프레소 춘헤이(純黑)가 입에 맞지 않는다면 진하면서도 부드러운 카페라테 또는 모카커피 위에 슬러시가 올라가 독특한 맛을 내는 아이스카페모카를 마셔보자. 커피와 함께 곁들이면 좋은 케이크도 직접 만드는데, 이탈리아의 대표디저트 티라미수는 이 집의 자랑으로 주말에만 한정 판매한다.

주소 大安區永康街2巷5號 **귀띔 한마디** NT$20을 추가하면 바닐라, 헤이즐넛, 캐러멜, 로즈시럽 등을 추가할 수 있다. **베스트메뉴** 춘헤이(純黑, Pure Black, NT$150), 티라미수(拉米蘇就, Tiramisu, 1조각 NT$180) **추천메뉴** 카페라테(拿鐵, Café Latte, NT$140), 아이스카페모카(冰摩卡, Iced Café Mocca, NT$180), 수제치즈케이크(起士蛋糕, House Cheese Cake, 1조각 NT$70) **가격** 커피 NT$100~, 디저트 NT$70~ **영업시간** 11:30~23:00(일~목요일), 11:30~24:00(토요일, 공휴일)/연중무휴 **문의** (886)02-2394-7516 **찾아가기** MRT 둥먼(東門, Dongmen)역 5번 출구로 나와 첫 번째 골목 융캉제로 들어서서 사거리에서 오른쪽으로 들어가 직진하면 오른편에 위치한다. 도보 1분 거리.

융캉제 망고빙수전문점 ★★★★
스무시하우스 思慕昔 Smoothie House

1995년에 오픈하여 타이완을 대표하는 망고빙수전문점으로 자리 잡은 빙관15(冰館15)가 융캉제에서 중샤오둥루(忠孝東路)로 이전하면서 아이스몬스터로 이름을 바꿨고, 융캉제 자리에는 스무시하우스가 들어섰다. 새로 입점한 스무시하우스는 원조행세를 하며 빙관15의 예전 명성을 등에 업고 타이완 3대 빙수전문점으로 급부상하였다. 참고로 tvN 〈꽃보다 할배〉에서 할배들이 극찬했던 망고빙수는 아이스몬스터이다.

타이완 현지에서 생산된 신선한 과일만을 사용하며, 물을 얼린 얼음이 아니라 각각의 빙수에 맞춰 망고, 딸기, 녹차를 갈아 얼린 얼음을 사용하는 것도 이 집만의 비법이다. 인기메뉴는 단연 큼직한 망고에 망고아이스크림을 올린 망고빙수다. 아이스크림 대신 푸딩처럼 생긴 나이라오(奶酪)를 올린 푸딩망고빙수는 진한 우유맛이 어우러져 깊은 맛을 낸다. 빙수 종류는 크게 망고류와 딸기류로 나뉘며 이외에도 리치, 녹차로 만든 빙수도 있다. 토핑으로 푸딩이나 아이스크림을 올리며 빙수가 부담스럽다면 스무디를 마셔보자.

❶ 아이스크림망고빙수(超級雪酪芒果雪花冰)
❷ 푸딩과일망고빙수(手工鮮奶酪芒果雪花冰)
❸ 아이스크림과일망고빙수(超級綜合芒果雪花冰_雪酪)
❹ 망고스무디(酷夏芒果思慕昔)

주소 大安區永康街15號 **베스트메뉴** 아이스크림망고빙수(超級雪酪芒果雪花冰, Super Mango Snowflake Ice with Sorbet, NT$210), 아이스크림과일망고빙수(超級綜合芒果雪花冰_雪酪, Super Fruits Mix Mango Snowflake Ice with Sorbet, NT$210) **추천메뉴** 아이스크림딸기빙수(超級綜合草莓雪花冰_雪酪, Super Fruits Mix Strawberry Snowflake Ice, NT$200), 푸딩과일망고빙수(手工鮮奶酪芒果雪花冰, Fruits Mix Mango Snowflake Ice with Panna Cotta, NT$210) **가격** 빙수 NT$180~, 스무디 NT$120~ **영업시간** 10:00~23:00/연중무휴 **문의** (886)02-2341-8455 **찾아가기** MRT 둥먼(東門, Dongmen)역 5번 출구로 나와 첫 번째 골목 융캉제(永康街)를 따라 직진하면 보인다. 도보 2분 거리. **홈페이지** www.smoothiehouse.com

타이베이서부

건강하고 맛있는 아이스크림 ★★★★★
8%아이스 8% Ice

2013년에 오픈하여 융캉제 핫플레이스로 부상한 아이스크림전문점으로 프랑스요리학교 르꼬르동블루Le Cordon Bleu를 졸업한 오너가 건강하고 맛있는 아이스크림을 만들기 위해 제철 천연재료들을 사용한 아이스크림만을 개발하여 판매하고 있다. 상호의 '8'은 디자인적 해석으로 무한대를 뜻하는 수학기호 ∞(Infinity)를 세웠을 때와 아이스크림 2개를 붙여놨을 때의 모습으로 아이스크림을 무한대로 먹어도 괜찮다는 의미라고 한다.

이탈리아식 아이스크림 젤라토, 빙과류 아이스크림 셔벗, 부드러운 아이스크림 소프트, 과일이 첨가된 프루트바 중 원하는 종류와 맛을 선택하면 된다. 셔벗은 과일을 이용하여 상큼한 맛을 강조하고, 소프트아이스크림과 젤라토는 건강에 좋은 재료들과 잘 어울리는 리큐어, 초콜릿, 과일 등과 혼합된 메뉴를 선보인다. 입안에서 천천히 녹여가며 음미해야 제대로 맛을 느낄 수 있으며, 메뉴는 계절에 따라 유동적이다. 인기메뉴는 말차나 얼그레이를 이용해 만든 젤라토와 소프트아이스크림이다.

주소 大安區永康路13巷6號 **귀띔 한마디** 한국어가 통하는 직원이 있어 주문은 어렵지 않다. **베스트메뉴** 말차젤라토(抹茶冰淇淋, Matcha Gelato, NT$100) **추천메뉴** 참깨젤라토(芝麻冰淇淋 Sesame Gelato, NT$100) **가격** 젤라토, 셔벗, 소프트 NT$100, 프로즌프루트바 NT$60/80 **영업시간** 12:00~22:00/연중무휴 **문의** (886)02-2395-6583 **찾아가기** MRT 둥먼(東門, Dongmen)역 5번 출구로 나와 첫 번째 골목 융캉제(永康街)를 따라 직진하다 스무시하우스를 바라보고 왼쪽 골목으로 들어가면 오른편에 위치한다. 도보 2분 거리.

8%아이스 메뉴 이해하기

- **말차(抹茶, Matcha)** 찻잎을 우려내는 것이 아니라 잎을 갈아서 먹는 가루차이다.
- **얼그레이(爵奶茶, Earl Grey)** 중국차를 기본으로 베르가모트라는 식물의 향을 입혀 만든 가향차이다.
- **리몬첼로(檸檬酒, Limoncello)** 이탈리아남부에서 생산된 레몬으로 만든 시큼하면서 달콤한 술이다.
- **웨딩임페리얼&마르코폴로(皇家結婚曲奶茶&馬可波羅奶茶, Wedding Imperial&Marco Polo)** 프랑스에 홍차를 처음 소개한 홍차회사 마리아쥬프레르의 제품으로 웨딩임페리얼은 초콜릿과 캐러멜향이 나며 마크로폴로는 꽃과 과일향이 난다.
- **쿠앵트로(君度橙酒, Cointreau)** 일명 오렌지 술이라고 불리는 리큐어로 오렌지껍질로 만들었지만 무색인 것이 특징이다.
- **블랙커런트(黑醋栗, Blackcurrant)** 열매인 베리(Berry) 종류 중 하나로 높은 항산화성분을 가지고 있다.
- **유키시오(雪鹽, Sea Salt)** 일본오키나 특산품으로 미네랄함유량이 높으며 눈소금이라 불린다.
- **참깨(芝麻, Sesame)** 몸에 좋은 불포화지방산과 필수아미노산이 풍부하다.

최고의 커피를 마실 수 있는 ★★★★★
마르티네즈카페 瑪汀妮芝咖啡 Martinez Coffee

첫 잔은 직접 핸드드립해준다

타이베이커피전문점 Top30에 선정됐던 곳으로 세계적인 커피생산유통업체 마르티네즈Martine의 최고 원두만을 사용하여 최고의 맛을 자랑한다. 아담한 주택을 개조한 카페로 영국왕실스타일의 인테리어가 우아함과 기품을 풍긴다. 이 집은 최상의 원두만을 고집하는데 주로 아라비카, 자메이카 블루마운틴, 하와이안코나, 예멘모카, 케냐AA, 탄자니아, 인도 등에서 생산된 20여 가지의 원두를 사용한다. 특히 사향고양이 배설물로 만든 세계에서 제일 비싼 커피 코피루왁Kopi Luwak과 매일 한정판매하는 스페셜아이스커피도 맛볼 수 있다. 커피 본연의 맛을 즐길 수 있도록 대부분 설탕과 우유를 제공하지 않으며, 커피를 좋아하지 않는다면 차를 주문해도 된다.

커피를 주문하면 커피에 대한 설명과 함께 주문한 커피원두를 분쇄하여 커피향을 확인시켜준다. 이후 정성스럽게 핸드드립한 커피를 작은 컵에 가져와 다시 향을 확인시킨 후 커피를 가져온다. 가격은 비싸지만 최고급 원두와 제대로 과정을 거쳐 고급 찻잔에 내오는 최고의 커피를 우리나라보다 훨씬 저렴하게 맛볼 수 있다.

주소 大安區金華街243巷26號 **귀띔 한마디** 입장 시 슬리퍼로 갈아 신어야 하며, 미니멈차지 1인당 NT$210, 현금결제만 가능 **베스트메뉴** 100%자메이카블루마운틴(100%牙買加藍山咖啡, 100% Jamaica Blue Mountain, NT$300) **추천메뉴** 우리나라보다 저렴한 코피루왁(蘇門答臘努瓦克咖啡, Kopi Luwak, NT$900) **가격** 커피 NT$210~, 차 NT$210~, 케이크 NT$90~/Service Charge 10% 별도 **영업시간** 12:00~22:00/연중무휴 **문의** (886)02-2358-2568 **찾아가기** MRT 둥먼(東門, Dongmen)역 5번 출구로 나와 첫 번째 골목 융캉제(永康街)를 따라 직진한 후 융캉공원 끝에서 왼쪽으로 들어서 오른쪽 첫 번째 골목을 따라 가면 오른편에 위치한다. 도보 5분 거리.

학교를 테마로 한 ★★★★
에콜카페 學校咖啡館 Ecole Cafe

개성만점 카페가 밀집한 칭티엔제青田街에 디자이너 출신 오너가 유럽대학의 문화공간 분위기로 오픈한 카페이다. 주인장은 바로 옆에 중고가구점도 운영하는데 유럽의 벼룩시장에서 수집한 가구들을 카페 실내장식에 사용하였다. 녹색칠판과 벽면의 다양한 그림, 공간 구석구석을 채우고 있는 아기자기한 소품과 책 등 전체적인 실내분위기가 차분하면서도 멋스럽다.

메뉴는 타이난(台南) 협력농장에서 가져온 신선한 재료로 만든 음식, 타이완에서 생산된 커피원두를 사용한 커피 그리고 수제케이크 등이 있다. 월~토요일 09:00~11:00까지는 샌드위치브런치, 11:00~20:00에는 유럽정통브런치와 스파게티, 라자냐, 리소토 등 이탈리안식 요리를 판매한다. 공정무역 상품들과 자체 제작한 노트, 수첩 등도 판매하며, 매월 예술영화감독을 선정하여 관련 자료를 전시하고 매주 금요일 저녁에는 선정된 감독의 예술영화를 상영한다. 지하 1층은 예술문화전시공간으로 토요일에 클래식, 재즈, 일렉트로닉 등 장르를 구분하지 않고 라이브 공연을 비정기적으로 주최한다.

❶ 에코브런치(Ecole Brunch) ❷ 치즈케이크(Cheese Cake) ❸ 버섯리소토(Mushroom Risotto) ❹ 말차라테(White Maccha Latte)

주소 大安區青田街13巷6號 **귀띔 한마디** 식사를 주문하면 커피, 차, 디저트를 각각 NT$20~40 할인해준다. **베스트메뉴** 수제빵, 과일야채샐러드, 베이컨오믈렛 등이 나오는 에코브런치(學校早午餐, Ecole Brunch, NT$200), 제철 과일로 만든 수제치즈케이크(重乳酪起司蛋糕, Cheese Cake, 1조각 NT$100) **추천메뉴** 샐러드와 함께 나오는 버섯리소토(香肉燉飯, Mushroom Risotto, NT$250), 말차라테(抹茶白巧拿鐵, White Matcha Latte, NT$180) **가격** 커피 NT$85~, 차 NT$170~, 브런치 NT$150~, 디저트 NT$100~ **영업시간** 09:00~21:00(일~목요일), 09:00~22:00(금~토요일) **문의** (886)02-2322-2725 **찾아가기** MRT 둥먼(東門, Dongmen)역 5번 출구로 나와 첫 번째 골목 융캉제를 따라 직진하다 융캉공원(永康公園, Yongkang Park) 끝에서 왼쪽으로 직진하여 오른쪽 두 번째 골목으로 들어가면 왼편에 위치한다. 도보 10분 거리./MRT 둥먼(東門, Dongmen)역 5번 출구로 나와 첫 번째 큰 사거리에서 오른쪽으로 직진 후 초등학교(新生國小)를 지나자마자 오른쪽 골목을 따라 직진하면 왼편에 위치한다. **홈페이지** ecole-cafe.blogspot.tw

영화 〈음식남녀〉의 촬영지 ★★★★★
쯔텅루 紫藤廬 Wistaria Tea House

카페는 일제강점기 타이완총독관사로 지어진 일본식 목조주택이다. 밝은 보랏빛 꽃이 피는 3그루의 등나무 줄기가 정원의 처마 위를 뒤덮었다하여 붙여진 이름이다. 타이완어로 보랏빛 꽃이 피는 등나무를 쯔텅(紫藤)이라고 한다. 이안 감독의 대표영화 〈음식남녀〉에서 주인공의 집으로 등장한 주요촬영지이며 유명한 전통찻집이자 고적으로 지정된 건축물이다.

1950년대 서구의 사상과 제도를 소개한 저우더웨이(周德偉)교수가 주요학술인사들과 학습 및 토론장으

Part 02

로 사용하였으며, 1979년 국민당에 대항한 미려도사건美麗島事件 이후에는 정치와 문화계인사들의 집결지로 사용됐던 역사적공간이다. 1981년 아들 저우유周渝는 예술과 인문학이 공존하는 다예관으로 건물을 개조하였으며, 비정기적 예술문화전시, 강연 등의 행사를 개최하고 있다. 쯔텅루에서는 타이완 고산차高山茶와 전통간식을 즐길 수 있는데, 티마스터Tea Master가 차를 우려내는 과정부터 마시는 방법까지 영어로 설명해준다.

주소 新生南路三段16巷1號 **강력추천** 점심(11:30~14:00)과 저녁(17:30~20:00)에는 밥, 국, 간단한 반찬과 메인요리가 나오는 타이완가정식백반을 판매한다. **귀띔 한마디** 미니엄차시 1인당 NT$220이며, 타이완간식 차이덴(茶點)은 가격이 표시되지 않으므로 주문 전 확인하자. **베스트메뉴** 영국 빅토리아여왕이 마신 후 붙였다는 이름 동방미인, 타이완우롱티라고도 부르는 쉰(醺, Tipsy, NT$350) **가격** 차 NT$320~/Service Charge 10% 별도 **영업시간** 10:00~17:00(고적개방), 10:00~22:00(카페)/연중무휴 **문의** (886)02-2363-7375 **찾아가기** MRT 둥먼(東門, Dongmen)역 5번 출구로 나와 첫 번째 큰 사거리에서 오른쪽 대로변으로 계속 직진하다 횡단보도를 건너 오른쪽 세 번째 골목으로 들어가면 오른편에 위치한다. 도보 18분 거리./MRT 다안썬린공원(大安森林公園, Daan Park)역 2번 출구로 나와 직진 후 횡단보도를 건너자마자 왼쪽으로 조금 더 걷다가 다시 횡단보도를 건너 오른쪽 세 번째 골목으로 들어가면 오른편에 위치한다. **홈페이지** www.wistariateahouse.com

타이완 최고의 쩐주나이차 ★★★★★
천싼딩 陳三鼎

칭와쫭나이(青蛙撞奶)와 천싼딩의 마스코트 주인아저씨

하얀색 간판에 주인장 캐릭터가 그려진 천싼딩은 쩐주나이차전문점이다. 다른 가게와 달리 쩐주珍珠를 삶은 후 흑설탕과 함께 졸인 후 우유를 부어 달콤함과 부드러움을 더한 칭와쫭나이青蛙撞奶를 개발하여 대박이 난 가게이다. 쫄깃하고 달콤한 흑쩐주도 그렇지만 밀크티가 아닌 100% 신선한 우유로 만든 것도 이 집이 처음이다.

초창기 상호도 칭와쫭나이였지만 비슷한 이름의 가게들이 우후죽순 생겨나자 현재의 이름으로 상호를 변경했다. 분점이 없어 가게 앞은 더더욱 인파로 붐비는데 분홍색선을 따라 꼬불꼬불 이어진 긴 줄을 인내심을 가지고 기다려 타이완 최고의 버블티를 맛볼 수 있다.

주소 台灣台北市中正區羅斯福路三段316巷8弄2號 **귀띔 한마디** 테이크아웃만 가능하며 잘 섞어 마셔야 한다. **베스트메뉴** 칭와쫭나이(青蛙撞奶, NT$35), 칭와쫭나이에 녹두가 들어가서 고소한 뤼와쫭나이(綠蛙撞奶, NT$35) **가격** NT$35 **영업시간** 11:00~21:30/매주 월요일 휴무 **문의** (886)02-2367-7781 **찾아가기** MRT 궁관(公館, Gongguan)역 4번 출구로 나와 스타벅스와 캠퍼스북스(Campus Books) 골목으로 들어서 오른쪽 첫 번째 골목으로 들어가면 왼편에 위치한다. 도보 2분 거리.

먹거리가 풍성한 소규모 야시장 ★★★★★
궁관야시장 公館夜市 Gongguan Night Market

국립타이완대학교 주변에 형성된 야시장으로 예전에는 규모도 크고 다양했지만 현재는 학생들을 상대하는 저렴한 식당이 많다. 식당 외에도 영화관, 서점, 의류, 신발, 휴대폰 등 타이완대학교 학생과 유학생들을 위한 매장들이 눈에 띈다. 해가 질 무렵이면 뤄스푸루3뚜안羅斯福路三段 주변으로 젊은 입맛에 맞는 먹거리 위주의 소규모 야시장이 열린다.

캠퍼스북스 바로 앞에는 곱창국수와 취두부 두 가지 메뉴만으로 한자리를 40년 이상 지키고 있는 노점 다쉐커우大學口가 있으며, 안쪽에는 기름대신 물을 뿌려 구운 찐빵모양의 만두 수이젠바오水煎包를 전문으로 하는 노점 류지아수이젠바오劉家水煎包와 찹쌀로 속을 채운 창자에 각종 재료와 소스를 넣은 타이완식 핫도그 다창바오샤오창大腸包小腸을 파는 체인노점 펑지아다창바오샤창逢甲大腸包小腸 그리고 CNN에서 선정한 타이완음식 Top40에 선정된 타이완식 햄버거 거바오割包만 파는 노점 란지아거바오藍家割包 등이 유명하다.

영업시간 14:00~01:00/연중무휴(상점마다 상이) **찾아가기** MRT 궁관(公館, Gongguan)역 4번 출구로 나와 스타벅스와 캠퍼스북스(Campus Books) 골목사이로 들어서서 오른쪽 첫 번째 골목으로 진입하면 왼편에 위치한다. 도보 2분 거리.

❶❷ 다쉐커우(大學口)의 다창몐시엔(大腸麵線)
❸❹ 류지아수이젠바오(劉家水煎包)의 수이젠바오(水煎包)
❺❻ 펑지아다창바오샤창(逢甲大腸包小腸)의 다창바오샤오창(大腸包小腸)
❼❽ 란지아거바오(藍家割包)의 거바오(割包)

Special 03
젊은이들의 야시장, 스다야시장(師大夜市, Shida Night Market)

국립타이완사범대학 스다루(師大路) 바로 옆 좁은 골목 롱취안제(龍泉街)는 매일 밤 20대 젊은이들이 모여드는 야시장이 열린다. 타이완 국민대표간식 루웨이(滷味)를 파는 맛집이 밀집해 있으며 대학가 근처답게 햄버거, 샌드위치, 크레이프 등 젊은이들이 좋아하는 먹거리가 다양하다. 뿐만 아니라 여성들이 좋아하는 의류, 액세서리, 소품 등을 판매하는 상점도 많다. 주말에는 다양한 수공예품을 파는 프리마켓이 열리고, tvN 〈꽃보다 할배〉에서 할배들이 숙소직원을 대동하고 식사를 하기 위해 찾아온 곳이다.

귀띔 한마디 야시장을 제대로 즐기려면 18:00 이후에 방문하자. **영업시간** 14:00〜01:00/연중무휴(상점마다 상이) **찾아가기** MRT 타이띠엔다러우(台電大樓, Taipower Building)역 3번 출구로 나와 첫 번째 골목을 따라 직진하다 오른쪽 골목사이로 들어가면 롱취안제(龍泉街) 일대가 야시장이다.

루웨이 하나로 소문난
다타이베이핑지아루웨이 (大台北平價滷味)

진열되어 있는 면, 완자, 버섯, 두부, 야채, 미쉐까오 등 다양한 재료 중 원하는 것을 플라스틱 바구니에 담아 주인에게 건네면 루웨이국물에 데쳐 국물과 함께 나오는 루웨이전문점이다. 스다야시장에는 루웨이전문점이 많은데 그 중에서도 맛으로 소문난 곳으로 종류와 양에 따라 가격이 다르지만, 대략 NT$60〜100 정도이다.

주소 台北市大安區龍泉街54號 **영업시간** 16:00〜02:00

소고기스테이크전문점
뉴모왕뉴파이관 (牛魔王牛排館)

타이완식 철판스테이크를 저렴하게 파는 음식점으로 대표음식은 소고기스테이크 샤랑뉴파이(沙朗牛排, Sirloin Steak)이다. 한국 여행자들 사이에 소문난 곳으로 한국어 메뉴판도 제공된다. 소고기, 돼지고기, 닭다리, 생선 등의 스테이크가 있으며 식전 빵, 수프, 샐러드가 함께 제공된다. 큼직한 스테이크는 철판에 지글지글 구워져 나오는데 소스가 뿌려진 스파게티면과 계란후라이를 얹어 준다. 소고기스테이크를 주문할 때는 굽는 정도를 물어보며, 아이스티를 무제한으로 제공한다. 본점과 2호점이 멀지 않은 곳에 위치하며 스린야시장에도 분점이 위치한다.

주소 台北市大安區師大路49巷8號 **영업시간** 11:30〜14:00, 17:00〜22:30 **가격** 스테이크 NT$180〜

대왕 크레이프전문점
아뉘커레이빙(阿諾可麗餅, ARNOR crepe)

저렴한 대형 크레이프로 유명한 곳이라 주문한 후 번호표를 받고 줄을 서서 기다려야 한다. 초콜릿, 생크림, 과일, 아이스크림 등 달콤한 토핑뿐만 아니라 독특하게 소시지, 고기, 치즈, 야채 등을 넣은 크레이프도 있어 식사대용으로도 가능하다. 부드러운 유럽식 크레이프가 아닌 시중에 파는 콘아이스크림처럼 바삭하며 아이스크림은 별도로 추가해야 하는데 1스푼 NT$40, 2스푼 NT$50, 3스푼 NT$600이다. 영어메뉴판이 별도로 준비되어 있어 주문은 어렵지 않다.

주소 台北市中正區師大路39巷1號 **영업시간** 12:00~24:00 **가격** NT$20~

화덕에 구운 만두 성젠바오로 유명한 노점
휴지(許記, HSU-JI)

달궈진 화덕에 기름을 두르고 물을 부어 자작하게 구워내는데 마치 찐만두와 비슷하다. 1984년부터 성젠바오(生煎包)만을 팔고 있는 스다야시장 명물노점이다. 작은 점포에 5~6명의 직원이 끊임없이 만두를 빚어 굽고 있지만 번호표를 받고 기다려야만 맛볼 수 있다. 딱 한입 크기로 입안에서 부드럽게 씹히는 고기와 뜨거운 육즙의 조화가 일품이다. 부산국제영화제에서 상영되었던 타이완영화 〈타이베이의 1페이지, 一頁台北〉에서 주인공이 '유명한 만두가게'라고 말하던 곳이다.

주소 台北市大安區師大路39巷12號 **영업시간** 15:00~23:00 **가격** 1개 NT$8, 5개 NT$35, 12개 NT$80

버터크림소보로빵 가게
하오하오웨이(好好味)

갓 구워 바삭한 소보로빵 사이에 버터를 끼운 버터크림소보 빙훠보뤄요우(冰火菠蘿油)로 인기를 끄는 가게로 달콤하면서도 짭조름하고 느끼하지 않은 맛이 일품이다. 사실 하오하오웨이는 타이완이 아닌 홍콩브랜드로 홍콩에서는 파인애플번(Pineapple Bun)으로 알려져 있으며 홍콩보다 더 맛있다는 사람도 많다. 출출할 때 간식으로 먹거나 아침대용으로 먹어도 아주 그만이다.

주소 北市大安區泰順街26巷51號 **영업시간** 14:00~23:00 **가격** 버터크림소보 빙훠보뤄요우(冰火菠蘿油) 1개 NT$35

수제 만터우전문점
융펑성(永豐盛)

크게 돼지고기, 양고기, 파, 야채, 땅콩, 검은깨 등의 만두소를 넣은 바오즈(包子)와 우유, 토란, 잡곡 등을 넣고 밀가루 반죽하여 발효하여 만두소를 넣지 않은 만터우(일명 꽃빵)를 전문으로 하는 가게이다. 메뉴판에 왕관표시가 이 집의 추천 찐빵이며 인기메뉴는 돼지고기 소가 들어있는 찐만두 주공시엔러우바오(手工鮮肉包)와 다진 파를 넣어 롤처럼 말은 담백한 주공이란총쥐엔(手工宜蘭蔥捲)이다.

주소 台北市大安區師大路111號 **영업시간** 07:00~23:00/매주 월요일휴무 **가격** 바오즈(包子) 1개 NT$25, 만터우(饅頭) 2개 NT$15

Part 03

타이베이중부

Chapter01 타이베이의 용산, 중샤오신성
Section01 중샤오신성에서 반드시 둘러봐야 할 명소
Section02 중샤오신성에서 먹어봐야 할 것들

Chapter02 타이베이의 상업지구, 둥취
Section03 둥취에서 반드시 둘러봐야 할 명소
Section04 둥취에서 먹어봐야 할 것들
Special04 둥취에 위치한 다양한 캐릭터테마카페
Section05 둥취에서 놓치면 후회하는 쇼핑거리

Chapter03 타이베이의 맨하탄, 신이계획구
Section06 신이계획구에서 반드시 둘러봐야 할 명소
Section07 신이계획구에서 먹어봐야 할 것들
Special05 홍대클럽보다 화려한 신이계획구 밤문화
Section08 신이계획구에서 놓치면 후회하는 쇼핑거리
Special06 타이베이에서 두 번째로 큰 야시장, 라오허제야시장

Chapter04 고양이가 없는 도심 속 차밭, 마오콩
Section09 마오콩에서 반드시 둘러봐야 할 명소
Section10 마오콩에서 먹어봐야 할 것들

Chapter 01
타이베이의 용산, 중샤오신성

忠孝新生, Zhongxiao Xinsheng

중샤오신성을 이어주는 교통편

- MRT 반난선(板南線, Bannan Line)과 중허신루선(中和新蘆線, Zhonghe Xinlu Line)의 중샤오신성(忠孝新生, Zhongxiao Xinsheng)역에서 하차한다. 메인출구는 4번으로 광화디지털프라자와 화산1914문창원구까지 도보로 이동이 가능하다.

중샤오신성에서 이것만은 꼭 해보자

1. 분위기 좋은 카페, 레스토랑, 상점들과 함께 볼거리가 많은 창작예술촌 화산1914문창원구를 천천히 둘러보자!
2. 기대 이상으로 재미있는 미니어처박물관 슈전박물관에서 동심을 느껴보자!

MRT 중샤오신성역 주변은 볼거리는 많지 않지만 핫플레이스로 각광받는 창작예술촌 화산1914문창원구가 자리하고 있어 여행자가 많이 찾는 곳이다. 타이완 최고의 전자상가 광화디지털프라자 주변일대는 우리나라 용산전자상가나 일본의 아키하바라와 종종 비교되고 있다. 또한 헌책방이 밀집된 지역이라 타이완서적에 관심 있는 사람이라면 한번쯤 들러볼 만하다.

중샤오신성 베스트코스(예상 소요시간 4시간 이상)

시간적 여유가 없다면 화산1914문창원구만이라도 둘러보도록 하자. 미니어처에 관심이 많다면 슈전박물관까지 관람하는 것이 좋다.

Go!

- 화산1914문창원구 — 1시간 코스
- 2분
- VVG쓰웨이 — 대표메뉴 : 가리비&버섯리소토
- 6분
- 광화디지털프라자 — 30분 코스
- 6분
- 타이베이맥주문화원지구 — 30분 코스
- 7분
- 수훠종이박물관 — 30분 코스
- 6분
- 슈전박물관 — 1시간 코스

Section 01
중샤오신성에서 반드시 둘러봐야 할 명소

중샤오신성의 메인명소는 창작예술촌 화산1914문창원구로 이곳을 중심으로 주변을 구경하면 된다. 다양한 볼거리와 레스토랑이 많아 시간적 여유를 가지고 둘러보는 것이 좋다. 구석구석 돌아다니다 보면 예상치 못한 흥밋거리를 발견할 수 있어 사진찍기 좋다. 주변 볼거리들은 도보로 이동해도 부담스럽지 않은 거리라 구경삼아 걸어보자.

타이베이의 창작예술촌 ★★★★★
화산1914문창원구 華山1914文創園區 Huashan 1914 Creative Park

일제강점기에 문을 열어 호황을 누리다 1987년 폐업한 와인양조장 공장부지를 2007년 타이완 NGO단체의 지원을 받아 복합문화공간으로 재탄생시켰다. 당시 공장 건물들은 타이베이 고적으로 지정되어 있으며, 디자이너 리빙숍, 갤러리, 특색 있는 레스토랑, 카페, 아이디어 상점 등이 자리 잡고 있다. 이곳에서는 대형예술작품전시, 콘서트, 연극공연 등이 비정기적으로 열리고 타이완의 유명 드라마, 영화, 뮤직비디오 등이 촬영되면서 연인들의 데이트장소로도 큰 사랑을 받고 있다.

음악회, 세미나 등이 열리는 중3관 청주공방中3館·清酒工坊, 공연, 기자회견 등이 열리는 화산극장華山劇場, 야외음악회, 문화예술모임 등이 열리는 천층야태千層野台, 각종 전시회가 열리는 중2관 명산예술中2館·名山藝術, 대형전시회가 열리는 동2관 사련동東2館·四蓮棟, 야외전시와 공연 그리고 주말프리마켓 등이 열리는 예술거리藝術大街, 공연장으로 사용되는 중5A관 레거시타이베이中5A館·Legacy Taipei 그리고 광뎬화산영화관光點華山電影院 등 다양한 예술문화공간이 마련되어 있다.

주소 中正區八德路一段1號 **강력추천** 주말에는 아티스트들의 작품을 살 수 있는 프리마켓이 열린다. **귀띔 한마디** 2003년 일본영화 〈문 차일드(Moon Child)〉의 주요촬영지였다. **입장료** 무료(일부 전시회와 공연은 입장료 별도) **운영시간** 09:30~21:00(건물과 상점마다 상이)/연중무휴 **문의** (886)02-2358-1914 **찾아가기** MRT 중샤오신성(忠孝新生, Zhongxiao Xinsheng)역 1번 출구로 나와 직진하다 고가도로 횡단보도를 건너면 오른편에 위치한다. 도보 5분 거리. **홈페이지** www.huashan1914.com

타이완 최대의 전자상가 ★★★★★
광화디지털프라자 光華數位新天地 Guanghua Digital Plaza

1970년대 광화다리가 완공되면서 주변으로 상권이 형성되었고, 전자제품 밀집거리 빠데루八德路에 광화상창光華商場이라는 대규모 전자상가가 들어섰다. 2008년 광화다리를 철거하고 새롭게 건물을 올리면서 광화수웨이톈디光華數位新天地라고 명칭을 변경했다. 주변으로 골동품상가 싼푸구동상창三普古董商場, 전자상가 국제전자광장國際電子廣場 그리고 옥시장 광화위스光華玉市 등이 자리한다.

6개 층으로 이루어진 광화디지털프라자는 컴퓨터, 노트북, 스마트폰, 카메라, 게임 등 다양한 전자제품매장이 입점해 있다.

주소 中正區市民大道3段8號 **귀띔 한마디** 제품구입 시 여권을 제시하면 면세혜택을 받을 수 있다. **운영시간** 10:00~21:00/매월 마지막 주 화요일&설연휴 휴무 **문의** (886)02-2341-2202 **찾아가기** MRT 중샤오신성(忠孝新生, Zhongxiao Xinsheng)역 4번 출구로 나와 오른쪽으로 걷다가 고가도로 아래 사거리에서 왼쪽으로 횡단보도를 건너면 위치한다. 도보 6분 거리. **홈페이지** www.gh3c.com.tw

종이를 직접 만들어 볼 수 있는 ★★★☆☆
수훠종이박물관 樹火紀念紙博物館 Suho Paper Memorial Museum

창춘제지長春製紙 설립자 천수훠陳樹火는 1990년 비행기 사고로 사망하였는데, 생전 그는 종이가 중국에서 기원했지만 세계적으로 발전하지 못한 것을 안타까워하며 종이박물관설립을 꿈꿨다. 이러한 그의 종이에 대한 꿈과 열정을 기리기 위해 종이예술품을 수집하고 종이의 역사와 문화를 체계적으로 정리하여 1995년 박물관을 설립하였다.

1층은 종이로 만든 다양한 제품 및 DIY를 전시, 판매하는 쇼룸과 전통종이 제조과정을 살펴볼 수 있는 소규모 제지시범공장이 마련되어 있다. 2층은 종이와 관련된 예술가들의 작품을 선보이는 특별전시실이며, 3층은 종이의 기원과 역사, 다양한 종이의 특성과 사용에 대한 이해를 돕는 소규모박물관이고, 건물옥상은 폐지로 종이를 직접 만들어보는 체험장이다.

주소 中山區長安東路二段68號 **강력추천** 입구에서 종이만들기 체험신청을 받고 있다. 10:00, 11:00, 14:00, 15:00 하루 4차례, 토요일 14:00에는 신청자에 한해 가이드투어를 실시한다. **입장료** NT$100(박물관), NT$180(종이만들기 체험) **운영시간** 09:30~16:30(월~토요일)/매주 일요일, 설날, 단오, 중추절 휴관 **문의** (886)02-2507-5535 **찾아가기** MRT 중샤오신성(忠孝新生, Zhongxiao Xinsheng)역 4번 출구로 나와 오른쪽으로 직진하다 원동국제상업은행(遠東國際商業銀行) 간판이 보이는 빨간색 건물을 끼고 오른쪽으로 직진하면 오른편에 위치한다. 도보 10분 거리. **홈페이지** www.suhopaper.org.tw

Part 03

타이베이맥주문화원지구 台北啤酒文化園區
신선한 타이완맥주가 마시고 싶다면 ★★☆☆☆

일제강점기 설립된 고사맥주주식회사高砂麥酒株式會社는 당시 타이완 유일의 맥주공장으로 일본의 삿포로와 어깨를 견주었다. 광복 후 타이완전매국에서 이를 국유화하면서 건국맥주공장建國啤酒廠으로 상호를 변경하였으며, 맥주를 발효시키는 이중저장탱크를 갖춘 유일한 양조장으로 타이완 주류제조역사를 상징하게 되었다. 현재 타이완맥주시장의 80%를 점유한 국민맥주 타이완비어台灣啤酒, Taiwan Beer를 생산하고 있다.

2002년 타이베이맥주공장台北啤酒工場으로 상호를 변경하였고, 2007년 타이베이시에서 역사적 가치를 인정하여 맥주테마공원으로 조성하면서 타이베이맥주문화원지구로 탈바꿈하였다. 맥주공장 내에 자리했던 타이베이 최초의 호프집 타이피346창쿠찬팅台啤346倉庫餐廳은 아쉽게도 문을 닫았지만 근처에 주류매장이 있어 맥주와 함께 스낵이나 사발면을 구입하여 야외테이블에서 간단히 즐길 수 있다.

주소 中山區八德路二段85號 **귀띔 한마디** 맥주를 제조과정을 체험해볼 수 있다. 생맥주 1잔 NT$100 **입장료** 무료 **운영시간** 09:00~15:00(월~금요일), 08:00~20:30(주류매점)/매주 말 휴무 **문의** (886)02-2771-9131 **찾아가기** MRT 중샤오신성(忠孝新生, Zhongxiao Xinsheng)역 4번 출구로 나와 오른쪽으로 직진하다 첫 번째 사거리에서 오른쪽으로 가다 녹색 공장 건물이 보이면 왼쪽으로 조금 더 가면 오른편에 위치한다. 도보 10분 거리. **홈페이지** event.ttl-eshop.com.tw/tp

---

타이완맥주(台灣啤酒, Taiwan Beer) 베스트 오브 베스트

- **타이완비어클래식(Taiwan Beer Classic)** 타이완의 국민맥주로 통하며, 알코올도수 4.5%로 기름진 음식과 함께 마시면 개운함을 느낄 수 있다.
- **골든메달타이완비어(Gold Medal Taiwan Beer)** 2002년 세계맥주대회 금메달을 획득한 맥주로 국내에도 수입되고 있다.
- **과일타이완비어(Fruit Taiwan Beer)** 알코올도수 2.8%로 망고, 포도, 파인애플, 복숭아 맛 맥주로 맥주보다는 탄산과일음료에 가깝다. 여성들이 선호하는 맥주로 술을 잘 마시지 못한다면 가볍게 마시기에 좋다.

골든메달타이완비어&과일타이완비어

과일타이완비어

슈전박물관 袖珍博物館 Miniatures Museum of Taiwan
진짜보다 더 진짜 같은 미니어처박물관 ★★★★★

린원렌林文仁부부가 유럽과 미국 등지에서 수집한 200점 이상의 개인소장 미니어처를 1997년 박물관을 설립하여 전시하였다. 아시아에서는 최초, 세계에서는 두 번째인 미니어처박물관으로 세계 최고 수준의 컬렉션을 보유전시하고 있다. 작가미상인 영국의 시골 오두막을 표현한 골동품상점鄕村

茶廊與古董店이 이들 부부의 첫 수집작품이며, 120:1로 축소했지만 실제와 똑같이 표현된 트리마인樹上礦坑과 장미저택玫瑰豪宅 그리고 제작기간이 3년 이상 걸린 케빈맬버니&수산Kevin Mulvany & Susan의 작품 버킹엄궁전 등이 인기작품이다.

A4 크기만한 벽면액자에는 대부분 응접실과 주방 등을 디테일하게 표현하였는데, 미니어처 안에 더 세세한 미니어처가 있는 놀라운 작품들이다. 실제 작동되는 세계에서 제일 작은 TV가 있는 거실도 있다. 「피노키오」, 「잭과 콩나무」, 「걸리버 여행기」 등 동화뿐만 아니라 바비인형, 중국전통인형, 베네치아, 일본거리, 미국 서부시대 등을 표현한 다양한 작품을 감상할 수 있다.

주소 中山區建國北路一段96號B1 **강력추천** 미니어처모양의 기념도장을 찍고 싶다면 입장 전 NT$20을 주고 여권모양의 스탬프 노트를 구입하면 된다. **귀띔 한마디** 사진과 비디오 촬영은 가능하나 플래시 사용은 금지된다. **입장료** NT$180(성인), NT$150(학생), NT$100(110cm 이하 어린이) **운영시간** 10:00~18:00(화~일요일, 마지막 입장 17:00까지)/매주 월요일 휴관 **문의** (886)02-2515-0583 **찾아가기** MRT 쑹장난징(松江南京, Songjian nanjing)역 4번 출구로 나와 직진하다 두 번째 골목으로 들어가 대로변이 나올 때까지 직진하면 오른편 건물 지하 1층에 위치한다. 도보 8분 거리. **홈페이지** www.mmot.com.tw

주말에만 열리는 옥시장과 꽃시장 ★★★★★
젠궈자르위스&젠궈자르화스
建國假日玉市&建國假日花市 Jianguo Holiday Jade Market&Jianguo Holiday Flower Market

지엔궈루建國路 고가도로 아래에는 타이베이에서 제일 큰 규모의 옥시장과 꽃시장이 1978년부터 매주 주말에만 열리고 있다. 평일에는 주차장으로 이용되지만 주말이면 시민들의 주말 볼거리 제공을 목적으로 천여 개의 좌판이 빼곡하게 들어차 옥과 꽃에 대한 타이완 사람들의 남다른 애정을 엿볼 수 있다.

옥시장 젠궈자르위스   꽃시장 젠궈자르화스

귀띔 한마디 옥시장 바로 옆 이원터취(藝文特區, Artist's Coner)에서는 작가들이 직접 자신의 예술품을 판매한다. **운영시간** 09:00~18:00(매주 토~일요일) **찾아가기** MRT 다안썬린공원(大安森林公園, Daan Park)역 6번 출구로 나와 고가도로까지 직진하다 사거리에서 길을 건넌 후 계속 직진하면 왼편 고가도로 아래에 위치한다. 도보 10분 거리.

Section 02
중샤오신성에서 먹어봐야 할 것들

볼거리와 마찬가지로 중샤오신성에서 먹을 만한 곳은 화산1914문창원구 내에 자리하고 있다. 주걸륜이 운영하는 뮤직&매직 테마레스토랑 데자뷰를 비롯하여 VVG쓰웨이, 타이완요리 뷔페레스토랑 청예신러위안, 카페를 창작의 공간으로 재탄생시킨 파브카페 등 예술적 감각이 뛰어난 개성만점 레스토랑이 몰려있다.

헬로키티 왕국 ★★★★
헬로키티 키친앤다이닝 Hello Kitty Kitchen and Dining

중샤오푸싱에서 화산1914 문창원구 맞은편에 재오픈한 헬로키티 테마카페이다. 일본 산리오(Sanrio)사에 정식라이센스를 받은 업체로 쇼파, 전등, 테이블, 메뉴판, 액자 등 어느 것 하나 키티와 관련되지 않은 소품이 없을 정도로 키티천국이다. 핑크와 블루 그리고 아메리칸스타일이 결합된 아기자기한 인테리어와 키티유니폼을 입은 여직원들이 발랄하게 손님을 맞이한다.

햄버거, 리소토, 파스타, 피자, 스테이크 등의 메인요리와 케이크 세트메뉴가 주를 이루는데 샐러드, 수프, 빵, 메인메뉴, 디저트와 음료가 제공되는 세트메뉴가 인기 있다. 제공되는 대부분의 요리와 식기들이 키티 캐릭터를 모티브로 하고 있어 입보다는 눈이 즐거운 곳이다. 맛에 대해서는 좋지 않은 평도 많지만 연인, 가족, 친구들끼리 사진촬영을 위해 많이 방문하므로 주말예약은 필수이다.

주소 中正區金山北路1號 **귀띔 한마디** 메인요리보다는 케이크종류의 세트메뉴를 선택하는 것이 더 낫다. 미니엄차지 1인당 NT$300이 있다. **베스트메뉴** 키티소고기 햄버거세트(Kitty Beef Buger, NT$450), 버섯트러플 리소토세트(Mushroom Truffle Risotto&Baked Eggs, NT$420) **추천메뉴** 초콜릿 스위스롤세트(Chocolate Swiss Roll, NT$340), 새우스파게티세트(Spaghetti with Shrimp, NT$480) **가격** NT$450~/Service Charge 10% 별도 **영업시간** 11:30~21:00/연중무휴 **문의** (886)02-2393-0031 **찾아가기** MRT 중샤오신성(忠孝新生, Zhongxiao Xinsheng)역 1번 출구로 나와 직진하다 고가도로 횡단보도에서 오른쪽으로 직진하면 오른편에 위치한다. 도보 5분 거리.

타이베이중부

주인장의 센스가 빛나는 카페레스토랑 ★★★★★
VVG쓰웨이 好樣思維 VVG Thinking

'Very Very Good'의 약자 하오양VVG, 好樣은 파티 출장서비스 케이터링Catering뿐만 아니라 레스토랑, 호텔, B&B와 서점에 이르기까지 혁신적이면서 재미있는 하오양만의 다양한 사업을 전개하고 있다. 하오양에서 화산1914문창원구 내에 오픈한 VVG쓰웨이는 박하나무로 둘러싸인 입구를 지나면 나타나는데, 1층은 레스토랑, 2층은 서점과 잡화점으로 꾸며져 있다.

직접 기르는 각종 꽃들과 요리에 사용되는 허브로 가득한 화원을 지나 실내로 들어서면 뛰어난 감각이 돋보이는 서양식 인테리어가 눈길을 사로잡는다. 유럽 고저택 분위기의 실내 곳곳에는 오너의 센스가 돋보이는 재미난 소품이 곳곳에 눈에 띈다. 이곳에서 밖에 맛볼 수 없는 특별한 메뉴를 선보이며, 대부분 화원에서 직접 키운 허브를 이용해 건강해지는 느낌의 요리들이다.

❶ 애플&프로슈토샐러드(Apple and Prosciutto Salad) ❷ 가리비&버섯리소토(Scallop and Mushroom Risotto with white Truffle Oil) ❸ 생선구이(Grilled Fish and Vegetables) ❹ 가리비&버섯링귀니(Mentaiko, Scallop and Mushroom Linguin) ❺ 구운 사과(Baked Spiced Apple)

주소 中正區杭州北路紅磚六合院 C棟 **귀띔 한마디** 애피타이저, 샐러드수프, 메인요리, 디저트 중 3~5가지를 선택할 수 있는 런치세트(12:00~14:00)와 디너세트(18:00~21:00)가 있다. **베스트메뉴** 송로버섯오일로 풍미를 살린 가리비&버섯리소토(Scallop and Mushroom Risotto with white Truffle Oil, NT$420), 이탈리아의 프로슈토햄과 사과, 계절야채로 만든 샐러드 애플프로슈토샐러드(Apple and Prosciutto Salad, NT$320) **추천메뉴** 명란젓 소스로 만든 파스타 가리비&버섯링귀니(Mentaiko, Scallop and Mushroom Linguin, NT$420), 계절야채와 생선 본연의 맛을 잘 살린 생선구이(Grilled Fish and Vegetables, NT$480), 시나몬&진저리코타치즈로 구운 사과(Baked Spiced Apple with Cinnamon&Ginger Ricotta Cheese, NT$220) **가격** 디저트 NT$120~, 음료수 NT$140~/Service Charge 10% 별도 **영업시간** 12:00~21:00/연중무휴 **문의** (886)02-2322-5573 **찾아가기** MRT 중샤오신셩(忠孝新生, Zhongxiao Xinsheng)역 1번 출구로 나와 고가도로 횡단보도를 건너면 오른편의 화산1914문창원구 내 C棟에 위치한다. 도보 7분 거리.

이케아하우스 IKEA HOUSE

먹고 마시며 즐길 수 있는 신개념 ★★★★☆

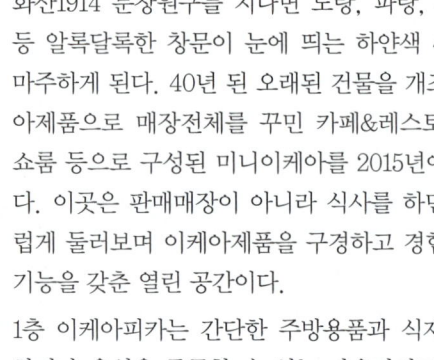

화산1914 문창원구를 지나면 노랑, 파랑, 주황, 초록 등 알록달록한 창문이 눈에 띄는 하얀색 4층 건물을 마주하게 된다. 40년 된 오래된 건물을 개조하여 이케아제품으로 매장전체를 꾸민 카페&레스토랑 그리고 쇼룸 등으로 구성된 미니이케아를 2015년에 오픈하였다. 이곳은 판매매장이 아니라 식사를 하면서 자연스럽게 둘러보며 이케아제품을 구경하고 경험하는 복합기능을 갖춘 열린 공간이다.

1층 이케아피카는 간단한 주방용품과 식재료를 구입하거나 음식을 주문할 수 있는 카운터이고, 2층은 카페처럼 꾸며놓은 식사공간, 3층은 아파트공간으로 꾸며놓은 전시공간이며, 4층은 북유럽스타일의 주방으로 꾸며놓은 쿠킹클래스 공간으로 평시에는 레스토랑으로 이용된다. 케이크와 간단한 북유럽스타일의 비교적 저렴한 식사메뉴가 제공된다.

❶ 미트볼(瑞典傳統肉丸) ❷ 치즈푸딩케이크(起司布丁塔)
❸ 로즈마리포크스테이크(厚切迷迭香豬排) ❹ 야채피자(蔬菜披薩佐洋芋丁)

주소 中正區忠孝東路二段37號 **귀띔 한마디** 메인요리보다는 케이크종류의 세트메뉴가 더 낫다. **베스트메뉴** 으깬감자와 함께 제공되는 미트볼(瑞典傳統肉丸, 5/10/15개 NT$80/120/160), 치즈푸딩케이크(起司布丁塔, NT$65), 커피(宜家熱咖啡, NT$50) **추천메뉴** 찐 감자와 함께 제공되는 야채피자(蔬菜披薩佐洋芋丁, NT$120), 로즈마리포크스테이크(厚切迷迭香豬排, NT$220), 블루베리치즈케이크(越橘乳酪蛋糕, NT$65) **가격** NT$50~ **영업시간** 11:30~21:00/연중무휴 **문의** (886)02-2393-0031 **찾아가기** MRT 중샤오신셩(忠孝新生, Zhongxiao Xinsheng)역 1번 출구로 나와 직진하다 고가도로 횡단보도를 건너 화산1914문창원구(華山1914文創園區)를 지나면 정면에 위치한다. 도보 6분 거리.

타이베이에서 맛보는 정통 인도요리 ★★★
마유르인디언키친 馬友友印度廚房 Mayur Indian Kitchen

5성급호텔 더웨스틴타이베이에서 근무했던 인도인 셰프 마우스리바스^{Mayur Srivas}가 2011년 타이베이101타워 부근에 서민스타일의 소박한 인도음식전문점을 오픈한 이래 현재 타이베이시에만 5개 지점을 운영하고 있는 타이베이 최고의 인도음식점이다. 2015년 트립어드바이저에서 우승을 차지했던 유명맛집으로 각 지점마다 인도인 요리사가 있으며, 인도에서 50가지의 향신료와 허브 등의 식재료를 공수해 다양한 정통가정식 인도요리를 제공하고 있다.

애피타이저, 인도-차이나요리, 탄두리BBQ, 남부인도요리, 난, 커리, 사이드디시, 디저트 등의 메뉴가 있다. 특히 감자, 완두와 향신료 등을 넣고 삼각형으로 빚어 기름에 튀긴 인도 대표간식 사모사는 타이베이 5성급 호텔의 인도식당에 매일 백여 개를 납품하는 대표음식이며, 인도의 전통 진흙오븐 탄두리에서 구운 인도빵 난과 탄두리치킨 등이 인기 있다.

주소 中山區新生北路一段38號 **강력추천** 평일 12:00~15:00에는 빠빠드, 샐러드, 난, 커리밥과 메인요리가 제공되는 런치세트(Lunch Set, NT$299)가 있다. **귀띔 한마디** 지점별로 메뉴와 가격이 상이하며, 소박한 인도를 느끼고 싶다면 MK-1호점을 방문하자. **베스트메뉴** 플레인, 버터, 마늘, 칠리 등 다양한 종류의 난(Naan, NT$50~95), 인도식 만두 사모사(Punjabi Samosa, 3개 NT$150), 요거트, 향신료와 크림치즈 등으로 양념한 닭가슴살을 탄두리에 구운 무르크치킨티카(Murg Chicken Tikka, 6조각 NT$295) **추천메뉴** 탄두리에 구운 안드라타이거새우요리(Andhra Tiger Prawn, 3마리 NT$590), 양고기, 닭고기, 해산물, 야채 등의 재료로 만든 다양한 커리요리(Curry, NT$230~), 인도식 밥(Spices Rice, NT$55) **가격** NT$300~ **영업시간** 12:00~13:00, 17:00~22:00(화~금요일), 12:00~22:00(주말과 공휴일)/매주 월요일 휴무 **문의** (886)02-2543-1817 **찾아가기** MRT 중샤오신성(忠孝新生, Zhongxiao Xinsheng)역 1번 출구로 나와 직진하다 오른쪽 고가도로를 따라 계속 직진하다 보면 오른쪽 신성베이루(新生 北路) 오른편에 위치한다. 도보 8분 거리. **홈페이지** www.indianfoodtaiwan.com

❶ 안드라타이거새우요리(Andhra Tiger Prawn)
❷ 난(Naan) ❸ 사모사(Punjabi Samosa)

커피와 모찌와플로 유명한 핫플레이스 ★★★★
4마노카페 4MANO CAFFÉ

세계바리스타대회에 타이완 대표로 참가하였으며 2005, 2009년 타이완 바리스타대회에서 우승했던 팀이 오픈한 디저트카페이다. 상호명 4MANO는 이탈리아어로 커피블렌딩^{Miscela}, 올바른 원두분쇄^{Macinazicone}, 고압 에스프레소기계^{Machine} 그리고 숙련된 바리스타^{Mano}를 의미하는 4M과 바리스타를 의미하는 Mano가 합쳐진 것으로 커피에 대한 자부심을 느낄 수 있는 곳이다. 핸드드립커피와 함께 겉은 바삭, 속은 촉촉

하고 부드러운 빵 속에 쫀득쫀득한 모찌가 들어있어 독특한 식감을 자랑하는 모찌와플이 유명하다.

주소 中正區忠孝東路二段134巷3號 **귀띔 한마디** 중산과 쑹산에 분점이 있으며, 예약을 받지 않고 2시간 시간제한이 있다. **베스트메뉴** 카페라떼(Caffeé Latte, 온/냉 NT$160/180), 블루베리와플(Blueberry With Chocolate Sauce Waffle, NT$250) **추천메뉴** 허니와플(Honey with Whipped Cream Waffle, NT$180), 더치커피(Cold Brew Caffeé, NT$230) **가격** NT$180~ **영업시간** 11:00~21:30/연중무휴 **문의** (886)02-2391-1356 **찾아가기** MRT 중샤오신성(忠孝新生, Zhongxiao Xinsheng)역 2번 출구로 나와 오른쪽 도로변을 따라 직진하면 왼편에 위치한다. 도보 1분 거리. **홈페이지** www.4manocaffe.com

영화팀이 만든 복고영화세트장 콘셉트 ★★★★★
리얼가츠카페 特有種商行 Realguts Cafe

2000년대 가장 주목을 받는 타이완 감독 웨이더셩魏德聖의 영화팀이 오픈한 복고풍의 카페이다. 일제강점기 타이완 원주민이 일본경찰과 군인에 맞서 항일운동을 했던 실화를 바탕으로 제작한 영화 〈시디그 발레〉의 영화감독, 미술감독, 제작자 등이 참여하였다. 그들이 만든 영화와 관련된 상품을 판매하는 디자인회사와 영화회사를 설립하여 2014년 영화 팬들을 위한 카페공간으로 오픈하였다.

매장 내의 테이블과 조명 등을 비롯하여 가구, 인테리어 소품 등이 모두 실제 영화 〈시디그 발레〉에서 사용되었던 소품으로 1930년대 클래식한 분위기를 그대로 느낄 수 있다. 또한 〈하이자오 7번지〉, 〈시디그 발레〉, 〈KANO〉 3편의 영화에서 등장했던 각각의 방을 재현해 놓았으며 입구에는 영화 〈KANO〉에서 남자주인공이 타던 자전거가 놓여 있다. 유기농야채와 타이완 특유의 식재료를 사용한 창작요리와 음료를 제공하며, 정기적으로 영화관련 강좌와 독립영화를 상영한다.

주소 中正區臨沂街27巷4-1號 **귀띔 한마디** 영화에 출연했던 배우와 영화팀원들이 촬영이 없을 때는 카페에서 직원으로 일하며, 비정기적으로 앞마당에서 영화소품 바자회를 한다. **베스트메뉴** 타이완바비큐덮밥(Taiwan Sweet Barbecued Pork&Sunny Egg, NT$240), (Rurnt Brown Sugar Latte, NT$160) **추천메뉴** (Basil Checken&Mushroom, NT$320), 초콜릿케이크(Chocolate Cake, NT$140) **가격** NT$180~ **영업시간** 11:30~21:30(화~금요일), 11:30~13:00, 18:00~21:30(주말)/매주 월요일 휴무 **문의** (886)02-2341-1785 **찾아가기** MRT 중샤오신성(忠孝新生, Zhongxiao Xinsheng)역 5번 출구로 나와 오른쪽으로 직진하다 골목 끝에서 왼쪽 대각선 골목으로 들어가면 왼편에 위치한다. 도보 2분 거리.

중국 소수민족의 요리를 만날 수 있는 ★★★★★
샤오샤오케산시시찬관 勺勺客陝西餐館

가족이 운영하는 40년 전통의 샤오샤오케는 동굴모양 아치형천장과 하얀 벽면을 가득 채운 손님들의 낙서가 인상적인 곳이다. 중국서북부 사막지역의 산시陝 주민들은 농한기에 일을 구하러 다른 지역에 갈 때 항상 칼과 숟가락을 챙겨 다니며, 허드렛일이나 밥상차리는 것을 도와주고 밥을 얻어먹었다 하여 유래된 샤오샤오케勺勺客는 요리하는 사람이란 의미를 지니고 있다. 산시지역은 예부터 실크로드의 관문으로 이슬람이나 몽골스타일이 혼합된 요리가 발달하였다. 그래서 향신료를 이용한 요리와 양고기요리가 유명하다.

산시요리에 빼놓을 수 없는 찐빵처럼 생긴 파오모泡饃는 손님이 직접 찢어 직원에게 건네면 주문한 후루토시엔탕胡蘆頭鮮湯, 쐉홍뉴러우시엔탕雙紅鮮湯, 샤오양러우시엔탕燒羊肉鮮湯 3종류의 탕요리에 넣어 제공된다. 감자, 당근, 다진 고기, 두부와 파 등에 소스를 자작하게 부은 비빔면 치산샤즈몐岐山臊子麵, 뼈를 제거한 닭고기에 양파와 부추를 넣고 빵가루를 입혀 튀긴 후 소금, 후추 등을 뿌린 펑수투이風酥雞, 튀긴 두부에 고추를 넣고 조림한 후 피후이虎皮燴 등이 인기메뉴이다.

샤오양러우시엔탕(燒羊肉鮮湯)

츠즈파이구(炙子排骨)

후피후이(虎皮燴)

몽고자나이떠우푸(蒙古炸奶豆腐)

파오모(泡饃)

주소 中正區仁愛路二段41巷15號 **귀띔 한마디** 500cc 주전자에 나오는 호두죽 허타오라오(核桃酪)를 요리에 곁들이면 좋다. **베스트메뉴** 수십 가지의 향신료를 넣어 푹 고아 만든 육수에 돼지창자, 목이버섯 등을 넣은 후루토시엔탕(胡蘆頭鮮湯, NT$160), 소고기힘줄, 오리피 등으로 만든 쐉홍뉴러우시엔탕(雙紅鮮湯, NT$190), 양고기 누린내가 거의 나지 않는 샤오양러우시엔탕(燒羊肉鮮湯, NT$180) **추천메뉴** 양꼬치 양러우촨(孜然羊肉串, 1개 NT$40), 양념돼지고기를 튀긴 츠즈파이구(炙子排骨, NT$360), 두부피에 염소젖 치즈를 넣고 튀긴 후 설탕을 뿌린 디저트 몽고자나이떠우푸(蒙古炸奶豆腐, 2개 NT$60), 나이샹샤오만(奶香小饅, 3개 NT$36) **가격** NT$100~ **영업시간** 11:30~14:30, 17:30~21:00/매주 월요일 휴무 **문의** (886)02-2351-7148 **찾아가기** MRT 중샤오신성(忠孝新生, Zhongxiao Xinsheng)역 1번 출구로 나와 고가도로에서 왼쪽으로 횡단보도를 건넌 후 대로변을 따라 직진하여 창화은행(彰化銀行)건물을 지나 대로변 바로 옆길로 들어서면 왼편에 위치한다. 도보 10분 거리. **홈페이지** www.shaoshaoke.com

Chapter 02
타이베이의 상업지구, 둥취

東區, Dongqu

★★★★☆
★★★★★
★★★★☆

둥취는 MRT 중샤오푸싱역, 중샤오둔화역 그리고 국부기념관역 까지를 포함한 번화한 상업지역이다. 시먼딩이 10~20대 젊은 이들이 찾는 번화가라면 둥취는 대형백화점부터 개성강한 멀티숍, 플래그십스토어, 보세숍과 트렌디한 레스토랑&카페가 많아 20~30대들에게 인기 있는 지역이다. 우리나라 강남역과 홍대를 합쳐놓은 분위기로 타이베이의 개성 강한 패셔니스타를 많이 만날 수 있다.

둥취를 이어주는 교통편

- MRT 반난선(板南線, Bannan Line)과 원후선(文湖線, Wenhu Line)의 중샤오푸싱(忠孝復興, Zhongxiao Fuxing)역 또는 MRT 반난선(板南線, Bannan Line)의 중샤오둔화(忠孝敦化, Zhongxiao Dunhua)역에서 하차하여 이동하는 것이 편리하다. 중샤오푸싱역 2번 출구는 소고백화점푸싱점(SOGO復興館), 4번 출구는 소고백화점중샤오점(SOGO忠孝館)과 연결되어 있다. 중샤오둔화역의 메인출구는 대형 ZARA매장이 있는 2번 출구와 맞은편의 대형 유니클로매장이 있는 3번 출구이다. 특히 중샤오둔화 2번 출구의 뒷골목은 골목마다 특색이 있어 구경하는 재미가 있다.

둥취에서 이것만은 꼭 해보자

1. 골목탐방을 꼭 해보자! 차거리, 한국보세숍거리, 노점음식점거리, 멀티숍거리, 카페거리 등 다양한 볼거리가 있다.
2. 대형규모의 성품서점 중 둥취점이 볼만하다.
3. 젊은 직장인들이 찾는 곳이니만큼 개성강한 레스토랑과 카페가 많다. 우리나라에서 볼 수 없는 독특한 레스토랑을 방문해보자.

둥취 베스트코스(예상 소요시간 6시간 이상)

국부기념관과 송산문창원구를 둘러본 후에는 중샤오푸싱까지 이어지는 골목골목을 둘러보다 마음에 드는 레스토랑 또는 카페에 들러 여유를 느껴보도록 하자.

Section 03
둥취에서 반드시 둘러봐야 할 명소

둥취의 볼거리는 단연 바둑판처럼 이어진 골목길이다. MRT 중샤오푸싱역에서 국부기념관역까지 이어지는 골목골목은 안락한 휴식과 재미를 선사하는 카페, 레스토랑, 상점으로 가득하다. 평일 낮 시간대 골목에는 세련된 디자인으로 무장하고 이색적인 분위기를 연출하는 상점들이 많아 이를 구경하는 것만으로도 소소한 재미가 있다.

 타이베이에서 가장 핫한 거리 ★★★☆☆
둥취제 東區街 Dongqu Street

타이베이의 둥취東區는 MRT 중샤오푸싱忠孝復興역에서 국부기념관國父紀念館역 주변을 말하며 크게는 남쪽의 다안大安역과 신이안허信義安和역 일대까지를 포함한다. 오피스족이 많고 거주자들의 생활수준이 높아 트렌디한 옷가게, 유명클럽과 젊은이들의 약속장소로 우리나라 강남역과 비슷한 상권이 형성되어 있다. 중샤오둥루忠孝東路와 푸싱난루復興南路의 ㄱ자 대로변에는 3개의 소고백화점과 브리즈센터백화점, 대형플래그십스토어, 명품브랜드숍 등이 자리하여 대형쇼핑지구를 형성하고 있다. 중샤오둔화忠孝敦化역 근처에는 타이완전통요리부터 일식, 이탈리안뿐만 아니라 이색적인 레스토랑과 카페 등 타이베이 맛집이 몰려있다. 한류영향으로 동대문에서 공수해 온 한국보세옷가게가 점점 늘어나고 있으며 주결륜이 운영하는 판타시Phantaci와 타이완의 유명 밴드와 팝아티스트가 함께 런칭한 스테이리얼StayReal 등 개성강한 상점과 소규모의 바가 밀집된 거리이기도 하다.

찾아가기 MRT 중샤오둔화(忠孝敦化, Zhongxiao Dunhua)역 2번 출구로 나와 골목골목을 돌아다니면 다양한 둥취제(東區街)의 모습을 볼 수 있다.

타이베이중부

타이완의 국부 쑨원을 기리는 기념관 ★★★★★
국부기념관 國父紀念館 National Dr. Sun Yat-Sen Memorial Hall

1911년 신해혁명으로 중국본토에 중화민국을 수립한 타이완의 초대임시총통이자 국부로 추앙받는 쑨원을 기념하는 기념관이다. 1966년 쑨원 탄생 100주년이 되던 해 장제스 주도하에 시작된 공사는 1972년에야 완공됐다. 유명건축가 왕다홍ㅈㄷㅐㅁ이 설계하였으며 독수리의 힘찬 비상을 형상화한 당나라시대 전통건축양식의 노란색지붕과 현대적 스타일의 중앙입구는 묘하게 조화를 이루면서 웅장함과 세련미를 더한다.

기념관내부 정면에는 5.8m 높이의 거대한 쑨원좌상이 있고, 양쪽으로 쑨원 관련 전시실이 위치한다. 음악, 발레, 뮤지컬 등의 공연과 각종 수상식이 개최되는 대규모강당, 다양한 전시가 열리는 7개의 전시실, 4만권 이상의 서적을 갖춘 도서관과 독서실, 강의실 등이 있다. 기념관주변 중산공원中山公園은 평시에는 휴식공간이지만 타이완 명절에는 각종 행사가 이곳에서 진행된다. 기념관은 각종 생활레저와 전시뿐만 아니라 유명뮤지션들의 공연장으로 활용되면서 타이베이시민들의 문화예술활동을 촉진하고 있다. 기념관 뒤편에서는 타이베이101타워를 제대로 볼 수 있어 많은 관광객들의 기념촬영지로도 인기가 높다.

주소 信義區仁愛路4段505號 **강력추천** 매시 정각 1층 쑨원좌상 앞에서 위병교대식이 치러진다. 특히 17:00 위병교대식이 끝나면 국기하강식을 함께 볼 수 있다. **귀띔 한마디** 분수대에서는 매일 8차례 분수쇼가 진행된다. 08:30, 09:30, 10:30, 13:30, 14:30, 15:30, 16:30, 19:00, 20:00(12분 소요) **입장료** 무료 **운영시간** 09:00〜18:00(월〜일요일)/설연휴 휴관 **문의** (886)02-2758-8008 **찾아가기** MRT 국부기념관(國父紀念館, Sun Yat-Sen Memorial Hall)역 4번 출구로 나와 직진하면 바로 오른편에 위치한다. 도보 3분 거리. **홈페이지** www.yatsen.gov.tw

국부기념관의 주인 쑨원(孫文, 쑨문)은 누구인가?

마오쩌둥(毛澤東)과 장제스(蔣介石)의 정신적 스승이자 중국과 타이완 모두에서 추앙받는 쑨원은 1866년 중국광동성의 평범한 농부아들로 태어났다. 홍콩에서 서양의과대학을 다니며 의사면허를 취득했지만 청황실의 무능과 부패가 심해지자 반청운동에 가담하며 정치적 역량을 키워나갔다. 혁명에 뜻을 품은 사람들과 연합해 민족, 민권, 민생 삼민주의를 바탕으로 중국혁명동맹회를 조직해 1911년 10월 신해혁명으로 청나라를 멸하고, 초대임시총통이 되었으며 중화민국을 공포하였다.

청황실의 실권자였던 위안스카이(袁世凱)에게 공화제를 조건으로 대총통자리를 내줬지만 그의 배신으로 신해혁명은 막을 내렸고, 쑨원은 일본으로 피신하였다. 1916년 위안스카이가 사망하자 쑨원은 중국으로 돌아와 국민당정부를 수립한다. 하지만 서구의 지원과 원조를 받는 데에 계속 실패하자 쑨원은 소련의 원조제의를 받아들여 중국공산주의자들에게도 국민당 입당을 허락한다. 소련의 도움으로 군사학교를 세웠으며, 장제스를 교장으로 임명하였다. 강력한 군대, 정당, 동맹국을 갖게 된 그는 통일을 눈앞에 둔 1925년 간암으로 사망하였다. 그의 장례식은 국장으로 치러졌으며 이후 국부로 칭송받는다.

담배공장의 재탄생 ★★★★★
송산문창원구 松山文創園區 Songshan Cultural and Creative Park

1937년 설립된 타이완 최초의 담배공장 부지의 건축물을 보수개조하여 2011년 복합문화단지로 공식오픈하였다. 이곳을 예술단지로 꾸미게 된 것은 선구적인 담배갑 디자인과 고전적이면서도 모던한 건축양식의 공장건물 때문이라고 한다. 부지를 매입하여 처음부터 새로 짓는 것이 아니라 옛것을 보존하면서 리모델링을 통해 옛 건물과 새로운 공간이 어우러지도록 했다는 것에 의미가 있다.

타이완창의디자인센터와 합작하여 타이완디자인관台灣設計館을 설치하였고 유리작업실과 예술을 결합한 샤오산탕小山堂과 크고 작은 전시공관, 카페 등이 입점하여 디자인과 아이디어산업에 앞장서고 있으며 연못, 공원 등을 조성하여 시민들에게 휴식공간을 제공하고 있다. 2013년 가을 오픈한 성품생활誠品生活은 성품서점과 함께 다양한 상점, 레스토랑, 카페, 베이커리, 영화관, 호텔 등이 있는 복합문화공간으로 주말에는 건물 앞 광장에서 벼룩시장이 열린다.

타이완디자인관(台灣設計館)

성품생활(誠品生活)

주소 信義區光復南路133號 **귀띔 한마디** 2001년 타이베이시정부에서 시립고적으로 지정된 건물이다. 송산문창원구와 이웃하고 있는 타이베이돔(台北大巨蛋, Taipei Dome)도 2017년 완공예정이다. **입장료** 무료(일부전시는 유료) **운영시간** 09:00~18:00(실내구역), 08:00~22:00(실외구역)/연중무휴 **문의** (886)02-2765-1388 **찾아가기** MRT 국부기념관(國父紀念館, Sun Yat-Sen Memorial Hall)역 5번 출구로 나오자마자 오른쪽으로 걸어가다 사거리에서 다시 오른쪽으로 직진하면 입구가 나온다. 입구는 총 5개가 있으며 곳곳에 표지판이 있어 찾기 쉽다. 도보 10분 거리. **홈페이지** www.songshanculturalpark.org

타이베이중부

Section 04
둥취에서 먹어봐야 할 것들

타이베이 신세대들이 사랑하는 지역 중 하나인 둥취는 트렌드를 아는 젊은이들이 찾아오는 곳답게 타이베이의 트렌디한 맛집이 몰려있다. 고급 레스토랑부터 개성강한 테마레스토랑, 이탈리아, 멕시칸, 일식 등 다양한 나라의 전통음식점과 퓨전레스토랑을 비롯하여 한국음식점 그리고 개성있는 독특한 카페가 즐비하며 딘타이펑, 텐인명차, 키키레스토랑과 같은 유명체인점도 있다.

여심을 사로잡는 화려한 허니토스트로 유명한 ★★★★★
다즐링카페핑크 Dazzling Cafe Pink

다즐링카페 1호점 핑크는 타이완에서 처음으로 비주얼과 맛으로 승부하는 허니토스트 전문카페이다. 전체적으로 화이트톤 분위기에 파스텔톤 핑크로 포인트를 두어 소녀감성 인테리어와 달콤한 디저트로 유명하다. 디저트와 다양한 음료수가 주를 이루며, 간판메뉴는 각종 과일과 아이스크림, 커스타드크림, 마카롱 등으로 화려하게 장식한 다양한 허니토스트이다. 바나나, 캐러멜, 스트로베리, 초콜릿퐁뒤, 트로피칼프루트, 블루베리, 망고 등 10여 가지의 허니토스트는 눈으로 한 번 입으로 한 번 즐거움을 선사한다.

허니토스트는 손님들에게 포토타임을 제공한 후 토스트 한쪽 면을 커팅해 주는데 버터로 구워 바삭하고 달콤한 조각토스트가 가득 채워져 있다. 수프, 샐러드, 애피타이저, 샌드위치, 파스타, 크레이프, 와플 등의 메뉴도 있으며 판매시간이 정해져 있는 한정메뉴도 있다.

❶ 다즐링핑크(Dazzling Pink)
❷ 블루베리대니시허니토스트(Blueberry Danish Honey Toast)
❸ 스트로베리러버허니토스트(Strawberry Lover Honey Toast)

주소 大安區忠孝東路四段205巷7弄11號 **강력추천** 망고 관련 메뉴는 여름철 한정메뉴이다. **귀띔 한마디** 매월 16일 오후 12시에서 6시까지만 예약을 받으며, 예약을 못한 경우 1~2시간 대기는 기본이다. 대기 시 현지 핸드폰이 있다면 차례가 될 때 연락을 준다. **베스트메뉴** 블루베리데니시허니토스트(Blueberry Danish Honey Toast, NT$300), 스트로베리러버허니토스트(Strawbarry Lover Honey Toast, NT$270) **추천메뉴** 다양한 과일이 들어간 과일주스 다즐링핑크(Dazzling Pink, NT$140) **가격** 허니토스트 NT$220~, 와플 NT$160~, 파스타 NT$210~, 샌드위치 NT$180, 음료수 NT$100~ **영업시간** 12:00~21:00(월~금요일), 11:30~21:00(주말)/연중무휴 **문의** (886)02-8773-9238 **찾아가기** MRT 중샤오둔화(忠孝敦化, Zhongxiao Dunhua)역 2번 출구로 나오면 ZARA매장과 Watsons매장 사이 골목으로 들어서 첫 번째 사거리에서 오른쪽으로 직진하면 왼편에 위치한다. 도보 2분 거리.
홈페이지 www.dazzlingdazzling.com

현대적 공간에서 즐기는 타이완요리 ★★★★

싼허위엔 参和院 Sanhoyan

유럽의 비스트로Bistro문화를 도입한 타이완요리전문레스토랑으로 전체적으로 모던한 분위기이며, 타이완 옛 건물에서 사용했던 타일, 쇠창살문양, 창문, 격자무늬 등을 사용하여 신구 조화의 감각적인 인테리어가 돋보인다. 싼허는 향, 색, 맛의 조화를 의미하며, 이 세 가지가 가장 조화롭도록 재해석한 창작 타이완요리를 선보이고 있다.

곱게 색을 입은 발랄하고 귀여운 다양한 캐릭터 바오와 고슴도치모양의 딤섬은 아이들과 여성이 좋아하는 메뉴이다. 이를 포함한 80가지의 타이완요리는 전체적으로 자극적이지 않아 우리 입맛에도 잘 맞는다. 바텐더가 상주해 있는 2층 바에서는 다양한 칵테일, 위스키, 럼, 데킬라 등과 타이완, 일본, 벨기에, 프랑스산 생맥주 등 다양한 주류를 즐길 수 있다.

❶ 전복콘요리(五味九孔鮑) ❷ 동파육(東坡肉) ❸ 구아바오(虎皮斑馬지包) ❹ 닭튀김(辣子跳跳雞) ❺ 차슈바오(刺蝟叉燒包) ❻ 다양한 모양의 바오(包)

주소 大安區忠孝東路四段101巷14號 **귀띔 한마디** 평일 11:30~16:30에는 1인당 NT$150, 평일 저녁과 주말에는 1인당 NT$300의 미니엄차지가 있다. **베스트메뉴** 바삭한 아이스크림콘에 과일, 양상추, 으깬 감자와 전복 등을 층층이 올려 애피타이저로 먹기 좋은 전복콘요리(五味九孔鮑, Five Flavor Abalone, 1개 NT$87), 삼겹살 찜요리 동파육(東坡肉, Dongopo Pork, NT$287), 동파육 등 양념된 고기요리를 넣어 먹으면 좋은 구아바오(虎皮斑馬지包, Cut Buns, 4개 NT$47), 달콤한 바비큐가 들어 있는 고슴도치모양의 차슈바오(刺蝟叉燒包, Steamed Barbecued Pork Bun, NT$137) **추천메뉴** 맥주안주로 안성맞춤인 쓰촨스타일의 매콤한 닭튀김(辣子跳跳雞, Sichuan Style Spicy Fried Chicken, NT$287), 해산물볶음밥(什錦海鮮&飛魚卵炒飯, Assorted Seafood Fried Rice, NT$227), 다양한 캐릭터의 바오(包, Bun, NT$87~) **가격** NT$300~/Service Charge 10%별도 **영업시간** 11:30~01:00(금~토요일은 02:30까지 영업)/연중무휴 문의 (886)02-2731-3833 **찾아가기** MRT 중샤오푸싱(忠孝復興, Zhongxiao Fuxing)역 4번 출구로 나와 직진방향으로 두 번의 사거리를 건넌 후 톈런밍차(天仁茗茶)가 위치한 골목 안으로 들어가면 왼편에 위치한다. 도보 8분 거리. **홈페이지** www.sanhoyan.com.tw

일본 하라주쿠의 유명 팬케이크 ★★★★★

우즈나 오무오무 杏桃鬆餅屋 UZNA OMOM

일본에서 건너 온 유명 디저트카페 우즈나 오무오무의 첫 해외분점으로 타이완에 총 5개의 매장이 있다. 우즈나 오무오무의 영어철자를 거꾸로 배치하면 Momo Anzu로 살구를 의미하는 일본어 모모안즈杏桃와 발음이 같으며 살구팬케이크와 살구빙수 등이 이 집의 대표메뉴이다.

타이베이중부

타이완한정, 시즌한정과 다양한 토핑을 올린 팬케이크뿐만 아니라 가벼운 식사메뉴가 있고, 팬케이크와 식사메뉴에는 NT$160 가격에 해당하는 음료가 포함되어 있다. 홋카이도 우유와 밀가루 그리고 일본산 계란 등을 사용하여 구운 팬케이크 중 대표메뉴는 4cm 두께의 팬케이크를 두 개나 겹쳐 올린 두툼한 수플레 팬케이크로 시폰케이크처럼 부드럽고 폭신폭신한 식감을 자랑한다.

❶ 수플레팬케이크(蘇芙蕾厚鬆餅) ❷ 살구팬케이크(杏桃馬斯卡彭鬆餅) ❸ 호놀룰루팬케이크(HONOLULU, 熔岩鬆餅) ❹ 시즈오카말차라떼(抹茶拿鐵)

주소 大安區忠孝東路四段216巷19弄16號 **귀띔 한마디** 종종 최신 회화와 문학작품을 전시하는 공간으로도 활용된다. **베스트메뉴** 8cm 두께의 수플레팬케이크(蘇芙蕾厚鬆餅, NT$250), 마스카르포네 크림치즈, 살구사워크림, 홋카이도휘핑크림 그리고 절인 살구가 함께 나오는 살구팬케이크(杏桃馬斯卡彭鬆餅, NT$250) **추천메뉴** 타이완한정 팬케이크 호놀룰루팬케이크(HONOLULU, 熔岩鬆餅, NT$290), 본인의 취향대로 직접 제조해 마실 수 있는 시즈오카말차라떼(抹茶拿鐵, NT$180), 시즌한정판매 딸기팬케이크(草莓人戀鬆餅, NT$350) **가격** NT$250~ **영업시간** 11:00~21:30/연중무휴 **문의** (886)02-2771-2977 **찾아가기** MRT 중샤오둔화(忠孝敦化, Zhongxiao Dunhua)역 3번 출구로 나와 직진하다 후아난은행(華南銀行) 골목으로 들어가 오른쪽 두 번째 골목 안 왼편에 위치한다. 도보 3분 거리.

고급우육면을 맛볼 수 있는 ★★★★
핀촨란 品川蘭 Pin Chuan Lan

핀란찬의 한자는 맛을 의미하는 品, 뉴러우멘 발원지 쓰촨의 川과 맑은 육수 칭두언으로 유명한 란저우의 蘭을 뜻한다. 이 집의 뉴러우멘 육수는 소고기뼈, 토마토와 다양한 한약재를 넣고 끓여 영양이 풍부하면서 담백한 찬탕(饌湯)과 소고기뼈와 각종 채소, 과일을 넣고 끓여 단맛이 개운한 란탕(蘭湯)으로 나뉘며, 타이난 전통아침메뉴 뉴러우탕에서 착안한 스테이크 뉴러우멘이 있다. 유기농밀, 미국과 호주산 소고기 등 육수, 면, 고기 등

❶ 만한싼바오뉴러우멘(滿漢三寶牛肉麵) ❷ 탕샹우구뉴샤오파이멘(湯霜無骨牛小排麵) ❸ 라지아오샹러우(辣椒鑲肉)

엄선한 고급 식재료를 사용하여 상당한 정성을 기울인 깔끔한 맛의 뉴러우멘을 제공한다. 면은 가는 면과 굵은 면으로 나뉘며, 뉴러우멘과 곁들여 먹으면 좋은 사이드메뉴 등이 있다.

주소 大安區忠孝東路四段216巷11弄10號 **베스트메뉴** 국산과 호주산 소고기의 힘줄, 양, 도가니 3부위가 올려진 찬탕의 만한싼바오뉴러우멘(滿漢三寶牛肉麵, Beef Noodle Soup with Tendon, Tripe, Shank, NT$260), 란탕의 도가니뉴러우멘(特選腱心牛肉麵, Beef Noodle Soup with Shank, NT$230) **추천메뉴** 뼈 없는 미국 앵거스 소고기를 생으로 썰어 면 위에 올린 후 란탕을 부으면 육즙과 육수의 조화로운 맛이 일품인 탕샹우구뉴샤오파이멘(湯霜無骨牛小排麵, Beef Noodle Soup with Boneless Short Ribs, NT$370), 칠리고추 속에 다진 돼지고기를 넣어 만든 라지아오샹러우(辣椒鑲肉, Chili Pepper Stuffed with Ground Pork, NT$99) **가격** NT$300~ **영업시간** 11:00~14:30, 17:00~21:00/연중무휴 **문의** (886)02-2721-7397 **찾아가기** MRT 중샤오둔화(忠孝敦化, Zhongxiao Dunhua)역 3번 출구로 나와 직진하다 후아난은행(華南銀行) 골목으로 들어가 왼쪽 첫 번째 골목 안 오른편에 위치한다. 도보 2분 거리. **홈페이지** www.pinchuanlan.com.tw

Part 03

원조 쩐주나이차를 만나는 곳 ★★★★★
춘수이탕 春水堂 Chun Shui Tang

쩐주나이차(珍珠奶茶)

쿵푸몐(功夫麵)

타이완의 명물 쩐주나이차가 시작된 곳으로 본점은 타이중(臺中)에 위치하며 현재 타이완에만 40여 개 지점을 운영하고 있다. 대부분의 쩐주나이차전문점은 테이크아웃 형태의 소규모지만 춘수이탕은 동양스타일의 은은한 분위기로 여유롭게 시간을 보내기에 좋다. 특히 티마스터 인증제도를 통해 전문성을 강조하였고, 칵테일 배합을 차 배합에 접목한 것이 특징이다.

차의 맛을 헤치지 않을 정도의 달콤함과 우유의 고소한 맛을 느낄 수 있는 쩐주나이차는 다른 점포에 비해 가격은 비싸지만 풍미가 다르다. 우려낼 차를 먼저 정하고 당도와 얼음양까지 조절하여 주문할 수 있어 그 맛이 다를 수밖에 없다. 오픈 당시 고작 메뉴가 4개였지만 현재 100여 종의 다양한 메뉴를 선보이고 있다. 물론 쩐주나이차가 대표음료지만 전문 찻집답게 다양한 차와 면류, 타이완 전통간식 등을 판매한다.

주소 信義區菸廠路88號3F **강력추천** 2가지 요리와 음료가 포함된 4가지 세트메뉴가 있다. **귀띔 한마디** 테이블 주문표에 체크하여 선결제를 한 후 번호표를 테이블에 올려놓으면 직원이 자리로 가져다준다. 미니멈차지 1인당 NT$100이 있다. **베스트메뉴** 쩐주나이차(珍珠奶茶) 小 NT$85/大 NT$160 **추천메뉴** 우리나라 자장면과 비슷한 쿵푸몐(功夫麵, NT$85가격차 NT$70~, 식사 NT$85~ **영업시간** 11:00~22:00/연중무휴 **문의** (886)02-6639-8957 **찾아가기** MRT 국부기념관(國父紀念館, National Dr.Sun Yat-Sen Memorial)역 5번 출구의 송산문창원구(松山文創園區) 내 성품생활(誠品生活) 3층에 위치한다. **홈페이지** chunshuitang.com.tw

타이베이시에서 찾아가기 쉬운 춘수이탕 지점

- **국립중정기념당점(國立中紀念堂店)** **주소** 中正區中山南路21-1號 **문의** (886)02-3393-9529 **영업시간** 11:30~20:50/연중무휴
- **타이베이신광역전점(台北新光站前店)** **주소** 中正區忠孝西路1段66號B2F **문의** (886)02-2331-5718 **영업시간** 11:00~21:30(일~목요일), 11:00~22:00(주말&공휴일)/연중무휴
- **신이점(信義店)** **주소** 信義區松壽路9號B1F **문의** (886)02-2723-9913 **영업시간** 11:00~21:30(월~금요일), 11:00~22:00(주말&공휴일)/연중무휴
- **중산점(中山店)** **주소** 中山區南京西路12號B1F **문의** (886)02-2100-1848 **영업시간** 11:00~21:30(일~목요일), 11:00~22:00(주말&공휴일 전날)/연중무휴

영화스튜디오 테마레스토랑 ★★★★☆
VVG액션 好樣情事 VVG Action

1920년대 미국 극장무대를 모티브로 한 하오양의 프렌치요리 전문레스토랑으로 전체적인 분위기는 화려한 영화스튜디오를 연상케 하며, 구석구석 영화와 관련된 다양한 서적, 포스터와 소품, 예술관련 서적과 빈티지 소품 등 감각적인 인테리어가 눈길을 사로잡는다. 요리사를 포함한 직원들은 1920년대 미국의 노동자복장을 하고 있는데 남직원은 신문팔이나 구두닦이, 여직원은 간호사 복장이다. 스페인의 전채요리 타파스, 샐러드, 파스타, 리소토, 컵케이크, 조각케이크, 음료수 등 전체적으로 스페인과 이탈리아요리를 기반으로 하는 프렌치요리 스타일을 선보인다. 'VVG ACTION'이라고 쓰인 무대스타일의 오픈주방에서는 매일 마감 전 요리사들의 커튼콜이 진행된다.

❶ 야채스튜 ❷ 피시앤칩스 ❸ 당근케이크
❹ 라즈베리셔벗

주소 信義區菸廠路88號B2F **귀띔 한마디** 미니엄차지 1인당 NT$180이 있다. **베스트메뉴** 양파, 감자, 토마토, 호박 등 총천연색 야채를 올리브에 볶은 야채스튜(Hot pot with Rice and Pan fried Vegetable, NT$468), 해산물에 샤프란을 넣어 조리한 샤프란시푸드(Saffron Seafood, NT$528) **추천메뉴** 감자튀김을 곁들여 먹는 피시앤칩스(Fish and Chips, NT$298), 오렌지크림치즈 아이싱을 올린 당근케이크(Carrot Ginger Cake with Orange Cream Cheese, 1조각 NT$220), 설탕에 조린 생강을 얹은 라즈베리셔벗(Raspberry Sorbet with Homemade Candied Ginger, NT$248) **가격** 요리 NT$280~, 조각케이크 NT$148~, 음료수 NT$180~/Service Charge 10% 별도 **영업시간** 11:00~22:00/연중무휴 **문의** (886)02-6636-5888#1901 **찾아가기** MRT 국부기념관(國父紀念館, Sun Yat-Sen Memorial Hall)역 5번 출구로 나오자마자 오른쪽으로 직진한 후 사거리에서 오른쪽 송산문창원구(松山文創園區) 내 성품생활(誠品生活) 건물 지하 2층에 위치한다. 도보 12분 거리.

타이난의 서민 면요리 단짜이몐 전문음식점 ★★★★★
두샤오웨 度小月 Du Hsiao Yueh

단짜이몐은 삶은 국수에 국물을 붓고 중국식 된장으로 볶은 다진 고기와 삶은 새우 한 마리를 올려주는 소박한 요리이다. 두샤오웨본점은 1895년 타이난에 문을 열어 120년 역사를 자랑하는데, 전체적으로 고풍스러운 인테리어가 인상적이다. 출입구에는 처음 단짜이몐을 만들던 주방의 모습이 재현되어 있다. 가격이 매우 저렴하지만 양 또한 적으므로 이점을 감안하고 주문해야 한다.

단짜이몐은 굵은 밀가루면 단짜이몐擔仔麵, 얇은 쌀국수면 단자이미펀擔仔米粉과 굵은 쌀국수면 단자이궈쯔타오擔仔粿仔條 3종류가 있으며 간장에 삶은 오리달걀 루야단滷鴨蛋

과 완자인 루궁완滷貢丸을 곁들여 먹으면 든든하다. 요리 대부분에 샹차이香菜가 들어가므로 '부야오 팡 샹차이不要放香菜'라고 하면 샹차이를 빼주며, 융캉제에도 분점이 있다.

주소 大安區忠孝東路四段216巷8弄12號 귀띔 한마디 미니엄차지 1인당 NT$100 베스트메뉴 단짜이몐(擔仔麵, Tan Tsi Noodles, NT$50), 돼지고기 덮밥 루자오판(祖傳滷肉燥飯, Tradition Braised Pork Rice, NT$35) 추천메뉴 루떠우푸(滷豆腐, Tofu in Stew with Soy Sauce, NT$40), 다진 새우와 야채튀김 황진샤쥐엔(黃金蝦捲, Golden Shrimp Roll, NT$200) 가격 NT$100~ 영업시간 11:30~23:00(마지막 주문 22:30)/연중무휴 문의 (886)02-2773-1244 찾아가기 MRT 중샤오둔화(忠孝敦化, Zhongxiao Dunhua)역 3번 출구로 나와 첫 번째 골목으로 들어가 첫 번째 사거리에서 왼쪽으로 가면 오른편에 위치한다. 도보 3분 거리.

❶ 단짜이몐(擔仔麵) ❷ 루떠우푸(滷豆腐) ❸ 루자오판(祖傳滷肉燥飯) ❹ 황진샤쥐엔(黃金蝦捲)

퓨전식 사천요리전문점 ★★★★★
키키레스토랑 KIKI餐廳 KIKI Restaurant

타이완의 유명연예인들이 공동운영하는 쓰촨요리전문점으로 타이베이에만 8개 지점이 있다. 상호는 미야자키하야오의 〈마녀 배달부 키키〉에서 따 왔으며, 키키의 검은 고양이 지지를 마스코트로 활용한다. 특히 푸싱점은 영화배우 란신메이藍心湄가 직접 운영하여 더욱 유명하다.

쓰촨요리는 파, 마늘, 후추 등의 향신료를 이용하여 매콤하면서 기름지지 않아 우리입맛에도 잘 맞는다. 깔끔한 분위기, 다양한 메뉴, 친절한 서비스로 인기가 높아 예약은 필수이다. 영어메뉴판이 준비되어 있고, 메뉴마다 고추로 매운 정도와 인기메뉴를 표시해놨다.

주소 大安區光復南路280巷47號 귀띔 한마디 1인당 미니엄자치 NT$150 베스트메뉴 부추볶음꽃 창잉터우(蒼蠅頭, NT$250), 두부계란튀김 라오피넌러우(老皮嫩肉, NT$220), 파인애플마요네즈새우튀김 펑리샤초우(鳳梨蝦球, NT$420) 추천메뉴 매콤하고 얼큰한 수이주뉴러우(水煮牛肉, NT$380), 소고기와 생강을 볶은 촨지앙쓰뉴러우쓰(川薑絲牛肉絲, NT$270), 매콤한 닭볶음 라즈지딩(辣子鷄丁, NT$350) 가격 NT$200~/Service Charge 10% 별도 영업시간 11:30~15:00, 17:15~22:30(월~토요일), 11:30~15:00, 17:15~22:00(일요일)/연중무휴 문의 (886)02-2781-4250 찾아가기 MRT 국부기념관(國父紀念館, Sun Yat-Sen Memorial Hall)역 2번 출구로 나오자마자 왼쪽 골목으로 들어간 후 오른쪽 세 번째 골목을 따라 직진하면 왼편에 위치한다. 도보 2분 거리. 홈페이지 www.kiki1991.com

❶ 창잉터우(蒼蠅頭) ❷ 라오피넌러우(老皮嫩肉) ❸ 펑리샤초우(鳳梨蝦球) ❹ 수이주뉴러우(水煮牛肉)

타이베이시에 위치한 키키레스토랑
- 푸싱치지엔점(復興旗艦店) 주소 中山區復興南路一段28號 문의 (886)02-2752-2781 영업시간 11:30~15:00, 17:15~22:30(월~토요일), 11:30~15:00, 17:15~22:00(일요일)/연중무휴
- 성품신이점(誠品信義店) 주소 信義區松高路11號4F 문의 (886)02-2722-0388 영업시간 11:00~22:00(일~목요일), 11:00~23:00(금~토요일), 브레이크 타임 15:00~17:15(월~금요일)/연중무휴
- 성품쑹산점 태국요리레스토랑(誠品松菸店) 주소 台北市信義區菸廠路88號2F 문의 (886)02-6639-5959 영업시간 11:00~15:00, 17:00~22:00(월~토요일), 11:00~22:00(일요일)/연중무휴

고급 상하이요리전문점 ★★★★★
뎬수이러우 點水樓 Dian Shui Lou

한 스승에게 딤섬기술을 전수받은 두 제자가 각각 딘타이펑과 뎬수이러우를 오픈하여 형제레스토랑이라 알려져 있다. 여행자들에게는 서민적인 딘타이펑, 현지인들에게는 고급스러운 뎬수이러우가 호평을 받는다. 뎬수이러우는 2005, 2008년 타이베이 식음료부분 평가에서 별 4개, 2010년 타이완 탑레스토랑에 선정되어 별 5개를 수상하였다.

상하이요리 전문점으로 간편하게 먹을 수 있는 딤섬 외에도 다양한 정통요리가 있으며, 기본으로 주문해야 할 메뉴는 샤오룽바오小籠包로 딘타이펑에 비해 담백하고 육즙이 풍부하다. 조금 더 고급스러운 딤섬을 먹고 싶다면 푸아그라, 캐비아와 함께 세계 3대진미로 꼽히는 송로버섯으로 만든 쑹루샤오룽바오松露小籠包를 먹어보자.

주소 大安區忠孝東路三段300巷11F **베스트메뉴** 샤오룽바오(小龍包), NT$220), 다진 부추를 넣어 바삭하게 구워낸 주차이궈빙(薺菜鍋餅, NT$360), 송로버섯으로 만든 쑹루샤오룽바오(松露小龍包, NT$480), 통새우를 꽃모양으로 감싼 샤렌샤오마이(蝦仁燒賣, NT$350) **추천메뉴** 아들아들한 사누키면을 사용한 우육면 뎬수이러우사누키러우몐(點水樓讚岐牛肉麵, NT$580), 새우볶음밥 샤런차오판(蝦仁炒飯, NT$280), 동파육이라 불리는 삼겹살찜요리 뎬수이카오팡(點水烤方, NT$620) **가격** 딤섬 NT$220~, 요리 NT$280~/Service Charge 10% 별도 **영업시간** 11:00~22:00(마지막 주문 21:00)/연중무휴 **문의** (886)02-8772-5089 **찾아가기** MRT 중샤오푸싱(忠孝復興, Zhongxiao Fuxing)역 2번 출구와 연결된 소고백화점푸싱점(SOGO復興店) 11층에 위치한다. **홈페이지** www.dianshuilou.com.tw

❶ 샤오룽바오(小龍包) ❷ 샤런차오판(蝦仁炒飯)
❸ 주차이궈빙(薺菜鍋餅) ❹ 뎬수이카오팡(點水烤方)

> **타이베이시에 위치한 뎬수이러우**
> ● 타이베이기차역점(懷寧店) **주소** 中正區懷寧街64號 **문의** (886)02-2312-3100 **영업시간** 11:00~14:30, 17:30~22:00/연중무휴
> ● 난징점(南京店) **주소** 松山區南京東路四段61號 **문의** (886)02-8712-6689 **영업시간** 11:00~14:30, 17:30~22:00/연중무휴

중국식 별미 비빔국수전문점 ★★★★★
둥취터즈량몐 東區特製涼麵

중국식 냉면으로 불리는 여름철 별미이자 서민요리인 량몐涼麵을 파는 가게로 무척 소박한 집이다. 국물 없이 비벼먹는 국수로 삶은 면을 채에 건진 후 면이 서로 붙는 것을 막기 위해 기름을 살짝 넣

는다. 이를 버무려 자연적으로 식히는 것이 특징으로 쫄깃함을 위해 바로 찬물로 헹구는 일반 면과는 다르다. 약간 설익은 듯 푸석푸석한 식감이 스파게티면과 비슷하며 매콤한 소스에 비벼먹는 일반 랑멘과는 다르다. 다진 돼지고기로 만든 이 집 특제 소스를 뿌려 채썬 오이와 함께 비벼먹으면 된다.

주소 大安區忠孝東路四段216巷31號 **귀띔 한마디** 매콤한 맛을 원하면 고추기름을 넣어 비비면 된다. **베스트메뉴** 삶은 고기, 절인 무, 숙주 등과 함께 씹는 맛이 일품인 싼시엔량멘(三鮮特製), 中 NT$70/大 NT$80), 소스와 채썬 오이를 올린 일반 량멘인 마지앙량멘(麻醬涼麵, 中 NT$50/大 NT$60) **추천메뉴** 어묵완자탕 공완탕(貢丸湯, NT$25), 일본식 된장국 미소탕(味噌湯, NT$20) **가격** 면 NT$50~, 탕 NT$20~ **영업시간** 06:30~18:30(월~금요일), 06:30~15:30(주말)/연중무휴 **문의** (886)02-2711-3489 **찾아가기** MRT 중샤오둔화(忠孝敦化, Zhongxiao dunhua)역 3번 출구로 나와 후아난은행(華南銀行) 골목사이로 들어가 세븐일레븐을 지나면 왼편에 위치한다. 도보 5분 거리.

싼시엔량멘(三鮮特製)

공완탕(貢丸湯)

이슬람식 뉴러우멘 ★★★★★
청진중국우육관 清真中國牛肉麵食館 Halal Chinese Beef Noodle Restaurant

중국 산둥성출신의 독실한 이슬람 이주민가족이 2대째 운영하고 있는 60년 전통의 뉴러우멘전문점이다. 칭쩐淸眞은 '이슬람식의'라는 의미이며 식당에 적힌 할랄Halal은 모슬렘이 먹고 사용할 수 있게 허용된 식재료들을 말한다. 타이완산 질 좋은 할랄인증 소고기를 이용한 이슬람식 요리법을 선보이고 있다. 맑은 육수 칭두언淸燉은 감초, 양파, 앞다리 살과 뼈 등을 넣고 약한 불로 24시간 끓여낸 육수로 청경채와 파를 넣어 기름지지 않고 시원한 맛을 낸다. 수제로 반죽하여 뽑아낸 면발은 쫄깃쫄깃하며 일반 면과 가느다란 면으로 나뉜다. 황소갈비를 올린 황뉴레이파이黃牛肋排와 황소갈비와 힘줄이 반반 섞인 황뉴진티레이파이黃牛筋蹄肋排가 인기 있다.

❶ 칭두언뉴러우멘(清燉牛肉麵) ❷ 홍샤오뉴러우멘(紅燒牛肉麵)+징지앙황뉴러우쓰(京醬黃牛肉絲)+진빙(斤餅)

주소 大安區延吉街137巷7弄1號 **강력추천** 매운 맛을 좋아한다면 이 전문점보다 훨씬 매콤한 홍샤오뉴러우멘(紅燒牛肉麵)을 주문하면 된다. **귀띔 한마디** 이슬람식당이기 때문에 술은 판매하지 않으며 반입도 불가하다. **베스트메뉴** 두툼한 소고기를 올린 뉴러우멘(清燉/紅燒牛肉麵, NT$ 155), 황소갈비를 올린 황뉴레이파이멘(黃牛肋排麵, NT$245), 황소갈비와 힘줄을 올린 황뉴진티레이파이멘(黃牛筋蹄肋排麵, NT$ 225) **추천메뉴** 얇게 썬 소고기를 텐지앙(甜醬)에 볶아 파 위에 올린 징지앙황뉴러우쓰(京醬黃牛肉絲, 小 NT$200), 밀전병 진빙(斤餅, 1장 NT$30) **가격** 뉴러우멘 NT$155~, 뉴러우탕 NT$140~, 반찬 NT$30~ **영업시간** 11:30~14:30, 17:00~21:00/연중무휴 **문의** (886)02-2721-4771 **찾아가기** MRT 국부기념관(國父紀念館, Sun Yat-Sen Memorial Hall)역 1번 출구로 나와 왼편 첫 번째 골목을 따라 직진하면 오른편에 위치한다. 도보 3분 거리.

아이스몬스터 Ice Monster
꽃보다 할배들이 극찬한 망고빙수점 ★★★★★

타이완에서 최초로 망고빙수를 선보인 빙관15冰館15가 2012년 융캉제에서 중샤오둥루忠孝東路로 옮기면서 아이스몬스터로 이름을 바꿨다. 타이완 3대 망고빙수전문점이자 CNN에서 세계 10대 디저트 중 하나로 아이스몬스터 망고빙수를 소개하였으며, tvN〈꽃보다 할배〉에 등장해 우리나라 여행자들에게도 화제가 되었다.

2인이 먹기에 충분한 아이스몬스터 빙수 중에는 망고빙수가 대표메뉴이며, 이에 못지않게 딸기빙수도 인기가 높다. 각각 망고와 딸기를 갈아 얼린 얼음을 사용하기 때문에 소복하게 쌓인 빙수자체에서도 과일 맛을 느낄 수 있다. 매달 새로운 메뉴 4가지를 선보이고 있고 겨울에는 뜨거운 디저트수프를 판매한다.

❶ 망고빙수(新鮮芒果綿花甜) ❷ 딸기빙수(新鮮草莓綿花甜) ❸ 쩐주나이차빙수(珍珠奶茶綿花甜)

주소 大安區忠孝東路四段297號 **강력추천** 현지인들에게는 따뜻한 쩐주나이가 따로 나오는 쩐주나이차안화텐(珍珠奶茶綿花甜)이 인기 있다. **귀띔 한마디** 1인당 미니멈차지 NT$120이 있고, 시간은 1시간으로 제한되며 테이크아웃이 가능하다. **베스트메뉴** 망고빙수 신시엔망궈미엔화톈(新鮮芒果綿花甜, 여름철 NT$220/겨울철 NT$250), 딸기빙수 신시엔차오메이화톈(新鮮草莓綿花甜, 겨울철 NT$240/여름철 NT$280) **추천메뉴** 쩐주나이차빙수 쩐주나이차미안화톈(珍珠奶茶綿花甜, NT$180) **가격** 빙수 NT$190~, 디저트수프 NT$90~ **영업시간** 10:30~23:30/연중무휴 **문의** (886)02-8771-3263 **찾아가기** MRT 국부기념관(國父紀念館, Sun Yat-Sen Memorial Hall)역 1번 출구로 나와 출구를 등지고 오른쪽으로 걷다보면 오른편에 보인다. 도보 3분 거리. **홈페이지** www.ice-monster.com

둥취펀위안 東區粉圓 Eastern Ice Store
건강까지 생각한 타이완식 떡빙수전문점 ★★★★☆

달콤한 얼음물에 연두부를 넣고 각종 토핑을 얹은 떠우화豆花와 쩐주나이로 알려진 타피오카펄Tapioca Pearl과 찹쌀을 섞어 만든 경단에 각종 토핑을 얹은 펀위안粉圓은 타이완에서 흔히 맛볼 수 있는 전통간식이다. 차가운 메뉴는 떠우화, 펀위안 또는 얼음과 함께 제공되는 종합펀위안 중에 선택할 수 있으며 토란, 고구마, 녹두, 콩, 팥, 땅콩 등 다양한 토핑 중 3가지를 선택하여 올릴 수 있다. 뜨거운 메뉴는 팥죽과 비슷한 훙떠우지紅豆汁, 선초를 우려낸 샤오시엔차오燒仙草, 뜨거운 순두부 아오떠우화溫豆花 그리고 팥과 율무를 끓인 러렌탕熱甜湯 중 선택하여 1~4가지 토핑을 올릴

수 있다. 모든 재료는 향료와 색소를 사용하지 않으며 고구마경단, 토란경단, 찹쌀경단, 쌀경단 등이 인기 있다.

주소 大安區忠孝東路四段216巷38號 **귀띔 한마디** 얼음, 시럽과 연유가 별도로 마련되어 있어 당도를 조절할 수 있다. **가격** NT$60 **영업시간** 11:00~23:30/연중무휴 **문의** (886)02-2777-2057 **찾아가기** MRT 중샤오둔화(忠孝敦化, Zhongxiao Dunhua)역 3번 출구로 나와 직진한 후 후아난은행(華南銀行) 골목사이로 들어서면 오른편에 위치한다. 도보 5분 거리. **홈페이지** www.efy.com.tw

듀취떤위안에서 현지인처럼 주문하기

- **차가운 메뉴**: 펀위안(粉圓)+1~4가지 토핑, 떠우화(豆花)+1~4가지 토핑, 잘게 부순 얼음이 포함된 종합펀위안(綜合粉圓冰)+3가지 토핑
- **뜨거운 메뉴**: 홍떠우즈(紅豆汁)+1~4가지 토핑, 아오떠우화(溫豆花)+1~4가지 토핑, 샤우시엔차오(燒仙草)+1~4가지 토핑, 러텐탕(熱甜湯)+1~4가지 토핑

바이샹궈(百香果): 패션프루트	**차오메이(草莓)**: 딸기	**펑리(鳳梨)**: 파인애플
화성(花生): 땅콩	**지루어(蒟蒻)**: 곤약	**아이위(愛玉)**: 젤리와 비슷하게 생긴 묵
위위안(芋圓): 토란으로 만든 경단	**위터우(芋頭)**: 토란	**량위안(凉圓)**: 팥, 콩, 녹두, 호박 등으로 만든 경단
펀궈(粉粿): 쌀로 만든 경단	**디과(地瓜)**: 고구마	**디과위안(地瓜圓)**: 고구마로 만든 경단
바이무얼(白木耳): 흰목이버섯	**루떠우(綠豆)**: 녹두	**탕위안(湯圓)**: 찹쌀경단

맛과 향이 살아 있는 좋은 차 ★★★★
톈런밍차 天仁茗茶 TenRen's Tea

최고급 아리산우롱차로 유명한 톈런밍차는 전 세계 160여 개의 매장을 소유한 타이완의 대표적인 차브랜드이다. 그룹소유의 다원에서 수확한 찻잎을 각각의 차에 맞는 전통기법을 사용하여 본연의 향기와 맛을 잘 살려냈다. 식품안전관리시스템을 갖추고 있으며 다양한 국제품질인증을 받은 세계 최초의 차제조업체이기 때문에 더욱 안심하고 마실 수 있다.

차를 시음해 볼 수 있는 매장도 있으며, 다양한 차는 물론 간단한 다과, 다기들도 전시판매하고 있다. 고가의 고산차 외에도 다양한 종류의 우롱차, 보이차, 자스민차, 녹차, 홍차 등이 있으며 특히 쩐주모리珍珠茉莉, 913차왕913茶王, 둥팡메이렌東方美人과 톄관인鐵觀音 등이 인기 있다.

주소 大安區忠孝東路四段107號 **강력추천** 최고급으로 인정받는 아리산우롱차는 고산지대에서 재배된 찻잎만을 사용하여 부드러우면서 단맛이 나고, 구수하면서 진한 향을 가지고 있다. **귀띔 한마디** 톈런그룹에서 운영하는 카페레스토랑 츠차취(喫茶趣, cha FOR TEA)는 단품, 세트메뉴뿐만 차로 만든 요리와 디저트 등 다양한 메뉴를 판매한다. **베스트메뉴** 913차왕(913茶王, NT$60), 시럽이 아닌 꿀로 단맛을 낸 쩐주나이차(珍珠奶茶/奶綠, NT$50) **추천메뉴** 토란녹차밀크티 샹위나이뤼(香芋奶綠, NT$70) **가격** NT$40~ **영업시간** 08:30~22:30/연중무휴 **문의** (886)02-2711-8868 **찾아가기** MRT 중샤오둔화(忠孝敦化, Zhongxiao dunhua)역 7번 출구로 나와 횡단보도를 건넌 후 조금 더 가면 오른편에 위치한다. 도보 5분 거리. **홈페이지** www.tenren.com.tw

옛날식 타이완셔벗을 맛볼 수 있는 ★★★★☆
베이먼펑이빙 北門鳳李冰

타이베이시 베이먼北門에 자리했던 30년 전통의 유명 타이완 셔벗가게가 2012년 둥취 골목 안쪽으로 이전하였다. 파인애플, 리치, 땅콩, 타로, 녹두, 계원 등 현지산 천연재료와 당도를 위해 약간의 설탕만을 가미하는 전통제조법 그대로 만드는 수제 웰빙셔벗을 맛볼 수 있다. 과거로 소환된 듯한 향수가 느껴지는 소박한 가게로 입구 칠판보드에는 당일 판매하는 메뉴가 기재되어 있고, 실내 벽면칠판에는 이곳에서 판매하는 전체메뉴가 적혀있다. 간판메뉴로는 타이난산 파인애플을 통째로 삶아 만든 파인애플자두셔벗과 상큼한 맛의 리치셔벗이며 풍부한 재료본연의 맛을 느낄 수 있다.

주소 大安區忠孝東路四段216巷33弄9號 **귀띔 한마디** 간판메뉴 파인애플자두셔벗과 리치셔벗을 제외한 나머지 셔벗메뉴는 한 컵에 두 가지 종류를 선택할 수 있다. **베스트메뉴** 파인애플셔벗 위에 파인애플과 새콤달콤한 시럽에 절인 자두가 토핑된 파인애플자두셔벗(鳳李冰, NT$45), 리치셔벗(荔枝冰, NT$45) **추천메뉴** 다자산 타로를 사용한 타로셔벗(芋頭冰, NT$45), 이란산 땅콩을 곱게 갈아 만들어 고소함과 깔끔한 끝 맛이 일품인 땅콩셔벗(花生冰, NT$45) **가격** NT$45 **영업시간** 12:00~21:30(화~일요일)/매주 월요일 휴무 **문의** (886)02-2711-8862 **찾아가기** MRT 중샤오둔화(忠孝敦化, Zhongxiao Dunhua)역 3번 출구로 나와 직진하다 후아난은행(華南銀行) 골목으로 들어가 왼쪽 네 번째 골목으로 들어가면 오른편에 위치한다. 도보 10분 거리.

❶ 파인애플자두셔벗(鳳李冰)
❷ 타로셔벗(芋頭冰)
❸ 땅콩셔벗+타로셔벗(花生冰+芋頭冰)

그 시절 우리가 사랑했던 빙수가게 ★★★☆☆
샤오스허우빙궈시 小時候冰菓室

1980~90년대 타이완의 모습을 콘셉트로 한 빙수가게로 상호명 샤오스小時候는 '어린 시절, 소싯적'이란 의미이다. 순수했던 어린 시절을 모티브로 방과 후 친구들과 놀던 추억의 놀이, 영화포스터, 소품, 음악 등으로 실내가 채워져 있어, 이삼십 년 전 아날로그 감성과 빈티지 느낌이 물씬 풍긴다.

간판에는 50년 노점이라고 쓰여 있는데, 주인이 가게가 오랫동안 많은 사람들의 추억의 장소가 되었으면 하는 바람이라고 한다. 망고연유, 바나나·초콜릿빙수, 녹차·딸기, 수박·녹차, 매실, 땅콩연유, 딸기연유, 녹차연유, 팥연유, 토란연유빙수 등의 다양한 빙수메뉴가 있으며, 이 집만의 특제 흑설탕이 빙수 속에 뿌려져 나오는 것이 특징이다.

주소 大安區大安路一段51巷39號 **귀띔 한마디** 계절에 따라 여름에는 망고빙수, 겨울에는 딸기빙수를 제공하며, 빙수에 푸딩(布丁, NT$30)을 추가할 수 있다. **베스트메뉴** 찐쭈, 팥, 당면, 녹두, 땅콩, 타로, 율무 등 8가지 재료가 토핑된 빠바오빙(八寶冰, NT$60), 말차가루를 뿌린 빙수 위에 딸기가 토핑된 말차딸기빙수(抹茶草莓冰, NT$150) **추천메뉴** 빙수 위에 딸기와 연유푸딩을 올리고 연유를 잔뜩 뿌려주는 딸기빙수(草莓牛奶冰, NT$200), 빠바오빙 재료 중 4가지 재료를 선택할 수 있는 쓰바오빙(四寶冰, NT$60) **가격** NT$60~ **영업시간** 13:00~22:00/연중무휴 **문의** (886)02-8771-9521 **찾아가기** MRT 중샤오푸싱(忠孝復興, Zhongxiao Fuxing)역 4번 출구로 나와 직진방향으로 두 번의 사거리를 건넌 후 텐런밍차(天仁茗茶)가 위치한 골목 안으로 들어가 왼편 네 번째 골목 안 왼편에 위치한다. 도보 3분 거리.

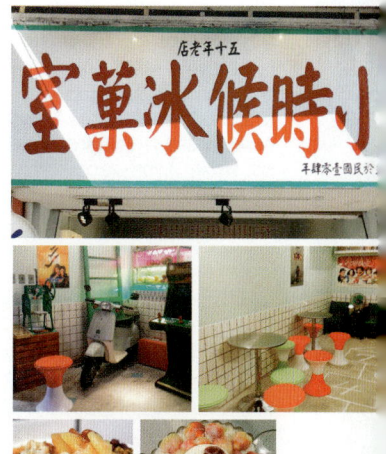

빠바오빙(八寶冰)   딸기빙수(草莓牛奶冰)

Special 04

둥취에 위치한 다양한
캐릭터테마카페 (character Thema cafe)

일본의 영향을 많이 받은 타이완은 캐릭터관련 사업이 많이 발달하였으며, 특히 현재는 중샤오신성으로 이전한 헬로키티카페를 시작으로 둥취에 만화캐릭터를 테마로 한 레스토랑이 밀집해 있다. 외관부터 실내인테리어 그리고 직원의상과 음식까지 모두 해당 캐릭터로 아기자기하게 꾸며져 있어 먹는 재미뿐만 아니라 보는 재미까지 있어 아이들과 젊은 여성에게 폭발적인 인기를 얻고 있다. 다양한 캐릭터상품도 판매하므로 마니아라면 놓치지 말고 꼭 방문하자.

원피스레스토랑 (ONE PIECE Restaurant, 海賊王餐廳)

역대 최대 발행부수로 기네스북에 등재된 일본 유명만화 원피스(ワンピース)를 테마로 한 일본 대형레스토랑으로 2016년 11월 타이베이에 해외 첫 공식지점을 오픈하였다. 2016년 12월 홍대에도 '카페 드 원피스'를 오픈하였는데 규모, 볼거리와 음식 면에서 타이베이지점이 더 낫다. 전체 실내인테리어를 원피스에 등장하는 해적선 써니호로 꾸며 마치 원피스 주인공과 함께 선상식사를 즐기는 기분이다. 실제크기 캐릭터인형과 함께 사진을 찍을 수 있는 포토존이 있으며, 다양한 원피스제품도 판매하고 있어 원피스팬이라면 꼭 방문해야 할 핫스폿이다.

주소 大安區敦化南路一段169巷8號2/F **귀띔 한마디** 예약은 공식페이스북에서 가능하고, 미니엄차지 1인당 NT$250이 있으며 식사제한시간은 2시간이다. **메뉴** 루피폭찹&커리라이스(Luffy Blue Gordon Pork Chop&Curry Rice, NT$360), 딸기솜사탕와플(Strawberry&Cotton Candy Waffle, NT$380) **가격** NT$400~/Service Charge 10% 별도 **영업시간** 11:00~22:00/연중무휴 **문의** (886)02-2752-0559 **찾아가기** MRT 중샤오둔화(忠孝敦化, Zhongxiao Dunhua)역 7번 출구로 나와 오른쪽 첫 번째 골목을 따라 직진하다 패밀리마트에서 왼쪽 골목으로 직진하면 오른편 건물 2층에 위치한다. 도보 3분 거리.

파루피폭찹&커리라이스(Luffy Blue Gordon Pork Chop&Curry Rice)

구데타마셰프 (Gudetama Chef, 蛋黃哥五星主廚餐)

일본어로 '구데구데'는 술 취한 사람의 게으른 모습, '타마'는 달걀을 의미한다. 구데타마(ぐでたま)는 산리오의 캐릭터로 홍콩, 오사카에 이어 타이베이에는 미슐랭 5스타의 구데타마 요리사의 주방을 테마로 2016년 10월에 오픈하였다. 수프, 애피타이저, 샐러드, 피자, 리소토, 파스타, 팬케이크 및 디저트와 음료수 등 구데타마를 형상화하여 보는 재미가 있는 메뉴를 선보인다.

주소 大安區敦化南路一段236巷12號 **귀띔 한마디** 예약은 공식페이스북에서 가능하고, 미니엄차지 1인당 NT$200이 있으며, 식사제한시간은 90분이다. **메뉴** 일본식 샤오로판(日式燒肉飯, NT$280), 에그팬케이크(蛋黃哥鳥巢雞蛋糕, NT$160) **가격** NT$250~ **영업시간** 11:00~22:00(화~일요일)/매주 월요일 휴무 **문의** (886)02-2752-9520 **찾아가기** MRT 중샤오푸싱(忠孝復興, Zhongxiao Fuxing)역 3번 출구로 나와 직진하다 로렉스 매장이 있는 골목으로 들어가 왼쪽 두 번째 골목으로 직진하면 오른편에 위치한다. 도보 5분 거리.

샤오로판(日式燒肉飯)

리락쿠마카페 (Rilakkuma Café, 拉拉熊咖啡廳)

도쿄, 싱가포르, 태국, 홍콩과 한국 등에 지점을 둔 리락쿠마 테마카페로 2015년 타이베이의 둥취에 오픈하여 현재까지 엄청난 인기를 얻고 있다. 예약제로 운영하며, 점심 11:30~13:30, 애프터눈티 13:40~15:40, 15:40~17:40, 저녁 17:50~19:50, 20:00~22:00 시간제로 운영하며, 애프터눈티 타임에는 디저트와 음료만 주문할 수 있다. 리락쿠마는 편안한 휴식을 추구하는 곰(Relax Bear)의 일본어로 귀여운 곰돌이캐릭터는 엑소 찬열, 주원, 수지 등 국내연예인도 리락쿠마의 덕후임을 인증했다. 음식메뉴보다는 타이완의 디저트퀸이라고 불리는 유명 파티시에가 만든 디저트메뉴가 인기이다.

주소 大安區忠孝東路四段248巷3號 **귀띔 한마디** 예약은 메일(rilakkuma.cafe.tw@gmail.com)로 이름, 방문일, 방문시간, 인원, 회신메일주소 등을 영문으로 보내고, 음식주문과 상관없이 무조건 1인당 1음료를 주문해야 하며 식사제한시간은 2시간이다. **메뉴** 리락쿠마 치즈케이크(Rilakkuma Cheese Cake, NT$200), 리락쿠마 폭찹커리라이스(Rilakkuma Pork Chop Curry Rice, NT$360) **가격** NT$300~/Service Charge 10% 별도 **영업시간** 11:30~22:00/연중무휴 **문의** (886)02-2773-0303 **찾아가기** MRT 중샤오둔화(忠孝敦化, Zhongxiao Dunhua)역 3번 출구로 나와 대로변을 따라 직진하다 오른쪽 세 번째 골목으로 들어가면 왼편에 위치한다. 도보 5분 거리.

치즈케이크(Rilakkuma Cheese Cake)

크래프트홀릭카페 (Craftholic Café, 宇宙人主題餐廳)

일본 디자인회사 악센트(ACCENT)의 미니담요에서 탄생한 크래프트홀릭은 지구에 놀러온 크래프트 행성의 우주인들로 부드러운 표정과 귀여운 몸짓으로 마음까지 편안해지는 사랑스러운 캐릭터이다. 2016년 오픈하였으며, 토끼, 곰, 닭, 원숭이, 펭귄, 코알라 등 동물을 닮은 다양한 패턴의 인형, 파스텔톤 벽지, 목재가구 등이 어우러져 사랑스러운 아기방을 연상케 한다.

주소 大安區光復南路280巷28號 **귀띔 한마디** 음식주문과 상관없이 무조건 1인당 1음료를 주문해야 한다. **메뉴** 크림치즈무스케이크(Rab Cream Cheese Mosse Cake, NT$220), 애플치킨커리리소토(Sloth Apple Curry Risotto with Chicken, NT$260) **가격** NT$300~ **영업시간** 11:00~22:00/매주 월요일 휴무 **문의** (886)02-2778-1569 **찾아가기** MRT 국부기념관(國父紀念館, Sun Yat-Sen Memorial Hall)역 2번 출구로 나와 왼쪽 골목으로 들어간 후 오른쪽 세 번째 골목으로 직진하면 오른편에 위치한다. 도보 1분 거리.

크림치즈무스케이크, 애플치킨커리리소토

코비토즈칸카페 (Kobitos Cafe, 醜比頭的秘密花園輕食咖啡)

〈난쟁이 도감〉을 의미하는 코미토즈칸은 일본동화책으로 시작하여 애니메이션으로 방영되면서 '못생긴 캐릭터', '이상한 캐릭터'로 어린이부터 어른까지 마니아층을 형성하고 있는 인기 캐릭터이다. 풀숲이나 나무 등에 서식하는 난쟁이들 코비토를 테마로 한 카페로 복숭아 모양의 카쿠레 모모지리, 곤충모양의 리틀 하나가시라, 버섯모양의 베니 키노코비토 등 독특하고 해괴하여 징그럽지만 치명적인 매력을 지닌 40여 종 코비토들과 비밀의 정원에서 함께 식사를 즐기는 분위기이다.

주소 大安區忠孝東路四段181巷40弄2號 **귀띔 한마디** 미니엄차지 1인당 NT$200이 있으며, 식사제한시간은 90분이다. **메뉴** 감자튀김과 함께 나오는 소고기햄버거(小花頭最愛日式照燒炒牛肉, NT$300), 매콤하게 양념된 새우와 닭고기가 함께 나오는 볶음밥(奶奶頭微辣海鮮雞肉燉飯, NT$300) **가격** NT$300~ **영업시간** 11:30~21:00(화~일요일)/매주 월요일 휴무 **문의** (886)02-2775-5161 **찾아가기** MRT 중샤오둔화(忠孝敦化, Zhongxiao Dunhua)역 1번 출구로 나와 출구를 등지고 첫 번째 골목을 따라 직진하다 고가도로가 보이는 왼쪽 마지막 골목으로 들어가면 왼편에 위치한다. 도보 5분 거리.

소고기햄버거, 볶음밥

치비마루코짱키친 (Chibi Maruko Chan Kitchen, 櫻桃小丸子餐廳)

1970년대 작가의 고향인 시즈오카현을 배경으로 아홉 살 소녀의 일상을 그린 애니메이션으로「도라에몽」,「사자에상」과 함께 일본 3대 국민 애니메이션으로 불리는 치비마루코의 테마카페이다. 치비마루코짱키친은 2016년 9월 해외 첫 지점을 타이베이의 국부기념관과 시티홀 중간 골목에 오픈하였다. 이탈리안요리를 베이스로 타이완 식재료를 사용한 창작요리까지 다양한 디저트메뉴를 선보이고 있다.

주소 信義區逸仙路42巷9號 **귀띔 한마디** 예약은 공식페이스북에서 가능하고 음식주문과 상관없이 무조건 1인당 1음료를 주문해야 하며, 식사제한시간은 90분이다. **메뉴** 닭고기구이요리(小丸子の照燒雞, NT$360), 초콜릿케이크(櫻桃小丸子蛋糕, NT$250) **가격** NT$500~/Service Charge 10% 별도 **영업시간** 10:00~22:00(월~금요일), 10:00~22:00(주말)/연중무휴 **문의** (886)02-8786-2727 **찾아가기** MRT 국부기념관(國父紀念館, Sun Yat-Sen Memorial Hall)역 4번 출구로 나와 국부기념관이 끝나는 사거리까지 직진한 후 오른쪽 골목으로 들어가 왼쪽의 우체국건물 골목으로 들어가면 왼편에 위치한다. 도보 5분 거리.

닭고기구이요리, 초콜릿케이크

Section 05
둥취에서 놓치면 후회하는 쇼핑거리

둥취에는 2개의 소고백화점, 브리즈백화점 그리고 성품생활까지 대형쇼핑센터들이 위치한다. 또한 중샤오푸싱에서 중샤오둔화로 이어지는 뒷골목마다 개성강한 멀티숍과 연예인들이 운영하는 상점 그리고 독특한 플래그십스토어뿐만 아니라 타이베이의 유행을 한눈에 볼 수 있는 다양한 보세숍들이 밀집되어 있어 트랜디한 타이베이의 젊은이들의 쇼핑지역으로 손꼽힌다.

 둥취의 랜드마크 ★★★★
태평양소고백화점 중샤오점 太平洋SOGO, 忠孝店

일본계 백화점 소고는 타이완 전역에 8개, 타이베이시에 4개, 중샤오푸싱역에 중샤오점忠孝店과 푸싱점復興店 2개의 백화점이 대각선으로 위치해 있다. 번화가에 위치한 중샤오점은 지하 2층부터 지상 12층까지인데, 지하 2층에는 슈퍼마켓 프레시마트, 지하 1층에는 틴에이저패션 브랜드, 악세서리, 뷰티숍 매장과 푸드코트 등이 위치해 있다.

지상 2~4층은 45rpm, anySiS, Lily Brown, UNTITLED 등 여성브랜드가 주를 이루며, 특히 2층에는 소품매장 애프터눈티리빙Afternoon Tea LIVING이 위치해있고 매장 안쪽에는 간단한 식사를 할 수 있는 카페 애프터눈티가 자리한다. 1929 HOME STUDIO, LLADRO, BOTANICUS 등 다양한 홈인테리어 매장과 텍스리펀Tax Refund은 9층에 있다. 광둥요리전문 레스토랑 싼허위안三合院, 이탈리안레스토랑 카프리초사卡布里喬莎, 일식레스토랑 셴러지아神樂家와 사보텐勝博殿 등 전문레스토랑이 있는 식당가는 11층에 위치한다.

주소 大安區忠孝東路四段45號 **귀띔 한마디** B1의 스타벅스(Starbucks)와 B2의 프레시마트(Fresh Mart)는 09:00부터 영업한다. **영업시간** 11:00~21:30(일~목요일), 11:00~22:00(금~토요일&공휴일 전날)/연중무휴 **문의** (886)02-2776-5555 **찾아가기** MRT 중샤오푸싱(忠孝復興, Zhongxiao Fuxing)역 4번 출구로 나오면 바로 왼편에 위치한다. **홈페이지** www.sogo.com.tw

풍성한 먹거리도 놓칠 수 없는 ★★★★★
태평양소고백화점 푸싱점 太平洋SOGO, 復興店

중샤오푸싱역에 위치한 옥색건물 소고백화점은 지하 3층부터 지상 11층까지를 사용한다. 지하 3층에는 시티슈퍼, 패스트푸드점, 고급식료품점 등이 위치해 있고, 지하 2층에는 딘타이펑과 푸드코트가 있으며, 지하 1층에는 코스메틱과 여성화 브랜드매장이 위치한다. 버버리, 샤넬, 던힐, 에르메스, 불가리, 까르띠에 등 명품브랜드매장은 지상 1~2층에 위치해 있으며 독창적인 브랜드매장 agnès b., 케이트스페이드 등과 아르마니진, 비비안웨스트우드, 바네사브루노 등의 여성 브랜드매장은 3~4층에 위치한다.

5층은 타이완 의류브랜드 a la sha, 프랑스스니커즈 벤시몽, 일본안경 DITA, 홍콩패션 izzue.com, 스페인의류 망고 등 개성 넘치는 여성캐주얼브랜드가 자리하며, 6층은 스포츠매장과 캐주얼매장 그리고 일본의 무지가 위치한다. 특히 9층 웨지우드티룸은 여성들에게 인기 있으며, 10~11층은 전문식당가가 위치한다.

주소 大安區忠孝東路三段300號 **귀띔 한마디** 9층 웨지우드티룸(Wegwood Tearoom)에서는 애프터눈티를 즐길 수 있다. **영업시간** 11:00~21:30(일~목요일), 11:00~22:00(금~토요일&공휴일 전날)/연중무휴 **문의** (886)02-2777-5555 **찾아가기** MRT 중샤오푸싱(忠孝復興, Zhongxiao Fuxing)역 2번 출구와 연결되어 있다. **홈페이지** www.sogo.com.tw

번화가에 위치한 지하상가 ★★★★★
둥취지하상가 東區地下商街

MRT 중샤오둔화역에서 중샤오푸싱역까지 연결된 725m의 지하상가로 타이베이기차역 지하상가보다는 한적한 쇼핑을 즐길 수 있다. 의류, 액세서리, 편의점, 서점, 마사지숍, 완구문구류 등 다양한 쇼핑공간이 있으며 여행자를 위한 서비스센터가 있어 여행에 필요한 정보도 얻을 수 있다.

MRT 중샤오푸싱역 출구와는 별도로 17개 지하상가 출구가 있어 둥취의 골목을 쉽게 찾아나갈 수 있는 편리성도 있다. 상가 내에는 타이완의 작가들의 예술작품을 전시하는 공간이 있고, 휴일에는 소규모콘서트 등 공공예술 전시공간으로 활용된다.

영업시간 10:00~22:00(상점마다 상이)/연중무휴 **찾아가기** MRT 중샤오푸싱(忠孝復興, Zhongxiao Fuxing)역과 중샤오둔화(忠孝敦化, Zhongxiao dunhua)역 지하에 위치한다.

Part 03

아름다운 서점 ★★★★★
VVG벤스 好樣本事 VVG Something

미국 대중문화사이트 플레이버와이버닷컴(Flavorwire.com)에서 2012년 세상에서 가장 아름다운 서점 20곳 중 한 곳으로 선정된 하오양(VVG, 好樣)에서 운영하는 잡화점이다. 빨간 대문이 인상적인 VVG벤스는 그리 넓지 않은 공간을 중세풍의 아늑한 거실 분위기로 꾸며놓았다.

하오양 설립자 그레이스가 여행하면서 수집한 세계 각국의 디자인, 요리, 사진, 라이프스타일 등의 예술관련 중고서적뿐만 아니라 골동품, 식료품, 주방용품, 문구류, 인테리어소품을 비롯한 생활잡화 등을 판매하고 있다. 입구에는 2인용 테이블이 마련되어 커피를 마시면서 책을 읽을 수 있다.

주소 大安區忠孝東路四段181巷40弄13號 **귀띔 한마디** 바로 맞은편에는 VVG비스트로와 VVG시폰이 위치한다. **영업시간** 12:00~21:00/연중무휴 **문의** (886)02-2773-1358 **찾아가기** MRT 중샤오둔화(忠孝敦化, Zhongxiao dunhua)역 7번 출구로 나와 첫 번째 골목을 따라 직진하다 패밀리마트를 지나면 바로 오른쪽 골목 안 왼편에 위치한다. 도보 4분 거리. **홈페이지** wgvwg.blogspot.tw

둥지에 위치한 VVG 상점

중샤오둥루4뚜안181씨앙40롱에는 VVG계열의 3개 상점이있다. VVG가 제일 처음 오픈한 VVG비스트로를 중심으로 바로 맞은편에는 VVG에서 운영하는 서적과 잡화를 판매&전시하는 VVG벤스, 그 옆에는 프랑스시골의 작은 상점 분위기인 VVG시폰이 위치해 있어 그야말로 VVG 골목이라 불릴만하다.

● **VVG비스트로(好樣餐廳, VVG Bistro)**
VVG에서 제일 먼저 오픈한 레스토랑으로 마치 친구네 집에 놀러간 듯 편안한 분위기의 이탈리안요리 전문레스토랑이다. 휴일에만 맛볼 수 있는 정성스러운 브런치가 유명하며 시즌별로 전 직원이 함께 고민하여 신메뉴를 출시한다.

주소 大安區忠孝東路四段181巷40弄20號 **문의** (886)02-8773-3533 **영업시간** 12:00~21:00/연중무휴

● **VVG시폰(好樣喜歡, VVG Chiffon)**
뜨개질 및 다양한 재봉과 관련된 상품을 전시, 판매하는 상점으로 중세시대의 프랑스풍으로 꾸며 놓은 점이 인상적이다. 프랑스시골의 조그마한 베이커리를 연상케 하는 상점 안쪽의 빵집에서는 달콤하고 부드러운 시폰케이크를 판매한다.

주소 大安區忠孝東路四段181巷40弄14號 **문의** (886)02-2751-5313 **영업시간** 12:00~21:00/연중무휴

성품서점 誠品書店 The Eslite Bookstore
타이베이 시민들의 문화와 지식공간 ★★★★★

타이완을 대표하는 대형서점 성품서점은 1989년 문을 연 이후 타이완 전역에 42개의 서점을 보유하고 있으며 홍콩과 중국까지 진출했다. 2004년 타임지가 선정한 아시아 최고의 서점이며, 본점인 둔화점(敦南店)만 24시간 연중무휴로 운영하고 있다. 서점 외에도 예술품, 의류, 액세서리, 생활용품, 문구류, 카페, 레스토랑 등을 층별로 운영하는 복합문화공간이다.

2층 서점은 도서관처럼 편안하게 책을 읽을 수 있는 공간이 곳곳에 마련되어 있다. 감각적인 인테리어와 아늑하면서도 쾌적한 환경을 제공하며, 바닥에 앉아 책을 읽는 사람들과 쉽게 마주할 수 있다. 타이완 젊은이들에게는 만남과 데이트 장소로도 유명한데, 매출과 관련된 특별한 마케팅 없이도 매해 수익이 늘어나고 있는 것은 우리나라 서점계에서도 주목해볼 필요가 있다.

주소 大安區敦化南路一段245號 **영업시간** 서점은 24시간, 11:00~22:0(상점), 07:30~30~01:30(Eslite Cafe)/연중무휴 **문의** (886)02-2775-5977 **찾아가기** MRT 중샤오둔화(忠孝敦化, Zhongxiao dunhua)역 6번 출구로 나와 직진하다 삼거리 횡단보도를 건너면 보이는 빌딩에 위치한다. 도보 3분 거리. **홈페이지** www.esliteliving.com

 ## 로모그래피갤러리스토어 Lomography Gallery Store 台北大使館
아날로그 감성을 그대로 전달하는 ★★★★★

로모마니아라면 꼭 들러봐야 할 로모그래피의 플래그십 스토어이다. 로모그래피는 오스트리아의 두 대학생이 프라하여행 중 러시아 카메라 로모콤팩트오토마트(Lomo LC-A)를 우연히 발견한 것에서 시작되었는데, 현상된 사진은 깊은 채도와 프레임의 비네팅(Vignetting) 현상 그리고 독특한 색감표현 등으로 예술가들의 인기를 얻게 되었다.

로모팬들을 위해 정보교환을 할 수 있는 장소를 제공하며, 다양한 로모카메라, 필름, 액세서리, 관련 서적뿐만 아니라 로모기념품 시리즈도 판매하고 있다. 특히 우리나라에서 절판된 리미티드 에디션 LV+White를 구매할 수도 있다. 1층 벽면에는 직접 출력한 16,000장의 로모사진으로 완성한 콜라주작품이 눈길을 사로잡는다.

주소 大安區敦化南路一段187巷29號 **영업시간** 14:00~22:00/연중무휴 **문의** (886)02-2773-6111 **찾아가기** MRT 중샤오둔화(忠孝敦化, Zhongxiao dunhua)역 1번 출구로 나와 출구를 등지고 첫 번째 골목을 따라 직진하다 오른쪽 두 번째 골목으로 들어가면 왼편에 위치한다. 도보 3분 거리. **홈페이지** www.lomography.tw

 주걸륜의 환상을 담은 플래그십스토어 ★★★★★
판타시 PHANTACi

판타시는 주걸륜과 그의 친구 릭이 함께 런칭한 패션브랜드로 환상과 공상을 뜻하는 영어단어 Phantom과 Fantasy를 합성한 것이라 한다. 두 사람이 일상생활에서 얻은 아이디어를 바탕으로 작업한 독특하면서도 감각적인 디자인으로 주목받고 있다.

스포츠패션에 스트리트패션이 결합하여 절제된 럭셔리스타일을 선보이며, 자체브랜드뿐만 아니라 나이키, 위즈, 카시오, 헬로키티, 건담, 모토로라, CLOT 등 서로 다른 영역의 브랜드와 다양한 컬래버레이션 작업에도 적극적이다. 심플하게 꾸며진 매장 내에는 티셔츠, 청바지, 신발, 모자, 액세서리 등 독특하면서도 실용적인 디자인상품들이 발길을 잡는다.

주소 大安區忠孝東路四段181巷35弄27號 **영업시간** 14:00~22:00(월~금요일), 13:00~22:00(토~일요일)/연중무휴 **문의** (886)02-8773-1426 **찾아가기** MRT 중샤오둔화(忠孝敦化, Zhongxiao dunhua)역 2번 출구로 나와 ZARA와 Watsons매장 골목으로 들어가 the bed 간판이 보이는 골목 바로 오른쪽에 위치한다. 도보 5분 거리. **홈페이지** www.phantacico.com

타이완뿐만 아니라 중국에서도 인기 있는 ★★★★★
스테이리얼 StayReal

스테이리얼은 타이완 유명밴드 오월천五月天의 보컬 아신陳信宏이 팝아티스트 노투굿No2Good과 함께 런칭한 타이완 의류브랜드이다. 타이완뿐만 아니라 홍콩, 중국, 도쿄 등에 20여 개 지점이 있으며, 같은 골목에는 카페 스테이리얼카페 바이가비도 운영하고 있다. 스테이리얼의 마스코트 마우지Mousy는 미키마우스 모습에 아톰의 눈과 안경을 착용하여 익살스럽다. 마우지뿐만 아니라 디즈니, 헬로키티, 도라에몽, 스펀지밥, 스누피, 코카콜라, 리복, 리바이스 등 다양한 분야와 접목된 콜렉션도 선보인다. 인형, 로봇 등과 결합하면서 독특한 캐릭터로 재탄생한 스트리트캐주얼들은 독창적인 펑키스타일로 젊은 이들에게 선풍적 인기를 끌고 있다.

주소 大安區敦化南路一段161巷61號 **귀띔 한마디** 의류, 신발, 모자, 가방, 파우치뿐만 아니라 우산, 액세서리, 피규어, 노트 등 다양한 제품이 있다. **영업시간** 14:00~22:00/연중무휴 **문의** (886)02-2772-7622 **찾아가기** MRT 중샤오둔화(忠孝敦化, Zhongxiao dunhua) 4번 출구로 나와 출구를 등지고 첫 번째 골목으로 직진하면 왼편에 위치한다. 도보 3분 거리. **홈페이지** www.istayreal.com

스테이리얼카페바이가비
(StayReal Café by Gabee)

타이베이시에 위치한 스테이리얼

- 신중샤오점(新忠孝店) **주소** 大安區敦化南路一段177巷9號 **문의** (886)02-8771-9411 **영업시간** 14:00~22:00/연중무휴
- 시먼점(西門店) **주소** 萬華區武昌街二段85-4號 **문의** (886)02-2371-9511 **영업시간** 14:00~22:00/연중무휴
- 스테이리얼카페바이가비(StayReal Café by Gabee) **주소** 大安區敦化南路一段177巷21號 **문의** (886)02-2731-8011 **영업시간** 12:00~23:00/연중무휴

 선물용으로 제격인 오르골 ★★★★★
탕지엔씽푸 廳見幸福音樂盒 Merry Melody

탕지엔씽푸는 완제품뿐만 아니라 수제오르골을 주문제작도 하고 있다. 실내로 들어서면 마치 음악이 흘러나오는 듯한 착각이 들만큼 아기자기한 오르골들이 눈에 들어온다. 크리스털, 유리, 목재, 세라믹 등 다양한 오르골 소재들이 마치 오르골박물관을 연상케 한다.

오르골을 장식할 미니어처, 받침, 태엽, 음악 등을 선택하면 본인이 원하는 대로 오르골을 만들어 주고, 완성된 오르골에는 문구도 새길 수 있어 기념품과 선물용으로 제격이다. 대부분의 재료는 독일수입품이며 오르골 음악도 스위스에서 수입한다. 수제품의 경우 대략 2시간 정도 작업시간이 걸리므로 시간적 여유를 가지고 방문해야 한다. 수제오르골은 크기와 재료에 따라 가격이 달라지는데 대략 NT$1,500~3,500선이지만 기성제품은 훨씬 저렴하게 구입할 수 있다.

주소 大安區忠孝東路四段170巷19號 **귀띔 한마디** 실내는 사진촬영을 금지한다. **영업시간** 11:00~21:30(월~토요일), 11:00~20:00(일요일)/매월 3째주 일요일 휴무 **문의** (886)02-8773-3913 **찾아가기** MRT 중샤오둔화(忠孝敦化, Zhongxiao dunhua) 4번 출구로 나와 출구를 등지고 첫 번째 골목으로 들어가면 왼편에 위치한다. 도보 3분 거리.

 타이베이 곳곳에 위치한 펑리수전문점 ★★★☆☆
순청베이커리 順成蛋糕 Shun Chen Bakery

타이베이에 20여 개 매장을 두고 있으며 타이완 펑리수대회에서 금상, 은상 등을 차지하여 더욱 유명해졌다. 붉은색 포장지의 관쥔펑리수冠軍鳳梨酥가 바로 금상에 빛나는 펑리수로 촉촉하고 쫄깃한 파인애플과육이 가득 들어 있어 인기이다.

전통적인 펑리수의 맛을 느낄 수 있는 곳으로 다른 가게 펑리수보다 단맛이 덜하다. MRT 역과 가까운 곳에 대부분 위치해 있어 여행자들이 선물용으로 펑리수를 많이 구입하지만 정작 현지인들에게는 베이커리로 더 유명한 곳이다.

주소 大安區敦化南路1段212號 **귀띔 한마디** 순청베이커리 펑리수는 호불호가 분명한데 이유는 바로 버터 맛이 다른 가게에 비해 강하기 때문이다. **베스트메뉴** 관쥔펑리수(冠軍鳳梨酥, 1개 NT$285), 새콤한 맛이 강한 투펑리수(土鳳梨酥, 1개 NT$35) **추천메뉴** 관쥔펑리수에 호두를 첨가한 허타오펑리수(核桃鳳梨酥, 1개 NT$33), 일반펑리수 웬웨이펑리수(原味鳳梨酥, 1개 NT$17) **영업시간** 07:30~22:00/연중무휴 **문의** (886)02-2711-7222 **찾아가기** MRT 중샤오둔화(忠孝敦化, Zhongxiao dunhua)역 5번 출구로 나와 직진한 후 횡단보도를 건너면 바로 위치한다. 도보 1분 거리. **홈페이지** www.bestbakery.com.tw

타이베이시에 위치한 순청베이커리

- 중샤오2호점(忠孝二店) **주소** 大安區忠孝東路4段320號 **문의** (886)02-2752-4643 **영업시간** 11:30~20:00/연중무휴
- 타이베이기차역전점(站前店) **주소** 中正區忠孝西路1段45號 **문의** (886)02-02-2311-2521 **영업시간** 11:30~20:00/연중무휴
- 큐스퀘어점(京站店) **주소** 大同區市民大道1段209號 **문의** (886)02-2552-5208 **영업시간** 11:30~20:00/연중무휴
- 우창점(武昌店) **주소** 中正區武昌街1段35號 **문의** (886)02-2382-6806 **영업시간** 11:30~20:00/연중무휴
- 징화점(京華店) **주소** 大同區南京西路68號 **문의** (886)02-2552-2852 **영업시간** 111:30~20:00/연중무휴
- 스린점(士林店) **주소** 士林區中正路310號 **문의** (886)02-2831-5876 **영업시간** 111:30~20:00/연중무휴

타이베이중부

빛이 넘치는 도심의 오아시스 ★★★★☆
브리즈센터 薇風廣場 Breeze Center

타이베이 최초의 대형쇼핑몰로 내부 중앙에 야자수를 설치하여 복잡한 쇼핑공간이 아닌 여유로움을 주려한 점이 돋보인다. 지하 2층에는 타이완에서 쉽게 구할 수 없는 각종 수입식품과 다양한 과자 등을 구비한 브리즈슈퍼Breeze Super, 지하 1층에는 푸드코트 브리즈구어메이Breeze Gourmet, G층은 폴스미스, 알프레도던힐, 클럽모나코, 겐조, MCM 등 여성의류, 신발, 액세서리, 코스메틱 등의 매장이 있다.

지상 1층은 쇼메, 구찌, 끌로에, 프라다, 지미추, 루이뷔통, 토즈 등 15개의 세계적인 명품브랜드매장, 2층은 A|X, agnès b., 테드베이커, 캘빈크라인진 등 캐주얼의류매장이 입점해 있다. 3층은 일본생활용품 전문매장 무지와 센스 있는 소품매장 애프터눈티리빙, 4층은 유니클로, 5층은 일본의 대형서점 키노쿠니야紀伊国屋, 6층은 도큐핸즈의 타이완판 핸즈타이렁Hands Tailung이 위치하며, 8~9층은 브리즈영화관薇風賓影城이 있다. 2층은 야외 정원과 이어지면서 휴식공간으로도 활용된다.

주소 松山區復興南路一段39號 귀띔 한마디 2층에는 아그네스베카페엘피지(agnès b. CAFÉ L.P.G)가 위치해 있다. 영업시간 11:00~21:30(일~수요일), 11:00~22:00(목~일요일)/연중무휴 문의 (886)0809-008888 찾아가기 MRT 중샤오푸싱(忠孝復興, Zhongxiao Fuxing)역 5번 출구로 나와 직진하여 사거리를 건너 조금 더 걸으면 오른편에 위치한다. 도보 7분 거리. 홈페이지 www.breeze.com.tw

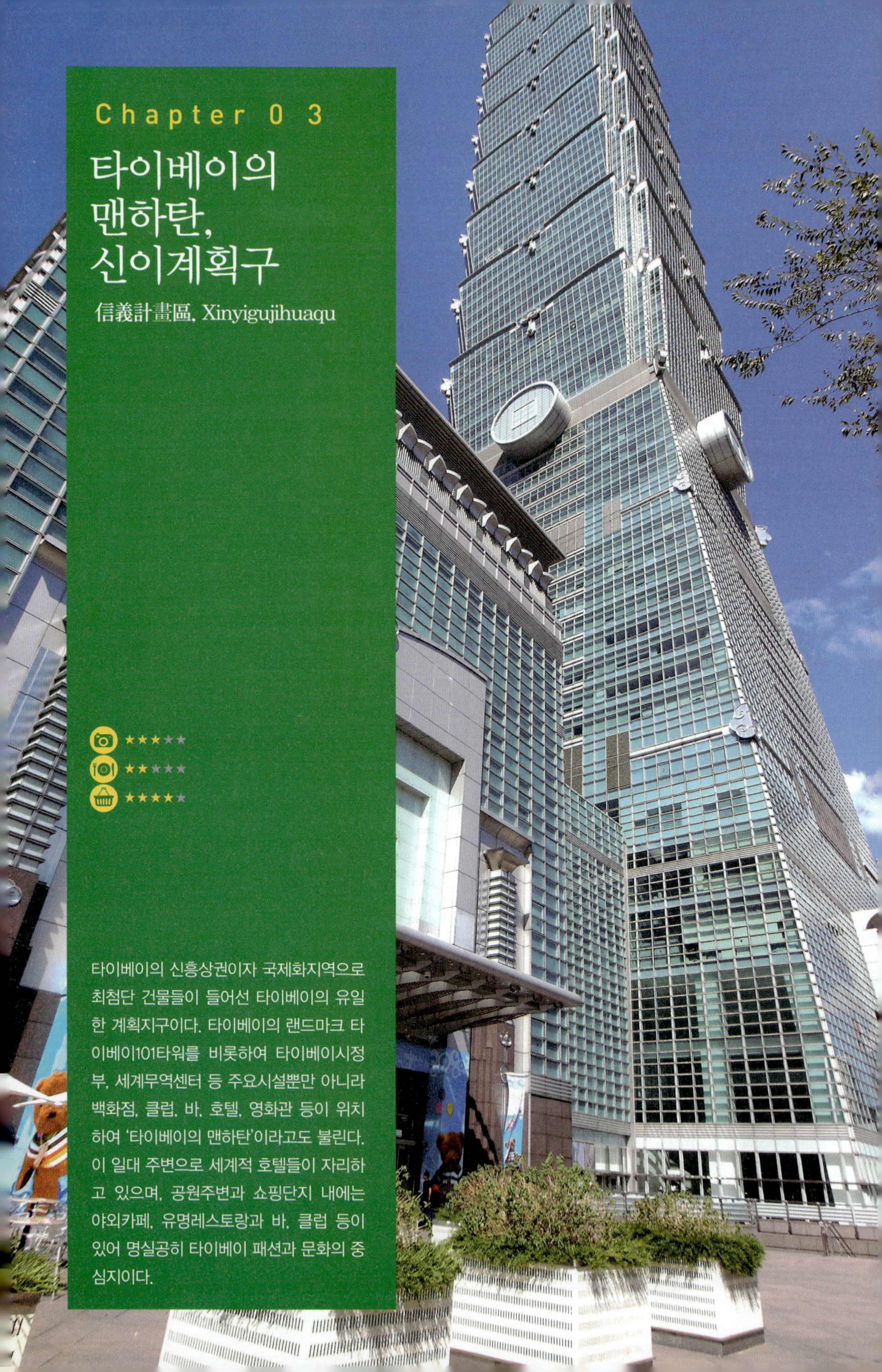

Chapter 03
타이베이의 맨하탄, 신이계획구

信義計畫區, Xinyigujihuaqu

타이베이의 신흥상권이자 국제화지역으로 최첨단 건물들이 들어선 타이베이의 유일한 계획지구이다. 타이베이의 랜드마크 타이베이101타워를 비롯하여 타이베이시정부, 세계무역센터 등 주요시설뿐만 아니라 백화점, 클럽, 바, 호텔, 영화관 등이 위치하여 '타이베이의 맨하탄'이라고도 불린다. 이 일대 주변으로 세계적 호텔들이 자리하고 있으며, 공원주변과 쇼핑단지 내에는 야외카페, 유명레스토랑과 바, 클럽 등이 있어 명실공히 타이베이 패션과 문화의 중심지이다.

신이계획구를 이어주는 교통편

• MRT 신이선(信義線, Xinyi Line)의 타이베이101/스마오(台北101/世貿, Taipei 101/World Trade Center)역 또는 반난선(板南線, Bannan Line)의 스정푸(市政府 Taipei City Hall)역에서 하차한다.

신이계획구에서 이것만은 꼭 해보자

1. 타이베이101전망대에서 타이베이시내를 한눈에 조망해보자!
2. 과거와 현재가 잘 어우러진 쓰쓰난춘을 방문해보자!
3. 나이트문화를 즐기기에는 신이루가 최고이다!

신이계획구 베스트코스(예상 소요시간 6시간 이상)

쓰쓰난춘을 먼저 둘러본 후 신이신천구 일대를 구경하고 타이베이타워101로 향한 후 전망대를 5시 쯤 간다면 낮과 밤의 경치를 전부 볼 수 있다.

타이베이중부

Section **06**
신이계획구에서 반드시 둘러봐야 할 명소

타이베이 랜드마크인 타이베이101타워는 타이베이여행에서 꼭 들러봐야 할 곳으로 날씨가 좋다면 더 더욱 놓치지 말자. 타이베이101타워 주변으로 볼거리가 많아 가볍게 도보로 이동하며 즐기면 된다. 주말이면 데이트를 나온 젊은이로 가득한 곳이며, 고층빌딩들 속에 절묘하게 조화를 이룬 쓰쓰난춘도 꼭 들러봐야 할 명소이다.

타이베이를 한눈에 살펴볼 수 있는 ★★☆☆☆
타이베이탐색관 台北探索館 Discovery Center of Taipei

2002년 타이베이시정부가 문화타이베이를 슬로건으로 시정부건물 내에 타이베이와 관련된 역사, 문화예술 등을 한눈에 볼 수 있는 전시관을 설립하였다. 총 4개 층으로 구성되어 있으며, 1층 입구의 엘리베이터를 타고 4층부터 차례로 관람하면서 내려오면 된다.
4층 '시공간 대화관'은 타이베이 역사를 한눈에 살펴볼 수 있으며, 타이베이와 관련된 4개의 영상을 시간별로 관람할 수 있는 디스커버리극장이 위치한다. 3층 '도시 탐색관'은 다양한 문화가 융합된 현재의 타이베이를 살펴볼 수 있으며, 2층 '특별전시관'은 타이베이와 관련된 다양한 전시물들을 둘러볼 수 있다. 1층 '타이베이 인상관'에는 1층 벽면에 설치된 대형스크린을 통해 타이베이 관련 영상을 입체적으로 볼 수 있다.

주소 信義區市府路1號 **강력추천** 1층 인포메이션에 여권을 맡기면 중국어, 영어, 일본어로 안내되는 음성안내기를 대여해준다. **귀띔 한마디** 4층 360도 회전극장 디스커버리극장 상영시간 09:30, 10:00, 10:30, 11:00, 14:00, 14:30, 15:00, 15:30(사정에 따라 변경될 수 있음) **입장료** 무료(여권제시) **운영시간** 09:00~ 17:00(화~일요일)/매주 월요일과 공휴일 휴관 **문의** (886)02-2720-8889#4588 **찾아가기** MRT 타이베이101/스마오(台北101/世貿, Taipei 101/World Trade Center)역 5번 출구로 나와 뒤돌아서 직진하면 오른편에 보인다.(타이베이시정부 서쪽 입구 1층에 위치한다.) 도보 6분 거리. **홈페이지** discovery.gov.taipei

타이베이를 대표하는 랜드마크 ★★★★★
타이베이101타워 台北101 Taipei 101 Tower

타이베이시내 어디에서나 보이는 101타워의 정식명칭은 타이베이금융센터台北金融大樓, Taipei Financial Center로 지상 105층, 지하 5층, 높이 508m로 2004년 완공 후부터 2010년까지는 세계에서 제일 높은 빌딩이었다. 타이완 유명건축가 리쭈웬李祖原이 설계하였으며, 외형은 당나라시대 불탑형태로 중화권에서 부와 번영을 의미하는 숫자 8을 염두에 두고 8층씩 8단으로 쌓아 중국철학을 그대로 반영하였다. 타이베이101타워는 8톤의 중력을 견딜 수 있고, 초당 60m 이상의 17급 풍속도 견딜 수 있는 구조로 설계되어 안전에 만전을 기했다.

지하 1층에서 지상 4층까지는 대형쇼핑몰, 9~84층은 세계적 금융/비즈니스센터, 85~86층은 식당가, 89층과 91층은 전망대, 92층 이상은 통신타워이다. 요일별로 바뀌는 조명은 빨주노초파남보로 그날의 요일을 알 수 있으며, 자연환경을 위해 오후 10시에는 소등을 한다.

주소 信義區市府路五段7號 **강력추천** 새해에는 웅장하고 화려한 불꽃쇼가 펼쳐진다. **귀띔 한마디** 타이베이101타워 앞에는 세계적 화가 로버트인디애나(Robert Indiana)의 팝아트조형물 LOVE가 있다. **운영시간** 쇼핑몰 11:00~21:30(일~목요일), 11:00~22:00(금~일요일&공휴일)/89층 전망대 09:00~22:00(월~일요일, 입장마감 21:15) **문의** (886)02-2552-3721 **찾아가기** MRT 타이베이101/스마오(台北101/世貿, Taipei 101/World Trade Center)역 4번 출구가 지하 1층과 연결된다. **홈페이지** www.taipei-101.com.tw

타이베이101타워에 위치한 유명레스토랑

스타벅스가 위치한 35층을 가려면 1층에서 공중전화부스처럼 생긴 비지터액세스(Visitor Access)의 터치스크린을 이용하여 해당 카페로 인터폰을 한 후 방문자카드를 발급받아 올라가야 한다.

- **스타벅스(STARBUCKS)** 타이베이101타워 35층에 위치한 세상에서 가장 높은 스타벅스로 저렴한 가격에 타이베이의 멋진 스카이라인을 즐길 수 있다. 날씨에 따라 전망이 좌우되기 때문에 날이 좋은 날 예약하고 방문하는 것이 좋다.
  문의 (886)02-8101-0701 **영업시간** 07:30~18:00(월~금요일), 09:00~18:00(토~일요일)/연중무휴

- **다이아몬드토니스101(Diamond Tony's 101)** 타이베이101타워 85층에 위치하며, 정통고급이탈리안 레스토랑체인점으로 대부분 코스요리를 제공한다.
  문의 (886)02-8101-0016 **영업시간** 점심 11:30~14:30, 저녁 17:30~22:30/연중무휴

- **스테이앤스위트티(STAY&Sweet Tea)** 타이베이101타워 4층에 위치한 미슐랭 3스타셰프 야닉알레노(Yannick Alléno)가 운영하는 프랑스요리와 프랑스식 디저트전문점이다.
  문의 (886)02-8101-8177 **영업시간** 12:00~15:00, 18:00~22:00/연중무휴

타이베이중부

타이베이 전경을 한눈에 볼 수 있는 ★★★★★
타이베이101전망대 台北101觀景台 Taipei 101 Observatory

초고속 엘리베이터를 타면 37초 만에 5층에서 89층의 타이베이101전망대까지 도착할 수 있다. 89층 전망대에 도착하면 보이스가이드^{Voice Guide} 코너에서 목걸이형식의 음성안내기를 대여하여 설명과 함께 시내 전경을 감상하면 된다. 언어는 한국어로 맞추고 기둥마다 표시된 숫자를 누르고 재생버튼을 누르면 해당구역에 관한 설명이 나온다. 중앙의 액정에 사진이나 영상이 함께 나오므로 해당지역을 쉽게 찾을 수 있다.

음성안내기

전망대는 크게 동서남북으로 구역이 나뉘며 중간중간 설치된 초고배율 망원경을 통해 좀더 자세히 볼 수 있으며, 전체가 통유리로 되어 있어 모든 방향의 전경을 감상할 수 있다. 88층에 설치된 노란색 공기제동기 댐퍼^{Damper}는 직경 550cm, 중량 660톤으로 세계 최대 규모이며, 지진과 강풍으로부터 타이베이101타워의 중심을 잡아 건물을 지탱해주는 심장과도 같은 역할을 한다. 그래서 타이베이101타워의 상징은 댐퍼를 캐릭터화한 댐퍼베이비^{Damper Baby}이다. 91층 옥외전망대는 철조망이 설치되어 있는데, 날씨가 좋은 날에만 개방한다.

댐퍼베이비(Damper Baby)와 댐퍼(Damper)

주소 信義區市府路五段7號89F **강력추천** 야경까지 한번에 즐기려면 16:00~17:00 사이 입장하면 된다. **귀띔 한마디** 날씨가 조금만 흐려도 멋진 전경을 기대하기 힘드므로 가급적 날씨가 쾌청한 날에 맞추자. **입장료** 성인 NT$600, 어린이(학생 또는 115cm 이하) NT$540/입장권 5층에서 21:15까지 판매한다. **운영시간** 09:00~22:00(입장은 21:15까지)/연중무휴 **문의** (886)02-8101-8800 **찾아가기** 타이베이101몰 5층에서 입장권을 사서 전망대 전용엘리베이터를 타고 89층에서 하차한다. **홈페이지** www.taipei-101.com.tw

타이베이 야경을 제대로 즐기려면, 샹산친산부다오(象山親山步道, Xiangshan Hiking Trail)

코끼리산이란 의미의 샹산(象山)은 체력과 시간이 허락한다면 야외에서 무료로 타이베이101타워가 보이는 타이베이 시내전경과 야경을 감상할 수 있다. 촤령핑타이(撮影平台)와 타이인타이(拓印台) 2개의 전망대가 있는데, 경사는 가파르지만 대부분 계단으로 되어 있어 20~30분 정도면 정상까지 오를 수 있다. 노 지는 풍경부터 잔잔한 도심야경까지 감상하고 싶다면 일몰 시간을 체크하여 일찌감치 오르는 것이 좋다.

찾아가기 MRT 신이선(信義線, Xinyi Line)의 샹산(象山, Xiangshan) 역 2번 출구로 나와 이정표를 따라 370m 정도 이동하면 샹산친산부다오(象山親山步道, Xiangshan Hiking Trail) 입구가 보인다. 중간중간 바닥에 새겨진 샹산쯔란보도(象山自然步道)를 따라 이동하면 된다.

빌딩숲 사이의 예스러운 공간 ★★★★★
타이베이신이궁민후이관 台北信義公民會館 Xinyi Assembly Hall Taipei City

'쓰쓰난춘'이라고 불리는 지역으로 타이베이101타워 맞은편에 위치하고 있어, 대비되는 시대적 풍경 속에 묘한 조화를 발견할 수 있다. 1948년 국민당이 공산당에 패배한 후 44병기고를 신이구 일대로 이전하면서 병기고 소속군인과 가족들을 이곳에 장착시켜 형성된 마을이다. 타이완 최초의 군인가족마을 쥐엔춘^{眷村}로 44병기고 남쪽에 위치한다 하여 쓰쓰난춘^{四四南村}이라 불렸으며, 당시에는 쓰쓰둥춘^{四四東村}, 쓰쓰시춘^{四四西村}도 있었다. 현재 병기고는 싼샤^{三峽}로 옮겨졌고, 쓰쓰둥춘과 쓰쓰시춘은 재개발로 사라졌다.

1999년 시정부에서 신이구 일대를 계획지구로 지정하여 주민을 이주시키고 재개발하려 했지만 역사적 의미가 큰 이 지역만큼은 보존하기로 결정하였다. 이후 당시 군인가족들의 실생활 모습을 소개하는 취엔춘원우관^{眷村文物館}, 전시공연관, 지역마을회관, 특별전시관, 문화공원 등 다목적 문화예술공간으로 발전시켰다.

주소 信義區松勤街52號 **귀띔 한마디** 주말에 방문해서 주말시장도 함께 구경하는 것이 좋다. **운영시간** 09:00~17:00(화~일요일)/매주 월요일 휴관 **입장료** 무료 **문의** (886)02-2723-9737 **찾아가기** MRT 타이베이101/스마오(台北101/世貿, Taipei 101/World Trade Center)역 2번 출구로 나와 농구장이 보이는 사거리에서 왼쪽으로 직진하면 왼편에 위치한다. 도보 3분 거리.

시간이 멈춰버린 쓰쓰난춘의 볼거리&먹거리

취엔춘원우관 (眷村文物館)

쓰쓰난춘에서 생활하던 군인가족들의 소박한 생활상을 전시해 놓은 전시관이다.

문의 (886)02-2723-8937 **영업시간** 09:00~16:00(화~일요일)/매주 월요일&공휴일 휴관 **입장료** 무료

공터에서 열리는 주말시장
심플마켓 (簡單市集, Simple Market)

중앙공터에서 매주 일요일에 열리는 주말시장으로 주로 생활용품을 판매한다. 매월 2, 4째주 토요일에는 중고상품을 판매하는 벼룩시장이 열린다.

문의 (886)02-8101-7799 **영업시간** 프리마켓 13:00~19:00(매주 일요일), 벼룩시장 13:00~19:00(매월 둘째, 넷째 주 토요일)

수제 베이글이 유명한
하오치우 (好丘, Good cho's)

다양한 유기농 수제베이글을 저렴하게 맛볼 수 있는 베이커리이다. 베이글뿐만 아니라 평일에는 점심, 애프터눈티와 저녁을, 주말에는 점심, 애프터눈티 등 간단한 식사도 즐길 수 있다. 각 지방에서 생산된 농산품으로 만든 공정무역상품도 판매한다.

문의 (886)02-2758-2609 **영업시간** 10:00~20:00(월~금요일), 09:00~18:30(토~일요일)/연중무휴 **가격** 베이글 NT$4~, 음료수 NT$150~

수제 아이스크림전문점
미도리 (蜜朵麗, Midori)

타이완에서만 맛볼 수 있는 수제아이스크림을 판매하는 카페로 우롱차, 마차, 홍차 등 색다른 100여 종의 아이스크림을 만날 수 있다.

문의 (886)02-2758-6907 **영업시간** 11:00~17:00(화~금요일), 11:00~18:30(토~일요일)/매주 월요일 휴무 **가격** NT$80~

Section 07
신이계획구에서 먹어봐야 할 것들

쇼핑몰로 구성된 신이계획구에는 각 쇼핑몰마다 감각적인 유명레스토랑이 있다. 특히 타이베이101타워, 성품신이서점, 벨라비타 그리고 신콩미츠코시 4개의 백화점 내에는 개성강한 레스토랑과 카페들이 있어 눈과 입이 즐겁다. 다른 지역에 비해 가격은 부담스러울 수 있지만 우리나라에 비하면 저렴한 가격으로 우아한 식사를 즐길 수 있다.

50여 개의 점포가 입점한 대형푸드코트 ★★★★★
타이베이101 푸드코트 台北101美食街 Taipei 101 Food Court

타이베이101타워 지하 1층에 위치한 대형푸드코트로 유명체인점들이 입점해 있어 세계 각국의 다양한 요리를 만날 수 있다. tvN 〈꽃보다 할배〉에 소개된 딘타이펑과 철판요리로 한국관광객들의 입맛을 사로잡은 카렌도 이곳에 위치한다. 노점에서 시작하여 체인점으로 성장한 베이터우우위北投魷魚, 더커스德克士, 지광샹샹지繼光香香雞, 샤오난먼小南門 등과 바이코켄梅光軒, 도쿄커리Tokyo Curry, 모모야Momoya 등의 일본체인점 그리고 한식전문점 설악산雪嶽山과 한학정韓鶴亭, 인도요리전문점 인도황궁印度皇宮, 돌판요리전문점 페퍼런치 등 30여 개의 다양한 요리전문점이 위치해 있어 입맛대로 골라먹을 수 있다.

대형슈퍼마켓체인 제이슨마켓플레이스Jasons Market Place와 해피레몬, 렌런밍차天仁茗茶, 쓰신팡手信坊, agnès b.CAFÉ L.P.G, 차타임Chatime, 루떠우이롄綠逗意人 등 디저트전문점 및 카페 등과 맥도날드, 하겐다즈, 모스버거 등의 패스트푸드점도 위치해 있다. 깔끔한 인테리어에서 저렴한 가격으로 푸짐하게 한 끼 식사를 해결할 수 있어 언제나 많은 사람으로 북적인다.

주소 信義區市府路五段7號B1F **영업시간** 10:30~22:00(상점마다 상이)/연중무휴 **찾아가기** 타이베이101타워 지하 1층에 위치한다. **홈페이지** www.taipei-101.com.tw

타이베이이 푸드코트에 위치한 유명음식점

타이완 유명레스토랑, 딘타이펑(鼎泰豊, Din Tai Fung)

tvN 〈꽃보다 할배〉에서 소개된 곳으로 샤오롱바오가 유명한 타이완 대표레스토랑이다.

문의 (886)02-8101-7799 **영업시간** 11:00~21:30(일~목요일), 11:00~22:00(금~토요일과 공휴일전날) **가격** NT$100~/Service Charge 10% 별도

철판요리전문, 카렌(凱林鐵板燒, Karen Teppanyaki)

tvN 〈꽃보다 할배〉에 소개된 곳으로 저렴한 가격에 즉석 철판요리를 먹을 수 있는 체인점이다. 단품요리도 인기지만 6가지 메뉴가 나오는 2인코스가 더 인기이다.

문의 (886)02-810-8285 **영업시간** 11:00~21:30(일~목요일), 11:00~22:00(금~토요일/연중무휴 **가격** 2인 세트 NT$1,300~

한식을 맛볼 수 있는 설악산(雪嶽山, Hsu Yuei Shan)

순두부찌개, 김치찌개, 된장찌개, 비빔밥, 불고기전골 등 한식전문점으로 단품뿐만 아니라 3가지 반찬을 고를 수 있는 세트메뉴도 있다. 한국인이 운영하기 때문에 우리나라에서 먹는 맛과 차이가 없으며 타이완 사람들에게도 인기 있는 곳이다.

문의 (886)02-8101-8503 **영업시간** 11:00~21:30/연중무휴 **가격** NT$150~

중국스타일의 KFC, 더커스(德克士, dicos)

타이완계열의 후라이드치킨체인으로 중국에 1,000여 개의 점포를 운영하는 패스트푸드점이다. 기존의 맥도날드와 KFC와는 차별화된 햄버거를 선보이며, 치킨 위주의 메뉴와 밥종류가 있다.

문의 (886)02-8101-8136 **영업시간** 11:00~21:30/연중무휴 **가격** NT$50~

일본식 초밥전문체인, 하이스시(海壽司, Hi Sushi)

고급스러운 초밥전문점으로 메뉴를 보고 주문하면 즉석에서 신선한 초밥을 만들어 준다. 접시 색깔별로 가격이 다르며 1접시에 2개의 초밥이 제공된다.

문의 (886)02-8101-8358 **영업시간** 11:00~21:00(일~목요일), 11:00~21:30(금~토요일/연중무휴 **가격** NT$40~

타이완식 명품 닭튀김, 지광샹샹지
(繼光香香雞, Ji Guang Delicious Fried Chicken)

한입에 먹을 수 있는 크기로 즉석에서 튀겨 이 집만의 소스를 뿌려준다. 닭튀김(香香炸雞) 외에도 오징어튀김(鮮炸魷魚), 새송이버섯튀김(蒜脆杏鮑菇) 등이 있다.

문의 (886)02-8101-7837 **영업시간** 11:00~21:30(일~목요일), 11:00~22:00(금~토요일/연중무휴 **가격** NT$75~

예술작품과 함께 품위 있는 식사를 할 수 있는 이탈리안레스토랑 ★★★★★
라파르팔라 La Farfalla

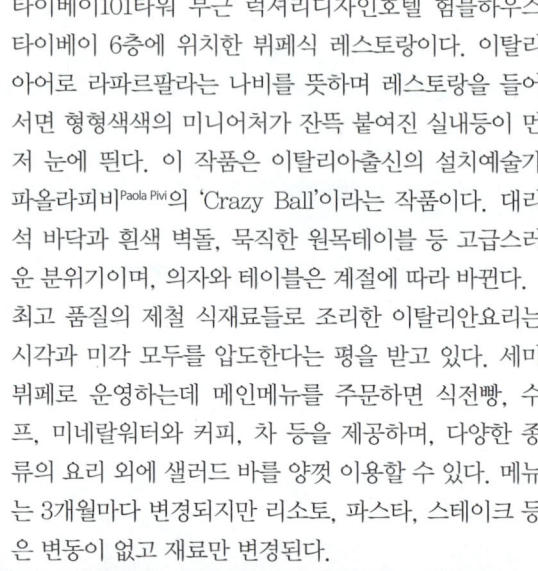

타이베이101타워 부근 럭셔리디자인호텔 험블하우스 타이베이 6층에 위치한 뷔페식 레스토랑이다. 이탈리아어로 라파르팔라는 나비를 뜻하며 레스토랑을 들어서면 형형색색의 미니어처가 잔뜩 붙여진 실내등이 먼저 눈에 띈다. 이 작품은 이탈리아출신의 설치예술가 파올라피비Paola Pivi의 'Crazy Ball'이라는 작품이다. 대리석 바닥과 흰색 벽돌, 묵직한 원목테이블 등 고급스러운 분위기이며, 의자와 테이블은 계절에 따라 바뀐다. 최고 품질의 제철 식재료들로 조리한 이탈리안요리는 시각과 미각 모두를 압도한다는 평을 받고 있다. 세미뷔페로 운영하는데 메인메뉴를 주문하면 식전빵, 수프, 미네랄워터와 커피, 차 등을 제공하며, 다양한 종류의 요리 외에 샐러드 바를 양껏 이용할 수 있다. 메뉴는 3개월마다 변경되지만 리소토, 파스타, 스테이크 등은 변동이 없고 재료만 변경된다.

❶ 랍스터리소토(Lobster and Crab Risotto with Oven-roasted Tiny Lobster)
❷ 캐비어크림소스 링귀니(Sea Urchin and Caviar Cream Linguini with Hokkaido Scallop)
❸ 버크셔폭스테이크(Berkshire Pork Tenderloin with Caramel Pineapple in Yuzu Sause)

주소 信義區松高路18號6F **귀띔 한마디** 타이베이101타워에서 열리는 불꽃축제를 보기에 완벽한 레스토랑 중 하나이다. **가격** 점심 세미뷔페 NT$1,180~, 저녁세미뷔페 NT$1,380~/Service Charge 10% 별도 **영업시간** 아침 06:30~10:00, 점심 11:30~14:30, 애프터눈티 15:00~17:00, 저녁 18:00~22:00, **세미뷔페** 점심 11:30~14:00, 저녁 18:00~21:30/연중무휴 **문의** (886)02-6631-8060 **찾아가기** MRT 스정푸(市政府, Taipei City Hall)역 3번 출구로 나와 직진 후 작은 공원을 끼고 오른쪽으로 직진하다 사거리 횡단보도를 건넌 후 오른쪽으로 들어서면 왼편에 위치한 험블하우스타이베이호텔 6층에 위치한다. 도보 4분 거리. **홈페이지** www.humblehousehotels.com

뉴욕스타일의 브런치카페 ★★★★★
원비트투고 1Bite2Go

타이완 앰버서더호텔에서 고전적인 정통 뉴욕 델리를 선보이는 캐주얼 델리카페이다. 실내 인테리어콘셉트는 도시인이 자전거를 타고 신선한 재료를 구입하기 위해 파머스마켓Farmers Market으로 향하는 모습인데 천장에 매달린 자전거가 재미를 더한다. 앰버서더 호텔 1층에 위

치한 유명 수제베이커리 르부케Le Bouquet의 빵과 유기농 식재료를 사용하여 신선하고 맛있는 메뉴를 제공한다. 메인메뉴, 빵, 음료, 달걀을 선택할 수 있는 올데이브런치메뉴와 영화〈해리가 샐리를 만났을 때〉로 더욱 유명해진 뉴욕 정통 파스트라미샌드위치가 인기메뉴이다. 이밖에도 스낵, 샐러드, 샌드위치, 버거, 스테이크, 파스타, 디저트와 음료 등의 메뉴가 있다.

❶ 클래식 파스트라미샌드위치(Classic Pastrami Sandwich) ❷ 훈제연어 에그베네딕트(Smoked Salmon Eggs Benedict) ❸ 애플파이 아라모드(Apple Pie a la Mode)

주소 信義區信義路五段16號 **귀띔 한마디** 미니엄차지 1인당 NT$160이 있다. **베스트메뉴** 영화〈해리가 샐리를 만났을 때〉에서 샐리가 가짜 오르가즘을 연기하던 140여 년 전통의 레스토랑 카츠 델리카트슨(Katz' Delicatessen)의 대표메뉴를 재현한 클래식 파스트라미샌드위치(Classic Pastrami Sandwich, NT$450), 올데이브런치 중의 하나인 훈제연어 에그베네딕트(Smoked Salmon Eggs Benedict, NT$360) **추천메뉴** 청정지역 내추럴비프를 사용한 수제치즈버거(Cheeseburger, NT$340), 캐러멜소스를 뿌린 수제애플파이와 바닐라아이스크림이 함께 제공되는 애플파이 아라모드(Apple Pie a la Mode, 250) **가격** NT$400~/Service Charge 10% 별도 **영업시간** 10:00~22:00(월~금요일), 08:00~22:00(주말과 공휴일)/연중무휴 **문의** (886)02-2722-6528 **찾아가기** MRT 타이베이101/스마오(台北101/世貿, Taipei 101/World Trade Center)역 3번 출구로 나와 오른쪽 제일은행(第一銀行)을 바라보고 오른쪽으로 직진하면 왼편에 위치한다. 도보 1분 거리. **홈페이지** www.1bite2go.com

패피들이 찾는 분위기 좋은 중식레스토랑 ★★★★★
피피 신이점 茶酒沙龍 信義店 FiFi

타이완 유명 패션디자이너 이자벨웬Isabelle Wen이 오픈한 쓰촨요리 전문레스토랑으로 그녀가 직접 설계한 럭셔리한 실내인테리어로 패피들에게 가장 핫한 레스토랑 중의 하나이다. 중샤오푸싱에 위치한 본점 1층에는 카키카페Khaki café와 티, 2층은 레스토랑, 3층은 그녀가 오랫동안 수집해온 앤티크 소품으로 몽환적인 분위기의 W바로 조성하였다. 성품서점 신이점 6층에 자리한 분점은 중식을 세련되게 재해석한 퓨전요리와 정통요리를 선보이는 레스토랑으로만 구성되어 있다.

❶ 계란두부요리(Fried Tofu with Galic Soy Sauce) ❷ 동파육(Don Po Pork)
❸ 대구요리(Cod with Soybean)

주소 信義區松高路11號6F **귀띔 한마디** 본점 주소 No. 15, Section 4, Ren'ai Road, Da'an District **문의** (886)02-2279-0528 **베스트메뉴** 겉은 바삭하고 속은 부드럽게 튀긴 계란두부요리(Fried Tofu with Galic Soy Sauce, 老皮嫩肉, NT$280), 간장 등의 갖은 양념을 넣고 푹 고아낸 삼겹살요리 동파육(Don Po Pork, 東坡肉, NT$380) **추천메뉴** 부추꽃대볶음 인토우(Leeks with Black and Red Papper, 鼓椒蠅頭, NT$260), 바삭하게 볶은 콩가루가 뿌려진 대구요리(Cod with Soybean, 豆酥鱈魚, NT$420) **가격** NT$500~/ Service Charge 10% 별도 **영업시간** 11:00~14:30, 18:00~22:00/연중무휴 문의 (886)02-8780-2708 **찾아가기** MRT 스정푸(市政府, Taipei City Hall)역 2번 출구로 나와 오른쪽으로 걷다가 첫 번째 골목을 따라 직진하면 오른편에 위치한 성품서점 신이점 6층에 위치한다. 도보 2분 거리.

타이완 최초 컨테이너콘셉트 팝업다이닝공간 ★★★★
커뮨A7 Commume A7

2016년 12월 신콩미츠코시 A9관 바로 옆 공터에 30여 개의 개성강한 독특한 컨테이너와 푸드트럭상점이 들어서며 먹거리광장을 오픈하였다. 이탈리안, 미국, 일본, 스페인, 홍콩, 태국, 타이완 등 다국적 요리와 음료, 주류 등을 판매하며, 150석 규모의 야외 좌석공간과 바닥에 앉아서 자유롭게 먹고 마시며 즐길 수 있다. 단순히 먹거리만을 제공하는 것이 아니라 DJ, 댄스, 음악 등의 공연, 문화프로그램 등 다양한 행사를 개최하는 야외복합문화공간으로 새로운 건물착공 전 임시 토지공간을 이용하여 한시적이라는 것이 아쉬울 만큼 핫플레이스로 떠올랐다.

주소 信義區松壽路3號 **귀띔 한마디** 1981년 모델 에어스트림 트레일러를 개조하여 드래프트비어를 판매하는 타이후맥주차(臺虎露飲車)와 세계맥주대회에서 수차례 우승을 차지했던 진쓰어싼마이(金色三麥)가 있어 맛있는 수제맥주를 마실 수 있다. **영업시간** 11:00~22:00(월~목요일), 11:00~02:00(금~토요일), 10:00~22:00(일요일)/연중무휴 **찾아가기** MRT 타이베이101/스마오(台北101/世貿, Taipei 101/World Trade Center)역 5번 출구로 나와 뒤돌아 직진 하면 ATT4Fun 맞은편에 위치한다. 도보 6분 거리. **홈페이지** www.communea7.com

매콤한 마라육수 우육면으로 유명한 ★★★★★
마젠도 麻膳堂 Mazendo

타이완의 대중요리인 면, 볶음밥, 만두를 현대식 식사공간에서 즐길 수 있도록 2010년 오픈한 체인점이다. 마라훠궈를 면으로 즐길 수 있도록 맵고 얼얼한 국물의 마라탕몐을 개발하여 유명해졌으며 면, 볶음밥, 만두를 전문으로 하고 있다. 고기는 소, 돼지, 양고기 중에서 고를 수 있으며 오리선지鴨血, 두부피豆皮, 숙주나물과 파 등이 토핑되어 나오는데, 두툼한 소고기가 아닌 훠궈용 얇은 소고기를 사용한 마라뉴러우몐이 대표메뉴이다. 로컬분위기에서 벗어나 세련된 공간에서 깔끔하면서도 매콤한 뉴러우몐을 맛 볼 수 있어 인기이며, 우리 입맛에도 잘 맞는 편이다.

❶ 마라뉴러우몐(麻辣牛肉麵) ❷ 젠자오(鮮肉煎餃) ❸ 홍요우란몐(紅油燃麵) ❹ 마지앙수이자오(麻醬水餃)

주소 信義區松壽路18號 **귀띔 한마디** 타이베이기차역 팀호완 바로 옆과 국부기념관역 2번 출구 부근에도 지점이 있다. **베스트메뉴** 마라뉴러우몐(麻辣牛肉麵, Noodles in Mala with Beef Slices, NT$200), 군만두 젠자오(Pan-Fried Pork Dumplings, 鮮肉煎餃, NT$75), 새우볶음밥(Fried Rice with Egg and Shrimp, 蝦仁蛋炒飯, NT$120) **추천메뉴** 채 썬 오이와 함께 매운 기름소스에 비벼 먹는 비빔면 홍요우란몐(Noodles with Spicy Sauce, 紅油燃麵, NT$70), 매콤하고 고소한 참깨소스가 나오는 물만두 마지앙수이자오(Boiled Pork Dumplings with Sesame Sauce, 麻醬水餃, NT$80), 참깨소스의 고소하면서도 매콤한 중국식 자장면 마지앙몐(Noodles with Sesame Sauce, 麻醬麵, NT$70) **가격** NT$200~/Service Charge 10% 별도 **영업시간** 11:30~23:00/연중무휴 **문의** (886)02-2723-7555 **찾아가기** MRT 타이베이101/스마오(台北101/世貿, Taipei 101/World Trade Center)역 4번 출구로 나와 계단을 올라가 LOVE 조형물 방향으로 가다가 횡단보도를 건넌 후 공원을 바라보고 왼쪽으로 직진하면 구름다리가 끝나는 ATT4Fun 바로 옆 건물 지상 1층에 위치한다. 도보 6분 거리. **홈페이지** www.mazendo.com.tw

3D 고양이 라떼아트를 만날 수 있는 ★★★★★
후카페 框影咖啡 The Who Café

타이완 현지 분위기가 물씬 풍기는 상가들로 즐비한 쓰쓰난춘의 뒷골목 2층에 자리한 아늑한 아지트분위기의 카페이다. 온라인게임회사를 다니던 2명의 동료가 바쁜 직장인과 학생들에게 편안하고 따뜻한 공간을 제공하기 위해 카페를 오픈하였다고 한다. 이곳이 특별한 이유는 카페에서 키우는 스코티시폴드 고양이 춘타오(春桃)의 사랑스러운 얼굴을 3D 입체로 한 라떼아트 때문이다. 케이크, 스낵, 샌드위치, 가정식요리 등 수제로 만드는 웰빙메뉴를 제공하고 있다.

❶ 3D고양이라떼(熱拿鐵) ❷ 말차라떼(抹茶拿鐵) ❸ 초콜릿케이크(巧克力大理石蛋糕)

주소 信義區莊敬路214號2F **귀띔 한마디** 미니엄차지 NT$1200이 있고, 시간대별로 제공되는 식사메뉴가 다르다. **베스트메뉴** 3D고양이라떼(熱拿鐵, NT$140), 달콤한 초콜릿과 진한 치즈의 맛을 그대로 느낄 수 있는 초콜릿케이크(巧克力大理石蛋糕, NT$120) **추천메뉴** 3D고양이 말차라떼(抹茶拿鐵, NT$170), 요거트의 새콤한 맛이 강한 치즈케이크(優格輕起司蛋糕, NT$120), 덴마크토스트를 이용한 클럽샌드위치(丹麥吐司之總匯型三明治, NT$200) **가격** NT$200~/Service Charge 10% 별도 영업시간 11:00~21:00/연중무휴 **문의** (886)02-2758-6512 **찾아가기** MRT 타이베이101/스마오(台北101/世貿, Taipei 101/World Trade Center)역 2번 출구로 나와 아디다스 농구장이 보이는 사거리에서 왼쪽 장징루(莊敬路)를 따라 직진하면 오른쪽 건물 2층에 위치한다. 도보 4분 거리.

미스터제이 Mr. J義法廚房 Mr. Jay French And Italian Restaurant

영화 <말할 수 없는 비밀> 테마레스토랑 ★★★★

타이베이의대 캠퍼스 내에 위치한 프렌치&이탈리안레스토랑으로 영화 <말할 수 없는 비밀>을 테마로 하고 있다. 실내는 마치 영화 속 장면처럼 고풍스러운 피아노와 영화관련 소품, 다양한 스틸사진으로 가득하다. 이 밖에도 주걸륜의 음반, 트로피, 소장품 등이 있으며 영화 속 교복을 착용하고 기념사진도 찍을 수 있다.

2층에는 주걸륜 개인사무실이 있어 운이 좋다면 주걸륜을 만날 수도 있다. 메뉴는 파스타, 스테이크, 리소토, 피자 등 이탈리안요리가 주이며, 메인요리 주문 시 빵, 수프, 샐러드, 디저트 음료가 함께 제공된다.

주소 信義區吳興街250號 **귀띔 한마디** 미니어차지 1인 NT$80 **베스트메뉴** 8가지의 파스타 중 택일, 빵, 수프, 샐러드, 디저트, 음료가 나오는 시크릿세트(Serect's Set, NT$360~490), 6가지 고기메뉴 중 택일, 빵, 수프, 치킨시저샐러드, 디저트, 음료가 나오는 클래식세트(Classic Set, NT$550~580) **추천메뉴** 매일 14:00~17:00에 디저트와 음료가 제공되는 애프터눈티(Afternoon Tea, NT$100) **가격** 파스타 NT$200~, 피자 NT$220~, 음료수 NT$80 ~/Service Charge 10% 별도 **영업시간** 11:30~22:00/연중무휴 **문의** (886)02-2377-9090 **찾아가기** MRT 타이베이101/스마오(台北101/世貿, Taipei 101/World Trade Center)역 2번 출구에서 택시를 이용하면 NT$100 안팎이다. **홈페이지** mrj-tw.com

❶ Smoked Duck Spaghetti with Pesto Sauce
❷ Grilled Pork Chop and Prawn with Red Wine Sauce

로즈하우스 古典玫瑰園 Rose House Tea&Art

장미꽃 테마카페 ★★★★

국제VISA카드의 커버를 장식한 타이완의 유명화가 황팅훼이黃騰輝가 설립한 타이완차 카페이다. 현재 런던, 뉴욕, 일본, 호주 등 전 세계 50여 개의 매장을 운영하며, 영국 차와 도자기 관련 영국전문가들의 컨설턴트를 받고 있어 영국본토에서도 인정받는다.

실내인테리어는 장미향이 가득한 영국시골저택의 응접실에 앉아 차를 마시는 분위기로 지점마다 조금씩 차이는 있다. 로즈티를 비롯한 꽃차, 과일차뿐만 아니라 다양한 영국식 차와 곁들여 먹으면 좋은 디저트메뉴와 토르티야, 그라탱 등의 요리도 제공한다. 특히 이곳 미니햄버거, 미니샌드위치, 타르트, 스콘, 애플파이, 미니케이크, 푸딩 등이 3단 트레이에 세팅된 프린스윌리엄스 애프터눈티와 와플이 인기가 있다. 훌륭한 서비스와 향과 맛이 좋은 차, 정성스러운 요리 등 다소 비싼 가격이지만 가격대비 만족도는 높다.

타이베이중부

주소 信義區松高路11號B2F **강력추천** 찻잎, 티폿, 텀블러, 아로마오일 등의 제품도 판매하는데 선물용으로 인기이다. **귀띔 한마디** 좀더 아늑한 분위기를 원한다면 융캉제점을 찾아가자. **베스트메뉴** 클래식잉글리시 애프터눈티(古典英式下午茶, Classic English Afternoon Tea, NT$599, 단품 NT$499) **추천메뉴** 장미, 블루베리, 복숭아 등 다양한 아이스티 NT$140 **가격** 차 NT$120~, 식사 NT$180~/Service Charge 10% 별도 **영업시간** 11:00~22:00(일~목요일), 11:00~23:00(금~토요일)/연중무휴 **문의** (886)02-5517-0690 **찾아가기** MRT 스정푸(市政府, Taipei City Hall)역 2번 출구로 나와 오른쪽으로 걷다 첫 번째 골목을 따라 직진하면 오른편 성품신이점(誠品信義店)건물 B2층에 위치한다. 도보 2분 거리. **홈페이지** www.rosehouse.com

타이베이시에 위치한 로즈하우스

- 융캉제점(永康街店) **주소** 大安區麗水街3-1號 **문의** (886)02-5571-3629 **영업시간** 11:30~21:00/연중무휴
- 쑹장난징점(松江南京店) **주소** 中山區南京東路二段95號 **문의** (886)02-5571-3972 **영업시간** 11:30~21:00/연중무휴
- 성품쑹산점(誠品松菸店) **주소** 信義區菸廠路88號 B2F **문의** (886)02-5574-0351 **영업시간** 11:00~22:00(월~목요일), 11:00~23:00(금~토요일), 10:00~22:00(일요일)/연중무휴

뉴욕베이글카페 N.Y.BAGELS CAFE
타이완 최초의 베이글가게 ★★★★★

그날 만든 신선한 베이글을 당일 판매하는 베이글전문점으로 '저녁에도 미국식 아침식사를 즐기자'는 콘셉트로 운영한다. 이곳 베이글은 타이완은 물론이고 외국에서도 인정받는 맛으로 유지방, 우유, 달걀 등을 사용하지 않은 저칼로리 베이글을 선보인다.

양파, 블루베리, 참깨, 플레인 등 6가지 베이글은 해외에서 수입한 재료로 만들며, 베이글과 곁들여 먹으면 더욱 풍부한 맛을 느낄 수 있는 5가지 크림치즈도 직접 만들어 판매한다. 토요일은 24시간, 특히 중샤오둔화점은 연중무휴 24시간제로 운영하고 있어 저녁뿐만 아니라 새벽에도 미국식 아침식사를 즐길 수 있다.

❶ Onion Bagel&Plain Cream Cheese ❷ N.Y. Scrambled Eggs Set ❸ Royal Eggs Benedict Set ❹ N.Y. Cheese Burger

주소 信義區信義路五段122號 **강력추천** 가격대비 훌륭한 브런치세트는 저렴하게 한 끼를 즐기기에 좋다. **귀띔 한마디** 세트메뉴는 빵, 계란후라이, 감자튀김, 음료, 계절과일이 포함된다. NT$30을 추가하면 베이글, 프렌치토스트, 팬케이크 중에 교환할 수도 있다. **베스트메뉴** Italian Seasoning Sausage Set, NT$290, N.Y. Scrambled Eggs Set, NT$285 **추천메뉴** Royal Eggs Benedict Set, NT$345, N.Y. Cheese Burger, NT$235 **가격** 베이글 NT$58, 크림치즈 NT$30~, 클래식브런치 NT$270~, 런치스페셜 11:00~14:00(월~금요일, 공휴일 제외) NT$240~, 디너스페셜 17:00~22:00(연중무휴) NT$320~ **영업시간** 09:00~23:30(토요일 24시간)/연중무휴 **문의** (886)02-2723-7977 **찾아가기** MRT 샹산(象山, Xiangshan)역 2번 출구로 나와 오른쪽으로 직진한 후 사거리의 바로 왼편 건물 1층에 위치한다. 도보 2분 거리. **홈페이지** www.nybagelscafe.com

타이베이시에 위치한 뉴욕베이글카페

- 중샤오둔화점(忠孝敦化店) **주소** 大安區仁愛路四段147號 **문의** (886)02-2752-1669 **영업시간** 24시간/연중무휴
- 큐스퀘어점(京站店) **주소** 大同區承德路一段1號1F **문의** (886)02-2552-6880 **영업시간** 08:00~01:00/연중무휴

Special 05
홍대클럽보다 화려한 신이계획구 밤문화

타이베이에서 제일 잘나가는 클럽과 바를 찾는다면 망설임 없이 신이계획구 일대를 권한다. 특히 타이베이101타워 뒤편의 신콩미츠코시 A4, A9, A11 백화점 맞은편 빌딩들은 그야말로 밤문화의 천국이라 불릴 만큼 클럽이 밀집해 있다. ATT4Fun 쇼핑센터에는 대학생들이 많이 찾는 베베18부터 하이브클럽, 클럽미스트가 있으며, 네오19 쇼핑센터에는 룸18, 바코드, 라비클럽, 인하우스가 있어 이 일대의 밤은 말 그대로 낮보다 화려하다. 대부분 일정 입장료를 지불하면 정해진 알코올음료가 무료 또는 한정으로 제공되며 몇 군데는 지정된 날짜에 여성이라면 무료로 입장할 수도 있다. 신분증을 요구하는 곳이 대부분이므로 잊지 말고 여권을 챙겨가자.

베베18 (BABE18)

칵테일을 무제한으로 마실 수 있는 클럽으로 서양인보다는 현지인, 일본, 한국, 홍콩 20대 초중반 젊은이들이 많이 찾는 곳이다. 홍대클럽느낌이 나며, 술보다는 춤과 음악을 즐기러 오는 사람이 많다.

주소 信義區松壽路18號B1F **문의** (886)922-193-566 **영업시간** 22:00~04:00(수~일요일)/매주 월~화요일 휴무 **입장료** 여자 수요일 23:30 이전 무료, 23:30 이후 NT$300, 목요일 24:00 이전 무료, 24:00 이후 NT$200, 금~토요일 NT$400, 일요일 23:30 이전 무료, 23:30 이후 NT$250/남자 수요일 23:30 이전 NT$400, 23:30 이후 NT$600, 목요일 NT$600, 금~토요일 NT$700, 일요일 23:30 이전 NT$350, 23:30 이후 NT$550 **찾아가기** ATT4Fun 쇼핑센터 옆 건물 지하 1층에 위치한다.

웨이브클럽 (Wave Club)

최근에 생긴 클럽으로 독특한 T자형 댄스무대가 있으며 전문 DJ와 최첨단 음향기기를 보유하고 있다. 오픈 바 형식으로 입장료를 내면 맥주와 칵테일을 무제한으로 마실 수 있다.

주소 信義區松壽路12號1F **문의** (886)911-439-897 **영업시간** 22:00~04:00(화~일요일)/연중무휴 **입장료** 남 NT$700, 여 NT$400(화~수요일), 남 NT$700, 여 NT$200(목요일, 일요일), 남 NT$800, 여 NT$500(금~토요일) **찾아가기** ATT4Fun 쇼핑센터 1층에 위치한다.

클럽미스트 (Club MYST)

타이베이 선남선녀를 만나 볼 수 있는 핫한 클럽이다. 매주 다양한 콘셉트로 운영되며 타이완의 유명연예인도 자주 찾는 곳으로 알려져 있다. 매주 수요일은 레이디데이로 여성은 공짜로 입장할 수 있다.

주소 信義區松壽路12號9F **문의** (886)02-7737-9997 **영업시간** 22:30~04:00(수요일과 금~토요일) **입장료** 음료쿠폰 2장 포함 NT$600(수요일), NT$700(금~토요일) **찾아가기** ATT4Fun 쇼핑센터 9층에 위치한다. **홈페이지** www.club-myst.com

룸18 (Room 18)

베베18의 자매클럽으로 수질관리(?)가 엄격한 클럽으로 유명한데 외국인과 유학생에게는 관대하다. 클럽보다는 바에 가까우며 고급스러운 분위기에 스테이지는 2개로 나눠져 있다.

주소 信義區松壽路22號B1F **문의** (886)02-2345-2778 **영업시간** 22:30~05:00(수요일, 금~토요일)/일~화요일, 목요일 휴무 **입장료** NT$700(음료쿠폰 2장 포함), 수요일은 여성 무료입장, 남자는 NT$500 **찾아가기** Neo19 쇼핑센터 지하 1층에 위치한다. **홈페이지** www.room18.com.tw

바코드 (BARCODE Taipei)

30대가 주를 이루는 라운지바로 예전에는 유명했던 곳이다. 어느 정도 분위기가 무르익으면 클럽분위기로 전환되며 훈남바텐더들이 많아 여성들에게 인기이다.

주소 信義區松壽路22號5F **문의** (886)02-2725-3520 **영업시간** 21:00~02:30/연중무휴 **입장료** 칵테일 NT$300~ **찾아가기** Neo19 쇼핑센터 5층에 위치한다.

라바클럽 (LAVA Club)

베베18과 하이브클럽처럼 무제한으로 맥주와 칵테일을 마실 수 있는 클럽이다. 힙합음악이 주를 이루며 20대 초중반의 젊은이들이 선호하는 클럽이다.

주소 信義區松壽路22號B1F **문의** (886)919-953-612 **영업시간** 22:30~04:00(수~토요일) **입장료** 여성 NT$300, 남성 NT$600 (수~목요일), 음료쿠폰 2장 포함 여성남성동일 NT$700(금~토요일) **찾아가기** Neo19 쇼핑센터 지하 1층에 위치한다. **홈페이지** www.lava-club.com.tw

인하우스 (inhouse)

소박한 분위기의 클럽으로 타이베이에서 손꼽히는 유명 디제이가 디제잉을 하는 라운지레스토랑이다. 일주일에 2~3회 DJ쇼가 열리며 점심시간에는 캐주얼레스토랑으로 운영된다.

주소 信義區松仁路90號 **문의** (886)02-2345-5549 **영업시간** 11:00~03:00/연중무휴 **입장료** 칵테일 NT$200~ **찾아가기** Neo19 쇼핑센터 야외 1층에 위치한다. **홈페이지** www.inhouse19.com

브라운슈가 (Brown Sugar)

타이베이에서 유명한 라이브바로 요일별로 가수들의 무대가 펼쳐진다. 팝부터 재즈까지 수준 높은 라이브공연을 볼 수 있으며 매주 일요일에는 라이브연주로 라틴음악에 맞춰 살사춤을 출 수 있는 시간도 있어 더욱 유명하다.

주소 信義區松仁路101號B1F **문의** (886)02-8780-1110 **영업시간** 17:30~02:00/연중무휴 ※ 라이브공연시간 19:00~20:40(수요일과 일요일), 19:30~21:10(금~토요일) **입장료** 칵테일 NT$300~ **찾아가기** Neo19 쇼핑센터 정문을 등지고 오른쪽 대각선 방향의 빌딩에 위치한다. **홈페이지** www.brownsugarlive.com

Part 03

Section 08
신이계획구에서 놓치면 후회하는 쇼핑거리

타이베이101타워 주변의 상권은 그야말로 타이완 최고로 손꼽힌다. 일본백화점 유니-한큐백화점과 A4, A8, A9, A11 4개의 신콩미츠코시백화점을 비롯하여 브리즈백화점, 벨라비타, ATT4Fun 쇼핑몰과 24시간 최신영화를 감상할 수 있는 멀티플렉스 비쇼시네마, 4개의 클럽과 10여 개의 레스토랑이 있는 네오19 그리고 성품서점 등이 위치한다.

 타이완 최고의 명품쇼핑몰 ★★★★★
타이베이101몰 台北101購物中心 Taipei 101 Mall

타이베이101타워 내 지하 1층부터 지상 6층까지를 사용하며, 1~5층은 세계적 명품브랜드매장이 자리하고 있어 명실공히 타이완 최고의 쇼핑몰이다. 지하 1층에는 나인웨스트, 수퍼드라이, 어그, 판도라 등 영캐주얼 브랜드 매장과 대형푸드코트가 있다. 1층에는 샤넬, 디올, 롱샴, 자라, 몽블랑, 오메가 등의 대형매장이 입점해 있고, 2층에는 코치, 휴고보스, 마이클코어스, 폴앤샥, ALICE +OLIVIA 등의 매장이 있다.

3층에는 토즈, 펜디, 구찌, 생로랑파리, 베르사체 등 명품브랜드매장이 자리하고, 4층에는 디올, 프라다, 루이뷔통, 미우미우, 버버리, 불가리아, 에르메네질도 제냐 등과 스위트티 Sweet Tea, 장폴에방 Jean-Paul Hevin 등의 카페와 레스토랑이 있다. 5층에는 타이베이101전망대 매표소와 전망대엘리베이터가 있으며 6층은 최첨단 시설을 갖춘 럭셔리 피트니트센터 월드짐엘리트101이 자리하고 있다.

주소 信義區市府路45號 **귀띔 한마디** 4층에 위치한 디올(Dior)매장은 세계에서 제일 큰 매장으로 타이베이101몰의 자랑이다. **영업시간** 11:00~21:30(일~목요일), 11~22:00(금~토요일&공휴일)/연중무휴 **문의** (886)02-2552-3721 **찾아가기** MRT 타이베이101/스마오(台北101/世貿, Taipei 101/World Trade Center)역 4번 출구가 지하 1층과 연결된다. **홈페이지** www.taipei-101.com.tw/mall

타이베이중부

신이신천구 信義新天地
낮보다는 밤이 화려한 쇼핑천국 ★★★★★

화려한 쇼핑지구를 더욱 빛나게 하는 것이 바로 타이베이101타워부터 주변 쇼핑몰과 백화점 등 주요빌딩을 하나로 이어주는 공중다리와 연결된 곳이 신이신천구이다. 타이완 대표백화점 신콩미츠코시新光三越 4개 지점이 이곳에 모여 있어 신콩신이신천구라고 불린다.

신콩미츠코시는 타이완 신콩新光그룹과 일본 미츠코시三越가 합작하여 만든 백화점으로 A4, A8, A9, A11관으로 나뉘어져 있다. A4은 여성관, A8은 일반백화점, A9는 명품관 그리고 A11은 청소년관으로 백화점마다 특징이 다르다. 주변으로 브리즈와 벨라비타를 비롯하여 성품신이서점, ATT4Fun, Neo19 및 비쇼시네마도 있으며, 주말과 휴일에는 백화점 사이의 중정광장中正廣場 등 야외 곳곳에서 연주, 춤, 마술, 팬터마임 등 각종 공연이 펼쳐져 재미있는 볼거리를 제공한다.

귀띔 한마디 타이완 청춘영화 〈청설〉에서 여주인공이 거리공연을 하던 장면이 중정광장(中正廣場)에서 촬영됐다. **찾아가기** MRT 타이베이101/스마오(台北101/世貿, Taipei 101/World Trade Center)역 4번 출구로 나와 LOVE 조형물 방향으로 가다 횡단보도를 건넌 후 공원을 바라보고 왼쪽으로 직진하면 구름다리 끝나는 ATT4Fun 건물과 야외주차장 사이 골목으로 들어서면 그 일대가 신이신천구(信義新天地)이다.(공중다리를 따라 이동하는 것이 훨씬 빠르다.)

신이신천구에 위치한 백화점&쇼핑몰

ATT4Fun

타이완 최초로 아메리칸스타일을 표방한 쇼핑몰이다. ATT는 Attractive, 4는 패션, 음식, 오락, 문화창조 그리고 Fun은 ATT4를 즐기자는 의미로 20대 젊은이들이 많이 찾는 곳이다. 지하 3층부터 지상 7층 구조로 하이브클럽과 베베18이 있어 새벽까지 발길이 끊이지 않는다. 7층에는 다양한 공연과 노래, 드라마, 영화 등의 각종 시사회가 열리는 ShowBox공연장이 있다.

주소 信義區松壽路12號 **문의** (886)02-8780-8111 **영업시간** 11:00~22:00(상점마다 상이)/연중무휴 **찾아가기** 신이신천구에 못 미쳐 위치한다. **홈페이지** www.att4fun.com.tw

비쇼시네마 (VIESHOW Cinemas)

멀티플렉스 영화관으로 미국 워너브라더스픽처스와 호주 빌리즈로드쇼픽처스(Village Roadshow Pictures)가 공동 투자한 워너빌리지(Warner Village)였으나 현재는 홍콩과 타이완 4개 기업이 공동경영하고 있는 타이완 최대 영화관체인 비쇼시네마로 바뀌었다. 일반영화관, 3D영화관, 4DX영화관으로 나뉘며 1~2층은 패스트푸드점, 레스토랑, 핸드폰매장, 의류매장 등이 입점되어 있다.

주소 信義區松壽路20號 **문의** (886)02-8780-5566 **영업시간** 08:30~22:00(영화관은 24시간 운영)/연중무휴 **찾아가기** ATT4Fun 옆 건물에 위치한다. **홈페이지** www.vscinemas.com.tw

네오19 (Neo19)

음식, 오락, 운동, 휴식, 쇼핑을 결합한 종합레저쇼핑몰이다. 지하 1층, 지상 5층 구조로 B1층에는 룸18과 라바클럽이 위치하고, 1층에는 인하우스 그리고 5층에는 바코드 등 4개의 클럽이 있으며 칠리스, 모모파라다이스, 마라훠궈 등 10여 개의 레스토랑과 홈호텔, 대형 나이키매장, 스튜디오A, 휘트니센터 등이 있다.

주소 信義區松壽路22號 **문의** (886)02-2345-8819 **영업시간** 11:00~22:00(상점마다 상이)/연중무휴 **찾아가기** 비쇼시네마 바로 옆에 위치한다. **홈페이지** www.neo19.com.tw

신콩미츠코시A4관 (新光三越A4館)

마크제이콥스, 마이클코어스, 휴고 등 명품매장과 i BLUE, 제시카, 토리버치, 시세이도, 디올, 바비브라운, 크리니크 등 여성패션과 코스메틱 그리고 세계 각국의 요리를 전문으로 하는 레스토랑이 위치하고, 지하 2층에는 각종 식료품을 판매하는 슈퍼마켓이 위치해 여성들을 위한 백화점으로 각광받는다.

주소 信義區松高路19號 **문의** (886)02-8789-5599 **영업시간** 11:00~21:30(월~금요일), 11:00~22:00(토~일요일)/연중무휴 **찾아가기** 신콩미츠코시A8관 뒤편에 위치한다. **홈페이지** www.skm.com.tw

신콩미츠코시A8관 (新光三越A8館)

코치, 샤넬, 닥스, 바비브라운, 클라란스, 엘리자베스아덴, 샤넬, 디올, 질스튜어트, G2000, IF, 에스티로더, 랑콤, 오리진스 등과 갈리레이 패밀리브런치, 수코타이 등의 레스토랑을 비롯하여 여성과 남성 코스메틱 등 다양한 브랜드가 입점되어 있어 일반백화점과 별반차이는 없다.

주소 信義區松高路12號 **문의** (886)02-8780-9966 **영업시간** 11:00~21:30(월~금요일), 11:00~22:00(토~일요일)/연중무휴 **찾아가기** 신콩미츠코시A9관 뒤편에 위치한다.

신콩미츠코시A9관 (新光三越A9館)

신콩미츠코시의 명품백화점으로 구찌, 살바토레페라가모, 버버리, 코치, 끌로에, 프라다, 까르띠에, 오메가, 로렉스, 폴스미스 등의 매장이 위치하며, 7층에는 태국요리전문점 와청(瓦城), 8층에는 야키니쿠전문점 라오간바이(老乾杯) 그리고 다양한 타이완요리를 선보이는 신푸웬(新葡苑) 등 다양한 레스토랑이 있다.

주소 台北市信義區松壽路9號 **문의** (886)02-8780-5959 **영업시간** 11:00~21:30(월~금요일), 11:00~22:00(토~일요일)/연중무휴 **찾아가기** 비쇼시네마 건너편에 위치한다.

신콩미츠코시A11관 (新光三越A11館)

미우미우, 엠포리오아르마니, 마크바이마크제이콥스 등 명품브랜드 매장을 비롯하여 어그, 브레라, 키플링, 레스포삭, 등의 젊은이들이 선호하는 브랜드가 입점된 청소년관이다.

주소 信義區松壽路11號 **문의** (886)02-8780-1000 **영업시간** 11:00~21:3.0(월~금요일), 11:00~22:00(토~일요일)/연중무휴 **찾아가기** 비쇼시네마 맞은편에 위치한다

브리즈신이 (Breeze Xin Yi)

신이신뎬디에 가장 늦게 뛰어든 브리즈백화점은 험블하우스호텔과 연결되어 있다. 지하 2층부터 4층까지이며 지하 1층 화장품코너는 한국의 중저가브랜드인 스킨푸드와 투쿨포스쿨이 입점되어 있다. 1층에는 H&M 대형매장이 입점되어 있으며, 주로 가방, 신발, 주얼리 등의 브랜드가 위치해 있다.

주소 信義區松高路16號 **문의** (886)02-6636-6699 **영업시간** 11:00~21:30(일~수요일), 11:00~22:00(목~토요일)/연중무휴 **찾아가기** 신콩미츠코시A8관 바로 맞은편에 위치한다.

타이베이의 갤러리아명품관 ★★★★
벨라비타 寶麗廣場 Bellavita

최상위 계층을 위한 소규모 유럽풍 백화점으로 일명 '귀부인백화점'이라고 부른다. 루이뷔통은 대중적 브랜드라며 입점을 허락하지 않았으며 중국인들이 관심가질 만한 브랜드는 모두 입점을 금지시켰다. 지하 2층부터 지상 6층 구조이며 지하 2층은 푸트코트 구르메푸드홀이 위치하며, 지하 1층은 스위스 이너웨어브랜드 짐머리Zimmerli와 세계적인 란제리브랜드 짐멜리zimmerli 등이 자리한다. 1층은 그나마 대중적인 명품브랜드 매장이 있고, 2층은 디자이너부티크 매장이 위치한다.

3층은 뷰티케어숍, 아동복 등 라이프스타일 매장이, 4~6층은 이탈리안, 프렌치, 일식 등 고급레스토랑과 바가 위치한다. 중앙홀은 천장까지 탁 트여 있으며, 천장은 돔형식 유리로 되어 있고 분수대에서는 매시정각 음악과 함께 10분 동안 분수쇼가 펼쳐진다.

주소 信義區松仁路28號 **귀띔 한마디** 3층에는 미슐랭 3스타에 빛나는 스타셰프 조엘로부숑의 살롱데드데조엘로부숑(Salon de The de Joël Robuchon)가 자리한다. **영업시간** 10:30~22:00(일~목요일), 10:30~22:30(금~토요일&공휴일)/연중무휴 **문의** (886)02-8729-2771 **찾아가기** 신콩미츠코시A4관(新光三越A4館) 바로 옆에 위치한다. **홈페이지** www.bellavita.com.tw

 타이완 최대 규모의 서점 ★★★★★
성품신이서점 誠品信義書店 The Eslite Bookstore

성품서점 신이점은 지하 2층, 지상 6층 구조로 타이완에서 제일 큰 규모이다. 30만 종에 100만 권 이상의 도서와 세계 각국의 희귀서적까지 보유하고 있다. 지하 1층은 여유롭게 식사, 디저트, 커피 등을 즐길 수 있는 식당가와 샐러드, Bonbon chic, 2%, R&F, +-×÷ Homme 등 개성 넘치는 디자이너매장이 입점되어 있다.

1층은 CLUB 1981, Level 6ix, 폴스미스, 트리하우스 등 다양한 편집숍과 캐주얼매장, 2층은 전자제품매장이다. 3층은 대형서점 성품서점으로 아기자기한 문구류와 잡화소품 코너가 함께 있으며, 매주 금요일 오후 각종 음식 이벤트가 열리는 쿠킹스튜디오가 있다. 4층은 세계 각국의 음반을 만날 수 있는 대형음반매장, 5층은 어린이들을 위한 아동서점과 아동관련 매장들이 위치한다.

주소 信義區松高路11號 **귀띔 한마디** 1층 agnès b. café L.P.G., 4층 키키레스토랑(KIKI餐廳)이 위치한다. **영업시간** 상점 11:00~22:00(일~목요일), 11:00~23:00(금~토요일), 서점 10:00~24:00/연중무휴 **문의** (886)02-8789-3388 **찾아가기** MRT 스정푸(市政府, Taipei City Hall)역 2번 출구로 나와 오른쪽으로 걷다 첫 번째 골목을 따라 직진하면 오른편에 위치한다. 도보 2분 거리. **홈페이지** www.esliteliving.com

Special 06

타이베이에서 두 번째로 큰 야시장, 라오허제야시장(饒河街夜市, Raohe Street Night Market)

스린야시장이 현지인뿐만 아니라 관광객들에게까지 잘 알려진 야시장이라면 라오허제는 타이완 최초의 야시장으로 현지인이 많이 찾는 곳이다. 과거 타이완북부 항만도시 지룽은 번화가였지만 항구가 이전하면서 쇠락하였는데, 정부가 이곳의 상가들을 한곳에 모아 상권을 조성하였다. 라오허제야시장 입구는 청시대 사당인 쑹산츠유궁松山慈祐宮이 자리하고 있어 더욱 현지 야시장 분위기가 강하다. 다양한 먹거리 노점뿐만 아니라 의류, 잡화, 마사지숍 등이 있어 간단한 쇼핑을 즐길 수도 있다.

찾아가기 MRT 쑹산(松山, Songshan)역 1번 출구로 나와 직진하다 사거리에서 왼쪽으로 가다보면 왼편에 야시장입구가 보인다./타이베이101타워에서 택시를 타면 NT$100 정도의 요금이 나온다. **영업시간** 17:00~24:00(상점마다 상이), 야시장을 제대로 느끼려면 19:00 이후에 방문하자./연중무휴(상점마다 상이)

타이완 화덕만두
후지아오빙(胡椒餠)

타이완 노점간식에서 빼 놓아서는 안 될 먹거리인 후지아오빙은 두꺼운 만두피에 다진 돼지고기와 대파 그리고 후추를 듬뿍 넣고 숯불 화덕에 구워내는 화덕만두로 일명 후추빵이라고도 부른다. 후지아오빙이 유명한 노점은 야시장입구의 푸저우스쭈후지아오빙(福州世祖胡椒餠)이다. 커다란 화덕에 만두를 붙여 굽기 때문에 겉은 바삭하고 속은 육즙으로 촉촉함이 느껴진다. 각종 매체에 소개된 곳답게 항상 많은 사람으로 붐비지만 바로 구운 따끈한 만두를 한 끼 식사대용으로 먹을 수 있다.

주소 松山區饒河街249號 **귀띔 한마디** 타이베이기차역 분점은 씨유호텔(See You Hotel) 바로 앞에 위치한다. **가격** 후지아오빙(胡椒餠) NT$50 **영업시간** 16:00~24:00/연중무휴

타이완 보양음식
야오두언파이구(藥燉排骨)

타이완 서민들의 보양음식 중의 하나인 야오두언파이구는 갈비탕과 비슷한 라오허제야시장의 명물이다. 구기자, 황기, 당귀, 대추 등 10여 종의 한약재를 넣고 끓인 탕에 갈비나 양고기를 넣고 약한 불로 서서히 고아 만든 것이다. 한약재 때문에 고기비린내가 전혀 없이 부드럽고 연하며 한약향 진한 국물은 몸이 건강해지는 느낌을 준다. 한약의 쓴 맛을 없애고 달콤한 맛을 첨가하여 식당마다 제각기 특색 있는 맛을 가지고 있다.

가격 야오두언파이구(藥燉排骨) NT$70

곱창과 굴이 들어간 굴국수
커자이몐씨엔(蚵仔麵線)

곱창국수와 비슷한 음식으로 곱창과 함께 신선한 굴이 들어간 면요리로 굴향과 고소한 곱창의 맛을 함께 즐길 수 있다. 굴요리이기 때문에 가게를 잘 선택해야만 굴비린내를 없앤 커자이멘시엔을 맛볼 수 있다. 라오허제야시장에서 유명한 가게는 100년 전통을 자랑하는 동파하오(東發號)로 굴국수 몐시엔(麵線), 건해산물로 만든 찹쌀밥 요우판(油飯) 그리고 고기를 넣은 탕 로우껑(肉羹) 세 가지 메뉴를 팔고 있다. 이 집 굴국수는 곱창과 신선한 굴이 듬뿍 들어가 있으며 굴을 튀긴 후 넣기 때문에 찹쌀탕수육처럼 겉이 쫄깃하다.

주소 松山區饒河街94號 **귀띔 한마디** 가게이름은 동파하오(東發號)가 아닌 메뉴이름 커자이멘시엔(蚵仔麵線)을 간판에 크게 써 놓았다. **가격** 굴국수 몐시엔(麵線) NT$60, 고기탕 러우껑(肉羹) NT$60, 건해산물찹쌀밥 요우판(油飯) NT$30 **영업시간** 08:30~24:00/연중무휴 **문의** (886)02-2769 5319

타이완식 오코노미야키
위안위안샤오(圓圓燒)

맛은 일본의 오코노미야키, 모양은 팬케이크인 위안위안샤오(圓圓燒)도 라오허제야시장의 명물이다. 유명한 노점 후쿠시마야위안위안샤오(福島屋圓圓燒)는 일본전통의상을 착용한 남자들이 쉴 새 없이 철판에 위안위안샤오를 구워낸다. 원형철통에 밀가루반죽을 부운 후 그 위에 새우, 베이컨, 계란, 양배추 등을 올리고 다시 반죽을 부워 구워낸 후 소스를 골고루 뿌리고 가츠오부시를 올려준다. 주문을 하면 바로 구워 와사비가 들어있는 네모난 종이상자에 넣어준다. 줄을 어떻게 서야 하는지에 대한 안내판이 걸려 있을 만큼 유명한 곳으로 타이베이 스낵업계의 전설이라 불린다.

가격 위안위안샤오(圓圓燒) NT$60

타이완판 동대문시장
우펀푸상권(五分埔商圈, Wufenpu)

라오허제야시장에서 조금 떨어진 곳에 위치한 우펀푸는 타이베이시의 유명의류와 장신구 관련 매장이 천여 개나 자리하고 있는 타이베이 최대 의류도소매지역이다. 1960년대 의류관련 상점들이 들어서기 시작하여 70~80년대를 거치면서 현재의 의류도소매상가로 발전하였다. 우리나라 동대문에 비하면 보잘것 없지만 광범위한 상권을 잘 정리해 놓아 구경하기가 편하다. 바깥에 걸린 옷들은 저렴하며, 상점 안쪽의 옷들이 퀄리티가 높은 반면 조금 더 비싸다. 보통 NT$400~600지만 옷마다 가게마다 사이즈가 조금씩 다르기 때문에 신중하게 골라야 한다. 타이완 상품 외에도 한국, 일본, 태국 등 각국에서 수입해 온 최신 의류와 액세서리도 찾아볼 수 있다.

영업시간 12:00~22:00(상점마다 상이)/연중무휴 **찾아가기** MRT 반난선(板南線, Bannan Line)의 후산피(後山埤, Houshanpi)역 1번 출구로 나와 우펀푸상권지역(五分埔商圈, Wufenpu Commercial District) 이정표를 따라 이동하면 된다.

Chapter 04
고양이가 없는 도심 속 차밭, 마오콩

猫空, Maokong

타이베이 거터우산(格頭山) 남서쪽 해발 500m에 자리한 마오콩은 차재배지로 유명하다. 톄관인과 원산바오중차가 이곳의 특산물이며, 타이완 10대 명차 중의 하나인 가오산톄관인의 생산지가 바로 마오콩이다. 타이완의 차문화를 알리기 위해 마오콩일대를 관광차밭으로 지정하였으며 차밭 외에도 10여 곳의 찻집에서 타이베이 101타워와 타이베이시내를 바라보며 여유롭게 차와 식사를 즐길 수 있다. 마오콩은 '고양이가 없다'라는 뜻을 내포하지만 사실은 산에 둘러싸여 움푹 파인 지형을 뜻한다.

마오콩에서 이것만은 꼭 해보자

1. 찻집에서 차를 우려내는 과정을 배워보자.
2. 시간적 여유가 있다면 하이킹을 즐겨보자.
3. 낮에는 하이킹을 즐기기 좋고, 밤에는 도심야경을 즐기기 좋은 곳이다.
4. 사람이 많이 방문하는 주말과 공휴일보다는 평일에 찾아가 여유로움을 느껴보자.

마오콩을 이어주는 교통편

- **마오콩란처(猫空纜車, Maokong Gondola)** MRT 타이베이동물원(動物園, Taipei Zoo)역 2번 출구로 나와 왼쪽으로 5분 정도 걸으면 타이베이동물원케이블카(猫空纜車動物園, Taipei Zoo Cable Car)역이 위치한 빌딩이 나온다. 마오콩곤돌라를 타고 마오콩(猫空, Maokong)역에서 하차하면 된다.

- **일반버스(公車, Bus)** 타이베이동물원케이블카역 맞은편 버스정류장에서 棕15번 버스를 타고 종점 마오콩(猫空, Maokong)역에 내린. MRT 완팡사취(萬芳社區)역에서 小10번 버스를 이용하면 구불구불한 산길을 운행하기 때문에 가는 동안에도 스릴을 제대로 느낄 수 있다.
  운행시간 06:00~24:00(棕15번), 06:00~22:50(小10번) **소요시간** 30~40분

- **마오콩투어버스(猫空遊園公車, Maokong Tour Bus)** 마오콩곤돌라 종착역에서 하차하면 오른쪽에 마오콩셔틀버스 정류장이 보인다. 보라색 셔틀버스를 타면 마오콩의 주요정류장에서 하차할 수 있다.
  요금 1인 NT$15(티켓 구매 후 티켓을 제시하면 당일 동안 무제한 탑승가능)

  ① **오른쪽노선(右線, Right Line)** : 마오콩역(猫空站, Maokong Station)─티엔리아오(田寮橋, Tianliao Bridge)─장후(樟湖, Zhanghu)─장산스(樟山寺, Zhangshan Temple)─싱후아린(杏花林, Xinghua Forest)─차후보우관(茶壺博物館, Teapot Museum)─장후부다오(樟湖步道, Zhanghu Walkway)─싼쉬엔궁(三玄宮, Sanxuan Temple)
  운행시간 09:00~22:30(월~금요일), 08:30~22:30(토~일요일&공휴일) **운행간격** 일정간격으로 운행

  ② **왼쪽노선─즈난궁(左線─指南宮, Left Line─Zhinan Temple)** : 차홍보센터주차장(茶推廣中心停車場, Tea Promotion Center Parking Lot)─마오콩(猫空, Maokong)─리앙팅(涼亭, Pavilion)─위안산(圓山, Yuanshan)─카오난(草湳, Caonan)─마오콩곤돌라 즈난스역(貓纜指南宮站, Maokong Gondola Zhinan Temple Station)
  운행시간 09:00~22:00(월~금요일), 08:00~20:20(토~일요일&공휴일) **운행간격** 10~20분(월~금요일), 7~15분(토~일요일&공휴일)

  ③ **왼쪽노선─타이베이동물원(左線─動物園, Left Line─Taipei Zoo)** : 마오콩(猫空站, Maokong Station)─텐엔궁(天恩宮, Tianen Temple)─차홍보센터(茶推廣中心, Tea Promotion Center)─차홍보센터주차장(茶推廣中心停車場, Tea Promotion Center Parking Lot)─마오콩(猫空, Maokong)─리앙팅(涼亭, Pavilion)─위안산(圓山, Yuanshan)─카오난(草湳, Caonan)─수이강친서취(水鋼琴社區, Shuiganggin Community)─베이청중학교(北政國中, Peicheng Junior High School)─샤오껑커우(小坑口, Xiaokengkou)─베이청대학교(政治大學, NCCU)─완싱도서관(萬興圖書館, Wanxing Library)─다청고등학교(大誠高中, Dacheng High School)─완쇼우치아오터우(萬壽橋頭, Wanshou Bridge)─마오콩곤돌라 타이베이동물원역(貓纜動物園站, Maokong Gondola Taipei Zoo Station)─MRT 타이베이동물원역(MRT 動物園站, MRT Taipei Zoo Station)
  운행시간 10:25~20:25(월~금요일), 10:25~23:25(토~일요일&공휴일) **운행간격** 일정간격으로 운행

마오콩 베스트코스(예상 소요시간 6시간 이상)

Go! → 타이베이 시립동물원 2시간 코스 → 🐾+🚠 30분 → 마오콩곤돌라 🚠 15분 → 즈난궁 30분 코스 🚠 10분 → 마오콩도착 🐾 8분 → 마오콩시엔 대표메뉴 : 커피 🐾 5분

텐엔궁 10분 코스 🐾 5분 → 테관인바오중차 연구홍보센터 30분 코스 🐾 3분 → 마오차딩 대표메뉴 : 차아이스크림 🚌 10분 → 장수부다오 30분 코스 🐾 30분 → 티마스터 칭나이미아오기념관 30분 코스 🚌 5분 → 롱먼커잔 대표메뉴 : 차볶음밥

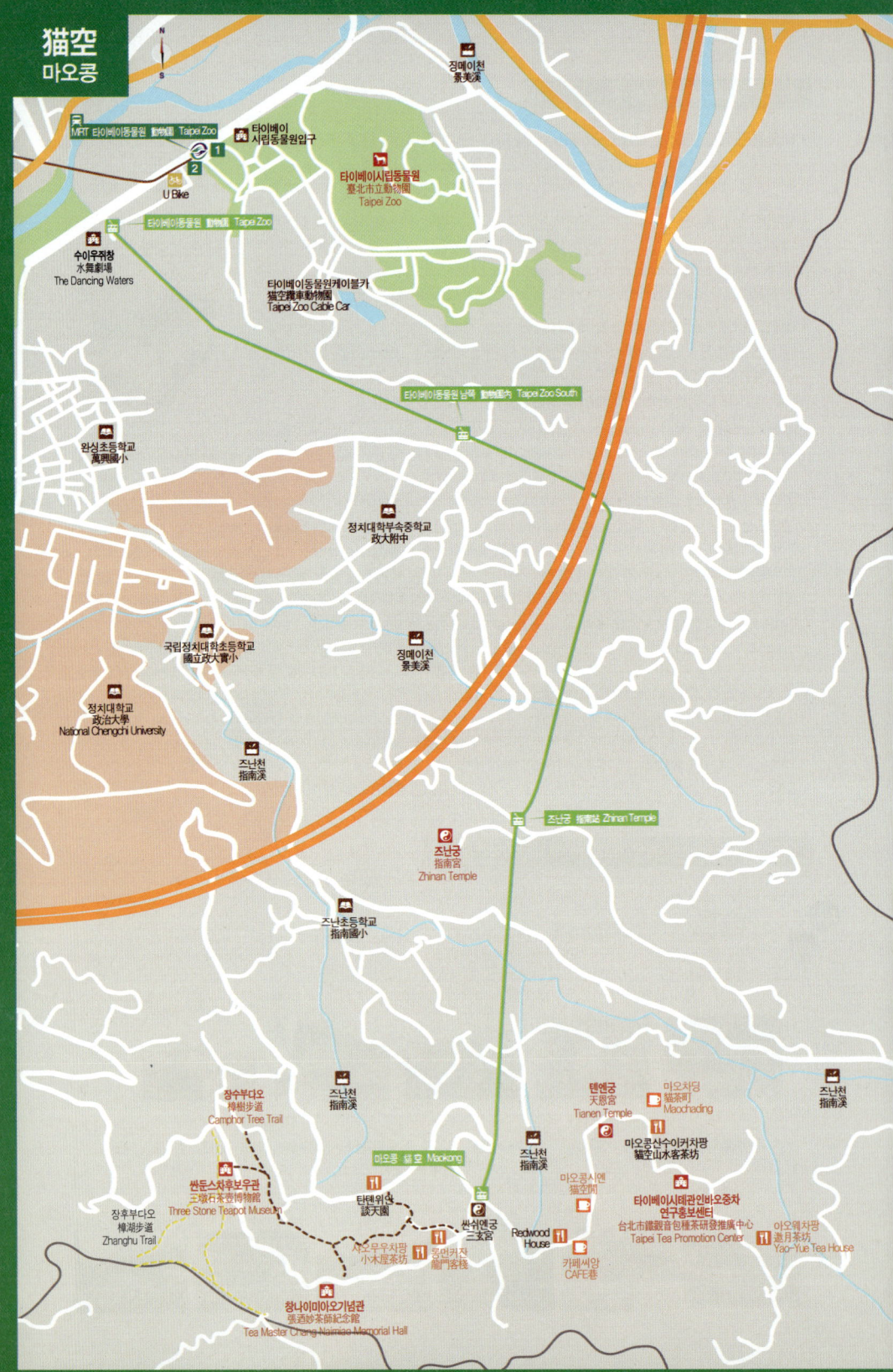

타이베이중부

Section 09
마오콩에서 반드시 둘러봐야 할 명소

마오콩곤돌라의 종착역인 마오콩역에서 하차하면 3개의 갈림길이 나온다. 왼쪽은 마오콩과 어우러진 찻집과 음식점이 즐비하고 가운데 길은 마오콩에서 유명한 레스토랑 롱먼커잔을 지나 인허둥웨링부다오과 장수부다오 등 가볍게 거닐기 좋은 하이킹코스가 있다. 반나절 정도 여유를 가지고 방문한다면 복잡한 시내와는 다른 힐링을 누릴 수 있다.

아시아 최대 규모의 동물원 ★★★★
타이베이시립동물원 台北市立動物園 Taipei Zoo

일제강점기에 일본인이 세운 위안산동물원(圓山動物園)을 시정부가 현재지역으로 이전하여 대규모의 동물원으로 조성하였다. 아시아 최대 규모이자 세계 10대 도시형 동물원에 속하며, 약 300여 종에 3,000여 마리의 동물이 최대한 자연생태에 가깝게 조성된 환경에서 서식하고 있다.

버드월드, 온대, 아프리카, 오스트레일리아, 아시안열대우림, 사막, 타이완향토지역 등 지역별로 구분된 옥외동물원은 생태특성과 생태환경에 맞춘 자연친화적 시설로 관람객들이 동물에 대한 특성을 좀더 쉽게 이해하고 교감할 수 있다. 또한 특별관리가 필요한 판다, 코알라, 양서류&파충류, 펭귄 등은 별도의 실내관에서 관람할 수 있다. 이중 판다관은 중국에서 선물한 한 쌍의 판다와 이 둘 사이에 태어난 새끼 판다 위안자이(圓仔)가 인기가 높아 주말과 공휴일에는 시간이 정해진 별도 입장권이 있어야 하며 입장이 가능하다.

주소 文山區新光路二段30號 **강력추천** 입장 전 방문객센터에서 안내도를 받아 움직이자! **귀띔 한마디** 입장권을 구입하면 입장시간이 표시된 판다관 관람권을 함께 준다. 판다관은 매월 첫째 주 월요일 휴관이다. **운영시간** 09:00~17:00(입장은 16시까지)/연중무휴 **문의** (886)02-2938-2300#260 **요금** 성인 NT$60, 18세 이하 NT$30/이지카드 사용가능 **셔틀트레인 요금** NT$5(이지카드 사용가능), 미취학 아동은 무료탑승 **셔틀트레인 운행시간** 셔틀트레인정류장→버드월드 09:00~17:00/연중무휴, 버드월드→마오콩곤돌라 타이베이동물원남쪽 09:00~16:00/매주 월요일 휴무 **찾아가기** MRT 무자선(木柵線, Muzha Line)의 타이베이동물원(動物園, Taipei Zoo)역 1번 출구로 나와 직진하면 오른편에 위치한다. 도보 2분 거리. **홈페이지** www.zoo.gov.taipei

마오콩란처 猫空纜車 Maokong Gondola
타이베이 최초의 곤돌라 ★★★★★

2007년 개통한 타이베이 최초이자 타이완 최장의 곤돌라이다. 총 길이 4.03km로 동물원, 동물원 내, 즈난궁, 마오콩 총 4개 역이 있으며, 동물원역에서 마오콩역까지 20분 정도 소요된다. 116개 일반곤돌라와 투명강화유리로 제작되어 발밑으로 아찔한 경치를 감상할 수 있는 크리스털캐빈 31개를 포함해 전체 147개의 곤돌라가 운행된다. 탑승정원은 8명이지만 평일에는 보통 2~5명이 탑승하며, 크리스털캐빈은 5명까지 탑승가능하다.

탑승대기는 일반곤돌라, 일반곤돌라 예약자, 크리스털캐빈, 크리스털캐빈 예약자로 나뉘는데, 예약자 우선이며, 크리스털캐빈은 대기시간이 보통 10분, 주말과 휴일에는 1시간 이상이므로 대기열이 길면 일반곤돌라를 이용하자.

주소 文山區新光路二段8號 **귀띔 한마디** 크리스털캐빈은 2~5분에 한 대꼴로 운행된다. **운행료** 편도 NT$70~120(이지카드 사용가능, 일반곤돌라와 크리스털캐빈 요금은 동일) **운영시간** 09:00~21:00(화~목요일), 09:00~22:00(금요일&공휴일 전날), 08:30~22:00(토요일&공휴일), 08:30~21:00(일요일)/매주 월요일 휴무, 천재지변 발생 시 운행중단 **문의** (886)02-218-12345 **찾아가기** MRT 무자선(木柵線, Muzha Line)의 타이베이동물원(動物園, Taipei Zoo)역 2번 출구로 나와 왼쪽 도로를 따라 걸으면 왼편에 타이베이동물원케이블카(猫空纜車動物園, Taipei Zoo Cable Car)역이 위치한 케이블빌딩이 보인다. 도보 5분 거리. **홈페이지** english.gondola.taipei

종류	내용	편도 요금(NT$)	
싱글티켓(Single Ticket)	• 평일에 이지카드로 사용하면 NT$20 할인 • 성인과 동반한 6세 이하는 무료탑승 • 요금은 타이베이동물원역 출발기준	동물원남쪽(Taipei Zoo South)	70
		즈난궁(Zhinan Temple)	100
		마오콩(Maokong)	120
마오콩곤돌라 슈퍼밸류라운드트립티켓(Maokong Gondola Super Value Round-Trip Ticket)	• 구입당일 마오콩곤돌라 왕복 1회+추가 편도 1회 이용 • 티켓 당 1인 사용이며, 요금충전은 불가능 • 보증금 NT$20 포함(보증금은 이후 환불가능)	260	
타이베이패스(Taipei Pass with Maokong Gondola)	• MRT, 버스, 마오콩곤돌라를 하루 동안 무제한 탑승 • 사용하지 않으면 NT$20 수수료를 제외하고 환불	350	

화려한 분수쇼, 수이우쥐창(水舞劇場, The Dancing Waters)

마오콩곤돌라 타이베이동물원역이 위치한 케이블카빌딩에서 조금 더 가면 작은 공원이 나온다. 정원의 분수는 시간별로 3~9가지 형태로 테마분수쇼가 펼쳐지는데, 공연시간은 약 10여 분이며, 낮보다는 형형색색 변화무쌍한 밤공연 분수쇼가 더 볼만하다.

공연시간 09:30~20:30(화~목요일), 08:30~21:30(금~일요일과 공휴일), 30~60분 간격/매주 월요일 휴무 **찾아가기** 타이베이동물원케이블카역이 위치한 케이블카빌딩을 바라보고 오른편에 위치한다.

타이베이중부

🚩 타이완의 유명 도교사원 ★★★★★
🚩 즈난궁 指南宮 Zhinan Temple

즈난산指南山 기슭에 세워진 도교사원으로 중국 당대 팔선 중 여동빈呂洞賓을 모신 사원으로 셴궁마오仙公廟라고도 부른다. 여동빈은 유교는 물론 도교와 불교를 수행하여 유불선을 믿는 신자들에게 다양한 이름으로 불리며 가난한 사람을 도와주는 신으로 알려져 있다. 청대 단수이 현령이 현재 룽산스가 있는 멍지아艋舺지역의 여동빈신위를 모셔왔는데 때마침 역병이 돌아 현재 위치로 신위를 옮기자 역병이 수그러들었다고 한다. 이에 구사일생으로 살아난 한 지주가 헌납한 토지에 1891년 즈난궁이 세워졌고 신도가 계속 늘어 여러 차례 확장하였으며 현재도 확장공사가 진행 중이다.

즈난궁은 4동의 신전과 5동의 부속건물이 있으며 도교, 불교, 유교신을 함께 모시고 있다. 여동빈을 모신 순양보전과 도교신전인 능소보전, 불교신전인 대웅보전 그리고 유교신전인 대성전까지 한곳에 자리하고 있다. 팔선 중 유일한 여성 하선고何仙姑를 여동빈이 사모했지만 이뤄지지 않았고 그래서 연인사이를 질투하여 연인이 함께 오면 반드시 헤어진다는 전설이 전해진다. 하지만 사원을 '연인의 성지'로 계획하면서 월하노인과 연인전망대 등의 시설을 새롭게 만들었다.

주소 文山區萬壽路115號 **귀띔 한마디** 즈난궁을 오르는 1,185개의 계단은 한 계단을 오를 때마다 20초씩 수명이 연장된다는 전설이 있다. **입장료** 무료 **운영시간** 03:30~22:30/연중무휴 **문의** (886)02-2939-9922 **찾아가기** 마오콩곤돌라(猫空纜車, Maokong Gondola)를 타고 즈난궁(指南宮, Zhinan Temple)역에서 하차하면 바로 연결된다.

🚩 마오콩차를 더욱 맛있게 해주는 물의 근원지 ★★★★★
🚩 톈엔궁 天恩宮 Tianen Temple

중국에서 유입된 도교계통의 신흥종교로 유불선에 기독교와 회교까지 세상의 모든 종교를 융합한다는 의미의 일관도一貫道사원이다. 일관도는 명명상제와 미륵불을 모시는데, 명명상제는 하느님, 미륵불은 석가모니의 뒤를 이어 올 미래의 부처님을 의미한다.

4층으로 세워진 사원외관은 중국전통의 궁전양식을 모방하였으며 하얀색난간, 주황색기와, 붉은색기둥으로 화려함을 더했다. 톈엔궁을 지을 당시 우물을 파려고 여러 날 공을 들였지만 실패하고, 명명상제와 미륵불에게 기도를 드린 뒤에야 사원 뒤에서 물줄기를 발견하였다고 한다. 마오콩에서 마시는 차가 특히 맛있는 이유가 바로 이곳의 물 때문이라는 이야기가 전해진다.

주소 文山區指南路三段38巷37-2號 **귀띔 한마디** 휴일에는 정신수행 강좌가 있으며, 독경에 참여할 수도 있다. **입장료** 무료 **운영시간** 07:00~18:00/연중무휴 **문의** (886)02-2938-2888 **찾아가기** 마오콩곤돌라(貓空纜車, Maokong Gondola)의 마오콩(貓空, Maokong)역에서 하차하여 역을 등지고 왼쪽 길을 따라 직진한다. 도보 15분/마오콩역에서 보라색 마오콩투어버스 중 왼쪽노선(左線) 버스 또는 小10번 또는 棕15번 버스를 타고 톈엔궁(天恩宮) 정류장에서 하차한다.

타이완차 홍보관 ★★★★
타이베이시 톄관인바오중차 연구홍보센터
台北市鐵觀音包種茶研發推廣中心 Taipei Tea Promotion Center

마오콩의 특산물 톄관인(鐵觀音)과 원산바오중차(文山包種茶) 외에도 타이완에서 재배되는 다양한 차에 관련된 역사, 생산, 제조과정 등의 정보를 전시, 소개하고 있다. 전시뿐만 아니라 다양한 프로그램을 개최하여 타이완의 차산업과 문화를 이해하는 데 도움을 준다. 전시와 교육을 중심으로 운영하며 예약제로 평일에는 학습프로그램을 진행하고, 주말과 공휴일에는 무료투어가이드 서비스를 제공한다. 건물 뒷산에는 생태연못, 기상관측소, 인공강우 침식수조 등의 시설이 갖춘 다원(茶園)이 있어 물과 토양의 중요성을 알리고 있다.

주소 文山區指南路三段40巷8-2號 **귀띔 한마디** 주말에는 다도와 다식강좌를 진행한다. **입장료** 무료 **운영시간** 09:00~17:00(화~일요일)/매주 월요일, 설연휴, 청명절, 추석, 단오절 휴관 **문의** (886)02-2234-0568 **찾아가기** 톈엔궁(天恩宮)을 지나 도보 5분 거리./마오콩역에서 보라색 마오콩투어 왼쪽노선(左線) 버스 또는 小10번, 棕15번 버스를 타고 차홍보센터에서 하차한다.

시골길처럼 정겨운 트레킹코스 ★★★★★
장수부다오 樟樹步道 Camphor Tree Trail

마오콩에서 가장 완만한 1.2km의 트레킹코스로 마치 시골집 오솔길을 산책하듯 걸을 수 있다. 장수부다오에서는 오래된 숯가마, 돼지우리, 물레방아가 있는 연못, 정자 등 다양한 농촌생활과 관련된 것들을 마주하는 재미가 있다. 입구에서 200m 들어가면 녹나무가 우거진 길을 만날 수 있으며, 봄철에는 노란색, 보라색, 하얀색 등으로 탐스럽게 피어나는 루핀꽃도 볼 수 있다. 야생화 루핀은 최고의 천연비료로 꽃이 질 때쯤 밭을 갈아엎어 자연퇴비로 사용한다. 계절별로 각종 야생화가 반겨주는 트레킹코스 끝자락은 장후부다오樟湖步道와 연결되므로 트레킹을 더 원한다면 이 길을 따라 계속 걸어보는 것도 좋다.

찾아가기 마오콩곤돌라를 타고 마오콩(貓空, Maokong)역에서 하차하여 역을 등지고 싼쉬엔궁(三玄宮) 방향 가운데 길을 따라 직진하면 오른쪽 차옌관셔(茶言觀舍)가 위치한 골목사이가 출발지점이다.

톄관인을 처음 보급한 창나이미아오를 기리는 ★★★★★
티마스터 창나이미아오기념관
張迺妙茶師紀念館 Tea Master Chang Naimiao Memorial Hall

중국 푸젠성福建省 일대에서 재배하던 톄관인鐵觀音을 타이완으로 들여와 무자木柵지역을 톄관인으로 유명하게 만든 창나이미아오張迺妙와 차에 관한 자료를 전시하는 기념관이다. 그는 타이완 티마스터로 1916년 바오중차품평에서 금상을 수상한 바 있다. 현재 그의 손자 창웨이張位宜가 기념관을 운영하며, 1층 티룸에서는 관장이 직접 만든 다양한 다기를

Part 03

살펴볼 수 있으며, 마오콩톄관인도 시음해 볼 수 있다. 2층은 마오콩차에 관련된 역사와 문화, 톄관인에 관련된 이야기, 차 종류, 재배와 제조과정 등 6개 테마로 자료들이 전시되어 있다.

주소 文山區指南路3段34巷53-2號 **귀띔 한마디** 지역에서 직접 재배하고 제조한 톄관인을 구매할 수 있다. **입장료** 1층 NT$80(시음만 가능), 2층 갤러리 NT$150(40분 소요, 시음포함) **운영시간** 08:30~18:00(월~토요일), 11:00~18:00(일요일)/연중무휴 **문의** (886)02-2938-2579 **찾아가기** 마오콩곤돌라 마오콩(貓空, Maokong)역에서 하차하여 역을 등지고 싼쉬엔궁(三玄宮) 방향의 가운데 길을 따라 직진하면 왼편에 위치한다. 도보 10분 거리./마오콩역에서 보라색 마오콩투어버스 중 오른쪽노선(右線) 버스 또는 소10번 또는 棕15번 버스를 타고 장후부다오(樟湖步道)정류장에서 하차한다. **홈페이지** tiekuanyintea.com.tw

찻주전자박물관 ★★★★★
싼둔스차후박물관 三墩石茶壺博物館 Three Stone Teapot Museum

9대에 걸쳐 차를 재배하고 있는 장쿤훙張坤鴻관장은 원래 다예관만 운영했지만 마오콩곤돌라가 운행되면서 방문객이 많아지자 차와 관련된 찻주전자 차후茶壺의 역사적 가치와 생산과정 등을 알리고자 30년 동안 수집한 유물 중 가치 있는 200점의 차후를 박물관에 전시하고 있다. 1층은 다예관이며 3층은 명나라 차후부터 근현대 차후까지 역사적 가치뿐만 아니라 예술적 가치도 뛰어난 다양한 차후 전시관으로 꾸며져 있다. 점심시간을 제외하고 30분 간격으로 20분간의 가이드투어를 진행한다.

주소 文山區指南路3段34巷36號 **귀띔 한마디** 박물관 앞은 마오콩(貓空, Maokong)역 방향으로 갈 수 있는 장수부다오 입구가 있다. **입장료** NT$100 **운영시간** 10:00~18:00(화~일요일)/매주 월요일 휴관 **문의** (886)02-2938-3797 **찾아가기** 마오콩곤돌라 마오콩(貓空, Maokong)역에서 하차하여 역을 등지고 싼쉬엔궁(三玄宮) 방향의 가운데 길을 따라 직진하면 왼편에 위치한다. 도보 15분 거리./마오콩역에서 보라색 마오콩투어버스 중 오른쪽노선(右線) 버스 또는 소10번 또는 棕15번 버스를 타고 차후보우관(茶壺博物館)에서 하차한다.

타이베이중부

Section 10
마오콩에서 먹어봐야 할 것들

차재배지답게 마오콩에서 생산된 차로 만든 각종 요리와 차를 판매하는 찻집이 많다. 대부분 찻집과 음식점을 함께 운영하며, 타이베이전경을 내려다볼 수 있는 곳이 많아 탁 트인 전망을 바라보며 여유롭게 식사를 즐길 수 있다. 평일 낮에는 대부분 한가하지만 주말과 공휴일에는 현지인과 관광객이 몰려 식당 안에 자리가 없을 정도이다.

마오콩의 유명레스토랑 ★★★★★
롱먼커잔 龍門客棧 Longmen Restaurant

2대에 걸쳐 운영하는 레스토랑으로 타이베이시내 전경을 바라보며 식사를 즐길 수 있어 매력적이다. 가족이 직접 재배한 식재료와 천연조미료를 사용하여 식재료 본연의 맛을 살린 신선한 음식을 제공한다. 타이완드라마는 물론 각종 요리프로그램, 매거진 등에 빈번하게 소개되는 유명레스토랑으로 연예인들이 즐겨 찾는다.

대부분의 메뉴는 차와 어울리는 중국요리로 양이 푸짐하면서 가격은 저렴하다. 마오콩에서 직접 재배한 톄관인, 원산바오중차와 우롱차, 푸얼차 등 다양한 차가 있으며 뜨거운 물을 계속 부어 마실 수 있다. 자연과 조화로운 인테리어로 안락한 분위기를 연출하며 특히 식사 후 차를 음미하며 야경을 감상하기 좋은 곳이다.

차이예차오판(茶葉炒飯)&톄관인샤만터우(鐵觀音小饅頭)

주소 文山區指南路三段38巷22-2號 **강력추천** 영어, 일어 다도교실이 있으므로 전통다도에 관심 있다면 참여해보자. **귀띔 한마디** 제대로 경치를 즐기고 싶다면 평일에 방문하자. **베스트메뉴** 찻잎 가루를 넣은 볶음밥 차이예차오판(茶葉炒飯, Stir-fired Rice with Tea Leaves, NT$150), 찐빵 톄관인샤만터우(鐵觀音小饅頭, Tei Guan Yiu Streamed Bun, NT$150), 소금으로만 간을 한 통닭구이(原味桶仔雞, Barbecued Chicken, NT$980) **추천메뉴** 두부튀김 황진떠우푸(黃金豆腐, Deep-fried Tofu, NT$150), 찻잎을 넣어 만든 차오일국수(茶油麵線, Tea Oil Noodle, NT$120) **가격** 요리 NT$120~, 세트요리 NT$1280~, 차 75g당 NT$250~ **영업시간** 11:00~24:00(월~금요일), 11:00~01:00(주말)/연중무휴 **문의** (886)02-2939-8865 **찾아가기** 마오콩곤돌라 마오콩(貓空, Maokong)역에서 하차하여 역을 등지고 싼쉬엔궁(三玄宮) 방향의 가운데 길을 따라 직진하면 오른편에 위치한다. 도보 5분 거리.

롱멍커잔주인에게 배우는 타이완전통차 우려내는 방법

알고 마시면 더욱 풍미를 느낄 수 있는 타이완전통차를 우려내는 방법을 알아보자. 전통이라고 딱 정해진 것은 아니지만 기본적인 순서는 비슷하다. 차의 종류에 따라 우려내는 방법도 약간씩 다르지만 기본만 알아도 차의 향과 맛에서 차이가 나기 때문에 제대로 차를 마실 수 있다.

다구 이름&설명

❶ **차판(茶盤)** : 다구를 올려놓는 쟁반으로 대부분 나무로 만들어졌다.
❷ **차자(茶夾)** : 집개 모양으로 생겼으며 찻주전자 차후에서 우려낸 찻잎을 빼내거나 뜨거운 물에 담긴 찻잔을 꺼내 옮길 때 사용한다.
❸ **차츠(茶匙)** : 막대기 모양으로 찻주전자의 주둥이가 막혔을 때 찌꺼기를 빼내는 도구이다.
❹ **차디(茶地)** : 다구를 씻어낸 물이나 차를 우려낸 물을 버리는 그릇이다.
❺ **차후(茶壺)** : 찻잎을 넣고 뜨거운 물을 부어 우려내는 찻주전자이다.
❻ **차허(茶荷)** : 우려낼 만큼의 찻잎을 덜어 담아내는 그릇이다.
❼ **차쩌(茶則)** : 큼직한 숟가락 모양으로 차허에 담긴 찻잎을 담아 차후로 옮길 때 사용한다.
❽ **차러우(茶漏)** : 차를 따를 때 옆으로 새는 것을 방지하고, 찻잎을 걸러주기 위한 깔때기 모양 도구로 차하이에 올려 사용한다.
❾ **차하이(茶海)** : 뚜껑 없는 찻주전자 모양으로 찻잔에 찻물을 따르기 전 여기에 먼저 따라 찻잔으로 옮기는데 찻물의 농도를 고르기 위함이다.
❿ **원샹베이(聞香杯)** : 차를 감정하기 위해 쓰이는 잔으로 주로 차향을 맡을 때 사용하며, 차의 색, 향, 미를 동시에 즐길 수 있다. 긴 잔을 샹베이(香杯)라고도 한다.
⓫ **핀밍베이(品茗杯) 또는 차베이(茶杯)** : 차하이에서 우려진 차를 따라내어 마시는 찻잔을 말한다.

차 우려내는 방법

① 주전자에 끓인 물을 찻잎이 잘 우러나도록 찻주전자에 가득 붓고 데운다.
② 찻주전자의 물을 차다에 버린 후 다시 뜨거운 물을 찻주전자에 부어 차하이로 옮겨 담는다.
③ 사용할 만큼의 찻잎을 차허에 덜어낸 후 차쩌에 담아 차후에 넣는다.
④ 차향이 고루 퍼지고 찻잎이 잘 펴지도록 뚜껑을 닫고 위아래로 흔들어 준다.
⑤ 차하이에 담긴 물을 원샹베이와 핀밍베이에 부은 후 차다에 버린다.

 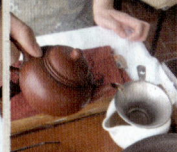   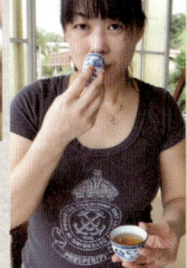

⑥ 다시 뜨거운 물을 차후에 붓는다.
⑦ 차러우를 올린 차하이에 우려진 찻물을 붓는다.
⑧ 차하이에 담긴 찻물을 원샹베이에 붓는다.
⑨ 핀밍베이로 원샹베이를 덮은 후 뒤집어서 찻물을 옮겨 담는다.
⑩ 원샹베이로 차향을 맡아본 후 핀밍베이의 차를 마시면 된다.

샤오무우차팡 小木屋茶坊
전망좋은 이탈리안레스토랑 ★★★★☆

가정집을 개조한 듯한 샤오무우차팡은 오두막찻집이라는 의미로 음식보다는 분위기 때문에 유명해진 이탈리안 레스토랑이다. 작은 정원처럼 꾸며진 테라스의 테이블에 앉아 멀리 타이베이시내 전경을 한눈에 바라보며 식사를 즐기기 안성맞춤인 곳이다. 파스타, 리소토, 피자, 스테이크 등 이탈리안요리와 커리, 폭찹, 핫폿, 와플 등 다양한 메뉴가 있으며 식전 빵, 수프, 샐러드, 음료수, 디저트와 메인요리가 나오는 세트메뉴가 인기 있다.

❶ 치킨크림파스타(Spaghetti with Chicken and Cream Sauce)
❷ 해산물토마토소스파스타(Spaghetti with Seafood and Tomato Sauce)
❸ 베이컨모차렐라피자(Bacon&Spaghetti Vegetable with Mozzarella)

주소 文山區指南路三段38巷28號 **귀띔 한마디** 화덕에 구운 수제빵은 인기가 많아 별도로 사가는 사람도 많다. **베스트메뉴** 치킨크림파스타(Spaghetti with Chicken and Cream Sauce, NT$220), 신선한 해산물토마토스파스타(Spaghetti with Seafood and Tomato Sauce, NT$250), 수제빵(歐式手工麵包, Hand Made Bread, NT$160) **추천메뉴** 베이컨모차렐라피자(Bacon&Seasonal Vegetable with Mozzarella Pizza, NT$220), 세트메뉴(Make a Combo, 메인메뉴에 NT$100 추가하면 식전빵, 수프, 음료가 제공되고, NT$150을 추가하면 샐러드와 디저트까지 제공된다.) **가격** NT$130~ **영업시간** 11:00~24:00(화~금요일), 11:00~02:00(토~일요일&공휴일)/매주 월요일 휴무 **문의** (886)02-2939-0649 **찾아가기** 마오콩(貓空, Maokong)역에서 하차하여 역을 등지고 싼쉬엔궁 방향의 가운데 길로 직진하면 롱먼커잔을 지나 오른편에 위치한다. 도보 5분 거리.

마오콩시엔 貓空閒 Cat's Cafe
쉼표가 떠오르는 노천카페 ★★★★★

하얀 파라솔 테이블들이 언덕에 위치하여 막힘없이 타이베이시내전경을 볼 수 있는 노천카페이다. 오래된 작은 트럭을 간이주방으로 개조하였으며 실내가 아닌 노천이라 북적거림 없어 여유로움을 제대로 느낄 수 있다. 화창한 날 멋진 전경도 좋지만 무엇보다 이곳의 매력은 화려한 야경이다. 맞은편 언덕에 더 많은 테이블이 있지만 시야를 가리는 것이 많아 전경은 그다지 좋지 않다. 커피, 밀크티, 파르페, 셔벗, 허브티 등의 음료뿐만 아니라 베이글, 쿠키, 와플, 토스트 등 간단한 스낵도 있다. 노천카페이기 때문에 날씨에 따라 운영시간은 유동적이다.

주소 文山區指南路三段38巷34號 **귀띔 한마디** 미니엄차지 1인당 NT$80 **가격** 커피 NT$80~, 밀크티 NT$110~, 파르페&셔벗 NT$130, 스낵 NT$50~ **영업시간** 10:00~24:00(일~목요일), 10:00~03:00(금~토요일)/연중무휴, 비와 태풍이 오는 날은 휴무 **문의** (886)953-304-776 **찾아가기** 마오콩(貓空, Maokong)역에서 하차하여 역을 등지고 텐엔궁 방향 왼쪽 길을 따라 직진하면 왼편에 위치한다. 도보 8분 거리.

세련된 카페 ★★★★
카페씨앙 CAFE巷 Maokong CAFE Alley

실내를 동서양스타일로 조화롭고 아기자기하게 꾸민 세련된 카페로 탁 트인 전경은 아니지만 편안한 소파에 앉아 햇살을 즐기며 차를 마실 수 있다. 다양한 매스컴에 소개되면서 타이완 젊은이들뿐만 아니라 일본관광객 사이에서 마오콩의 대표카페로 자리하였다.

우롱차, 가바차, 톄관인과 원산바오중차 등 타이완차뿐만 아니라 과일차, 공정무역커피, 디저트 그리고 간단한 식사 등을 제공하며, 인기메뉴는 고양이로 표시해 놓았다. 식사보다는 간단하게 와플, 케이크 또는 수제쿠키와 함께 커피나 차를 마시기 좋다. 마오콩에서 재배한 차뿐만 아니라 다양한 다구를 전시판매하고 있다.

주소 文山區指南路三段38巷33-5號 **귀띔 한마디** 미니엄차지 1인당 NT$100 **베스트메뉴** 마오콩콜드브루티(Maokong Cold Brew Tea, NT$150), 음료 2잔, 케이크 2조각, 수제쿠키, 과일 등이 3단 트레이에 나오는 애프터눈티(Afternoon Tea, 11:00~17:30, 2인 NT$560) **추천메뉴** 티라미수(Tiramisu, NT$60), 딸기와플(Strawberr Waffle, NT$200) **가격** 커피 NT$100~, 차 NT$150~, 아이스크림 NT$80~, 셔벗 NT$170 **영업시간** 10:00~21:00(화~금요일), 10:00~22:00(토~일요일)/매주 월요일 휴무 **문의** (886)02-2234-8637 **찾아가기** 마오콩곤돌라 마오콩(貓空, Maokong)역에서 하차하여 역을 등지고 텐엔궁(天恩宮) 방향으로 직진하면 오른편에 위치한다. 도보 6분 거리.

마오콩콜드브루티(Maokong Cold Brew Tea)&티라미수(Tiramisu)

마오콩차로 만든 디저트카페 ★★★★★
마오차딩 貓茶町 Tea Dessert House

마오콩 중심지에서 한참을 벗어나 대로변도 아닌 계단을 내려가야만 만날 수 있는 마오차딩은 차로 만든 디저트를 파는 카페이다. 마오콩 차밭에서 재배된 차를 이용하며, 방부제를 사용하지 않아 안심하고 먹을 수 있다. 톄관인, 우롱차, 바오중차, 롱딩우롱차凍頂烏龍 ※ 등 타이완을 대표하는 차로 만든 마카롱, 초콜릿, 니우가탕牛軋糖, 쿠키, 찹쌀떡, 수플레, 펑리수, 케이크 등의 디저트를 판매한다.

디저트 외에 샐러드, 국수, 허니토스트 등의 메뉴가 있어 간단한 식사도 가능하다. 일부러 이곳까지 방문하는 이유는 타이완차로 만든 8가지 아이스크림을 맛

보기 위함이다. 봄부터 가을까지 매일 4종류, 겨울에는 매일 2종류를 그날그날 랜덤으로 판매한다.

주소 文山區指南路三段40巷8-5號 **귀띔 한마디** 카페에 마련된 엽서는 1인당 1장씩 무료로 가져갈 수 있다. **베스트메뉴** 차아이스크림 NT$80~100, 스페셜테관인차디저트세트(Speciality Tieguanyin Tea Dessert, HK$480) **추천메뉴** 티샌드위치(Tea Sandwich, NT$140), 테관인이 들어간 파인애플케이크 펑리수(鐵旺酥, 1개 NT$45) **가격** NT$80~ **영업시간** 10:00~19:00(화~일요일)/매주 월요일 휴무 **문의** (886)02-2938-6000 **찾아가기** 마오콩곤돌라 마오콩(貓空, Maokong)역에서 하차하여 역을 등지고 텐엔궁(天恩宮) 방향으로 직진하여 차홍보센터(茶推廣中心)을 지나 조금 더 가면 된다. 도보 18분 거리./마오콩역에서 보라색 마오콩투어버스 중 왼쪽노선(左線) 버스 또는 棕15번 버스를 타고 마오콩(貓空, Maokong)정류장에서 하차한다. **홈페이지** www.4hhouse.com.tw

삼림욕을 즐기기 좋은 전통찻집 ★★★★
아오웨차팡 邀月茶坊 Yao-Yue Tea House

울창한 숲에 둘러싸여 자연의 숨결을 그대로 느끼며 식사와 차를 만끽할 수 있는 산장스타일의 전통찻집이다. 24시간 연중무휴로 운영하여 언제든지 차를 즐길 수 있어 학생들과 여행자들에게 인기 있다. 새소리를 들으며 조용히 차를 마시기 좋은 공간으로 달을 맞이한다는 의미의 아오웨(邀月)란 이름을 붙였다.

분위기 있는 입구부터 찻집까지 20~30분 정도 아름다운 산책로를 따라 느긋하게 삼림욕을 즐기면서 세속의 번뇌를 털어낸 후 여유롭게 차를 즐길 수 있다. 무자(木柵)지역에서 생산되는 차 외에도 타이완에서 생산되는 차와 중국차 등 다양한 차를 음미할 수 있으며, 간단한 볶음요리와 스낵 등도 함께 즐길 수 있다. 식사시간에는 계절재료를 이용한 중국요리를 선보이며, 다양한 요리를 맛볼 수 있는 세트메뉴가 인기이다.

주소 文山區指南路三段40巷6號 **귀띔 한마디** 찻물을 별도 구입해야 한다. 찻잎을 여기서 구입하면 찻물가격은 1인당 09:00~18:00 NT$70, 18:00~24:00 NT$90, 24:00~09:00 NT$120, 찻잎을 가져왔을 경우 찻물가격은 1인당 09:00~18:00 NT$120, 18:00~24:00 NT$140, 24:00~09:00 NT$180이다. **베스트메뉴** 테관인(鐵觀音, 40g NT$330), 원산바오중차(文山包種茶, 40g NT$280) **추천메뉴** 테관인샤오롱바오(觀音湯包, 5개 NT$100), 대나무통에 넣고 찜통에 쪄낸 쌀떡 주피엔미까오(竹片米糕, NT$90) **가격** NT$100~ **영업시간** 24시간 운영, 식사가능시간 11:00~22:00(월~금요일), 11:00~02:00(토~일요일)/연중무휴 **문의** (886)02-2939-2025 **찾아가기** 마오콩곤돌라 마오콩(貓空, Maokong)역에서 하차하여 역을 등지고 텐엔궁(天恩宮) 방향으로 직진하다 보면 왼편에 위치한다. 도보 25분 거리./마오콩역에서 왼쪽노선─동물원(左線─動物園) 방향의 보라색 마오콩투어버스를 타고 리양팅(涼亭, Pavilion)정류장에서 하차한 후 반대방향으로 도보 5분 거리에 위치한다. 혹은 버스기사에게 아오웨(邀月)라고 말하면 입구에 세워준다.

테관인샤오롱바오(鐵觀音小龍包)&주피엔미까오(竹片米糕)

Part 04

타이베이북부

Chapter01 역사와 예술이 공존하는 위안산&스린
Section01 위안산&스린에서 반드시 둘러봐야 할 명소
Section02 위안산&스린에서 먹어봐야 할 것들
Special07 타이베이의 대표야시장, 스린야시장
Special08 타이베이의 서래마을, 톈무
Special09 활화산 자연온천, 양밍산국가공원
Special10 타이완 최초의 온천개발지역, 신베이터우
Special11 자연생태 그대로를 만날 수 있는 관두

Chapter02 타이베이의 베니스, 단수이
Section03 단수이에서 반드시 둘러봐야 할 명소
Section04 단수이에서 먹어봐야 할 것들
Special12 명물간식으로 가득한 단수이라오제
Special13 자전거를 타고 달리는 빠리

Chapter 01

역사와 예술이 공존하는 위안산&스린

圓山&士林, Yuanshan&Shilin

★★★★★
★★★★
★★★★

세계 5대 박물관으로 꼽히는 국립고궁박물원과 장제스총통부부가 관서로 사용한 스린관저공원, 위병교대식이 볼만한 충렬사, 타이완 대표호텔인 그랜드호텔, 공자를 모신 타이베이시공자묘, 타이베이 삼대 사묘 중 하나인 바오안궁 등 역사적인 장소뿐만 아니라 예술과 공원이 조화를 이룬 타이베이엑스포공원, 화려한 대관람차로 유명한 미라마 엔터테인먼트파크 그리고 타이베이의 대표 야시장인 스린야시장까지 모두 볼 수 있는 지역이다.

위안산&스린을 이어주는 교통편

- MRT 단수이선(淡水線, Tamsui Line)의 스린(士林, Shilin)역 또는 위안산(圓山, Yuanshan)역에서 하차한다. 스린역 1번 출구 앞 대로변에는 국립고궁박물원(國立故宮博物院)으로 가는 버스정류장이 위치한다.
- 주요명소들이 MRT로 연결되어 있지 않아서 시간 여유가 없다면 택시를 이용하도록 하자.

위안산&스린에서 이것만은 꼭 해보자

1. 중국의 역사적 예술작품을 감상할 수 있는 국립고궁박물원과 위병교대식을 볼 수 있는 충렬사는 반드시 방문하자.
2. 기대 이상의 다양한 볼거리를 제공하는 타이베이엑스포공원은 시간적 여유를 가지고 둘러보자.
3. 타이완 대표호텔 그랜드호텔은 객실을 제외하고 무료로 개방되므로 방문해보자.
4. 타이베이의 대표 야시장 스린야시장은 낮부터 열리니 방문하여 유명 음식을 맛보자!

위안산&스린 베스트코스(예상 소요시간 7시간 이상)

Section 01
위안산&스린에서 반드시 둘러봐야 할 명소

볼거리가 몰려있는 것이 아니기 때문에 이동경로를 잘 생각하고 움직여야 한다. 대체로 이른 아침 국립고궁박물원을 시작으로 위안산역 명소를 구경한 후 타이완 대표호텔 그랜드호텔과 충렬사 위병교대식을 관람한 후 타이베이를 대표하는 야시장 스린야시장으로 이동하면 한나절 이상을 즐겁게 보낼 수 있다.

중화문화의 보물창고 ★★★★★

국립고궁박물원
國立故宮博物院 National Palace Museum

세계 5대 박물관으로 손꼽히는 국립고궁박물원은 개관 이후 5차례 확장공사를 거쳐 현재의 모습을 갖추었다. 1925년 중국본토에 베이징고궁박물원을 개원하여 청황제가 수집한 예술품과 유물을 전시하였다. 하지만 만주사변과 중일전쟁을 거치면서 유물들은 후방 각지로 분산 보관하게 되었다. 1945년 광복과 더불어 각지에 흩어져 있던 유물을 난징으로 옮겼지만 국공내전에서 패한 장제스는 '나라를 잃고는 살 수 있지만 문물을 잃고는 살 수 없다.'며 핵심유물을 타이완으로 옮겼다. 이때 옮겨진 62만 점의 유물은 난징으로 옮긴 전체 유물의 22% 밖에 안 됐지만 유물들의 사료가치는 상대적으로 높았다.

1965년 쑨원 탄생 100주년을 맞아 약 70만 점이라는 방대한 양의 유물을 소장한 박물관이 탄생하게 된다. 중국의 원·명·청시대 유물뿐만 아니라 송나라 황실유물이 대부분이며, 대표적인 유물은 상설전시하지만 소장한 유물이 많아 3~6개월 주기로 유물을 교체전시하기 때문에 박물관 소장유물을 전부 보려면 20년이 걸린다고 한다.

주소 士林區至善路二段221號 **귀띔 한마디** 시간이 부족하다면 주요유물이 전시된 3층 위주로 둘러보자. **운영시간** 08:30~18:30(월~목요일&일요일), 08:30~21:00(금~토요일)/연중무휴 **입장료** NT$250(성인), NT$150(국제학생증 소지자), 미취학아동 무료/1월 1일, 정월대보름, 5월 18일, 9월 27일, 10월 10일 무료 **문의** (886)02-2881-2021 **찾아가기** MRT 스린(士林, Shilin)역 1번 출구로 나와 대로변에 위치한 버스정류장에서 小18, 小19, 棕13, 棕20, 紅30, 255, 304, 815번 버스를 타고 구궁보우위안(故宮博物院)정류장에서 하차한다. 소요시간 5~10분. **홈페이지** www.npm.gov.tw

고궁박물관 대표 전시유물

취옥백채(翠玉白菜)
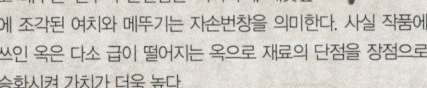
타이완의 국보급 유물로 우리에게는 옥배추로 유명한 조각품이다. 청나라 말기 광서황제의 왕비인 서비(瑞妃)가 결혼예물로 가져온 것으로 배추는 신부의 순결함을 의미하며, 배춧잎에 조각된 여치와 메뚜기는 자손번창을 의미한다. 사실 작품에 쓰인 옥은 다소 급이 떨어지는 옥으로 재료의 단점을 장점으로 승화시켜 가치가 더욱 높다.
길이 18.7cm **직경** 9.1cm

육형석(肉形石)
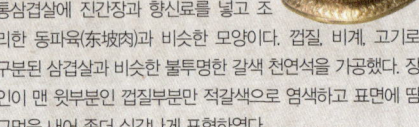
국립고궁박물원 3대 유물 중 하나로 청시대 작품이다. 소동파가 즐겨먹었다는 통삼겹살에 간간장과 향신료를 넣고 조리한 동파육(東坡肉)과 비슷한 모양이다. 껍질, 비계, 고기로 구분된 삼겹살과 비슷한 불투명한 갈색 천연석을 가공했다. 장인이 맨 윗부분인 껍질부분만 적갈색으로 염색하고 표면에 땀구멍을 내어 좀더 실감나게 표현하였다.
높이 5.73cm **둘레** 6.6×5.3cm

조감람핵소주(雕橄欖核小舟)

한자를 해석하면 '올리브씨앗에 작은 배를 조각하다.'라는 의미로 18세기 상아조각에 능한 궁중세공장인 진조장(陳祖章)의 작품이다. 손톱크기의 올리브씨앗에 조각했다는 것 자체가 신기하다. 여닫이 가능한 창문뿐만 아니라 내부에 뱃사공을 포함한 각기 다른 자세의 8명의 사람과 탁자, 잔, 접시 등이 정밀하게 조각되어 있다. 또한 배 하단에는 소동파의 후적벽부(後赤壁賦) 전문 300여 자와 제작일자까지 새겨져 있어 조각예술의 극치를 보여준다.
가로 3.4m **높이** 1.6cm

백자영아침(白瓷嬰兒枕)

백자로 만든 베개 백자침(白磁枕)으로 송나라 시기 대표유물 중 하나이다. 당시 백자침이 크게 유행하였는데 특히 바지와 긴소매를 입은 건강한 아이를 모델로 한 백자침은 집안의 다복과 자손번성을 의미하여 인기가 많았다. 이 작품은 매우 작은 백자침에 해당되며, 엎드려 누워있는 어린아이의 자세와 발랄한 표정이 인상적인 작품으로 황제가 침을 맞을 때 사용했던 베개이다.
높이 18.8cm **가로** 31cm **폭** 13.2cm

모공정(毛公鼎)

서주말기(B.C9~8세기) 작품으로 주선왕(周宣王)의 숙부 마오(毛)가 만들었다. 솥 안에는 32행 497자가 전서체로 새겨져 있는데 대부분의 글자는 현대 중국문자와 거의 흡사하여 역사적으로 귀중한 유물이다. 주선왕이 숙부의 공적을 기리는 감사의 글과 후손들이 그 공적을 이어가길 바라는 마음을 담아 솥(鼎)을 제작하여 가보로 남겼다.
높이 53.8cm **직경** 47.9cm **무게** 34.7kg

벽사(辟邪)

벽사는 상상 속 동물로 날개달린 네 발 짐승의 모양이다. 얼굴은 용, 몸은 사자, 꼬리는 기린, 날개는 봉황 등 여러 동물의 특징이 망라되었으며 항문이 없어 재물이 들어오면 새나가지 않는다하여 상인들에게 인기가 높았다. 한나라시대에는 돌로 조각한 벽사를 묘 앞에 세워놓아 악귀를 물리쳤고, 중국황제들은 옥으로 조각하여 손에 들고 다니는 장식품으로 애용하였다. 전시된 벽사는 황제의 소장품으로 가슴부분에 황제가 지었다는 시가 새겨져 있다.
높이 9.3cm

국립고궁박물원 알차게 즐기기

- 티켓부스에서 입장권과 한국안내서를 챙긴 후 카메라와 배낭가방 등은 소지가 불가하니 코인락커(NT$10, 반환됨)에 보관해야 한다. 순이타이완원주민박물관(順益臺灣原住民博物館)과 함께 관람할 수 있는 티켓은 NT$320(성인 기준)이다.
- 음성안내(語音導覽, Audio Guide)데스크에서 음성안내기를 대여하자. 여권을 맡기거나 보증금 NT$1,000을 내야하며 대여료는 1대당 NT$150이다. 헤드폰표시가 되어 있는 유물에 해당하는 번호를 누르면 해당 유물에 대한 설명을 한국어로도 들을 수 있다.
- 국립고궁박물원의 전반적인 이해를 도와주는 1층 102호(導覽大廳)를 먼저 둘러보는 것도 좋다.
- 엘리베이터를 이용하여 3층부터 관람한 후 계단을 따라 2층, 1층 순으로 내려오면 전시실을 꼼꼼하게 관람할 수 있다.
- 층별로 서관과 동관으로 구분되며 3층 서관은 기물과 조각상설전시관, 동관은 기물특별전시실과 청동기상설전, 2층 서관은 회화, 서예, 동관은 도자기상설전시와 기물특별전시실로 나누어져 있다.
- 사진촬영, 동영상촬영, 음식물 반입 등은 금지되어 있다.

왕희지를 위해 조성한 공원 ★★★★☆
즈산위안 至善園 Chihshan Garden

국립고궁박물원 오른편 즈산위안은 송시대 중국황실의 조경기법으로 조성된 우아한 정원이다. 진나라 정치가이자 서예가였던 왕희지(王羲之)의 저서 「천하제일항서(天下第一行書)」 내용에 따라 조성된 타이완 8대 명승지 중 한 곳이다.

후한시대 초서에 능했다는 장지(張芝)가 항상 붓을 씻어 물이 새까맣게 됐다는 연못 세필지(洗筆池), 물의 신이 사는 연못 용지(龍池), 통일신라시대 포석정처럼 삼월 삼짇날 당대명사들을 불러 구불구불한 물길에 술잔을 띄우고, 그 잔이 오기 전에 시를 지으며 풍류를 즐겼다는 유상곡수(流觴曲水), 41명의 명사가 자작한 시를 모아 편찬한 난정집서(蘭亭集序)의 서문을 썼다는 정자 난정(蘭亭), 오나라황제 손권이 하늘에 제사를 지낸 서산을 배경으로 지은 2층 누각 송풍각(松風閣), 거위를 얻기 위해 도덕경을 일필휘지로 써줬다는 일화가 담긴 조각상 '희지서환롱아조상(羲之書換籠鵝造像)' 등 왕희지와 관련된 것들로 조성되었다.

운영시간 07:00~19:00(화~일요일)/매주 월요일 휴무 **입장료** NT$20, 국립고궁박물원 당일입장권 구매자는 무료 **찾아가기** 국립고궁박물원을 바라보고 오른편에 위치한다. **홈페이지** www.npm.gov.tw/exh96/chih-shan

---

국립고궁박물원은 왜 왕희지(王羲之)에 대한 애정이 각별할까?

왕희지는 동진시대 서예가로 한자체를 예술적인 서체로 승화시켜 서성(書聖)이라고도 부른다. 행서, 초서, 해서체를 예술적으로 완성시킨 인물로 중국 역대황제들이 제일 사랑하는 서예가였다. 각 왕조마다 그의 작품을 수집하려고 애썼으며 전쟁에서 이기면 제일 먼저 왕희지 작품부터 전리품으로 챙겼다. 청나라 건륭황제(乾隆帝)는 애착이 유별나서 왕희지 작품에 가필까지 덧붙였다고 한다. 건륭황제는 왕헌지(王獻之)의 중추첩(中秋帖), 왕순(王珣)의 백원첩(伯遠帖)과 함께 3가지 보물이라는 의미의 싼시(三希)라 칭하고 싼시탕(三希堂)이라 명한 개인서재를 만들어 작품들을 보관하였다.

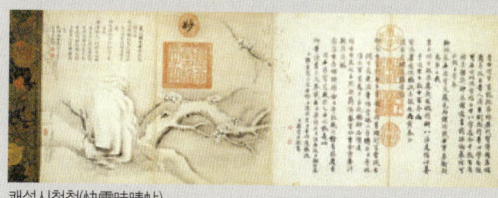

쾌설시청첩(快雪時晴帖)

현재 왕희지의 서책원본은 모두 소실된 것으로 알려져 있으며, 현존하는 서책은 모두 당대에 베껴 쓴 모사본(17첩)으로 국립고궁박물원이 5첩을 소장하고 있다. 2010년 사상 처음 경매에 나온 왕희지의 복제품 평안첩(平安帖)이 한화로 523억 정도에 낙찰되었다. 왕희지가 산인(山陰)에 있던 한나라 장후(蔣詡)에게 보낸 28자 편지 쾌설시청첩(快雪時晴帖)은 큰 눈이 온 후 날이 개일 때 심정과 친구의 안부를 묻는 내용으로 행서로 쓰여 있다. 이 쾌설시청첩은 현재 국립고궁박물원이 소장하고 있으며, 왕희지의 유일한 진본일지도 모를 글씨체라는 점에서 국보급 이상의 가치를 지니고 있다.

타이완원주민의 삶을 엿볼 수 있는 ★★★★★
순이타이완원주민박물관 順益臺灣原住民博物館
Shung Ye Museum of Formosan Aborigines

개인사업가 린칭푸林淸富가 20년 동안 수집한 원주민 관련 소장품을 기부하여 설립한 개인박물관이다. 중국 한족이 타이완을 실효지배하기 전까지 타이완에 살던 원주민의 역사와 문화를 소개하며, 다양한 자료를 전시하고 있다. 지하 1층은 '신앙과 제의'라는 주제로 타이완 원주민들의 종교와 제사에 관한 유물들이 전시되어 있고, 1층은 자연환경을 다룬 '인간과 자연환경', 2층은 생활용품 및 도구를 전시한 '생활과 기구' 그리고 3층은 각 부족의 고유의상, 장신구 및 문화를 소개한 '의복장식과 문화'로 구분되어 있다. 특별전시관에서는 정기적으로 타이완 원주민과 관련된 다양한 주제로 유물들이 전시된다.

주소 士林區至善路二段282號 **귀띔 한마디** 사진과 동영상 촬영은 불가하며 1층 인포메이션에서 중국어, 영어, 일어로 안내되는 음성안내기를 대여할 수 있다. **운영시간** 09:00~17:00(화~일요일)/매주 월요일&설연휴 휴관 **입장료** NT$150(성인), NT$100(학생&원주민) **문의** (886)02-2841-2611 **찾아가기** MRT 스린(士林, Shilin)역 1번 출구로 나와 직진하다 대로변의 버스정류장에서 小18, 小19, 255번 버스를 타고 구궁보우위안(故宮博物院) 정류장에서 하차 후 버스 진행방향으로 직진하면 오른편에 위치한다. 도보 2분 거리./국립고궁박물원에서 나와 대로변을 건넌 후 왼쪽으로 직진하면 오른편에 위치한다.

장제스부부의 거처가 있는 공원 ★★★★★

스린관저공원 士林官邸公園 C.K.S Shilin Residence Park

일제강점기 원예시험장이었으며 1950년 타이완으로 쫓겨 온 장제스총통이 관저로 사용했던 곳이다. 1996년부터 본관을 제외하고 개방했다가 현재는 본관만 유료로 공개하고 있다. 관저 인근지역은 철저하게 개조와 신축을 금지하여 공원주변이 현재까지 잘 보존될 수 있었다.

사병들의 숙소를 개조하여 만든 노천카페는 쑹메이링宋美齡 여사가 생전에 즐겨먹었던 샐러드, 토스트 등과 장제스부부 관련 기념품을 판매한다. 200여 종에 4,000그루의 장미가 식재된 장미화원에는 장제스총통이 좋아했던 백매화도 심어져 있다. 독실한 기독교신자였던 부부는 예배당 카이거탕凱歌堂을 지었으며, 자녀들이 이곳에서 결혼식을 치뤘다. 중국풍건물이 인상적인 신란팅新蘭亭은 다양한 품종의 난초를 재배하는 온실로 매년 장제스가 생일잔치를 열었던 곳이다. 이외에도 생태원, 원예관 등이 있으며 마치 식물원 분위기라 웨딩촬영지로도 인기가 높다.

주소 士林區中山北路5段 **귀띔 한마디** 매해 가을에는 중국의 10대 꽃 중 하나인 국화축제가 이곳에서 열린다. 꽤 넓은 장소이기 때문에 시간을 여유있게 잡고 와야 한다. **운영시간 공원** 08:00~17:00(월~금요일), 08:00~19:00(토~일요일&공휴일)/연중무휴 **스린관저** 09:30~12:00, 13:30~17:00(화~일요일)/매주 월요일&공휴일 휴관 **입장료 공원** 무료 **스린관저** NT$100(성인), NT$50(국제학생증제시) **문의** (886)02-2881-2512 **찾아가기** MRT 스린(士林, Shilin)역 1번 출구로 나와 직진하다 대로변 오른쪽에 위치한 버스정류장에서 255번 버스를 타고 스린관저(士林官邸) 정류장에서 하차한다./MRT 스린(士林, Shilin)역 2번 출구로 나와 왼쪽 좁은 골목을 따라 직진하다 대로변 횡단보도를 건넌 후 오른쪽으로 가면 왼편에 위치한다. 도보 10분 거리.

 지역민들이 되살린 공자사원 ★★★★
타이베이시공자묘 台北市孔廟 Taipei Confucius Temple

청나라시대 세워진 공자(孔子)를 모신 유교사원으로 대성전, 의문, 숭성사, 예문, 의로, 영성문, 반지, 만인궁장까지 상당한 규모로 지어진 사원이었다. 그러나 중일전쟁 이후 일본군이 공자묘에 주둔하면서 성현의 위패가 다수 파기되고 의식에 쓰이던 의구와 악기 등도 유실되면서 점차 황폐해졌다. 1907년에는 공자묘를 강제철거하고 일본인학교를 세우면서 공자묘는 역사 속으로 사라졌다.

1925년 지역인사들이 공자묘 재건을 위해 모금과 기증으로 부지를 확보한 후 중국 최고의 건축가 왕익순(王益順)을 초청해 중국남방건축을 응용한 건축양식으로 다시 건설하였다. 재정궁핍과 왕익순 사망 등으로 우여곡절을 겪지만 다시 모금을 하고 새로운 건축가를 초빙하여 1939년 완공하였다. 대성전 중앙에 공자, 좌우에 안자, 증자, 자사, 맹자를 모셨다. 공자 앞에서는 감히 학문을 논할 수 없다하여 기둥과 창문에는 대련(對聯)이 없으며 화려한 조각상조차 찾아볼 수 없는 소박하지만 위엄이 느껴지는 사원이다.

주소 大同區大龍街275號 **귀띔 한마디** 공자탄신일에는 제향의식으로 한 줄에 8명이 열을 지어 추는 팔일무(八佾舞)를 선보인다. **입장료** 무료 **운영시간** 08:30~21:00(화~일요일)/매주 월요일 휴관 **문의** (886)02-2592-3934 **찾아가기** MRT 위안산(圓山, Yuanshan)역 2번 출구로 나와 오른쪽 횡단보도를 대각선으로 건너 쿠룬제(庫倫街)를 따라 직진하면 오른편에 위치한다. 도보 7분 거리. **홈페이지** www.ct.taipei.gov.tw

다양한 볼거리와 화려한 꽃들의 향연 ★★★★
타이베이엑스포공원 花博公園 Taipei Expo Park

2010년 국제규모의 꽃박람회를 개최하면서 조성한 공원으로 위안산공원(圓山公園), 신성공원(新生公園), 미술공원(美術公園), 다자강변공원(大佳河濱公園) 등 테마정원과 14개 전시관이 있다. 엑스포폐막 이후 타이베이시민들을 위한 도시공원으로 탈바꿈하여 다양한 볼거리와 쉼터를 제공하는데, 크게 위안산단지, 중산미술단지, 신성단지로 구분된다.

위안산단지의 마지마지스퀘어와 150만 개의 페트병을 재활용한 친환경건물 에코아크는 꼭 둘러봐야 할 볼거리이다. 중산미술단지에는 타이완 원주민들의 문화를 엿볼 수 있는 펑웨이관과 타이완제품을 소개하는 징핀관이 있고, 신성단지에는 수영장, 야구장, 농구장, 화원,

조각상 등 다양한 시설이 있으며, 가상현실을 만날 수 있는 몽상관과 생활 속 예술을 영상과 전시물로 보여주는 천사생활관 등 독특한 테마전시관들이 있다.

주소 中山區玉門街1號 **강력추천** 설연휴에는 대규모 등불축제가 열리는 곳이다. **귀뜸 한마디** 공원이 너무 넓기 때문에 도보로는 힘드므로 위안산역 2번 출구 앞 유바이크 무인대여소에서 자전거를 빌려 이동하는 것이 좋다. **운영시간** 공원은 24시간 개방이지만 전시관은 대부분 17:00~21:00에 닫으며, 매주 월요일 휴관이다. **문의** (886)02-2182-8886 **찾아가기** MRT 위안산(圓山, Yuanshan)역 1번 출구로 나오면 오른쪽에 바로 보인다. **홈페이지** www.enexpopark.taipei

타이베이엑스포공원 공원단지

위안산공원단지 (Yuanshan Park Area, 圓山園區)

● **마지마지스퀘어(MAJI MAJI Square, MAJI MAJI 集食行樂)**

특색 있는 레스토랑과 창의적인 상점 50여 개가 자리한 생활마켓이다.
운영시간 11:00~21:00(월~금요일), 11:00~22:00(토~일요일) **문의** (886)02-2597-7112

● **위안산플라자(Yuanshan Plaza, 圓山廣場)**

입구광장, 산책로광장, 공공문화교육 및 지역사회활동을 위한 화하이광장(花海廣場)으로 이뤄진 야외활동장소이다.
개방시간 08:00~20:00

● **에코아크(EcoARK, 流行館)**

〈환경방주〉라는 별칭이 붙은 최첨단 친환경건물로 페트병 150만 개를 재활용하여 태풍과 지진에도 견딜 수 있는 견고한 벌집모양의 건축물이다. 밤에는 외곽에 태양광 시스템을 이용한 LED 조명이 켜져 멋진 장관을 펼친다.

● **타이베이어린이테마공원(Taipei Children's Recreation Center, 台北市立兒童育樂中心)**

개인동물원을 어린이유원지로 운영하다가 아동과학관, 3D극장, 놀이기구를 갖춘 테마공원으로 재탄생하였다.
운영시간 09:00~17:00(화~금요일)/매주 월요일 휴관 **문의** (886)02-2593-2211

중산미술공원단지 (Fine Arts Park Area, 中山圓山園區)

● 엑스포홀(Expo Hall, 舞蝶館)

대나무를 엮어 만든 듯한 독특한 모양으로 에너지효율을 위해 반개방 공간디자인으로 설계되었다. 1,200석을 갖춘 대규모 국제예술공연장으로 활용된다.
개방시간 08:00~20:00

● 웬민펑웨이관(Pavilion of Aroma of Flowers, 原民風味館)

타이베이국제꽃박람회 전시관이었던 건물로 타이완 원주민들의 생활용품과 향토 특산물, 공예예술품 등을 전시·소개하는 테마관으로 활용된다.
운영시간 11:00~19:00(화~금요일)/매주 월요일 휴관 문의 (886)02-2599-2655

● 타이베이시립미술관 (Taipei Fine Arts Museum, 台北市立美術館)

타이완 최초의 현대미술관으로 타이완예술가들의 현주소를 들여다 볼 수 있다.
입장료 NT$30 운영시간 09:30~17:30(화~금요일&일요일), 09:30~20:30(토요일)/매주 월요일 휴관 문의 (886)02-2595-7656

● 타이베이구스관(Taipei Story House, 台北故事館)

1914년 차무역상 천차오쥔(陳朝駿)이 영국에서 들여온 자재로 건설한 영국식 저택으로 현재는 레스토랑으로 이용되고 있다.
운영시간 10:00~17:30(화~일요일)/매주 월요일 휴관 문의 (886)02-2587-5565

● 타이완징핀관(Taiwan Excellence Pavilion, 臺灣精品館)

유명 건축가 지엔쉐이(簡學義)가 설계한 건축물로 타이완 브랜드 제품의 아이템개발, 품질개선과 글로벌마케팅 등을 지원하는 곳으로 사용된다.
운영시간 09:30~17:30(화~금요일&일요일), 09:30~20:30(토요일)/매주 월요일 휴관 문의 (886)02-2585-1659#12

신성공원단지 (Xinsheng Park Area, 新生園區)

● 로즈가든(Rose Garden, 玫瑰園)

신성공원 북서쪽에 위치한 정원으로 영국품종 100여 종 외에도 프랑스, 독일 등 다양한 국가의 장미들을 볼 수 있다.
개방시간 08:00~17:00

● 몽상관(Pavilion of Dreams, 夢想館)

과학과 기술을 이용한 3차원 영상을 통해 다양한 가상현실을 만날 수 있는 전시관이다. 박람회 전시관 중 유일하게 타이완의 첨단과학기술을 보여준 디지털쌍방향전시관이다.
운영시간 09:00~17:00(화~금요일), 09:00~20:00(토~일요일)/매주 월요일 휴관 입장료 성인 NT$100, 12세 이하 NT$70, 6세 이하 무료입장 문의 (886)02-2182-8886#6651

● 임안태고조민속문물관 (Lin An-Tai Historic House, 林安泰古厝民俗文物館)

1978년에 지어진 타이완 부호 란안타이(林安泰)의 고택을 현위치로 이전한 것이다. 출생에서 사망까지 그의 일상생활을 볼 수 있는 유물들이 전시되어 있다.

입장료 무료 운영시간 09:00~17:00(화~일요일)/매주 월요일&공휴일 휴관 문의 (886)02-2599-6026

● 천사생활관(Pavilion of Angel Life, 天使生活館)

생활 속 예술과 삶의 아이디어 등을 독창적으로 보여주며 예술로비, 생활지혜센터, 비디오극장, 소원화원 등으로 이루어져 있다.
운영시간 09:00~18:00(화~일요일)/매주 월요일 휴관 입장료 성인 NT$50 문의 (886)02-2585-7228

이주민들의 염원이 고스란히 담긴 사원 ★★★★★
바오안궁 保安宮 Baoan Temple

벽화 〈호뢰관삼전여포(虎牢關三戰呂布)〉

롱산스, 지아칭수이옌쭈스마오艋舺清水巖祖師廟와 함께 타이베이 삼대사묘三代寺廟로 불리는 도교사원으로 타이완으로 이주한 푸젠성 퉁안同安인들이 의학의 신이라 여겼던 보생대제保生大帝를 모시기 위해 1805년에 건립하였다. 보생대제는 푸젠성출신의 실존인물이며 열심히 학문을 연마하여 신선들의 땅이라 불리던 쿤룬산崑崙山에 들어 수양하였고, 이후 일생동안 의술을 베풀고 전염병을 물리쳤으며 송나라 인종 때 황후의 병을 고치면서 보성대제라는 칭호를 하사받고 의학의 신으로까지 칭송됐다.

바오안궁은 보생대제를 중심으로 유불선이 한곳에 모인 도교사원으로 처방전이 적힌 제비뽑기 약첨藥籤이 유명해 전국각지의 환자들이 찾아와 건강을 기원한다. 타이완 국보급 장인 판리수이潘麗水의 삼국지 속 호뢰관전투를 묘사한 호뢰관삼전여포虎牢關三戰呂布와 8명의 신선을 묘사한 팔선대뇨동해八仙大鬧東海 등 역사적인 가치를 지닌 벽화 7점도 감상할 수 있다.

주소 大同區哈密街61號 **귀띔 한마디** 국가2급 고적으로 2003년 유네스코 아시아태평양문화유산보존상을 수상한 바 있다. **입장료** 무료 **운영시간** 06:30~22:00/연중무휴 **문의** (886)02-2595-1676 **찾아가기** MRT 위안산(圓山, Yuanshan)역 2번 출구로 나와 오른쪽 횡단보도를 대각선으로 건너 쿠룬제(庫倫街)를 따라 직진하다 오른쪽 다롱제(大龍街)로 진입한 후 사거리에서 왼쪽 대각선 방향에 위치한다. 도보 8분 거리. **홈페이지** www.baoan.org.tw

타이완 최초의 현대 미술관 ★★★★★
타이베이시립미술관 台北市立美術館 Taipei Fine Arts Museum

타이완의 현대미술발전을 위해 1983년 개관한 타이완 최초이자 최대 규모의 미술관이다. 문화의 원천이라는 의미로 건물외형은 한자 '井(우물 정)' 모양의 기하학적 형태인데, 건물자체가 예술품으로 유명하다. 사방이 유리라 내부전시물뿐만 아니라 미술관 외부풍경도 함께 감상할 수 있는 구조이다.

지층은 젊은 작가와 단체 등의 작품전시실과 도서관, 서점, 예술교육센터 등이 자리하고 있다. 1층은 국제작가들을 위한 대형전시실과 서비스센터, 티켓부스 및 뮤지엄숍이 있으며, 2층은 미술관에서 소장한 4,000여 점의 작품들을 분류하여 전시한 상설전시실이 있으며 3층은 테마에 맞춰 다양한 전시를 개최한다. 세계 유명작가들과 공동주관하는 국제미술전시회가 정기적으로 열리며, 1년 내내 수준 높은 다양한 전시를 관람할 수 있다. 설치미술가 양혜규작가의 작품이 2014년 이곳에 전시되었다.

주소 中山區中山北路三段181號 귀띔 한마디 학생은 토요일 무료입장, 성인은 토요일 17:30~20:30까지 무료입장할 수 있다. 입장료 성인 NT$30(이지카드 결제가능), 18세 이상 학생 NT$15, 18세 미만 무료/특별전시는 별도요금 운영시간 09:30~17:30(화~금요일&일요일), 09:30~20:30(토요일)/매주 월요일 휴관 문의 (886)02-2595-7656 찾아가기 MRT 위안산(圓山, Yuanshan)역 1번 출구로 나와 오른쪽으로 걷다가 대로변 횡단보도를 건넌 후 왼쪽으로 직진하면 오른편에 보인다. 도보 13분 거리. 홈페이지 www.tfam.museum

타이베이의 현충원 ★★★★★
충렬사 忠烈祠 Martyrs' Shrine

국가유공자 영령을 모신 사당으로 타이완에서 항일투쟁과 국공내전 당시 희생된 39만의 전몰장병을 기리기 위해 1969년 건립됐다. 전체적으로 베이징 자금성의 태화전을 본떠 지었으며, 붉은 기와가 인상적인 본당 내부에는 전사자들의 훈장과 사진이 전시되어 있지만 일반방문은 금지된다. 일반인들은 본당 양옆으로 위패가 모셔진 위령소를 이용해야 한다.

매시정각 본당에서 아치형 정문까지 약 100m 거리에서 20분간 위병교대식이 진행되는데, 많은 볼거리를 제공하기 때문에 여행자들에게는 인기명소이다. 타이완의 육해공 중에 선발된 의장병들이 절도 있게 의식을 거행하는데, 녹색은 육군, 청색은 공군, 흰색제복은 해군이다. 오전 9시 정각에 시작하며, 매시정각이면 어김없이 거행되는데 마지막 교대식은 오후 5시가 아닌 4시 40분이다.

주소 中山區北安路139號 귀띔 한마디 교대식이 끝나면 의장병 사진을 찍는 것은 괜찮지만 잡거나 말을 걸면 안 된다. 입장료 무료 운영시간 09:00~17:00/3월 28일, 9월 2일은 휴관(3월 29일, 9월 3일은 12:00 이후 개방) 문의 (886)02-2885-4162 찾아가기 MRT 위안산(圓山, Yuanshan)역 또는 타에베이시립미술관 앞 정류장에서 21, 21直, 42, 42區, 208, 247, 247區, 247直, 287번 버스를 타고 충렬사(忠烈祠)정류장에서 하차한다.

60년 전통의 타이완 대표호텔 ★★★☆☆
그랜드호텔 圓山大飯店 The Grand Hotel

장제스의 부인 쑹메이링宋美齡여사가 1952년 영빈관으로 사용하려고 세운 호텔이다. 이후 여사가 미국으로 건너가면서 국가에 헌납하여 현재 국가에서 운영하는 국영호텔이다. 젠탄산 언덕에 위치하여 타이베이시내 조망이 좋으며, 지룽강과 양밍산을 마주보고, 동쪽으로는 쑹산, 서쪽으로는 단수이 전경까지 보이는 풍수지리학적 명당자리이다.

초창기에는 소규모 건물이었으나 1973년 국립중정기념당을 디자인한 건축가 양주어청楊卓成에 의해 14층의 중국궁전스타일로 증축되면서 명칭도 그랜드호텔로 바뀠다. 호텔 내외에는 22만 개의 용조각품이 있는데, 대표적인 작품에는 백년금룡百年金龍, 매화조정梅花藻井, 구룡벽九龍壁 등이다. 장제스가 머물던 당시 시공된 비상시 대피용 지하터널 2개가 아직도 남아있다. 한국드라마〈온에어〉와 예능〈꽃보다 할배〉촬영지이며, 한류스타 배용준과 비 등이 묵었던 호텔로도 알려졌다.

주소 中山北路四段1號 **귀띔 한마디** MRT 위안산(圓山, Yuanshan), 젠탄(劍潭, Jiantan), 다즈(大直, Dachi)역에서 무료셔틀버스를 운행한다. 특히 위안산역 1번 출구로 나오면 그랜드호텔 셔틀버스정류장이 있다. 운행시간은 06:40~23:05(위안산역→그랜드호텔), 06:30~22:00(그랜드호텔→위안산역)이며 20~30분 간격으로 운행된다. **문의** (886)02-2886-8888 **찾아가기** MRT 위안산(圓山, Yuanshan)역 1번 출구로 나와 무료호텔셔틀버스를 이용한다. **홈페이지** www.grand-hotel.org

삼국지 명장 관우를 모시는 ★★★★☆
행천궁 行天宮 Hsing Tian Kong

1967년 설립한 타이완의 유명사원 중 하나로 삼국지의 영웅 관우를 모시고 있다. 명나라 13대 황제에 의해 나라와 백성을 수호한 무신으로 추대되었으며, 공자의 사당을 원마오文廟라 하듯 관우의 사당 또한 우마오武廟라 하여 성현의 예를 다하고 있다. 타이완 사람들은 은인을 높여 칭할 때 언주공恩主公이라하는데, 행천궁을 언주궁마오恩主公廟라고도 부른다. 현세의 관우는 타이완사람들에게 부와 명예를 내려주는 재물의 신, 신의를 중시하는 상인들에게는 상업의 신으로 모셔지고 있다.

하늘색복장의 나이가 지긋하신 어르신은 관우를 모시는 사제로 행천궁을 찾는 사람들의 액운을 떨쳐주고, 영험한 기를 불어넣어 복과 안위를 빌어준다. 연일 엄청난 인파가 피워대는 향 때문에 사원의 미세먼지가 너무 높아지자 2014년에는 사원 내 향로를 모두 철거하였으며, 너무 많은 공물이 쌓이자 제물을 올려놓는 테이블까지 철거해버렸다. '도덕심만 있다면 향과 공물은 필요 없다'는 것이 사원측의 설명이다.

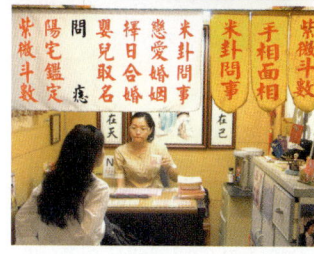

주소 中正區民權東路二段109號 **귀뜸 한마디** 행천궁일대는 영험한 땅으로 여겨져 근처에 관상과 사주를 보는 점집이 많다. **입장료** 무료 **운영시간** 04:00~22:30/연중무휴 **문의** (886)02-2502-7924 **찾아가기** MRT 행천궁(行天宮, Xingtian Temple)역 3번 출구로 나와 오른쪽으로 걸어 대로변 사거리에서 횡단보도를 건너면 바로 보인다. 도보 5분 거리. **홈페이지** www.ht.org.tw

 타이베이 최초의 복합쇼핑몰 ★★★★★
미라마 엔터테인먼트파크
美麗華百樂園 Miramar Entertainment Park

2004년 지룽강(基隆河) 주변에 개장한 복합쇼핑몰로 쇼핑과 엔터테인먼트를 한곳에서 즐길 수 있다. 본관 패밀리홀과 신관 영홀로 나뉘며 각 층은 구름다리로 연결되어 이동이 자유롭다. 본관과 신관이 하나로 연결된 지하 1층은 전 세계 음식이 모인 대형푸드코트가 자리하고 있다. 패밀리홀 5층 야외공간 스카이스퀘어Sky Square는 대관람차, 회전목마, IMX영화관 매표소와 노천카페 등이 있다.
이곳의 상징인 대관람차는 100m높이로 한 바퀴를 도는데 17분 정도 소요되며, 하늘, 땅, 바람 세 가지 테마의 조명으로 밤이면 환상적인 라이트쇼를 연출한다. 가족뿐만 아니라 연인들의 데이트코스로 타이완드라마 〈장난스런 키스2〉의 촬영지이며, 드라마와 뮤직비디오 단골 촬영지이다.

주소 中正區敬業三路20號 **귀뜸 한마디** 대관람차는 연인이 탑승하면 앞뒤 칸을 비워 17분 동안 둘만의 공간이 된다.(탑승자가 많을 때는 예외) **영업시간** 11:00~22:00/연중무휴 **관람차 운영시간** 11:00~23:00(일~목요일), 11:00~24:00(금~토요일&공휴일)/연중무휴 **관람차탑승료** NT$150(월~금요일), NT$200(토~일요일&공휴일) **문의** (886)02-2175-3456 **찾아가기** MRT 젠난루(劍南路, Jiannanlu)역 3번 출구로 나오면 바로 정면에 위치한다. 도보 1분 거리./MRT 젠탄(劍潭, Jiantan)역 1번 출구로 나와 미라마행 무료셔틀버스를 탑승하면 된다.(매일 10:50~22:30까지 15~20분 간격으로 운행하며, 막차시간은 젠탄역 22:00, 미라마 22:30이다.) **홈페이지** www.miramar.com.tw

Section 02
위안산&스린에서 먹어봐야 할 것들

위안산을 대표하는 곳은 마지마지스퀘어이고, 스린을 대표하는 곳은 스린야시장이다. 마지마지스퀘어는 백화점 푸드코트에서는 볼 수 없는 전문음식점이 몰려있어 행복한 고민을 하게 되는 곳이며, 스린야시장은 평일, 주말 구분 없이 언제나 사람들로 북적거리는 타이완의 모든 간식이 하나로 모인 종합선물상자 같은 곳이다.

딸기와플과 커피로 유명한 브런치카페 ★★★★☆
카피엘리 咖啡弄 Coffee Alley

2006년 작은 가게에서 와플, 샌드위치, 음료 등의 메뉴로 시작하여 현재는 타이베이역, 중샤오둔화, 젠탄 등 타이베이시 5개 지점과 홍콩 침사추이와 코즈웨이베이에 2개 지점을 운영하는 타이베이 유명 브런치카페이다. 내 집처럼 편안한 공간을 추구하고자 지점마다 목재를 기반으로 인테리어를 했다. 와플과 커피가 맛있기로 유명한데 특히 커스터드와 딸기시럽이 뿌려진 딸기와 아이스크림에 두께 2cm의 갓 구운 소박한 맛의 와플이 함께 나오는 딸기와플이 대표메뉴이다. 와플 외에도 다양한 종류의 샌드위치, 케이크, 아이스크림디저트, 스무디, 과일음료, 커피 등 다양한 메뉴가 있다. 전 매장 동일메뉴로 동일한 맛을 즐길 수 있으며, 예약하지 않고 방문 시 30분 이상 기다려야 한다.

❶ 딸기와플(Waffle with Fresh Strawberry, Ice Cream and Custard) ❷ 라이온치즈 크로아상샌드위치(Lion Cheese Croissants Sandwich) ❸ 바비큐포크샌드위치(BBQ Pork Sandwich) ❹ 아이스과일티(Iced Freah Fruit Te)

주소 台北市士林區中正路253號2F **귀띔 한마디** 음식주문과 상관없이 무조건 1인당 1음료를 주문해야 하여 식사제한시간 90분이 있다. **베스트메뉴** 딸기와플(Waffle with Fresh Strawberry, Ice Cream and Custard, NT$190), 라이온치즈 크로아상샌드위치(Lion Cheese Croissants Sandwich, NT$350), 소금카라멜라떼(Sea Salt Caramel Latte, NT$160) **추천메뉴** 두툼한 바비큐가 들어있는 바비큐포크샌드위치(BBQ Pork Sandwich, NT$190), 사과, 라임, 오렌지, 파인애플 등의 과일로 만든 아이스과일티(Iced Freah Fruit Tea, NT$180) **가격** NT$300~ **영업시간** 12:00~23:00/연중무휴 **문의** (886)02-2888-3322 **찾아가기** MRT 스린(士林, Shilin)역 1번 출구로 나와 대로변에서 왼쪽으로 가면 왼편 건물 2층에 위치한다. 도보 1분 거리. **홈페이지** coffee-alley.com

> **타이베이시에 위치한 카피엘리(Coffee Alley)**
> ● 중샤오둔화본점(忠孝敦化店) **주소** 大安區忠孝東路四段101巷45號 **문의** (886)02-2711-1912 **영업시간** 12:00~23:00/연중무휴
> ● 중샤오둔화지점(誠品信義店) **주소** 大安區敦化南路一段187巷42號2F **문의** (886)02-2711-1910 **영업시간** 12:00~23:00/연중무휴
> ● 젠탄점(劍潭店) **주소** 士林區文林路132號2F **문의** (886)02-2883-5777 **영업시간** 12:00~23:00/연중무휴
> ● 타이베이역점(站前店) **주소** 中正區館前路18號2F **문의** (886)02-2388-3000 **영업시간** 12:00~23:00/연중무휴

완린루러우판 丸林滷肉飯

타이완 서민요리를 맛볼 수 있는 ★★★★★

50여 년 전 포장마차로 시작하여 대규모 음식점으로 발전한 타이완 서민요리전문점이다. 과거 자투리고기를 이용하여 만든 루러우판滷肉飯이 이 집의 대표요리로 갈은 돼지고기를 간장에 오랫동안 푹 조려 밥에 얹어 먹는데 짭조름한 맛이 일품이다. 이 집은 고기를 삶을 때 약초를 사용하며, 화학조미료는 일절 사용하지 않는다. 루러우판과 곁들여 먹기 좋은 다양한 현지식 반찬도 판매하고 있다. 먼저 진열대에서 반찬을 선택한 후 자리에 앉으면 직원이 밥, 탕 그리고 음료 주문을 추가로 받는다. 반찬으로 괜찮은 생선요리는 그날그날 어시장에서 골라온 신선한 생선을 사용하며, 즉석에서 갈아주는 신선한 과일주스 또한 먹을 만하다. 선택한 반찬과 종류에 따라 금액은 다르지만 푸짐하게 먹어도 가격적인 부담은 크지 않다.

루러우판(滷肉飯)　젠바이따이위(煎白帶魚)　싼뻬이중엔(三杯中卷)　칭거짜이탕(清蛤仔湯)　칭차이(青菜)

주소 中山區民族東路32號 **귀띔 한마디** 몇 가지 반찬을 골라 도시락으로 만들어 주기도 한다. **베스트메뉴** 돼지고기를 간장에 푹 졸여 밥에 얹어주는 루러우판(滷肉飯), NT$30), 생선튀김 젠바이따이위(煎白帶魚, NT$50), 오징어볶음 싼뻬이중엔(三杯中卷, NT$50) **추천메뉴** 시원하고 담백한 조개탕 칭거짜이탕(清蛤仔湯, NT$40), 중국식 김치 칭차이(青菜, NT$25), 신선한 망고주스(芒果汁, NT$90) **가격** NT$25~, 도시락 삐엔땅(便當) NT$75~ **영업시간** 10:30~21:00/연중무휴 단, 12월 31일부터 새해연휴까지 휴무 **문의** (886)02-2597-7971 **찾아가기** MRT 위안산(圓山, Yuanshan)역 1번 출구로 나와 왼쪽 위먼제(玉門街)를 따라 직진하다 횡단보도를 건너 왼쪽으로 들어서 사거리를 건너면 오른편에 위치한다. 도보 10분 거리.

하이바왕 海霸王 Hai Ba Wang

타이베이에서 제일 큰 해산물전문점 ★★★★★

1975년 가오슝高雄에 오픈하여 타이베이로 본점을 이전한 해산물전문요리식당이다. 4개의 분점을 운영하는데, 지점마다 종류의 차이가 있으며 타이베이엑스포공원 근처에 위치한 중산점은 지하 1층부터 지상 8층까지 건물 전체를 사용하는 대형음식점이다.

신선한 해산물뿐만 아니라 육류도 다양하며 중식, 일식, 양식 등 다양한 요리가 준비된다. 단품요리도 있지만 다양하면서도 비교적 저렴하게 맛볼 수 있는 코스요리를 추천한다. 계절사시미, 등갈비, 새우요리,

생선요리, 계절야채요리, 토란생선탕과 그린망고 디저트가 나오는 7가지 코스요리, 오징어찜샐러드, 새우찜, 돼지족발찜, 생선찜, 토란생선탕, 보리새우볶음밥, 전복관자요리, 닭전골, 복숭아모양 딤섬 그리고 그린망고디저트가 나오는 10가지 코스요리, 4종류 사시미가 추가되는 11가지 코스요리 등이 있다.

킹크랩찜(開運帝王蟹)　　보리새우볶음밥(銀杏櫻花蝦年糕)　　돼지족발찜(紅燒圓蹄)　　오징어찜샐러드(帆立貝和風沙拉)

주소 中山區中山北路三段59號 **귀띔 한마디** 코스요리는 시즌에 따라 메뉴가 변경될 수 있다. **가격** 단품요리 NT$100~, 7가지 코스 4인분 NT$1,500, 10가지 코스 10인분 NT$2,500~, 11가지 코스 10인분 NT$3,500~/Service Charge 10% 별도 **영업시간** 점심 11:30~14:00, 저녁 17:30~21:30(월~금요일), 점심 11:00~14:00, 저녁 17:00~21:30(토~일요일&공휴일)/연중무휴 **문의** (886)02-2596-3141 **찾아가기** MRT 위안산(圓山, Yuanshan)역 1번 출구로 나와 왼쪽 위먼제(玉門街)를 따라 직진하다 횡단보도 왼쪽으로 직진하면 사거리에 위치한다. 도보 8분 거리. **홈페이지** www.hpw.com.tw

푸드코트와 이색레스토랑의 만남 ★★★★
마지마지스퀘어 集食行樂 MAJI MAJI Square

타이베이엑스포공원 내 '어른들의 놀이터' 콘셉트로 꾸며진 문화공간이다. 컨테이너박스를 활용한 푸드코트, 독특한 상점, 플리마켓 분위기의 마지마켓, 다양한 행사와 공연이 펼쳐지는 공연장, 각국음식을 맛볼 수 있는 레스토랑 등이 있다. 입구에는 동유럽, 터키, 일본, 태국, 타이완, 한국 등 각국 길거리음식을 판매하는 푸드코트와 다양한 국가의 유기농 식재료를 구입할 수 있는 식료품 슈퍼마켓 마지푸드&델리Maji Food&Deli, 디자인과 빈티지상점, 클럽 트라이앵글Triangle 등이 있다. 안쪽으로 들어가면 수공예제품을 판매하는 마지마켓創意市集과 영국식 펍 더쓰리라이온인The Three Lions Inn, 아르헨티나레스토랑 가우초Gaucho, 고기요리전문점 부처스키친Butcher's Kitchen, 지중해요리전문 뽀빠이POPEYE, 인도요리전문점 마살라아트Masala Art 등 이국적이면서 특색 있는 레스토랑이 탁 트인 광장에 모여 있어 여유롭게 식사를 즐길 수 있다.

주소 中山區玉門街1號 **귀띔 한마디** 마지마지스퀘어 홈페이지에서 매일 저녁 펼쳐지는 공연스케줄을 찾아보자. **베스트메뉴** 맛있는 생맥주와 영국전통요리를 맛 볼 수 있는 더쓰리라이온인(The Three Lions Inn)은 인기 있는 펍레스토랑이다. **추천메뉴** 스테이크, 스튜, 버거, 케밥 등 다양한 조리법으로 고기를 즐길 수 있는 부처스키친(Butcher's Kitchen) **가격** 푸드코트 NT$100~ 레스토랑 NT$300~ **영업시간 푸드코트** 11:30~20:30(월~목요일), 11:30~21:30(금요일), 10:30~21:30(주말과 공휴일) **광장레스토랑** 레스토랑마다 상이하지만 보통 12:00~22:00까지 운영한다./연중무휴 **문의** (886)02-2595-3122 **찾아가기** MRT 위안산(圓山, Yuanshan)역 1번 출구로 나와 오른쪽 방향에 위치한 타이베이엑스포공원 내 위치한다. 도보 1분 거리. **홈페이지** www.majisquare.com

30년 전통의 음료 전문가게 ★★★★★
홍차우 紅茶屋

바오안궁保安宮 뒷골목에 위치한 홍차우는 이 지역사람들에게는 너무나 유명한 전통음료수 전문점이다. 과거 간단하게 요기할 수 있는 밥과 국수를 판매했지만 주변 공장들이 폐쇄되고 공원과 학교가 생기면서 음료수를 판매하기 시작했다고 한다. 2대째 전통적인 맛을 지키기 위해 정확한 계산과 측정으로 음료수를 만들고 있다. 홍차, 녹차, 과일음료와 과일슬러시까지 여러 종류의 차가운 음료수만 판매하고 있으며 크기는 대중소(1,000/700/500cc)로 나뉘고 테이크아웃전문점이기 때문에 대기표를 받고 차례를 기다리면 된다.

주소 大同區重慶北路三段335巷56-1號 귀띔 한마디 사이즈에 따라 NT$5~10을 추가하면 쩐주(珍珠)를 추가할 수 있다. 베스트메뉴 홍차(紅茶, NT$15/20/25), 밀크티 나이차(奶茶, NT$15/20/25) 추천메뉴 패션프루트로 만든 바이샹슬러시(原汁百香果冰沙, NT$25/35/45) 가격 NT$10~ 영업시간 06:30~22:30/연중무휴 문의 (886)02-2594-1932 찾아가기 MRT 위안산(圓山, Yuanshan)역 2번 출구로 나와 오른쪽 횡단보도를 대각선으로 건너 쿠룬제(庫倫街)를 따라 직진하다 오른쪽 다롱제(大龍街)로 진입해 바오안궁을 지나 사거리에서 왼쪽 골목으로 들어가면 왼편에 위치한다. 도보 10분 거리.

중국북방지역의 간식요리 ★★★★☆
위안위안 圓苑 Yuan-Yuan

그랜드호텔에 위치한 중국북방지역 간식을 의미하는 몐신点心전문레스토랑으로 장제스부인 쑹메이링여사가 즐겨 찾아 더욱 유명해졌다. 여사가 좋아한 간식이자 이 집 대표메뉴 홍떠우쑹카오는 진한 팥이 들어간 떡으로 만드는 데 이틀 정도가 소요된다고 한다. 호텔레스토랑치고는 가격이 저렴한 편이며, 리모델링을 통해 화려한 중국풍으로 변모하였다.

홍떠우쑹카오와 더불어 꼭 맛봐야 할 요리는 먹기 아까울 정도로 예쁜 얼음꽃모양의 빙화젠자오冰花煎餃로 돼지고기와 새우, 야채를 갈아 만든 군만두이다. 홍떠우쑹카오와 빙화젠자오 모두 이 집에서 개발한 요리로 차와 함께 곁들여 먹으면 좋은 간식이다. 몐신, 면요리, 딤섬, 죽, 덮밥, 볶음밥, 닭요리, 각종 해산물요리 등 다양한 정통중국요리를 맛볼 수 있다.

Part 04

빙화젠자오(冰花煎餃)

훙떠우쑹카오(紅豆鬆糕)

짜오니궈빙(棗泥鍋餅)

주소 中山區中山北路四段1巷1號2F **귀띔 한마디** 빙화젠자오(冰花煎餃)를 만드는 기술은 특허까지 낸 음식이다. **베스트메뉴** 얼음꽃모양의 군만두 빙화젠자오(冰花煎餃, NT$260), 팥떡 훙떠우쑹카오(紅豆鬆糕, NT$180) **추천메뉴** 담백하고 육즙이 풍부한 샤오롱즈(小籠包子, NT$200), 대추소를 넣어 바삭하게 구워낸 짜오니궈빙(棗泥鍋餅, NT$220) **가격** NT$400~, 차 1인당 NT$60/Service Charge 10% 별도 **영업시간** 11:30~14:30, 17:30~21:00(월~금요일), 11:00~21:00(토~일요일&공휴일)/연중무휴 **문의** (886)02-2886-1818#1241 **찾아가기** MRT 위안산(圓山, Yuanshan)역 1번 출구로 나와 무료호텔셔틀버스를 이용하여 그랜드호텔에서 하차하면 호텔 1, 2층 사이에 위치한다.

스린야시장의 빙수전문점 ★★★★★
신파팅 辛發亭

1972년 빙수가게를 오픈하여 현재 스린야시장을 대표하는 맛집으로 성장하였다. 얼린 우유를 갈아 만드는 눈꽃빙수雪花冰를 처음 개발한 원조가게로 처음에는 별 반응이 없었지만 차츰 입소문이 나면서 문전성시를 이뤘다. 방수제와 인공색소 등의 화학첨가물을 일절 사용하지 않고 만드는 눈꽃빙수 종류만 20여 가지이며 일반빙수, 과일주스도 판매한다. 딸기눈꽃빙수 신셴차오메이쉐피엔과 망고눈꽃빙수 신셴망궈쉐피엔는 제철에만 맛볼 수 있는 계절메뉴이며, 이 집 대표메뉴는 땅콩잼눈꽃빙수 쉐산투이삐엔이다. 우유에 땅콩잼을 섞어 얼린 후 제빙기로 곱게 갈아 만드는데, 우유와 땅콩의 고소한맛이 그대로 살아있다.

쉐산투이삐엔(雪山蛻變-花生)   모차훙떠우쉐피엔(抹茶紅豆雪片)

주소 士林區安平街1號 **귀띔 한마디** 일반 딸기와 망고빙수는 과일 대신 시럽을 뿌려준다. 사진이 있는 영어메뉴판이 별도로 마련되어 있다. **베스트메뉴** 땅콩잼눈꽃빙수 쉐산투이삐엔(雪山蛻變-花生, Peanut Jam Snowflake, NT$70), 녹차눈꽃빙수 모차훙떠우쉐피엔(抹茶紅豆雪片, Sweet Red Bean Matcha, NT$80) **추천메뉴** 딸기눈꽃빙수 신셴차오메이쉐피엔(新鮮草莓雪片, Fresh Strawberry Snowflake, NT$100), 망고눈꽃빙수 신셴망궈쉐피엔(新鮮芒果雪片, Fresh Mango Snowflake, NT$100) **가격** NT$60~ **영업시간** 15:00~24:00(월~금요일), 12:00~24:00(토~일요일)/연중무휴, 단 여름에는 새벽 1시까지 연장운영하며 겨울에는 오후 3시에 오픈한다. **문의** (886)02-2882-0206 **찾아가기** MRT 젠탄(劍潭, Jiantan)역 1번 출구로 나와 대각선 NET건물 쪽으로 횡단보도를 건넌 후 직진하여 양명극장(陽明戲院)을 바라보고 오른쪽 작은 골목으로 들어가면 왼편에 위치한다. 도보 6분 거리.

Special 07
타이베이의 대표야시장, 스린야시장(士林夜市, Shilin Night Market)

타이베이에서 제일 큰 규모의 야시장으로 100년이 넘는 역사를 가지고 있으며 2012년 리뉴얼을 통해 더욱 넓어지고 깔끔하게 정리되었다. 수백 개의 상점이 실내에 위치해 있어 날씨와 상관없이 구경할 수 있다. 크게 먹거리위주의 스린스창과 쇼핑위주의 스린야시장 두 구역으로 나뉘며, 스린스창은 예전 노점 대부분이 대형푸드코트로 입점해 지하에 자리하고, 지상은 쇼핑상점이다. 스린야시장 한복판에 자리한 츠셴궁 맞은편 쇼핑구역은 의류, 신발, 가방, 액세서리, 인형 등 다양한 물건이 있으며, 골목사이사이로 간식을 파는 포장마차가 빼곡하게 들어서 있다.

찾아가기 MRT 젠탄(劍潭, Jiantan)역 1번 출구로 나와 왼쪽 대로변 맞은편으로 직진하면 오른쪽에 위치한다. **영업시간** 15:00~02:00(월~목요일), 11:30~02:00(금~일요일)/연중무휴(상점마다 상이)

스린야시장의 명물 닭튀김
하오따따지파이(豪大大鷄排, HOT-STAR Large Fried chicken)

1992년 타이중(台中)에서 시작하여 스린야시장을 대표하는 유명노점으로 자리 잡았다. 상호 그대로 대형닭튀김 지파이(鷄排)만 판매하며 하루 3,000개 이상 파는데, 사람들이 항상 줄을 서서 기다리기 때문에 방금 튀겨낸 따끈한 지파이를 맛볼 수 있다. 매운맛과 오리지널 중 선택할 수 있으며 매운맛을 선택하면 오리지널 지파이에 라면수프 비슷한 맛이 나는 분말가루를 뿌려준다. 타이완뿐만 아니라 일본, 싱가포르, 말레이시아, 홍콩 등에 지점을 두고 있으며, 다른 지점에서는 다양한 튀김과 음료 등도 판매한다.

가격 NT$70 **찾아가기** 지상 1층의 스린스창(士林市場) 입구의 왼쪽 골목 초입에 위치한다.

치즈소스가 듬뿍 뿌려진 고로케
왕즈치스마링슈(王子起士馬鈴薯)

삶은 감자를 잘 으깨 고로케 모양으로 기름에 튀긴 후 반을 갈라 그 안에 주문한 토핑을 올려준다. 마지막으로 치즈소스를 듬뿍 뿌려주는데 군침이 확 돌 수밖에 없어 스린야시장 필수간식으로 자리 잡았다. 따끈하면서도 고소하고 짭조름한 치즈소스 때문에 맥주안주나 식사대용으로도 그만이며, 모든 토핑이 다 들어간 왕즈종허(王子綜合)가 인기메뉴이다.

가격 NT$55~ **찾아가기** MRT 젠탄(劍潭, Jiantan)역 1번 출구로 나와 왼쪽의 대로변 맞은편 초입에 위치한다.

굴전으로 유명한
중청하오 (忠誠號)

굴전이 유명한 집으로 10년 동안 한자리를 지키고 있다. 타이난 인근해역에서 양식한 신선한 생굴이 들어가며 주문과 동시에 부쳐주기 때문에 따끈하게 먹을 수 있다. 밀가루가 아닌 전분반죽을 잘 달궈진 팬에 붓고 생굴을 올린 후 달걀반죽을 부어 알맞게 지지는데 간단한 요리지만 이 집만의 특제소스 때문에 인기가 높다. 굴전외에 새우전(雞蛋蝦仁煎)과 발효두부 처우떠우푸(脆皮臭豆腐) 등도 판매한다.

가격 굴전 지단어아찌엔(雞蛋蚵仔煎, NT$60), 새우가 함께 들어간 굴새우전 지단종허찌엔(雞蛋綜合煎, NT$60), 처우떠우푸(脆皮臭豆腐, NT$45) **찾아가기** 스린공유스창(士林公有市場) 지하 1층 푸드코트 No.4~7

현지인들에게 유명한 철판요리전문점
르상테판샤오 (日上鐵板燒, Sunrise Teppanyaki)

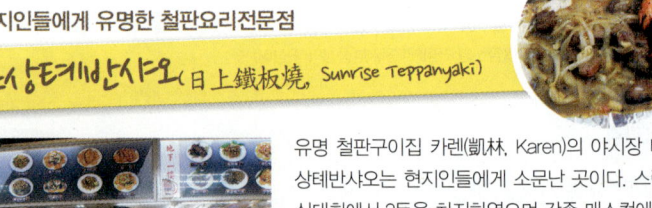

유명 철판구이집 카렌(凱林, Karen)의 야시장 버전이라 할 수 있는 르상테판샤오는 현지인들에게 소문난 곳이다. 스린시장에서 주최하는 미식대회에서 2등을 차지하였으며 각종 매스컴에서 소개되면서 유명세를 타고 있다. 대각선의 라오탄테판샤오에 비해 간을 조금 세게 하는 편이라 싱겁게 먹는 사람이라면 입에 맞지 않을 수 있다. 사진이 있는 영어메뉴판이 제공되며 메인요리, 국, 밥, 야채 등이 포함된 세트메뉴 하우스스페셜(House Special)과 저렴하게 철판구이를 맛볼 수 있는 단품요리(Single Dish, NT$100~150)가 있다.

가격 세트메뉴 NT$250~ **찾아가기** 스린공유스창(士林公有市場) 지하 1층 푸드코트 No.68~71

한국여행자들에게 유명한 철판요리전문점
라오탄테판샤오 (老攤鐵板燒)

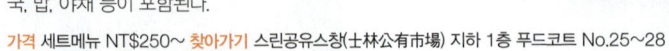

르상테판샤오 대각선 방향에 위치한 라오탄테판샤오는 한국여행자들에게 유명한 곳이다. 커다란 철판 앞에 사람들이 둘러앉아 즉석에서 해주는 요리를 바로바로 먹을 수 있다. 향신료를 거의 사용하지 않고, 원재료의 맛을 살리면서도 저렴한 것이 매력적이다. 사진이 있는 영어메뉴판이 있으며 세트와 단품요리로 나뉜다. 세트메뉴는 2가지 메인요리, 국, 밥, 야채 등이 포함된다.

가격 세트메뉴 NT$250~ **찾아가기** 스린공유스창(士林公有市場) 지하 1층 푸드코트 No.25~28

타이완스타일의 토스트전문점
샤오안관차이반(小莊官財板)

타이완식 토스트 관차이반(棺材板)을 파는 가게로 타이난 지역의 유명간식이다. 3cm 정도의 두툼한 식빵 가장자리를 잘라 기름에 튀긴 후 칼로 속을 파내 주문한 재료와 각종 야채를 넣은 크림스튜로 속을 채우고, 파낸 식빵을 다시 덮어 4등분하여 나온다. 메뉴에서 빨간색 표시가 속을 채울 재료이며, 종합관차이반(綜合棺材板)은 돼지고기, 닭고기, 새우, 파인애플, 참치가 들어간다.

가격 NT$60 **찾아가기** 스린공유스창(士林公有市場) 지하 1층 푸드코트 No.44

튀긴 과자를 넣은 핫도그전문점
라오스린따빙바오샤오빙(老士林大餅包小餅)

소시지를 넣은 타이완식 핫도그 다창바오샤오창(大腸包小腸)과 비슷한 것으로 소시지 대신 만두소를 넣은 핫도그라고 생각하면 된다. 쌀로 만든 피에 바삭하게 튀긴 과자를 잘게 부숴 속재료로 넣은 후 선택한 소스가루를 뿌려 돌돌 말아 꾹 누르면 완성이다. 소스가루는 달콤한 맛과 짭조름한 맛이 있으며 종류는 땅콩, 토란, 코코넛, 후추, 커리 등이 있다. 소스가루를 잘못 선택하면 입에 맞지 않을 수도 있으므로 달콤한 맛 중에서 선택하는 것이 무난하다.

가격 1개 NT$35, 3개 NT$100 **찾아가기** 스린공유스창(士林公有市場) 지하 1층 푸드코트 No.67

스린야시장 최고의 야식
꿔지아총요빙(郭家蔥油餅)

스린야시장에서 가장인기있는 노점으로 중화권의 대표 길거리간식 총요빙을 색다르게 변형하게 판매하고 있다. 일반 총요빙은 밀가루반죽을 철판에 굽는다면 이곳은 고온에 살짝 튀겨 그 위에 날계란을 깨서 올린 후 소스를 뿌려 준다.

가격 일반총요빙 1개 NT$20, 계란총요빙 1개 NT$30 **찾아가기** MRT 젠탄(劍潭, Jiantan)역 1번 출구로 나와 대각선 NET건물 쪽으로 횡단보도를 건넌 후 직진하면 보인다.

Special 08
타이베이의 서래마을,
톈무 (天母, Tianmu)

타이베이 북쪽 양밍산자락의 톈무는 한때 일본인과 미군이 거주했던 지역으로 현재도 외국인학교와 대사관 등이 위치해 있어 외국인이 많이 거주하는 지역이다. 중산베이루6~7뚜안, 톈무시루, 톈무둥루로 나뉘는 사거리가 바로 톈무중심가로 고급빌라촌과 이국적인 레스토랑, 카페, 주점, 외국브랜드 상점이 즐비하며 곳곳에서 한국식당을 만날 수 있다. 딱히 볼거리가 있는 지역도 교통이 좋은 지역도 아니지만 한적하게 이국적인 분위기를 느끼기 좋으며 매주 주말이면 톈무광장에서 열리는 벼룩시장도 볼만하다.

찾아가기 MRT 즈산(芝山, Zhishan)역 1번 출구로 나와 신콩미츠코시톈무점(新光三省越天母店)까지 가는 무료셔틀버스를 타고 백화점에서 내려 사거리를 바라보고 왼쪽으로 가면 톈무중심지이다. 21:30~22:00(20분 간격으로 운행)/MRT 즈산역 1번 출구 근처 버스정류장에서 285, 606, 646, 紅12번 버스를 타고 치쯔쉐시아오(啟智學校) 또는 싼위궁(三玉宮)에서 하차한다.

天母 톈무

텐무의 정신적 지주

싼위궁 (三玉宮)

1750년 중국 푸첸성(福建省)에서 기원한 싼위궁은 천재지변이나 전쟁으로부터 주민을 보호하고자 세운 도교사원이다. 사후를 지배하고 부락을 다스리는 토지신이자 재물신인 복덕정(福德正)을 주신으로 모시고 있으며, 텐무에는 1979년 세워졌다. 텐무를 대표하는 사원으로 왼편에는 오곡선제, 칠선진조, 관음불조 오른편에는 천상성모와 복덕정신 등의 여러 신을 모시고 있다.

주소 士林區天母東路6號 문의 (886)02-2875-4000 찾아가기 신콩미츠코시텐무점(新光三省越天母店) 사거리에서 왼쪽의 텐무둥루(天母東路)를 따라 직진하면 왼편에 위치한다./MRT 즈산(芝山, Zhishan)역 1번 출구로 나와 왼편으로 직진하면 보이는 버스정류장에서 285, 606, 646, 紅12번 버스를 타고 치쯔쉐시아오(啟智學校) 또는 싼위궁(三玉宮)에서 하차하면 건너편에 위치한다.

텐무를 대표하는 플리마켓

텐무주말벼룩시장 (天母生活市集, Tianmu creative Market)

텐무광장에서 매주 금요일부터 월요일까지 열리는 주말벼룩시장으로 누구나 홈페이지에 신청하여 허가를 받은 사람이면 자신들의 중고상품을 가져와 판매할 수 있다. 가판대가 아닌 바닥에 물건을 펼쳐놓고 파는데 골동품부터 장난감, 만화책, 의류, 신발, 화장품, 가방 등 다양한 물건이 있다. 이외에도 DIY제품, 액세서리, 의류, 가방 등 손수 제작한 수공예품을 판매하는 가판도 있다. 다양한 공연행사도 있지만 비가 오면 열지 않으므로 날씨를 확인하고 가는 것이 좋다.

운영시간 16:00~22:00(금~월요일) 찾아가기 싼위궁(三玉宮)을 등지고 왼쪽 대각선 방향의 광장에 위치한다.

텐무에서 맛보는 한식

조선 (朝鮮韓國烤肉)

1995년 오픈하여 현재까지 텐무에 거주하는 한국인뿐만 아니라 현지인들에게도 사랑받는 한식전문점으로 인천출신의 어머니와 아들이 운영하고 있다. 김치와 함께 3~4가지 기본반찬이 제공되는데, 대표메뉴인 불고기전골은 소, 돼지, 양 중에서 선택할 수 있으며 한국식 신선로에 버섯과 각종 야채를 즉석에서 끓여먹을 수 있다. 살짝 양념을 한 꽃등심을 철판에 구워 상추에 마늘, 김치와 함께 쌈을 싸먹는 꽃등심바비큐, 한국식 전골, 돌솥비빔밥, 해물파전, 삼계탕, 김치찌개 등 다양한 한식요리를 맛볼 수 있다.

주소 士林區忠誠路二段166巷22號 귀띔 한마디 3명 이상은 코스요리를 주문하는 편이 낫다. 영업시간 11:30~14:00, 17:00~21:30/매주 화요일 휴무 문의 (886)02-2876-4264 찾아가기 신콩미츠코시텐무점을 등지고 오른쪽으로 가다 세번째 골목으로 들어서면 오른편에 위치한다.

미려한 외관과 고급스러운 실내디자인

하겐다즈(哈根達斯, Häagen Dazs) 텐무점

텐무의 랜드마크라고 불리는 하겐다즈텐무점은 정원이 있는 유럽중세의 저택을 축소해놓은 듯한 외관이다. 실내인테리어는 아기자기하고 아늑하게 꾸며져 텐무의 어느 고급카페보다 인기가 높다. 일반 아이스크림가게가 아닌 플래그십스토어로 퐁듀, 애프터눈티세트, 케이크, 와플, 아이스크림, 마카롱, 음료 등 다양한 메뉴와 하겐다즈 소품들을 전시판매하고 있다. 타이완 로맨스드라마〈패견여왕〉에서 주인공의 프로포즈 장면이 촬영된 곳으로 현지인들에게도 인기장소이다.

주소 士林區天玉街38巷18弄1號 가격 NT$295~, 커피 NT$130~/Service Charge 10% 별도 영업시간 11:30~21:30(일~목요일), 11:30~22:00(금~토요일)/연중무휴 문의 (886)02-2874-5223 찾아가기 싼위궁(三玉宮)에서 직진하여 광장 옆 웰컴(Wellcome) 사이 길로 들어서서 삼거리에서 왼쪽으로 가다보면 오른편에 위치한다. 홈페이지 haagen-dazs.com.tw

유기농 수제베이글을 만날 수 있는

하오치우(好,丘, good cho's) 텐무점

텐무의 새로운 핫플레이스로 오래된 레스토랑 건물을 하오치우에서 인수하여 리모델링한 것이다. 1층은 유기농 요리와 음료를 판매하는 레스토랑이고, 2층은 유기농식료품과 에코생활용품을 판매하는 셀렉트숍, 3층 다락방은 자연환경과 관련된 작품을 전시하는 전시공간이다. 레스토랑은 동물그림벽화가 눈에 띄는 일반테이블과 돗자리가 깔려 있는 좌식테이블로 구분된다. 메뉴는 수제베이글부터 베이글샌드위치, 타이완라이스요리, 케이크, 음료 등 전부 유기농재료로 만든 채식위주의 요리를 만날 수 있다.

주소 士林區天玉街38巷16弄2號 귀띔 한마디 메인메뉴 주문 시 금액을 추가하면 다양한 세트메뉴를 즐길 수도 있다. 가격 모닝세트 NT$150~, 베이글샌드위치 NT$180~, 베이글플래터 NT$200, 라이스요리 NT$250~, 케이크 NT$80~, 베이글 NT$40~, 음료 NT$170~ 영업시간 1층 09:00~20:00, 2층 11:00~19:00/매월 첫 번째 월요일 휴무 문의 (886)02-2873-5889 찾아가기 하겐다즈 텐무점 바로 옆에 위치한다.

클래식자동차 테마레스토랑

피에스부부(金屋藏車食堂, P.S. BuBu)

텐무중심에서 조금 떨어진 곳에 위치하지만 타이완판〈꽃보다 남자〉촬영지로 유명해진 자동차테마레스토랑이다. 실내는 온통 클래식한 자동차와 자동차관련 소품들로 채워져 있다. 이곳에서 유일하게 자동차내부를 테이블로 개조한 좌석은 남녀주인공이 아이스크림을 먹던 자리로 예약을 해야만 앉을 수 있다. 메뉴는 파스타, 샌드위치, 샐러드, 음료 등이 있으며 가격대비 맛은 별로라는 평이 많다.

주소 士林區中山北路七段140巷1號 베스트메뉴 수프, 샐러드, 메인메뉴, 커피 또는 차, 케이크가 나오는 파스타세트(NT$490)와 스테이크세트(NT$690) 가격 NT$250~ 영업시간 12:00~22:00/연중무휴 문의 (886)02-2876-0698 찾아가기 싼위궁(三玉宮)에서 직진하여 오른쪽 횡단보도를 건너 타이완은행(臺灣銀行)을 바라보고 왼쪽 길을 따라 직진하면 오른편에 위치한다. 도보 7분 거리.

Special
09

활화산 자연온천, 양밍산국가공원
(陽明山國家公園, Yangminshan National Park)

타이베이북쪽에 위치한 양밍산은 타이완의 다른 산에 비해 높지 않은 해발 1,120m이다. 양밍산 일대는 현재도 화산활동이 빈번하여 곳곳에서 온천이 분출되고 유황가스가 솟아나는 것을 볼 수 있다. 1985년 타이베이분지 북쪽과 북동부 일대 다툰화산(大屯火山) 중심지를 국립공원으로 지정하였는데, 주즈산, 치싱산, 다툰산, 사마오산 등이 포함된다. 양밍산국가공원 주변, 렁수이컹(冷水坑), 마차오(馬槽), 훠겅즈핑(火庚子坪) 크게 4개의 온천구로 나뉘며, 포함된 광물질성분이 모두 다르다.
이 지역은 폭포, 호수, 계단식논, 화산분화구, 온천, 하이킹, 초원 등 볼거리가 풍성하여 일년내내 발길이 끊이지 않는다. 북단에 위치하여 여름과 겨울 계절풍 영향을 크게 받으며, 지형이 복잡하여 기상변화도 심하다. 1,200여 종의 식물이 자라고 있으며 봄여름에는 벚꽃과 철쭉을 필두로 꽃축제가 열리고, 가을에는 억새, 겨울에는 온천투어가 제격이다.

문의 (886)02-2861-3601 홈페이지 www.ymsnp.gov.tw

양밍산국가공원 찾아가기

MRT 타이베이기차역(台北車站, Taipei Main Station)에서 260번 버스를 이용하거나 MRT 젠탄(劍潭, Jiantan)역에서 紅5번 버스 또는 베이터우(北投, Beitou)역에서 小9번 버스를 타고 양밍산(陽明山)정류장에서 하차한 후 양밍산순환버스 108번을 타고 원하는 목적지까지 이동하면 된다. 타이베이시내에서 양밍산까지 운행하는 주요버스는 다음 표 내용을 참고하자.

버스번호	출발지	정류장 위치	운행시간	운행간격		소요시간	요금(NT$)
				일반타임	피크타임		
260, 260區	MRT 타이베이기차역(台北車站, Taipei Main Station)	Y6번 출구 바로 뒤에 보이는 정류장에서 탑승.	06:00~22:30	10~15분	7~10분	70분	30
紅5	MRT 젠탄역(劍潭, Jiantan)	출구로 나와 왼쪽 버스정류장에서 탑승.	05:30~24:40	12~15분	5~8분	50분	15
小9, 230	MRT 신베이터우역(新北投, XinBeitou)	출구로 나와 맞은편 공원입구 앞 버스정류장에서 탑승.	05:20~22:50	30~40분	20~40분	35분	15
타이완하오싱 베이터우 - 주즈후선 (北投竹子湖)	MRT 베이터우역 베이터우(北投, Beitou)	출구로 나와 왼쪽에 위치한 버스정류장에서 탑승.	05:20~22:50	25~40분	40분~1시간	45분	15
	MRT 신베이터우역(新北投, XinBeitou)	출구로 나와 맞은편 공원입구 앞 버스정류장에서 탑승.				35분	

양밍산국가공원 순환버스 108번 유원버스(遊園公車)		
주요버스노선	운행시간	운행간격	요금(NT$)
양밍산정류장(陽明山站)→고객센터&제2주차장(遊客中心&第二駐車場)→양밍수우(陽明書屋)→주즈후(竹子湖)→치싱산(七星山)→얼즈핑(二子坪)→샤오유껑(사요우껑)→중후(中湖)→렁수이컹/족욕탕(冷水坑/往擎天崗)→칭텐강(擎天崗)→렁수이컹(冷水坑→往陽明山)→쏭위안(松園)→양밍산정류장(陽明山站)	07:00~17:30	평일 30~20분 주말&공휴일 10~20분	60 (One-day Pass) / 15 (편도)

1. 원데이패스를 구매하면 하루 동안 108번 버스 운행시간에는 횟수의 제한 없이 탑승할 수 있다. 버스탑승 시 티켓을 보여주면 된다.
2. 편도요금은 동전 또는 이지카드로 결제가 가능하다. 단 동전으로 지불할 경우 거스름돈을 주지 않으므로 미리 잔돈을 준비해야 한다.
3. 108번 버스는 전구간노선이고 108區번 버스는 간선구간노선으로 일부는 같은 정류장에 정차하지만 108區번 버스는 몇 군데는 그냥 지나치며 막차시간이 15:40까지이다.
4. 빠듯하게 구경한다면 한나절 정도 소요되고, 온천까지 즐긴다면 하루 정도가 소요된다.

장제스 여름별장
양밍수우 (陽明書屋, Yangmingshuwu)

원래명칭은 중싱빈관(中興賓館)으로 장제스가 유일하게 직접 관여하여 건축한 2층짜리 관저이다. 국내외 귀빈접대를 목적으로 지어졌으며, 그가 여름별장으로 이용했던 곳이다. 원시자연림 내 위치해 있으며, 1975년 중앙당역사위원회가 이곳으로 옮겨오면서 양밍수우로 이름을 변경하였다. 이후 관리권한을 양밍산국가공원으로 이관하면서 건물을 보수하여 일반 개방하였다. 1층은 귀빈실, 사무실, 식당 등이 있고, 2층은 장제스 내외가 사용했던 침실로 그의 활약상을 사진을 통해 살펴볼 수 있다. 관람객을 위한 시설 다충관(大忠館)은 양밍산과 타이베이에 관련된 사료들을 전시하고 있다. 다충관은 무료관람이지만 양밍수우는 유료투어로만 관람할 수 있다.

운영시간 09:00~16:30/매주 마지막 주 월요일과 설날 전날 휴관(단, 월요일이 공휴일인 경우 화요일 휴관) 투어시간 개인투어시간 09:00, 13:30 예약단체투어시간 10:00, 11:00, 14:30, 15:30 투어입장료 NT$80(성인), NT$40(국제학생증 소유자), NT$30(20명 이상 단체), 무료(12살 이하 또는 65세 이상)

하이위축제가 열리는
주즈후(竹子湖, Bamboo Lake)

치싱산과 다툰산 사이 해발 600m에 화산폭발로 형성된 화산호수지역으로 과거 대나무가 많았지만 일제강점기 벚꽃이 대량으로 심어졌다. 자연스럽게 발달한 습지에는 매년 3~4월 고산습지식물인 칼라(Calla)꽃이 하얗게 피어나면 하이위(海芋)축제가 열린다. 축제는 크게 딩후(頂湖), 둥후(東湖), 샤후(下湖)로 나뉘어 진행되는데, 주행사장인 샤후는 계단식으로 심어진 꽃밭이 장관이고, 계곡 옆으로 대형 식당을 겸한 농장에서 식사를 하거나 별도 입장료를 지불하고 만개한 칼라꽃을 볼 수 있다. 조금 더 한가롭게 즐기고 싶다면 딩후지역이 좋다. 옥수수, 고구마, 토마토 등 산지에 적합한 신선한 과일과 야채를 제대로 맛볼 수 있다.

현재도 유황가스를 뿜고 있는
샤오우컹(小油坑, Xiaoyoukeng)

화산이 분출되면서 형성된 치싱산의 봉우리 중 하나로 일제강점기에는 유황이 채취되던 곳이었다. 화산폭발로 형성된 거대한 암벽의 분기공에서는 끊임없이 소리를 내며 솟구치는 유황가스를 직접 관찰해볼 수 있다. 땅에서 솟아나는 온천수로 달걀을 삶아 먹을 정도이므로 바닥을 만지거나 절대 안쪽으로 들어가면 안 된다.

운영시간 09:00~16:30/매월 마지막 주 월요일과 설날 전날 휴무

무료로 온천을 즐길 수 있는
렁수이컹(冷水坑, Lengshuikeng)

수온이 40℃ 정도로 다른 온천에 비하면 수온이 낮다하여 붙여진 이름인 렁수이컹은 대로변 바로 옆쪽에 있어 노천족욕과 온천을 무료로 즐길 수 있다. 그 옆에는 유황물질이 침전되면서 물빛이 우유 빛을 띠는 우유호수 뉴나이후(牛奶湖, Milk Pond)가 있으며, 고객센터를 바라보고 왼편에는 칭톈강으로 이어지는 트레킹코스가 있다. 코스가 시작되는 초입에는 흔들다리인 칭산다리(青山吊橋)가 있다.

노천족욕탕&온천탕 이용시간 06:30~09:00, 10:30~13:00, 14:30~17:00, 18:30~21:00/매월 마지막 주 월요일과 설날 전날 휴무

하늘아래 첫 언덕
칭톈강(擎天崗, Qingtiangang)

낮에는 드넓은 초원을 볼 수 있고, 밤에는 밤하늘의 수많은 별을 볼 수 있는 곳이다. 고원지대로 봉우리같은 언덕이 끝없이 이어져 하늘아래 언덕들판이라는 의미로 칭톈강이라는 이름이 붙었다. 청나라 말기부터 목장지역으로 개발되었으며, 일제강점기에는 자연방목을 위한 광활한 초원으로 확장되었다. 현재도 여전히 방목지역으로 타이완 고유의 야생소들을 만날 수 있으며, 산책로를 따라 거닐기 좋고 날씨가 좋다면 초원에 누워 낮잠 한숨을 청해도 좋다.

운영시간 09:00~16:30/매월 마지막 주 월요일과 설날 전날 휴무

다양한 야생식물과 동물들의 낙원
다툰자연공원 (大屯自然公園, Datun Nature Park)

해발 800m의 치싱산과 다툰산 사이 분지에 형성된 습지생태공원으로 이 지역만의 독특한 생태가 있어 이를 관리보존하고 있다. 공원 내 식물 대부분은 흔하게 접할 수 없는 습지식물이며 공원 내 산책로를 따라 걷다보면 온대활엽수림, 침엽수림, 수생식물 등을 만날 수 있다. 또한 연못을 중심으로 서식하는 야생동물들도 볼 수 있어 평화로운 시간을 보낼 수 있다. 다툰자연공원에는 1,230종의 식물과 88종의 조류, 150종의 야생동물이 서식하고 있는 자연의 보고이다.

운영시간 09:00~16:30/매월 마지막 주 월요일과 설날 전날 휴무

이색적인 레스토랑에서 즐기는 타이베이전경
더탑 (屋頂上, The Top)

하얀 천막이 인상적인 레스토랑 더탑은 새벽까지 운영하기 때문에 양밍산을 둘러본 후 휴식을 취하면서 아름다운 타이베이 시내야경을 즐기기에 최적의 장소이다. 계단식으로 조성하였는데, 전망이 제일 좋은 VIP구역부터 A~H구역으로 나뉘며, F~H는 BBQ구역이다. 구역마다 근사한 비치베드가 놓여 있어 편안히 누워 타이베이 전망을 감상하며 일광욕을 즐길 수 있고, 저녁에는 탁 트인 야경과 더불어 머리 위로 쏟아지는 별까지 감상할 수 있다. 전통적인 타이완요리가 많지만 태국요리도 맛볼 수 있고 분위기와 잘 어울리는 칵테일도 판매한다. 이곳의 하이라이트는 칵테일 한잔과 함께 즐길 수 있는 타이베이 시내야경이다.

주소 士林區凱旋路61巷4弄33號 **귀띔 한마디** 야외테이블은 미니멈차지 1인당 NT$350이 있으며 룸은 C구역 10인 기준 NT$3,000, D구역 6~8인 기준 NT$3,000, E구역 10~12인 기준 NT$6,000이 최소금액이다. 룸만 현금으로 예약할 수 있다. **가격** 요리 NT$300~, 칵테일 NT$260~, 커피 NT$180~, 와인 1병 NT$920~ **영업시간** 17:00~03:00(월~목요일), 17:00~05:00(금요일), 12:00~05:00(토요일), 12:00~03:00(일요일)/연중무휴. 단, 설연휴 4일 휴무 **문의** (886)02-2862-2255 **찾아가기** 109, 111, 260, 260區, 303, 681, 1717, 小15, 小15區, 紅5번 버스를 타고 산자이허우파이추쉐(山仔后派出所)정류장에서 하차하여 웰컴(Wellcome)매장을 지나 패밀리마트 맞은편 골목으로 직진하면 왼편에 위치한다. **홈페이지** www.compei.com

전망 좋은 커플들의 명소
초산레스토랑 (草山夜未眠, Grass Mountain Chateau)

중국문화대학교(中國文化大學) 뒤편 언덕에 1986년 오픈한 레스토랑으로 더탑이 생기 전까지 양밍산에서 전망이 가장 좋은 곳이었다. 야외에 설치된 하트모양테이블은 연인석으로 밤이 되면 타이베이시내 야경을 배경으로 라이브공연까지 펼쳐진다. 제대로 로맨틱한 분위기를 연출할 수 있어 과히 커플들의 명소라 할 수 있다. 다양한 중국요리와 3~6인 코스요리가 있으며 예약은 오후 7시까지만 받는다.

주소 士林區東山路25巷81弄99號 **귀띔 한마디** 미니멈차지 1인당 NT$150이며, 대기자가 많은 시간에는 식사시간을 3시간으로 제한한다. **가격** 요리 NT$220~, 칵테일 NT$240~, 음료 NT$190~, 와인 1병 NT$920~ **영업시간** 16:00~03:00(월~목요일), 16:00~05:00(금요일), 12:00~05:00(토요일), 12:00~03:00(일요일)/연중무휴. 단, 설연휴 4일 휴무 **문의** (886)02-2862-3751 **찾아가기** 더탑레스토랑보다 훨씬 안쪽에 위치해 있어 택시로 이동하는 것을 추천한다. **홈페이지** www.chousan.com.tw

양밍산에 위치한 유명온천

황츠온천 (皇池溫泉)

황색유황온천으로 다른 온천에 비해 뜨거운 편이라 우리나라 사람들에게 입소문 난 곳이다. 1, 3관으로 나뉘며, 1관은 남녀를 구분하는 목욕탕개념의 노천탕이고, 2, 3관은 수영복을 착용한 남녀혼용 노천탕이다. 대중노천탕은 냉탕, 온탕, 사우나가 각 2곳씩 있다. 식사패키지는 NT$400으로 대중온천과 식사를 함께 이용할 수도 있다.

주소 北投區行義路402巷42-1號 문의 (886)02-2862-3688 이용시간 1관 24시간, 2관 13:00~23:00, 3관 07:00~01:00/연중무휴 요금 NT$250(대중노천탕) 찾아가기 MRT 젠탄(劍潭, Jiantan)역 1번 출구 버스정류장에서 508, 508區, 536번 버스를 타고 싱이루싼(行義路三)정류장에서 하차한 후 무료셔틀버스를 이용한다. 홈페이지 www.emperorspa.com.tw

예린온천 (椰林溫泉)

버스정류장 바로 맞은편에 위치하여 접근성이 좋은 온천으로 동남아풍 리조트처럼 보인다. 이곳은 현지 젊은이들이 많이 찾는 곳으로 탁 트인 야외테이블에서 식사를 즐길 수 있어 인기이다. 남녀별 구분된 노천탕이며, 이 지역에서 드문 푸른 하늘을 바라보며 자연과 함께 온천을 즐길 수 있다.

주소 北投區行義路269號 문의 (886)02-2875-1234 이용시간 08:00~04:30/연중무휴 요금 NT$250(대중노천탕) 찾아가기 MRT 젠탄(劍潭, Jiantan)역 1번 출구 버스정류장에서 508, 508區, 536번 버스를 타고 싱이루싼(行義路三)정류장에서 하차한 후 도보로 이동한다. 홈페이지 www.yelin-spa.com.tw

촨탕 (川湯)

일본풍 목조건물로 지어진 촨탕은 온천 전체 분위기에서 일본정서를 느낄 수 있다. 남녀가 구분되는 노천탕과 커플을 위한 별실탕이 있으며, 열온냉탕으로 구분한 청색유황온천으로 피부병과 관절염 등에 탁월한 효과가 있다고 한다. 식당에서 1인당 NT$400 이상을 지출했다면 노천탕을 무료로 이용할 수 있고, 주말과 공휴일에는 반드시 식사를 해야만 온천을 이용할 수 있다.

주소 北投行義路300巷10號 문의 (886)02-2874-7979 이용시간 24시간(단, 매일 06:00~10:00 온천청소)/연중무휴 요금 NT$200 찾아가기 MRT 젠탄(劍潭, Jiantan)역 1번 출구 버스정류장에서 508, 508區, 536번 버스를 타고 싱이루싼(行義路三) 정류장에서 하차한 후 온천밀집지역으로 도보로 이동한다. 홈페이지 www.kawayu-spa.com.tw

톈라이리조트&스파 (天籟渡假酒店)

양밍산 온천단지와는 많이 떨어져 있지만 타이완북부에서 제일 큰 노천온천이다. 산속 아름다운 경치와 함께 온천을 즐길 수 있어 매력적이다. 온도별, 가족별, 커플별 노천탕뿐만 아니라 실내온천과 실내외수영장 등을 갖추고 있어 하루 종일 즐길 수 있다. 수영복은 필수로 챙겨야 하며 수영모가 없다면 카운터에서 샤워캡을 무료로 대여해 사용하면 된다.

주소 新北市金山區重和里名流路1-7號 문의 (886)02-2408-0000 이용시간 07:30~23:30(3~6월), 07:00~24:00(7월~2월) 요금 NT$1,000(성인), NT$800(어린이)/호텔투숙객은 50% 할인. 찾아가기 MRT 타이베이기차역(台北車站, Taipei Main Station) M8번 또는 MRT 젠탄(劍潭, Jiantan)역 1번 출구 버스정류장에서 진산(金山)행 1717번 탑승 후 치앙신(強薪)정류장에서 하차한다. 홈페이지 www.tienlai.com.tw

- 샤마오산(紗帽山)의 싱이루(行義路)는 온천구로 MRT 스파이(石牌, Shipai)역에서 508, 508區, 536, 小8번 또는 MRT 젠탄(劍潭, Jiantan)역에서 508, 508區, 536번 버스를 타고 싱이루싼(行義路三)에서 하차 후 무료셔틀버스나 도보로 이동한다.
- 샴푸, 비누 등은 비치되지만 대부분 수건은 제공하지 않으므로 미리 확인하자. 요금을 지불하고 대여해주는 곳도 있다.
- 수영모가 없다면 무료로 제공되는 샤워캡을 착용하자. 위생뿐만 아니라 유황이 머리카락에 닿으면 좋지 않기 때문이다.
- 카드사용이 안 되고 현금으로만 지불해야 하는 곳이 대부분이니 현금을 챙겨가야 한다.
- 온천의 레스토랑 외에는 마땅히 먹을 곳이 없으니 간단하게 요깃거리와 음료를 챙겨가도록 하자.

Special 10
타이완 최초의 온천개발지역, 신베이터우 (新北投, Xinbeitou)

베이터우는 다툰화산 남서쪽 기슭에 위치하며 유황석 원산지로 17세기에는 스페인과 네덜란드상인과 유황을 교역하였다. 1894년 독일광산업자가 온천을 발견한 이후 1896년 일본인이 온천여관을 운영하면서 온천을 겸한 여관이 늘어났다. 러일전쟁 당시 타이완을 점령한 일본이 부상자들을 위해 온천지역으로 개발하였다. 베이터우석(北投石)에는 미량의 방사성물질 라듐을 함유하여 병을 치료하는 효능이 있으며, 피부병에 특효가 있는 것으로 유명하다. 신베이터우의 온천은 다툰산 화산활동의 지열로 형성된 지열온천으로 온도가 다른 지역에 비해 뜨거우며, 〈꽃보다 할배〉에 소개되면서 더욱 많은 인기를 얻게 되었다. MRT 신베이터우역에서 하차하여 출구로 나와 길을 따라 쭉 직진하면 웬만한 볼거리들을 다 구경할 수 있으며 온천까지 즐기려면 한나절 이상이 걸린다.

찾아가기 MRT 신베이터우(新北投, Xinbeitou)역에서 하차하면 된다. 출구는 하나이며 출구로 나와 직진하면 다양한 볼거리와 노천온천을 만날 수 있다.

新北投 신베이터우

타이베이북부

신베이터우 베스트코스(예상 소요시간 6시간 이상)

원주민과 관련된 문화센터
카이다거란문화관 (凱達格蘭文化館, Ketagalan Culture Center)

타이완의 평지에 살면서 대부분 한족화가 되어버린 원주민 핑푸(平埔)족을 타이완정부는 원주민으로 인정하지 않는다. 약 400년 전 베이터우에 살고 있던 핑푸족 중 하나인 카이다거란족은 원주민으로 인정받기 위해 카이다거란족에 대한 역사, 문화, 예술 등을 보존, 전시하고 더 나아가 핑푸족에 대한 전시와 다양한 교육, 공연, 연구 등을 위해 문화센터를 설립하였다. 10층의 건물 중 일반인이 관람할 수 있는 전시공간은 2~3층으로 카이다거란족에 대한 역사, 생활용품, 전통기술, 예술작품 등 다양한 볼거리를 제공하며, 원주민에 대한 전통기술, 토착언어, 회의, 다목적 공연 등 지속적인 교육의 장소로 활용하고 있다.

주소 北投區中山路3-1號 **귀띔 한마디** 전시관 내부는 촬영이 금지된다. **입장료** 무료 **운영시간** 09:00~17:00(화~일요일)/매주 월요일 휴관 **문의** (886)02-2898-6500 **찾아가기** MRT 신베이터우(新北投, Xinbeitou)역 출구로 나와 세븐일레븐과 베이터우공원(北投公園) 사이의 도로를 따라 직진하면 왼편에 위치한다. 도보 3분 거리. **홈페이지** www.ketagalan.gov.taipei

친환경 도서관
베이터우시립도서관 (北投市立圖書館, Taipei Public Library Beitou Branch)

2006년에 베이터우공원(北投公園) 안에 개관한 시립도서관으로 '숲속 오두막'이라는 별칭이 붙은 목조건축물이다. 타이완에서 처음으로 시도된 친환경 에코도서관으로 전체적으로 목재를 많이 사용하였으며, 좌우로 열리는 대형유리문을 통해 자연채광을 흡수하고 복사열을 감소시켰다. 지붕에는 태양열패널 발전시설을 설치하여 자가발전을 하고 있으며, 물탱크에 빗물을 받아 정원에 물을 주거나 화장실에서 사용하고 있다. 2007년 우수건축상을 시작으로 다양한 건축상을 수상하였으며 2012년 미국 대중문화사이트 플레이버와이버닷컴(Flavorwire.com)에서 가장

아름다운 세계 공공도서관 25곳 중 한 곳으로 선정되었다. 주변 계곡물은 온천수로 잠시 발을 담궈 피로를 풀 수 있다.

주소 北投區光明路251號 **귀띔 한마디** 실내촬영을 원하면 안내데스크에서 신청서를 작성하여 여권 제시 후 허가증을 받는다. **운영시간** 08:30~21:00(화~토요일), 09:00~17:00(일~월요일)/공휴일 휴관 **문의** (886)02-2897-7682 **찾아가기** MRT 신베이터우(新北投, Xinbeitou)역을 나와 세븐일레븐과 베이터우공원(北投公園) 사이를 직진하면 오른편에 위치한다. 도보 4분 거리.

베이터우온천의 역사를 한눈에 살펴보는
베이터우온천박물관 (北投溫泉博物館, Beitou Hot Springs Museum)

베이터우석

일제강점기 소수의 일본인과 타이완 고위층이 이용했던 대중온천탕이었다. 당시 일본에서 유행하던 영국빅토리아양식이 혼재된 네오르네상스 양식의 외관과 실내는 일본식 다다미형식으로 지어진 2층 건물이다. 해방 후 베이터우지역의 협동조합으로 사용되다 국가에서 3급 유적건축물로 지정한 후 내부 보수공사를 거쳐 현재의 온천박물관으로 재탄생하였다. 8개 구역으로 나뉘며 베이터우의 온천역사, 지역생활상, 당시의 온천탕 등 베이터우온천에 관련된 다양한 전시물을 관람할 수 있다. 특히 1층은 건축당시 동아시아에서 제일 큰 규모의 대중온천탕의 모습을 그대로 보존하고 있으며 2층 다다미방과 테라스에서 잠시 휴식을 취할 수 있다.

주소 北投區中山路2號 **강력추천** 1층에는 1905년 처음 발견된 당시의 베이터우석(北投石)이 전시되어 있다. **귀띔 한마디** 입구에서 슬리퍼로 갈아 신은 후 입장할 수 있으며 음식물 반입은 금지이다. **입장료** 무료 **운영시간** 09:00~17:00(화~일요일)/매주 월요일&공휴일 휴관 **문의** (886)02-2893-9981 **찾아가기** MRT 신베이터우(新北投, Xinbeitou)역 출구를 나와 세븐일레븐과 베이터우공원 사이의 도로를 따라 직진하면 오른편에 위치한다. 도보 5분 거리. **홈페이지** hotspringmuseum.taipei

중국 신문기자의 아버지라 불리는 위유런의 별장
메이팅 (梅庭, Plum Garden)

1930대 후반에 지어진 호화저택으로 언론인 위유런(于右任)의 별장으로 사용되었으며 현재 시정부에서 역사건축물로 지정한 곳이다. 일본식과 서양식이 결합된 독특한 건축스타일로 2층은 목재프레임 구조이며, 1층에는 철근과 진흙을 사용하여 만든 대형방공호가 있다. 위유런은 일찍이 쑨원이 활동했던 동맹회에 가입하였으며 일본과 영국으로 유학을 다녀온 후 상하이에서 청조를 비판하는 신주일보(神州日報), 민리보(民利報) 등을 창간하면서 현대신문기자들의 아버지로 칭송받는 인물이다. 위대한 시인이자 서예가로 1941년 중국 최초의 서예간행물인 초서월간(草書月刊)을 창간하기도 했다. 그는 각종 청탁을 피해 이곳에 머물며 휴식을 취했으며, 현재 박물관에는 그의 서예작품과 서예도구, 메이팅 역사와 관련된 각종 자료들이 전시되어 있다.

주소 北投區中山路6號 **강력추천** 입구의 관광안내센터에서 타이베이와 베이터우 관련 정보를 얻을 수 있다. **귀띔 한마디** 저택 문기둥에는 메이팅(梅庭)이라고 쓴 위유런의 친필이 걸려있다. **입장료** 무료 **운영시간** 09:00~17:00(화~일요일)/매주 월요일&공휴일 휴관 **문의** (886)02-2897-2647 **찾아가기** MRT 신베이터우(新北投, Xinbeitou)역을 나와 세븐일레븐과 베이터우공원 사잇길을 따라 직진하다 Y자 갈림길에서 오른쪽으로 들어가면 오른편에 위치한다./친수이공원노천온천(親水公園露天溫泉) 바로 옆에 위치한다. 도보 7분 거리.

베이터우온천의 진원지

디러구 (地熱谷, Thermal Valley)

베이터우 온천 진원지로 일년내내 유황냄새가 가득하여 지옥 같은 분위기라 하여 지옥곡(地獄谷) 또는 귀신연못을 뜻하는 귀호(鬼湖)라고도 부른다. 이곳의 돌들은 방사성물질 라듐을 미량 함유한 베이터우석이다. 이 곳에서 처음 발견되어 붙여진 이름으로 전 세계에서 유일하게 지역명이 붙은 광석이며, 타이완, 일본, 칠레에만 존재한다. 다툰산 화산군 중 수온이 제일 높은 80~100°C이며, 산성도 또한 높아 부식성이 높기 때문에 함부로 만지지 않는 것이 좋다. 디러구의 뜨거운 온천수는 계곡을 따라 흘러내려 차가운 계곡물과 섞이면서 알맞은 온도의 온천수가 되기 때문에 계곡에서 발을 담그는 사람을 볼 수 있다.

입장료 무료 **운영시간** 09:00~17:00(화~일요일)/매주 월요일&공휴일 휴관 **찾아가기** MRT 신베이터우(新北投, Xinbeitou)역 출구를 나와 세븐일레븐과 베이터우공원(北投公園) 사이의 도로를 따라 직진하여 Y자 갈림길에서 오른쪽으로 직진하여 노란색 건물 메이다이온천(美代溫泉) 사잇길로 들어서면 입구가 나온다. 도보 10분 거리.

전통문화계승을 위한 사설문화박물관

베이터우문물관 (北投文物館, Beitou Museum)

1921년 신베이터우 언덕에 지어진 일본식 목조건축물이다. 당시 고급온천여관이었지만 시대 흐름에 따라 수차례 용도가 바뀌었다. 2차 세계대전 때에는 일본사관클럽으로 자살특공대 가미카제의 젊은 일본인들이 마지막 밤을 보냈던 곳이라 한다. 이후 타이완사극 촬영지로 활용되다 전통문화계승을 위한 사설문화박물관으로 오픈하였다. 건축당시 모습이 잘 보존되어 있어 3급 국가고적으로 지정되어 있다. 문물관은 2층 건축물로 원주민의 생활문화 관련 다양한 문물 4,000여 종과 타이완 예술가 장무양(張木養)이 수집한 민속예술품, 수공예품과 청나라 말부터 1940년대까지 타이완민중들의 생활문화를 둘러볼 수 있다.

주소 北投區幽雅路32號 **강력추천** 매주 주말과 공휴일 11:00와 14:30에 무료가이드투어가 있다. **귀띔 한마디** 음성안내기(중국어, 영어, 일본어)를 무료로 대여해준다. **입장료** NT$120(성인), NT$50(국제학생증 소지자) **운영시간** 10:00~17:30(화~일요일)/매주 월요일 휴관 **문의** (886)02-2891-2318#9 **찾아가기** MRT 베이터우(北投, Beitou)역 출구 왼편 버스정류장에서 小25, 230번 버스 또는 메이다이온천(美代溫泉) 맞은편 버스정류장에서 小25번 버스를 타고 베이터우문물관(北投文物館)에서 하차한다./디러구 방향으로 걷다가 메이다이온천을 지나 왼쪽 도로로 이정표대로 이동하면 된다. 도보 25분 거리. **홈페이지** www.beitoumuseum.org.tw

온천라멘전문점

만커우라멘 (滿客屋拉麵)

신베이터우 온천수에 일본된장 미소로 국물을 낸 온천라멘으로 유명한 일본식 라멘전문점이다. 기본 15~20분을 기다려야만 맛볼 수 있으며 정통일본식이 아닌 타이완식과 혼합된 라멘이다. 수타로 뽑은 면의 쫄깃한 식감과 더불어 온천수로 끓인 진하고 시원한 국물로 인기 만점이다. 우리 입맛에는 일반라멘보다 김치로 얼큰한 맛을 더한 파오차이차샤오라멘이 먹을 만하며, 온천을 즐긴 후 뜨거운 국물로 배를 채울 수 있다.

주소 北投區溫泉路110號 **베스트메뉴** 일반라멘 정요우차샤오라멘(正油叉燒拉麵, NT$120), 김치로 매콤한 맛을 낸 파오차이차샤오라멘(泡菜叉燒拉麵, NT$140), 돼지갈비 파이구(排骨, NT$65) **추천메뉴** 일본된장으로 국물맛을 낸 미소차샤오라멘(味噌叉燒拉麵, NT$120), 소바냉육수에 반숙 달걀을 넣은 원취엔딴(溫泉蛋, NT$25), 연두부 원취엔떠우푸(溫泉豆腐, NT$25) **가격** 라멘 NT$120~, 반찬 NT$25~ **영업시간** 점심 11:00~14:00, 저녁 17:00~21:00(화~일요일)/매주 월요일&공휴일 휴무 **문의** (886)02-2893-7958 **찾아가기** 디러구(地熱谷) 방향으로 걷다가 메이다이온천(美代溫泉)을 지나 오른쪽 언덕길을 따라 직진하면 오른쪽에 위치한다.

신베이터우에 위치한 유명온천

룽나이탕 (瀧乃湯)

1907년 일본인이 타이완에 문을 연 최초의 온천숙소로 현재는 온천만 이용할 수 있다. 주로 일본군이 이용한 대중온천탕이었으며 히로히토일왕이 다녀간 이후 일본여행자들의 필수코스가 되었다. 온천은 남녀 분리된 탕만 있고, 시설은 떨어지지만 수질이 좋아 아직도 많은 사람이 찾는 곳이다.

주소 北投區光明路244號 **문의** (886)02-2891-2236 **이용시간** 06:30~21:00(마지막 입장 20:00)/연중무휴 **요금** NT$100 **찾아가기** MRT 신베이터우(新北投, Xinbeitou)역을 나와 오른쪽으로 걷다가 웰컴매장 방향으로 직진하면 오른편에 위치한다. 도보 6분 거리. **홈페이지** www.longnice.com.tw

친수이공원노천온천 (親水公園露天溫泉 Millennium Hot Spring)

타이베이시정부에서 운영하는 공공온천으로 신베이터우의 대표온천이다. 〈꽃보다 할배〉에서 할배들이 온천욕을 즐긴 후 더욱 인기가 높아져 한글안내문도 볼 수 있다. 3개의 탕으로 구분되는데 맨 위쪽 탕이 제일 뜨겁고 내려갈수록 온도가 낮아진다. 공용탕이기 때문에 반드시 수영복을 착용해야 하며 개인용품을 챙겨 와야 한다. 중간중간 온천수교체와 청소를 하기 때문에 엄격하게 위생관리가 이루어지므로 안심하고 이용할 수 있다.

주소 北投區中山路6號 **문의** (886)02-2897-2260 **이용시간** 05:30~07:30, 08:00~10:00, 10:30~13:00, 13:30~16:00, 16:30~19:00, 19:30~22:00/연중무휴 **요금** NT$40, 보관함 NT$20 **찾아가기** MRT 신베이터우(新北投, Xinbeitou)역을 나와 세븐일레븐과 베이터우공원 사이 도로를 따라 직진하다 Y자 갈림길에서 오른쪽 도로를 따라 들어가면 오른편에 위치한다. 도보 7분 거리.

수이메이온천 (水美溫泉, Sweetme Hotspring)

MRT 신베이터우역에서 접근성이 좋은 온천으로 깔끔한 시설 외에도 수질관리가 철저해 현지인뿐만 아니라 여행자들에게 인기 있다. 투숙객은 룸에서 개인탕뿐만 아니라 대중탕도 무료 이용할 수 있다. 온천만 이용할 경우 남녀 분리된 대중탕이나 개인탕 중 선택하면 된다. 대중탕은 온, 열, 냉탕과 버블스파로 구분되며, 샤워와 사우나 시설이 잘되어 있다. 개인탕은 냉온탕, 샤워시설, 욕실용품 등이 제공되며 이용시간이 정해져 있지만 주중에는 할인도 해주고 이용시간도 늘려준다.

주소 北投區光明路224號 **문의** (886)02-2898-3838 **이용시간** 09:00~23:00(토~목요일), 12:00~23:00(금요일)/연중무휴 **요금** NT$800(대중온천탕), NT$1,200~(개인탕, 60분). **찾아가기** MRT 신베이터우(新北投, Xinbeitou)역을 나와 오른쪽으로 걸으면 웰컴매장 바로 옆에 위치한다. 도보 2분 거리. **홈페이지** www.sweetme.com.tw

푸싱공원 노천족욕탕 (復興公園足湯 Fuxing Park Hot Spring Foot Spa)

푸싱공원 내 무료로 이용할 수 있는 공공노천족욕탕이다. 최대 100명까지 수용가능하며, 족욕탕 바로 옆에 설치된 수돗가에서 발을 깨끗이 씻은 후에 온천수에 발을 담그면 된다. 주말에는 할머니, 할아버지들로 북적북적하므로 이곳이 싫다면 베이터우시립도서관 옆 계곡온천수에 발을 담그는 것도 좋다.

이용시간 08:00~18:00(화~일요일)/매주 월요일 휴무 **요금** 무료 **찾아가기** MRT 신베이터우(新北投, Xinbeitou)역을 나와 왼편 세븐일레븐 쪽으로 직진하면 푸싱공원 내 오른편에 위치한다. 도보 5분 거리.

※ 온천 이용 시 주의사항
- 온천을 하기 전 몸을 깨끗하게 씻고 온천을 즐기도록 하자. 답답하더라도 반드시 머리에 샤워캡을 착용하는 것이 기본 예의이다.
- 식전 30분이나 식후 1시간 내에는 온천을 하지 않는 것이 좋으며 술을 마신 후에도 온천은 금물이다.
- 개인의 건강상태나 온천수 종류에 따라 차이가 있지만 30분 온천을 즐기고 10분 정도 휴식을 취하고 다시 입욕하는 것이 좋다.

Special 11

자연생태 그대로를 만날 수 있는
관두(關渡, Guandu)

철새들의 주요서식지이자 타이베이의 유일한 습지로 다양한 자연생태계를 만날 수 있는 곳이다. 과거 지룽강과 만나는 단수이강 하구의 항구지역으로 일찍부터 농업과 어업이 발달했지만, 하구에 모래가 쌓이면서 점차 항구의 기능을 잃었다. 관두평지 일대는 카이다거란족이 주로 거주하였으며 중국대륙과 태평양의 관문이라는 지리적 특성으로 외세의 영향을 많이 받았다. 1963년 대홍수로 농경지 대부분이 염분농도가 높아 농사에 부적합한 땅이 되었지만 습지가 발달하면서 자연생태계는 살아났다. 하구제방을 중심으로 맹그로브숲이 무성한 갯벌이며, 관두자연공원을 중심으로 이 일대는 2300여 종의 철새서직지로 시정부에서 관두자연보호구로 지정하였다. 단수이강을 따라 남쪽으로는 비탄, 북쪽으로는 단수이와 빠리, 동쪽으로는 지룽강을 따라 네이후지역까지 이어지는 자전거도로의 출발점으로 주말에는 자전거하이킹을 즐기려는 사람들로 붐빈다.

찾아가기 MRT 관두(關渡, Guandu)역 1번 출구로 나와 오른쪽 버스정류장에서 小23번 버스를 타고 관두자연공원(關渡自然公園) 또는 관두궁(關渡宮) 또는 관두마터우(關渡碼頭)정류장에서 하차한다. MRT 관두역 1번 출구에서 도보 12분 이상.

철새들의 낙원

관두자연공원 (關渡自然公園, Guandu Nature Park)

관두지역 일대 생태적 가치와 보존을 위해 시정부에서 땅을 매입하여 맹그로브숲과 갯벌 및 철새도래지를 지정하고 공원으로 조성하였다. 시민들이 자유롭게 이용할 수 있는 공원을 비롯하여 주요시설구역, 핵심보호구역, 야외관찰구역 등으로 구분되어 있다. 갯벌과 강하구의 맹그로브숲, 습지와 갈대숲, 바닷물 유입으로 형성된 염습지 등에는 200여 종의 식물과 300종 이상의 조류, 830여 종의 다양한 동물뿐만 아니라 230여 종의 철새들의 낙원이다. 특히 멸종위기종인 황새, 저어새, 청다리도요새, 송골매 등을 볼 수 있으며, 인위적 모습이 아닌 생태계 그대로의 모습을 살펴볼 수 있어 의미가 크다. 타이완영화 〈청설〉에서 청각장애인 언니와 여주인공이 인생에 대해 이야기하는 장면이 촬영된 장소이기도 하다.

주소 北投區關渡路55號 **입장료** NT$60(성인), NT$30(초중학생), 6세 이하 무료 **운영시간** 여름 09:00~17:00(월~금요일), 09:00~18:00(주말과 공휴일) 겨울 09:00~17:00(월~금요일), 09:00~17:30/연중무휴 **문의** (886)02-2858-7417 **찾아가기** MRT 관두(關渡, Guandu)역 1번 출구로 나와 오른쪽 버스정류장에서 小23번 버스를 타고 관두자연공원정류장에서 하차한다./MRT 관두역 1번 출구로 나와 오른쪽 골목길을 따라 직진한 후 사거리에서 왼쪽으로 직진하다 벤츠(Mercedes-Benz)매장 앞 횡단보도를 건너 왼쪽 길로 직진하면 왼편에 위치한다. 도보 10분 거리. **홈페이지** gd-park.org.tw

타이베이에서 제일 오래된 도교사원

관두궁 (關渡宮, Guandu Temple)

바다의 수호신 마조(媽祖)를 주신으로 5명의 본신을 모시며, 1661년 지어진 타이베이에서 제일 오래된 도교사원이다. 원래 명칭은 링산먀오(靈山廟)로 타이난에 위치한 베이강차오톈궁(北港朝天宮), 타이중에 위치한 루강톈허우궁(鹿港天后宮)과 함께 타이완 3대 마조사원으로 불린다. 청나라 때 스싱스님이 푸젠성에서 마조상을 모셔와 현재의 관두궁을 지었다. 이후 수차례 보수공사를 거치면서 정모전, 관음전, 문창전, 고불동 등을 증축하여 화려하고 웅장한 오늘날의 모습이 되었다. 고불동(古佛洞)과 재신동(財新洞) 2개의 동굴형태의 긴 회랑에는 어느 박물관 못지않은 신상과 부조들이 전시되어 있다. 매년 음력 3월 23일 대규모의 제사를 지내며 정월대보름과 중원제(中元節) 행사가 열린다.

주소 北投區知行路360號 **운영시간** 24시간개방/연중무휴 **문의** (886)02-2858-1281 **찾아가기** MRT 관두(關渡, Guandu)역 1번 출구로 나와 오른쪽의 버스정류장에서 小23번 버스를 타고 관두궁정류장에서 하차한다./MRT 관두(關渡, Guandu)역 1번 출구로 나와 오른쪽방향의 작은 골목길을 따라 직진한 후 대로변 사거리에서 굴다리를 지나 계속 직진하면 관두궁과 연결된다. 도보 12분 거리. **홈페이지** www.kuantu.org.tw

편안하게 일몰을 감상할 수 있는

관두강변공원 (關渡水岸公園, Guandu Riverside Park)

관두궁 맞은편 단수이강을 따라 타이베이시정부가 시민들에게 자연환경과 더불어 휴식을 취할 수 있도록 조성한 공원이다. 보행자산책로와 자전거도로가 구분되어 있으며 특히 자전거도로는 강을 따라 북쪽으로 단수이와 이어진다. 강을 가로지르는 총 길이 165m의 관두대교는 타이베이와 신베이(新北)를 연결한다. 대형크루즈 관두마터우(關渡碼頭)는 320명의 승객을 태우고 관두에서 출발하여 단수이를 거쳐 위런마터우(漁人碼頭)까지 단수이강을 따라 운항하며 다양한 부대시설을 갖추고 있다. 하늘과 강을 전부 붉게 물들이는 노을 녘에는 낭만적인 시간을 보내기 적합한 곳이다.

찾아가기 MRT 관두(關渡, Guandu)역 1번 출구로 나와 오른쪽 버스정류장에서 小23번 버스를 타고 관두마터우(關渡碼頭)정류장에서 하차한다./관두궁 바로 앞에 위치한다.

강바람을 맞으며 신나게 달리는
관두자전거도로 (關渡腳踏車道, Guandu Bikeway)

관두궁 입구 맞은편의 관두방조제(關渡防潮堤)는 지룽강을 따라 차도, 인도 그리고 자전거도로가 이어진다. 자전거도로는 남쪽으로 비탄(碧潭), 동쪽으로 네이후(內湖)까지 이어지는 자전거하이킹의 출발지점이다. 이 코스 출발점 왼편으로는 관두자연공원습지가 있어 철새들의 군무를 볼 수 있고, 중간지점부터는 지룽강을 따라 달릴 수 있어 많은 사람이 자전거하이킹을 즐긴다. 편도 1시간 이상 코스이고, 중간 반환지점에는 간단한 샌드위치, 피자, 커피 등을 파는 이동카페들이 있다.

관두에서 자전거 대여하기

자전거도로가 잘 조성되어 있어 강을 따라 자전거를 타고 색다른 여행을 경험할 수 있다. 관두궁 부근에 자전거대여소들이 몇 군데 있는데, 보통 대여시간은 오전 7시부터 오후 9시까지이다. 관두 주변만 이용할 거라면 빌린 대여점에 자전거를 반납하고, 장거리 하이킹이라면 대여점마다 지정된 반납장소에 갖다 주면 된다. 2~3인용 이상의 자전거뿐만 아니라 아이를 태울 수 있는 자전거까지 다양한 자전거가 있고 하루 대여료는 보통 NT$100~200선이다.

아름다운 캠퍼스를 자랑하는
타이베이국립예술대학 (國立臺北藝術大學 Taipei National University of the Arts)

1982년 창립한 예술대학으로 음악, 미술, 연극, 영화와 뉴미디어, 무용, 문화자원 등의 6개 학부와 여러 대학원을 소유한 명문대학이다. 단수이강과 일대풍경을 조망할 수 있는 경사진 곳에 위치하며, 네오차이니즈와 예술적 감각으로 지어진 건물 그리고 캠퍼스 곳곳에 설치된 조형물 등으로 캠퍼스 자체가 하나의 볼거리를 제공한다. 공연예술센터, 영화관, 연극공연장, 콘서트홀, 댄스홀, 실험극장, 야외극장, 전통예술연구센터, 관두미술관 등 다양한 시설을 갖추고 있으며, 지역주민 모두 세계각지의 예술을 좀 더 가깝게 접할 수 있도록 매해 10월 관두예술축제(Guandu Arts Festival)를 개최한다. 특히 대학 내 위치한 관두미술관(關渡美術館)은 1996년 정식개관하여 동시대예술품 위주로 전시하고 있으며, 국립아시아문화전당은 국제적인 예술기관과 문화교류기관으로 지역사회와의 교류 또한 활발하게 진행한다. 타이완 영화계의 거장 왕동(王童)감독의 지도 아래 수 많은 영화인이 배출되었고, 영화 <타이베이 카페스토리>의 감독 샤오야추엔과 동화 일러스트레이터 추용이옌이 이 대학에서 미술을 전공하였다.

주소 北投區學園路1號 **귀띔 한마디** 가을시즌의 석양이 가장 아름답다. **개방시간** 캠퍼스 상시개방 관두미술관 10:00~17:00(월~일요일)/매주 화요일 휴관 **문의** (886)02-2896-1000 **찾아가기** MRT 관두(關渡, Guandu)역 1번 출구로 나와 R35, R55번 버스를 타고 베이이다교문입구(北藝大校門口, Bei Yi Da School Gate)정류장에서 하차하면 위치한다. **홈페이지** tnua.edu.tw

Chapter 02
타이베이의 베니스, 단수이
淡水, Tamsui

타이베이에서 북서쪽으로 18km 떨어진 단수이강과 타이완해협이 만나는 지역으로 신베이시에 속해 있다. 19세기 후반까지 타이완을 대표하는 항구도시로 발전하였지만 하구에 모래가 쌓이면서 대형선박이 오갈 수 없게 되자 지룽항을 건설하면서 단수이는 작은 어촌으로 전락하였다. 단수이는 서구열강들의 침략으로 인한 역사적인 볼거리와 강가를 따라 조성된 자전거도로, MRT로 쉽게 이동 가능한 접근성, 다양한 먹거리 그리고 환상적인 일몰을 볼 수 있는 산책로 등으로 꼭 가봐야 할 여행지로 자리 잡았다.

단수이를 이어주는 교통편

- **MRT** 단수이선(淡水線, Tamsui Line)의 종착역 단수이(淡水, Tamsui)역 1번 출구에서 왼쪽으로 나오면 궁밍제(公明街)를 따라 걷다가 만나는 중정루(中正路)에서 왼편으로 직진하면 노점거리 단수이라오제(淡水老街)와 이어진다.
- **紅26번 버스** MRT 단수이(淡水, Tamsui)역 2번 출구로 나와 오른쪽 버스정류장에 탈 수 있으며, 단수이의 주요 유적지에 정차하여 단수이를 효율적으로 이동할 수 있다. 단수이역에서 출발하여 종점 위런마터우(漁人碼頭)까지 운행한다. 836번 버스도 비슷한 노선으로 운행한다.

  노선 단수이역(淡水站)→화난은행(華南銀行)→융러항구(永樂巷口)→단수이도서관(淡水圖書館)→샤오바이궁(小白宮)→홍마오청&진리대학(紅毛城&真理大學)→지아추쉬(家畜所)→후웨이파오타이(滬尾砲台)→요우처커우(油車口)→린시역(臨時台)→단장신춘(淡江新村)→톈성초등학교(天生國小)→단수이퉈디아오창(淡水拖吊場)→단하이(淡海)→단하이역(淡海站)→관징타이(觀景台)→단수이어시장(漁人魚市)→위런마터우(漁人碼頭) 운행시간 05:30~24:40 운행간격 7~15분(평일), 3~10분(주말) 요금 NT$15/이지카드 사용 가능

단수이에서 이것만은 꼭 해보자

1. 단수이강변을 따라 걷다보면 탁 트인 전망에서 휴식을 취할 수 있는 카페가 많으므로 한껏 여유를 부려보자.
2. 단수이의 노점거리인 단수이라오제에서 단수이만의 다양한 길거리음식을 맛보자.
3. 홍마오청, 진리대학, 담강고급중학, 샤오바이궁 일대를 산책하듯 걸어보자.
4. 위런마터우의 멋진 야경도 놓치지 말자.

단수이 베스트코스(예상 소요시간 8시간 이상)

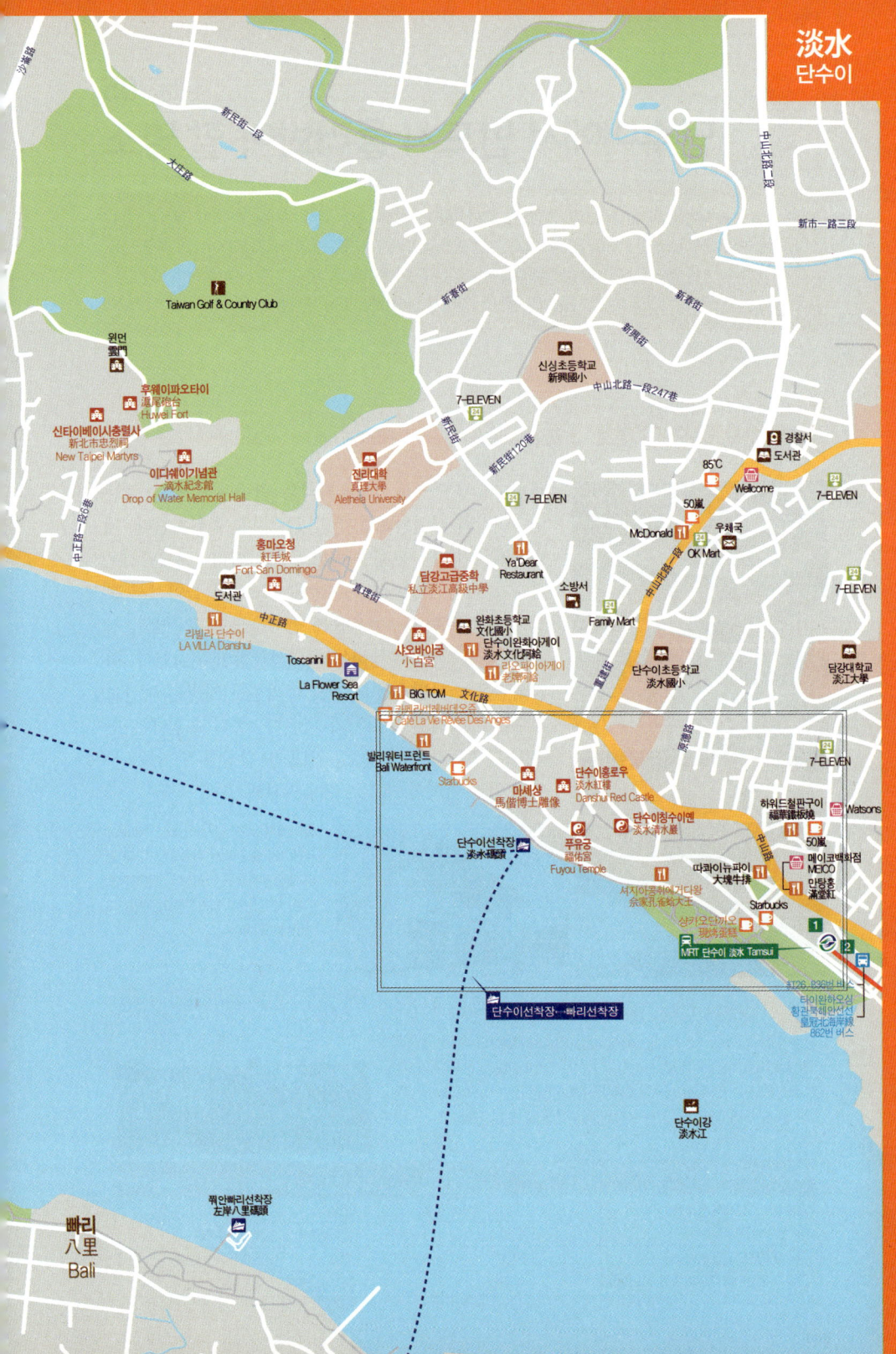

단수이에서 반드시 둘러봐야 할 명소

Section 05

단수이는 서구열강들의 침략의 역사뿐만 아니라 영화 〈말할 수 없는 비밀〉의 주요 촬영지로 유명하다. 단수이의 대표거리 단수이라오제를 따라 걷다보면 역사적인 건축물뿐만 아니라 타이완의 주요 도교사원을 만날 수 있다. 단수이의 주요유적에 정차하는 紅26번 버스를 타고 이동하면 좀더 효율적으로 돌아볼 수 있다. 시간적 여유가 있다면 천천히 걸어서 둘러보는 것을 추천한다.

강과 바다가 만나는 곳 ★★★★★
단수이해변산책로 淡水海濱園 Tamsui Waterfront Promenade

허빈다오루(河濱道路)를 따라 거니는 단수이해변산책로는 단수이강과 타이완해협이 만나는 지점에 위치한다. 해변산책로이지만 실제 허빈다오루를 따라 흐르는 것은 바다가 아닌 강물이다. 주말에는 노점이 늘어서 복잡하지만 주중에는 여유롭게 산책을 즐길 수 있고, 강 건너 빠리(八里)까지 운행하는 페리선착장이 위치한다. 하얀색건물 스타벅스를 지나면 쓰러질듯 자라는 벵골보리수나무 뚝방길 룽디(榕堤)가 나온다. 룽디 초입에는 단수이 강변풍경과 아름다운 일몰을 감상할 수 있는 분위기 있는 카페와 레스토랑이 위치해 있다.

찾아가기 MRT 단수이(淡水, Tamsui) 역에 1번 출구에서 왼쪽으로 나와 궁밍제(公明街)를 바라보고 왼쪽으로 이동하면 단수이해변산책로 허빈다오루(河濱道路)이다.

단수이페리선착장(淡水渡船碼頭, Tamsui Ferry Wharf)

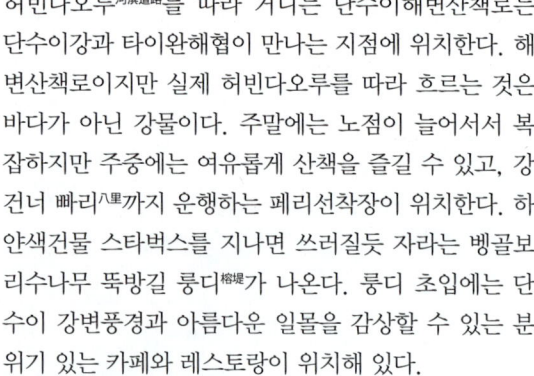

단수이해변산책로 중간쯤에는 빠리(八里), 단수이위런마터우(淡水漁人碼頭) 또는 주말에만 관두(關渡)까지 운행하는 단수이페리선착장이 위치한다. 빠리까지는 7~10분, 위런마터우까지 12~15분 정도 소요되며, 티켓은 매표소에서 구입해도 되지만 간편하게 이지카드로 결제가능하다.

운행구간	소요시간	운행간격		운영시간		편도요금
				평일	12:30~18:00	
단수이라오제(淡水老街) ↔ 빠리(八里)	7~10분	평일	10~15분	평일	12:30~18:00	NT$23
		주말&공휴일	3~5분	주말&공휴일	11:10~19:00	
단수이라오제(淡水老街) ↔ 단수이위런마터우(淡水漁人碼頭)	12~15분	평일	20~30분	평일	12:00~19:00	NT$60
		주말&공휴일	10~15분	주말&공휴일	12:00~20:00	

타이베이북부

단수이에서 제일 오래된 도교사원 ★★★★★
푸유궁 福佑宮 Fuyou Temple

단수이에서 제일 오래된 도교사원으로 청나라에서 건너온 초기이민자들에 의해 1796년 설립되었다. 단수이 번화가 중정루^{中正路} 한복판에 위치하며, 문창제군, 관음보살, 관제군 등의 신을 모신 유불선과 민간신앙이 결합된 사원이다.

바다의 수호신 마조^{媽祖}를 주신으로 모시는데 타이완의 수많은 마조상 가운데 푸유궁 마조상이 제일 아름답다고 한다. 푸유궁은 화려한 지붕장식부터가 인상적인 청나라양식의 건축물로 타이완 3급고적으로 지정되어 있다.

주소 淡水區中正路200號 **입장료** 무료 **운영시간** 06:00~21:45/연중무휴 **문의** (886)02-2621-1731 **찾아가기** MRT 단수이(淡水, Tamsui)역 1번 출구 왼쪽으로 나와 궁밍제(公明街)를 따라 걷다 중정루(中正路)에서 왼쪽으로 조금 더 걸으면 오른편에 위치한다. 도보 7분 거리.

전망 좋은 레스토랑 ★★★★★
단수이홍로우 淡水紅樓 Danshui Red Castle

단수이 메인거리 중정루에서 푸유궁을 지나 좁은 골목의 계단을 따라 올라가면 붉은색 벽돌로 지어진 서양식 건물을 만난다. 타이완 부호 리이허^{李貽和}가 영국영사관이었던 홍마오청을 본떠 만든 초호화 개인저택으로 1913년 천재시인 홍이난^{洪以南}이 사들여 타이완 북부지역 문인들의 사교장소로 사용하였다. 이후 건물을 보수공사한 후 레스토랑, 카페 그리고 소규모 예술박물관으로 재탄생하였다.

1층 로비, 2층 레스토랑, 3층은 카페, 바, 레스토랑을 겸하고 있으며, 특히 3층 테라스는 단수이풍경이 한눈에 보이기 때문에 전망 좋은 레스토랑으로 유명하다. 레스토랑과 카페를 이용하지 않더라도 둘러볼 수 있으며, 밤에는 건물 전체가 붉은 벽돌과 어우러진 빛을 뿜어내어 단수이 랜드마크 역할을 하고 있다.

주소 淡水區三民街2巷6號 **문의** (886)02-8631-1168 **찾아가기** MRT 단수이(淡水, Tamsui)역 1번 출구 왼쪽으로 나와 궁밍제(公明街)를 따라 걷다 중정루(中正路)에서 왼편으로 직진하면 오른편 코코(CoCo)를 지나자마자 오른쪽 좁은 골목 계단을 따라 올라가면 위치한다. 도보 12분 거리.

3대 쭈스먀오로 손꼽히는 ★★★★★
단수이칭수이옌 淡水清水巖 Tamsui Qingshui Temple

시먼과 룽산스 중간지점에 위치한 멍지아칭수이옌쭈스먀오, 싼샤三峽에 위치한 싼샤칭수이옌쭈스먀오와 함께 타이완 삼대 쭈스먀오로 꼽히는 단수이칭수이옌은 1937년 건립된 도교사원이다. 송나라 때 승려 진소응陳昭應을 모신 사원을 쭈스먀오라 하는데, 그는 병을 치료하는 마장상롄麻章上人, 비를 내리게 하는 칭수이쭈스清水祖師, 얼굴이 검게 그을려 까마귀 같다 하여 우미안쭈스烏面祖師 등 다양한 이름으로 불리며, 타이완사람들이 숭배하는 도교신 중 하나이다. 화려하고 아름다운 지붕장식과 정교한 조각상은 타이완에서도 손에 꼽힌다.

주소 淡水區清水街87號 **입장료** 무료 **운영시간** 05:00~22:00/연중무휴 **문의** (886)02-2621-2236 **찾아가기** MRT 단수이(淡水, Tamsui)역 1번 출구 왼쪽으로 나와 궁밍제(公明街)로 걷다 중정루(中正路)에서 왼편으로 직진한다. 단테커피 골목 사이로 직진하여 왼쪽 첫 번째 골목을 따라 올라가면 위치한다. 도보 8분 거리.

의학, 교육, 종교적으로 영향을 미친 캐나다선교사 ★★★★★
마셰샹 馬偕博士雕像

마셰샹(馬偕像)

단수이에 기독교를 최초로 전파한 선교사 맥케이박사Dr. Mackay를 기념하기 위한 두상으로 맥케이를 현지발음한 마셰馬偕를 따서 마셰상이라 부른다. 그는 각 지역에 60여 개의 교회를 설립하였을 뿐만 아니라 교육, 의술 등 다양한 분야에서 활동하였다.

마셰샹 주변으로 유럽풍 건물들이 있으며, 마셰제6하오馬偕街6號 골목에는 마셰박사가 건립한 타이완 최초의 서양병원이자 서양의학의 발원지인 후웨이셰이관滬尾偕醫館이 있다. 이곳은 현재 마셰박사와 관련된 박물관으로 운영되며, 바로 옆에는 마셰박사가 세운 붉은 색 벽돌의 단수이교회淡水教堂가 위치한다.

후웨이셰이관(滬尾偕醫館) 외부와 내부모습

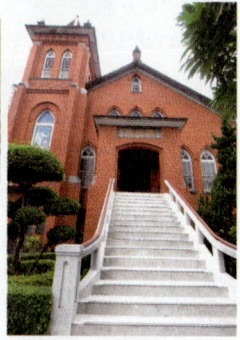

단수이교회(淡水教堂)

귀띔 한마디 마셰6하오(馬偕街6號)를 따라 올라가다 육교를 건너면 담강고급중학교로 갈 수 있는 쩐리제(眞理街)와 연결된다. **입장료** 무료 **후웨이셰이관 운영시간** 11:00~18:00(월~목요일), 11:00~19:00(금~일요일)/연중무휴 **찾아가기** MRT 단수이(淡水, Tamsui)역 1번 출구 왼쪽으로 나와 궁밍제(公明街)를 따라 걷다 중정루(中正路)에서 왼편으로 직진하여 홀리데이 KTV(HolidayKTV)를 지나면 교차로에 위치한다. 도보 10분 거리.

타이베이북부

타이완 역사의 단면을 볼 수 있는 ★★★★★
홍마오청 紅毛城 Fort San Domingo

17세기 초 타이완북부를 점령했던 스페인이 단수이에 산도밍고(San Domingo) 요새를 세웠다. 이후 네덜란드 동인도회사가 스페인을 몰아내고 좀더 견고한 산안토니오(San Antonio) 요새로 보완하였다. 당시 원주민들은 네덜란드인들의 붉은 머리카락을 보고 홍마오(紅毛)라 불렀고, 이곳을 홍마오청이라 했다. 명나라 말기 네덜란드인들은 몰아냈지만 명이 멸망하고 청나라가 들어서면서 홍마오청은 폐허로 남았다.

1840년 청나라는 서구열강들의 압력에 단수이를 포함한 타이완 4개 항구를 개방하였고, 영국은 타이난 영국영사관을 홍마오청으로 이전하였다. 이후 일제강점기를 거쳐 타이완과 서방국가들의 수교가 단절되면서 미국, 호주 등이 이곳을 관리하다 1980년 타이완정부로 소유가 넘어가면서 일반인들에게 개방되었다. 과거 감옥, 전시탑 등으로 쓰였으며 현재는 홍마오청 관련 자료들이 전시된 홍마오청과 영국관저로 사용했던 영국영사관으로 나뉜다. 이곳은 푸른 잔디 위에서 강바람을 맞으며 탁 트인 단수이 강변을 바라볼 수 있는 멋진 뷰포인트이다.

주소 淡水區中正路28巷1號 **강력추천** 국가 1급 고적으로 홍마오청 앞에는 그동안 홍마오청을 소유했던 국가의 국기가 시대별로 세워져 있다. **입장료** NT$80 **운영시간** 09:30~17:00(월~금요일), 09:30~18:00(토~일요일)/매월 첫 번째 월요일, 설날 전날과 설날 휴관 **문의** (886)02-2623-1001 **찾아가기** MRT 단수이(淡水, Tamsui)역 2번 출구 버스정류장에서 紅26, 836번 버스를 타고 홍마오청정류장에서 하차한 후 버스 진행방향 오른쪽 언덕길에 위치한다./MRT 단수이(淡水, Tamsui)역 1번 출구 왼쪽으로 나와 궁밍제(公明街)를 따라 걷다 중정루에서 왼편으로 직진하여 횡단보도를 건넌 후 좀더 가면 오른쪽 언덕길에 위치한다. 도보 20분 거리.

타이완 최초의 서양식 대학교 ★★★★★
진리대학 真理大學 Aletheia University

진리대학 정문과 뉴진쉐탕(牛津學堂)

캐나다 선교사 마셰박사가 1882년 세운 타이완 최초 서양식 대학교로 옥스퍼드대학이라 불리는 뉴진쉐탕(牛津學堂)을 시작으로 3~5년제 전문학교 등을 거쳐 1999년 진리를 의미하는 고대그리스어 알레테이아(Aletheia)라는 이름의 기독교대학 진리대학으로 명칭이 변경되었다.

분수대 뒤편 영국 옥스퍼드대학건물을 본떠 지은 뉴진쉐탕은 국가 2급 고적으로 지정되어 있다. 현재는 마셰박사의 종교, 의학 등 업적과 관련된 자료와 진리대학의 역사자료를 보관하고 있는 학교역사관이다. 영화 〈말할 수 없는 비밀〉에서 피아노연습실로 나왔던 대예배당, 럭비

Part 04

대예배당(大礼拜堂)

부 친구들이 선생님께 벌을 받던 장면과 여주인공이 선생님과 면담 하던 장면 등이 진리대학에서 촬영되었다.

주소 淡水區真理街32號 **문의** (886)02-2621-2121 **찾아가기** MRT 단수이(淡水, Tamsui)역 2번 출구로 나와 오른쪽 버스정류장에서 紅26, 836번 버스를 타고 홍마오청(紅毛城)정류장에서 하차한 후 버스방향으로 직진하다 오른쪽 언덕길을 따라 직진하면 왼편에 대학교정문이 위치한다. 도보 2분 거리. **홈페이지** www.au.edu.tw

영화 〈말할 수 없는 비밀〉의 촬영지 ★★★★★
담강고급중학 淡江高級中學 Danjianggaoji High School

1914년 설립된 타이완북부 최초의 사립고등학교이다. 설립당시에는 바로 옆 대학교 진리대학 내 뉴진쉐탕에서 수업을 하였으나 1925년 학교 내 팔각탑(八角塔)이 완공되면서 현재 위치의 건물을 사용하였다. 현재의 이름 담강고급중학으로 불리기까지 여러 차례 교명이 바뀌었지만 타이완의 수많은 인재를 배출한 명문고등학교이다.

체육관은 동서양 건축양식이 혼합된 건축물이며, 1965년 완공된 대예배당(大禮拜堂)은 당시 동아시아에서 제일 큰 규모였다. 담강고급중학의 상징인 팔각탑 뒤편에는 마세박사의 가족묘와 청나라 말부터 이후 백여 년 간 단수이에서 죽어간 선교사, 상인, 관료 등 고향으로 돌아가지 못한 76명의 외국인을 위한 외국인묘지가 있다.

주소 淡水區眞理街26號 **귀띔 한마디** 교문에서 여권 또는 신분증을 맡기고 출입증을 발급받아야 한다.(출입이 제한될 수도 있으므로 미리 확인해보자.) **개방시간** 09:00~16:00(월~토요일, 단 11:50~13:00 점심시간 일반인 출입금지)/매주 일요일은 일반인 출입금지 **문의** (886)02-2620-3850 **찾아가기** MRT 단수이(淡水, Tamsui)역 2번 출구로 나와 오른쪽 버스정류장에서 紅26, 836번 버스를 타고 홍마오청(紅毛城)정류장에서 하차한 후 버스방향으로 직진하다 오른쪽 언덕길을 따라 직진하면 대학교를 지나 왼편에 위치한다. 도보 5분 거리.

영화 〈말할 수 없는 비밀(不能說的秘密)〉의 주요 촬영지 담강고급중학

자신의 경험을 토대로 주걸륜이 각본, 감독, 주연까지 맡은 영화 〈말할 수 없는 비밀〉은 2008년 한국에도 개봉되었으며 아시아권에서 큰 흥행을 거둔 작품이다. 풋풋한 고등학생들의 사랑이야기, 환상적인 피아노배틀 그리고 시공을 초월하는 판타지로맨스로 주걸륜의 모교 담강고급중학에서 영화의 주요부분이 촬영되었다. 높게 뻗은 야자수, 붉은 벽돌 건물 등 클래식한 학교의 모든 풍경이 영화와 잘 어울리면서 이곳은 타이베이여행에서 꼭 가봐야 할 대표여행지로 손꼽히게 되었다.

청나라시대 세관세무사 관저로 사용된 ★★★★★

샤오바이궁 小白宮 Little White House

1862년 단수이항이 개방되면서 당시 청나라는 무역에 관한 지식이 부족하여 외국인 직원을 채용하였으며, 세관세무사 관저를 현재의 자리에 지었다. 하얀색 외벽 때문에 작은 백악관이라는 의미로 샤오바이궁이라 불렸지만 정식명칭은 단수이관세무사관저로 건물 앞으로 단수이강이 흐르고 뒤편에는 넓은 정원이 있다. 현재는 단수이 관련 역사와 샤오바이궁의 변천사 등을 전시한 문화유적지로 활용되고 있다.

주소 淡水區眞理街15號 **입장료** 무료 **운영시간** 09:30~17:00(월~금요일), 09:30~18:00(토~일요일)/연중무휴 **문의** (886)02-2628-2865 **찾아가기** MRT 단수이(淡水, Tamsui)역 2번 출구 버스정류장에서 紅26, 836번 버스를 타고 샤오바이궁정류장에서 하차 후 버스방향 오른쪽 언덕길로 올라간다. 삼거리에서 왼쪽 길로 들어가 첫 번째 오른쪽 골목으로 들어서면 왼편에 위치한다. 도보 5분 거리.

단수이 충렬사 ★★★★★

신타이베이시 충렬사 新北市忠烈祠 New Taipei Martyrs

일제강점기 건립된 단수이신사淡水神社로 광복 후 항일열사의 뜻을 기리는 충렬사로 바뀌었다. 1968년 신사의 원래 크기는 유지하면서 중국건축양식으로 개축하였으며, 장엄한 패루牌樓에 비해 내부는 소박하고 아담하다. 특별한 볼거리가 있는 곳은 아니지만 이곳에서 바라보는 단수이강 전망이 아름다워 단수이팔경淡水八景 중 하나로 유명하다.

주소 淡水區中正路一段6巷31號 **입장료** 무료 **운영시간** 09:00~17:00(화~일요일)/매주 월요일&공휴일 휴관 **문의** (886)02-2621-9049 **찾아가기** MRT 단수이(淡水, Tamsui)역 2번 출구로 나와 오른쪽 버스정류장에서 紅26, 836번 버스를 타고 후웨이파오타이(滬尾砲台)정류장에서 내려 반대쪽 삼거리에서 왼쪽으로 들어서서 갈림길에서 왼쪽으로 직진하면 왼편에 위치한다. 도보 3분 거리.

전쟁을 겪지 않은 요새 ★★★★★

후웨이파오타이 滬尾砲台 Huwei Fort

1884년 프랑스군이 타이베이를 점령하기 위해 단수이를 침공하였는데 손카이화孫開華가 이끈 부대가 프랑스군을 물리쳤다. 이후 해안방어를 목적으로 강어귀에 있어 당시 후웨이滬尾라 불렸던 단수이를 포함한 펑후, 지룽, 치허우, 안핑 등 다섯 지역에 10개의 포대를 설치하였다.

독일인 기술자에 의해 설계된 포대는 완공 후 한 번도 사용되지 않았다. 일제강점기에는 일본포병 사격연습장으로 광복 이후에는 타이완군 주둔지로 사용되었다. 포대는

일제강점기 모두 철거되어 현재는 요새만 덩그러니 남아 있다. 과거 타이완군의 숙소, 무기창고 등으로 사용하던 동굴형태의 1층 공간을 사진전시관으로 개조하여 개방하였다.

주소 淡水區中正路一段6巷34號 입장료 무료 운영시간 09:30~17:00(월~금요일), 09:30~18:00(토~일요일)/매월 첫 번째 월요일, 설 연휴, 선거일 휴관 문의 (886)02-2623-1001 찾아가기 MRT 단수이(淡水, Tamsui)역 2번 출구 버스정류장에서 紅26, 836번 버스를 타고 후웨이파오타이(滬尾砲台)정류장에서 내려 반대쪽 삼거리 왼쪽으로 들어가 갈림길에서 오른쪽으로 가면 위치한다. 도보 5분 거리.

대지진으로 쌓은 일본과 타이완의 우정 ★★★★★
이디쉐이기념관 一滴水紀念館 Drop of Water Memorial Hall

1995년 일본 고베에서 대지진이 발생했을 때 타이완의 여러 시민단체가 피해지역을 도왔고 4년 뒤 타이중 난터우에서 지진이 발생했을 때는 고베시에서 도왔다. 이를 계기로 일본시민단체에서는 타이완출신 유명소설가 미즈카미 쓰토무水上勉의 오래된 목재가옥을 지진피해자를 위로하고자 타이완으로 보냈다. 3년 이상의 재조립과정을 통해 2011년 허핑공원 내에 세워졌으며, 미즈카미쓰토무가 '물 한 방울의 무한한 가능성'이라는 의미의 이디쉐一滴水라는 명칭을 붙이고, 내부에는 조립과정과 그의 전집을 전시하고 있다.

주소 淡水區中正路1段6巷30號 입장료 무료 운영시간 09:00~17:00(화~일요일)/매주 월요일, 공휴일, 설연휴 휴관 문의 (886)02-2626-3350 찾아가기 MRT 단수이(淡水, Tamsui)역 2번 출구로 나와 오른쪽 버스정류장에서 紅26, 836번 버스를 타고 후웨이파오타이(滬尾砲台)정류장에서 하차한 후 버스 반대쪽 삼거리에서 왼쪽으로 직진하여 갈림길에서 오른쪽 길로 직진하다 다시 갈림길이 나오면 '一滴水紀念館' 이정표 방향을 따라가면 허핑공원(和平公園)을 가로질러 위치한다. 도보 7분 거리.

로맨틱한 일몰이 아름다운 항구 ★★★★★
단수이위런마터우 淡水漁人碼頭 Tamsui Fisherman's Wharf

'어부의 부두'라는 의미의 위런마터우는 샌프란시스코 금문교를 본떠 만든 연인의 다리 칭런치아오情人橋가 생기면서 데이트장소로 각광받게 되었다. 연인이 손을 잡고 건너면 영원히 헤어지지 않는다고 하여 특히 밸런타인데이에는 수많은 연인이 찾는 명소이다. 또한 저녁에는 다양한 조명으로 이색적인 분위기를 연출한다.

주변으로 유럽풍 플론호텔과 마리나베이플라자, 100m 높이에서 360° 회전하는 전망대 러버스타워Lover's Tower, 바닷가를 따라 입점한 카페와 레스토랑 그리고 해안산책로가 조성되어 있어 낭만적인 유럽의 작은 항구마을 분위기이다.

강력추천 해변산책로 끝자락 방파제에서 바라보는 석양이 단수이 최고로 손꼽힌다. 귀띔 한마디 No.4번 선착장에서 단수이페리선착장까지 페리를 이용할 수 있다. 러버타워전망대 입장료 NT$200(월~금요일), NT$220(토~일요일&공휴일)/이지카드 NT$171(월~금요일), NT$190(토~일요일&공휴일) 러버타워전망대 운영시간 09:30~21:00(일~목요일), 09:30~21:30(금~토요일&공휴일)/연중무휴 러버타워전망대 문의 (886)02-2628-7777 찾아가기 MRT 단수이(淡水, Tamsui)역 2번 출구 버스정류장에서 紅26, 836번 버스를 타고 종점 단수이위런마터우(淡水漁人碼頭)정류장에서 내리면 보인다./단수이페리선착장에서 페리를 타고 이동할 수 있다.

타이베이북부

Section 06
단수이에서 먹어봐야 할 것들

단수이는 타이베이의 여느 야시장 못지않게 노점과 유명맛집이 많다. 단수이에서만 맛볼 수 있는 특별한 먹거리가 즐비하기 때문에 무엇을 먹을지 정해놓고 우선순위로 사먹는 것이 효율적이다. 단수이 해변산책로 주변과 단수이라오제를 중심으로 대부분의 맛집이 몰려있으며, 해변산책로를 조금 벗어나면 단수이전경을 바라보며 즐길 수 있는 카페와 레스토랑이 위치해 있다.

단수이를 대표하는 해산물전문식당 ★★★★★
셔지아콩취에거다왕 佘家孔雀蛤大王

빠리八里에 본점이 있으며, 각종 요리프로그램과 스타들이 다녀가면서 유명해진 해산물전문레스토랑으로 단수이 대표맛집 중의 하나이다. 특히 관절염에 좋은 초록색 홍합 콩취에거孔雀蛤요리를 전문으로 하고 있다. 이 집의 대표메뉴는 바질과 마늘을 넣고 짭조름하게 쪄낸 초록홍합찜 자오파이콩취에거인데 자작한 소스를 계란볶음밥인 차오판蛋炒飯 또는 공기밥에 비벼먹으면 환상적인 궁합을 자랑한다. 홍합, 새우, 게, 생선, 굴 등 다양한 해산물요리뿐만 아니라 닭, 거위, 소, 돼지 등 타이완식 고기요리도 인기이다. 대부분의 메뉴가 새콤, 달콤, 매콤, 짭조름하기 때문에 시원한 맥주와 함께하면 요리의 풍미를 한층 높일 수 있다.

<u>주소</u> 淡水區中正路55號 <u>귀띔 한마디</u> 빠리로 갈 사람은 본점을 찾아가보자. <u>베스트메뉴</u> 초록홍합찜 자오파이콩취에거(招牌孔雀蛤, NT$220), 볶은 새우요리 옌쑤샤(鹽酥蝦, NT$350) <u>추천메뉴</u> 계란볶음밥 차오판(蛋炒飯, NT$100), 공심채로 만든 야채볶음 콩신차이(空心菜, NT$150) <u>가격</u> 해산물요리 NT$200~, 고기요리 NT$200~, 반찬 NT$100~ <u>영업시간</u> 11:00~21:00(월~금요일), 10:30~22:00(토~일요일&공휴일)/연중무휴 <u>문의</u> (886)02-8631-0526 <u>찾아가기</u> MRT 단수이(淡水, Tamsui)역 1번 출구를 나와 궁밍제(公明街)를 바라보고 왼쪽으로 이동하여 해변산책로를 따라 직진하면 2층 맥카페(McCafe)건물에 위치한다. 도보 3분 거리. <u>홈페이지</u> 0226103103.tranews.com

자오파이콩취에거(招牌孔雀蛤), 차오판(蛋炒飯), 콩신차이(空心菜)

헬로키티캐릭터 펑리수를 맛볼 수 있는 ★★★★★
헬로키티 타이완반쓰리
台灣伴手禮 Formosa Hello Kitty

단수이라오제를 걷다보면 키티가 그려진 간판이 눈에 띄는데, 타이완 레드사쿠라식품紅櫻花食品과 일본 산리오Sanrio가 합작하여 만든 복고풍 헬로키티테마 기념품점이다. 헬로키티가 그려진 다양한 생활용품과 문구뿐만 아니라 키티

Part 04

포장의 펑리수, 빵, 쿠키, 어포, 물병 등도 있는데, 아이들 뿐만 아니라 젊은 여성들에게 인기이다. 특히 눈, 코 모양 이 없는 키티얼굴 펑리수와 키티를 형상화한 빵은 선물용, 기념품으로 인기가 높지만 가격은 쓰신팡과 치아더보다 비 싸며 맛은 평이 엇갈리므로 재미삼아 구경하자.

주소 淡水區中正路101號 **베스트메뉴** 파인애플케이크 펑리수(造型鳳梨酥, Pineapple Cake, 3개 NT$120) **추천메뉴** 키티빵(現烤人形燒, Hello Kitty Style Cakes, 8개 NT$100) **영업시간** 11:30~21:30/연중무휴 **문의** (886)02-2626-1848 **찾아가기** MRT 단수이(淡水, Tamsui)역에서 하차하여 1번 출구 왼쪽으로 나와 궁밍제(公明街)로 걷다 중정루(中正路)에서 왼편으로 직진하면 왼편에 위치한다. 도보 6분 거리. **홈페이지** www.redsakura.com.tw

타이베이에 위치한 헬로키티 후르츠&아이스숍(Hello Kitty Fruit&Ice Shop)

아이스몬스터 근처에 위치한 중샤오점은 단수이점과 달리 간단한 음식을 제공한 다. 아침에는 토스트, 점심에는 애프터눈티를 판매하며 빙수, 커피 등 먹거리가 안쪽에 별도로 마련되어 있다. 냅킨, 포크, 스푼, 접시 등 제공되는 모든 것에는 키티캐릭터가 있어 눈으로 즐기는 재미가 있다.

● **중샤오점(忠孝店) 주소** 大安區忠孝東路四段313號 **문의** (886)02-8773-2248 **운영시간** 11:00~22:00/연중무휴

주걸륜의 학창시절 단골식당 ★★★★
바이예원저우다훈툰 百葉溫州大餛飩 Yeh's Wonton Restaurant

말린 자두와 리치, 달콤한 계화 등이 들어간 중국전통음 식을 전문으로 하는 레스토랑이다. 주걸륜이 담강고급중 학을 다니던 학창시절의 단골식당으로 그가 즐겨먹었던 훈툰탕과 카오지투이 세트에는 그의 이름이 붙은 저우제 룬타오찬周杰倫套餐 메뉴가 있다.

훈툰탕은 얇은 피로 만든 북방지역의 대표 만둣국이며, 닭다리구이 카오지투이는 매일 오븐에 초벌로 구운 이 집의 또 다른 대표메뉴이다. 단품메뉴와 훈툰탕이 기본인 A~F까지의 세트메뉴를 판매하며, 입구에서 주문과 계산을 하고 번호표를 받아 2, 3층에 자리를 잡으면 음식을 가져다준다.

훈툰탕(餛飩湯)

지투이판(雞腿飯)

주소 淡水區中正路177號 **베스트메뉴** 훈툰탕(餛飩湯, NT$75), 카오지투이(烤雞腿, NT$70), 밥, 야채가 함께 나오는 닭다리구이 지투이판(雞腿飯, NT$100) **추천메뉴** 밥, 야채가 함께 나오는 돼지갈비튀김 파이구판(排骨飯, NT$90), 리치(荔枝)에 얼음과 음료를 섞은 꾸이화려즈빙(桂花荔枝冰, NT$60) **가격** 세트메뉴 NT$105~, 단품메뉴 NT$70~, 반찬 NT$30~ **영업시간** 10:00~20:30/연중무휴 **문의** (886)02-2621-7286 **찾아가기** MRT 단수이(淡水, Tamsui)역 1번 출구 왼쪽으로 나와 궁밍제(公明街)를 따라 걷다 중정루(中正路)에서 왼편으로 직진하여 홀리데이KTV를 지나면 교차로에 위치한다. 도보 10분 거리. **홈페이지** www.wenchou.com.tw

타이완식 녹차 라테를 맛볼 수 있는 ★★★★☆
라테아 綠蓋茶·館 Lattea

감각적인 분위기에서 저렴하게 타이완스타일의 차를 마실 수 있는 카페로 타이완 젊은이들의 핫플레이스로 떠오르며, 전국적으로 30여 개의 지점이 생겼다. 단수이지점은 단수이페리선착장 앞 건물 3층에 위치하여 주변 강변풍경과 일몰을 감상하기 좋다.

대표메뉴는 뤼까이차綠蓋茶인데 녹차에 치즈크림을 얹어 쌉싸래한 녹차의 맛과 짭조름한 치즈크림의 맛이 조화로운 음료수이다. 뤼까이차는 크림과 녹차를 섞지 않고 천천히 크림부터 녹차까지 들이켜야 제대로 맛을 느낄 수 있기 때문에 빨대를 주지 않는다. 단맛이 싫다면 시럽의 양을 줄여달라고 하면 되고, 얼음의 양도 원하는 대로 조절해 준다. 뤼까이차와 함께 많이 주문하는 감자튀김은 케첩, 크림소스와 와사비 3가지 소스가 함께 나오는데, 와사비가 의외로 감자튀김과 잘 어울려 인기만점이다.

뤼까이차(綠蓋茶)　　홍까이차(紅蓋茶)　　루오차(裸茶)

감자튀김(三色派對薯條)

주소 淡水區中正路11巷1號3F **베스트메뉴** 치즈크림을 얹은 녹차 뤼까이차(綠蓋茶, Lattea, NT$70), 감자튀김(三色派對薯條, French Fries, NT$120) **추천메뉴** 치즈크림을 얹은 홍까이차(紅蓋茶, Black Lattea, NT$80), 포도차 루오차(裸茶, Grape Tea, NT$60) **가격** NT$60~ **영업시간** 11:30~24:00(일~목요일), 11:30~01:00(금~토요일)/연중무휴 **문의** (886)02-2621-3113 **찾아가기** MRT 단수이(淡水, Tamsui)역 1번 출구 왼쪽으로 나와 궁밍제(公明街)를 바라보고 왼쪽으로 이동하여 해변산책로를 따라 직진하다 단수이페리선착장 앞 건물 3층에 위치한다. 도보 8분 거리. **홈페이지** www.lattea.com.tw

타이페이시에 위치한 타이페이라테아
- 시먼점(西門店) **주소** 萬華區峨眉街54號2~3F **문의** (886)02-2375-1785 **영업시간** 11:30~22:30/연중무휴
- 중샤오점(忠孝店) **주소** 大安區忠孝東路四段216巷11弄16號 **문의** (886)02-2721-9909 **영업시간** 13:00~22:00/연중무휴
- 궁관점(公館店) **주소** 大安區新生南路三段98號3F **문의** (886)02-2366-1785 **영업시간** 11:00~22:30/연중무휴

유럽풍 분위기 ★★★★★
카페라비레버데오쥬 天使熱愛的生活 Café La Vie Rêvée Des Anges

1998년 칸영화제에서 여우주연상을 수상한 프랑스영화 〈천사들의 꿈꾸는 세상, La Vie Rêvée Des Anges〉의 원제목을 따온 복층구조의 자그마한 카페이다. 영화처럼 여성 둘이 카페를 운영하며, 전망이 좋아 현지인들뿐만 아니라 일본여행자들에게도 인기이다.

1층은 주방과 카운터이고, 좁고 가파른 계단을 오르면 단수이 강변풍경을 유럽의 작은 어촌마을로 바꿔놓은 듯한

Part 04

오픈형 카페가 2층에 펼쳐진다. 감각적인 백색 벽과 지붕, 창문을 없애 사방이 뚫려있는 내부는 시원스럽게 단수이 전경을 즐기기에 좋다. 주로 커피를 판매하며 커피와 곁들일 수 있는 따끈한 베이글메뉴도 있다.

주소 信義區菸廠路233-1號 **귀띔 한마디** 태풍이나 비바람이 거세면 오픈하지 않을 수 있다. **가격** 커피 NT$140~, 맥주 NT$130~, 베이글 NT$80~ **영업시간** 13:00~12:00/연중무휴 **문의** (886)02-8631-2928 **찾아가기** MRT 단수이(淡水, Tamsui)역 1번 출구 왼쪽으로 나와 궁밍제(公明街)를 바라보고 왼쪽으로 이동하여 해변산책로를 따라 산책로 끝까지 직진하여 막다른 곳에서 오른쪽 골목으로 들어가면 오른편에 위치한다./MRT 단수이(淡水, Tamsui)역 1번 출구 왼쪽으로 나와 궁밍제(公明街)를 따라 걷다 중정루(中正路)에서 왼편으로 직진하면 빅톰(Bigtom)을 지나기 바로 전 좁은 골목을 따라 들어가면 위치한다. 도보 15분 거리.

로맨틱한 일몰을 감상할 수 있는 해변레스토랑 ★★★★
라빌라단수이 LA VILLA Danshui

타이완 블러거들 사이에 화제가 된 홍마오청 맞은편 해변에 위치한 유명 이탈리안레스토랑이다. 유럽풍 하얀색 빌라형태의 2층 건물 전체가 레스토랑으로 최고의 인테리어, 아름다운 경치를 감상할 수 있는 테라스 그리고 가격 대비 훌륭한 요리로 유명하다. 야외테라스는 일몰방향으로 배치되어 있으며, 실내는 통유리로 단수이해변을 감상할 수 있고, 바다전망의 별실이 따로 마련되어 있다.

호텔주방장 출신의 셰프가 이탈리안요리부터 유럽풍 해산물요리 등을 선보인다. 파스타와 리소토는 NT$100을 추가하면 수프, 샐러드, 빵, 디저트와 음료가 포함되며, 애프터눈티세트는 다양한 디저트 중 세 가지를 선택하면, 음료와 함께 나온다. 식전빵부터 샐러드, 디저트 모두 수제로 만들며, 특히 세트나 애프터눈티 디저트로 선택할 수 있는 티라미수, 초콜릿브라우니, 치즈케이크 등은 모양과 맛이 일품이다.

링귀네쉬림프 　　　　　　오징어링귀네 　　　　　　해산물리소토

주소 淡水區中正路261號 **귀띔 한마디** 우라이(烏來)에 좀더 캐주얼한 지점(新店區松林路5號)이 있다. **베스트메뉴** 리본파스타에 마늘, 아스파라거스, 새우 등 화이트와인으로 맛을 낸 링귀네쉬림프(Linguine Shrimps Asparagus Garlic with White Wine, NT$350), 해산물리소토(Saffron Risotto with Seafood, NT$460) **추천메뉴** 오징어먹물소스 오징어링귀네(Ink Linguine with Sqiud, NT$380), 애프터눈티세트(Afternoon Tea Set, 11:00~15:00, NT$380), 해산물모듬구이(Grilled Seafood Paltter, NT$880) **가격** 파스타&리소토 NT$280~, 고기&해산물요리 NT$740~/Service Charge 10% 별도 **영업시간** 11:00~22:00/연중무휴 **문의** (886)02-2626-8111 **찾아가기** MRT 단수이(淡水, Tamsui)역 2번 출구 정류장에서 紅26, 836번 버스를 타고 지아쭈숴(家屬所)정류장에서 하차 후 횡단보도를 건너면 왼편에 위치한다./MRT 단수이(淡水, Tamsui)역 1번 출구 왼쪽으로 나와 궁밍제(公明街)를 따라 걷다 중정루(中正路)에서 왼편으로 들어서 빅톰을 지나 계속 직진하면 왼편에 위치한다. 도보 20분 거리.

Special 12
명물간식으로 가득한
단수이라오제 (淡水老街, Tamsui Old Street)

단수이의 중심은 현재 중정루를 포함해 단수이 해변산책로까지이며 저렴하고 다양한 노점음식들을 맛볼 수 있다. 오래 전 형성된 거리라 어딘지 모를 촌스러움이 배인 번화가로 위안탕, 쌴메이탕, 아게이, 톄단, 치즈카스텔라, 열대과일음료수, 대형아이스크림 등 단수이라오제만의 저렴하면서도 맛있는 명품간식으로 가득하다.

산책로 왼편에는 단수이강, 오른편에는 예전 인천월미도처럼 투박한 기념품가게와 간식거리상점이 즐비하고, 조금 더 올라가면 고급카페와 레스토랑이 나온다. 평일 낮에는 한산하지만 저녁과 주말에는 복잡한 인파 속을 거닐어야 한다. 여행의 또 다른 즐거움인 먹거리가 널려 있으므로 행복한 도보여행이 된다.

찾아가기 MRT 단수이(淡水, Tamsui)역 1번 출구 왼쪽으로 나와 궁밍제(公明街)를 따라 걷다가 만나는 중정루(中正路)에서 왼편으로 직진하면 된다.

간장에 졸인 달걀, 톄단의 지존상점
아포톄단 (阿婆鐵蛋)

톄단은 타이완초콜릿(臺灣巧克力) 또는 스터우단(石頭蛋)이라 불리는 단수이 특산물 중 하나이다. 달걀이나 메추리알을 파, 마늘 등 각종 향신료를 넣어 오랜 시간 간장으로 졸이기 때문에 속까지 검은데, 겉이 철처럼 딱딱하여 톄단(鐵蛋)이라 부른다. 하지만 겉은 의외로 쫀득하고 속은 씹을수록 달달하면서 짜지 않아 간식이나 술안주로 좋다. 아포톄단의 아포(阿婆)는 할머니라는 의미로 가게주인을 말하는데, 단수이라오제에서는 유명한 집이다. 40년 전통을 이어온 이 집은 톄단 외에 생선튀김과자 위수도 팔고 있는데 생선향이 진하고 바삭하면서 매콤하다.

주소 淡水區中正路135-1號 **문의** (886)02-26251-6251 **영업시간** 09:00~22:00/연중무휴 **찾아가기** MRT 단수이(淡水, Tamsui)역 1번 출구 왼쪽으로 나와 궁밍제(公明街)를 따라 걷다 중정루(中正路)에서 왼편으로 직진하다 푸유궁(福佑宮)을 지나 왼편에 위치한다. 도보 7분.

톄단보다는 위수와 하수빙이 더 유명한
웨이라이샹 (味來香)

단수이라오제입구에 위치한 톄단전문상점으로 1946년 오픈한 오래된 상점 중 하나이다. 처음에는 해산물을 갈아 만든 수제 생선튀김과자인 위수(魚酥)와 함께 톄단 및 기타 전통간식을 판매하였지만 세월이 변하면서 입맛들도 변하자 바삭한 새우맛 감자과자 하수빙(蝦薯餅)과 이 집만의 특색이 있는 톄단을 개발하면서 더욱 유명해졌다.

주소 淡水區公明街89號 **문의** (886)02-8631-0171 **영업시간** 09:00~22:00/연중무휴 **찾아가기** MRT 단수이(淡水, Tamsui)역 1번 출구 왼쪽으로 나와 단수이라오제가 시작되는 궁밍제(公明街) 입구 바로 오른편에 위치한다.

톄단(鐵蛋) 위수(魚酥) 하수빙(蝦薯餅)

새콤달콤한 유부당면만두 아게이 원조가게
라오파이아게이 (老牌阿給)

단수이식 아게이는 두부를 튀긴 유부에 당면과 으깬 생선으로 속을 채워 쪄낸 유부당면만두이다. 쪄낸 만두에 육수를 붓고 새콤달콤, 살짝 매콤한 소스를 부어주는데 마치 떡볶이 국물과 맛이 비슷하다. 보통 당면을 넣지만 절인고기 사차(沙茶)로 속을 채운 것도 있으며, 상점마다 독특하게 만들어낸 아게이와 어묵탕이라 불리는 위안탕(魚丸湯)을 함께 판다.
담강고급중학이 자리한 쩐리제(眞理街)의 원화초등학교(文化國小) 골목에 위치한 라오파이아게이가 아게이를 처음 만든 원조집이다. 1965년 이곳 주인이 남은 재료로 만들었다는 아게이는 학생들의 입소문을 타면서 현재 단수이의 명물로 자리 잡았다. 세월을 느낄 수 있는 허름한 가게로 오픈시간부터 사람들로 북적거리며, 특히 휴일에는 사람들로 넘치지만 테이블 회전이 빨라 오래 기다리지 않고 맛볼 수 있다.

주소 淡水區眞理街6-1號 **문의** (886)02-2621-1785 **영업시간** 05:00~15:00/연중무휴 **가격** 아게이 NT$35, 위안탕 NT$25 **찾아가기** 담강고급중학(淡江高中學)의 정문을 바라보고 오른쪽으로 가다보면 왼편에 위치한다.

지리적 이점으로 유명해진
정종아게이라오뎬 (正宗阿給老店)

아게이 원조집까지 갈 수 없다면 단수이페리선착장 앞 정종아게이라오뎬도 괜찮은 선택이 된다. 3층짜리 건물전체를 사용하는데 주말에는 사람이 많아 기다리기까지 해야 한다. 새콤한 맛보다는 시큼한 맛에 가까운 이 집 아게이소스는 호불호가 조금 갈린다. 간단하게 요기를 할 수 있는 아게이, 위안탕 그리고 국수를 짭조름하게 볶아내 숙주와 다진 고기를 얹어주는 차오몐(炒麵), 쌀국수로 볶아낸 차오미펀(炒米粉)과 고기완자 러우완(肉丸) 5가지 메뉴만을 판매하고 있으며 가격은 모두 동일하다.

주소 淡水區中正路11巷4號 **문의** (886)02-2623-3398 **영업시간** 08:00~22:00/연중무휴 **가격** NT$35 **찾아가기** 단수이 허빈다오루(河濱道路)의 페리선착장 맞은편에 위치한다.

타이완 어묵탕 위안탕의 지존
커커우위완 (可口魚丸)

타이완 어묵탕이라 불리는 위안탕(魚丸湯)은 우리나라 어묵과 달리 속에 다진 돼지고기가 채워져 있다. 동글동글한 어묵의 쫄깃한 식감과 담백한 국물이 매콤한 아게이와 환상적인 궁합을 이뤄 보통 두 가지를 함께 주문한다. 위안탕을 파는 가게 중 제일 유명한 커커우위완은 다른 가게와 달리 아게이 대신 돼지고기만두 러우바오(肉包)를 함께 먹으면 맛있다. 어묵은 탱글탱글 쫄깃하며, 다진 돼지고기는 짭조름하여 담백한 국물과 함께 먹으면 제대로 맛을 느낄 수 있다. 이 집의 또 다른 대표메뉴 러우바오는 찐빵처럼 두꺼운 만두피에 짭조름한 다진 돼지고기로 속을 채웠다. 어묵 대신 만두가 들어간 훈툰탕(餛飩湯)도 있으며 어묵 반, 만두 반으로도 주문할 수 있다.

주소 淡水區中正路232號 **문의** (886)02-2623-3579 **영업시간** 08:00~19:00(월~금요일), 08:00~20:30(토~일요일&공휴일)/연중무휴 **찾아가기** 담강고급중학(淡江高中學) 정문을 바라보고 오른쪽으로 가다보면 왼편에 위치한다.

그 밖에 먹어봐야 할 단수이라오졔 먹거리

리우져샤오카오지쯔바오판 (溜哥燒烤雞翅包飯)

핑시선 스펀역에 위치한 유명한 닭날개볶음밥구이 집이 단수이에도 오픈했다. 스펀에서 운영하는 주인의 형이 운영하고 있어서 맛과 가격 모두 동일하므로 일정상 스펀을 가지 못했다면 이곳에서 맛보자.

가격 일반 닭날개볶음밥구이 훠투이단차오판(火腿蛋炒飯), 취두부 닭날개김치볶음밥구이 파오차이처우떠우푸(泡菜臭豆腐) 각각 1개 NT$65 **찾아가기** 단수이역에서 내려 해변산책로를 따라 걷다보면 오른편에 위치한다.

셩카오단까오 (現烤蛋糕)

기본 대기시간이 30분에서 1시간 정도인 단수이 명물 중의 명물인 대형 카스텔라가게이다. 단수이에만 3개의 지점이 있으며 어마어마한 크기로 대왕카스텔라라 불린다. 일반 카스텔라와 치즈가 들어있는 치즈카스텔라 두 가지를 판매한다.

주소 淡水區中正路145號 **영업시간** 09:00~21:00/연중무휴 **가격** 일반카스텔라 1조각 NT$90, 치즈카스텔라 1조각 NT$100 **찾아가기** 중정루의 푸유궁(福佑宮)을 지나 왼편에 위치한다.

아마더쑤안메이탕 (阿媽的酸梅湯)

여름철 매실음료인 쑤안메이탕은 소화기능과 장을 편안하게 하는 효능이 있다. 우메이(烏梅)라는 훈제매실을 물에 끓여 매실즙을 추출한 후 설탕으로 단맛을 추가한 음료로 쑤안메이탕의 원조인 아마더쑤안메이탕은 단맛이 덜하고, 매실의 시큼하면서도 상큼한 맛으로 유명하다.

주소 淡水區中正路135-1號 **영업시간** 10:00~22:00/연중무휴 **가격** NT$30 **찾아가기** 푸유궁을 지나 아포톄단(阿婆鐵蛋) 사이 좁은 골목 안에 위치한다.

아샹샤쥐엔 (阿香蝦捲)

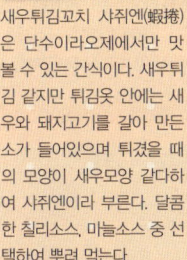

새우튀김꼬치 샤쥐엔(蝦捲)은 단수이라오졔에서만 맛볼 수 있는 간식이다. 새우튀김 같지만 튀김옷 안에는 새우와 돼지고기를 갈아 만든 소가 들어있으며 튀겼을 때의 모양이 새우모양 같다하여 샤쥐엔이라 부른다. 달콤한 칠리소스, 마늘소스 중 선택하여 뿌려 먹는다.

주소 淡水區中正路230號 **영업시간** 10:30~21:00/연중무휴 **가격** NT$20 **찾아가기** 푸유궁을 지나 오른편에 위치한다.

화즈샤오 (花枝燒)

빠리(八里)의 대왕오징어튀김 화즈샤오가 우리나라 여행자들 사이 유명세를 타고 있지만, 꼭 그곳이 아니어도 단수이에서 맛볼 수 있다. 오징어 전체를 튀긴 것보다는 몸통을 썰어 튀긴 것이 더 쫄깃한 식감이 나며 매운 소스, 후추, 와사비, 마요네즈 소스 중 원하는 소스를 뿌리면 된다.

가격 小 NT$100, 大 NT$150 **찾아가기** 단수이페리선착장 앞에 상점이 모여 있다.

반핑우 (半坪屋)

50년 동안 2대에 걸쳐 좁은 골목 한자리를 지켜 온 단수이 터줏대감으로 우리나라 순대와 비슷한 누워미창(糯米腸)이 유명하다. 돼지창자에 찹쌀을 넣고 찜통에 쪄내 달콤한 소스를 뿌려먹는데 우리나라 순대와는 색부터 맛까지 다르다. 이 집만의 비법으로 쪄낸 돼지곱창, 대창, 껍데기, 허파 등 돼지 내장을 입맛에 맞게 고르면 되고, 느끼함을 잡아줄 타이완식 쌀국수 미펀탕(米粉湯)과 함께 먹으면 그만이다.

주소 淡水區中正路11巷4號 **영업시간** 11:00~21:00/연중무휴 **가격** 누워미창(糯米腸, 1접시 NT$60), 미펀탕(米粉湯, NT$25) **찾아가기** 푸유궁을 지나 CoCo매장 맞은편의 아포톄단(阿婆鐵蛋) 사이 좁은 골목에 위치한다.

Special 13

자전거를 타고 달리는 빠리(八里, Bali)

BALI

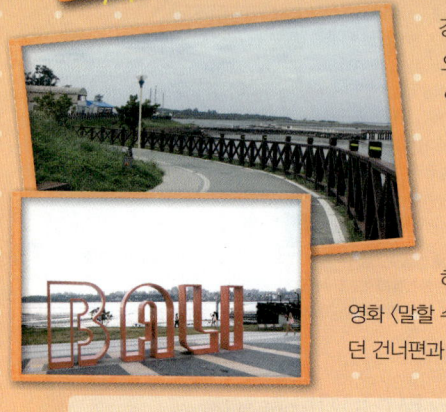

강을 사이에 두고 단수이와 마주한 강하류의 빠리는 단수이라오제 페리선착장에서 페리를 타고 10분 남짓이면 도착할 수 있다. 현지인들에게는 한적한 강변자전거도로가 유명한 곳이다. 예전부터 무역항으로 발전했던 빠리는 현재 잘 보존된 생태계로 자연경관이 아름다워 타이베이시민들의 휴식처로 사랑받고 있다. 빠리페리선착장과 마주한 작은 거리에는 다양한 먹거리를 파는 노점이 형성되어 있으며, 자전거를 대여하여 자전거도로를 따라 달리면 색다른 풍경을 만날 수 있다. 영화 〈말할 수 없는 비밀〉에서 남녀주인공이 해 지는 강변에 앉아 바라봤던 건너편과 건물 옥상에서 키스하던 장면이 바로 빠리이다.

찾아가기 단수이페리선착장에서 빠리행 페리를 타면 7~10분이면 도착한다./MRT 관두(關渡, Guandu)역 1번 출구로 나와 오른쪽 버스정류장에서 紅13, 紅22번 버스를 타고 두촨터우(渡船頭) 정류장에서 하차하면 된다.
페리정보 소요시간 7~10분 운행간격 10~15분(월~금요일), 3~5분(주말&공휴일) 운행시간 12:30~18:00(평일), 11:10~19:00(주말&공휴일) 편도요금 NT$23(선착장 앞 매표소에서 구매할 수 있으며 이지카드로 결제가 가능하다.)

八里 빠리

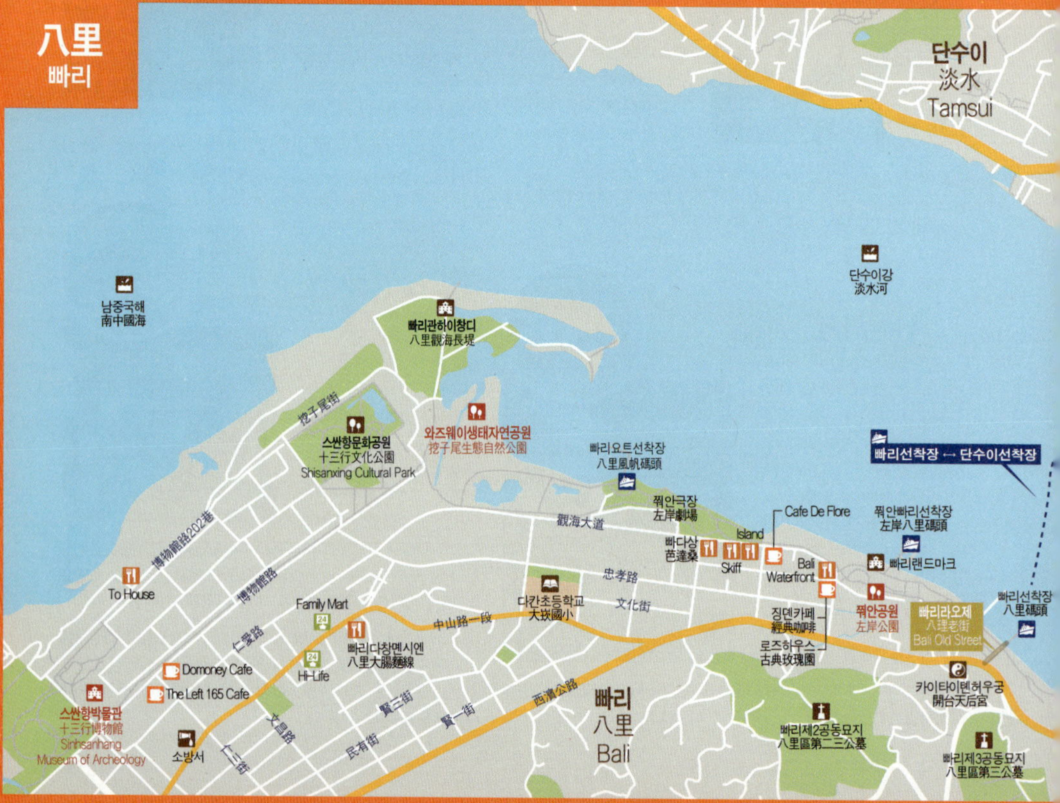

단수이
淡水
Tamsui
단수이강
淡水河
남중국해
南中國海
빠리관하이창디
八里觀海長堤
挖子尾街
스싼항문화공원
十三行文化公園
Shisanxing Cultural Park
와즈웨이생태자연공원
挖子尾生態自然公園
빠리요트선착장
八里風帆碼頭
빠리선착장 ↔ 단수이선착장
觀海大道
쭤안극장
左岸劇場
Cafe De Flore
쭤안빠리선착장
左岸八里碼頭
Island
빠다상
芭達桑
Skiff
Bali Waterfront
빠리랜드마크
博物館路202巷
博物館路
忠孝路
To House
Family Mart
다칸초등학교
大崁國小
文化街
쭤안공원
左岸公園
빠리선착장
八里碼頭
中山路一段
징뎬카페
經典咖啡
빠리라오제
八里老街
Bali Old Street
仁愛路
빠리다창몐시엔
八里大腸麵線
로즈하우스
古典玫瑰園
Domoney Cafe
Hi-Life
The Left 165 Cafe
카이타이톈허우궁
開台天后宮
스싼항박물관
十三行博物館
Shihsanhang Museum of Archeology
文昌路
賢三街
賢一街
西濱公路
빠리
八里
Bali
빠리제2공동묘지
八里區第二公墓
소방서
仁三街
民有街
빠리제3공동묘지
八里區第三公墓

빠리의 중심거리
빠리라오제 (八里老街, Bali Old Street)

페리를 타고 선착장에 내리면 바로 마주하는 거리가 빠리라오제이다. 작지만 먹어봐야 할 만큼 간식이 많아 빠리에 왔다면 놓치지 말아야 한다. 특히 대왕오징어 튀김, 도넛 등이 인기 있으며, 주말에는 사람이 많아 대부분의 노점에서 기다리는 것이 기본이다. 자전거를 대여하기 전 먼저 둘러보는 것이 좋으며, 만약 자전거를 오래 탈 생각이라면 간단한 요깃거리와 음료를 사가는 것이 좋다.

바오나이나이화즈샤오 (寶奶奶花枝燒)

빠리에 왔다면 꼭 먹어봐야 할 것이 바로 보할머니 대왕오징어튀김이다. 대왕오징어튀김의 원조집으로 우리나라 오징어튀김과는 비교도 안될 만큼 다리가 굵은 캐나다산 오징어를 사용한다. 이 집만의 특별한 튀김옷을 입혀 튀겨져 나옴과 동시에 팔리기 때문에 가장 바삭바삭할 때 먹을 수 있고, 쫄깃쫄깃한 오징어식감과 짭조름한 맛이 어우러져 맥주안주로 그만이다. 사이즈를 선택하면 한입 크기로 알맞게 잘라주며, 고춧가루양념 라몐(辣麵), 마요네즈소스 샤라(沙拉), 와사비소스 지에모어지앙(芥末醬) 그리고 후춧가루 후지아오편(胡椒粉) 등 다양한 소스가 있어 입맛에 맞는 것으로 선택하면 된다.

주소 八里區渡船頭街26號 **문의** (886)02-2610-4071 **영업시간** 09:00~21:00/매주 화요일 휴무 **가격** 小 NT$100, 大 NT$150 **찾아가기** 빠리페리선착장에서 내려 맞은편 작은 골목으로 들어가면 왼편에 위치한다. **홈페이지** bownana.toyou.tw

셔지아콩취에다왕 (佘家孔雀蛤大王)

초록홍합요리로 유명한 셔지아콩취에거다왕 본점으로 단수이보다 맛있다는 평이 많아 일부러 빠리까지 와서 먹는 사람들도 많다. 워낙 유명한 곳이라 각종 매체에서 소개가 되었으며, 연예인도 많이 찾는 곳이다. 단수이와 메뉴는 동일하며, 인기메뉴는 초록홍합찜 자오파이콩취에게(招牌孔雀蛤)이며, 다양한 해산물요리뿐만 아니라 고기요리도 있다.

주소 八里區渡船頭街22號 **문의** (886)02-2610-3103 **영업시간** 10:30~20:30/연중무휴 **가격** NT$200~ **찾아가기** 빠리페리선착장에서 내려서 맞은편 작은 골목으로 들어가면 왼편에 위치한다. **홈페이지** 0226103103.tranews.com

쯔메이쌍바오타이 (姉妹雙胞胎)

빠리라오제 입구에 위치한 30년의 전통의 빵가게로 자매가 같이 운영하고 있다. 가게간판처럼 쌍둥이도넛 쌍바오타이(雙胞胎)와 동그란 도넛 티엔티엔쥔(甜甜圈) 두 가지가 이 집의 대표메뉴이며, 이 밖에 채소도넛 수안차이바오(酸菜包), 타로과자 위터우빙(芋頭餅), 땅콩과자 화셩빙(花生餅) 등이 있다. 세트로 판매하고 있지만 단품으로 하나하나 먹어보길 권하며 특히 쌍바오타이와 티엔티엔쥔은 늦게 가면 매진되고 없는 경우가 많다.

주소 八里區渡船頭街25號 **문의** (886)02-2619-3532 **영업시간** 09:00~21:00/연중무휴 **가격** NT$15~ **찾아가기** 빠리페리선착장에서 내려 맞은편 작은 골목으로 들어가면 오른편에 위치한다.

여가와 레저를 즐기기 좋은
쭤안공원 (左岸公園, Zuo'an Park)

쭤안빠리선착장(左岸八里碼頭)에 위치한 리버사이드공원으로 쭤안(左岸)은 왼쪽 언덕이라는 의미이다. 여가와 레저가 통합된 공원으로 생태공법의 나무잔디, 자전거길, 마차길, 나무산책길, 암벽등반, 선착장 그리고 환경교육센터(左岸會館) 등이 있어 가족, 연인 등이 휴식을 취하거나 레포츠를 즐기기에 좋다. 차 한잔을 마실 수 있는 노천카페와 썰물 때는 모래사장에서 게와 조개 등을 잡을 수 있어 주말이면 가족과 연인이 많이 찾는다.

찾아가기 빠리페리선착장에 내려 오른쪽 도로를 따라 가면 위치한다./MRT 관두(關渡, Guandu)역 1번 출구로 나와 오른쪽 버스정류장에서 紅13번 버스를 타고 쭤안궁위안(左岸公園)정류장에서 하차하면 된다.

빠리에서 자전거 대여하기

페리선착장을 기준으로 오른쪽과 왼쪽 모두 사설자전거대여소가 있으며, 쭤안공원(左岸公園)에는 빠리에서 운영하는 자전거대여소도 있다. 자전거 종류와 대여시간에 따라 자전거대여료는 상점마다 천차만별이고, 평일에는 가격흥정도 가능하다. 2인용 자전거, 천막이 있는 2인용 자전거, 바구니자전거 등 다양한 종류의 자전거가 있으며 전동스쿠터도 대여해주는 곳이 있다. 대여할 때는 여권 또는 신분증을 맡겨야 하는데 여권은 위험하니 신분증을 맡기는 것이 좋다. 1시간 기준으로 빌릴 수 있으며, 요금은 자전거를 반납할 때 결제하면 된다.

빠리에서 운영하는 자전거대여소 1시간 대여비용 NT$15(이지카드 결제가능) **사설대여소** 1시간 대여비용 NT$50~

맹그로브숲 보존을 위한
와즈웨이자연생태보호구역(挖子尾自然生態保留區)

조수에 따라 잠기는 아열대 또는 열대 해안이나 하구에서 자라는 맹그로브숲 보존을 위한 자연보호구역으로 자전거도로를 따라 가다보면 단수이강 U자형 하구에 위치한다. 맹그로브숲에는 새우, 게, 물고기, 조개 등이 많아 자연스럽게 철새들의 서식지가 되면서 보호지역으로 지정되었다. 맹그로브전시관에는 맹그로브생태에 대한 이해를 돕기 위해 사진과 자료 등이 전시되어 있으며, 중간중간에 설치된 전망대에서 경치를 감상할 수 있다. 직접 갯벌로 들어가 게, 조개 등을 잡아볼 수 있는 체험학습장으로서도 인기이다.

찾아가기 빠리페리선착장에 내려 오른쪽의 도로를 걷다보면 보이는 이정표를 따라 이동하면 된다./MRT 관두(關渡, Guandu)역 1번 출구 또는 빠리라오제의 두환터우(渡船頭)정류장에서 紅13번 버스를 타고 와즈웨이쯔란바오리우취(挖子尾自然保留區)정류장에서 하차하면 된다.

고고학유물 박물관
스싼항박물관(十三行博物館, Sinhsanhang Museum of Archeology)

단수이강과 타이완해협이 만나는 곳에 위치한 스싼항(十三行)지역에서 발굴된 고고학유물들을 전시하는 박물관이다. 시간, 바다 그리고 산을 표현한 감각적인 디자인이 돋보이는 건물들은 2002년 타이완건축상 1위, 2003년 극동건축가 디자인상을 수상하였다. 바다를 향해 나아가는 배를 표현한 메인건물은 고고학적 특성을 반영하여 계단을 통해 지하로 내려가면 입구가 나온다. 1989년 발굴을 시작하였으며, 타이완 선사시대의 철기와 토기유물들을 전시, 보존하고 있다. 당시 철기와 토기 등을 만드는 제작과정, 출토된 인골을 복원하는 과정, 유물발굴현장 등을 재현해 놓아 이해를 돕고 있다.

주소 八里區博物館路200號 **입장료** 무료 **운영시간** 11~3월 09:30~17:00(월~일요일&공휴일) 4~10월 09:30~18:00(월~금요일&공휴일), 09:30~19:00(토~일요일)/매월 첫 번째 월요일, 새해와 설날 전날 휴관 **문의** (886)02-2619-1313 **찾아가기** 빠리페리선착장에 내려 오른쪽 도로를 걷다보면 보이는 이정표를 따라 이동하면 된다./MRT 관두(關渡, Guandu)역 1번 출구 또는 빠리라오제의 두환터우(渡船頭)정류장에서 紅13번 버스를 타고 스싼항보우관(十三行博物館)정류장에서 하차하면 된다. **홈페이지** www.sshm.ntpc.gov.tw

Part 05

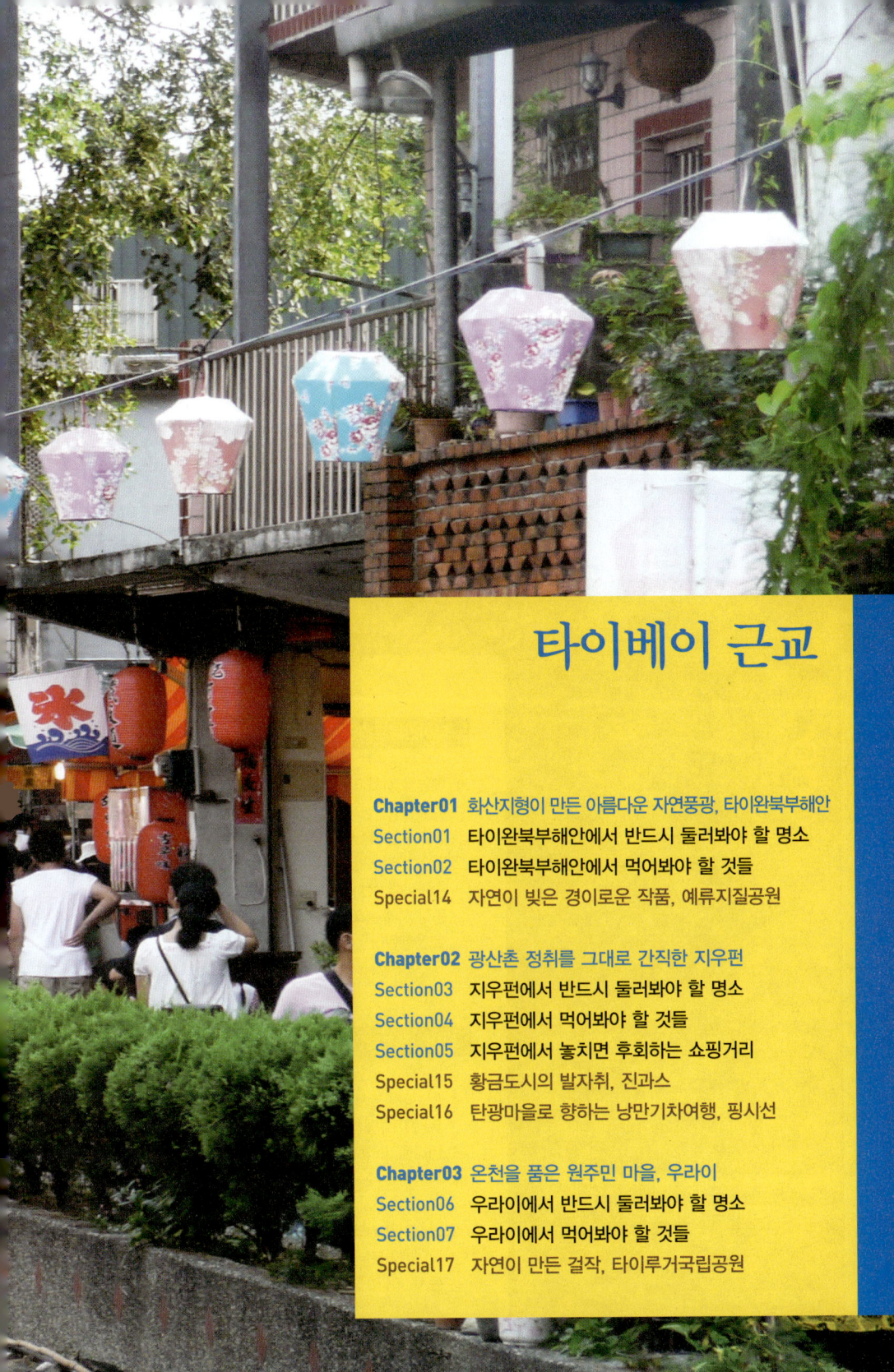

타이베이 근교

Chapter01 화산지형이 만든 아름다운 자연풍광, 타이완북부해안
Section01 타이완북부해안에서 반드시 둘러봐야 할 명소
Section02 타이완북부해안에서 먹어봐야 할 것들
Special14 자연이 빚은 경이로운 작품, 예류지질공원

Chapter02 광산촌 정취를 그대로 간직한 지우펀
Section03 지우펀에서 반드시 둘러봐야 할 명소
Section04 지우펀에서 먹어봐야 할 것들
Section05 지우펀에서 놓치면 후회하는 쇼핑거리
Special15 황금도시의 발자취, 진과스
Special16 탄광마을로 향하는 낭만기차여행, 핑시선

Chapter03 온천을 품은 원주민 마을, 우라이
Section06 우라이에서 반드시 둘러봐야 할 명소
Section07 우라이에서 먹어봐야 할 것들
Special17 자연이 만든 걸작, 타이루거국립공원

Chapter 01
화산지형이 만든 아름다운 자연풍광, 타이완북부해안

臺灣北海岸,
Taiwan North Coast

★★★★★
★★★★★
★★★★★

타이완북부해안을 이어주는 교통편

1. 예류를 거쳐 이동할시 예류에서 862번 일반버스 또는 타이완하오싱 황관북해안선 862번 버스를 타면 주요 명소를 둘러 단수이역에 도착한다.
2. 단수이에서 쌴즈까지 운행하는 버스는 860, 862번과 황관북해안선 862번 버스이고 쌴즈와 스먼지역 간 이동할 시에는 862번, 863, 865번 버스가 비슷한 노선으로 운행한다.

타이완북부해안에서 이것만은 꼭 해보자

1. 단수이역에서 출발하는 버스를 탔다면 왼편, 타이베이나 예류에서 버스를 탔다면 오른편 좌석에 앉아야 바다를 바라보며 여행을 즐길 수 있다.
2. 다양한 해수욕장이 있으므로 날씨가 좋다면 물놀이도 즐겨보자.
3. 꽌수이완 카페에서 일몰을 감상하며 식사를 즐기자.
4. 타이베이북부해안 여행은 날씨가 화창할 때 좋고, 이동시간이 아깝다면 택시투어도 고려해보자.

타이완 북부해안은 단수이에서 북쪽으로 부채꼴 모양 해안도로를 따라 예류일대까지로 쌴즈(三芝), 스먼(石門), 진산(金山), 완리(萬里), 지룽디(基隆地)지역이 연결된다. 화산지형의 수려한 자연풍광 때문에 언제나 이곳은 관광객과 사진촬영을 하려는 사람으로 붐빈다. 타이완관광청에서 운영하는 투어버스 황관북해안선을 타면 북부해안의 보석 같은 주요관광지를 모두 둘러볼 수 있어 시내를 벗어나 하루 동안 자연 속에서 여행을 즐길 수 있다.

타이완북부해안을 이어주는 상세 교통편

타이베이버스터미널에서 출발
MRT 타이베이기차역(台北車站, Taipei Main Station) 동3문(東3門, East 3 Gate)으로 나와 대로변에 위치한 버스 정류장에서 진산(金山)행 1815번 시외버스를 타면 지룽기차역을 지나 예류를 거쳐 진산까지 운행한다. 예류에서 내렸다면 862번 버스 또는 타이완하오싱의 황관북해안선 862번 일반버스를 타고 스먼과 싼즈 그리고 단수이까지 이동할 수 있다.

버스 번호	출발지/주요노선	운행시간	운행간격 평일	운행간격 주말&공휴일	목적지	소요시간	요금(NT$)
1815	타이베이기차역 동3문	05:40~23:10	10~20분	10~20분	예류	1시간 30분	96
					진산	1시간	125
	타이베이기차역 동3문(台北車站東三門)—스정부버스터미널(市府轉運站)—페이추이완(翡翠灣)—예류지질공원(野柳地質公園)—진산온천구(金山溫泉區)—진산역(金山站)						

단수이에서 출발
- MRT 단수이(淡水, Tamsui)역에서 하차하여 2번 출구로 나와 오른쪽에 위치한 버스정류장에서 싼즈, 스먼 그리고 지룽까지 연결되는 862번 일반버스를 타면 된다.
- 타이완하오싱의 황관북해안선(皇冠北海岸線, Crown Northern Coast Line) 862번 버스 : 타이완관광청에서 운영하는 관광지 셔틀버스로 타이완 북쪽 해안가를 따라 지룽기차역까지 간다. 단수이에서 싼즈, 스먼을 거쳐 예류, 지룽까지 운행하는 862번 일반버스와 모양은 다르지만 노선은 비슷하게 운행하고 있다.

버스 번호	출발지/주요노선	운행시간	운행간격 평일	운행간격 주말&공휴일	목적지	소요시간	요금(NT$)
860	단수이역	05:40~22:30	15~30분	8~12분	꽌수이완	25분	30
					싼즈	30분	
	MRT 단수이역(淡水站)—베이단수이(北淡水)—푸더궁(福德宮)—세인트존스대학(聖約翰科技大學)—즈란루커우(芝蘭路口)—꽌수이완(淺水灣)—三芝—싼즈—신수이쮸이(薪水居易)						
862	단수이역	05:50~20:30	40~50분	20~30분	싼즈	30분	30
					바이샤완	40분	45
					예류	1시간 35분	90
					지룽	2시간 10분	120
	MRT단수이역(淡水站)—꽌수이완(淺水灣)—싼즈(三芝)—바이샤완(白沙灣)—스먼웨딩플라자(石門婚紗廣場)—푸지위성富基漁港)—라오메이(老梅)—스먼둥(石門洞)—스빠왕공자묘(十八王公廟)—진산(金山)—진바오리라오제(金包里老街)—예류지질공원(野柳地質公園)—페이추이완(翡翠灣)—지룽기차역(基隆火車站)						
타이완하오싱 862	단수이역	09:00~17:00 (5~10월) 09:00~16:00 (11~4월)	1시간(평일) 30분(주말&공휴일, 마지막 배차만 1시간 간격)		싼즈	30분	160 (1일 패스)
					바이샤완	35분	
					스먼	45분	
					진산	1시간 25분	
					예류	1시간 35분	
					지룽	2시간 10분	
	MRT 단수이역(淡水站)—꽌수이완(淺水灣)—싼즈유명인박물관(三芝遊客中心暨名人文物館)—바이샤완(白沙灣)—스먼웨딩플라자—스먼둥(石門洞)—쥔위안(筠園)—주밍미술관(朱銘美術館)—진산라오제(金山老街)—지아터우리온천구(加投里溫泉區)—예류지질공원(野柳地質公園)—지룽기차역(基隆火車站)						

※ 이지카드로 요금 결제가 가능하며 타이완버스는 잔돈을 거슬러주지 않기 때문에 현금을 지불 시 미리 잔돈을 준비해야 한다. 단, 타이완하오싱버스의 1일권은 버스기사에게 현금으로 구입해야 한다.
※ 구간별로 요금이 상이하며 이지카드를 탈 때뿐만 아니라 내릴 때도 찍어야 한다.

타이완북부해안 베스트코스(예상 소요시간 15시간 이상)

Go!

- 타이베이기차역 동3문 출발
- 버스 1시간 30분
- 예류지질공원 2시간 코스
- 버스 50분 or 자동차 30분
- 주밍미술관 2시간 코스
- 버스 10분 or 자동차 5분
- 쥔위안 30분 코스
- 버스 30분 or 도보 20분
- 스먼풍력발전소 30분 코스
- 버스 5분
- 스먼둥 30분 코스

- 버스 10분
- 라오메이루스카오 30분 코스
- 버스 5분
- 스먼웨딩플라자 30분 코스
- 버스 5분 & 도보 10분
- 바이샤완& 린산비무잔다오 1시간 코스
- 버스 15분
- 싼즈유명인박물관 1시간 코스
- 버스 15분
- 꽌수이완 1시간
- 버스 30분
- 단수이역 도착

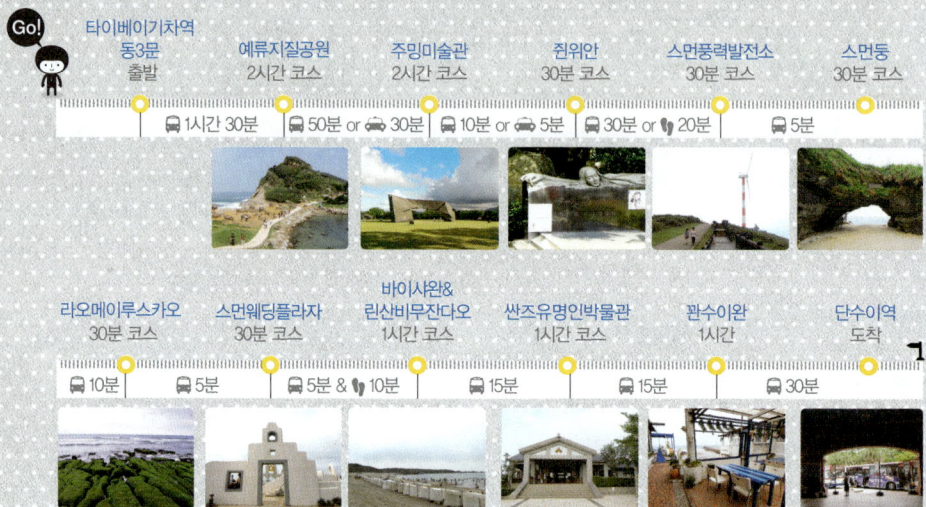

臺灣北海岸
타이완북부해안

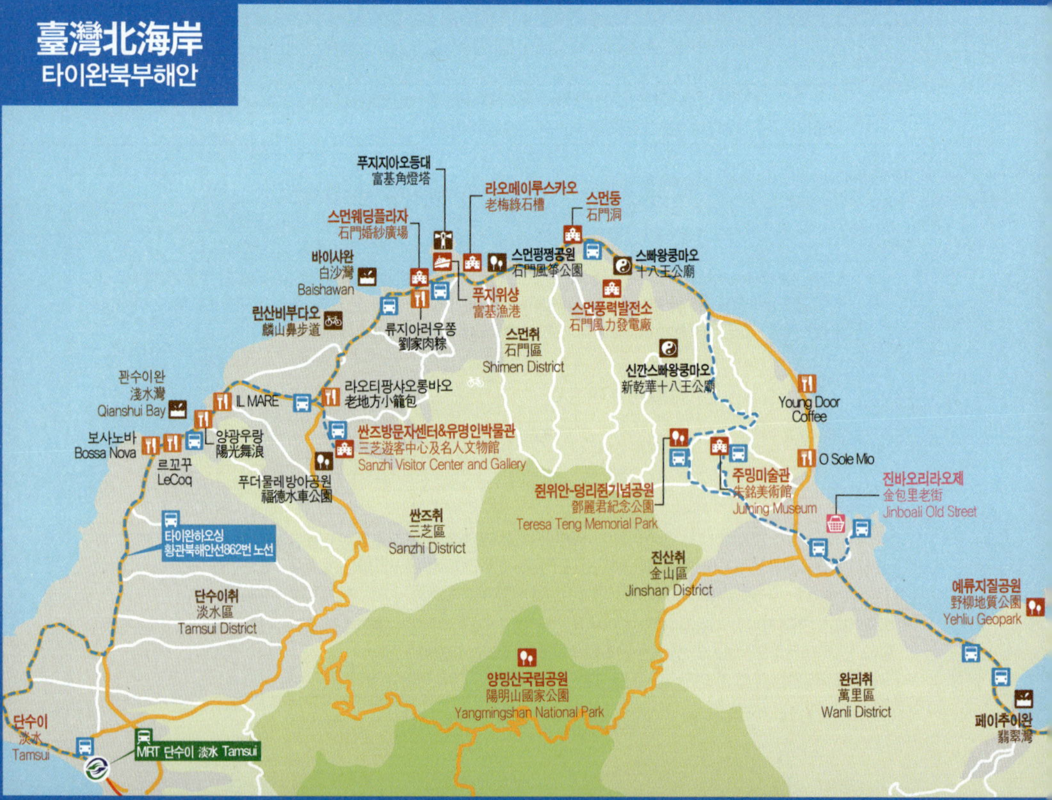

타이베이 근교

Section 01
타이완북부해안에서 반드시 둘러봐야 할 명소

해안도로를 따라 이동하면 타이완북부해안의 주요명소를 만날 수 있다. 타이베이여행에서 반드시 가 봐야 하는 예류지질공원을 비롯하여 해수욕과 해양스포츠를 즐길 수 있는 바이샤완과 페이추이완, 자연이 만든 신비한 해안암초지역인 라오메이루스카오와 대형개인미술관 주밍미술관, 쥔위안-덩리쥔 기념공원 등 다양한 볼거리가 분산되어 있어 동선을 잘 짜야 놓치지 않고 구경할 수 있다.

 중화문화의 해안가를 따라 로맨틱한 카페가 있는 ★★★★★
꽌수이완 淺水灣 Qianshui Bay

산호조류와 석회조류 등으로 구성된 조초藻礁가 10km 정도 이어져 있어 지질학적으로 중요한 해안지역이다. 원래 작은 어촌이었지만 별장들을 짓기 시작하면서부터 점차 유명 여름휴양지가 되었고, 해안가를 따라 이국적인 카페들이 생겨나면서 더욱 유명해졌다. 초승달 모양의 해변은 부드러운 백사장과 아름다운 일몰이 유명하여 주말이면 연인이나 가족단위 여행자들로 북적거린다.
해안가의 찌란공원芝蘭公園 맞은편 다씨앙루大湘路 언덕을 따라 올라가면 우리나라의 벚꽃과는 다른 짙은 분홍빛 종벚나무 15,000그루가 있어 봄에는 벚꽃축제가 열린다. 해안가를 따라 자전거도로와 산책로, 방파제 그리고 아늑하고 낭만적인 카페가 모여 있어 로맨틱한 분위기에서 저녁노을을 감상하기에 좋다.

찾아가기 MRT 단수이(淡水, Tamsui)역 2번 출구로 나와 오른쪽 버스정류장에서 860, 862번 일반버스 또는 862번 타이완하오싱 셔틀버스를 타고 꽌수이완(淺水灣)정류장에서 하차한다.

323

바이샤완 白沙灣 Baishawan
하얀 모래해변 해수욕장 ★★★★★

신베이시 2번 국도를 따라 스먼구石門區 북쪽해안에 위치한 해수욕장으로 바이샤완이라는 말 그대로 하얀 모래해변이다. 1km의 반달모양 해변으로 사람이 붐비지 않고 숙박시설과 기타 편의시설이 많지 않아 나름 한적한 해수욕장이다. 바다를 바라보고 오른쪽 해변산책로를 따라 올라가면 바이샤완 일대를 한눈에 볼 수 있고 웨딩촬영지로 유명한 바이즈안카페가 있다. 풍화작용으로 깎인 화산암을 볼 수 있는 펑렁스취風稜石區와 동그랗게 돌담을 쌓아 밀물 때 들어온 고기를 가둬잡는 우리의 전통고기잡이방식 독살과 유사한 스후취石滬區를 볼 수 있다. 주말과 여름에는 해수욕뿐만 아니라 낚시, 스쿠버다이빙, 윈드서핑, 제트스키 등 각종 수상레포츠를 즐기러 많은 사람이 찾아오지만 평일에는 고요하게 파도만 치는 한적한 바닷가이다.

바이즈안카페(白沙左岸)

강력추천 해변 뒤쪽으로 방문자센터, 코인락커, 유료샤워실이 있다. 하얀 천막은 비수기, 성수기에 따라 NT$200~400으로 대여 가능하다. **귀띔 한마디** 영화 〈그 시절 우리가 좋아했던 소녀〉에서 주인공이 놀러갔던 바닷가 장면, 드라마 〈패견여왕〉에서 주인공의 여자친구가 윈드서핑을 하다 불의의 사고를 당한 장면이 촬영된 곳이다. **운영시간** 09:00~17:00(5~6월), 09:00~18:00(7~9월)/10~4월까지는 수영금지이다. **찾아가기** 862번 일반버스 또는 862번 타이완하오싱 셔틀버스를 타고 바이샤완(白沙灣) 정류장에서 하차하면 된다.

린산비무잔다오 麟山鼻木棧道
해변과 맞닿은 목책산책로 ★★★★☆

영화 〈말할 수 없는 비밀〉에서 주인공들이 함께 자전거를 타고 여주인공 집으로 가던 아름다운 장면이 촬영된 곳으로 사람과 자전거만 다닐 수 있는 목책산책로이다. 꽌수이완에서 바이샤완까지 1.2km의 산책로인데 아름다운 바다경관과 함께 산책을 즐길 수 있다. 바다로 돌출된 땅, 곶에 형성된 작은 항구 린산비위상麟山鼻漁港, 화성암 속 자성을 가진 철 성분이 그대로 남아있어 검은 색을 띠는 톄사鐵砂갯벌 그리고 80만 년 전 화산폭발로 생긴 화산암이 파도에 의해 침식되어 만들어진 안산암安山岩 화산유적이 많이 분포되어 있다.

타이베이 근교

귀띔 한마디 아쉽게도 자전거를 대여해주는 곳이 없다. **찾아가기** 862번 일반버스 또는 862번 타이완하오싱 셔틀버스를 타고 바이샤완(白沙灣)정류장에서 하차하여 이정표를 따라 직진하다 왼쪽에 붉은색 벽돌 작은 사당이 있는 내리막길로 들어서면 왼편에 위치한다. 바이샤완 버스정류장에서 도보 12분 거리.

 싼즈출신 4인의 유명인 전시관 ★★★★★
싼즈방문자센터 및 유명인박물관
三芝遊客中心暨名人文物館 Sanzhi Visitor Center and Gallery

타이완 의학계의 선두주자 투총밍杜聰明, 타이완출신의 세계적인 작곡가 장원예江文也, 타이완총통 리덩후이李登輝 그리고 타이완 민주운동가 루시우이盧修一 등 싼즈출신의 세계적 인물 4인을 기리는 박물관이다. 투총밍은 국립타이완대학의 병원과 의과대학 학장을 역임하였으며, 가오슝의과대학 설립자이자 의학박사학위를 수여받은 타이완 최초의 의사이다. 장원예는 타이완의 쇼팽이라 불리는 천재작곡가로 1936년 베를린올림픽 국제음악대회에서 타이완무곡台灣舞曲으로 은상을 수상한 바 있다. 타이완토착민으로서 직선제를 통해 총통이 된 리덩후이와 타이완 민주주의의 아버지라 불리는 루시우이 등 4인의 일대기가 전시되어 있다.

이외에 타이완의 역사 및 싼즈지역에 관련된 전시물과 영상감상실이 있으며, 정기적으로 다양한 전시행사가 열린다. 박물관 뒤편으로는 광활한 잔디가 펼쳐진 공원과 리덩후이의 옛집 위안싱쭈가 있다. 또한 맞은편에는 지름 3m의 물레방아, 붉은색 다리와 정자 등이 있는 생태공원 푸더물레방아공원福德水車公園이 위치한다.

리덩후이(李登輝) 전시관   장원예(江文也) 전시관   루시우이(盧修一) 전시관   투총밍(杜聰明) 전시관

주소 三芝區埔坪里埔頭坑164-2號 **운영시간** 09:00~17:00(10~4월), 09:00~18:00(5~9월) **입장료** 무료 **문의** (886)02-8635-5143 **찾아가기** 862번 타이완하오싱 셔틀버스를 타고 싼즈커요우중신지밍런원우관(三芝遊客中心暨名人文物館)정류장에서 하차하면 된다./MRT 단수이(淡水, Tamsui)역 2번 출구로 나와 오른쪽 버스정류장에서 860, 862번 일반버스를 타고 싼즈(三芝)정류장에서 하차한 후 버스 진행방향으로 직진한 후 OK마트와 패밀리마트 사이의 도로를 따라 직진하여 이정표를 따라 걸으면 된다. 버스정류장 하차 후 도보 20분 거리.

스먼웨딩플라자 石門婚紗廣場 Shimen Wedding Plaza
남부유럽 해안처럼 멋진 ★★★★☆

결혼을 앞둔 예비부부들에게 멋진 사진을 남길 수 있도록 시정부에서 조성한 타이완 최초의 결혼식광장이다. 지중해스타일의 로맨틱한 하얀색 건축물은 푸른 하늘과 탁 트인 바다와 잘 어우러져 이국적인 분위기마저 연출하고 있다. 웨딩사진뿐만 아니라 유명인들의 화보촬영지로도 소문난 곳이다.

귀띔 한마디 타이완식 약밥 쭝즈(粽子)가 유명한 류지아러우쭝(劉家肉粽)이 도로 맞은편에 위치한다. **찾아가기** 862번 일반버스 또는 862번 타이완하오싱 셔틀버스를 타고 스먼훈사광창(石門婚紗廣場)정류장에서 하차한다.

푸지위샹 富基漁港 FuJi Fishing Harbor
신선한 제철 해산물을 맛볼 수 있는 수산시장 ★★★★☆

작은 어촌에 대규모 수산시장이 생기면서 신선한 해산물을 맛보기 위해 많은 사람이 방문한다. 멕시코 전통모자를 여러 개 이어놓은 듯한 독특한 디자인의 수산시장은 신선한 해산물을 구입할 수 있는 해산물시장과 구입한 해산물을 요리해주는 레스토랑구역으로 나뉜다. 레스토랑구역에서는 저렴한 가격에 회, 찜, 볶음, 튀김 등 원하는 요리법으로 조리해주며 곁들여 먹을 수 있는 야채와 면요리 그리고 밥 등을 별도 판매한다.

푸지위샹(富基漁港) 해산물시장구역 / 푸지위샹(富基漁港) / 부귀각등대(富貴角燈塔)

귀띔 한마디 바다를 바라보고 오른쪽에 해산물식당이 자리하며, 계속 길을 따라 올라가면 1897년 세워진 타이완 최초이자 최북단에 자리한 부귀각등대(富貴角燈塔)가 있다. **운영시간** 10:00~22:00/연중무휴(식당마다 상이) **찾아가기** 862번 일반버스 또는 862번 타이완하오싱 셔틀버스를 타고 푸지위샹(富基漁港)정류장에서 하차하면 위치한다.

타이베이 근교

라오메이루스카오 老梅綠石槽 Laomei Green Reef
자연이 빚은 신비한 해안암석 ★★★★★

중국과 제일 가까운 해안 라오메이老梅에는 파도가 일군 독특한 지형이 있다. 오래된 돌에 푸른 해초가 자라는데, 마치 형태가 말과 소의 여물통 같아 라오메이루스카오란 이름이 붙었다. 용암에서 흘러내린 돌이 쌓여 해류에 의한 침식과 바람의 영향으로 마치 밭고랑을 일궈놓은 듯한 신비한 모습으로 해안암석이 형성되었다. 사진작가들에게 소문난 명소로 3~5월경 해초가 푸르게 암석을 뒤덮는 시기에 많은 사람이 찾아온다. 계절과 날씨, 시간에 따라 풍경이 바뀌기 때문에 같은 곳을 다시 찾아와도 다른 사진을 찍을 수 있다.

근처에는 지중해스타일의 샤미라하이안카페가 있는데, 타이완 인기아이돌 천이루辰亦儒가 출연한 타이완드라마 〈공주소매〉에서 일부를 세트장으로 꾸며 촬영한 곳으로 유명하다.

샤미라하이안카페(莎蜜拉海岸咖啡坊)

스먼펑쩡궁위안(石門風箏公園)

귀띔 한마디 라오메이루스카 근처에는 연을 주제로 한 스먼펑쩡공원(石門風箏公園)이 있는데, 매년 9월 이곳에서 스먼국제연축제가 열린다. **찾아가기** 862번 일반버스를 타고 밍더이춘(銘德一村)정류장에서 하차하여 이정표가 세워진 골목을 따라 직진하면 위치한다. 버스정류장부터 도보 5분 거리.

Part 05

스먼지역의 랜드마크 ★★★★
스먼둥 石門洞 Shimen Arch

화산폭발로 흘러내린 용암이 굳어져 지각변동과 풍화, 침식작용을 거치면서 10m 높이의 아치형 돌문이 생겨났다. 스먼洞이라는 지역명이 여기에서 유래되었으며, 스먼둥 양쪽에 설치된 계단을 오르면 바다전경이 한눈에 펼쳐진다. 스먼둥은 바다와 연결되는데, 해변은 조개, 달팽이, 자갈 등이 뒤섞인 거친 모래해변으로 해수욕보다는 현지인들 낚시장소로 각광받는 곳이다. 바다를 따라 산책로와 정자 등이 조성되어 있으며, 작은 바위섬을 잇는 연인의 다리 칭런치아오情人橋는 바다의 풍광을 더욱 멋스럽게 보이게 한다.

찾아가기 862번 일반버스 또는 862번 타이완하오싱 셔틀버스를 타고 스먼둥(石門洞)정류장에서 하차하면 바로 위치한다.

멋진 자연풍광을 만나는 바람언덕 ★★★★★
스먼풍력발전소 石門風力發電廠 Shimen Wind Power Plants

타이완 전력회사가 이산화탄소배출을 줄이기 위해 풍력발전기 6기를 스먼지역 106m 언덕에 세웠다. 붉은색과 흰색이 어우러진 45m 높이의 풍력발전기는 해풍을 이용해 공해 없는 전기를 생산하고 있다. 이 일대는 초록색 잔디와 갈색 목책산책로, 하얀색 전망대 그리고 푸른색 바다와 하늘 등이 색의 조화를 이루면서 또 하나의 볼거리를 제공한다. 타이완 최고시청률을 달성한 드라마〈왕자변청와〉의 촬영지로 알려지면서 평일에는 예비부부들의 웨딩촬영지, 주말에는 연인들의 데이트코스로 사랑받는다.

주소 石門區乾華里小坑12號 입장료 무료 운영시간 06:00~18:00(4~10월), 06:00~17:00(11~3월)/연중무휴 문의 (886)02-2638-1721 찾아가기 862번 일반버스를 타고 스빠왕공자묘(十八王公廟)정류장에서 하차하여 횡단보도 옆길로 들어가 오른쪽 차도를 따라 직진하면 언덕 위에 위치한다. 버스정류장부터 도보 20분 거리.

타이베이 근교

각종 레저스포츠를 즐길 수 있는 해수욕장 ★★★★★
페이추이완 翡翠灣 Feicuiwan

에메랄드빛 바다를 따라 1,500m의 모래사장이 펼쳐진 페이추이완은 뒤로는 산까지 있어 주변경관이 빼어나다. 관광휴양지로 개발된 해수욕장답게 수상스키, 윈드서핑, 패러세일링, 수영 그리고 패러글라이딩과 행글라이딩까지 추운 겨울을 제외하고 각종 레저스포츠를 즐길 수 있다. 그리스풍 공원으로 웨딩촬영지로 사랑받는 퍼시픽리조트그린베이Pacific Resort Green Bay, 마치 중세시대의 거대한 성 같은 5성급 리조트 하워드비치리조트Howard Beach Resort Green Bay 그리고 공사가 중단되어 폐허가 된 우주선 모양의 캠핑장이 주변 자연풍광과 어우러져 여름에는 많은 사람들이 이곳을 찾는다.

주소 萬里區翡翠路1-1號 귀띔 한마디 해변에서 쉽게 서핑도구를 대여할 수 있다. 입장료 NT$329(성인), NT$129(아동) 찾아가기 862번 일반버스를 타고 페이추이완(翡翠灣)정류장에서 하차하면 바로 보인다.

타이완 국민가수 덩리쥔을 기리는 ★★★★★
쥔위안-덩리쥔기념공원 筠園-鄧麗君紀念公園 Yun Garden Teresa Teng Memorial Park

1995년 42세의 젊은 나이로 세상을 떠난 덩리쥔을 추모하는 공원이다. 진바오산묘원金寶山墓園 내에 위치하는데, 그녀가 묻히면서 덩리쥔기념공원 또는 그녀의 이름 끝 글자 쥔鄧에서 쥔위안筠園이라 부르고 있다. 타이완법에 의거 묘지를 무상으로 기증할 수 없어, 그녀의 열혈팬이었던 진바오산 그룹총재가 이 일대를 매입한 후 덩리쥔문화재단에 묘역과 묘비석을 각각 NT$1에 팔았다고 한다.
장례는 장제스와 그의 아들 장징궈총통에 이어 타이완 역사상 세 번째 국장으로 치러졌으며, 전 세계 3만여 명의 팬이 함께했다. 처음 그녀는 수정관에 안치되어 참배객들에게 공개됐지만 영원한 안식처로 보내줘야 한다는 여론이 일자 덩리쥔문화재단에서 수정관을 대리석뚜껑으로 덮어 매장하였으며, 50년 정도는 생전모습 그대로 둘 예정이라고 했다.

Part 05

얼굴이 조각된 묘비석에는 그녀의 본명이 새겨져 있고, 비문에는 '나라를 사랑한 예술인, 덩리쥔愛國藝人鄧麗筠'이라 적혀 있다. 공원입구의 대리석 피아노 조형물에서는 그녀의 음성과 노래가 끊임없이 흘러나오고, 실제 덩리쥔의 모습처럼 만들어진 전신동상이 보인다. 그녀가 떠난 지 20년이 흘렀지만 여전히 참배객들이 놓고 간 꽃다발과 추모의 향은 꺼지지 않고 있다.

피아노조형물

진바오타(金寶塔)

천불석굴(千佛石窟)

주소 金山區西勢湖18號 **귀띔 한마디** 황금색건물 진바오타(金寶塔)는 사설묘원 안에 만들어진 최초의 납골전용시설이며, 탑 주변에는 천 가지 불상을 새긴 천불석굴(千佛石窟)이 있다. **입장료** 무료 **운영시간** 08:00~17:00/연중무휴 **문의** (886)02-2498-5900 **찾아가기** 862번 타이완하오싱 셔틀버스를 타고 쥔위안(筠園)정류장에서 하차한 후 진바오산묘원(金寶山墓園)으로 들어가면 위치한다.

타이완의 국민가수 덩리쥔(鄧麗君, 등려군)은 누구인가?

〈첨밀밀〉이 수록된 앨범재킷

1953년에 태어나 1995년 천식발작으로 사망하기까지 타이완인들의 사랑을 받았던 국민가수이다. 1970년대부터 1990년까지 정상의 인기를 누렸지만 정작 우리에게는 그녀가 사망한 이후 개봉된 홍콩영화 〈첨밀밀, 甛蜜蜜〉의 주제곡으로 알려지기 시작했다. 어려서부터 노래에 천부적인 재능을 보여 14세에 정식으로 가요계에 데뷔하였다. 이후 일본에까지 진출하면서 레코드대상, 신인가수상 등 각종 상을 수상하지만 위조여권문제로 추방당하면서 세간의 비난을 피해 미국으로 떠나게 된다.

1980년대 초 그녀의 앨범이 중국 덩샤오핑(鄧小平)의 개혁, 개방정책과 맞물리며 중국본토인들을 매료시켰다. 이에 타이완정부는 정치적 속셈으로 그녀의 귀국을 적극 추진하였고, 그녀는 영웅대접을 받으며 귀국하였다. 하지만 중국 덩샤오핑은 서방문화에 대해 '정신오염 반대 운동'을 펼치면서 그녀의 노래 〈님은 언제 오시나요, 何日君在來〉의 가사가 중국에서 쫓겨난 국민당정부의 중국탈환의 의지가 담긴 곡이다 하여 중국 내 앨범판매금지, 청취금지령을 내린다. 하지만 복사테이프가 유통되며 단속을 피해 그녀의 노래는 더욱 인기를 구가하게 된다. 당시 중국인들 사이에는 '중국의 낮은 덩샤오핑, 밤은 덩리쥔이 지배한다', '덩샤오핑 대신 덩리쥔이 필요하다'라는 말이 유행했다. 이후 천안문사태로 유혈참사가 발생하자 그녀는 시위를 지지하는 공연과 중국민주화운동에 적극 참여하면서 그녀의 노래는 더욱 중국정부의 거센 탄압을 받게 되었다. 천안문사태가 진정되자 그녀는 돌연 모든 음악활동을 중단하고 홍콩으로 이주했지만 홍콩반환 등의 문제로 세상이 시끄러워지자 다시 프랑스 파리로 이주한 이후 종적을 감췄다. 그리고 6년 후 태국 치앙마이의 한 호텔에서 천식발작으로 그녀가 사망했다는 소식이 전해졌다. 중국과 타이완 거리에는 그녀를 기리는 어마어마한 추모인파가 모여 그녀의 노래를 불렀고, 장례식날에는 세상이 온통 그녀의 노래로 채워졌다.

타이베이 근교

주밍미술관 朱銘美術館 Juming Museum
타이완 천재예술가 주밍의 개인미술관 ★★★★★

세계적인 천재조각가 주밍이 설립한 타이완에서 제일 큰 야외미술관이다. 외부의 도움 없이 작품이 판매될 때마다 진산시 산중턱 부지를 조금씩 매입하고 공사비를 마련했다. 이렇게 미술관을 완공하기까지 12년이 걸렸고, 1999년에 정식 오픈하였다. 산속 깊은 곳에 자리한 미술관에는 태극광장, 인간광장 그리고 운동광장 등을 포함한 야외전시장과 실내전시관이 있다.

실내 1전시관은 벽화, 회화를 포함해 그가 수집한 피카소, 앤디워홀 등 세계적인 작가들의 진품이 전시되어 있다. 목공작품이 전시된 실내 2전시관, 어린이를 위한 아동아트센터도 있다. 야외전시장 인간광장에는 그를 대표하는 인간시리즈가 전시되어 있고, 태극광장에는 주밍을 아시아 최고의 예술가반열에 올린 태극권시리즈가 전시되어 있고 어머니에게서 받은 영감을 바탕으로 가족애를 표현한 작품들도 있다. 형상을 최대한 단순하고 투박하게 표현했음에도 작품에서 느껴지는 감정과 역동적인 표현력은 독보적인 천재예술가임을 다시 확인하게 된다.

주소 金山區西勢湖2號 **귀띔 한마디** 주밍미술관은 시간적 여유를 가지고 방문하는 것이 좋다. **입장료** NT$280(성인), NT$250(학생증을 소지한 학생&65세 이상)/식사포함 입장료 NT$400 **운영시간** 10:00~18:00(5~10월), 10:00~17:00(11~4월)/매주 월요일 휴관 **문의** (886)02-2498-9940 **찾아가기** 862번 타이완하오싱 셔틀버스를 타고 주밍미술관(朱銘美術館)정류장에서 하차하면 위치한다./미술관에서 진산시내로 나가는 버스를 놓쳤다면 택시를 타야 하는데 요금은 대체로 NT$200~250이다. **홈페이지** www.juming.org.tw

주밍미술관의 주인인 주밍(朱銘)은 누구인가?

본명은 주촨타이(朱川泰)이며, 1938년 가난한 집안 11남매 중 막내로 태어났다. 초등학교를 겨우 졸업하고 15살 때 그의 의지와 상관없이 목각기술자 리진촨(李金川)에게 맡겨져 목공일을 시작했다. 낮에는 일을 하고 저녁에는 디자인을 배우면서 20살 때 견습을 마치고 독립하였다. 이후 목공기술자로 성공을 거두지만 예술에 대한 미련으로 국립타이완대학 미대교수 양잉펑(楊英風)에게 현대조각을 배웠다. 1976년 국립역사박물관에서 첫 개인전을 열어 큰 호평을 받았으며, 같은 해 중국문화예술협회에서 아티스트상을 시작으로 다양한 분야에서 각종 상을 수상하였다. 1980년 홀로 뉴욕으로 건너가 그의 인간시리즈를 발전시켰으며, 물소, 농가 그리고 토착신앙을 모티브로 한 작품을 선보이며, 타이완 향토예술가로 불렸다. 점차 중국정신문화를 상징하는 추상적인 작품을 만들었으며, 태극권시리즈(太極系列)와 인간시리즈(人間系列)가 그의 주요작품이다. 그의 작품이 지속적으로 국제아트갤러리에 소개되면서 타이완뿐만 아니라 아시아 및 영국, 프랑스 등에 명성이 퍼졌으며 현재까지 활동하는 타이완 국보급예술가이다.

Section 02
타이완북부해안에서 먹어봐야 할 것들

타이완북부해안은 볼거리를 찾아 버스를 타고 계속 이동해야 하므로 먹을 장소가 마땅치 않다. 꽌수이완 또는 수산시장이 위치한 푸지위샨과 싼즈버스정류장 주변의 식당 등지에서 해결하는 편이 좋다. 꽌수이완은 해변을 따라 레스토랑과 카페가 많이 있어 해변산책로를 따라 걷다가 마음에 드는 곳에서 식사 또는 음료를 즐기면 된다.

유럽의 골동품 가게 느낌의 카페 ★★★★★
르꼬꾸 公雞咖啡 LeCoq

프랑스어로 르꼬꾸는 수탉을 뜻하는데, 이 카페에서는 수탉대신 앵무새를 비롯한 다양한 종류의 새뿐만 아니라 고양이, 개를 기르고 있다. 입구의 빨간색 공중전화부스를 비롯하여 실내는 타자기, 라디오, TV, 냉장고, 벽시계, 전화기, 인형 등 수많은 빈티지 소품을 이용한 인테리어로, 아늑하고 편안한 분위기때문에 젊은 여성들 사이에 인기가 높다.

실내분위기 때문에 일몰보다 햇살 가득한 시간이 더 멋진 카페로 타코, 샌드위치, 토스트, 베이글 등 가볍게 즐길 수 있는 음식과 핫팟, 돌솥비빔밥, 타이완가정식백반 등의 요리가 있다. 이 외에도 커피, 음료, 차 등의 메뉴가 있으며 음식은 전체적으로 깔끔하고 맛있다.

❶ 캐러멜디저트토스트(Caramel Dessert Toast) ❷ 닭다리스튜(Satay Chicken Leg Served with Rice) ❸ 시트러스&라임에어버블(Citrus&Lime) ❹ 라즈베리에어버블(Raspberry)

주소 三芝區後厝村北勢子45-16號 **귀띔 한마디** 수제쿠키와 음료가 제공되는 애프터눈티세트(13:00~18:00, 1인 NT$350, 2인 NT$550) **베스트메뉴** 캐러멜디저트토스트(Caramel Dessert Toast, NT$200), 매콤한 닭다리스튜(Satay Chicken Leg Served with Rice, 단품 NT$350/세트 NT$450) **추천메뉴** 에어버블음료(Air Bubble Drink, NT$180), 상큼한 과일밀크셰이크(Straeberry and Raspberry Milk Shake, NT$250) **가격** 스낵 NT$180~, 단품요리 NT$350~, 세트 NT$420~, 음료 NT$180~ **영업시간** 11:00~21:00/연중무휴 **문의** (886)02-8635-1362 **찾아가기** 860, 862번 일반버스 또는 862번 타이완하오싱 셔틀버스를 타고 꽌수이완(淺水灣)정류장에서 하차한 후 꽌수이완해변공원(淺水灣海濱公園)에서 바다를 바라보고 왼쪽으로 가다보면 왼편에 위치한다.

이국적인 분위기의 레스토랑 ★★★★★
보사노바 巴莎諾瓦 Bossa Nova

꽌수이완에 위치한 해변레스토랑 중 낭만적인 지중해 스타일로 인기 있는 레스토랑이다. 독특한 인테리어와 외관은 데이트뿐만 아니라 타이완북부해안 10대 웨딩 촬영지로 손꼽힌다. 2층 건물로 실내는 바다를 볼 수 있는 통유리구조이며, 야외테이블에 앉아 바닷바람을 맞으며 음식을 즐길 수 있다.

분위기에 맞게 해산물요리가 주를 이루며 파스타, 그라탱, 커리, 햄버거, 샌드위치, 립, 시푸드 등의 다양한 요리와 열대과일음료를 비롯한 커피, 차, 스무디 등과 맥주와 와인 등의 주류가 마련되어 있다. 주말에는 예약이 필수이므로 한가한 평일에 찾는 것이 좋다.

주소 三芝區後厝村54-4號 **귀띔 한마디** 미니멈차지 1인당 NT$180이 있다. **베스트메뉴** 난양해산물커리(南洋海鮮咖哩飯, NT$270), 헝가리식 소고기스튜 흉아리뉴러우판(匈牙利牛肉飯, NT$270), 열대과일음료 카르브해수이궈차(加勒比海水果茶, NT$220) **추천메뉴** 동절기메뉴인 한국식 돼지고기김치찌개 파오차이주러우궈(韓式泡菜豬肉鍋, NT$320), 망고슬러시 황진하이안빙사(黃金海岸冰沙, NT$200) **가격** 요리 NT$200〜, 스낵 NT$75〜, 음료 NT$160〜/Service Charge 10% 별도 **영업시간** 11:00〜23:00(일〜목요일), 11:00〜01:00(금〜토요일)/연중무휴 **문의** (886)02-8635-3218 **찾아가기** 860, 862번 일반버스 또는 862번 타이완하오싱 셔틀버스를 타고 꽌수이완(淺水灣)정류장에서 하차 후 꽌수이완해변공원(淺水灣海濱公園)에서 바다를 바라보고 왼쪽으로 가면 위치한다.

카리브해수이궈차(加勒比海水果茶), 흉아리뉴러우판(匈牙利牛肉飯)

아이가 있는 젊은 부부들이 좋아하는 레스토랑 ★★★★★
양광우랑 陽光舞浪

그리스풍의 이탈리안레스토랑으로 야외테라스와 흰색파라솔이 먼저 눈에 띈다. 스팀라이스, 피자, 그라탱, 토마토, 페스토와 올리브오일로 만든 파스타 등 이탈리아요리와 수제디저트들이 인기메뉴이다. 그 밖에도 간단하게 즐길 수 있는 애피타이저가 있으며 정통이탈리안요리를 분위기 좋은 해변에서 즐길 수 있다. 야외테라스 옆 계단을 내려가면 아이들이 모래를 가지고 놀 수 있는 공간이 있어 젊은 부부들이 아이들을 데리고 많이 찾는다.

주소 三芝區後厝村北勢子41號 **귀띔 한마디** 단품요리 주문 시 NT$100을 추가하면 수프와 음료가 제공된다. **베스트메뉴** 해산물피자(Seafood Pizza, NT$280) **추천메뉴** 레드와인으로 끓인 소고기스튜(Beef Stewed in Red Wine Sauce with Steamed Rice, NT$300) **가격** 피자 NT$280〜, 파스타 NT$250〜, 스팀라이스 NT$280〜, 그라탱 NT$260, 음료 NT$150〜 **영업시간** 11:00〜21:00/매주 월요일 휴무 **문의** (886)02-2636-6751 **찾아가기** 860, 862번 일반버스 또는 862번 타이완하오싱 셔틀버스를 타고 꽌수이완(淺水灣)정류장에서 하차 후 꽌수이완해변공원(淺水灣海濱公園)에서 바다를 바라보고 오른쪽으로 가다보면 오른편에 위치한다.

Part 05

라이브공연이 펼쳐지는 이탈리안레스토랑 ★★★★
일마레 那里朵朵 IL MARE

일마레는 이탈리아어로 '바다', 중국어 나리두오두오那^{里朵朵}는 '구름꽃 만발한'이라는 뜻을 가지고 있다. 다른 해변레스토랑과 마찬가지로 야외테라스가 있지만 오히려 실내가 더 매력적인 이탈리안레스토랑이다. 파스텔톤 분홍빛 건물을 들어서면 소규모밴드의 라이브음악이 펼쳐지는 로맨틱한 공간이다. 화가인 주인이 직접 벽면을 채운 대형벽화와 좋은 글귀, 틈틈이 작업한 작품들이 전시되어 있다. 메뉴는 파스타, 파니니, 수제와플, 쿠키, 케이크 등이 있으며, 오후에는 3단 트레이에 와플, 소고기롤과 샐러드, 쿠키 또는 케이크와 2잔의 차가 제공되는 애프터눈티를 판매한다.

해산물파스타세트(Seafood Pasta with Garlic Olive Sauce Set)

주소 三芝區淺水灣後厝里北勢子41-2號 **강력추천** 토요일 저녁 락밴드, 일요일 저녁 블루스밴드 라이브공연이 있다. **귀띔 한마디** 평일에는 1인당 NT$200, 주말 NT$300, 라이브공연시간 NT$350 미니멈차지가 있다. 단품요리 주문 시 NT$200을 추가하면 식전빵, 수프, 샐러드, 음료가 제공된다. **베스트메뉴** 해산물파스타(Seafood Pasta with Garlic Olive Sauce, NT$280) **추천메뉴** 애프터눈티(Afternoon Tea, NT$880, 14:30~17:00) **가격** 파스타 NT$280, 버거 NT$260~, 파니니 NT$270~, 음료 NT$200~/Served Charge 10% 별도 **영업시간** 11:00~21:30(월~수요일&금요일), 11:00~23:00(토~일요일)/매주 목요일 휴무 **문의** (886)02-8635-4532 **찾아가기** 860, 862번 일반버스 또는 862번 타이완하오싱 셔틀버스를 타고 콴수이완(淺水灣)정류장에서 하차 후 콴수이완해변공원(淺水灣海濱公園)에서 바다를 바라보고 오른쪽으로 가다보면 오른편에 위치한다.

싼즈의 유명한 샤오롱바오가게 ★★★★
라오티팡샤오롱바오 老地方小籠包

한적한 대로변에 사람들로 바글바글한 식당 하나가 눈에 띄는데 싼즈지역에선 유명한 가게이다. 대나무통에 쪄내는 샤오롱바오가 유명한데 고기가 들어간 셴러우탕바오^{鮮肉湯包}, 팥앙금이 들어간 떠우샤탕바오^{豆沙湯包} 그리고 새우가 들어간 하렌탕바오^{蝦仁湯包} 3종류의 샤오롱바오가 있다. 이 밖에도 면, 탕류가 있으며 지우펀에서 유명한 반투명한 만두처럼 생긴 타이중 대표간식 러우위안^{肉圓}도 있다. 입구는 만두를 찌고 탕을 끓이면서 주문까지 받기 때문에 늘 분주하다. 넓은 실내로 들어가면 진열대에 20여 가지 반찬이 진열되어 있는데 1개당 NT$30로 직접 가져다 먹고 계산은

나갈 때 하면 된다. 주로 셴러우탕바오와 시큼하고 매콤한 맛이 걸쭉한 쏸라탕(酸辣湯) 또는 유부, 고기가 들어간 어묵, 무 그리고 면을 넣고 끓인 종합몐(綜合麵)을 함께 주문한다.

셴러우탕바오(鮮肉湯包)

쏸라탕(酸辣湯)

종합몐(綜合麵)

주소 三芝區淡金路二段21號 **귀띔 한마디** 샤오룽바오와 곁들여 먹는 간장, 생강 등의 소스는 셀프이다. **베스트메뉴** 고기육즙이 끝내주는 수제 샤오룽바오(鮮肉湯包, NT$75), 새우를 넣은 새우샤오룽바오(蝦仁湯包, NT$75) **추천메뉴** 식초의 신맛과 고추, 후추의 매운 맛이 섞인 걸쭉한 쏸라탕(酸辣湯, NT$40), 시원한 국물과 유부, 고기어묵이 들어간 면요리 종합몐(綜合麵, NT$60) **가격** NT$35~ **영업시간** 11:00~21:00/매주 월요일 휴무 **문의** (886)02-2636-7711 **찾아가기** 860, 862번 일반버스를 타고 싼즈(三芝)정류장에서 하차한 후 버스진행방향으로 직진하다 우체국을 지나면 바로 위치한다. 도보 1분 거리.

진산지역 맛있는 먹거리는 모두 모인 ★★★★★
진바오리라오제 金包里老街 Jinboali Old Street

진산라오제(金山老街)라고도 불리는 시장으로 국내여행자들에게는 많이 알려지지 않았지만 현지인들에게는 유명한 곳이다. 사원을 끼고 형성되는 타이완시장답게 근처에는 중국 송나라 때 실존했던 천상성모를 모신 츠후궁(慈護宮)이 위치한다. 120년 역사를 간직한 청대스타일의 옛 거리 곳곳에는 아직도 고풍스러운 건물들이 건재하며, 이곳에 서만 맛볼 수 있는 독특한 먹거리도 만날 수 있다.

진산의 특산물인 고구마 티과(地瓜)로 만든 간식을 파는 노점이 많고, 아몬드맛이 난다해서 아몬드차로 불리지만 실제 살구씨와 찹쌀가루, 설탕 등을 넣고 끓인 싱렌차(杏仁茶), 큼직한 크기로 봉지씩 팔고 있는 타이완마카롱(馬卡龍), 타이완 아침식사대용 꽈배기 요우타아오(油條), 진바오리라오제에서 가장 유명한 오리고기(鴨肉) 등을 맛볼 수 있다.

오리고기(鴨肉)

영업시간 09:00~21:00(상점마다 상이)/연중무휴 **찾아가기** 790, 828, 829, 862, 863, 953, 1068, 1717, 1815번 버스를 타고 진산우체국(金山郵局)정류장에서 하차한 후 85℃커피점 도로를 따라 들어가다 츠후궁(慈護宮)을 바라보고 왼쪽골목으로 직진하면 진바오리라오제가 나온다. 도보 1분 거리.

Special 14
자연이 빚은 경이로운 작품, 예류지질공원 (野柳地質公園, Yehliu Geopark)

타이완북부해안 동쪽 완리구(萬里區)에 속하는 예류는 수천만 년에 걸친 지각변동과 풍화, 침식작용으로 수백 개의 기암괴석을 형성하였다. 예류는 아열대에 속해 온난다습하며 1년 중 6개월은 강한 북동계절풍의 영향으로 각양각색의 기암괴석이 만들어지기 좋은 환경이다.

예류지질공원은 크게 3구역으로 나뉘며 1구역은 버섯바위, 생강바위, 아이스크림바위, 촛대바위 등이 밀집되어 있고, 2구역도 1구역과 유사하게 버섯바위와 생강바위 등이 있지만 이곳을 대표하는 여왕머리, 용머리바위, 코끼리바위, 선녀신발, 지구바위, 땅콩바위 등을 볼 수 있다. 3구역은 중요한 생태보호구역으로 한쪽은 절벽 다른 쪽 아래는 용솟음치는 파도를 볼 수 있는 해식평대지역이다.

주소 萬里區野柳里港東路167-1號 입장료 NT$80 운영시간 08:00~18:00(5~9월), 08:00~17:00(10~4월)/연중무휴 문의 (886)02-2492-2016 홈페이지 http://www.ylgeopark.org.tw

野柳地質公園 예류지질공원

타이베이시내 또는 단수이에서
예류 찾아가기

- **타이베이에서 출발** MRT 타이베이기차역(台北車站, Taipei Main Station) 1층 동3문(東3 門, East 3)으로 나와 바로 앞 버스정류장에서 진산(金山)행 1815번 시외버스를 타면 된다. 지룽기차역을 지나 예류(野柳)정류장에서 하차 후 예류지질공원까지는 걸어서 10분 거리이다.

  요금 NT$103(이지카드 결제가능) 소요시간 교통상황에 따라 1시간~1시간 30분 정도 소요

- **단수이에서 출발** MRT 단수이(淡水, Tamsui)역에서 하차하여 2번 출구로 나와 오른쪽에 위치한 버스정류장에서 862번 일반버스나 타이완 시티투어 버스라고 할 수 있는 타이완하오싱(台灣好行) 862번 일반버스를 타고 예류정류장에서 하차한다.

  요금 862번 일반버스 NT$96(이지카드 결제가능), 862번 타이완하오싱 셔틀버스 NT$160(1일 무제한 표)

- **지룽역에서 출발** 지룽기차역(基隆火車站)의 해변산책로 육교 옆 버스정류장에서 790, 862번 버스 또는 타이완하오싱셔틀버스 T99(West Line)을 타고 예류정류장에서 하차한다.

  요금 790, 862번 일반버스 NT$47, T99번 타이완하오싱 셔틀버스 NT$50(1일 무제한 표)

 ❶ 낙타바위
 ❷ 귀여운 공주바위
 ❸ 아이스크림바위
 ❹ 앵무새바위
 ❺ 잉어바위&촛대바위
 ❻ 화석
 ❼ 타이완석
 ❽ 코끼리바위
 ❾ 요정신발
 ❿ 지구바위
 ⓫ 두부바위
 ⓬ 구운닭다리
 ⓭ 용머리바위
 ⓮ 고릴라바위&아치석
 ⓯ 파인애플번

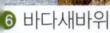 ⓰ 바다새바위
 ⓱ 풍화창
 ⓲ 벌집바위
⓳ 진주바위
⓴ 24효도산

초를 꽂는 촛대처럼 보이는
촛대바위 (燭台石, Candle Rock)

토양생성작용 중 칼슘이나 마그네슘 같은 성분들이 농축경화된 구슬모양의 결핵(結核)은 사암 등이 침식으로 떨어져 나가면서 결핵만 지면으로 돌출되었다. 해수작용으로 테두리를 따라 수직방향으로 깎여 내려가 점차 원추형의 모습이 되었다. 약 1~1.5m의 지름으로 상단은 가늘고 하단은 굵은 촛대모양이고, 석회질의 동그란 결핵이 심지모양을 하고 있어 촛대바위라 불리며 주변에는 잉어가 물을 거슬러 오르는 모습의 잉어바위(鯉魚石)가 함께 있다.

생강뿌리처럼 보이는
생강바위 (薑石, Ginger Rock)

불규칙한 결핵을 함유하고 있는 암층으로 부드러운 지질로 구성된 결핵 주위가 침식으로 인해 움푹 들어가고 단단한 결핵은 지표로 드러난 후 바람과 파도의 침식으로 거친 외관이 형성되었다. 결핵이 지층 깊이 묻혀 있을 때 지각의 횡압력으로 만들어진 균열면들로 가로선과 세로선이 교차하는 줄무늬가 형성된 모습이 마치 생강과 흡사하다하여 생강바위라 부른다.

초콜릿을 바른 송이버섯처럼
버섯바위 (蕈狀岩, Mushroom Rock)

하단은 가는 돌기둥, 상단은 크고 작은 구멍이 가득한 구슬형상인 버섯바위가 예류지질공원 전 구역에 약 180여 개가 분포되어 있다. 대표적인 버섯바위가 2구역에 있는 여왕머리바위이며 하단 부분의 형태에 따라 가는 목형, 굵은 목 그리고 목이 없는 형으로 나뉜다.

위대한 자연의 힘을 느낄 수 있는
절리 (節理, Joints)

곶 형성과정에서 외부의 횡압력으로 인해 암층에 균열이 생기는 것을 절리라고 한다. 절리의 크기는 일정한 규율이 없지만 절리지형 경관을 3종류로 분류한다. 암석의 절리면을 따라 침식과정으로 형성된 해식골짜기, 빗물이 절리를 따라 스며들어 용해물질이 절리 주위에 침전되어 띠형태의 무늬를 만든 밀폐형절리 그리고 수직절리를 따라 해수침식이 일어나 네모형태의 작은 지형을 만들어낸 두부바위(豆腐岩)가 있다.

엘리자베스여왕을 닮은 바위
여왕머리바위 (女王頭, Queen's Head)

예류지질공원의 상징인 여왕머리바위는 버섯바위 중 가는 목형에 해당하며 지각 융기과정에서 해수의 차별 침식으로 현재의 모습이 되었다. 모습이 마치 영국 엘리자베스여왕의 두상과 같아 여왕머리바위라는 이름이 붙었다.

의인을 기리는 동상

린티엔전동상(林添禎銅像, The Statue of Lin Tianzhen)

예류가 풍경구로 지정되지 않았을 당시 이곳으로 소풍온 국립타이완대학 학생들 중 한 명이 큰 바위 위에서 사진을 찍다 실족하여 바다에 빠졌다. 근처에서 가게를 운영하던 상인 린티엔전이 그를 구하기 위해 바다에 뛰어 들었지만 결국 두 명 다 익사하고 만다. 목숨을 생각하지 않고 바다로 뛰어 들어간 이 이야기가 널리 퍼지게 되었고 당시 장제스총통이 이곳까지 찾아와 애도의 뜻을 표하였으며, 그의 의로움을 널리 알리기 위해 동상을 세우고 교과서에도 싣도록 하였다.

해양생물을 만날 수 있는 테마파크

예류해양세계(野柳海洋世界, Yehliu Ocean Wolrd)

타이완 최초의 해양생물테마파크로 해파리, 해마 등 200여 종의 해양생물을 볼 수 있는 아쿠아리움과 해양생물 표본전시관 그리고 공연장으로 구성되어 있다. 3,000석 규모의 공연장에서는 1시간 동안 돌고래와 물개쇼, 러시아에서 초빙한 국제적 수준의 싱크로나이즈드스위밍과 아찔한 공중곡예 다이빙 공연이 펼쳐진다. 어른들에게는 시시할 수도 있지만 아이들과 함께 왔다면 해양생물에 관한 체험교육과 공연으로 즐거워할 만한 장소이다.

주소 萬里區野柳里港東路167-3號 **입장료** NT$330(성인), NT$280(6세 이상 학생), 6세 미만 무료 **운영시간** 09:00~17:00/연중무휴 **문의** (886)02-2492-1111 **찾아가기** 예류지질공원 입구 맞은편에 위치한다. **홈페이지** www.oceanworld.com.tw

신선한 해산물 요리를 저렴하게 즐길 수 있는 예류 주변 음식점

예류지질공원 입구 주변에는 각종 해산물을 담아둔 수족관과 바구니들을 밖에 놓아둔 해산물 전문식당이 즐비하다. 한국관광객이 많은 관광지답게 한국어메뉴판을 구비해 놓은 식당들도 있으며, 아침 일찍 예류를 찾아왔다면 점심을 여기서 해결하고 다음 장소로 이동하기 좋다. 새우, 조개, 게, 랍스터, 생선 등의 해산물로 찜, 조림, 탕, 튀김, 볶음밥 등의 요리가 있으며 해안마을답게 부담스럽지 않은 가격으로 한 끼를 해결할 수 있다. 대부분의 식당이 비슷비슷한 메뉴에 비슷비슷한 맛이기 때문에 단체관광객들이 가는 식당만 피하면 문제는 없다.

Chapter 02
광산촌 정취를
그대로 간직한
지우펀

九份, Jiufen

★★★★★
★★★★☆
★★★☆☆

바닷가 언덕에 위치한 작은 산골마을로 과거 아홉 가구가 인근에서 조달된 물품을 사이좋게 9등분하여 나눴다 해서 지우펀이라 불렀다. 하지만 조용한 산골마을에 금맥이 발견되면서 아시아 최대의 탄광촌이 되었고, 금광산업이 시들면서 마을도 쇠락하게 되었다. 이후 영화 〈비정성시〉와 일본 애니메이션영화 〈센과 치히로의 행방불명〉 그리고 MBC드라마 〈온에어〉의 촬영지로 유명세를 타면서 타이베이의 주요 관광지로 손꼽히게 되었다.

지우펀에서 이것만은 꼭 해보자

1. 홍등이 켜지는 지우펀 야경을 감상하자. 여름에는 18:30, 겨울에는 17:30에 켜지며 지우펀 대부분의 상점은 19:30(찻집 또는 카페 제외) 정도면 문을 닫는다.
2. 거딩(隔頂)언덕에서 시원스럽게 펼쳐지는 바다를 감상하자.
3. 시간적인 여유가 있다면 지우펀에서 1박을 하면서 지우펀의 진가를 제대로 만끽해보자.

지우펀을 이어주는 교통편

- **타이베이에서 출발** MRT 중샤오푸싱(忠孝復興, Zhongxiao Fuxing)역 1번 출구로 나와 뒤돌아 NET매장을 끼고 왼쪽으로 직진하여 리우공전공원(瑠公圳公園, Liu Gong Zun Park) 버스정류장에서 **1062번 버스**를 탑승한다. 지우펀라오졔(九份老街, Jiufen Old Street)정류장에서 하차 후 버스 진행방향으로 직진하다 세븐일레븐 옆 지산졔(基山街, Jishan Street) 골목으로 들어가면 된다. 이지카드 사용 시 승하차시 단말기에 대야한다.

1062번 버스

- **지룽에서 출발** 지룽기차역(基隆火車站) 해변산책로 육교 옆 버스정류장에서 **788번 버스**를 탑승하여 지우펀라오졔(九份老街, Jiufen Old Street)정류장에서 하차 후 버스 진행방향으로 직진하다 세븐일레븐 옆 지산졔(基山街, Jishan Street) 골목으로 들어가면 된다. 단, 시간별로 루이팡, 진과스와 수이난둥행 3코스로 운행하기 때문에 기사에게 물어보고 탑승해야 한다.

788번 버스

- **루이팡기차역에서 출발** 루이팡기차역(瑞芳火車站) 앞 광장에서 맞은편으로 길을 건넌 후 왼쪽으로 직진하면 보이는 경찰서 옆 버스정류장에서 **788, 1062번 버스**를 탑승하여 지우펀라오졔(九份老街, Jiufen Old Street) 정류장에서 하차한다. 버스 진행방향으로 직진하다 세븐일레븐 옆 지산졔(基山街, Jishan Street) 골목으로 들어가면 된다.

- **타이완하오싱(台灣好行)-황진푸롱선(黃金福隆線) 856번 버스** 루이팡기차역에서 출발하여 지우펀, 진과스, 황금폭포, 수이난둥을 거쳐 푸롱관광안내센터까지 이동하는 타이완관광청에서 운영하는 셔틀버스를 이용할 수 있다.

타이완하오싱 856번 버스

버스번호	출발구간	운행시간		운행간격		소요시간	요금(NT$)
		평일	주말&공휴일	보통	피크		
1062번 버스	타이베이(台北)	07:00~21:10	07:10~20:40	20~30분	15~20분	약 1시간	90/96
	진과스(金瓜石)	05:55~21:30	06:30~21:30			약 10분	15
788번 버스	지룽(基隆)	05:55~21:55		15~20분	12~15분	약 1시간 10분	30
	진과스(金瓜石)	05:45~21:35				약 10분	15
타이완하오싱-황진푸롱선 856번 버스	루이팡기차역 (瑞芳火車站)	09:00~16:00	08:00~16:00	평일	1시간	약 15분	50(1일 패스) 15(편도)
				주말&공휴일	30분		
	푸롱관광안내센터 (福隆遊客中心)	10:15~17:15	09:15~17:15	평일	1시간	약 50분	
				주말&공휴일	30분		
	황진푸롱선노선	루이팡기차역(瑞芳火車站)→지우펀(九份)→황금박물관(黃金博物館)→황금폭포(黃金瀑布)→수이난둥(水湳洞)→난야난신사원(南雅新宮)→비터우(鼻頭)→롱동완오션파크(龍洞灣海洋公園)→롱동쓰지엔(龍洞四季灣)→아오디(澳底)→푸롱관광안내센터(福隆遊客中心)					

※ 825번 버스는 주말에만 운영하는 급행버스로 루이팡기차역→지우펀→진과스만 09:00~18:00까지 약 25~30분 간격으로 운행한다.
※ 요금은 이지카드로도 결제가 가능하다.

지우펀 베스트코스 (예상 소요시간 3시간 이상)

지산제입구	위안보어자이	땅콩아이스크림전병	스청타오디	아란차오즈궈
	대표메뉴 : 위안탕	대표메뉴 : 화성지아빙치린	10분 코스	대표메뉴 : 차이푸미

1분 → 1분 → 1분 → 1분 → 2분

니런우구이렌관	지우펀비밀기지	야간이위위안	수치루	성핑시위안	지우펀찻집
20분 코스	30분 코스	대표메뉴 : 위위안	10분 코스	30분 코스	1시간 코스

1분 → 1분 → 2분 → 바로 옆 → 주변 위치

九份
지우펀

타이베이 근교

Section 03
지우펀에서 반드시 둘러봐야 할 명소

지산제와 수치루를 따라 골목탐험을 즐기다보면 지우펀의 명소와 유명노점을 만날 수 있다. 특별하게 둘러봐야 할 명소가 있는 것이 아니라 골목골목에서 지우펀정취를 느낄 수 있어 재미를 더한다. 너무 이른 시간에 찾아가는 것보다는 수치루 홍등이 켜지는 시간 즈음에 방문해야 지우펀의 진면목을 볼 수 있다.

지우펀여행의 시작을 알리는 골목 ★★★★★
지산제 基山街 Jiufen Old Street

지우펀은 지산제에서 시작하여 수치루에서 끝난다는 말이 있다. 바로 지우펀여행의 시작을 알리는 지산제는 세븐일레븐 옆 좁은 골목이다. 라오제老街라고도 부르는 약 300m 남짓 구불구불한 골목에는 지우펀의 대부분 맛집과 상점이 몰려있어 천천히 둘러본다면 1시간은 족히 걸리는 마력을 지닌 거리이다. 평일에도 붐비지만 특히 주말에는 거리 전체가 발 디딜 틈 없이 현지인과 여행자들로 가득 들어찬다. 땅콩전병아이스크림, 위위안芋圓, 위안탕魚丸湯, 소라구이, 소시지 등 다양한 먹거리뿐만 아니라 오카리나, 수공예기념품, 복고풍가게, 가죽제품매장 등 다양한 가게들이 지갑을 자꾸 열게 만든다.

찾아가기 지우펀라오제(九份老街, Jiufen Old Street)정류장에서 하차한 후 버스 진행방향으로 직진하다 세븐일레븐 옆 지산제(基山街) 골목으로 들어가면 된다.

귀신가면이 가득한 ★★☆☆☆
니런우구이롄관 泥人吳鬼臉館

니런泥人은 점토인형을 뜻하며 점토조각가 우즈창吳志彊이 설립한 귀신점토가면 개인박물관이다. 간단한 스케치조차 배운 적이 없던 요리사출신 우즈창은 우연한 기회에 점토를 접한 후 30년 동안 만들어 온 작품 중 1,500여 점을 전시하고 있다. 괴기스러운 귀신가면은 전통이야기 속 귀신이 너무 추상적이라 구체적으로 귀신을 표현하고 싶었기 때문에 만들었다고 한다. 무서운 표정도 있지만 재미있고 익살스러운 표정의 귀신도 있고, 중국과 타이완의 유명인, 연예인, 세계적인 거물들의 가면도 전시되어 있다.

주소 瑞芳區豎崎路7號 **입장료** NT$50(성인), NT$30(학생) **운영시간** 09:00~17:00(월~금요일), 09:00~19:00(토~일요일)/연중무휴 **문의** (886)02-2496 2016 **찾아가기** 지산제를 걷다 수치루 교차지점에서 돌계단을 따라 올라가면 오른편에 위치한다. 도보 5분 거리.

1950년대 타이완 속으로 떠나는 여행 ★★★★☆
지우펀비밀기지 九份秘密基地

타이완 전역에서 수집한 1950년대의 다양한 물건을 전시한 곳으로 마치 타임머신을 타고 시간여행을 하는 듯한 기분이 든다. 젊은 현지인들에게 인기 있는 곳으로 입장료를 지불하면 교복, 중국전통의상, 경찰복, 소방관복 등 의상을 대여할 수 있어 맘에 드는 의상을 착용하고 구경하면서 기념사진을 찍을 수 있다.
1950년대 당시의 앨범, 장난감, 가구, 생활용품, 소품 등 다양한 물건이 전시되어 있어 타이완사람들의 근현대기 삶을 간접 체험해볼 수 있다. 단지 구경만 하는 것이 아니라 직접 만져보고 사용해볼 수 있는 공간을 제공하고 있으며, 추억의 물건과 간식도 판매한다.

주소 瑞芳區松山巷10號 **귀띔 한마디** 2층에서는 통유리를 통해 지우펀 일대를 내려다볼 수 있다. **입장료** NT$30(성인), NT$25(학생) **운영시간** 11:00~19:00/연중무휴 **찾아가기** 지산제를 따라 가다가 수치루와 교차하는 지점에서 돌계단을 따라 올라다보면 오른편에 위치한다. 도보 5분 거리.

타이베이 근교

지우펀의 하이라이트 홍등계단 ★★★★★
수치루 竪崎路 Shuqi Road

지산제를 따라가다 보면 오른편으로 가파른 내리막 돌계단이 나오는데 이곳이 바로 저녁이면 계단을 따라 홍등이 켜지는 지우펀의 상징 수치루이다. 300여 개의 가파른 돌계단은 드라마, 영화, 광고 등을 통해 타이완의 대표이미지로 자리 잡았다. 비좁고 가파른 돌계단 양옆으로 고즈넉한 분위기의 전망 좋은 전통찻집이 줄지어 있으며, 홍등이 하나둘씩 켜지는 저녁이면 주변의 집들도 하나둘씩 불을 밝혀 드라마틱한 장면을 연출한다.

영화 〈비정성시〉의 촬영지였던 찻집들과 〈센과 치히로의 행방불명〉의 배경 모티브가 된 곳으로 유명세를 타면서 홍등이 켜지는 시각이면 그야말로 인산인해를 이루기 때문에 찻집 창가에 앉아 한잔의 차를 마시며, 수치루와 주변 일대 야경을 바라보는 것이 오히려 낫다.

귀띔 한마디 여름 18:30, 겨울 17:30에 홍등이 켜진다. 찾아가기 지산제를 따라 걷다가 수치루와 만나는 길에서 내리막길 계단이 바로 수치루이다. 도보 5분 거리.

타이완북부 최초의 극장 ★★★★★
성핑시위안 昇平戲院 Sherngping Theater

1916년 지산제시장 옆에 개관한 극장으로 1927년 현재의 자리로 이전할 때까지 다양한 공연과 영화를 선보인 타이완북부 최초의 극장이었다. 무성영화, 일본영화, 중국영화, 서부영화 등을 상영하였으며, 영화 상영일에는 주변일대가 밤새 시끄러울 정도로 인기 있던 극장이었다. 이후 수많던 금광이 폐광되면서 사람들이 떠났고, 오랜 세월을 견디지 못한 극장 건물도 붕괴되면서 결국 1986년 폐관하였다.

오랜 시간 폐허로 방치됐던 이곳을 신베이시가 투자와 리모델링을 하여 2011년 현재 모습으로 무료개방했다. 내부는 당시 영화관련 소품과 자료들을 전시해놓았으며, 극장내부는 나무의자들을 일렬로 배치하여 당시 극장 모습을 되살렸다.

주소 瑞芳區輕便路137號 귀띔 한마디 금~일요일에는 고전영화를 상영하고 있다. 입장료 무료 운영시간 09:30~17:00(월~금요일), 09:30~18:00(토~일요일)/연중무휴 문의 (886)02-2496-9926 찾아가기 수치루 계단을 내려오면 왼쪽에 위치한다.

Section 04
지우펀에서 먹어봐야 할 것들

지산제 좁은 골목에는 지우펀에서 먹어봐야 할 간식이 너무 많아 짧은 길을 쉽게 통과할 수 없다. 특히 꼭 먹어봐야 할 지우펀의 원조 땅콩아이스크림롤과 명물 위위안이 있다. 해 질 녘이면 지우펀 일대를 한 눈에 내려다볼 수 있는 전통찻집에 앉아 다도를 배우며 차 한잔의 여유를 가져보는 것도 좋다.

지산제의 어묵가게 터줏대감 ★★★★☆
위안보어자이 魚丸伯仔

2대째 이어오고 있는 60년 역사의 타이완식 전통어묵가게이다. 지산제 초입에 위치해 있으며, 30명 정도가 앉을 수 있는 내부는 오래된 가게라고 믿기 어려울 만큼 깔끔하다. 메뉴는 4종류로 단출하며 그중 위안탕(魚丸湯), 떠우깐바오(豆干包), 깐동편(乾冬粉)이 인기메뉴이다.

대표메뉴 위안탕은 담백한 국물에 말랑말랑한 어묵이 푸짐하게 들어있으며, 녹두분말 동편(冬粉)으로 만든 쫄깃쫄깃한 면에 특제소스가 얹어 나오는 깐동편 그리고 유부에 짭조름하게 양념된 돼지고기로 속을 채우고, 어묵을 둘러 튀긴 후 달콤한 양념을 얹은 떠우깐바오 모두 1인분에 NT$30으로 저렴하게 한 끼 식사를 할 수 있다.

위안탕(魚丸湯)

떠우깐바오(豆干包)

깐동편(乾冬粉)

주소 瑞芳區基山街17號 **귀띔 한마디** 지룽야시장 마오커우야시장(廟口夜市)에도 분점이 있다. **베스트메뉴** 위안탕(魚丸湯), NT$30), 유부튀김 떠우깐바오(豆干包, NT$30) **추천메뉴** 비빔면 깐동편(乾冬粉, NT$30) **가격** NT$30~ **영업시간** 10:00~19:00(월~금요일), 10:00~21:00(토~일요일)/연중무휴 **문의** (886)02-2496-0896 **찾아가기** 지산제로 들어서면 왼편에 위치한다. 도보 1분 거리.

광부들을 위한 뉴러우몐을 판매하던 ★★★★☆
지우펀라오몐뎬 九份老麵店 Jiufen Old Noodle Shop

1958년 개업한 국수전문점으로 건강한 체력을 요하던 광산노동자들을 위해 수십 종의 한약재를 넣어 만든 뉴러우몐을 개발하여 저렴한 가격에 판매하던 음식점이다. 하지만 폐광과 함께 노동자들이 떠나면서 지우펀과 흥망성쇠를 공유하던 음식점이기도 했다.

가게내부는 시간이 멈춘 듯한 복고풍스타일로 면, 탕, 밥 등 10여 가지의 메뉴가 있으며 인기메뉴는 뉴러우멘과 위안멘(魚丸麵)이다. 영화 〈비정성시〉에 등장하면서 잠시 유명세를 탔지만 시대흐름에 고전을 면치 못하다가 주인 딸이 개발한 땅콩전병아이스크림롤을 팔면서 다시 유명해졌다. 이후 땅콩아이스크림롤만 전문적으로 파는 상점 아주쉐짜이샤오도 지우펀에 별도로 오픈하였다.

주소 瑞芳區基山街45號 **베스트메뉴** 뉴러우멘(牛肉麵, NT$90), 위안멘(魚丸麵, NT$45) **추천메뉴** 뉴러우탕(牛肉湯, NT$90), 위안탕(魚丸湯, NT$35) **가격** 면류 NT$35~, 탕류 NT$35~ **영업시간** 10:30~19:30(월~금요일), 10:30~20:30(토~일요일)/연중무휴 **문의** (886)02-2497-6316 **찾아가기** 지산제로 들어서면 오른편에 위치한다. 도보 2분 거리.

뉴러우멘(牛肉麵)

위안멘(魚丸麵)

원조 땅콩아이스크림롤가게 ★★★★★
아주쉐짜이샤오 阿珠雪在燒 A-Zhu Peanut Ice Cream Roll

국수전문점 지우펀라오멘덴의 딸이 개발한 땅콩전병아이스크림롤 화성지아빙치린(花生加冰淇淋)만 전문으로 판매하는 지우펀 대표맛집이다. 현재는 웬만한 야시장에서 쉽게 볼 수 있지만 이 집이 원조이고, 처음에는 가게 앞 가판대에서 팔다가 인기가 높아지면서 따로 가게를 오픈하였다.

얇은 전병 위에 땅콩엿덩어리를 대패로 밀어 곱게 갈은 땅콩가루를 수북하게 쌓고, 그 위에 토란과 파인애플아이스크림 두 덩어리를 얹은 후 돌돌 말아준다. 전병의 쫄깃함, 땅콩가루의 고소함, 아이스크림의 달콤함이 어우러져 우리 입맛에도 잘 맞아 지우펀에 왔다면 반드시 먹어봐야 할 간식이다. 현지인들은 샹차이(香菜)를 넣어 먹지만 독특한 향 때문에 거부감이 있다면 빼달라고 하면 된다.

주소 瑞芳區基山街20號 **귀띔 한마디** 계산은 동전바구니에 직접 넣으면 되고 간단한 한국말을 하기 때문에 어렵지 않게 주문이 가능하다. **가격** 땅콩아이스크림롤 화성지아빙치린(花生加冰淇淋, NT$40) **영업시간** 09:00~19:00/연중무휴 **찾아가기** 지산제로 들어가면 오른편에 위치한다. 도보 2분 거리.

Part 05

쫄깃쫄깃한 토란경단가게 ★★★★
라이아포위위안 賴阿婆芋圓 Lai Ah Po Taro Balls

라이아할머니네 토란경단이란 의미인 라이아포위위안은 3대째 이어오는 타이완 전통디저트 가게이다. 천연재료를 사용하여 직접 만드는데 지우펀의 또 다른 위위안가게 야간이위위안(阿柑姨芋圓)과 최고를 다투는 유명가게이다. 동굴 같은 벽이 인상적인 실내는 좌석수가 많지 않지만 테이블에서 위위안을 먹으며 잠시 휴식을 취할 수 있다. 팥(紅豆), 녹두(綠豆), 땅콩(花生)을 끓인 국물 중에 선택하면 토란(芋)圓, 참마(山藥), 고구마(地瓜), 녹차(綠茶), 참깨(芝麻)로 만든 알록달록한 삶은 경단을 넣어준다. 따뜻하게 먹으면 팥죽 같고, 얼음을 넣어 차갑게 먹으면 빙수의 맛을 느낄 수 있다.

주소 瑞芳區基山街143號 **귀띔 한마디** 귀국당일 익히지 않은 경단을 포장하여 당일 끓여먹어도 된다. **가격** 한 컵 NT$45 **영업시간** 08:00~20:00/연중무휴 **문의** (886) 02-2497-5245 **찾아가기** 지산제을 들어서면 오른편에 위치한다. 도보 5분 거리.

맥주와 함께 먹으면 좋은 지우펀 간식

지우펀의 명물아줌마 소시지가게
우디샹창 (無敵香腸)

큼직한 꽃장식, 파마머리가발과 커다란 뿔테안경을 쓴 린후이민(林惠敏)아줌마가 운영하는 타이완식 소시지구이 상창(香腸)을 파는 노점이다. 지우펀 유명인물로 인기가 많은데, 우리나라 여행자들 사이에는 무적소시지아줌마라 불린다. 날치알소시지(飛魚卵香腸), 먹물오징어소시지(墨魚香腸), 흑돼지소시지(黑猪肉香腸) 그리고 타코야끼(花枝丸) 등을 팔고 있다.
가격 1개 NT$35, 3개 NT$100

새송이버섯구이
씽바오구 (杏鮑菇)

팔뚝만한 새송이버섯에 짭조름한 양념을 바르면서 구운 새송이버섯구이 카오씽바오구(烤杏鮑菇)와 바삭하게 튀긴 후 양념을 뿌린 새송이버섯튀김 수짜씽바오구(酥炸杏鮑菇)를 파는 가게로 멀리서도 향긋한 버섯향이 코를 자극한다. 쫀득하게 씹히는 식감과 입안 가득 퍼지는 버섯향이 일품이며, 맥주안주로 손색이 없는 간식이다.
가격 1컵 NT$100

갓 구운 바다의 맛 소라구이
하이즈웨이시엔 카오페이추이루어 (海之味現烤翡翠螺)

씽바오구가게 건너편 가게로 즉석에서 구운 신선한 왕소라와 오징어를 판다. 왕소라구이 카오페이추이루어(烤翡翠螺)는 주문과 동시에 소라알맹이를 빼먹기 좋게 잘라 원하는 소스를 뿌려준다. 짠 맛이 강하며 쫀득쫀득하게 씹히는 맛이 일품으로 맥주 또는 탄산음료와 먹기 좋은 인기 간식이다.
가격 소라구이 1컵 NT$100, 오징어구이 한 마리 NT$100

타이베이 근교

지우펀의 명물 전통떡집 ★★★★★
아란차오즈궈 阿蘭草仔粿 Ah Lan Hakka Glutinous Rice Cake

1950년대 개업한 노점으로 광부들을 위한 건강식 떡 차오즈궈草仔粿를 팔기 시작하여 현재 3대가 함께 운영하는 전통떡집이다. 현지인들뿐만 아니라 여행자들에게도 인기 있는 가게로 항상 사람들로 북적거린다. 찹쌀을 2시간 정도 물에 담가 불린 후 수분을 제거하고 밀가루, 설탕 그리고 약쑥을 넣어 반죽한 후 팥, 녹두, 무말랭이, 절임야채 등으로 속을 채운 후 쪄내는 모든 과정이 전통수작업으로 이뤄진다. 쑥을 넣어 반죽한 차우즈궈와 달리 찹쌀반죽에 신선한 토란을 썰어 올린 초밥모양의 위궈芋粿도 인기가 높다.

차오즈궈(草仔粿)와 위터궈(芋粿)

주소 瑞芳區基山街90號 **귀띔 한마디** 한입 크기로 낱개 포장되어 있다. **베스트메뉴** 채 썬 무말랭이를 넣은 차이푸미(菜蒲米), 팥을 넣은 텐훙떠우(甜紅豆) **추천메뉴** 녹두을 넣은 시엔루떠우(鹹綠豆), 절인 야채를 넣은 시엔차이(鹹菜), 토란으로 만든 위궈(芋粿) **가격** 1개당 NT$10 **영업시간** 09:00~20:00/연중무휴 **문의** (886)02-2496-7795 **찾아가기** 지산제를 들어서면 오른편에 위치한다. 도보 3분 거리.

지우펀경치를 감상할 수 있는 위위안가게 ★★★★★
아간이위위안 阿柑姨芋圓 Ah Gan Taro Balls

수치루 오르막 돌계단 끝자락 지우펀초등학교 아래 위치한 위위안가게로 백만불짜리 지우펀경치를 덤으로 감상할 수 있는 곳이다. 1969년 개업하여 지우펀에서는 제일 오래된 위위안가게로 색이 고운 경단은 옥수수전분에 토란, 고구마, 녹두, 호박 등을 가루 내어 곱게 반죽한 후 떡모양으로 만들어 끓여낸 것이다. 차가운 빙수를 먹을 때는 팔팔 끓인 팥, 녹두, 콩 또는 3가지를 섞은 국물 중에 선택하고, 뜨겁게 먹을 때는 팥 또는 3가지를 섞은 국물 중에 선택한다.

돌계단에서 앉아 먹는 현지인들 때문에 입구에서 보이는 공간이 가게의 전부라고 생각하면 오산이다. 계산을 한 후 주문한 위위안을 들고 안쪽으로 들어서면 사방으로 지우펀 일대뿐만 아니라 날이 좋은 날에는 지룽항基隆港까지 탁 트인 전망을 감상할 수 있다. 실내에서 지우펀 경치를 편하게 볼 수 있다는 점만으로도 한 번쯤 들릴 만한 곳이다.

주소 瑞芳區豎崎路5號 **귀띔 한마디** NT$10을 더 지불하면 달콤한 연유 리엔루(練乳)를 추가할 수 있다. **가격** 한 컵 NT$45 **영업시간** 09:00~21:00/연중무휴 **문의** (886)02-2497-6505 **찾아가기** 지산제를 따라 가다가 수치루와 교차하는 지점에서 돌계단을 올라가다보면 끝자락 오른편에 위치한다. 도보 6분 거리.

Part 05

지우펀에서 호사스러운 한때를 보낼 수 있는 찻집 ★★★★★
아메이차지우관 阿妹茶酒館 Amei Tea House

수치루 돌계단 중간에 위치한 찻집으로 영화 〈비정성시〉에서 주인공의 집으로 나왔으며, 〈센과 치히로의 행방불명〉의 감독 미야자키하야오가 영감을 얻기 위해 이곳이 보이는 쪽에 앉아 스케치하며 시간을 보냈다고 한다. 딸만 셋이었던 부부가 아들을 기원하며 딸을 아메이阿妹라고 부른 후 아들이 태어났다 하여 찻집이름을 아메이라 붙였다는데, 당시 아메이라 불리던 딸이 현재 찻집을 운영한다. 내부는 창과 대나무가 많아 여름에는 시원하고 겨울에도 춥지 않다. 곳곳에 걸린 대형가면은 독일인에게 매입한 것이며 일제강점기 사용했던 생활용품, 대나무로 만든 테이블과 의자가 고풍스러운 분위기를 더한다. 2층은 다예관과 레스토랑이며, 3층 야외테라스에서는 지우펀 일대와 바다까지 조망하며 차를 마실 수 있다. 타이완 각지에서 채취한 품질 좋은 수십 가지의 차가 있지만 이곳에서 추천하는 차는 리산우롱차梨山烏龍茶와 롱딩우롱차凍頂烏龍茶이며, 차와 어울리는 수제전통다과도 판매한다.

주소 瑞芳區崇文里市下巷20號 **귀띔 한마디** 다도는 중국어, 영어, 일어로 설명하는데, 가끔 한국어를 하는 직원이 있는 경우도 있다. **베스트메뉴** 롱딩우롱차(凍頂烏龍, NT$600), 타이완의 최고의 우롱차로 평하는 리산우롱차(梨山烏龍, NT$1,000) **추천메뉴** 4가지의 간단한 다과가 함께 나오는 우롱차세트 1인당 NT$300 **영업시간** 08:30~24:00(일~목요일), 08:30~01:00(금요일), 08:30~02:00(토요일)/연중무휴 **가격** NT$300~ **문의** (886)02-2496-0833 **찾아가기** 지산제를 따라 가다 수치루와 교차하는 지점에서 돌계단을 따라 내려가다 보면 오른편에 위치한다. 도보 5분 거리.

분위기 좋은 찻집 ★★★★
지우펀차팡 九份茶坊 Jiufen Teahouse

1912년 한약방으로 지어진 건물로 일제강점기에는 광산회사 관리의 저택으로 사용되었다. 1991년 화가이자 도예가 홍쯔성洪志勝이 건물을 매입하여 찻집으로 리뉴얼하였다. 이후 지하는 차, 다구, 그림 등을 전시하는 갤러리&공방, 1층은 다기제품 판매공간과 차를 마실 수 있는 다도공간으로 보강공사를 진행하여 다양한 볼거리를 제공하는 대규모 찻집으로 재오픈하였다.
실내로 들어서면 일렬로 보글보글 끓고 있는 무쇠 주전자 탕관湯罐이 고풍스러운 느낌의 인테리어와 잘

어우러져 인상적이다. 주문하면 테이블 세팅 후 차 우리는 법과 마시는 방법 등을 설명해준다. 테이블 중앙 화덕은 숯불로 물을 끓이고, 차는 잔이 아닌 봉지잎차로 판매한다. 찻잎은 고정금액으로 판매하기 때문에 3~4명 정도 가는 것이 좋다. 물은 무한리필이지만 3번 정도 우려먹는 것이 적당하며, 남은 찻잎은 포장해준다. 차 종류가 수십 가지이고, 차와 함께 먹기 좋은 수제다과도 있다. 야외테라스가 있어 지우펀경치를 감상하며 차를 즐길 수 있다.

주소 瑞芳區豎崎路142號 **귀띔 한마디** 테이블 위 고양이인형에는 테이블번호가 적혀 있어 나갈 때 들고 계산대로 가면 된다. **추천메뉴** 우롱치즈케이크(烏龍起司蛋糕, NT$100), 파인애플케이크 펑리수(伍倆金鳳梨酥, NT$$100) **가격** 차 NT$400~, 테이블차지 1인당 NT$100/찻잎을 가져간다면 테이블차지 1인당 NT$180 **영업시간** 09:30~21:00/연중무휴 **문의** (886)02-2496-9056 **찾아가기** 지산제를 따라 가면 오른편에 위치한다. 도보 5분 거리. **홈페이지** www.jioufen-teahouse.com.tw

펑리수(Pineapple Cake)

언덕 위 멋진 전망을 자랑하는 찻집 ★★★★★
수이신웨차팡 水心月茶坊 Artist Teahouse

지우펀차팡의 소유자이자 예술가 홍쯔성의 개인작업실을 개조하여 오픈한 찻집이다. 1930년대 붉은 벽돌로 고성처럼 지어진 건물로 안개 자욱한 날이면 마치 건물이 구름에 떠있는 듯 보인다. 비슷한 메뉴와 서비스를 제공하지만 고풍스러운 지우펀차팡과는 달리 이곳은 예술적 분위기가 감도는 모던한 공간으로 꾸며놓았으며, 바다와 지우펀 일대가 한눈에 펼쳐지는 명당에 위치해 있어 더욱 매력적이다.

다구와 차를 판매하는 공간과 차를 마실 수 있는 공간, 야외테라스 등이 마련되어 있다. 날씨가 좋은 날 야외테라스에 앉으면 지룽항까지 펼쳐지는 멋진 풍경을 감상할 수 있으며, 반짝반짝 빛나는 환상적인 야경을 감상하기에도 더할 나위 없이 좋은 곳이다.

주소 瑞芳區輕便路308號 **귀띔 한마디** 봉지잎차를 판매하며, 남으면 포장해준다. **베스트메뉴** 홍차에 가까운 풍미를 가진 동방미인(東方美人, NT$800), 경발효차로 녹차에 가까운 아리산우롱차(阿里山烏龍, NT$600) **추천메뉴** 우롱치즈케이크(烏龍起司蛋糕, Oolong Cheese Cake, NT$80) **가격** 차 NT$400~, 테이블차지 1인당 NT$100/찻잎을 가져왔다면 테이블차지 1인당 NT$180 **영업시간** 12:00~20:30(월~금요일), 09:30~20:30(토~일요일)/연중무휴 **문의** (886)02-2496-7767 **찾아가기** 지산제를 따라 가다 수치루와 교차하는 지점에서 돌계단을 끝까지 내려와 오른쪽 좁은 골목을 따라 직진하면 오른편에 위치한다. 도보 7분 거리. **홈페이지** www.jioufen-teahouse.com.tw

영화 〈비정성시〉 촬영지 ★★★★★
비정성시 悲情城市

성평시위안극장의 직원기숙사였던 건물을 개조하여 전통차와 타이완가정식요리를 파는 샤오상하이지우지아(小上海酒家)를 오픈하였다. 가게 이름처럼 상하이의 소박한 식당 분위기이며, 일제강점기시절의 가구와 소품들로 고풍스럽게 장식되어 있다. 영화 〈비정성시〉의 감독 눈에 띄어 후앙진지우지아(黃金家)란 이름의 식당으로 영화에 등장하면서 유명해졌고, 가게이름도 이후 비정성시로 변경하였다.

한국드라마 〈온에어〉에서는 주인공들이 야외테라스에서 차를 마시던 장면이 촬영된 곳으로 대부분 차를 마시기보다는 간단한 요리와 어울리는 커피, 스무디, 주스 등을 주문한다. 날씨가 좋다면 야외테라스에 앉아 거리에 사람들을 내려다보는 소소한 재미가 있는 곳이다.

주소 瑞芳區豎崎路35號 **귀띔 한마디** 전통차를 주문하면 테이블차지 1인당 NT$100, 찻물은 무한리필이다. **가격** 요리 NT$150~, 차 NT$300~, 음료 NT$100~ **영업시간** 10:00~24:00/연중무휴 **문의** (886)02-2496-0069 **찾아가기** 지산제와 수치루가 교차하는 지점에서 돌계단을 따라 내려가다 보면 왼편에 위치한다. 도보 5분 거리. **홈페이지** www.jioufen-cuisine.com.tw

허우샤오셴감독의 타이완 비극적 현대사를 다룬 영화 비정성시(悲情城市, A City of Sadness)

타이완의 뉴시네마운동을 주도한 영화감독 허우샤오시엔(侯孝賢)의 대표영화로 베니스국제영화제 황금사자상, 금마장영화제 감독상과 남우주연상을 수상했다. 영화는 해방부터 중국본토에서 넘어온 사람들에 의한 토착민학살(2.28사건) 이후 2년까지의 비극적인 타이완근대사를 임아록가족을 통해 이야기한다. 사진관을 운영하며 지식인청년 오관영과 함께 사는 막내아들 임문청의 양조위는 귀머거리에 벙어리로 타이완민중을 상징적으로 보여준다. 그의 형들은 미쳤거나 죽거나 행방불명된 상태로 세상에 환멸을 느낀 임문청은 반정부활동에 참여하려 하지만 친구 오관영이 자신의 여동생을 부탁하자 그녀와 결혼하여 가정을 꾸린다. 하지만 반란세력을 도왔다는 이유로 그 마저 끌려간다. 일제치하에서 벗어났지만 동족으로부터도 이방인이 되어야 했던 타이완인들의 비극을 한 가족의 삶을 통해 보여주고 있다.

타이베이 근교

Section 05
지우펀에서 놓치면 후회하는 쇼핑거리

지산제에는 지우펀만의 독특한 상점들이 있으며, 가방, 신발, 가죽, 의류 등의 핸드메이드제품들을 파는 개성강한 상점들은 주로 가파른 돌계단 수치루에 모여 있다. 기념품으로 사갈 만한 아기자기한 상품이 많아 지갑이 자연스럽게 열리므로 일단 한 바퀴 둘러본 후 목록을 정하고, 타이베이시내로 되돌아가기 전 구입하는 것이 좋다.

  오카리나장인의 손길을 느낄 수 있는 ★★★★★
스청타오디 是誠陶笛 Taiwan Ocarina

지산제를 따라 가다보면 지우펀에서 최초로 도자기로 만든 수제오카리나를 파는 가게가 있다. 가게주인 첸진쉬陳金繡는 1998년 지우펀에 흙으로 빚어 직접 채색까지 하는 수제오카리나상점을 개업하였으며 타이완스타일의 오카리나를 만드는 지우펀 유명인이다.
올빼미, 고양이, 개구리, 오리 등 귀여운 동물모양과 자동차, 비행기, 항아리 등의 사물모양뿐만 아니라 기본적으로 거위모양과 알모양에서 변형된 다양한 오카리나를 구경할 수 있다. 오카리나는 크기와 모양에 따라 소리가 다르고, 투명하고 청아한 소리로 사람들의 마음을 사로잡는 매력적인 악기이다. 이곳 오카리나는 모두 수제품으로 가격은 천차만별이지만 기본적으로 NT$100의 제품을 기념품으로 많이 구입하며, 간단한 연주법이 적힌 악보도 함께 받을 수 있다.

주소 瑞芳區基山街8號 귀띔 한마디 1860년경 로마의 제빵기술자들이 대충 만들어 시장에 내다 팔던 장난감악기를 악기전문인이 개조하여 정확한 음계를 내는 지금의 오카리나를 만들었다. 처음에는 달걀모양이었으나 거위모양으로 변모되어 이탈리아어로 작은 거위라는 뜻의 오카리나가 탄생하였다. 영업시간 09:00~20:00/연중무휴 문의 (886)02-2406-1721 찾아가기 지산제를 따라 직진하면 오른편에 위치한다. 도보 3분 거리.

  손으로 직접 만드는 나막신상점 ★★★★
지우펀무지주촹관 九份木屐手創館

조금 외진 곳에 위치하지만 중국전통 나막신을 현대적 감각에 맞춰 수제로 나막신을 만드는 가게이다. 디자인과 굽높이를 선택하면 10~15분 정도면 뚝딱 완성해주는 간단 맞춤형 나막신이 인기이다. 수제나막신 외에도

기성나막신, 아동나막신, 건강나막신 등도 판매한다. 나무로 만들어 무겁고 불편할 것 같지만 생각보다 훨씬 가벼우면서도 척추, 고관절 등에 교정효과가 있어 건강용으로 많이 찾는다. 가격은 수제나막신은 NT$800부터이고, 중국풍 기성화는 NT$500부터이다.

주소 瑞芳區基山街27號 **영업시간** 09:00~18:00/연중무휴 **문의** (886)02-2521-4867 **찾아가기** 지산제를 따라 직진하다 오카리나상점 맞은편의 지우충딩(九重町) 옆 좁은 오르막길로 올라가면 오른편에 위치한다. 도보 3분 거리.

타이완 전통주방용품을 살 수 있는 ★★★☆☆
루이엔 茹緣

대나무와 등나무로 만든 다양한 주방용품을 파는 민속상점으로 저렴하게 판매한다. 다양한 크기의 대나무찜기가 인기 있으며, 이 밖에도 다양한 죽세공품과 목재식기, 나무수저, 포크, 나이프, 주걱, 민속인형, 연필, 바구니 등 재미있는 잡화와 생활용품까지 다양하게 있어 구경하는 재미도 쏠쏠하다. 현지인들보다는 주로 일본인 관광객들에게 인기 있는 상점으로 타이완스타일의 주방용품에 관심이 있다면 놓치지 말고 찾아가보자.

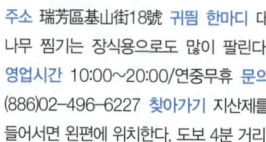  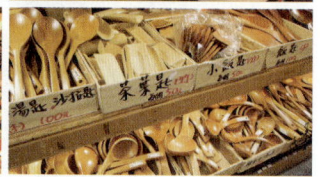

주소 瑞芳區基山街18號 **귀띔 한마디** 대나무 찜기는 장식용으로도 많이 팔린다. **영업시간** 10:00~20:00/연중무휴 **문의** (886)02-496-6217 **찾아가기** 지산제를 들어서면 왼편에 위치한다. 도보 4분 거리.

아티스트가 그려주는 핸드메이드제품 ★★★★☆
란샨차오씨아 藍山朝夏

일러스트레이터 여주인이 티셔츠, 모자, 컵 등의 다양한 소품에 캐릭터를 직접 그려 파는 상점으로 주문하면 10~20분 안에 완성해 준다. 주로 커플들은 티셔츠, 머그컵, 모자 등을 주문하고, 관광객들은 쿠션커버, 가방, 핸드폰지갑, 컵받침 등 기념품이 될 만한 물건을 찾는다. 주인이 가게 안쪽에서 하나하나 그려

서 파는 수제품이기 때문에 세상에 하나뿐인 상품을 가질 수 있다.

주소 瑞芳區基山街30-1號 영업시간 10:00~19:00/연중무휴 문의 (886)02-2496-7820 찾아가기 지산제를 따라 직진하면 오른편에 위치한다. 도보 5분 거리.

 동화 속 동물 친구를 만나는 ★★★★★
헝리우 亨利屋 Henry Cats&Friends

디즈니애니메이션 미술감독 출신의 리헝샹李鴻祥이 '헨리 고양이들과 친구들'이란 타이틀로 개업한 상점으로 조약돌에 직접 그린 고양이작품이 주를 이룬다. 푸딩, 모모, 멜로디, 미고, 심바 등 고양이, 강아지, 토끼 등의 캐릭터에 각각 이름과 성격, 이야기를 붙여 무한한 상상력과 독창성으로 의인화된 동물캐릭터를 만들어 내고 있다.

조약돌에 그린 고양이작품은 NT$3,000 이상이며, 머그컵, 쿠션, 우산, 가방, 펜, 노트, 편지지 등의 기념품과 문구류도 있는데, 인기 아이템은 우산이다. 지우펀의 3개 지점 외에 단수이에도 지점이 있다.

주소 瑞芳區豎崎路4號 귀띔 한마디 드라마 〈온에어〉에서 김하늘과 박용하가 만나는 장면이 촬영된 곳이다. 영업시간 10:00~18:00(일~금요일), 10:00~21:00(토요일)/연중무휴 문의 (886)02-2496-5246 찾아가기 지산제를 따라 가다가 수치루와 교차하는 지점에서 돌계단을 끝까지 내려와 정면 좁은 계단을 따라 내려가면 오른편에 위치한다. 도보 7분 거리. 홈페이지 tw.henrycats.com

 130년 전통의 타이완 전통케이크 ★★★★★
리이빙뎬 李儀餠店

1882년 설립된 타이완 최고의 펑리수가게 리후빙뎬(지룽본점)의 설립자의 셋째 아들이 오픈한 분점으로 펑리수를 비롯한 타이완 전통케이크를 판매한다. 원래 지산제 내에 있었지만 현재는 조금 한적한 대로변으로 옮겼다. 지룽본점의 포장이 투박하고 예스럽다면 여기는 고급스럽고 세련된 느낌이라 선물용으로 구입하기 좋다. 전통문양의 황금색종이로 포장한 펑리수를 비롯하여 녹두월병 루떠우샤빙綠豆沙餠, 카레월병 카리수咖哩酥, 토란월병 위터우수芋頭酥 등이 인기메뉴이다. 낱개로 구입해 먹어 본 후 박스채 구입해도 되고, 종류별로 박스를 채워도 된다.

주소 瑞芳區汽車路18號 귀띔 한마디 충분히 둘러보고 타이베이시내로 돌아갈 때 구입하는 것이 좋다. 영업시간 09:00~19:30(월~금요일), 09:00~20:00(토~일요일)/연중무휴 문의 (886)02-2496-5628 찾아가기 지산제 입구 세븐일레븐 앞 횡단보도 건너편에 바로 위치한다. 홈페이지 www.lecake.com.tw

Special 15

황금도시의 발자취, 진과스 (金瓜石, Jinguashih)

지우펀에서 버스로 10분 거리인 진과스는 일본이 철도공사를 하던 중 우연히 발견된 금광에 전쟁포로를 투입시켜 개발한 광산지역이다. 이후 거대한 금광이 계속 발견되면서 금광도시로 이름을 날렸지만 무차별적인 채광으로 금이 고갈되면서 결국 1987년 폐광에 이른다. 이후 타이완정부는 이 지역에 황금박물관지구를 건립하여 옛 황금산성의 모습을 재현한 관광지역으로 개발을 시작하였다.

200~300m의 언덕에 위치한 진과스는 동중국해를 바라보고 반핑산(半屏山), 무단산(牡丹山), 지롱산(基隆山) 등 크고 작은 산에 둘러싸여 있다. 금광에서 흘러내려온 광물질로 인해 바다색이 푸른색과 노란색으로 나뉘는 인양하이 인근에 위치하여 아름다운 자연과 함께 금광시대의 아픈 역사를 품은 관광지로 급부상하고 있다. 대부분 지우펀을 가기 전 잠시 들르지만 황금박물관과 주변 풍경지구 모두 의외로 볼거리가 많으므로 시간적 여유를 가지고 둘러보는 것이 좋다. 영화 〈비정성시〉와 〈무언적산구〉 등의 촬영지로도 유명하다.

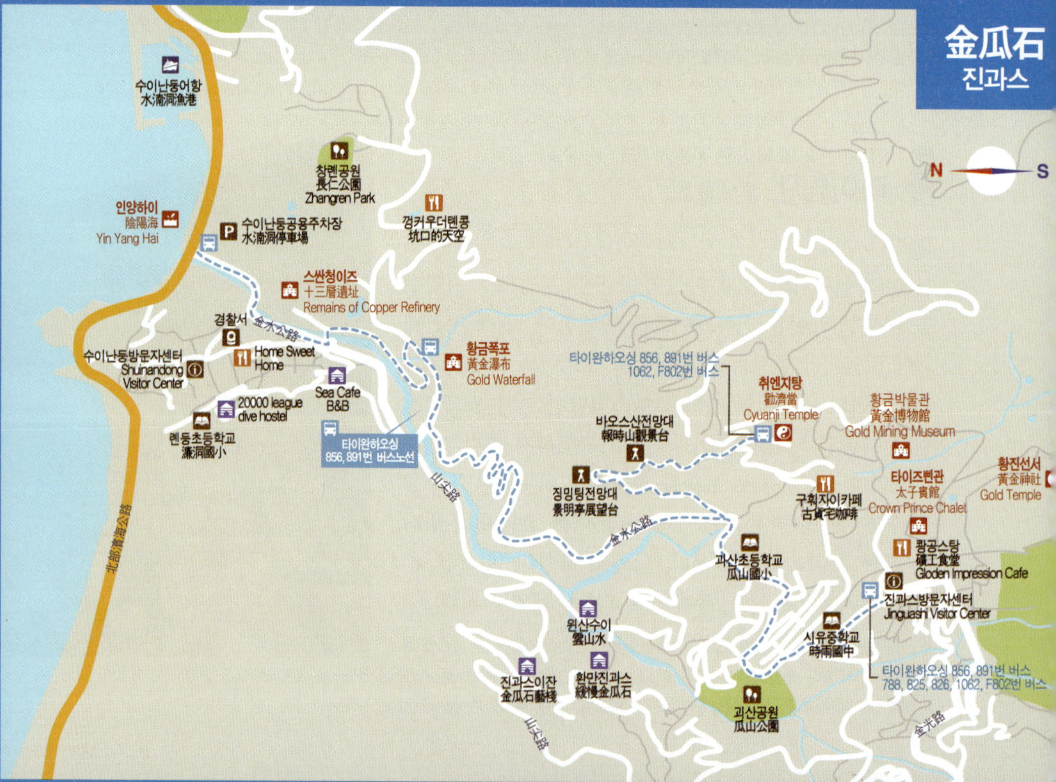

金瓜石 진과스

타이베이시내 또는 지우펀에서

진과스 찾아가기

- **타이베이시내에서 출발** MRT 중샤오푸싱(忠孝復興, Zhongxiao Fuxing)역 1번 출구 반대방향 NET매장을 끼고 왼쪽으로 직진하면 보이는 버스정류장에서 1062번 버스를 탑승하여 진과스(金瓜石, Jinguashih)정류장에서 하차한다. 버스요금은 NT$100(이지카드), NT$107(현금)이다.

- **지우펀에서 출발** 일반버스 788, 825, 826, F802, 1062번 버스를 타고 진과스정류장에서 하차한다. 만일 루이팡기차역에서 출발한다면 788, 1062, F802번 버스를 타고 진과스정류장에서 하차하거나 타이완관광청에서 운행하는 투어버스 타이완하오싱의 황진푸룽선(黃金福隆線) 856번 버스를 타고 황금박물관(黃金博物館)정류장에서 하차하면 된다. 진과스에 도착했다면 먼저 관광안내센터에서 지도와 무료 한국어오디오가이드를 대여하여 이동하면 편리하다.

진과스 내 투어버스 수이진지우랑만하오(水金九浪漫號) 891번 버스
진과스의 유명관광지를 40~50분 가량 구석구석 도는 투어버스로 주요명소에서 잠깐씩 하차하여 둘러볼 수 있도록 기다렸다가 출발하기도 한다. 친절한 기사라면 비록 중국어이지만 곳곳의 포인트 설명을 들을 수도 있다.
주요운행노선 황금박물관지구(黃金博物園區) → 취엔지탕(勸濟堂) → 황금폭포(黃金瀑布) → 스싼청이즈(十三層遺址) → 인양하이(陰陽海) → 수이난둥(水湳洞) **운행시간** 10:00~18:00 **운행간격** 평일 1시간 간격, 주말&공휴일 30분 간격 **요금** NT$15(편도)/이지카드 결제가능.

진과스의 하이라이트

황금박물관 (黃金博物館, Gold Mining Museum)

타이즈삔관을 지나 철길을 따라 걸으면 옛 황금도시의 역사를 한눈에 살펴볼 수 있는 황금박물관이 나온다. 1층은 황금채취와 채굴에 필요한 채광장비부터 광부들의 채굴모습 등을 담은 모형과 사진을 전시하였고, 2층에는 황금에 대한 설명과 금으로 만든 장신구를 비롯한 예술품이 전시되어 있다. 특히 2층에는 세계에서 제일 큰 금괴로 기네스북에도 등재된 순도 99.9%, 무게 220kg의 금괴가 전시되어 있다. 손으로 만져 볼 수 있는데 금괴를 만지면 부자가 된다고 한다. 박물관 옆에는 별도 입장료를 지불하고 갱도체험을 할 수 있는 벤산우컹(本山五坑)코스가 있다.

주소 瑞芳區金瓜石金光路8號 **귀띔 한마디** 황금박물관 입구 관광안내센터에서 한국어오디오가이드를 무료로 대여할 수 있다. **운영시간** 09:30~17:00(월~금요일), 09:30~18:00(토~일요일) **입장료** NT$80 **문의** (886)02-2496-2800

호화생활을 누렸던 일본 관리들의 가옥

생활미학체험방 (生活美學體驗坊)

일본인관사 거리에는 일제강점기 금광채굴을 강제하던 일본인 관리의 가족들을 위해 일본 채굴회사가 지은 전형적인 일본식가옥 쓰롄둥(四連棟)이 있는데, 그중 한 채를 관람할 수 있도록 개방해놓았다. 근대일본식가옥 중 희소성이 높은 건축물로 담장을 따라 네 채의 집이 연결되어 있는데, 당시 직위에 따라 숙소가 달랐다. 10~15명이 모여야 입장할 수 있으며 먼저 간단한 영상을 본 뒤 직원의 설명을 들으며 집 내부를 한 바퀴 돌아본다. 실내에는 당시 사용했던 가구와 생활용품 등이 전시되어 있으며, 황금으로 인해 호화로운 생활을 즐기던 당시 일본관리의 생활모습을 엿볼 수 있다.

광부들의 소박한 도시락
쾅공스탕 (礦工食堂, Gloden Impression Cafe)

진과스경찰서를 지나 오르막길 2층 목조건물에는 광부도시락으로 불리는 진과스명물 쾅공삐엔땅(礦工便當)을 파는 식당이 있다. 스파게티, 타이완요리, 커리, 와플 등 다양한 요리가 있지만 인기메뉴는 단연 쾅공삐엔땅으로 밥 위에 돼지갈비튀김과 몇 가지 반찬이 함께 나오는데 예전 광부들이 먹던 양은도시락에 담겨 보자기에 싸여 나온다. 먹은 후 도시락통, 보자기, 젓가락은 기념품으로 가져갈 수 있지만, 번거롭다면 종이도시락에 나오는 돼지갈비덮밥으로 주문하면 된다. 하루 일정 물량만 판매하므로 늦지 않게 가야 맛볼 수 있다.

주소 瑞芳區金光路8-1號 **귀띔 한마디** 한국어메뉴판이 제공되며, 튜브형 고추장을 준비한다면 더욱 맛있게 먹을 수 있다. **베스트메뉴** 쾅공삐엔땅(礦工便當, NT$290), 돼지고기덮밥 벤피엔삐엔땅(本片便當, NT$200) **가격** 스파게티 NT$260, 커피 NT$90~ **영업시간** 09:00~17:00(월~금요일), 09:00~18:00(토~일요일)/연중무휴 **문의** (886)02-2496-1820 **찾아가기** 경찰서를 지나 타이즈삔관(太子賓館) 가기 전 오른편에 위치한다. **홈페이지** www.funfarm.com.tw

일본황태자를 위해 지어진 별장
타이즈삔관 (太子賓館, Crown Prince Chalet)

일본황태자 히로히토의 방문을 기대하며 일본채굴업자가 1922년 지은 일본식 별장으로 일본황태자는 한 번도 이곳을 방문한 적이 없다. 우뚝 솟은 산봉우리를 후지산에 빗대 이곳에 지었으며 'ㅅ'자 구조로 통풍 및 채광이 잘 되도록 설계하였다. 최고급 건축자재로 전통건축양식에 따라 단 한 개의 못도 사용하지 않고 지은, 타이완에서 가장 정밀한 일본식 목조건물이다. 해방 후 장제스총통이 진과스 방문 시 잠시 이용하였으며 이후 시정부에서 보수공사를 마치고 2007년 부분 공개하였다. 현재 실내는 입장할 수 없으며 잘 가꿔진 일본식 정원만 구경할 수 있다.

신사보다는 풍경을 보기 위해 오르는
황금신사 (黃金神社, Gold Temple)

황금박물관에 못 미쳐 오른쪽 등산로를 따라가면 일본신사 입구에 세우는 도리이(鳥居)가 보인다. 여기서 다시 10분 정도 돌계단을 오르면 폐허가 된 황금신사를 볼 수 있다. 1933년 일본채광업자에 의해 지어진 일본신사로 일제강점기에는 축제도 열렸지만 해방과 동시에 파괴되고 현재는 돌기둥만 남아 있다. 이곳에 오르면 신사보다는 진과스 마을과 산 그리고 멀리 바다까지 아름다운 풍경을 한눈에 볼 수 있다. 특히, 왼편에는 산꼭대기가 마치 손잡이가 없는 찻주전자처럼 생겨 붙여진 이름인 우헐차후산(無耳茶壺山)을 볼 수 있다.

거대한 관우동상이 있는
취엔지탕 (勸濟堂, Cyuanji Temple)

마을을 향해 사당 지붕에 앉아 있는 12m 높이의 거대 관우동상을 볼 수 있는 취엔지탕은 1899년 이 지역 수호신인 관우를 모시는 사당으로 지어졌다. 무예가 출중했던 관우는 부와 명예를 안겨주는 재물의 신으로 모셔지고 있어, 사업의 성공과 번창을 비는 사람들이 찾아온다. 1062번 버스 종점이자 출발점이며, 사당을 바라보고 왼편 바오스산(報時山)에 위치한 전망대에서는 인양하이(陰陽海)와 진과스마을 일대 전망을 바라볼 수 있다.

두 가지 색의 독특한 바다
인양하이 (陰陽海, Yin Yang Hai)

인양하이는 바오스산전망대에 오르면 제대로 내려다볼 수 있는데, 황금색과 푸른 바다색이 시시각각 변하는 모습이 이색적이다. 광물질이 함유된 물이 바닷물과 만나면서 바다 일부를 황금색으로 물들인다. 사실 신기해보이지만 광물질이 포함된 물이 앞바다를 오염시켜 생물이 살 수 없는 죽은 바다 음(陰), 생물이 사는 푸른 바다 양(陽)으로 표기하여 인양하이라 부른다. 전망대는 취엔지탕 왼편 나무계단을 따라 오르면 되는데 20~30분 정도 가야 멋진 풍경을 볼 수 있다. 맑은 날보다는 오히려 비 오는 날 더욱 선명하게 구분되어 보인다.

광물질이 함유된 물이 흘러내리는
황금폭포 (黃金瀑布, Gold Waterfall)

취엔지탕버스정류장에서 평일 1시간, 주말과 공휴일 30분 간격으로 운행하는 노란색 투어버스 891번을 타면 황금색 바위를 따라 흘러내리는 폭포를 만날 수 있다. 진과스 명물 중 하나로 광물질과 산화작용으로 형성된 산 아래쪽 황금색암벽에 물줄기가 여러 갈래로 흘러내리는 폭포이다. 규모가 크고 웅장하며 주변풍경 또한 멋지지만 폭포수는 광물질이 다량 함유되어 피부에 해로울 수 있으니 눈으로만 감상하자.

폐허가 된 구리 제련소
스싼청이즈 (十三層遺址, Remains of Copper Refinery)

청나라시기 발견된 수이난둥(水湳洞) 광산이 청일전쟁으로 채굴권이 일본에 넘어가면서 1933년 일본이 지은 구리제련소이다. 처음에는 18층이었지만 현재 13층만 남아 있다. 구리 정제 시 발생하는 유해가스를 멀리 떨어진 곳으로 뽑아내려고 당시 세계에서 제일 긴 파이프환기시스템을 구축했다. 태평양전쟁 당시 폭격으로 파괴된 제련소를 광복 이후 타이완정부가 복구하여 다시 생산하였지만 1973년 구리가격 급락과 금융위기로 결국 문을 닫아 폐허로 남게 되었다. 현재는 높은 지형에 황량한 느낌으로 남은 이 특이한 건물을 찍으려고 사진가들이 일부러 찾아온다.

Special 16

탄광마을로 향하는 낭만기차여행,
핑시선 (平溪支線, Pingxi Railway)

1907년 지롱강 하곡에서 석탄이 발견되면서 탄광산업이 시작되었고, 1921년 석탄운송을 위해 산업용 수송철도 핑시선이 개통되면서 역을 따라 촌락이 형성되었다. 하지만 탄광산업이 몰락하면서 탄광촌도 함께 쇠락하였는데, 1992년부터 정부가 나서 수송열차를 관광용열차로 개조하여 석탄대신 관광객들을 실어 나르고 있다.

타이완철도 중 가장 오래된 핑시선은 12.9km 길이로 빠두에서 징통까지 12개 역을 운행하는 짧은 노선이다. 이용객이 많은 구간은 루이팡에서 징통까지이며, 그 중에서도 징통, 핑시, 스펀, 허우통 4개의 역마을이 유명하다. 역마을들은 시간이 멈춰버린 옛 탄광촌의 모습을 잘 간직하고 있으며, 철로변에서 천등을 날리며 소원을 빌 수 있어 주말이면 현지인들뿐만 아니라 많은 관광객으로 인산인해를 이룬다. 이른 아침 출발하여 여유롭게 둘러본 후 지우펀이나 진과스로 이동하는 코스가 무난하다.

平溪支線
핑시선

핑시선 역마을 찾아가기

1. 먼저 루이팡기차역으로 이동하자

핑시를 가려면 일단 루이팡역까지 이동한 후 핑시선으로 환승해야 한다. 타이베이기차역에서 루이팡역으로 가는 기차는 빠른 순서대로 쯔창하오(自强號), 쥐광하오(莒光號), 취지엔처(區間車) 3가지로 45분~1시간 정도 소요되며, 원하는 시간대에 맞춰 표부터 구입하면 된다. 급행열차 쯔창하오는 좌석이 정해져 있고, 통근기차 취지엔처는 MRT처럼 정차역이 많고, 별도 지정석도 없다. 타이베이 MRT에서는 음식과 음료를 먹을 수 없지만 기차에서는 도시락을 열차 내에서 먹어도 된다.

- **타이베이기차역에서 루아팡기차역까지** 타이베이기차역 1층 TRA매표소에서 루이팡행 기차표를 구입하거나 이지카드로 탑승한다. 이지카드결제 시 루이팡까지 기차등급에 상관없이 제일 저렴한 취지엔처 요금이 적용된다. 자동발매기나 이지카드를 이용하여 쯔창하오 또는 쥐광하오 열차편 표를 구입하면 좌석을 별도로 지정해주지 않으므로 지정석을 원한다면 반드시 매표소에서 구입해야 한다. 탑승은 타이베이기차역 B1층의 4번 플랫폼에서 탑승하면 된다.

운행시간 05:05~19:40(타이베이기차역→루이팡기차역), 06:26~21:12(루이팡기차역→타이베이기차역) 운행간격 30분~1시간 소요시간 45분~1시간 정도 요금 NT$49~108(기차종류에 따라 상이)/이지카드결제 시 NT$49 적용.

- **MRT 중샤오푸싱역에서 루이팡기차역까지** MRT 중샤오푸싱(忠孝復興, Zhongxiao Fuxing)역 1번 출구 반대쪽 NET매장을 끼고 왼쪽에 위치한 버스정류장에서 1061, 1062번 버스를 탑승한 후 루이팡기차역(瑞芳火車站)에서 하차한다.

1061번 버스 운행시간 06:30~23:00(평일/5~15분 간격), 07:10~23:00(주말&공휴일/15~20분 간격) 1062번 버스 운행시간 07:00~21:10(평일/20~30분 간격), 07:10~20:40(주말&공휴일/15~20분 간격) 소요시간 40분 요금 NT$78

- **MRT 무자역에서 징통기차역까지** 타이완관광청에서 운행하는 타이완하오싱 무자핑시선(木柵-平溪線) 795번 버스는 MRT 무자(木柵, Muza)역에서 출발하여 징통, 핑시, 스펀 등의 구간을 운행하므로 징통기차역(菁桐火車站)에서 하차한다. 핑시를 둘러보고 징통에서 타이베이시내로 들어올 때 이용하면 편리하다.

운행시간 04:50~22:40(무자→징통), 05:40~22:40(징통→무자) 운행간격 30분~1시간 30분 소요시간 1시간 정도 요금 무자→징통 NT$45(One-Way 티켓)

- **지룽기차역에서 루이팡기차역까지** 지룽기차역(基隆瑞芳火車站)의 해변산책로 육교 옆 버스정류장에서 788번 버스를 탑승하여 루이팡기차역에서 하차한다.

운행시간 05:55~21:55 운행간격 15~20분(평일), 12~15분(주말&공휴일) 소요시간 40분 정도 요금 NT$15

> **수이난동(水湳洞)↔허우통(猴硐)을 오가는 826번 버스**
> 허우통에서 09:00~18:30까지 30분 간격, 수이난동에서 09:00~17:30까지 30분 간격으로 운행한다. 허우통→지우펀→진과스→수이난동이 주요 노선이다. 허우통에서는 타이베이로 바로 연결되는 기차가 있다.

2. 루이팡기차역에서 핑시선으로 환승

타이베이기차역 매표소나 루이팡역 동쪽출구로 나가면 바로 보이는 매표소에서 하루 동안 무제한으로 핑시선을 이용할 수 있는 핑시선원데이패스(Pingxi Line One Day Pass)를 구입하면 된다. 만약 표를 구입하지 못했다면 기차를 탑승한 후 역무원에게 구입할 수 있으며 수시로 검표하므로 표를 잘 간수하자. 루이팡역 내 3번 플랫폼에서 출발하며, 루이팡에서 출발하여 종점인 징통까지 운행한다. 비성수기와 성수기에는 운행간격이 변경될 수 있으니 역에 비치되어 있는 시간표를 확인하자.

핑시선 노선 루이팡(瑞芳)-허우통(侯硐)-싼띠오링(三貂嶺)-다화(大華)-스펀(十分)-왕구(望古)-링지아오(嶺腳)-핑시(平溪)-징통(菁桐) 운행시간 05:22~22:35(루이팡→징통), 05:25~20:20(징통→루이팡) 소요시간 루이팡에서 징통까지 1시간 정도 운행간격 40분~1시간 30분 요금 핑시선원데이패스 NT$80, 편도 NT$15(이지카드 결제가능)

3. 루이팡기차역에서 타이베이로 돌아올 때

핑시선여행을 끝내고 다시 타이베이기차역으로 돌아오려면 갈 때와 마찬가지로 루이팡역으로 돌아오면 된다. 하지만 루이팡역에서 이지카드를 찍거나 또는 타이베이기차역까지 가는 기차표를 구매하지 않고 기차를 탑승했다면 타이베이기차역을 나올 때 이지카드를 대면 '삐' 하는 경고음이 울린다. 비상문으로 나와 매표소에서 기차요금을 지불하면 된다.

고양이마을 허우통 (侯硐, Houtong)

루이팡 다음 역인 허우통은 원래 석탄동굴 주변에 많은 원숭이가 서식하여 원숭이동굴이란 의미의 허우통(猴硐)으로 불렸다. 현재는 원숭이가 아닌 고양이들이 느긋하게 마을 곳곳을 거닐며 마을사람들과 공존하며 살아가고 있다. 기하학적 모양의 구름다리를 건너면 허우통을 유명하게 만든 고양이마을(猫村, Cat Village)이 나온다. 이 구름다리는 역과 고양이마을을 연결해줄 뿐만 아니라 주민들이 설치한 캣타워, 점프대 등이 있어 고양이들이 놀 수 있는 고양이다리이다.

허우통은 한때 타이완에서 제일 번성했던 광산촌이었지만 1992년 탄광산업 쇠락과 함께 마을사람 대부분이 떠나고, 노인들만 남은 작은 마을이다. 이 마을에 길고양이들이 하나둘 들어와 정착하면서 어느새 고양이는 100여 마리로 늘어났다. 고양이애호가들이 '고양이와의 동행, 아름다운 허우통' 캠페인을 펼치면서 사람들이 마을을 찾기 시작하였고, 관광명소로 거듭나게 되었다. 2013년 미국 CNN에서 세계 6대 고양이 관광명소로 선정된 바 있다.

찾아가기 루이팡역에서 핑시선 기차를 타고 10분 정도 소요. 기찻길을 기준으로 북쪽은 고양이 마을, 남쪽은 생태공원 및 카페, 상점, 옛 석탄공장부지 등이 위치해 있다.

고양이들의 천국
허우통고양이마을 (侯硐猫村, Houtong Cat Village)

'217 CAFE'를 시작으로 하나둘씩 고양이를 주제로 한 아기자기한 상점들이 생기기 시작했고, 주민들은 집 앞에 가판대를 설치하여 고양이 관련 기념품을 판매하면서 마을 경제가 조금씩 살아나기 시작했다. 특히 노란색 건물 위 거대한 고양이모형이 있는 싼마오샤오푸는 고양이를 주제로 한 다양한 소품을 판매하는 상점으로 한번 둘러볼 만하다. 헝리우(亨利屋)의 아트스톤 예술가 리헝샹(李鴻祥)은 루이팡역에서 허우통역까지 운행하는 808번 버스의 외관뿐 아니라 손잡이, 시트, 정류장 표지판 등에 온통 고양이를 그려 넣었는데, 이는 허우통의 또 다른 명물이 되었다.

4대 천왕 고양이벽화

싼마오샤오푸(三猫小舗)

찾아가기 허우통역의 기하학적 모양의 구름다리로 연결된 통로를 따라 건너가면 위치한다.

노부부가 운영하는
217 카페 (217咖啡, 217 CAFE)

고양이를 주제로 한 허우통 첫 카페로 언덕에 위치하여 전망이 좋다. 실내는 고양이와 관련된 소품으로 가득하며, 환한 미소로 맞이해 주는 할아버지 덕분에 인기가 많다. 217이라는 숫자는 카페 번지수이며, 한국여행자들이 많아지면서 한국어메뉴판도 준비되어 있다. 언덕 위에는 217 카페 외에도 몇 군데 카페가 더 있는데 서로 이웃사촌이라 자리가 없거나 본인 카페에서 판매하지 않는 메뉴를 주문할 경우 다른 카페로 안내해주기도 한다. 드롭커피, 차, 스무디뿐만 아니라 간단한 식사메뉴도 있는데, 독특하게도 부대찌개를 판매하고 있다.

주소 瑞芳區猴硐柴寮路217號 **영업시간** 10:30~18:00/매주 화요일 휴무 **가격** NT$80~/현금결제만 가능 **문의** (886)0932-336-313

자두&귤차(NT$80)

자두&키위스무디(NT$150)

과거 번성했던 탄광산업을 살펴볼 수 있는
허우통석탄박물관지구 (猴硐煤礦博物園區, Houtong Coalmine Ecological Park)

허우통역 앞 노점거리를 지나면 과거 허우통의 석탄산업을 살펴볼 수 있는 공원이 있다. 홍보관인 위안징관(願景館, Vision Hall)을 중심으로 오른쪽에는 1920년에 설립한 타이완 최대 석탄공장 루이싼광예정메이창(瑞三礦業整煤廠), 왼쪽에는 허우통관광안내소가 위치한다. 위안징관에서는 과거 석탄공장을 축소한 모형과 인부들의 모습을 담은 사진, 그림 등을 통해 허우통의 과거를 살펴볼 수 있다. 폐공장 옆 돌계단을 오르면 1920년 일본인에 의해 지어진 갱도와 일본식 돌교각을 볼 수 있다. 다리에서는 지룽강을 사이에 둔 허우통 일대 풍경을 감상할 수 있고, 다리를 건너면 갱도내부를 체험해볼 수 있는 투어가 있다.

위안징관(願景館)

루이싼광예정메이창(瑞三礦業整煤廠)

젠메이치아오(運煤橋)

주소 瑞芳區猴硐柴寮路42號 **운영시간** 08:00~18:00/연중무휴 **입장료** 무료(갱도체험 NT$50 별도) **문의** (886)02-2497-4143

소원 담은 천등을 날리는 마을 스펀 (十分, Shifen)

실제 기차가 지나다니는 철로에서 소원을 적은 천등을 날리는 마을로 유명하다. 스펀은 '매우 또는 아주'라는 의미로 상점에는 스펀만주(十分滿足) 즉, '매우 만족'이라고 쓰인 엽서와 기념품을 판매한다. 기찻길 양옆 스펀라오제(十分老街)의 오래된 가옥들은 대부분 상점으로 천등이나 기념품, 먹거리 등을 팔고 있다. 스펀역에서 스펀라오제로 가는 길 오른쪽 강 위에는 출렁다리 징안땨오치아오(靜安吊橋)가 있는데, 사람이 건너거나 바람이 불면 흔들거려 아찔한 스릴을 느낄 수 있다. 스펀역에서 도보 30분 정도의 거리에는 타이완의 나이아가라폭포라 불리는 명소 스펀폭포(十分瀑布)가 있다.

찾아가기 루이팡역에서 핑시선 기차를 타고 30분 정도 소요된다.

마을 가운데로 기차가 달리는
스펀라오제 (十分老街, Shifen Old Street)

대규모 천등축제가 열리는 핑시보다 스펀이 더 유명한 이유는 오래된 가옥들 사이 철로 한가운데에서 천등을 언제든지 날릴 수 있기 때문이다. 실제로 기차가 들어오면 잠시 철로에서 물러났다가 지나고 나면 사람들이 우르르 다시 모여든다. 철로 양쪽 상점 대부분은 천등과 관련된 상품을 팔고 있으며, 한국 여행자도 많이 방문하기 때문에 한글을 어렵지 않게 찾아볼 수 있고, 간혹 한국말을 하는 상점주인도 있다. 천등은 본래 흰색 종이에 소원을 써서 날렸는데, 관광상품으로 팔다보니 상술로 종이색마다 다른 의미를 붙여 판매하고 있어 가게마다 색의 의미는 약간씩 다르다.

한국인 여주인이 운영하는
가용엄마천등(佳蓉媽媽天燈)

타이완남자와 결혼한 한국인 여주인이 운영하는 천등가게로 이미 한국 관광객들 사이에는 유명하다. 다른 가게에서는 볼 수 없는 천으로 제작한 천등과 가게 곳곳에 한글로 쓰인 글들이 반가운 곳이다. 손님이 많지 않다면 천등을 날리는 사진과 동영상을 더욱 정성스럽게 찍어 주는 것도 고맙다. 다양한 색의 종이가 있으며 종이에 소원을 적을 때는 최대한 붓에 먹물을 빼고 써야 번지지 않는다. 선물용 수제 천등은 5+1행사를 하고 있어 저렴하게 구입할 수 있으며, 만지면 반짝반짝 빛나는 LED천등은 가용엄마천등에서만 구입할 수 있는 수제제품이다.

주소 平溪區十分街62號 영업시간 10:00~18:00/연중무휴 가격 소원천등 단색 NT$150, 4색 NT$200, 미니어처천등 NT$50~, 스탠드용 천등 NT$250 문의 (886)0958-111-160

닭날개 볶음밥구이
리우꺼샤오카오지츠바오판(溜哥燒烤雞翅包飯)

스펀에서 꼭 맛봐야 할 먹거리로 뼈 없는 닭날개 볶음밥구이를 파는 노점이다. 간단하게 한 끼를 해결할 수 있어 많은 사람이 찾는데 한글메뉴판도 있어 어렵지 않게 주문할 수 있다. 뼈를 제거한 닭날개 안에 볶음밥을 채운 후 오븐에 초벌구이를 해둔 후, 주문과 동시에 다시 한 번 구워 깨를 뿌려준다. 베이컨, 야채, 계란 등이 들어가는 일반 닭날개 볶음밥구이와 김치볶음밥에 처우떠우푸(취두부)가 곁들어진 취두부 닭날개 김치볶음밥구이 두 가지가 있으므로 향에 민감하다면 일반 닭날개 볶음밥구이로 주문하면 된다.

주소 平溪區十分街52號 영업시간 10:00~18:00/연중무휴 가격 일반 닭날개볶음밥구이 훠투이단차오판(火腿蛋炒飯), 취두부 닭날개김치볶음밥구이 파오차이처우떠우푸(泡菜臭豆腐) 각각 1개 NT$65 문의 (886)02-2495-8200

타이완판 나이아가라폭포
스펀폭포(十分瀑布, Shifen Waterfall)

현지인들의 캠핑장소로 인기 있는 스펀산수이유러위안(十分山水遊樂園) 내 자리한 폭포로 타이완의 나이아가라폭포라 불리지만 실제 폭 40m, 낙차 12m의 작은 규모이다. 거대하진 않지만 비가 자주 오는 지역이라 수량이 풍부하여 세차게 떨어지는 물줄기와 그 위로 나타나는 무지개가 환상적이다. 스펀역에서 이정표를 따라 걸어가면 30분 정도 걸려 다소 부담스럽지만 폭포까지 걷는 길 또한 나름 운치가 있어 덥지 않은 날씨라면 산책삼아 걸어보자.

주소 平溪區南山里乾坑11號 운영시간 08:00~19:00(여름시즌), 08:00~18:00(겨울시즌)/연중무휴 입장료 NT$100 문의 (886)02-2495-8531 찾아가기 스펀역에서 이정표 따라 도보 30분 거리이다. 걷는 것이 부담스럽다면 스펀라오제 끝에 위치한 아마천등(阿媽天燈)가게 앞에서 출발하는 카트(편도 NT$30)를 타고 가면 된다.

핑시선의 주인공이지만 소박한 마을 핑시 (平溪, Pingxi)

핑시는 천등행사의 발상지이며 핑시선 마을 중 제일 크다. 핑시선이라는 이름이 붙을 만큼 가장 번화했던 마을로 기찻길 바로 옆 내리막길을 따라 걷다보면 50년대 옛 정취를 느낄 수 있는 핑시라오제(平溪老街)와 연결된다. 핑시라오제의 원래 이름은 스디라오제(石底老街)로 돌바닥거리라는 이름답게 마을을 잇는 거리 모두가 돌로 되어 있다. 스펀에 비해 상점도 볼거리도 많지 않지만 예스러운 느낌의 아기자기한 골목골목을 걷는 여유로움이 매력적이다.

찾아가기 루이팡역에서 핑시선 기차를 타고 40분 정도 소요.

영화촬영지로도 유명한
핑시라오제 (平溪老街, Pingxi Old Street)

타이완 청춘영화 〈그 시절, 우리가 좋아했던 소녀〉의 주인공들이 데이트를 즐기며 천등을 날리던 곳, 또한 〈타이베이에 눈이 온다면〉의 주요 촬영지로도 유명하다. 영화 속 천등을 날리던 돌다리는 스디치아오이고, 동그란 아이스크림을 먹던 가게는 메이윈부이공쥐시이다. 이 밖에도 20년 넘게 타이완식 소시지를 파는 핑시구스샹창, 1941년에 지어진 핑시우체국과 당시의 초록색 우체통이 있다. 우체국을 지나 경찰서 뒤편 언덕에는 도교사원 관인옌과 우측에는 100명 정도 수용가능한 일제강점기에 만든 5개 동굴방공호가 있다. 다리 위로 기차가 지날 때 사진을 찍으면 소원이 이루어진다는 이야기가 전해지고 있다. 촬영을 하려면 안전하게 다리 위 철로가 보이는 골목에서 찍는 것이 좋다.

스디치아오(石底橋)

핑시구스샹창(平溪故事香腸)

메이윈부이공쥐시(美雲布藝工作室)

동굴방공호(日據防空洞)

핑시를 유명하게 만든 타이완 청춘영화
그 시절, 우리가 좋아했던 소녀(那些年, 我們一起追的女孩, You Are the Apple of My Eye)

타이완 구파도(九把刀)감독의 자전소설을 원작으로 한 청춘영화이다. 2011년 개봉과 동시에 중화권에 첫사랑신드롬을 일으켰고, 원작소설도 높은 판매를 기록했다. 역대 흥행기록을 깬 화제작으로 홍콩금상장영화제에서 최고영화상을 수상하였으며, 가진동(柯震東)은 이 영화로 데뷔와 동시에 타이완금마장영화제에서 신인상, 감독은 신인감독상을 수상하였다. 우리나라에는 2012년 개봉 후 입소문으로 유명해졌으며, 90년대 첫사랑에 대한 이야기라는 점에서 타이완판 〈건축학 개론〉이란 수식어가 붙었다. 주걸륜이 〈말할 수 없는 비밀〉에서 자신의 모교를 배경으로 한 것처럼 구파도감독도 영화 속 고교시절장면을 자신의 모교에서 촬영하였다. 대학생이 된 남녀주인공이 데이트하던 주요장면 특히 동그란 아이스크림을 먹고 사진을 찍고 천등을 날리던 장면이 핑시라오제에서 촬영되었다.

타이완 영화감독이 사랑하는 촬영지 징통 (菁桐, Jingtong)

핑시선 종차역 징통은 영화 〈그 시절, 우리가 좋아했던 소녀〉, 〈타이베이에 눈이 온다면〉 등과 타이완드라마 〈빈궁귀공자〉 등의 촬영지로 유명하다. 연인의 다리로 불리는 중푸테치아오(中埔鐵橋), 징통라오제(菁桐老街), 광부들의 도시락을 파는 홍바오쾅공스탕(紅寶礦工食堂) 등은 영화 〈타이베이에 눈이 온다면〉의 전반적인 배경이 되었으며 〈그 시절, 우리가 좋아했던 소녀〉에서는 철로를 따라 데이트하던 장면을 이곳에서 촬영하였다.

야생 오동나무가 많아 징통(菁桐)이라는 이름을 갖게 됐지만 현재는 오동나무보다는 소원을 적어 매달아 놓은 대나무 죽통이 유명하다. 소원을 걸어둔 죽통은 1960년대 스펀기차역 역무원과 징통의 카페에서 일하던 여종업원이 죽통을 이용해 사랑의 메시지를 주고받은 데서 유래되었다.

중푸테치아오(中埔鐵橋)

1929년 지어진 징통기차역은 예전모습 그대로 잘 보존되어 국가3급 고적으로 지정되어 있으며, 타이완에 현존하는 일본식 목조기차역 4개 중의 하나이다. 평일에는 역무원이 상주하지 않는 무인역이므로 기차를 탄 후 객실 내 역무원에게 표를 구입하면 된다. 철로를 따라 오래된 석탄공장들을 그대로 보존하고 있는 독특한 배경으로 예비부부들의 웨딩촬영지로도 인기이다.

찾아가기 루이팡역에서 핑시선 기차를 타고 45분 정도 소요.

징통라오제(菁桐老街)

철도 관련 기념품을 파는 상점
징통철도구스관&징통철도문물관
(菁桐鐵道故事館&菁桐鐵道文物館)

징통역을 나오면 바로 징통라오제(菁桐老街)와 마주하게 된다. 작은 길을 두고 오른쪽에는 징통철도구스관, 왼쪽에는 징통철도문물관이 있다. 핑시선 역마다 있는 철도구스관 중 제일 규모가 큰 곳으로 향수어린 철도관련 상품들을 판매한다. 징통철도문물관도 마찬가지로 다양한 철도관련 상품을 파는 가게지만 좀더 세련된 상품들을 구비해 놓았다.

영업시간 09:00~17:00/연중무휴 **문의** (886)02-2495-1258

징통철도구스관(菁桐鐵道故事館)   징통철도문물관(菁桐鐵道文物館)

핑시지역 관련 지역문화센터
징통광업생활관 (菁桐礦業生活館)

징통역에서 핑시역 방향으로 가다보면 보이는 징통광업생활관은 과거 철도직원들의 숙소를 개조하여 핑시지역 초기탄광의 역사 및 핑시선 철도 역사, 주변 자연생태 등을 전시한 공간으로 꾸며놓았다. 영화 〈타이베이에 눈이 온다면〉에서는 카페로 등장했던 건물이며, 1층은 천등, 석탄, 철도, 폭포 등과 관련된 전시물, 2층은 핑시지역의 광산산업에 관련된 모형과 사진 등을 전시한 공간과 특별전시관으로 구성된 지역문화센터이다.

주소 平溪區菁桐街113-117號 운영시간 09:30~17:00(화~일요일)/매주 월요일&공휴일 휴관 입장료 무료 문의 (886)02-2495-2749

외관도 내부도 멋진 카페
탄창카페 (碳場咖啡, Coal Cafe)

징통역 철로 맞은편 언덕 위에 위치한 붉은색 벽돌건물은 탄광에서 채취한 석탄을 선별하고 깨끗하게 세척하던 공장으로 낡은 외관은 그대로 살리고 내부는 깔끔하게 개조하여 멋진 카페로 재탄생시킨 곳이다. 폐공장의 지붕, 벽 그리고 창문들을 그대로 살려 예전 초등학교에서 사용하던 나무 책상과 의자로 꾸며 놓은 것이 이채롭다. 곳곳에 마치 손님처럼 앉아 있는 판다인형들이 반기고, 60대 할아버지가 직접 뽑아주는 커피와 차는 고급스러운 찻잔에 나온다. 창가에 앉아 소박한 징통마을을 내려다 바라보는 것도 멋스럽다.

주소 平溪區菁桐街50號 영업시간 10:00~20:00(월~금요일), 09:00~20:00(토~일요일)/연중무휴 가격 음료 NT$140~/현금결제만 가능 문의 (886)02-2495-2513

핑시 최대의 탄광지대
메이탄기념공원 (煤碳紀念公園, Meikuang Memorial Park)

탄창카페 쪽으로 오르는 계단을 따라 더 올라가면 과거 핑시지역 최대의 탄광부지가 나온다. 이곳은 채광용 석탄동굴과 당시 사무실, 광부들의 숙소와 욕실 등의 유적을 유지보존하기 위한 기념공원이다. 당시 채굴된 석탄을 운반하기 위한 2개의 철도노선이 있으며, 높이 1m, 폭 1.5m 그리고 15도 경사로 약 1Km 지하까지 내려가는 갱도 스디다씨에껑(石底大斜坑)이 있다. 허물어진 건물과 담을 타고 자란 이끼와 나무들이 묘한 분위기를 연출하고 있어 사진촬영지로도 사랑받는다.

> #### 징통을 유명하게 만든 로맨스영화, 타이베이에 눈이 온다면 (台北飄雪, Snowfall in Taipei)
> 크리스마스에 보면 딱 좋은 로맨스영화이다. 어린 시절 집을 나간 엄마를 기다리며 특별한 직업 없이 홀로 살아가는 청년 샤오모와 목소리가 나오지 않아 실의에 빠져 무작정 징통으로 찾아온 신인여가수 우위에가 만나 벌어지는 한 편의 동화 같은 영화이다. 징통을 배경으로 한 감성적인 영상미가 돋보이는 영화로 주요촬영지인 징통이 전반부에 걸쳐 나오기 때문에 여행을 가기 전 미리 보고 가면 좋다.

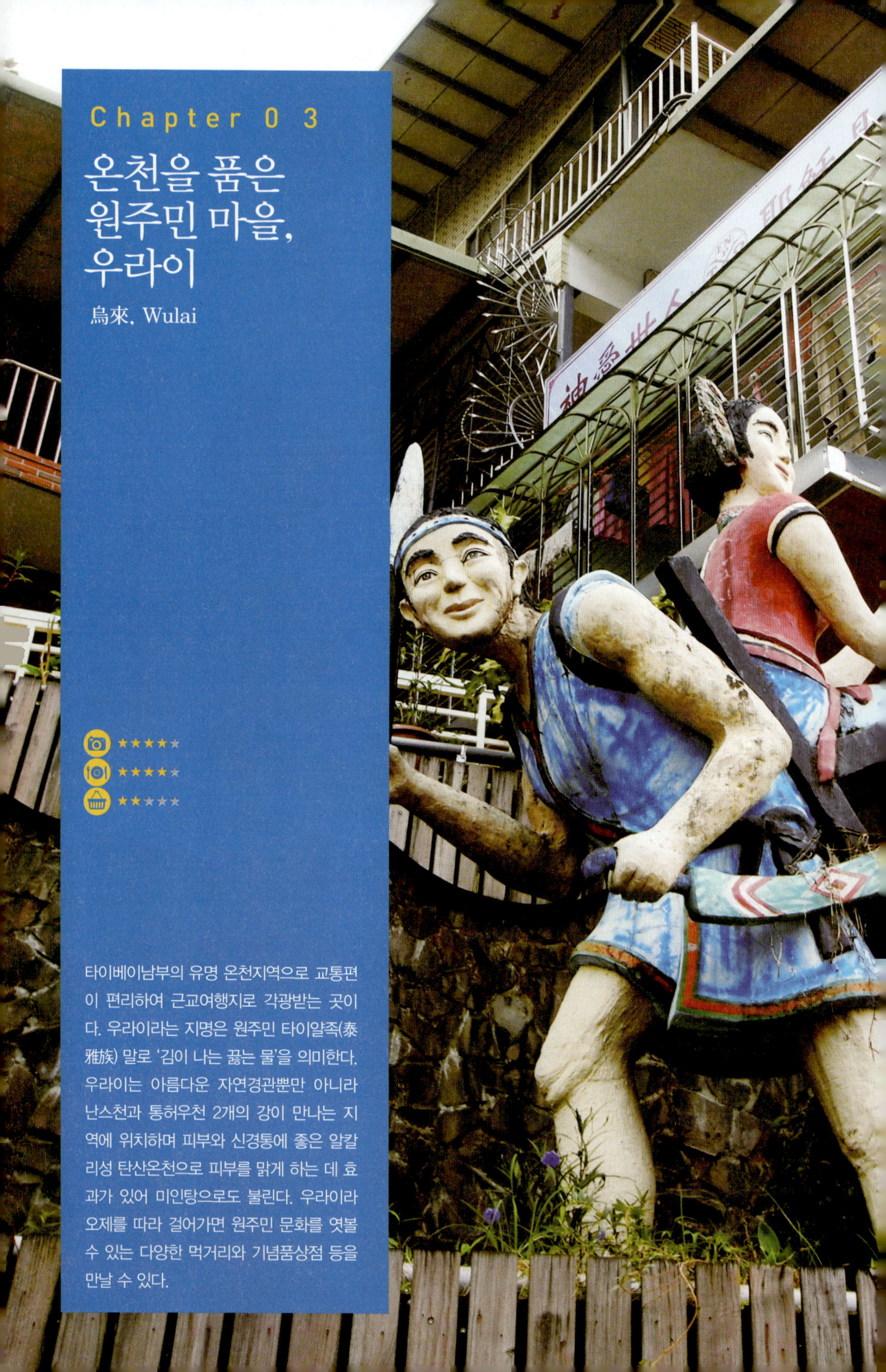

Chapter 03

온천을 품은 원주민 마을, 우라이

烏來, Wulai

타이베이남부의 유명 온천지역으로 교통편이 편리하여 근교여행지로 각광받는 곳이다. 우라이라는 지명은 원주민 타이얄족(泰雅族) 말로 '김이 나는 끓는 물'을 의미한다. 우라이는 아름다운 자연경관뿐만 아니라 난스천과 통허우천 2개의 강이 만나는 지역에 위치하며 피부와 신경통에 좋은 알칼리성 탄산온천으로 피부를 맑게 하는 데 효과가 있어 미인탕으로도 불린다. 우라이 오제를 따라 걸어가면 원주민 문화를 엿볼 수 있는 다양한 먹거리와 기념품상점 등을 만날 수 있다.

우라이에서 이것만은 꼭 해보자

1. MRT 신뎬역에서 출발한다면 타이완드라마 〈장난스런 키스〉의 촬영지로 유명한 비탄부터 둘러보고 가자!
2. 타이알족의 독특한 원주민 음식을 맛보자.
3. 온천지역에 왔으니 노천탕에 발이라도 담가보자.

우라이를 이어주는 교통편

타이베이시내에서 849번 버스를 타고 한 번에 갈 수 있지만 문제는 교통체증이다. 만약 타이베이시내에서 길이 막히면 하염없기 때문에 MRT 중산역 또는 시먼역에서 20분 정도 소요되는 신뎬(新店, Xindian)역에서 우라이행 버스를 타는 것이 좋다. 하지만 신뎬정류장에서 승차 시 우라이까지 40분 동안 만원 버스에서 서서 갈 수 있으나 출발정류장인 타이베이기차역에서 출발하면 편안하게 앉아서 갈 수 있다.

우라이행 849번 버스

- **타이베이기차역(台北車站) 849번 버스** MRT 타이베이기차역(台北車站, Taipei Main Station) M8번 출구로 나와 뒤돌아 왼쪽으로 걷다가 경찰서 앞 작은 횡단보도를 건넌 후 왼쪽 버스정류장에서 849번 버스를 타고 종점 우라이(烏來)정류장에서 하차한다.
- **신뎬(新店)역 849번 버스** 신뎬선(新店線)의 종착역 MRT 신뎬(新店, Xindian)역에서 하차 후 바로 옆에 위치한 비탄(碧潭)을 먼저 방문하고 우라이로 이동하면 좋다. 출구로 나와 오른편 웰컴(Welcome) 앞에 위치한 버스정류장에서 849번 버스를 타고 종점 우라이(烏來)정류장에서 하차한다.

운행시간 05:30~21:40 운행간격 10~20분 간격 소요시간 타이베이기차역 출발 약 1시간~1시간 30분(막히지 않을 경우), 신뎬역 출발 약 40분 소요 요금 타이베이기차역 출발 NT$45, 궁관역 출발 NT$35, 신뎬역 출발 NT$15(이지카드 결제가능)

烏來 우라이

Section 06
우라이에서 반드시 둘러봐야 할 명소

우라이 원주민인 타이얄족과 관련된 다양한 볼거리가 있어 색다른 여행을 즐길 수 있다. 유명 온천지역답게 그냥 흘러가는 강물에 발만 담가도 족욕을 즐길 수 있으며, 제대로 온천여행을 원한다면 마음에 드는 온천장을 찾아가 1시간 정도 몸을 담그는 것도 좋다. 우라이라오제를 벗어나면 진정한 우라이의 풍경을 마주할 수 있다.

 타이완드라마〈장난스런 키스〉의 촬영지로 유명한 ★★★★★
비탄 碧潭 Bitan

푸른빛이 감도는 연못이라는 의미의 비탄은 타이완드라마〈장난스런 키스〉와 영화〈영원한 여름〉외에도 각종 드라마와 영화, CF촬영지로 유명한 곳이다. 신비로운 옥빛의 신뎬천新店溪과 적빛의 바위 숲에 둘러싸인 그림 같은 풍경은 타이완팔경십이승台北八景十二勝 지역으로 꼽힌다. 신뎬천을 가로지르는 흔들다리 비탄적교碧潭吊橋는 일제강점기 군수물자운반을 위해 건설된 200m 남짓의 현수교로 해방이후 재건한 인도교이다. 다리 위에서 아름다운 비탄의 풍경을 조망할 수 있으며, 저녁에는 다리에 조명이 켜지면서 로맨틱한 야경을 연출한다.

강변을 따라 조성된 산책로에는 다양한 요리를 파는 세련된 레스토랑이 즐비하며, 신뎬역 주변 야시장과 흔들다리를 건너면 배를 채울 수 있는 포장마차들이 있다. 여름에는 수상스포츠, 낚시 등을 즐기려는 사람이 많고, 이른 아침 멋진 일출을 볼 수도 있다. 물살이 거세지 않고 잔잔하여 오리배를 타고 비탄 일대를 구경할 수 있어 연인들 데이트장소로도 유명하다.

귀띔 한마디 우라이 방문 전후로 잠시 둘러보기 좋은 지역이다. **찾아가기** MRT 신뎬(新店, Xindian)역 출구로 나와 왼편으로 이동하면 비탄입구가 바로 보인다.

우라이의 전통음식을 맛볼 수 있는 ★★★★★
우라이라오제 烏來老街 Wulai Old Street

우라이의 중심가로 작은 돌다리를 건너면 초입부터 식욕을 자극하는 맛있는 냄새가 풍기는 작은 골목길이다. 길 양옆으로 우라이 특산음식뿐만 아니라 다양한 스타일의 공예품을 파는 기념품상점들이 있다. 난스천南勢溪을 가로지르는 돌다리 란성대교攬勝大橋를 건너면 우라이폭포, 우라이산지문화촌, 윈셴낙원을 가기 위한 관광미니기차 우라이관광열차 정류장과 무료온천을 즐길 수 있는 난스천노천온천으로 가는 갈림길이 나온다.

주말에는 사람들로 좁은 골목이 가득 메워지지만 주중에는 한산하여 느긋하게 걸으며 우라이에서만 맛볼 수 있는 노점음식들을 먹으며 천천히 구경할 수 있다. 온천장들이 오밀조밀 모여 있으니 노천온천이 부담스럽다면 전문온천장에서 온천을 즐겨보자.

귀띔 한마디 대부분 상점이 월요일에는 문을 닫으니 월요일은 피하자. **찾아가기** 우라이버스정류장에서 이정표를 따라 걷다 작은 다리를 건너면 우라이라오제(烏來老街)가 시작된다.

타이얄족의 문화를 이해할 수 있는 ★★★★★
우라이타이얄민족박물관 烏來泰雅民族博物館 Wulai Atayal Museum

신베이시 유일의 원주민인 타이얄泰雅부족과 관련된 역사, 문화, 전통가옥, 악기, 수공예품, 생활상뿐만 아니라 축제, 종교의식 등과 관련된 사진, 실물, 모형 등을 전시한 박물관이다. 타이얄부족은 산악지대나 동부평원에 거주하는 고산족의 일파로 용맹스런 민족으로 유명하다. 남녀 모두 얼굴에 문신을 새기고 사람의 목을 제물로 바치는 풍습을 가지고 있다. 얼굴에 새기는 문신은 악마퇴치, 미적 표현, 가족과 영광의 상징 등 다양한 의미를 포함한다. 일제강점기 강제적으로 얼굴문신이 금지되었으나 최근 다시 부활하고 있다.

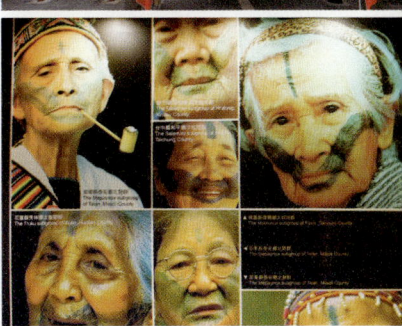

박물관 3층에는 타이얄족의 전통직조기술을 간단하게 배워볼 수 있는 체험코너가 있고, 주말에는 역동적인 전통춤공연도 볼 수 있다. 현재는 관광지화되면서 문화촌 내 공연이나 원주민 수공예품으로만 타이얄부족의 삶을 만날 수 있다.

주소 烏來區烏來街12號 **강력추천** 타이얄부족 출신의 연예인이 많으며, 대표적으로 배우 비비안수(徐若瑄)가 있다. **귀띔 한마디** 박물관 내 사진 및 동영상 촬영은 금지되어 있다. **운영시간** 09:30~17:00(월~금요일), 09:30~18:00(토~일요일)/연중무휴 **입장료** 무료 **문의** (886)02-2661-8162 **찾아가기** 우라이라오제(烏來老街)를 들어서서 오른편에 위치한다. **홈페이지** www.atayal.ntpc.gov.tw

강물에서 즐기는 무료온천 ★★★★★
 우라이온천구역 烏來溫泉區 Wulai Wild River Hot Spring

초록빛 자연에 둘러싸인 온천마을 우라이는 타이완북부 유명온천지로 노천탕을 비롯하여 우수한 시설을 갖춘 온천호텔이 많다. 약 80℃의 온천수는 타이베이근교의 유황온천과는 달리 우윳빛이 감도는 알칼리성 탄산온천수로 음용이 가능하며 무색, 무취로 유명하다. 미인탕이라 불릴 만큼 각질제거 및 미백 등 피부미용에도 좋고, 심장질환, 고지혈증 등에도 효능이 있다고 한다.

난스천을 따라 무료로 이용할 수 있는 우라이온천구역은 우라이풍경관리소에서 수질을 엄격하게 관리하므로 안심하고 온천을 즐길 수 있다. 탈의실과 샤워실이 구비되어 있어 몸까지 담그려면 수영복을 준비하고, 간단하게 발만 담가도 좋다. 우라이라오제를 따라 직진하다 돌다리 란성대교(攬勝大橋)를 건너면 원취엔제(溫泉街) 양쪽으로 온천탕이 밀집되어 있다. 특히 왼쪽 길을 따라 가면 저렴하면서도 괜찮은 시설의 온천탕이 많다.

운영시간 24시간/연중무휴 **입장료** 무료 **찾아가기** 우라이라오제(烏來老街)를 따라 직진하다 란성대교(攬勝大橋) 돌다리 아래로 흐르는 강물이 무료로 이용할 수 있는 우라이노천온천구역이다.

우라이에 위치한 유명온천

난스천공공노천온천 (南勢溪公野溫泉)

무료로 즐길 수 있는 노천온천으로 난스천 옆에 위치한다. 현지인이 많이 찾는 곳으로 돌로 만들어 놓은 온천탕을 이용하거나 족욕을 즐길 수 있다. 탈의실과 샤워실이 마련되어 있으며 노천탕이니만큼 몸을 담그고 제대로 온천을 즐기려면 수영복과 수건 등을 준비해야 된다.

이용시간 24시간/연중무휴 **요금** 무료 **찾아가기** 우라이라오제를 따라 직진하다 란성대교를 건넌 후 오른쪽으로 가다보면 온천표시 계단이 나온다. 계단을 따라 내려간 후 직진하면 위치한다.

우라이퍼즈랜디스 (璞石麗緻溫泉會館)

일본 젠스타일로 세련되게 꾸며진 고급온천호텔이다. 3~5층에 위치하여 우라이 경치가 한눈에 보이는 실내탕 징즈탕우(景致湯屋)와 테라스에서 온천을 즐기는 반노천탕 주티탕우(主題湯屋)로 구분된다. 징즈탕우는 비치베드, 화장실. 온천탕으로 구성되고, 주티탕우는 호텔 룸스타일이다. 시간제한 없이 이용할 수 있는 대중탕은 남녀 분리되어 있으며 다양한 온도의 탕이 구비되어 있다.

주소 烏來區新烏路五段88號 **문의** (886)02-2661-8000 **이용시간** 08:00~22:00(4~10월), 08:00~24:00(11~5월)/연중무휴 **요금** 1인 NT$800~900(대중탕), 90분 이용 2인 기준 NT$2,000~(징즈탕우), NT$2500~(주티탕우) **찾아가기** 849번 버스를 타고 옌디(堰堤) 정류장에서 하차하여 버스진행 반대방향으로 직진하면 왼편에 위치한다. **홈페이지** www.pauselandis.com.tw

밍위에온천회관 (明月溫泉會館)

수질이 좋기로 유명한 호텔로 이곳에서 숙박한다면 자쿠지형태의 편백나무 원목으로 만들어진 히노키탕에서 우라이풍경과 함께 온천을 즐길 수 있다. 대중탕은 시간제한이 없으며 가족탕은 2인 기준 1시간으로 시간제한이 있지만 추가요금을 내고 연장할 수 있다. 대중탕은 남녀 분리되어 있으며, 가족탕은 룸에 마련된 온천탕을 이용한다.

주소 烏來區烏來街85巷1號 **문의** (886)02-2661-7678 **이용시간** 08:00~01:00/연중무휴 **요금** 1인 NT$390(대중탕), 2인 기준 NT$780~2,500(가족탕, 룸타입에 따라 상이) **찾아가기** 우라이라오제 초입에 위치한 패밀리마트 가기 전 바로 옆 골목을 따라 직진하면 오른편에 위치한다. **홈페이지** fullmoonspa.hotel.com.tw

칭런온천민관 (情人溫泉民宿)

저렴하게 즐길 수 있는 개인온천탕으로 소박한 공간에 깨끗하고 큰 욕조와 의자, TV가 있어 가격 대비 만족도가 높은 곳이다. 기본 1시간이며 2인 1실 1인당 NT$200이고, 혼자 사용한다 해도 1인 1실 NT$300으로 아주 저렴하며 사람이 많지 않다면 30분 정도 서비스를 받을 수 있다.

주소 烏來區溫泉街83號 **문의** (886)02-2661-6181 **이용시간** 08:00~24:00/연중무휴 **요금** 1시간 1인 기준 NT$200(2인 1실 개인탕), 2시간 2인 기준 NT$1,400~(2인 1실 룸타입) **찾아가기** 우라이라오제를 따라 직진하다 란성대교 돌다리를 건넌 후 왼쪽 길을 따라 직진하면 왼편에 위치한다. **홈페이지** www.wulai-inn.com.tw

탕부위엔온천관 (湯布苑溫泉館)

주황색 간판 온천으로 유명한 개인온천탕으로 바로 옆에 위치한 파란색 간판의 칭런온천민관보다 깔끔하여 인기가 많다. 작지만 통유리를 통해 주변경치를 바라보며 온천을 즐길 수 있으며 평일에 손님이 없을 때에 방문하면 가끔 1시간 요금에 무제한 이용서비스를 제공해 주기도 한다.

주소 烏來區溫泉街85號 **문의** (886)02-2661-8001 **이용시간** 08:30~24:00/연중무휴 **요금** 1시간 2인 기준 NT$600~(룸타입에 따라 상이) **찾아가기** 우라이라오제를 따라 직진하다 돌다리 란성대교를 건넌 후 왼쪽 길을 따라 직진하면 왼면에 위치한다. **홈페이지** www.cloudspring.com.tw

Part 05

 우라이의 트레이드마크 ★★★★★
우라이관광열차 淺水烏來觀光台車 Wulai Trolley

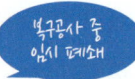
복구공사 중
임시 폐쇄

일제강점기 목재 및 광산장비를 운송하던 3량짜리 산업용 전동수레를 타이완 산림청에서 우라이폭포가 위치한 우라이산지문화촌까지 연결하여 미니관광열차로 탈바꿈시켰다. 선로 확장과 열차의 기계화 등으로 이전 스타일의 열차는 아니지만 좁은 선로 위를 달리는 아찔함과 숲과 협곡 사이를 달리는 짜릿함을 느낄 수 있다.

한 칸에 두 명이 겨우 앉을 정도로 비좁으며 안락한 승차감은 없지만 나름 터널까지 통과하는 재미를 선사한다. 우라이폭포까지 이어지는 산책로 바로 옆 언덕 위 1.6km 짧은 길이의 선로를 따라 달린다. 비록 시속 25km밖에 되지 않지만 속도감은 충분히 느낄 수 있고, 시원한 바람을 맞으며 아름다운 경치까지 감상할 수 있다.

귀띔 한마디 2015년 태풍으로 인해 관광열차는 복구 중이므로 걷는 것이 힘들다면 택시(NT$270~, 10여 분 소요)를 이용하자. **운행시간** 09:00~18:00/연중무휴(단, 날씨에 따라 운행이 중단될 수 있다.) **요금** NT$50(편도) **소요시간** 약 5분 **찾아가기** 우라이라오제를 따라 직진하다 란성대교를 건너면 바로 맞은편에 우라이타이처(烏來台車) 간판이 보이는 계단을 따라 올라가면 보인다.

 타이얄족을 만날 수 있는 ★★★★
우라이산지문화촌 烏來山地文化村

과거에는 외부와 차단된 원주민마을이었지만 현재는 관광지화되어 현재까지 우라이에 살고 있는 타이얄족의 생활상을 엿볼 수 있다. 특별하게 볼거리가 있는 상점은 없지만 전통의상을 입고 타이얄족이 직접 만든 수공예품과 기념품 등을 팔고 있다. 주변으로 우라이폭포, 원센낙원까지 운행하는 케이블카승강장, 방문객센터 그리고 타이얄족 민속춤을 볼 수 있는 공연장 등이 위치한다.

공연장인 추장원화거우쥐창(酋長文化歌舞劇場)에서는 화려한 전통의상을 입은 타이얄족 여성들이 우라이지역을 처음 발견한 이야기부터 전통결혼식, 농사 등 다양한 생활모습을 역동적인 몸짓과 신나는 춤사위로 표현하는 공연을 하루 3번 진행한다.

귀띔 한마디 마지막 공연은 관객들과 무대에서 어우러지는데 즉석사진을 찍어 비싼 가격에 팔기도 한다. **공연장 입장료** NT$350 **공연시간** 10:10, 11:20,14:00, 15:00/연중무휴 **문의** (886)02-2661-6551 **찾아가기** 우라이관광열차(烏來觀光台車)를 타고 우라이폭포(烏來瀑布)역에 하차하면 주변 일대가 바로 우라이산지문화촌이다.

주변경관과 잘 어우러진 ★★★★★
우라이폭포 烏來瀑布 Wulai Waterfall

우라이산지문화촌에 오게 되면 자연스레 마주하는 우라이폭포는 3단 폭포로 유명하다. 낙차 82m, 폭 10m로 비가 많이 내리는 날을 제외하면 수량이 많지 않아 별로 웅장한 느낌은 없지만, 절벽을 타고 쏟아져 내리는 모습은 나름 운치 있다. 폭포 앞 전망대가 설치되어 있어 좀더 가까이에서 폭포를 감상할 수 있으며, 폭포 위로 윈셴낙원을 운행하는 케이블카가 지나다니는 풍경도 볼 수 있다.

찾아가기 우라이관광열차를 타고 우라이폭포역에서 하차하여 직진하면 위치한다.

산속의 숨겨진 낙원 ★★★★★
윈셴낙원 雲仙樂園 Yun Hsien Park

'신선들이 구름 위에서 노는 동산'이란 이름과 잘 어울리는 유원지이다. 해발 약 800m 산중턱에 위치해 있어 케이블카를 타고 이동해야 한다. 케이블카는 길이 382m를 70도 경사로 올라가며 윈셴낙원 초입인 165m까지 이동한다. 일명 지옥의 계단이라 불리는 계단을 올라가면 해발 500m에 위치한 윈셴호텔이 나온다.

호수 근처에 자리한 고급스러운 외관의 윈셴호텔 주변으로 유격훈련장, 수영장, 양궁장, 하늘자전거, 범퍼카 등 다양한 유락시설이 자리하고 있다. 울창한 숲속을 따라 삼림욕을 즐길 수 있는 등산코스, 생태공원, 나무보트를 탈 수 있는 호수와 수많은 잉어가 헤엄치고 있는 연못 등이 있어 연인들의 데이트장소로도 각광받고 있다.

귀띔 한마디 주말 하루 2번 타이알부족 아이들의 전통공연을 관람할 수 있다. **입장료** 케이블카왕복+유원지입장료포함 NT$220(성인), NT$150(3~12세 어린이, 65세 이상) **유원지 개방시간** 09:30~17:00/연중무휴 **케이블카 운행시간** 09:00~22:00/연중무휴 **문의** (886)02-02-2661-6383 **찾아가기** 공연장 옆 가파른 계단을 따라 올라가면 맞은편에 케이블카정류장이 위치한 건물이 나온다. **홈페이지** www.yun-hsien.com.tw

Section 07
우라이에서 먹어봐야 할 것들

우라이라오제는 원주민지역답게 다양한 전통음식을 맛볼 수 있다. 멧돼지로 만든 숯불소시지, 빙어튀김, 인절미구이 등 이곳에서만 맛볼 수 있는 노점음식뿐만 아니라 타이베이시내와 주변지역에서는 맛볼 수 없는 대나무통밥, 멧돼지철판볶음 등 색다른 음식이 눈과 입을 즐겁게 한다.

우라이 원주민음식 전문식당 ★★★★★
타이얄포포미식점 泰雅婆婆美食店

타이얄족의 가정식요리를 맛볼 수 있는 곳으로 원재료의 신선한 맛을 살리는 요리가 특징이다. 외관부터 실내까지 대나무로 장식하여 전통적인 분위기를 연출하고 있으며, 우라이지역에서 키우고 재배한 식재료를 사용한 70여 가지의 다양한 메뉴가 있다. 죽통 안에 찹쌀을 넣고 찐 샹구주퉁판(香菇竹筒飯) 또는 찹쌀에 토란, 버섯, 말린 무 등을 월도잎으로 감싸 찐 웨타오판(月桃飯)은 기본으로 주문해야 한다. 신선한 야채볶음요리 등은 웨타오판과 잘 어울리며, 다양한 멧돼지요리 중 우리 입맛에는 멧돼지고기볶음 차오산주러우(炒山豬肉)가 잘 맞는다. 우리나라 막걸리와도 비슷한 좁쌀로 만든 원주민들의 전통술 샤우미지우(小米酒)는 전통음식과 함께 마시기에 좋다.

샹구주퉁판(香菇竹筒飯) 　 워터우웨타오판(芋頭月桃飯) 　 차오산주러우(炒山豬肉) 　 차오산주총(炒山珠蔥)

주소 烏來區烏來街14號 **귀띔 한마디** 영어메뉴판이 별도로 준비되어 있으며, 일행이 4명 이상이라면 코스요리를 추천한다. **베스트메뉴** 버섯, 돼지고기, 찹쌀을 대나무통에 넣고 찐 샹구주퉁판(香菇竹筒飯, 1개당 NT$70), 찹쌀, 토란, 버섯을 월도잎으로 감싼 후 찐 워터우웨타오판(芋頭月桃飯, 1개당 NT$50), 멧돼지고기와 야채를 볶아낸 차오산주러우(炒山豬肉, 小 NT$200/大 NT$300) **추천메뉴** 쪽파와 돼지고기를 함께 볶은 차오산주총(炒山珠蔥, NT$150), 계죽순(桂竹筍)으로 요리한 루꾸이주순(滷桂竹筍, NT$100) **가격** NT$70~ **영업시간** 10:00~22:00/연중무휴 **문의** (886)02-2661-6371 **찾아가기** 우라이라오제 초입 오른편에 위치한다.

우라이 전통간식을 맛볼 수 있는 ★★★★★
우라이라오제음식
烏來老街飲食 Wulai Old Street Food

우라이라오제에서도 단수이나 지우펀처럼 이곳만의 독특한 먹거리를 맛볼 수 있다. 100m 정도의 거리 양옆으로 길게 늘어선 노점에서는 튀기고, 볶고, 굽고, 쪄낸 다양

타이베이 근교

한 간식과 음식이 진열되어 있어 발길을 잡는다. 멧돼지로 만든 숯불소시지 산주러우샹창山豬肉香腸, 대나무통에 찹쌀을 찐 주통판竹筒飯, 온천수로 삶은 달걀 원취엔단, 작은 새우을 철판에 볶은 자시샤炸溪蝦와 빙어튀김 자시위炸溪魚, 꿀과 설탕으로 푹 조린 고구마 미지디과, 쌀떡을 구워 다양한 토핑을 뿌려먹는 카오마수烤麻糬, 송어살을 토란과 함께 반죽하여 동그랗게 튀긴 준위지앙위터우완, 대나무로 구운 닭 카오산주지 등 그야말로 먹거리의 향연이 펼쳐진다.

원취엔단(溫泉蛋)

미지디과(蜜汁地瓜)

준위지앙위터우완(鱒魚漿芋頭丸)

카오산주지(烤山竹雞)

찾아가기 우라이 버스정류장에서 하차하여 이정표를 따라 걸으면 우라이라오제를 만날 수 있다.

우라이에서 놓치면 후회하는 베스트 간식거리

우라이온천수로 삶은 달걀
원취이엔단(溫泉蛋)

80℃의 온천수로 삶아 반숙 형태의 달걀을 얼음에 담갔다 건져내 맛과 형태를 유지한 빙원취엔단(冰溫泉蛋)과 온천수와 타이완 전통주를 섞은 물에 삶아 비린내가 나지 않는 샤오싱지우단(紹興酒蛋) 등이 있다. 유명한 노점은 가오지아빙원취엔단(高家冰溫泉蛋)으로 온천수로 삶은 계란을 재빨리 얼음물에 담가 노른자부위가 윤기 있는 황금색을 띈다.
주소 烏來區烏來街135號 **문의** (886)02-2661-7458 **가격** 1개 NT$10/15

맥주안주로 그만인
자시샤&자시위(炸溪蝦&炸溪魚)

우라이 주변 시냇가에서 잡은 민물새우와 빙어를 고온 기름에 바삭하게 튀겨낸 튀김요리이다. 새우튀김 자시샤(炸溪蝦)는 튀긴 새우를 파와 붉은 고추를 넣고 철판에 볶는데 매콤하면서도 짭조름해 맥주안주와 밥반찬으로 그만이다. 튀김가루를 묻혀 튀겨낸 빙어튀김 자시위(炸溪魚)도 우라이의 명물간식이다. 두 가지 다 맛보려면 반반씩 주문하면 된다.
가격 각각 1접시 NT$100, , 반반 한접시 NT$150

쫄깃한 인절미구이
카오마수(烤麻糬)

기다란 인절미구이로 겉은 바삭하고 안은 쫄깃하여 한 끼 식사대용으로도 그만이다. 떡을 구운 후 콩고물, 팥, 꿀, 초콜릿, 흑설탕 등 원하는 소스를 뿌려먹으면 된다. 60년 전통의 노점 아모어더뎬(阿嬤的店)과 샹카오샤오미(現烤小米麻糬)가 유명하다.
가격 1개 NT$30, 2가지 고명 선택 시 NT$5를 추가하면 된다.

우라이를 대표하는 길거리 간식
산주러우샹창(山豬肉香腸)

육질이 더 쫄깃한 멧돼지를 숯불에 구운 소시지로 마늘, 고추냉이, 고량주 등 다양한 소스를 뿌려 먹는다. 우라이라오제 끝자락에 위치한 노점 야카다오디웬쭈미(雅各道地原住民)이 유명하다.
가격 1개 NT$35

스반샤오츨디 石板小吃

깔끔한 우라이음식 전문식당 ★★★★★

스반카오러우(石板炒肉) 샹구탕(香菇湯)

멧돼지철판볶음 스반카오러우石板炒肉를 전문으로 하는 음식점이다. 간단한 우라이전통음식과 타이완전통음식도 판매하며 깔끔한 맛과 저렴한 가격으로 유명하다. 우라이라오제에서 파는 웬만한 음식은 총집합되어 있으므로 편안하게 다양한 전통음식을 즐길 수 있다.

대나무찜통밥 주퉁판竹筒飯 또는 간장으로 졸인 돼지고기에 루러우를 얹은 루러우판滷肉飯과 멧돼지고기에 양파, 파를 넣어 철판에 볶아서 나오는 스반카오러우는 이곳 대표메뉴이다. 신선한 표고버섯이 가득 들어간 버섯탕 샹구탕香菇湯, 고기완자와 버섯이 들어간 샹구완탕香菇丸湯 그리고 계죽순으로 끓인 꾸이주순탕桂竹筍湯 등은 깔끔한 국물맛이 일품이다. 작은 새우튀김과 빙어튀김을 파, 마늘, 고추 등과 함께 철판에 볶아낸 자시샤炸溪蝦와 자시위炸溪魚는 바삭하면서도 짭조름하여 밥반찬과 술안주로 제격이다.

주소 烏來區烏來街48號 베스트메뉴 멧돼지고기철판볶음 스반카오러우(石板炒肉, NT$100), 버섯, 돼지고기, 찹쌀을 대나무통에 넣고 찐 주퉁판(竹筒飯, 1개당 NT$70), 짭조름한 루러우파(滷肉飯, NT$30) 추천메뉴 작은 새우튀김과 빙어튀김을 철판에 볶아낸 자위샤종합(炸魚蝦綜合, NT$150), 향긋한 표고버섯 향이 일품인 버섯탕 샹구탕(香菇湯, NT$40) 가격 NT$40~ 영업시간 11:00~20:00/연중무휴 문의 (886)02-2661-6133 찾아가기 우라이라오제를 따라 직진하면 오른편에 위치한다.

쥐써카페 爵色咖啡

우라이 최고의 전망에 위치한 노천카페 ★★★☆☆

우라이폭포전망대 앞에는 미니트럭을 간이주방으로 개조하여 파라솔테이블을 깔아놓은 노천카페가 있다. 우라이폭포와 케이블카를 바라보며 즐길 수 있는 커피 한잔의 여유가 이곳을 찾는 여행자들에게는 이미 유명하다. 메뉴는 커피, 차, 주스, 핫초코 등의 음료와 팝콘, 쿠키, 베이글 등 간단한 디저트와 스낵이 있다. 전망만 좋은 것이 아니라 여느 커피전문점 못지않은 훌륭한 맛 또한 이 집의 자랑이다. 마늘, 땅콩, 코코넛, 초콜릿, 건포도와 커피버터크림 등을 두툼한 빵에 올려 즉석에서 구운 로스트브래드 Roasted Bread는 간단한 요기로도 그만이다.

귀띔 한마디 노천카페이기 때문에 날씨에 따라 영업시간이 달라지며 악천후 시 영업을 하지 않는다. 가격 커피 NT$80~, 차 NT$80~, 디저트&스낵 NT$40~ 찾아가기 우라이관광열차를 타고 우라이폭포(烏來瀑布)역에서 하차한 후 직진하면 폭포전망대 앞에 위치한다.

Special 17
자연이 만든 걸작, 타이루거국립공원
(太魯閣國家公園, Taroko National Park)

타이완동부 화롄현花蓮縣에 위치한 타이루거국립공원은 해발 3,700m의 웅장한 대리석 절벽이 장관인 곳이다. 타이루거협곡太魯閣峽谷은 타이완의 대표관광지로 리우천立霧溪에 의해 대리석으로 이루어진 산이 침식되면서 약 20km에 달하는 가파른 거대한 협곡이 형성되었다. 아찔한 협곡을 가로질러 연결된 도로는 타이완을 동서로 연결하는 중부횡단도로로 자동차나 도보여행을 즐길 수 있다. 또한 흑곰, 타이완원숭이, 타이완파랑까치 등 다양한 동식물의 서식지로 생태계보존이 잘 되어 있는 국제수준의 자연공원으로 인정받는 곳이다. 우라이처럼 타이얄족泰雅族이 살던 지역으로 타이루거Taroko는 전설적인 추장의 이름을 따왔지만, 현재 웅장한 산이란 의미로 해석된다.
한국드라마 〈온에어〉와 예능 〈꽃보다할배〉에 소개되면서 우리나라 여행자들이 꼭 가봐야 할 타이완 관광지로 부각되었다. 타이베이에서 이른 아침에 출발하는 당일치기여행을 많이 가지만, 시간적 여유가 있다면 1박 2일 일정으로 화롄과 함께 둘러보는 것을 추천한다.

주소 花蓮縣秀林鄉富世村富世291號 운영시간 08:30~17:00/연중무휴 문의 (886)03-862-1100~6 홈페이지 www.taroko.gov.tw

타이루거협곡 찾아가기

타이베이에서 동남쪽으로 약 170km 떨어진 곳에 위치해 있어 자동차로 이동 시 3시간 30분 정도가 소요된다. 보통 기차편으로 화롄까지 이동한 후 타이루거셔틀버스나 택시를 이용하면 편리하다.

- **기차+셔틀버스 이용** 타이베이기차역에서 일반기차 TRA 또는 고속기차 HSR을 타면 화롄까지 한 번에 이동할 수 있다. 기차종류에 따라 소요시간이 다른데 보통 2~3시간 정도 걸린다. 화롄기차역에 내리면 역 앞 주황색 건물 또는 전국 패밀리마트에서 타이루거국립공원 주요명소를 운행하는 타이완하오싱 1133번 타이루거 셔틀버스(太魯閣線)의 원데이패스(One-day Pass)를 구입할 수 있다. 버스티켓 구입 시 셔틀버스 운행시간표를 함께 주기 때문에 시간을 체크하면서 명소를 둘러볼 수 있으며, 일부구간은 일방통행으로 들어갈 때와 나올 때 정류장이 조금 다르다.

셔틀버스 주요노선 →치싱탄(七星潭, Qixingtan)→신청기차역(新城臺鐵站, Xincheng Station)→타이루거(太魯閣, Taroko)→타이루거방문센터(太魯閣遊客中心, Taroko VisitorCenter)→샤카당(砂卡礑, Shakadang Trail)→부뤄완(布洛灣, Buiuowan)→옌즈커우(燕子口, Yanzikou)→뤼수이(綠水, Lushui)→톈샹(天祥, Tianxiang) 운행시간 07:00~15:00(화롄기차역 출발기준), 08:40~17:00(톈샹 출발기준) 운행간격 40분~1시간 10분 요금 NT$250(One-day Pass), NT$400(Two-day Pass)

- **택시 이용** 타이베이부터 또는 화롄기차역에 내린 후 택시를 타고 이동할 수 있다. 비용은 비싸지만 가장 편리하게 원하는 곳만 둘러볼 수 있고 시간을 절약할 수 있어 한국여행자들이 많이 이용하는 교통수단이다. 화롄기차역의 택시들은 흥정을 해야 하며 보통 4~5시간에 NT$2,000~3,000 정도이다.

정과 곡괭이로 이뤄 낸 인공터널
지우취둥 (九曲洞, Tunnel of Nine Turns)

옌즈커우와 연결된 지우취둥은 타이루거협곡의 백미로 계곡의 구비가 많아 붙여진 이름이다. 기계를 사용하지 않고 오로지 사람들이 정과 곡괭이만을 사용하여 1.9km에 달하는 협곡을 뚫어 만든 동굴터널이다. 세상과 단절시키듯 양옆으로 병풍처럼 대리석 협곡이 이어져 있어 자연경관에 한 번 감탄하고, 자연환경에 맞서 인공터널을 완성했다는 사실에 다시 한 번 감탄하게 된다. 곳곳에 낙석위험이 있기 때문에 입구에서 직원이 건네주는 안전모착용은 필수이며, 낙석이 심한 날은 일부 구간이 봉쇄되기도 한다.

협곡 내 가장 아름다운 곳
옌즈커우 (燕子口, Yanzikou)

타이루거협곡 중 가장 좁은 지역의 옌즈커우는 제비집이란 의미로 자연적으로 뚫린 구멍마다 제비가 서식한다. 양옆 절벽의 폭이 고작 16m 밖에 되지 않아 서로 맞닿을 것처럼 좁아 하늘이 제대로 보이지 않는다. 절벽 아래로는 석회질이 함유된 회색빛이 감도는 에메랄드빛 계곡물이 흐른다. 〈꽃보다 할배〉에 등장했던 흔들다리는 원주민인 고산족이 사는 산골마을로 들어가는 다리로 타이루거방문센터에서 미리 신청한 사람에 한해 건널 수 있다.

터널공사 희생자들의 넋을 기리는 사원
창춘치아오 (長春橋, Changchun Bridge)

협곡을 이어주는 다리 창춘치아오는 강렬한 붉은 색이 멀리서부터도 인상적으로 보인다. 이 다리를 건너면 중국전통양식으로 세워진 창춘츠(長春祠)를 만난다. 타이완은 남북으로 거대한 산맥들이 뻗어 있어 동서의 교류가 쉽지 않았는데, 이를 가능하게 한 것이 바로 타이루거협곡의 터널이다. 험준했던 협곡인 만큼 터널을 완공하기까지 226명의 사람이 희생을 당했는데, 이들의 넋을 기리기 위해 세워진 사원이 바로 창춘츠이다. 그래서 사원 앞으로 흐르는 폭포수는 당시의 희생자들이 흘리는 눈물이라고 전해진다.

타이베이여행 숙박업소 선택하기

Chapter01 숙박업소를 선택하기 전에 알아둬야 할 사항들
Section01 타이베이호텔 제대로 이용하기
Section02 호스텔 제대로 이용하기

Chapter02 타이베이 추천 숙박업소
Section03 여행을 더욱 특별하게 해주는 럭셔리호텔
Section04 감각을 중시하는 젊은 층을 위한 부티크호텔
Section05 실속파 여행자들을 위한 비즈니스호텔
Section06 배낭족들에게 안성맞춤인 호스텔

Chapter 01
숙박업소를 선택하기 전에 알아둬야 할 사항들

타이베이여행에서 가장 많은 경비를 차지하는 부분이 바로 숙박비일 것이다. 자신의 여행스타일과 주머니 사정에 맞게 고르면 되지만 가격, 위치, 교통편 등을 고려해야 한다. 저렴한 호스텔부터 고급호텔까지 숙박시설은 다양하지만 여행에서 가장 중요한 것은 위치이고, 휴가나 방학기간처럼 성수기에는 숙소를 구하기가 힘들기 때문에 미리 예약을 해야 한다. 또한 평일과 주말 숙박비가 다른 숙박업소가 많기 때문에 미리 꼼꼼하게 따져봐야 한다.

타이베이여행 숙박업소 선택하기

Section 01
타이베이호텔 제대로 이용하기

호텔은 다양한 편의시설을 갖추고 있기 때문에 제대로 알고 가면 좀더 편안하게 보낼 수 있다. 호텔은 2인 이상일 경우 고려해보는 것이 좋고, 비수기와 성수기 가격차가 있으며, 프로모션을 이용할 경우 훨씬 저렴하게 숙박할 수 있다. 첫 여행일 경우 처음으로 호텔을 이용한다고 겁먹지 말고 기본적인 호텔 이용법만이라도 이해한다면 내 집처럼 편하게 이용할 수 있다.

🧳 호텔 이용의 시작과 끝 체크인과 체크아웃(CheckIn&CheckOut)

타이베이 대부분의 호텔체크인은 보통 오후 3시 이후지만 만약 객실준비를 마쳤다면 이전이라도 체크인이 가능하다. 만약 호텔체크인 시간보다 일찍 도착했다면 리셉션에 짐을 맡기고, 시내구경을 다녀와서 저녁에 체크인을 하면 시간을 허비하지 않을 수 있다. 리셉션에서 체크인을 할 때는 예약 시 출력하거나 직접 받은 바우처(예약증명서)와 여권, 현금이나 신용카드가 필요하다. 현금이나 결제 가능한 신용카드는 보증금Deposit을 걸 때 필요한데, 보통 숙박비의 10% 정도를 요구하지만 카드로 결제하면 현금의 2배를 결제하는 호텔도 있다.

체크아웃은 일반적으로 12:00이지만 조금 이른 11:00에 체크아웃을 해야 하는 호텔도 있다. 시간을 넘기게 되면 추가요금이 발생하므로 체크아웃시간을 미리 체크해두는 것이 좋다. 저녁 비행기라면 체크아웃을 한 후 짐을 리셉션에 맡기고 주변관광을 하는 것도 좋은 방법이다. 체크아웃할 때 객실의 비품유무상태를 확인하고, 객실 또는 호텔 내 유료시설을 사용하지 않았다면 보증금은 돌려준다.

🧳 나만의 공간으로 들어가는 객실카드키(Room Card Key)

타이베이호텔의 잠금장치는 대부분 카드키를 사용하고 있다. 카드키는 체크아웃하기 전까지는 본인이 지니고 다녀야 하며, 입실 시 문 옆 카드투입구에 카드를 넣으면 객실 안의 전기가 작동한다. 호텔 객실의 문은 닫히면 자동으로 잠기는 시스템이므로 외출하기 전 카드키

챙기는 것을 잊지 말아야 한다. 객실 안에 카드키를 두고 나왔다면, 호텔리셉션에 연락해서 문을 열어달라고 하면 되지만 만약 카드키를 분실했다면 패널티를 물어야 하므로 주의해야 한다.

귀중품을 보관할 수 있는 안전금고(Safety Deposit Box)

여행 중 지니고 다니기 불안한 귀중품(현금, 여권, 항공권, 고가의 물품 등)이 있다면 객실 내 안전금고에 보관하자. 이용방법은 안전금고 안쪽에 비교적 자세하게 설명되어 있으므로 어려울 것이 없으며, 직접 비밀번호를 설정할 수 있어 안전하다. 귀중품을 넣은 후 비밀번호를 설정하고 금고 문을 닫으면 자동으로 문이 잠긴다. 제대로 작동되지 않을 때는 리셉션에 연락하여 조취를 받으면 된다. 만약 객실 내 안전금고가 없다면 리셉션에 귀중품을 보관해도 된다.

객실에서 즐기는 미니바&어메니티(Minibar&Amenity)

호텔에서 기본적으로 제공하는 웰컴드링크나 생수가 아니라면 미니바 안의 음료수는 무료가 아니라는 것을 기억하자. 미니바에는 음료수, 맥주, 스낵 등이 채워져 있어 출출한 저녁시간 유혹이 되지만 가격이 시중보다 비싼 편이므로 가까운 편의점에서 구입하는 것이 좋다. 커피, 티백 등은 무료이며, 리셉션에 요청하면 추가로 가져다준다.

투숙객 편의를 위해 객실에 비치된 비품을 어메니티라고 한다. 욕실에 비치된 용품은 수건, 헤어드라이어, 욕실가운 등을 제외하고 칫솔, 치약, 비누, 샴푸, 바디샴푸 등은 대부분 기본적인 어메니티로 제공되며 기념으로 챙겨가도 무방하다.

🧳 깔끔하게 객실을 정리해주는 청소서비스(Room Cleaning Service)

호텔에서 11:00~17:00 사이에는 손님들이 사용하는 객실을 룸메이드가 청소하는 시간이다. 이 시간대에 객실에 머무르면서 간섭을 받고 싶지 않다면 문 밖 손잡이에 방해금지 Do Not Disturb라고 적힌 종이를 걸어 두면 그날은 객실청소를 하지 않고 지나간다. 또한 청소 시간대에 외출을 한 후 돌아왔을 때 청소가 되어있지 않거나 어메니티가 채워져 있지 않다면 리셉션에 연락해서 조취를 받으면 된다.

🧳 호텔에서 사용하는 전압과 인터넷(Voltage&Internet)

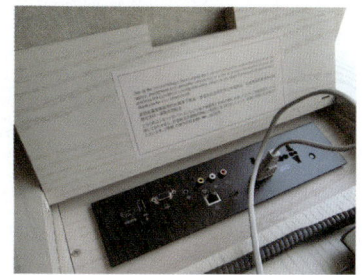

110V/220V겸용 한국전자제품의 경우 호텔 콘센트에 바로 꽂아 사용할 수 있지만 220V전용제품이라면 변환플러그가 필요하다. 대부분 호텔리셉션에서 대여할 수 있거나 객실에 설치되어 있지만 멀티어댑터를 개인적으로 준비해도 좋다.
대부분 호텔에는 객실마다 랜선이 들어와 있어 노트북 사용자라면 리셉션에 문의하여 일정금액을 지불하고 객실에서 편안하게 인터넷을 사용할 수 있다. 최근에는 호텔들이 서비스차원으로 유무선인터넷을 무료로 제공하고 있으므로 미리 체크해보자.

🧳 호텔의 다양한 편의시설(Accommodations)

호텔 안에서는 단순하게 잠만 자는 것이 아니라 다양한 편의시설들을 이용할 수 있다. 하루 종일 호텔에서 시간을 보내도 될 정도로 다양한 부대시설을 갖추고 있는 호텔이 많다. 대부분의 4~5성급호텔에는 야외수영장, 스파, 사우나, 피트니스센터, 레스토랑, 클럽라운지, 컨시어지와 룸서비스 등이 있어 리셉션에 이용 가능한 시설과 시간을 미리 체크해보고 예약을 해두면 편리하다.

Section 02
호스텔 제대로 이용하기

혼자나 둘이서 여행을 왔지만 숙소는 단지 잠만 자거나 또는 다국적 친구들과의 인맥을 쌓을 기회라고 생각한다면 호스텔이 좋은 선택이 된다. 한 객실에 보통 4~10인 정도가 묵는 도미토리 외에도 2인룸부터 패밀리룸까지 다양한 룸을 보유하고 있다. 세계 각국의 배낭여행자들과 한 방에서 지낸다는 것이 불편할 수도 있지만 다양한 경험을 해볼 수 있어 요즘에는 일부러 호스텔에 묵는 여행자도 많다.

호스텔 예약하기

호스텔스닷컴(www.hostels.com/ko)　　호스텔월드(www.korean.hostelworld.com)

타이베이의 호스텔 대부분은 홈페이지를 운영하고 있지만 좀 더 저렴한 예약을 하고 싶다면 호스텔스닷컴과 호스텔월드 등 전문 사이트를 이용하면 된다. 원하는 호스텔을 선택하여 총 숙박요금 중 12% 이상의 금액과 사이트 이용요금을 포함한 소정의 금액만 미리 카드결제하면 된다. 결제금액을 제외한 나머지 금액은 체크인 시 타이완달러로 지불하면 된다. 호스텔 홈페이지에서도 대부분 비슷하게 운영하며, 예약취소는 가능하지만 결제금액은 환불되지 않으니 주의하자. 도미토리를 이용할 경우 남녀혼숙 과 여성전용으로 나뉘며, 요금은 1인 1침대에 숙박일자로 계산된다. 보통 평일과 주말&공휴일 요금, 비수기와 성수기 요금이 다르며 한 객실에 묵는 인원에 따라 달라지기도 한다.

체크인&체크아웃(CheckIn&CheckOut)은 어떻게 하나?

호스텔 대부분의 체크인은 일반적으로 오후 3시이며, 프론트데스크를 24시간 운영하지 않기 때문에 새벽에 도착하는 비행기를 탔다면 예약 시 호스텔 측에 미리 도착시간을 메일로 알리면 새벽이라도 체크인을 할 수 있다. 예약 시 선결제한 금액을 제외한 나머지 금액은 체크인 할 때 현금으로 결제하고, 객실과 침대번호를 체크한 후 호스텔카드키를 넘겨받는다. 호스텔마다 다르지만 보통 NT$200~1,000 정도의 보증금을 요구하는 곳도 있는데, 체크아웃 시 비품유무와 파손상태를 확인한 후 돌려준다. 카드키는 단지 객실 문뿐만 아니라 호스텔 현관문을 열 때도 사용하기 때문에 외출 시 잊지 말고 챙겨야 한다. 대부분의 호스텔이 얼리체크인이 안 되기 때문에 만약 일찍 도착했다면 프런트에 짐을 맡기고 시내를 둘러본 후 시간에 맞춰 체크인을 하면 된다. 체크아웃은 보통 오전 11시가 일반적이다.

호스텔의 공용공간

보통 프런트데스크가 위치한 층에는 공용공간이 있다. 다같이 이용하는 공간이니 만큼 슬리퍼를 착용해야 하는데 무료로 대여해 주는 호스텔도 있지만 일정금액을 지불하고 대여해야 하므로 미리 체크해보자. 대부분 호스텔의 경우 주방, 휴게실, 세탁실 등의 공용시설을 갖추고 있으며, 각종 조리기구가 마련된 주방에는 커피, 차, 과자 등을 무료로 제공하기도 한다. 냉장 보관해야 하는 개인물품의 경우 방과 침대번호, 이름을 적어 보관하면 되고, 조식을 제공하는 경우 조식시간부터 체크해두자. 휴식공간에는 공용컴퓨터가 마련되어 있으며, 여행자들이 모여 서로 여행정보를 교환하거나 TV 시청, 영화감상과 게임 등을 함께 즐길 수 있다. 또한 뜻 맞는 친구와는 맥주 한잔 나누며 서로의 관심사를 공유할 수도 있다. 공용세탁실은 코인으로 세탁과 건조를 할 수 있는 곳과 세제도 유료로 구입해야하는 곳이 있지만 모두 무료로 서비스해주는 호스텔도 있다.

호스텔의 공용욕실 사용하기

도미토리 또는 개인화장실이 없는 개인룸을 이용하는 투숙객이라면 호스텔의 공용욕실을 사용해야 한다. 대부분의 공용욕실은 남녀로 분리되어 있으며, 화장실과 샤워공간이 분리된 곳이 대부분이다. 욕실에는 샴푸, 바디샴푸, 헤어드라이어 등의 기본 세면도구는 마련되어 있지만 수건은 제공하지 않으므로 일정금액을 지불하고 대여하거나 개인적으로 챙겨가야 한다. 수건 외에도 칫솔, 치약 등은 제공하지 않으므로 이것 또한 개인적으로 챙겨가거나 현지에서 구입해야 한다. 몇몇 호스텔은 도미토리 객실 안에 공용욕실이 설치되어 있는데 다른 투숙객들의 수면에 방해가 되지 않도록 23:00 이후에는 샤워를 자제하는 것이 예의이다.

호스텔의 도미토리 이용하기

대부분의 호스텔 도미토리는 이층침대이며 4~10인실로 남녀혼숙 또는 여성전용으로 구분된다. 1인 1침대가 기본이며, 침구세트는 체크인 전 한 번 교체해주고 교체를 원할 시 직원에게 새로운 침대시트를 받아 직접 교체해야 한다. 여러 사람이 같이 이용하는 객실이다 보니 에어컨은 24시간 돌아가며, 개인보관함을 제공하므로 귀중품을 보관할 수 있다. 개인보관함은 전자시스템인 경우도 있지만 개인적으로 자물쇠를 가져오거나 대여하여 달아야 하는 경우도 있다.
침대에는 개인스탠드, 멀티어댑터, 보관함, 암막커튼 등이 설치되어 있어 최대한 개인공간을 만들어주며, 객실뿐만 아니라 호스텔 전체에서 무료로 무선인터넷을 사용할 수 있는 호스텔이 대부분이다.

Chapter 02
타이베이 추천 숙박업소

여행경비의 상당부분을 차지하는 숙박비를 아끼려면 호스텔을 이용하는 것이 좋고, 2명 이상이라면 3성급 이상 호텔에 묵는 것도 고려해볼 만하다. 럭셔리한 여행을 즐기고 싶다면 시설, 서비스 등으로 유명한 럭셔리호텔이나 부티크호텔을 선택하면 된다. 호스텔의 경우 대부분 타이베이기차역, 시먼딩, 중산 근처 또는 교환학생이 많은 대학교 주변에 위치하며, 3성급의 호텔의 경우 시먼딩에 많이 몰려 있다. 가격, 위치, 개인취향 등을 고려하여 선택하는 것이 중요하며, 다양한 프로모션을 이용하면 좀더 저렴하게 숙박할 수 있다.

타이베이여행 숙박업소 선택하기

Section 03
여행을 더욱 특별하게 해주는 럭셔리호텔

5성급 이상의 특급호텔을 말하며 2013년 이후 오픈한 대부분의 호텔은 규모, 시설, 서비스뿐만 아니라 예술을 결합시킨 예술호텔들이 들어서고 있어 여행의 격을 한층 높여주고 있다. 특히 타이베이의 신흥상권이자 국제비즈니스지역인 신이계획구에는 타이베이의 랜드마크인 타이베이101타워를 중심으로 세계적인 럭셔리호텔들이 들어서고 있다.

예술, 문화가 어우러진 럭셔리디자인호텔
험블하우스타이베이 Humble House Taipei 寒舍艾麗酒店

'겸손한, 소박한'이란 뜻의 호텔명 험블Humble과는 달리 2013년 신이구 번화가에 오픈한 트렌디한 디자인호텔이다. '예술 속 삶, 삶 속 예술'을 콘셉트로 하는 호텔답게 호텔 곳곳에 국제적인 예술가들의 다양한 작품을 전시해놓고 있다. 최초의 타이완호텔브랜드로 세계적 디자인회사 히어쉬베드너Hirsch Bedner Associates가 호텔 전반을 디자인하였으며, 객실, 레스토랑, 로비, 복도 등 무심한 듯 어우러진 예술작품을 편하게 감상할 수 있는 갤러리 같은 호텔이다.

전 세계 독창적인 디자인호텔을 선정하는 디자인호텔스Design Hotels 회원으로 선정되었으며, 전체적인 인테리어는 대도시 느낌의 모던함을 추구한다. 총 235개 객실 모두 호텔 분위기와 맞게 시설이 깔끔하다. 특히 창문버튼을 누르면 창을 열지 않아도 바깥 공기가 들어오는 환풍시설이 설치되어 있다. 예술작품이 유쾌하게 어우러진 프렌치 이탈리안레스토랑 라파르팔라La Farfalla, 6층 야외정원에 위치한 카페 더테라스The Terrace 그리고 옥상에는 타이베이101타워와 어우러지는 야외정원과 수영장이 위치해 있다. 이 밖에도 비즈니스센터, 피트니스센터, 회의시설, 럭서리스파 등의 부대시설을 갖추고 있다.

주소 信義區松高路18號 **귀띔 한마디** 브리즈백화점과 같은 건물이다. **요금** 수페리어룸 NT$12,000~, 디럭스룸 NT$13,000~, 프리미어룸 NT$17,000~, 스위트룸 NT$24,000~ **체크인/체크아웃** 15:00/12:00 **문의** (886)02-6631-8000 **찾아가기** MRT 스정푸(市政府, Taipei City Hall)역 3번 출구로 나와 직진한 후 오른쪽 작은 공원을 끼고 오른쪽으로 직진하다 사거리 횡단보도를 건넌 후 오른쪽으로 직진하면 왼편에 위치한다. 도보 4분 거리. **홈페이지** www.humblehousehotels.com

타이완 럭셔리호텔의 새로운 지평을 제시한
만다린오리엔탈타이베이 Mandarin Oriental Taipei 台北文華東方酒店

2014년 5월 오픈하자마자 타이베이의 새로운 랜드마크로 떠오른 5성급호텔이다. 타이베이쑹산공항에서 택시로 5분 거리로 신이계획구가 근거리에 위치하며, 고풍스러운 유럽스타일의 건물이 눈길을 사로잡는다. 호텔 로비부터 호텔 곳곳에는 1,700여 점의 현대조각과 다양한 예술작품들이 장식되어 마치 거대한 갤러리에 와 있는 듯한 느낌이다. 총 256개 객실은 고급스러운 최신식 시설과 감각적인 디자인으로 꾸며져있으며, 20m 길이의 야외수영장, 12개의 트리트먼트스파, 피트니스센터 및 뷰티살롱 등의 부대시설을 갖추고 있다.

세계적인 디자이너 토니치Tony Chi가 디자인한 카페와 레스토랑에는 세계적 미슐랭 스타셰프들을 초빙해 더욱 인기가 높다. 이탈리안레스토랑 뱅코또, 광동요리전문레스토랑 야게Ya Ge, 프렌치레스토랑 카페앙드뜨와, 애프터눈티를 즐길 수 있는 더제이드라운지The Jade Lounge, 다양한 칵테일과 샴페인이 있는 엠오바M.O Bar, 프랑크하스누트Frank Haasnoot가 만든 최고급 케이크와 프랄린Praline 등이 있는 만다린케이크숍Mandarin Cake Shop 등 이 먹을거리도 풍성한 호텔이다.

주소 松山區敦化北路150號 귀띔 한마디 커피머신부터 커피, 차 모두 최고급 브랜드이며, 어메니티는 딥디크(Diptyque)제품이다. 요금 디럭스룸 NT$10,800~, 만다린룸 NT$13,500~, 스위트룸 NT$29,000~ 체크인/체크아웃 15:00/12:00 문의 (886)02-2715-6888 찾아가기 MRT 타이베이아레나(台北小巨蛋, Taipei Arena)역 1번 출구로 나와 사거리에서 횡단보도를 건넌 후 오른쪽 대로변을 따라 직진하면 왼편에 위치한다. 도보 8분 거리. 홈페이지 www.mandarinoriental.com/taipei

왓에버, 웬에버 서비스를 실시하는 부티크호텔
W타이베이 W Taipei 台北W饭店

5성급 부티크호텔로 쉐라톤, 웨스틴과 같은 스타우드호텔&리조트 계열 중 하나로 감각적인 젊은 층 특히 젊은 여성들이 선호하는 호텔이다. MRT 스정푸역과 연결되어 있고, 같은 건물에 한큐백화점이 있으며, 주변은 국제화된 신이계획구로 최상의 위치에 자리한다. 리셉션은 우바WooBar와 더키친테이블The Kichen Table 등 다양한 레스토랑과 야외수영장이 10층에 위치해 있으며, 405개의 객실은 22층부터 위

치한다. 객실에는 미니바, 42인치 LCD TV, 홈시어터시스템 등이 구비되어 있으며 욕실은 건식, 습식이 분리되어 있고, 어메니티는 블리스^{Bliss}제품이다. 다른 나라의 W호텔과는 달리 W타이베이는 시크&프랜들리$^{Chic\&Friendly}$ 콘셉트로 무엇이든지, 언제든지 고객이 원하는 것을 실현시키는 왓에버, 웬에버$^{Whatever, Whenever}$ 서비스를 실시하고 있는 것이 특징이다.

더키친테이블(The Kichen Table)

수영장(WET)

주소 信義區忠孝東路五段10號 귀띔 한마디 31층에는 광둥요리전문레스토랑 옌(YEN)과 타이베이 야경명소 엔바(YEN Bar)가 위치해 있다. 요금 원더풀룸(Wonderful Room) NT$9,000~, 스팩타큘러룸(Spectacular Room) NT$9,900~, 패블러스룸(Fabulous Room) NT$10,500~, 스위트룸(Suite Romm) NT$13,600~ 체크인/체크아웃 15:00/12:00 문의 (886)02-7703-8888 찾아가기 MRT 스정푸(市政府, Taipei City Hall)역과 바로 연결된다. 홈페이지 w-taipei.hotel-rn.com

도서관 콘셉트
에슬릿호텔 Eslite Hotel 誠品行旅

타이완의 대표대형서점 성품서점을 운영하는 에슬릿그룹$^{eslite Group}$이 2013년 송산문창원구 내 설립한 호텔이다. 16층 건물 중 객실은 3~13층에 걸쳐 총 104개가 있으며 심플하면서도 모던한 인테리어로 편안함과 아늑함을 제공한다. 각 객실은 통유리창, 개인발코니뿐만 아니라 42인치 HDTV, 홈시어터시스템과 고급가구브랜드 까시나^{Casina}의 가죽의자, 네스프레소 커피머신 등이 설치되어 있다.
호텔 내부와 일부객실에는 마이클린$^{Michael Lin}$, 수왕셴$^{SU Wong-shen}$, 밴레이황$^{Benrei Huang}$ 등의 타이완 예술가들의 작품이 전시되어 있으며, 1층 로비의 도서관처럼 꾸며진 책장에는 5,000여 권의 장서가 보관되어 있다. 1층에는 커피를 비롯한 다양한 음료를 판매하는 더라운지$^{The Lounge}$, 세계 각국의 요리를 선보이는 더챕터$^{The Chapter}$가 위치해 있다.

주소 信義區菸廠路98號 요금 디럭스룸 NT$9,900~, 스튜디오룸 NT$13,600~, 라이브러리 스위트룸 NT$18,300~ 체크인/체크아웃 15:00/12:00 문의 (886)02-6626-2888 찾아가기 MRT 국부기념관(國父紀念館, Sun Yat-Sen Memorial Hall)역 5번 출구로 나오자마자 오른쪽으로 직진하여 사거리에서 오른쪽으로 가면 송산문창원구(松山文創園區) 내에 위치한다. 도보 10분 거리. 홈페이지 www.eslitehotel.com

타이베이 특급호텔의 자존심
팔레드쉰호텔 Palais De Chine Hotel 君品酒店

우리나라 아이돌을 포함해 연예인들이 타이완 방문 시 많이 이용하는 호텔로 유럽과 동양적인 요소가 어우러진 5성급 특급호텔이다. 타이베이기차역 큐스퀘어 내에 위치해 있으며, 출입문은 1층이지만 리셉션은 6층에 자리한다. 프랑스어로 궁전을 뜻하는 팔레Palais란 이름답게 호텔 전체가 고풍스럽고, 객실은 프랑스 네오클래식스타일로 유럽에서 직수입한 가구 및 예술품으로 장식되어 있다.

총 286개의 객실을 보유하고 있으며, 타이완에서 유일한 최첨단 e-버틀러서비스 등을 이용할 수 있다. 6층에는 최고급 프랑스레스토랑 라로티세리La Rotisserie, 테마레스토랑 레테Le Thé, 야외 테라스를 갖추고 있는 르바Le Bar와 17층에는 중식레스토랑 르팔레Le Palais 그리고 비즈니스센터, VIP 라운지 르살롱Le Salon, 피트니스센터 등의 부대시설을 갖추고 있다.

주소 台北市承德路一段3號 귀띔 한마디 라로티세리(La Rotisserie)는 타이베이에서 핫한 호텔레스토랑으로 랍스터요리가 유명하다. 요금 수페리어 NT$5,300~, 디럭스룸 NT$6,250~ 체크인/체크아웃 15:00/12:00 문의 (886)02-2181-9999 찾아가기 MRT 타이베이기차역(台北車站, Taipei Railway Station)역 Y5번 출구로 나와 오른쪽으로 가다 사거리에서 오른쪽으로 가면 왼편에 위치한다. 도보 1분 거리. 홈페이지 www.palaisdechinehotel.com

이름만으로도 신뢰가 가는
그랜드하얏트타이베이
Grand Hyatt Taipei 台北君悅酒店

타이베이 시정부청사와 타이베이101타워 근처에 위치한 특급호텔로 세계적 디자이너 토니치Tony Chi가 총괄디자인을 맡아서 더욱 유명하다. 그랜드하얏트가 주는 중후함과 모던함을 잘 살린 25층 건물에는 853개의 객실, 다양한 레스토랑, 스파, 야외수영장, 피트니스센터 등의 부대시설을 갖추고 있다. 호텔 최상층에 위치한 아파트스타일의 레지던스 스위트룸에서는 멋진 도심전경을 감상할 수 있다.

로비라운지, 차라운지Cha Loung, 카페Café, 펄리앙Pearl Liang, 이로도리Irodori, 윤진Yun Jin 그리고 지가자가ZIGA ZAGA 등 10개의 레스토랑과 바가 위치해 있어 호텔 내에서 다양한 음식을 즐길 수 있다. 특히 회원전용 클럽라운지에서는 매일 조식을 무료로 제공하며, 전용라운지에서는 이브닝칵테일뿐만 아니라 다양한 음료와 간단한 간식 등을 무료로 즐길 수 있다.

주소 信義區松壽路2號 요금 그랜드룸 NT$8,000~, 그랜드디럭스룸 NT$8,600~, 그랜드프리미어룸 NT$10,600~ 체크인/체크아웃 15:00/12:00 문의 (886)02-2720-1234 찾아가기 MRT 타이베이101/스마오(台北101/世貿, Taipei 101/World Trade Center)역 5번 출구로 나와 뒤돌아 타이베이101타워를 오른편에 두고 직진하면 왼편에 위치한다. 도보 3분 거리. 홈페이지 taipei.grand.hyatt.com

타이베이 최고의 야경
샹그릴라파이스턴플라자호텔
Shangri-La's Far Eastern Plaza Hotel Taipei 台北香格里拉遠東國際大飯店

교통편이 애매하지만 파노라마처럼 펼쳐진 타이베이 도시전경과 야경을 감상하기에 좋은 호텔이다. 43층 건물에 53개의 스위트룸을 포함한 420개 객실을 보유하고 있으며, 소음이 퍼지지 않는 객실구조로 조용하고 편안한 객실컨디션을 갖춰 만족도가 높다.

뷔페레스토랑 카페앳파이스턴Café at Far Eastern, 타이완 최초 미슐랭스타셰프가 요리하는 일식레스토랑 이부키바이타카구카즈오ibuki by Takagu Kazuo, 이탈리안레스토랑 마르코폴로Marco Polo, 광둥요리전문레스토랑 상펠리스Shang Palace 그리고 상하이요리전문레스토랑 상하이파빌리온Shanghai Pavilion 등의 레스토랑이 위치해 있다. 중국 당나라시인 이백李白의 이름을 붙인 라바이라운지Li Bai Lounge, 38층에 위치한 마르코폴로라운지Marco Polo Lounge와 애프터눈티를 즐길 수 있는 로비코트Lobby Court 등의 바&라운지가 있다. 7층과 43층에 야외수영장이 있으며, 특히 43층의 루프탑온실수영장은 편안한 자세로 타이베이 전경과 야경을 감상할 수 있는 최고의 장소이다.

주소 大安區敦化南路二段201號 요금 수페리어 NT$7,600~, 디럭스룸 NT$8,600~, 프리미어룸 NT$11,600~, 호라이즌클럽룸 NT$10,600~, 스위트룸 23,000~ 체크인/체크아웃 15:00/12:00 문의 (886)02-2378-8888 찾아가기 MRT 커이다러우(科技大樓, Technology Building)역과 리우장리(六張犁, Liuzhangli)역 중간 쯤에 위치해 있어 어느 역에서든 도보 10분 정도 걸리므로 택시를 이용하는 것이 편리하다. 홈페이지 www.shangri-la.com/taipei

최적의 위치에 자리한
르메르디앙타이베이 Le Meridien Taipei 台北寒舍艾美酒店

2010년 오픈한 세계적인 호텔체인 스타우드계열의 5성급호텔로 신이구에 위치하여 타이베이101타워까지 도보로 이동할 수 있다. 모던함과 심플함이 돋보이며, 로비에는 세계적 유명작가들의 작품을 전시해 놓았다. 객실은 총 120개이며, 르메르디앙만의 특제 침대, 대리석책상, 가죽의자 등을 자랑한다. 실내수영장, 2개의 레스토랑, 피트니스센터, 비즈니스센터와 회원전용 이그제큐티브라운지 등의 부대시설을 갖추고 있다. 오픈 당시부터 레이티스트레시피Latest Recipe의 호텔뷔페가 엄청난 인기를 누렸다.

주소 信義區松仁路38號 요금 디럭스룸 NT$8,500~, 클럽룸 NT$11,000~, 스위트룸 NT$14,000~ 체크인/체크아웃 15:00/12:00 문의 (886)02-6622-8000 찾아가기 MRT 스정푸(市政府, Taipei City Hall)역 3번 출구로 나와 직진하여 작은 공원을 끼고 오른쪽으로 직진하다 사거리를 지나면 오른편에 위치한다. 도보 5분 거리. 홈페이지 www.lemeridien-taipei.com

압도적인 감동서비스, 일본계 고급호텔
오쿠라프레스티지 타이베이 Okura Prestige Taipei 大倉久和大飯店

중산역 부근에 2012년 유명 인테리어설계회사 차다짐바다&어소시에이츠Chhada Siembieda &Associates Ltd.가 디자인한 일본계호텔이다. 18층 건물에 총 208개의 객실을 보유하고 있으며, 전체적으로 일본 젠ZEN스타일, 서양의 미니멀Minimal스타일과 중국풍의 느낌을 잘 접목시킨 고급스러운 인테리어디자인과 극진한 서비스로 정평이 나있다.
객실유형은 7가지로 방수TV와 파우더룸이 설치된 욕실에는 호텔자체브랜드 어메니티가 준비되어 있다. 일식레스토랑 야마자토Yamazato, 광둥요리전문레스토랑 토카린Toh Ka Lin, 뷔페레스토랑 컨티넨탈룸Continental Room, 더나인The Nine, 라운지&바 더펄The Pearl 등의 레스토랑과 스파, 실외 온수수영장, 피트니스클럽 등의 부대시설을 갖추고 있다.

주소 中山區南京東路一假9號 요금 프레스티지룸 NT$15,000~, 이그제큐티브룸 NT$21,000~, 스위트룸 NT$35,000~ 체크인/체크아웃 15:00/12:00 문의 (886)02-2523-1111 찾아가기 MRT 중산(中山, Zhongshan)역 3번 출구로 나와 직진하여 사거리를 지나 경찰서를 지나면 바로 왼편에 위치한다. 도보 4분 거리. 홈페이지 www.okurataipei.com.tw

쇼핑몰을 갖추고 있는
리젠트타이베이호텔
Regent Taipei Hotel 台北晶華酒店

예전 호텔명은 그랜드포르모사리젠트Grand Formosa Regent로 오랫동안 타이베이를 대표하는 고품격 리젠트호텔계열이다. 21층 호텔로 지하 2층~지상 1층까지 백화점이 입점되어 쇼핑도 즐길 수 있다. DFS백화점 리젠트갤러리아Regent Galleria 에는 티파니, 불가리, 디올, 샤넬, 발렌티노, 막스마라, 에르메스 등 명품매장이 입점해 있다. 24시간 버틀러서비스를 제공하며 2층에는 리셉션, 5~17층에는 538개의 객실, 18~19층에는 최고경영진과 CEO를 위한 타이판Tai Pan이 위치한다. 21층에는 리젠트실크클럽 라운지 란팅Lan Ting과 헬스클럽, 사우나, 루프탑 수영장이 있다. 일식레스토랑 미한혼케Mihan Honke, 퓨전레스토랑 아지에azie, 뷔페레스토랑 브라스리Brasserie, 바&라운지 갤러리Gallery, 스테이크&철판요리전문레스토랑 로빈스그릴&데판Robin's Grill&Teppan, 쓰촨과 광둥요리전문레스토랑 실크스하우스Silks House 등이 있다.

주소 中山區中山北路2段39巷3號 **귀띔 한마디** 부대시설 운영시간은 루프탑 수영장 06:30~22:00, 스파 10:00~24:00, 헬스클럽 06:00~22:30이다. **요금** 수페리어 NT$6,000~, 디럭스룸 NT$7,500, 발코니룸 NT$10,000, 스위트룸 NTK$13,000~ **체크인/체크아웃** 15:00/12:00 **문의** (886)02-2523-8000 **찾아가기** MRT 중산(中山, Zhongshan)역 3번 출구로 나와 직진하여 사거리를 지난 후 왼쪽 도로변을 따라 걷다가 세 번째 골목으로 들어가면 왼편에 위치한다. 도보 7분 거리. **홈페이지** www.regenttaipei.com

타이완을 대표하는 전통호텔
그랜드호텔 The Grand Hotel 圓山大飯店

일제강점기 쑹메이링여사가 영빈관으로 사용하려고 지은 호텔로 현재 국가에서 운영하고 있다. 중국궁전 스타일로 1973년 타이완 건축가 양주어청楊卓成이 리뉴얼한 것으로 금색지붕과 붉은색기둥이 인상적이다. 드라마 〈온에어〉의 촬영지였으며, 〈꽃보다 할배〉 출연진이 마지막 밤을 보냈던 호텔, 배용준과 비가 묵었던 호텔로도 유명하다. 489개 객실은 스탠다드룸, 골든드래곤룸, 디럭스룸과 프레스티지룸 등으로 나뉜다. 객실내부는 전통방식과 최신 디자인의 2가지 콘셉트, 시티뷰와 마운틴뷰, 창문과 테라스 유무 등으로 나뉜다. 5성급호텔이지만 가격대비 객실의 시설과 분위기는 시내 비즈니스호텔보다 못하다는 평이 있다.

주소 中山區中山北路四段1號 **귀띔 한마디** MRT 위안산(圓山, Yuanshan), 젠탄(劍潭, Jiantan), 다즈(大直, Dachi)역에서 무료셔틀버스를 운행하고 있다. 운행시간은 06:40~23:05(위안산역→그랜드호텔), 06:30~22:00(그랜드호텔→위안산역)이며 20~30분 간격으로 운행된다. **요금** NT$5,000~ **체크인/체크아웃** 15:00/12:00 **문의** (886)02-2886-8888 **찾아가기** MRT 위안산(圓山, Yuanshan)역 1번 출구로 나와 호텔셔틀버스를 이용한다. **홈페이지** www.grand-hotel.org

Section 04
감각을 중시하는 젊은 층을 위한 부티크호텔

5성급 이상 럭셔리호텔에 비해 규모는 작지만 독특하고 개성 있는 인테리어, 서비스 등으로 차별화된 호텔이다. 최근 세계적인 대규모 체인호텔도 부티크형태의 호텔을 지향하는 추세이다. 주로 젊은 층의 여성여행자들이 선호하며, 호텔의 개성과 본인의 취향이 맞으면 그야말로 럭셔리호텔 못지않은 최고의 호텔에서 지낼 수 있다는 것이 장점이다.

젊음의 거리 시먼딩에 위치한 젊은 부티크호텔
웨스트게이트 Westgate Hotel 永安棧

타이베이를 대표하는 명품부티크호텔답게 패션을 메인테마로 한 감각적인 인테리어가 돋보이는 121개의 객실을 보유하고 있다. 2013년에 오픈하여 전체적으로 시설이 깔끔한 4성급호텔로 각층 엘리베이터에는 각 도시를 주제로 한 조각품이 배치되어 있다. 우산을 들고 바람에 날아가는 도시인, 높은 구두를 신은 패션여왕, 하늘을 날아 도시를 지나는 여행자 등 각 인형마다 새로운 도시에서 느끼는 마음과 모습을 표현했다.

객실은 모던스타일의 차분한 인테리어로 코지룸은 창문이 없으므로 답답한 것이 싫다면 창문이 설치된 디럭스룸 이상으로 예약해야 한다. 40인치 LCD TV, 개별냉난방장치, 미니바, 무료무선인터넷 등의 객실편의시설을 갖추고 있다. 언와인드바앤레스토랑 Unwind Bar&Restaurant에서는 시간대별로 런치세미뷔페, 애프터눈티 그리고 칵테일을 제공하고 있다. 비즈니스센터, 미팅룸, 피트니스센터뿐만 아니라 셀프로 이용할 수 있는 세탁실 등의 부대시설을 갖추고 있다.

주소 萬華區中華路一段150號 **귀띔 한마디** 시먼딩의 일부 상점과 제휴를 맺어 호텔카드를 제시하면 할인받을 수 있다 **요금** 디럭스룸 NT$3,500~, 프리미어룸 NT$4,400~, 스위트룸 NT$5,800~ **체크인/체크아웃** 15:00/12:00 **문의** (886)02-2331-3161 **찾아가기** MRT 시먼(西門, Ximen)역 6번 출구로 나와 대로변을 바라보고 왼쪽으로 직진하면 왼편에 위치한다. 도보 1분 거리. **홈페이지** www.westgatehotel.com.tw

여성들이 좋아하는 소규모 럭셔리부티크
호텔에클라트타이베이 Hotel Éclat Taipei 台北怡亨酒店

여성들이 좋아할 만한 아르데코풍 분위기의 부티크호텔이다. 로비에는 초현실주의 화가 살바도르달리 Salvador Dali의 조각품이 전시되어 있으며, 이 밖에도 유명작가들의 작품이 곳곳에 전시되어 있다. 각각 다른 스타일의 60개 객실은 감각있는 현대적 디자인으로 꾸며져 있다. 뱅앤올룹슨 Bang&Olufsen의 오디오, 커피머신, 몽블랑펜, 실렉트컴포트 Select Comfort의 매트리스와 이집트산 면시트 등 우아한 객실컨디션을 갖추고 있다. 특히 욕실은 전자동시스템이고, 몰튼브라운 Molton Brown의 제품을 어메니티로 사용한다. 투어데스크에서 관광안내, 버틀러서비스, 객실 내 체크인 등 고품격 서비스를 이용할 수 있으며, 유명한 로얄알버트 Royal Albert 식기에 품위 있는 조식을 즐길 수 있다.

주소 大安區敦化南路一段370號 요금 디럭스룸 NT$5,000~, 그랜드디럭스룸 NT5,500~, 프리미어룸 NT$6,000~ 체크인/체크아웃 14:00/12:00 문의 (886)02-2784-8888 찾아가기 MRT 신이안허(信義安和, Xinyi Anhe)역 1번 출구로 나와 오른쪽으로 횡단보도를 건너 사거리 맞은편 씨티은행에서 오른쪽으로 가면 왼편에 위치한다. 도보 7분 거리./MRT 다안(大安, Daan)역 1번 출구에서 도보 12분 거리. 홈페이지 www.eclathotels.com/taipei

집처럼 편안한 부티크호텔
홈호텔 Home Hotel 台北家飯店

감각적인 부티크호텔로 관광, 쇼핑, 세련된 다이닝과 밤문화까지 즐기기 좋은 신이구에 위치한다. 113개의 객실은 시티뷰와 101타워뷰로 나뉜다. 객실은 고급원목가구와 패브릭소품 등으로 포인트를 주어 품격과 분위기 모두를 잡았다. 편안한 느낌을 살리기 위해 가구, 전자제품, 벽지 등 대부분의 소품은 타이완 로컬브랜드를 고집한다.

TV는 취메이 CHIMEI, 매트리스는 테타이 Teh Tai, 차는 샤오차자이탕 小茶栽堂, 머그컵 역시 Sty Art에서 제작한 제품이다. 패브릭디자이너 브룻케이크 Brut Cake 작품의 컵받침과 테이블매트를 투숙객에게 선물로 제공해주는 반면 침구와 타올을 교체해주지 않으며, 주변 클럽들로 인해 주말은 새벽까지 시끄러운 단점이 있다.

주소 信義區松仁路90號 귀띔 한마디 예약투숙객들에게 호텔계열사가 운영하는 헬스장 바디팩토리(Body Factory) 이용쿠폰을 제공한다. 요금 오리지널룸 NT$12,800~, 마블러스룸 NT$17,800~, 엑스트라오디네리룸 NT$18,800~ 체크인/체크아웃 15:00/12:00 문의 (886)02-8789-0111 찾아가기 MRT 타이베이101/스마오(台北101/世貿, Taipei 101/World Trade Center)역 4번 출구로 나와 LOVE 조형물을 지나 횡단보도를 건넌 후 공원을 바라보고 왼쪽으로 직진하다 사거리에서 오른쪽으로 가면 네오19건물 뒤편에 위치한다. 도보 10분 거리. 홈페이지 www.homehotel.com.tw

실용적인 부티크호텔
호텔쿼트타이베이 Hotel Quote Taipei 台北闊旅館

MRT 난징푸싱南京復興역 대로변에 위치하며 이케아매장과 각종 스포츠경기, 콘서트와 공연 등이 열리는 타이베이아레나台北小巨蛋를 비롯한 다양한 시설이 주변에 위치한다. 요즘 타이완에서 유행하는 스몰럭셔리호텔SLH에 가입된 고급스럽고 세련된 부티크호텔로 전체적으로 어두운 편이며, 객실은 다른 고급호텔에 비해 작다. 하지만 객실미니바의 다양한 음료와 맥주를 무료제공하며, 2층 HQ라운지HQ Lounge에는 모든 투숙객들이 24시간 무료로 이용할 수 있는 스낵바를 운영하는 점이 이 호텔의 메리트이다. 객실에 필요한 일회용품, 다양한 티백과 음료 등을 투숙객이 원하는 만큼 알아서 가져갈 수 있는 코너가 한편에 준비되어 있다.

주소 松山區南京東路三段333號 **요금** Q룸 NT$9,500~, U룸 NT$10,000~, O룸 NT$13,500~, T룸 NTK$15,000~, E룸 NT$20,000~ **체크인/체크아웃** 15:00/12:00 **문의** (886)02-2175-5588 **찾아가기** MRT 난징푸싱(南京復興, Nanjing Fuxing)역 6번 출구로 나와 계속 직진하면 왼편에 위치한다. 도보 3분 거리. **홈페이지** www.hotel-quote.com

시먼딩의 유니크한 부티크호텔
암바타이베이 Amba Taipei 台北西門町意舍酒店

앰배서더호텔그룹Ambassador Hotel Group이 2012년 시먼딩에 오픈한 새로운 브랜드의 중급부티크호텔로 그해 영국 디자인종합전문지 월페이퍼Wall paper에서 최고의 비즈니스호텔로 선정되었다. 삼각형패턴으로 꾸며진 호텔외관도 독특하지만 젊은이들의 거리에 위치한 호텔답게 심플하면서도 감각적인 인테리어가 돋보인다. 지하 1~지상 4층까지는 성품우창점誠品武昌店, 5~10층까지는 총162개의 객실을 보유한 암바타이베이가 자리한다. 8m 길이의 리셉션테이블은 재활용 플라스틱병을 이용하여 디자인하였으며 각층마다 콘셉트가 다르다.

객실은 전체적으로 밝고 모던한 스타일이며, 빈티지와 패브릭소품을 이용하여 포인트를 주었다. 유럽의 시골마켓과 서점을 접목시킨 인테리어로 유기농요리와 음료를 제공하는 치바레스토랑Chiba Restaurant,

재즈, R&B, 퓨전과 힙합 등 요일별로 매일 밤 젊은 디제이나 연주가들의 공연이 열리는 팅바라운지^{Tingba Lounge}, 중국어로 달콤한이란 의미를 가지고 있는 티안안바 베이커리 등의 부대시설을 갖추고 있다.

주소 萬華區武昌街二段77號 귀띔 한마디 2015년 MRT 중산역과 쑹산역에 지점을 오픈하였다. 요금 스마트룸 NT$2,800~, 미디움룸 NT$3,200~, 라지룸 NT$3,500, 로프트룸 NT$4,300~, 발코니룸 NT$4,900~ 체크인/체크아웃 15:00/12:00 문의 (886)02-2375-5111 찾아가기 MRT 시먼(西門, Ximen)역 6번 출구로 나와 직진하다 오른쪽에 합작금고은행(合作金庫銀行)과 스타벅스 골목사이로 들어가 직진하면 오른편에 위치한다. 도보 8분 거리. 홈페이지 www.amba-hotels.com

한국여행자들이 선호하는
저스트슬립호텔 Just Sleep Hotel 捷絲旅

타이완의 유명호텔 리젠트그룹^{Regent Group}에서 운영하는 캐주얼부티크호텔로 가격, 시설과 서비스 면에서 우리나라 여행자들에게 사랑받고 있다. 5성급호텔을 담당한 최고의 건축가와 디자이너의 손을 거쳐 완성된 객실을 비교적 저렴하게 투숙할 수 있다는 점이 매력적이다. 젊은 층 타깃이기 때문에 객실은 귀엽고 아기자기한 디자인이며, 직원들 또한 젊고 캐주얼한 유니폼 차림이라 편안한 분위기를 연출한다. 객실은 좁은 편이며, 방음이 잘 되지 않으니 답답한 것을 싫어하거나 소음에 민감한 사람이라면 한번 고민해봐야 한다. 시먼역, 중산역 그리고 2013년에 오픈한 궁관역 3곳의 지점이 있으며 모두 MRT 역과 비교적 가까운 위치에 자리하고 있다.

주소 中正區中華路一段41號 귀띔 한마디 린센점에는 한국어를 구사하는 직원이 상주하고 있다. 요금 수페리어룸 NT$3,800~, 할리우드룸 NT$4,400~, 트리플룸 NT$5,200~, 패밀리룸 NT$5,800~ 체크인/체크아웃 15:00/12:00 문의 (886)02-2370-9000 찾아가기 MRT 시먼(西門, Ximen)역 6번 출구로 나와 직진하면 오른편에 위치한다. 도보 4분 거리. 홈페이지 www.justsleep.com.tw

타이베이시에 위치한 저스트슬립호텔
- 린센점(林森店) 주소 中山區中山北路117號 문의 (886)02-2568-4567
- NTU점(NTU店) 주소 大安區羅斯福路四段83號 문의 (886)02-7735-5000

타이베이101타워 맞은편 지하에 위치한 은둔형 안식처
스파크호텔 Sparkle Hotel 思泊客

입지조건, 편리성, 합리성 3박자를 모두 갖춘 호텔로 지구환경까지 생각하는 착한 호텔이다. 만약 투숙객이 환경공해를 줄이기 위해 침대, 배게, 수건 등의 교체를 원하지 않는 경우 'Save the Planet(지구를 구해주세요)'라고 적힌 원형카드를 해당 물품에 올려놓으면 객실청소 시 교체하지 않는다.

다양한 타입으로 구성된 45개의 객실을 보유하고 있으며, 반지하층에 밴티지, 스프랜더, 보그, O2룸 등 6개 타입의 객실이 있다. 특히 세 가지 타입의 O2룸 베란다는 그린월Green Wall로 자연친화적으로 독특하게 꾸며져 있어 마치 숲에 있는 듯한 느낌이다. 전 세계의 젊은 예술가들의 작품을 전시한 더아트갤러리The Art Gallery, 홍콩 5성급호텔에서 근무한 양화즈Yang Hua Zhi 셰프를 영입하여 고급캔토니즈요리 요리를 선보이는 창주Chang 등의 부대시설을 갖추고 있다.

주소 信義區信義路五段16號B1 **귀띔 한마디** 모든 투숙객에게 조식이 무료 제공된다. **요금** 빈티지룸 NT$8,200~, 스플렌더룸 NT$9,200~, 보그룸 NT$10,600~ **체크인/체크아웃** 15:00/12:00 **문의** (886)02-2758-8881 **찾아가기** MRT 타이베이101/스마오(台北101/世貿, Taipei 101/World Trade Center)역 3번 출구로 나와 바로 오른쪽 건물 지하 1층에 위치한다. **홈페이지** www.sparklehotel.com.tw

친절함에 친절함을 더한
앰비언스호텔 Ambience Hotel 喜瑞飯店

타이완 유명건축가와 디자이너가 손잡고 만든 호텔로 위치는 불편하지만 청결도와 직원 친절도가 높아 꾸준하게 사랑받고 있다. 외관을 비롯한 내부와 객실 등이 온통 흰색으로 꾸며진 화이트콘셉트의 현대적 부티크호텔로 어두운 것을 싫어하는 사람들에게 안성맞춤이다.

총 60개의 객실을 보유하고 있으며, 객실 인테리어는 금속, 유리, 대리석, 가죽 등의 소재를 활용하여 시각적으로 공간을 밝고 시원하게 연출하였다. 특히 화강암테이블, 송아지가죽 고급장식품 등

은 유명 산업디자이너 필립스탁Philippe Starck과 이탈리아 가구디자이너 페루치오라비아니Ferruccio Laviani의 제품으로 배치되어 있다. 한국여행자를 위해 한국어홈페이지와 한식을 조식으로 제공하며, 한국어를 구사하는 친절한 직원이 상주하고 있다.

주소 中山區長安東路一段64號 **귀띔** 한마디 호텔홈페이지를 이용해 예약할 경우 40% 할인된다. **요금** 스탠다드룸 NT$2,800~, 엘리트룸 NT$3,000~, 디럭스룸 NT$3,200~, 코너룸 NT$3,200~ **체크인/체크아웃** 15:00/12:00 **문의** (886)02-2541-0077 **찾아가기** MRT 중산(中山, Zhongshan)역 또는 쑹장난징(松江南京, Songjian nanajing)역에서 택시를 타고 이동하는 것이 편리하다. **홈페이지** www.ambiencehotel.com.tw

작은 공간을 최대한으로 활용한
앳부티크호텔 At Boutique Hotel 晶璽商旅

2010년 신이구에 오픈한 3성급호텔로 타이베이세계무역센터와 타이베이101타워를 걸어서 갈 수 있는 위치이다. 고전미와 현대적 세련미를 갖춘 88개의 객실을 보유하고 있으며, 객실마다 독특하게 가구배치를 해놓았다. 타이베이101타워가 바라다보이는 객실뷰를 갖추고 있고, 독특하게 침대 바로 옆에 세면대를 설치했으며 기본적인 어메니티와 무료무선인터넷을 제공한다. 객실의 크기는 작고, 방음이 열악하고 조식도 부실하다는 단점이 있지만, 비교적 저렴하여 지리적 위치를 중시하는 여행자에게는 최상의 호텔이다.

주소 信義區信義路四段468號3F **귀띔** 한마디 바디샴푸와 샴푸가 겸용이고 린스가 없으므로 필요하다면 개별적으로 챙겨야 한다. **요금** 스탠다드룸 NT$2,600~, 수페리어룸 NT$3,000~, 디럭스룸 NT$3,600~ **문의** (886)02-2345-9777 **찾아가기** MRT 타이베이101/스마오(台北101/世貿, Taipei 101/World Trade Center)역 2번 출구로 나와 직진하여 두 번째 사거리 횡단보도를 건너면 바로 위치한다. 도보 5분 거리. **홈페이지** www.at-boutique-hotel.com

Section 05
실속파 여행자들을 위한 비즈니스호텔

비즈니스호텔은 회사원이 주고객인 호텔을 비롯하여 실속파 여행자들을 위한 투어리스트호텔을 포함한다. 최근 젊은 투숙객들을 위한 감각적이면서도 심플한 소규모 디자인호텔들이 점점 늘어나는 추세이다. 대형비즈니스호텔보다 저렴하고 접근성이 편리한 곳에 위치하며, 객실의 컨디션도 좋아 인기가 많다. 대부분 3성급호텔 정도로 상가건물에 몇 개의 층을 사용하는 소규모 호텔이 많다.

모던하고 세련된 비즈니스호텔
탱고호텔신이 The Tango Hotel XinYi 天閣酒店

일본계 특유의 깔끔함이 돋보이는 4성급호텔로 타이베이에만 5개 지점을 운영하며 중산역에만 3개 지점이 있다. 2006년에 오픈한 신이점은 세련된 디자인과 쾌적한 105개의 객실을 보유하고 있다. 객실에는 킹사이즈침대, 유럽풍가구, 42인치 PDP TV 그리고 월풀욕조와 자동시스템이 설치된 욕실 등을 갖추고 있다. 특히 여행의 피로를 풀어줄 월풀욕조의 거품목욕은 투숙객들에게 높은 점수를 받는다.

속옷과 양말에 한하여 무료세탁서비스를 제공하며 1층 라운지를 무료로 이용할 수 있다. 비즈니스호텔답게 비즈니스센터, 회의실, 연회장뿐만 아니라 피트니스센터 등의 부대시설을 갖추고 있으며, 객실 내 테이블에는 피로감을 덜어주는 스탠드와 고급사무용의자를 배치해놓았다.

주소 信義區忠孝東路五段297號 **귀띔 한마디** 지속적인 프로모션으로 비수기에는 대폭적 요금할인이 있다. **요금** 킹룸 NT$5,200~, 스튜디오룸 NT$6,600~, 스위트룸 NT$10,000~ **체크인/체크아웃** 15:00/12:00 **문의** (886)02-2528-8000 **찾아가기** MRT 융춘(永春, Yongchun)역 1번 출구로 나와 오른쪽 대로변을 따라 직진하면 오른편에 위치한다. 도보 3분 거리. **홈페이지** www.tango-hotels.com

타이베이시에 위치한 탱고호텔

- 난시점(南西店) **주소** 中山區南京西路3號 **문의** (886)02-2567-9999
- 린센점(林森店) **주소** 中山區林森北路80號 **문의** (886)02-2531-7777
- 창안점(長安店) **주소** 中山區中山北路一段83巷15號 **문의** (886)02-2531-9999
- 푸싱점(復興店) **주소** 松山區復興北路147號 **문의** (886)02-8712-8000

호텔레스토랑이 유명한
앰배서더호텔타이베이
Ambassador Hotel Taipei 台北國賓大飯店

MRT 중산역과 가깝고 한국어를 구사하는 직원이 있어 한국 여행자들에 좋은 평을 받는 호텔이다. 호텔자체는 오래됐지만 전체적으로 깔끔하며 지리적 이점, 친절한 서비스, 가격면에서 인기 있다. 14층 건물로 3~14층까지 422개의 객실을 보유하고 있으며, 베이지컬러의 은은한 분위기에 심플하고 모던한 가구배치로 고급스러움을 연출한다. 다양한 메뉴가 나오는 조식뷔페도 좋지만 광동요리전문레스토랑 캔톤코트 Canton Court, 쓰촨요리전문 쓰촨코트 Szechuan Court, 일식, 중식, 유럽요리를 제공하는 밍가든 Ming Garden, 스테이크전문 어커트스테이크하우스 A Cut Steakhouse 등 호텔에 딸린 부설레스토랑이 더욱 유명한 호텔이다.

주소 中山區中山北路二段63號 **요금** 스탠다드룸 NT$4,000~, 익스큐티브룸 NT$6,000~, 스위트룸 NT$9,000~ **체크인/체크아웃** 15:00/12:00 **문의** (886)02-2551-1111 **찾아가기** MRT 솽롄(雙連, Shuanglian)역 1번 출구로 나와 오른쪽으로 직진하다 사거리 횡단보도를 건넌 후 오른쪽 대로변을 따라 걸으면 왼편에 위치한다. 도보 5분 거리. **홈페이지** www.ambassadorhotel.com.tw

젊은 커플에게 안성맞춤인
인하우스호텔 inHouse Hotel 薆悅酒店

신이구의 유명클럽 인하우스팀이 2012년 시먼딩에 오픈한 호텔로 타이완 유명디자이너에 의해 1940~50년대 호황을 누리던 극장스타일로 꾸며졌다. 로비에 들어서면 클럽음악이 흘러나와 기분을 들뜨게 하는데, 엘리베이터까지 이어져 마치 클럽에 온 듯한 기분이다.

60개의 객실을 보유하고 있으며, 객실마다 분위기와 콘셉트는 다르며, 인디아제품의 갈색대리석바닥과 원목 마호가니 Mahogany를 이용한 수공예가구들이 배치되어 있어 편안한 분위기를 연출한다. 럭셔리호텔에서만 볼 수 있는 보스 Boss 사운드독시스템과 어메니티로 록시땅 L'Occitane 제품을 구비해 놓아 호텔의 품격을 높였다. 특히 전객실에서 LED 조명을 사용하며, 예약 시 미리 요청하면 원하는 분위기로 조명을 세팅해주어 젊은 커플들이 선호한다.

주소 萬華區西寧南路107號 **귀띔 한마디** 자주 홈페이지에서 할인행사를 진행한다. **요금** 스탠다드룸 NT$2,000~, 더블룸 NT$4,000~ **체크인/체크아웃** 16:00/12:00 **문의** (886)02-2375-3388 **찾아가기** MRT 시먼(西門, Ximen)역 6번 출구로 나와 직진하다 오른쪽 이지숍(Easy Shop)이 위치한 골목을 따라 직진하면 오른편에 위치한다. 도보 5분 거리. **홈페이지** www.inhousehotel.com

Part 06

알차게 공간을 활용한
포트오렌지호텔 Forte Orange Hotel 福泰桔子商旅

타이완에 9개 호텔체인을 소유한 포르테호텔그룹Forte Hotel Group에서 만든 오렌지계열 체인호텔이다. 타이베이시내에는 타이베이기차역 부근의 카이펑과 관첸점, 중산역 근처 린센점 그리고 최근에 오픈한 시먼점이 있다.
총 60개 객실 중 트윈룸 5개를 제외하고 전부 더블룸이며 트윈룸은 독특하게 이층침대를 배치했다. 아늑함을 기본으로 객실은 아기자기한 소품으로 꾸며져 있으며 객실컨디션이 좋아 인기 급상승 중인 호텔이다. 지하 1층에는 과일, 시리얼, 우유, 커피 등 간단한 먹을거리를 24시간 무료제공하는 카페테리아가 위치해 있다.

주소 萬華區中華路一段166-2號 귀띔 한마디 시설과 분위기는 시먼점이 좋고, 린센점은 한국어를 구사하는 직원이 있어 편리하다. 요금 더블룸/트윈룸 NT$4,300~ 체크인/체크아웃 15:00/12:00 문의 (886)02-2311-5556 찾아가기 MRT 시먼(西門, Ximen)역 1번 출구로 나와 출구를 등지고 대로변 오른쪽으로 직진하면 오른편에 위치한다. 도보 1분 거리. 홈페이지 www.forte-hotel.net

타이베이시에 위치한 포트오렌지호텔
- 카이펑점(開封店) 주소 中正區開封街一段41號 문의 (886)02-2388-1523
- 관첸제점(館前店) 주소 中正區館前路22號 문의 (886)02-2381-1155
- 린센점(林森店) 주소 中山區林森北路139號 문의 (886)02-2563-2688

한국여행자들로부터 꾸준한 인기를 얻고 있는
댄디호텔 Dandy Hotel 丹迪旅店

MRT 중산역 톈진제天津街 골목의 한 전통건물을 새롭게 리모델링하여 2008년 오픈한 부티크계열 3성급호텔이다. 북유럽풍 노르딕Nordic 분위기의 건물 외간은 순백의 독특한 느낌과 고풍스러운 발코니, 12명의 유명팝스타가 그려진 창문이 눈에 띄며, 타이베이시 도시미화부분에서 금상을 획득하였다.
30개 객실을 보유하고 있으며, 층마다 자연을 테마로 스칸디나비아, 동물원, 겨울 등 6가지 스타일로 꾸며져 있다. 세탁, 건조를 위한 셀프세탁소가 무료운영되며, 투숙객 모두에게 조식을 무료제공한다. 자연친화적인 디자인으로 사랑받고 있는 다안

썬린공원점과 이탈리아건축&인테리어디자이너 마시모무사피Massimo Mussapi가 디자인한 텐무점 2개 지점은 모두 각기 다른 특성을 지니고 있다.

주소 中山區天津街70號 **귀띔 한마디** 주기적으로 홈페이지에서 파격적인 할인요금을 제시한다. **요금** 스탠다드룸 NT$2,700~, 디럭스룸 NT$3,400~, 엘리트룸 NT$3,700~, 패밀리룸 NT$4,200~ **문의** (886)02-2541-5788 **찾아가기** MRT 중산(中山, Zhongshan)역 2번 출구로 나와 직진하다 사거리 횡단보도를 건넌 후 오른쪽 첫 번째 골목 텐진제(天津街)로 들어가면 오른편에 위치한다. 도보 5분 거리. **홈페이지** www.dandyhotel.com.tw

타이베이시에 위치한 댄디호텔
- 다안점(大安店) **주소** 大安區信義路三段33號 **문의** (886)02-2707-6899
- 텐무점(天母店) **주소** 士林區中山北路六段728巷2號 **문의** (886)02-2873-2222

항공기콘셉트 호텔
에어라인인 Airline Inn 頭等艙飯店

2012년 비행기를 콘셉트로 한 테마호텔을 시먼딩에 오픈하였다. 최고의 서비스를 자랑하는 항공서비스만큼 투숙객들에게 최고의 서비스를 제공하기 위해 항상 직원들이 먼저 필요한 부분을 물어봐 주고 편안한 웃음으로 투숙객을 대한다. 8층 리셉션은 공항 탑승카운터로 꾸며 놓았으며, 직원들도 간편한 승무원복장을 하고 있어 여행 중 여행을 하는 느낌을 준다.

총 43개 객실은 2인 정원으로 만약 3명이 투숙할 경우 NT$1,000를 지불하면 엑스트라베드를 추가해준다. 7층 트윈룸과 8층 더블룸으로 나뉘며, 창문유무로 객실을 구분한다. 객실 인테리어도 항공기콘셉트의 독창적인 디자인가구들을 배치해놓아 편안한 분위기를 연출한다. 건물외관은 낡았지만 내부는 깔끔하고 안락하여 가격대비 만족도가 높은 호텔이다.

주소 萬華區中華路一段144號8F **귀띔 한마디** 7층은 엘리베이터가 운행되지 않으므로 8층에서 계단을 이용해야 한다. **요금** 더블룸/트윈룸 NT$2,800~(평일), NT$3,200~(공휴일)/조식불포함 **체크인/체크아웃** 15:00/12:00 **문의** (886)02-2388-2466 **찾아가기** MRT 시먼(西門, Ximen)역 6번 출구로 나와 대로변을 바라보고 왼쪽으로 직진하다 첫 번째 골목으로 들어가면 바로 왼편 건물 8층에 위치한다. 도보 1분 거리. **홈페이지** www.airlineinn.com

셀프주방이 마련된
시티인호텔플러스 CityInn Hotel Plus 新驛旅店

감각적인 콘셉트로 우리나라 여행자들에게 사랑받는 댄디호텔, 시티인호텔, 호텔73 등을 소유한 타이베이인그룹 Taipei Inn Group의 호텔 중 하나이다. 시티인호텔 CityInn Hotel의 업그레이드호텔로 객실마다 각각 톡톡 튀는 벽화로 디자인한 것은 비슷하지만 더 넓은 객실, 고급스러운 마감재와 비품 등으로 품격을 높였다.

세계적으로 유명한 디자인스튜디오 아키텍처인테리어 Architecture Interior가 타이완브랜드 피자거트파이브 Pizza Gut Five, 러브투모로우투데이 Love Tomorrow Toady와 공동작업하여 트랜드, 패션, 예술 등을 결합한 창의적이면서 역동적인 디자인을 선보인 호텔이다. 객실은 시각적 재미와 더불어 공간디자인으로 편안함을 제공한다. 지하 1층에는 무료세탁실, 회의실과 조식이 없는 대신 전자레인지, 오븐, 토스터기, 커피머신 등을 이용할 수 있는 셀프주방이 마련된 넓은 휴게실이 있다.

주소 中正區寶慶路63號 **귀띔 한마디** 홈페이지에서 주기적 프로모션을 진행하기 때문에 조금 더 저렴하게 예약할 수 있다. 홈페이지 예약 시 숙박요금의 30%를 먼저 지불하고 나머지는 체크인 시 결제한다. **요금** 스탠다드룸 NT$3,200~, 엘리트룸 NT$3,800~, 디럭스룸 NT$4,200~ **체크인/체크아웃** 15:00/12:00 **문의** (886)02-2314-8008 **찾아가기** MRT 시먼(西門, Ximen)역 3번 출구 나와 조금만 걸으면 바로 오른편에 위치한다. 도보 1분 거리. **홈페이지** www.cityinn.com.tw

> 타이베이시에 위치한 시티인
> - 타이베이기차역1관(台北車站1館) 주소 中正區懷寧街7號 문의 (886)02-2314-8008
> - 타이베이기차역2관(台北車站2館) 주소 大同區長安西路81號 문의 (886)02-2555-5577
> - 타이베이기차역3관(台北車站3館) 주소 大同區長安西路77號 문의 (886)02-7732-7777

위치, 가격, 시설 모두 만족스러운
뮤지크호텔 Muzik Hotel 儷夏商旅

2012년 보라색콘셉트로 시먼딩에 오픈한 3성급호텔로 심플함을 강조한 56개 객실을 보유하고 있다. 상가건물의 일부층을 호텔로 사용하고 있으며, 리셉션은 6층에 위치한다. 6층 작은 공간에 마련한 카페테리아에는 물, 음료, 차, 커피뿐만 아니라 빵, 비스킷과 잼을 마련해놓아 간단하게 요기를 해결할 수 있다.

객실은 창문이 없는 수페리어룸과 창문이 있는 디럭스룸으로 구분되며, 침대에 따라 더블, 트윈 그리고 트리플룸으로 나뉜다. 창문이 없는 수페리어룸은 어둡지만 통풍과 환기가 좋아 습하지 않으므로 지내기에 문제가 없다. 전체적으로 깔끔하고 아늑한 분위기이며, 시설이 좋아 저렴하면서 깨끗한 숙소를 찾는 여행자들에게 안성맞춤이다.

주소 萬華區中華路一段90號6F 귀띔 한마디 조금 떨어진 곳에 분점(萬華區西寧南路30號3F)이 있다. MRT와 가까운 곳을 선호한다면 본점이 낫다. 요금 수페리어NT$1,800~, 디럭스룸 NT$2,000~ 체크인/체크아웃 15:00/12:00 문의 (886)02-2311-6168 찾아가기 MRT 시먼(西門, Ximen)역 6번 출구로 나와 대로변을 바라보고 왼쪽으로 직진하다 왼편의 하이마트(Hi-Mart) 건물 6층에 위치한다. 도보 4분 거리. 홈페이지 www.muzikhotel.com.tw

작지만 알찬
타이베이호텔B7
Taipei Hotel B7 台北叙美精品旅店

호텔비스테이 Taipei Hotel Bstay, 호텔B6 Taipei Hotel B6 등 10개의 브랜드를 가진 뷰티호텔스 Beauty Hotels 중 하나이다. 시먼딩과 타이베이기차역 사이 228평화공원 근처에 위치하여 교통이 편리한 소규모호텔이다. 로비를 비롯하여 객실, 욕실 등이 좁지만 시설이 잘되어 있고, 친절하여 가격대비 만족도가 높다.

각각의 객실은 다른 콘셉트로 꾸며져 있으며, 객실에 구비된 물을 포함한 음료, 평리수와 과자 등을 무료로 제공한다. 또한 무료로 조식뷔페를 이용할 수 있으며, 세탁서비스, 환전서비스 등의 편의서비스를 제공한다.

주소 中正區重慶南路一段111號 요금 스탠다드룸 NT$1,600~, 디럭스룸 NT$2,400~, 럭셔리룸 NT$2,700~ 체크인/체크아웃 15:00/12:00 문의 (886)02-2383-2088 찾아가기 MRT 타이베이기차역(台北車站, Taipei Main Station) Z10번 출구로 나와 맞은편 소방서를 바라보고 오른쪽 골목을 따라 직진하면 왼편에 위치한다. 도보 10분 거리. 홈페이지 www.hotelb7.com.tw

패션콘셉트의 디자인호텔
호텔73 Hotel73 新尚旅店

2007년 오픈 당시 패션콘셉트를 호텔에 도입한 타이베이 최초의 패션호텔로 타이베이인그룹(Taipei Inn Group)의 호텔 중 하나이다. 검은색 가구, 흰색 침대 그리고 빨간색 조명 등의 컬러배치로 심플하지만 과장되지 않은 하지만 강렬한 인테리어를 연출하여 초반에는 한국여자여행자들에게 꽤나 인기 있었던 호텔이었다.

객실마다 유쾌한 벽화로 산뜻한 분위기를 연출하며 서비스가 훌륭하여 꾸준히 인기 있는 호텔이다. 리셉션에는 가구, 예술작품 등을 전시, 판매하는 갤러리가 마련되어 있다. 셀프로 무료 이용할 수 있는 세탁실이 있으며 모든 투숙객들에게 무료로 조식을 제공하고 있다.

주소 中正區信義路二段73號 **요금** 스탠다드룸 NT$2,200~, 엘리트룸 NT$ 2,600~, 디럭스룸 NT$2,800~ **체크인/체크아웃** 15:00/12:00 **문의** (886)02-2395-9009 **찾아가기** MRT 둥먼(東門)역 2번 출구로 나와 직진방향으로 횡단보도를 건넌 후 대로변을 따라 직진하면 오른편에 위치한다. 도보 3분 거리. **홈페이지** www.hotel73.com

호스텔 분위기의 아이디어호텔
컬러믹스호텔&호스텔 Colormix Hotel&Hostel 卡樂町旅店

시먼딩 좁은 골목 안 낡은 건물사이로 독특한 건물 하나가 눈에 띄는데, 컬러믹스호텔&호스텔은 호텔명과 달리 도미토리가 없는 호스텔 구조를 표방한 호텔이다. 특히 공용공간은 다국적 여행자들이 투숙하는 호스텔처럼 활기찬 분위기로 꾸며 놓았다. 총 32개 객실을 보유하고 있으며, 22개의 싱글룸과 10개의 더블룸은 각기 다른 컬러로 포인트를 주었다. 싱글룸은 공용욕실을 이용해야 하지만 모든 더블룸에는 전용욕실이 딸려 있다. 좁은 공간을 정말 알차게 구성해 놓았으며, 호텔명답게 컬러믹스를 잘 해 놓은 아이디어호텔이다.

주소 萬華區內江街55巷22號 **귀띔 한마디** 체크인 시 보증금 NT$1,000을 지불해야 하며, 체크아웃 시 반환해준다. **요금** NT$980~ **체크인/체크아웃** 15:00/11:30 **문의** (886)02-2382-6000 **찾아가기** MRT 시먼(西門, Ximen)역 1번 출구로 나와 직진하다가 KTV건물이 보이면 왼쪽 좁은 골목으로 들어가면 오른편에 위치한다. 도보 2분 거리. **홈페이지** www.colormixhotel.com

잠만 자는 여행자를 위한
엑파호텔 ECFA Hotel 愛客發時尚旅館

시먼딩에 4개의 지점을 두고 있는 체인호텔로 시설을 따지지 않고 오로지 잠만 자려는 여행자에게 위치와 가격면에서 추천하는 호텔이다. 시먼역 출구와 가까운 곳에 위치한 완니엔점은 중국과 홍콩 젊은 여행자들이 선호하지만 창문이 없는 객실이 있으니 예약 시 미리 확인해야 한다.
건물 6층에 위치하지만 방음이 취약하여 소리에 민감하다면 이용하지 않는 것이 좋다. 조금 더 쾌적한 시설과 저렴한 가격을 원한다면 안쪽에 위치한 쿤밍점이나 청두점을 이용하는 편이 낫다.

주소 萬華區西寧南路70號6F **귀띔 한마디** 분점 투숙객은 조식이용 시 본점으로 이동해야 하는 불편함이 있다. **요금** NT$1,500~ **체크인/체크아웃** 15:00/12:00 **문의** (886)02-2361-9069 **찾아가기** MRT 시먼(西門, Ximen)역 6번 출구로 나와 직진하다 오른쪽 이지숍(Easy Shop)이 위치한 골목을 따라 직진하면 왼쪽의 홀리데이KTV 바로 전 건물 6층에 위치한다. 도보 3분 거리. **홈페이지** www.ecfa-hotel.com

타이베이시에 위치한 엑파호텔
- ECFA청두(成都館) **주소** 萬華區成都路101號 **문의** (886)02-2361-1700
- ECFA시먼(西門館) **주소** 萬華區成都路135號 **문의** (886)2311-5820
- ECFA쿤밍(昆明館) **주소** 萬華區昆民街79號10F **문의** (886)02-2361-2280

Section 06
배낭족들에게 안성맞춤인 타이베이의 호스텔

호스텔은 젊은 감각의 인테리어와 안락한 객실 그리고 편리한 부대시설을 저렴하게 이용할 수 있어 배낭여행자들에게 인기 있다. 대부분의 호스텔은 도미토리와 개인룸으로 구분되며, 본인 취향과 주머니사정에 맞게 선택하면 된다. 한국인이 운영하는 게스트하우스나 한국어를 구사할 수 있는 직원이 상주하는 호스텔도 많은 편이므로 편리하게 이용할 수 있다.

원색의 컬러풀함이 신선한

홈미호스텔 Homey Hostel 紅米國際青年旅館

2013년 리뉴얼한 홈미호스텔은 타이완호스텔 라이센스를 취득한 안전한 숙박업체이다. 건물 7층에 위치하며, 한국인직원이 상주하고 있어 많은 도움이 된다. 4, 6, 8, 10인실 그리고 남녀혼숙과 여성전용으로 나뉘는 도미토리는 방마다 노랑, 파랑, 주황색의 원색컬러의 튼튼한 이층침대가 마련되어 있다. 각 침대에는 개인스탠드와 멀티어댑터가 설치되어 독립적인 공간을 만들어 주며, 방안에 각자의 개인보관함이 마련되어 있다. 모든 방은 독립 에어컨시스템과 포켓스프링 30cm 라텍스매트리스가 갖춰져 있다.

호스텔공간 내에서 사용할 수 있는 무료무선인터넷, 매일아침 08:30~11:00까지 토스트, 차, 커피, 과일 등이 제공되는 무료조식 그리고 공용욕실에는 기본 세면도구가 마련되어 있다. 매주 1회 워킹투어프로그램이 있으며, 고속철도예약 및 한국어가 가능한 기사님과 함께하는 택시투어 예약서비스도 인포메이션데스크에서 신청할 수 있다.

주소 大同區長安西路180號7F **귀띔 한마디** 프런트데스크는 08:30~22:30까지 운영하며 사전에 미리 연락을 하면 도착시간에 체크인할 수 있다. **요금** 혼숙도미토리&여성전용도미토리 NT$600, 2인실 NT$1,260~ **체크인/체크아웃** 15:00/11:00 **문의** (886)02-2550-4499 **찾아가기** MRT 타이베이기차(台北車站, Taipei Main Station)역 Y7번 출구로 나와 출구를 등지고 대로변 왼쪽방향으로 직진하다 KFC와 제일은행 골목으로 들어가면 왼편 건물 7층에 위치한다. 도보 3분 거리. **홈페이지** www.homeyhostel.com

한인이 운영하는 카페스타일
휴게스트하우스 Hue Guesthouse 休的家

트렌드의 중심이자 타이베이 청담동이라 불리는 둥취에 위치한 게스트하우스로 한국인이 운영하고 있다. 미술을 전공한 여주인이 직접 인테리어를 한 고급 카페스타일로 단지 잠만 자는 숙소의 개념에서 벗어나 여행 중에 휴식을 느낄 수 있는 쉼표를 제공한다.

공용 거실공간은 여행자간의 친목을 도모할 수 있는 카페처럼 꾸며놓았으며, 타이완과 한국의 최신 여행가이드북이 다수 비치되어 있어 타이베이여행에 도움을 받을 수 있다. 간단한 조리도 가능한 공용주방이 마련되어 있으며, 매일 아침 간단한 조식뿐만 아니라 각종 차와 간식이 제공된다. 무료로 무선인터넷을 사용할 수 있으며, 세탁기와 자동건조기가 비치되어 있어 편리하다.

본관과 별관 2,3호점으로 나뉘어 있으며 가족 및 여성전용으로 운영되는 본관은 MRT 중샤오둔화역 3번 출구 근처에 위치하며, 2개의 원룸형으로 구성된 별관은 MRT 중샤오둔화역 4번 출구 바로 앞에 위치해 있다. 패밀리하우스 요금으로 별관을 단독으로 이용할 수 있어 가족단위 여행자들에게 인기가 있다. 본관은 이층침대로 구성된 그린룸, 트윈침대로 구성된 핑크룸과 더블침대로 구성된 민트룸 그리고 전용욕실이 갖춰진 패밀리룸이 있고, 별관은 베란다식 실내정원이 마련된 수페리어A룸과 수페리어B룸으로 이루어져 있다.

주소 大安區忠孝東路四段216巷32弄1號4F **귀띔 한마디** 카페 또는 카카오톡으로 문의 후 숙박료를 계좌로 입금하면 된다. **요금** 본관 2인실 90,000원, 4인실 195,000원/2호점 4인기준 255,000원/3호점 6인기준 330,000원 **체크인/체크아웃** 15:00/11:00 **문의** (886)0918-007-935/(070)8236-3057/카카오톡아이디 huetaiwan **찾아가기** MRT 중샤오둔화(忠孝敦化, Zhongxiao dunhua)역 3번 출구로 나와 직진한 후 후아난은행(華南銀行) 골목으로 들어가 오른쪽 세 번째 골목 안에 위치한다. 도보 3분 거리. **홈페이지** cafe.naver.com/huetaiwan

숙박공간을 넘어선 소셜네트워크
미엔더타이베이호스텔 Meander Taipei Hostel 台北漫步旅店

2014년 시먼딩에 오픈한 호스텔로 공용거실에서 각종 보드게임을 즐기고, 매일 밤 영화를 상영하며 자전거투어, 야시장투어, 할로윈파티, 크리스마스 파티 등 다양한 행사를 진행한다. 또한 일주일에 2번 워킹투어 등 투숙객들이 함께 즐길 수 있는 다양한 행사를 준비하므로 다국적 여행자들과 친분 쌓기에 좋다. 한국인직원이 상주하며, 젊은 스텝들이 모두 친구처럼 정겨운 호스텔이다.

도미토리는 2층 또는 3층 침대이며, 4층은 여성전용, 나머지는 혼숙 도미토리와 2인실 개인룸으로 구성되어 있다. 개인룸은 욕실과 TV가 설치되어 있으며, 복층처럼 구성된 룸과 침대로 구성된 룸으로 나뉜다. 시설 자체는 현대적 감각이지만 40년이 넘은 부티크호텔을 리모델링한 호스텔로 엘리베이터가 없어 불편하다.

주소 萬華區成都路163號 **강력추천** 간단하게 준비되는 무료조식은 08:00~10:00까지이다. **귀띔 한마디** 프런트데스크는 07:00~22:30까지 운영하며, 타월과 칫솔 등은 개인적으로 챙겨야 한다. **요금** 도미토리 NT$550~, 개인룸 NT$1,980~/체크인 시 보증금 NT$200이 있다. **체크인/체크아웃** 15:00/11:00 **문의** (886)02-2383-1334 **찾아가기** MRT 시먼(西門, Ximen)역 6번 출구로 나와 왓슨스(Watsons)방향으로 직진하면 오른편에 위치한다. 도보 10분 거리. **홈페이지** www.meander.com.tw

우주공간에 온듯한 분위기의 대형 호스텔
스페이스인 Space Inn 太空館

2014년 오픈한 우주를 테마로 한 대형호스텔이다. 대부분의 호스텔들이 오래된 건물이지만 스페이스인은 최신건물 지하 1층에 자리하고 있어 전체적으로 깔끔하다. 다른 호스텔에 비해 안락한 분위기는 아니지만 우주를 주제로 색다른 분위기를 연출하였고, 직원들도 우주복을 착용한 것이 재미있다.

대형호스텔답게 휴식공간, 주방, 샤워실, 코인세탁실, 인터넷실, 오락실 등 공용공간이 모두 넓은 편이다. 43개의 4~12인용 객실은 여성전용, 남성전용, 혼숙도미토리로 나뉜다.

카드시스템으로 출입문, 객실, 샤워실, 개인보관함 등 특정 공간은 카드인식을 통해서만 개방된다. 튼튼한 철제 이층침대로 푹신한 매트리스에 오리털 침구, 개인스탠드와 암막커튼 등이 설치되어 있다.

주소 中正區衡陽路51號B1 귀띔 한마디 중국인이 많아 가끔 시끄러울 때가 있다. 요금 NT$490~ 체크인/체크아웃 15:00/12:00 문의 (886)02-2381-3666 찾아가기 MRT 시먼(西門, Ximen)역 4번 출구로 나와 계속 직진하면 왼편에 위치한다. 도보 5분 거리. 홈페이지 www.spaceinn.com.tw

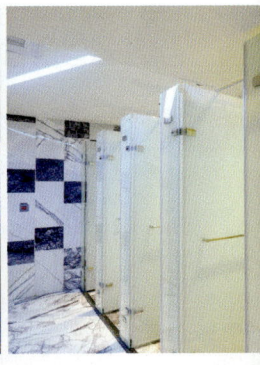

한국여행자들에게 호평받는
스타호스텔 Star Hostel Taipei Main Station
信星旅館 台北車站

타이베이기차역 큐스퀘어 부근의 편리한 위치, 예쁜 인테리어, 쾌적한 시설, 한국어가 가능한 친절한 직원, 착한가격 등으로 이미 한국여행자들 사이에 유명한 호스텔이다. 건물 4~5층을 사용하며 프런트데스크, 식당, 주방, 휴게실 등 공용공간은 4층, 룸은 4~5층에 위치한다. 전체적으로 원목을 이용한 인테리어로 특히 높은 천장의 휴게실은 마치 작은 정원 같은 느낌으로 매일 다국적 여행자들이 모이는 곳이다.

룸타입은 도미토리와 개인룸으로 나뉘며, 도미토리는 6, 8인 여성 또는 혼숙의 디럭스, 스탠다드, 베이직룸으로 나뉘고, 개인룸은 싱글, 더블, 트윈, 패밀리, 트리플룸 등으로 나뉜다. 도미토리는 견고한 철제 이층침대로 침대마다 커튼을 칠 수 있다. 캐리어까지 보관 가능한 대형개인보관함이 있지만 자물쇠는 개인적으로 준비해야 하며, 매일 08:00~10:00에 무료조식이 제공되어 더욱 인기 있다.

주소 大同區華陰街50號4F 귀띔 한마디 숙박요금의 30% 선결제, 나머지는 체크인 시 현금으로 지불한다. 요금 도미토리 NT$580~, 개인룸 NT$1,980~ 체크인/체크아웃 14:00/11:00 문의 (886)02-2556-2015 찾아가기 MRT 타이베이기차역(台北車站, Taipei Main Station) Y13번 출구로 나와 뒤돌아 보이는 타이웬루(太原路)를 따라 직진하여 세븐일레븐이 보이는 사거리에서 오른쪽 골목을 따라 들어가면 오른편 건물 4층에 위치한다. 도보 2분 거리. 홈페이지 www.starhostel.com.tw

건물 디자인부터 독특한
플랍플랍호스텔 FLIPFLOP Hostel 夾腳拖的家

타이베이기차역에 위치한 호스텔로 원래 철도직원들 숙소였던 건물을 리노베이션하여 호스텔로 오픈하였다. 멋진 벽화가 그려진 4층 건물로 복도, 계단, 개인룸까지 벽화가 그려져 있다. 1층은 프런트데스크와 공용주방, 공용컴퓨터가 마련되어 있으며, 투숙객들이 꾸며놓은 벽면이 인상적이다. 2층부터 룸이 위치하며, 엘리베이터가 없어 불편하다.

도미토리는 남녀혼숙과 여성전용 4, 6인으로 나뉘고 개인룸은 침대 대신 매트리스, 좌식의자와 작은 테이블이 있어 다락방 같은 느낌이며, 화장실은 공용화장실을 이용해야 한다. 지하 1층에는 코인세탁기와 건조기가 마련되어 있으며, 무료 조식은 제공되지 않는다.

주소 大同區華陰街103號 귀띔 한마디 타이베이현대미술관 부근과 지우펀에도 지점이 있다. 요금 도미토리 NT$650~, 개인룸 NT$1,400 체크인/체크아웃 15:00/12:00 문의 (886)02-2558-3553 찾아가기 MRT 타이베이기차역(台北車站, Taipei Main Station) Y5번 출구로 나와 오른쪽으로 가다 큐스퀘어 건물을 끼고 오른편 큐스퀘어 주차장입구 바로 옆 골목으로 들어가면 왼편에 위치한다. 도보 2분 거리. 홈페이지 www.flipflophostel.com

저렴한 가격의 벙커형 도미토리
시먼코너호스텔 Ximen Corner Hostel 西門街角旅店

시먼딩에 위치한 타이완청년이 운영하는 호스텔로 노랑과 검정 컬러를 사용한 감각적인 인테리어가 돋보이며, 최적의 위치에 최상의 시설, 저렴한 가격으로 인기가 높다. 특히 한국어를 구사하는 직원이 상주하고 있어 한국여행자들에게 도움이 된다.

6~12인 도미토리와 안락한 공간으로 꾸며진 개인룸으로 나뉜다. 특히 도미토리

는 독특하게 싱글과 더블베드 중에서 선택할 수 있으며, 더블베드는 2인 사용이 가능하다. 침대마다 암막커튼으로 개인공간을 보장해주며 방마다 공용 욕실이 마련되어 있다. 이곳은 여행자들이 모이는 휴게실공간이 비좁고 조리시설이 없다는 단점이 있기 때문에 오로지 잠만 자는 여행자에게 가격대비 추천하고 싶은 호스텔이다.

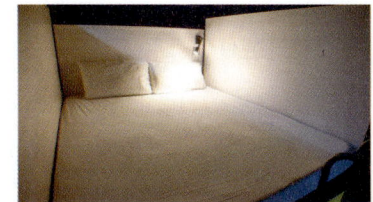

주소 萬華區成都路27巷10號4F **요금** 도미토리 NT$1,080~, 개인룸 NT$2,900~ **체크인/체크아웃** 15:00/12:00 **문의** (886)02-2361-2061 **찾아가기** MRT 시먼(西門, Ximen)역 6번 출구로 나와 직진하다 오른쪽 두번째 좁은 골목 청두제(成都路)를 들어가다 왼편 건물 4층에 위치한다. **홈페이지** www.ximencorner.com

여행자였던 이가 운영하는
포모사101호스텔 Formosa 101 Hostel

타이베이101타워에서 도보 10분 거리에 위치한 호스텔로 여행을 끔찍이 좋아하던 주인장이 2014년 오픈한 곳이다. 건물 9층에 위치하여 전망이 좋고, 아늑한 인테리어와 최신식 설비, 다양한 객실이 구비되어 있다. 도보 2분 거리에는 각종 타이완 야식거리를 만날 수 있는 통화야시장通化夜市이 있으며, 신이계획구와 타이베이101타워를 도보로 이동할 수 있어 젊은 여행자들에게 인기 있는 호스텔이다.

개인룸은 타이베이101타워뷰를 가진 디럭스룸, 도시뷰 유니버설룸 그리고 창문이 없는 이코노믹룸으로 나뉘며 도미토리는 8인 혼숙 도미토리와 8인 여성전용 도미토리로 나뉜다.

주소 大安區基隆路二段115號9F **귀띔 한마디** 간단한 토스트와 차, 커피를 제공하는 무료조식서비스가 있으며, 카드결제는 불가하다. **요금** 도미토리 NT$520~, 개인룸 NT$1,500~ **체크인/체크아웃** 14:00/12:00 **문의** (886)095-578-0359 **찾아가기** MRT 타이베이101/스마오(台北101/世貿, Taipei 101/World Trade Center)역 2번 출구로 나와 횡단보도를 건넌 후 계속 직진하여 사거리에서 왼쪽으로 돌면 왼편에 바리스타커피(Barista Coffee)가 자리한 건물 9층에 위치한다. 도보 10분 거리. **홈페이지** www.hostelformosa.com

미인여사장이 운영하는
제이브이스홈 JV's Home

낡은 시장골목 구석의 타투가게 건물 2~4층에 위치한 호스텔로 골목에는 현지인들이 주로 찾는 작은 통화야시장通化夜市이 있으며, 도보로 타이베이 101타워를 갈 수 있다. 교환학생으로 온 외국인학생들이 장기투숙하는 경우가 많아 다국적 친구를 사귀기 좋다.

호스텔과 스튜디오건물로 나뉘며 호스텔에는 도미토리를 비롯하여 1~5인이 사용할 수 있는 개인룸과 공용공간이 마련되어 있지만 개인룸이라고 해도 욕실은 공용으로 사용해야 한다. 스튜디오는 전체 개인룸으로 구성되어 있으며, 객실 안에 욕실이 있고 공동공간이 마련되어 있지 않아 북적거림을 싫어하는 여행자에게 적합하다. 개인룸은 침대 또는 매트리스만 있고, 요금은 평일과 주말이 상이하며 크리스마스, 설연휴, 공휴일 등에는 더 비싸진다.

주소 大安區通化街39巷50弄57號2F 요금 도미토리 NT$400~, 개인룸 1,200~ 체크인/체크아웃 15:00/12:00 문의 (886)903-061-359 찾아가기 MRT 신이안허(信義安和, Xinyi Anhe)역 3번 출구로 나와 주유소를 지나자마자 나오는 골목을 따라 직진하면 치다오타투(CIDAO TATTOO)간판이 있는 붉은색 벽돌 건물 2층에 위치한다. 도보 7분 거리. 홈페이지 jvstaipei.net

일본풍 호스텔
니하오타이베이호스텔 NiHao@Taipei Hostel 你好@台北

일본풍 호스텔로 개인룸과 도미토리로 구분된다. 2011년 오픈하여 깨끗한 편이며 리셉션과 공용공간은 11층이고, 룸은 5~7층이한다. 특이하게 11층에서는 호스텔에서 만든 아기자기한 제품을 판매한다. 도미토리는 6인 혼숙도미토리와 8인 여성전용도미토리로 나뉘며, 개인룸은 2~5인 패밀리룸과 6인, 8인 그룹룸으로 나뉜다.

도미토리 침대공간은 넓은 편이며, 은은한 조명과 암막커튼으로 개인공간을 보장받을 수 있다. 개인룸에는 전용욕실이 있고, 도미토리도 룸 안에 샤워실이 있어 늦은 시간 샤워는 삼가는 것이 좋다. 체크인시간이 다른 호스텔에 비해 늦은 편에도 얼리체크인이 불가능하기 때문에 프런트데스크에 짐을 보관하고 이동해야 한다.

주소 中正區忠孝西路一段41號11F 귀띔 한마디 체크인시간은 16:00~22:00까지이며, 이외 시간은 예약아이디와 개인정보를 입력하는 셀프체크인시스템으로 체크인이 가능하다. 체크인/체크아웃 16:00/11:00 요금 도미토리 NT$720~, 개인룸 NT$1,650~ 문의 (886)02-2383-2656 찾아가기 MRT 타이베이기차역(台北車站, Taipei Main Station) M3번 출구로 나와 왼쪽으로 직진하면 왼편 코스모스커머셜빌딩(Cosmos Commercial Building) 11층에 위치한다. 도보 1분 거리. 홈페이지 www.nihao.com.tw

훈남주인장을 만날 수 있는
1983 퍼스트호스텔 1983 First hostel

2013년에 오픈한 호스텔로 잘생긴 호스텔주인 에릭때문에 한국여성 여행자들에게 인기가 급상승하였다. 아늑한 분위기로 마치 타이완 가정집에 머무는 듯한 느낌의 소규모 호스텔이다. 얼마 전 1호점 부근에 2호점을 오픈하여 함께 운영하고 있다. 주요시내와 조금 떨어져 있지만 스다야시장師大夜市 근처 조용한 주택가에 위치해 있어 밤이면 야시장을 돌아다닐 수 있어 좋다.

지하 1층과 지상 1층으로 나뉘며, 지하 1층은 6인 여성전용도미토리와 4인 혼숙도미토리, 지상 1층은 공용공간을 비롯하여 4, 6인 여성전용도미토리가 자리하고 있다. 각 층에는 남녀 구분된 화장실이 있으며 다른 호스텔과는 달리 수건을 제공해준다.

주소 大安區泰順街54巷17號 **귀띔 한마디** 캐리어를 끌고 간다면 MRT 5번 출구의 엘리베이터나 에스컬레이터를 이용하자. **요금** 도미토리 NT$450~ **체크인/체크아웃** 15:00/12:00 **문의** (886)02-2367-3577 **찾아가기** MRT 타이띠엔다러우(台電大樓, Taipower Building)역 3번 출구로 나와 오른쪽으로 골목을 따라 직진하다 오른쪽의 뉴발란스(New Balance) 매장 골목사이로 들어가다 직진하면 왼편에 위치한다. 도보 5분 거리. **홈페이지** 1983hostel.blog.me

한 달 이상 장기 투숙객을 위한
호스텔H132 Hostel H132

예전 스타호스텔 자리에 2014년 오픈한 호스텔로 시설이 깔끔하고 골목탐방에 좋은 중산역 근방이라 한국여행자들에게도 인기가 있었다. 얼마 전까지 1박도 가능했지만, 현재는 1달 이상 장기투숙객을 위한 호스텔로 바뀌었다.

한국어를 할 줄 아는 직원이 없고, 엘리베이터가 설치되어 있지 않아 불편하다. 오픈한 지 얼마 되지 않아 시설, 청결, 친절 면에서 최고라는 평을 받는다. 4인실 도미토리와 1인, 2인, 3인실의 개인룸이 있으며, 도미토리보다 개인룸이 인기가 높고 바로 옆 건물 별관에 위치한다.

주소 中山區中山北路一段132號2F **1달 렌탈요금** 1인실 NT$10,000~, 2인실 NT$18,000~ **체크인/체크아웃** 14:00/11:00 **문의** (886) 02-2567-2106 **찾아가기** MRT 중산(中山, Zhongshan)역 3번 출구로 나와 직진하여 사거리에서 오른편으로 돌아 얼마가지 않아 오른편에 위치한다. 도보 3분 거리. **홈페이지** h132hostel.weebly.com

INDEX

숫자

1Bite2Go	228
3Days Pass	62
3시 15분 밀크티	79
4MANO CAFFÉ	187
4마노카페	187
5Days Pass	62
7Days Pass	62
8% Ice	169
8%아이스	169
10Days Pass	62
15Days Pass	62
30Days Pass	62
50Lan	108
217CAFE	362
217카페	362
228 Peace Park	90
228평화공원	90
0416x1024	127
1983 First hostel	419
1983 퍼스트호스텔	419

ㄱ

가배광시	119
가오산족	27
가오슝	60
가오쓰메이	160
가오지	160
가오지아좡	122
가용엄마천등	364
감찰원	93
개찰구	69
객실카드키	385
경로우대석	69
경찰핫라인	37
고산차	172
고속열차	87
고양이마을	362
곤돌라	246
골든메달타이완비어	182
곱창국수	76
공자사원	265
공주소매	327
공항리무진버스	54
공항병무신고소	56
공항철도	55
공항출국과정	54
공항/항만면세점	58
과일타이완비어	182
과학교육관	97
관광계간지	28
관두	293
관두강변공원	294
관두궁	294
관두자연공원	294
관두자전거도로	295
관우	270
광화디지털프라자	181
광화수웨이텐디	181
구글맵	29
구데타마셰프	208
구링제소극장	96
구셴룽	116
구전푸	116
국가도서관	95
국가음악청	95
국가희극원	95
국립고궁박물원	261
국립역사박물관	98
국립중정기념당	94
국립타이베이예술대학	295
국립타이완대학교	157
국립타이완박물관	91
국립타이완예술교육관	97
국부기념관	195
국부사적기념관	88
국사관	138
국제선	54
국제신용카드	34
국제직불카드	34
군역사문물관	137
궁관야시장	173
그랜드하얏트타이베이	394
그랜드호텔	270, 397
그리시니	120
그 시절 우리가 좋아했던 소녀	41
금문교	306
기타통화	33
김해국제공항	55
꼬르동블루	124
꽃보다 남자	42
꽃보다 할배	41, 205
꽃시장	183
꽌수이완	323
꿔빠솬솬꿔	165
꿔지아총요빙	279
꿔티에	123
낔반식당	163

ㄴ

나막신	353
난베이광장	134
난스천공공노천온천	373
난하이서원	97
난하이학원	97
네팔리바자로	125
노천카페	378
노투굿	215
누가크래커	81
뉴덴	146
뉴러우몐	75, 102
뉴러우수이자오	107
뉴모왕뉴파이관	174
뉴욕베이글카페	233
뉴타이완달러	26
니런우구이롄관	344
니우가탕	254
니하오타이베이호스텔	418
닝샤야시장	129

ㄷ

다씨앙루	323
다안썬린공원	156
다안취	156
다오카스	27
다이아몬도토니스101	222

INDEX

다인주스	164	둥취터즈량몐	203	룽딩우룽차	254
다정딩	109	둥취펀위안	205	룽먼커잔	251
다즐링카페키위	99	등려군	330	룽산스	140
다즐링카페핑크	197	등룡여행사	72	룽쉐수이자오	107
다창몐시엔	76, 103	디과	206	루떠우	206
다타이베이핑지아루웨이	174	디과위안	206	루떠우샤빙	355
다툰자연공원	286	디러구	291	루러우판	77, 105, 141, 273
단수여권	31	디화제	128	루시우이	325
단수이	296	딘타이펑	159, 227	루이엔	354
단수이라오제	311	딤섬	75	루이팡기차역	361
단수이신사	305	딤섬전문	159	룸18	235
단수이신이선	68	딸기와플	118	룽나이탕	292
단수이위런마터우	306	떠우샤쫑	145	뤼까이차	309
단수이칭수이옌	302	떠우화	78	뤼다오샤오예취	109
단수이해변산책로	300			르꼬꾸	332
단수이홍로우	301			르메르디앙타이베이	396
단짜이몐	76			르상톄반샤	76
단테커피	108	**ㄹ**		르상톄반샤오	278
달리치약	79	라떼아트	231	리덩후이	325
담강고급중학	304	라바클럽	235	리락쿠마카페	209
대기시간	58	라빌라단수이	310	리얼가츠카페	188
대나무정원	97	라오메이루스카오	327	리우샨동뉴러우몐	104
대중교통	66	라오스린따빙바오샤오빙	279	리우제샤오카오지츠바오판	313, 364
대한민국대표부	37	라오장뉴러우몐뎬	165	리빙뎬	355
대한민국 영사콜센터	37	라오탄톄반샤오	76, 278	리젠트타이베이호텔	397
대형서점	213	라오티팡샤오롱바오	334	리틀스푼	111
댄디호텔	406	라오파이아게이	312	린류신기념인형극박물관	128
댐퍼	223	라오허제야시장	240	린산비무잔다오	324
댐퍼베이비	223	라오허제예스	240	린산비위샹	324
더몰	129, 150, 151	라웨이	165	린원롄	182
더커스	227	라이아포위위안	348	린칭푸	264
더탑	286	라테아	309	린티엔전동상	339
덩리쥔문화재단	329	라파르팔라	228		
데이투어	73	란샨차오씨야	354		
뎬수이러우	203	란지아거바오	173	**ㅁ**	
도난	36	랴오첸헝	127		
도난증명서	37	량위안	206	마노카페	187
도미토리	389	량핀뉴러우몐관	102	마라딩지마라위엔양훠궈	144
도시락가게	100	러텐탕	205	마셰샹	302
도심공항터미널	56	럭셔리호텔	391	마오우	27
도큐핸즈	217	렁수이컹	285	마오쩌둥	94
두샤오웨	201	로모그래피갤러리스토어	213	마오차딩	254
둥먼	93	로모카메라	214	마오콩	242
둥먼교자관	163	로빈첸	127	마오콩란처	243
둥취	190	로즈가든	267	마오콩시엔	253
둥취지하상가	211	로즈메리	120	마오콩투어버스	243
둥취제	194	로즈하우스	232	마우지	215

INDEX

마유르인디언키친	187	바람의 거리	42	비정성시	42, 352
마유비스트로카페	124	바오나이나이화즈샤오	315	비탄	370
마젠도	230	바오안궁	268	빙수전문	276
마지마지스퀘어	266, 274	바오창옌국제예술촌	157	빙치린	148
만다린오리엔탈타이베이	392	바이무얼	206	빠데루	181
만커우라멘	291	바이샤완	324	빠리	314
말할 수 없는 비밀	41	바이샹궈	206	빠리라오제	315
망고빙수	78, 205	바이예원저우다훈툰	308	빠바오빙	150
매옥부	88	바코드	235	빠팡윈지	123
맥주공장	182	반난선	68		
맥케이박사	302	반진반러우멘	161		
맹갑	42	반핑우	313	**ㅅ**	
먹거리	75	발권	56		
멍지아야시장	150	밤문화	234	사건/사고	36
멍지아장경	139	백자영아침	262	사민청	116
멍지아칭산궁	139	버섯바위	338	사우나	59
멍지아칭수이옌쭈스마오	138	버스트래커타이베이	29	산도밍고	303
메이꽌위안	146	베베18	234	산주러우샹창	377
메이탄기념공원	367	베이광장	134	상비약	37
메이팅	290	베이먼	89	상하이톄꿔성젠바오	160
멜란지카페	118	베이먼씨앙지제	90	생강바위	338
면세점	58	베이먼펑이빙	207	생활미학체험방	357
모공정	262	베이터우문물관	291	샤렌샤오마이	160
모구카페	119	베이터우시립도서관	289	샤오	27
모던토일렛	144	베이터우온천박물관	290	샤오난먼선	131
모모파라다이스	111	베이터우-주즈후선	70	샤오롱바오	160
목책산책로	324	벨라비타	239	샤오무우차팡	253
몽상관	267	벽사	262	샤오바이궁	305
무인대여소	73	보사노바	333	샤오상하이지우지아	352
무자	255	보안검색	57	샤오샤오케	189
무자-핑시선	70	보이스가이드	223	샤오샤오케산시시찬관	189
뮤지크호텔	408	보증금	67	샤오스허우빙궈시	207
미니바	386	보피랴오리스제	139	샤오안관차이반	279
미니어처박물관	182	복수여권	31	샤오양러우시엔탕	189
미도리	225	분실	36	샤오치식당	121
미라마 엔터테인먼트파크	271	브라운슈가	235	샤오우컹	285
미미크래커	81	브리즈구어메이	217	샤우시엔차오	206
미슐랭스타레스토랑	101	브리즈센터	217	샤워실	59
미스터제이	232	브리즈슈퍼	217	샤쥐엔	141
미엔더타이베이호스텔	414	브리즈신이	238	샤차이궈	147
민난어	35	브리즈 타이베이역	99	샹구짜지앙멘	118
밍더수쓰위안	99	블랙펄마스크	79	샹그릴라파이스턴플라자	395
밍위에온천회관	373	비류해	105	샹산친산부다오	223
		비쇼시네마	237	샹카오단까오	313
		비스트로	198	선불식 충전카드	66
ㅂ		비자	30	설악산	227
		비자발급	31	성품서점	213

422

INDEX

성품신이서점	239	스펀	363	쓰쓰난춘	224
성핑시위안	345	스펀라오제	363	쓰쓰둥춘	224
세관검사대	62	스펀폭포	364	쓰쓰시춘	224
세관신고	57, 62	스페이스인	414	씨에황샤오롱바오	160
세필지	263	스후취	324	씽바오구	348
셀프체크인서비스	56	시먼딩	130	씽춘싼숭메이떠우화	148
셔지아콩취에거다왕	307, 315	시먼딩극장가	136		
셔틀트레인	59	시먼코너호스텔	416		
손문	195	시먼훙러우	134	## ㅇ	
송산문창원구	196	시엔샤수이자오	107		
솽훙뉴러우시엔탕	189	시외버스	70	아간이위위안	349
숑바오베이	79	시차	26	아뉴커리빙	175
수신자부담전화	37	시티은행	34	아란차오즈궈	349
수이메이온천	292	시티인호텔플러스	408	아마더싼메이탕	313
수이신웨차팡	351	신베이터우	288	아메이차지우관	350
수이우쥐창	246	신성공원단지	267	아몬드크림셔벗	120
수이자오	107	신용카드	34	아샹샤쥐엔	313
수제케이크	123	신이계획구	218	아오떠우화	206
수치루	345	신이신천구	237	아오웨	255
수하물	56	신이신텐디	237	아오웨차팡	255
수하물서비스카운터	62	신콩미츠코시	237	아이스과일차	118
수훠종이박물관	181	신콩미츠코시A4관	238	아이스더치커피	118
숙박업소	384	신콩미츠코시A8관	238	아이스몬스터	205
순이타이완원주민박물관	264	신콩미츠코시A9관	238	아이위	206
순청베이커리	80, 216	신콩미츠코시A11관	238	아일랜드포테이토	105
쉐위파이	141	신콩미츠코시 타이베이역스토어	111	아종멘시엔	76, 142
쉐화빙	148	신타이베이시 충렬사	305	아주쉐짜이샤오	347
슈에왕빙치린	149	신파팅	276	아취엔멘시엔	76, 103
슈전박물관	182	실험극장	96	아포테단	311
스다예스	174	심플마켓	225	안안샤오관	106
스린	258	십자루	134	안전금고	386
스린관저공원	264	싱롄차	335	알뜰여권	31
스린스창	277	싼둔스차후박물관	250	알레테이아	303
스린예스	277	싼웨이스탕	143	암바타이베이	400
스먼둥	328	싼위궁	281	앤트스텔라	99
스먼웨딩플라자	326	싼즈방문자센터	325	앰배서더호텔타이베이	405
스먼풍력발전소	328	싼허위엔	198	앰비언스호텔	402
스무시하우스	168	써니힐	80	앱스토어	29
스반샤오츨디	378	썬메리	80	앳부티크호텔	403
스싼청이즈	359	썸바디카페	143	야러우벤	142
스싼항박물관	317	쏸차이	161	야러투이판	102
스완라탕	118	쑨원	88, 195	야오두언파이구	240
스청타오디	353	쑹메이링	270	야자수정원	97
스타호스텔	415	쑹산공항	60	양광우랑	333
스테이리얼	215	쑹산신뎬선	68	양밍산국가공원	283
스테이앤스위트티	222	쑹산지창	61	양밍수우	284
스파크호텔	402	쓰신팡	80	양치식물정원	97

INDEX

어메니티	386	우라이라오제	371	육형석	262
어투이	142	우라이라오제음식	376	융캉공원	155
에버그린해양박물관	92	우라이산지문화촌	374	융캉뉴러우몐	161
에슬릿호텔	393	우라이온천구역	372	융캉다오샤오몐	162
에어라인인	407	우라이타이알민족박물관	371	융캉제	152
에코아크	266	우라이퍼즈랜디스	373	융펑셩	175
에콜카페	170	우라이폭포	375	음식남녀	171
엑스포홀	267	우바오춘	80	응급서비스	37
엑파호텔	411	우쓰란	108	의학인문박물관	93
여권	30	우정박물관	96	이디쉐이기념관	306
여권분실	37	우즈나 오무오무	198	이브앤션	127
여권사본	37	우펀푸상권	241	이센	88
여권유효기간	31	운항정보안내	56	이지성	81
여왕머리바위	338	원비트투고	228	이지카드	66
여우여우카	66	원산바오중차	248	이케아하우스	186
여행스타일	43	원샹베이	252	익스프레스버스	63
여행자보험	37	원취엔단	377	인도요리	187
역전지하상가	87	원피스레스토랑	208	인양하이	359
연도표기	26	원후선	68	인천국제공항	55
영화촬영지	365	웨스턴유니온	36	인터넷	387
예류지질공원	336	웨스트게이트	398	인포메이션센터	62
예류해양세계	339	웨이라이샹	311	인하우스	235
예린온천	287	웨이브클럽	234	인하우스호텔	405
예산	43	웬민펑웨이관	267	일마레	334
엔즈커우	381	위린지투이다왕	141	일반기차	87
오르골	216	위병교대식	94	일반버스	69
오블레이트카페	170	위안	26	일반열차	55
오오토야	100	위안보어자이	346	일한문열람실	95
오카리나	353	위안산	258	임안태고조민속문물관	267
오쿠라프레스티지 타이베이	396	위안산공원단지	266	입국과정	60
오프라인면세점	58	위안산동물원	245	입법원	93
옥시장	183	위안산플라자	266		
온라인면세점	58	위안위안	275		
온에어	41, 270	위안위안샤오	241	**ㅈ**	
와즈웨이자연생태보호구역	317	위안자이	245		
완린루러우판	273	위안탕	145	자동출입국심사	57
왕즈치스마링슈	277	위에광영화관	134	자동충전기	67
왕지푸청러우쫑	145	위위안	78, 206	자시샤&자시위	377
왕희지	263	위탁수하물	57	자유광장	95
외교부계좌	36	위터우	206	자장면	107
외환코너	33	위터우수	355	자전거	73
외환포털	34	윈센낙원	375	잔액환불	67
요금충전	67	유기농음료	119	장난스런 키스	42, 370
용암초콜릿케이크	120	유명인박물관	325	장수부다오	249
우디샹창	348	유바이크	73	장어덮밥	117
우라이	368	유바이크 키오스크	74	장원예	325
우라이관광열차	374	유심	62	장저우	135

장제스	94	지우펀비밀기지	344	창작예술촌	180
장후부다오	249	지우펀유기	81	창춘치아오	381
저스트슬립호텔	401	지우펀차팡	350	창판쉬엔	143
전압	387	직불카드	34	처우떠우푸	77, 103
전자여권	30	직통열차	55	천등	363
절리	338	진과스	356	천사생활관	267
점토인형	344	진러우멘	165	천싼딩	172
정종아게이라오덴	312	진리대학	303	천이루	327
제남기독장로교회	93	진먼고량주	79	청두양타오빙	149
제이브이스홈	418	진바오리라오제	335	청설	42
제이슨마켓플레이스	226	진산라오제	335	청소서비스	387
젠궈자르위스	183	진펑루러우판	105	청진중국우육관	204
젠궈자르화스	183	진핀차위	121	청화텔레콤	62
조감람핵소주	262	짐머리	239	체크아웃	385
조선	281	징지앙뉴러우쓰	106	체크인	385
종합펀위안	206	징통	366	체크인카운터	56
주러우샹	77	징통광쟁생활관	367	초산레스토랑	286
주러우수이자오	107	징통철도구스관	366	촛대바위	338
주밍미술관	331	징통철도문물관	366	총통부	93
주즈후	285	짜떠우푸	141	촨탕	287
중산공원	195	짜지앙멘	162	추장원화거우쥐창	374
중산난루	93	쩐주나이차	78	추천일정	46
중산미술공원단지	267	쮀안공원	316	춘루아카페	89
중산홀	137	쯔메이쌍바오타이	315	춘수이탕	200
중샤오신성	178	쯔텅루	171	춘추이허	79
중앙시장선술집	122	찌란공원	323	출국심사	57
중정	94			출국심사과정	57
중청하오	278			출입국카드	61
중푸위안	106	**ㅊ**		충렬사	269
중허신루선	68			취두부	103
중화민국	26	차디	252	취안저우	135
중화타이베이	26	차러우	252	취엔지탕	359
쮀써카페	378	차베이	252	취엔춘원우관	225
쥐궈즈	107	차오메이	206	취옥백채	262
쥐엔춘	224	차오칭차이	106	츠후궁	335
쥔위안-덩리쥔기념공원	329	차이러우훈툰	160	치비마루코짱키친	209
즈난궁	247	차이루이웨무용연구소	115	치아더	80
즈산위안	263	차자	252	치우후이원쿠	167
즐거운 대만여행	28	차쩌	252	친수이공원노천온천	292
증지아오	117	차츠	252	칭거짜이탕	273
지광상샹지	227	차판	252	칭두언	204
지루어	206	차하이	252	칭두언황뉴러우멘	75, 102
지산제	343	차허	252	칭런온천민관	373
지우취둥	380	차후	250, 252	칭와짱나이	172
지우펀	340	창나이미아오기념관	249	칭차이	273
지우펀라오멘뎬	346	창안둥루1뚜안	122	칭텐강	285
지우펀무지주챵관	353	창융파	92	칭티엔치리우	155

425

INDEX

ㅋ

카드조회기	67
카렌	227
카리수	355
카오마수	377
카와리이탈리아카페	167
카이다거란	27
카이다거란문화관	289
카이펑제1뚜안	103
카페라비레버데오쥬	309
카페뤼미에르	119
카페씨앙	254
카피엘리	272
카하우	27
캐러멜푸딩	120
캐롤베이커리	81
커뮨A7	230
커자이멘시엔	241
커자이지엔	77
커커우위완	312
컬러믹스호텔&호스텔	410
코비토즈칸카페	209
코피루왁	170
쾅공스탕	358
쾌설시청첩	263
큐스퀘어	110
크래프트홀릭카페	209
크리스탈스푼	111
크리스털캐빈	246
클럽미스트	234
키노쿠니야	217
키오스크	56
키키레스토랑	202

ㅌ

타오위안국제공항	60
타이라오예	104
타이루거국립공원	379
타이루거협곡	380
타이베이101전망대	223
타이베이101타워	222
타이베이101 푸드코트	226
타이베이228기념관	92
타이베이구스관	267
타이베이국제예술촌	89
타이베이금융센터	222
타이베이기차역	87
타이베이기차역 버스정류장	87
타이베이맥주문화원지구	182
타이베이방문자센터	37
타이베이빈관	93
타이베이샤이청황먀오	129
타이베이수도박물관	158
타이베이시공자묘	265
타이베이시립동물원	245
타이베이시립미술관	267, 268
타이베이시펑	116
타이베이식물원	97
타이베이신공원	90
타이베이신이궁민후이관	224
타이베이쑹산공항	60
타이베이 야시장	40
타이베이어린이테마공원	266
타이베이엑스포공원	266
타이베이역지하상가	110
타이베이우체국	90
타이베이이101몰	236
타이베이 지에윈상품관	111
타이베이탐색관	221
타이베이텐허우사원	135
타이베이패스	67
타이베이푸청	90
타이베이프리	29
타이베이필름하우스	114
타이베이현대미술관	114
타이베이호텔B7	409
타이야	27
타이얄포포미식점	376
타이완 관광셔틀버스	70
타이완관광청	28
타이완관광협회	28
타이완달러	33
타이완대학병원	93
타이완디자인관	196
타이완마카롱	335
타이완맥주	182
타이완민주기념관	94
타이완북부해안	320
타이완비어	79
타이완비어클래식	182
타이완성립박물관	91
타이완전통차	252
타이완징핀관	267
타이완창의디자인센터	196
타이완체류	61
타이완타오위안국제공항	60
타이완통신사	62
타이완 투어버스	71
타이완하오디엔	126
타이즈뻰관	358
타이톈삐엔땅	100
타이피346창쿠찬팅	182
탄창카페	367
탑승	59
탑승수속	56
탑승수속카운터	56
탕부웬온천관	373
탕위안	206
탕자오	107
탕지엔씽푸	215
태평양소고백화점	210
택시	65
택시투어	72
탱고호텔신이	404
톄관인바오중차 연구홍보센터	248
톄반샤오	76
톈라이리조트&스파	287
톈런밍차	206
톈무	280
톈무주말벼룩시장	281
톈엔궁	247
톈와이톈징즈휘궈	147
톈진총좌빙	161
투어타이완	29
투총밍	325
트라비포켓	29
트랜짓타이완	29
티치우수	125
팀호완	101

ㅍ

파니니	109
파부라	27
파오모	189
파오차이꿔	147

INDEX

파올라피비	228	하오따따지파이(	277	홍차우	275
파이구	101, 141	하오양	212	화산1914문창원구	180
파이완	27	하오치우	225, 282	화성	206
파짜이	27	하오하오웨이	175	화즈샤오	313
판체뉴러우몐	162	하오화수웨이영화관	136	환율우대쿠폰	33
판치에꿔	147	하워드비치리조트	329	환전	33
판타시	214	하이바왕	273	황광베이하이안선	70
팔각루	134	하이스시	227	황금박물관	357
팔레드쉰호텔	111, 394	하이즈웨이시엔	348	황금신사	358
팔로우미트립	73	하카어	35	황금폭포	359
퍼시픽리조트그린베이	329	한국문화박물관	59	황뉴레이파이	204
펀궈	206	한족	27	황진푸롱선	70
펀쩡파이구	161	한중제	135	황츠온천	287
펀쩡페이창	161	할랄	204	황푸군관학교	137
펑다카페이	148	할인항공권	32	후루토시엔탕	189
펑렁스취	324	항공권구입	31	후웨이셰이관	302
펑리	206	항공사라운지	58	후웨이파오타이	305
펑리수	78, 80	항공편명	62	후지아오빙	77, 240
펑푸족	27	항해탐색전시실	92	후카페	231
페니블랙	96	해산물전문	273	훠궈	76
페이첸우	117	핸즈타이렁	111, 217	휴게스트하우스	413
페이추이완	329	행천궁	270	휴게시설	59
편의시설	387	허니토스트	197	휴지	175
포모사	26	허밍간웨이추	166		
포모사101호스텔	417	허안리우옌	134		
포트오렌지호텔	406	허우샤오시엔	115	**A**	
푸다증지아오관	117	허우통	362		
푸싱공원 노천족욕탕	292	허우통석탄박물관지구	363	Academia Historica	138
푸유궁	301	험블하우스타이베이	228, 391	Accommodations	387
푸지위샹	326	헝리우	355	Ah Gan Taro Balls	349
플랍플랍호스텔	416	헬로키티 키친앤다이닝	184	Ah Lan Hakka Glutinous Rice...	349
플래그십스토어	214	헬로키티 타이완반쓰리	307	Airline Inn	407
피스오브케이크	123	호박치즈케이크	120	Airline Lounge	58
피에스부부	282	호스텔	388	Aletheia	303
피페이퍼숍	126	호스텔H132	419	Aletheia University	303
피플트리	125	호텔73	410	Ambassador Hotel	405
피피 신이점	229	호텔에클라트타이베이	399	Amba Taipei	400
핀밍베이	252	호텔쿼트타이베이	400	Ambience Hotel	402
핀촨란	199	홈미호스텔	412	Amei Tea House	350
핑시	365	홈호텔	399	Amenity	386
핑시라오제	365	홍떠우지	206	AREX	55
핑시선	360	홍마오청	303	Armed Forces Museum	137
		홍법대사	136	ARNOR Crepe	175
		홍법사	136	Artist Teahouse	351
ㅎ		홍샤오뉴러우몐	75, 102	At Boutique Hotel	403
		홍스푸몐스잔	102	ATT4Fun	237
하겐다즈	282	홍이난	301	Aunt Stella's	99

427

INDEX

Ay-Chung Flour-Rice Noodle 142
A-Zhu Peanut Ice Cream Roll 347

B

BABE18 234
Ba Fang Yun Ji Dumpling 123
Baggage Service Counter 62
Baishawan 324
Bali 314
Bali Old Street 315
Bamboo Lake 285
Bannan Line 68
Baoan Temple 268
BARCODE Taipei 235
Beitou Hot Springs Museum 290
Beitou Museum 291
Bellavita 239
Bistro 198
Bitan 370
Bopiliao Historic Street 139
Bossa Nova 333
Breeze Center 217
Breeze Gourmet 217
Breeze Super 217
Breeze Taipei Station 99
Breeze Xin Yi 238
Brown Sugar 235
Bus 69
Bus Tracker Taipei 29

C

Café La Vie Rêvée Des Anges 309
Cafe Lumiere 119
Caffe Italiano Cavaralli 167
Camphor Tree Trail 249
Candle Rock 338
Carambola Ice 149
Carol Bakery 81
Cat's Cafe 253
Chang Naimiao Memorial Hall 249
CheckIn 385
Checkout 385
Chef Hung Taiwanese Beef... 102

Chia Te 80
Chibi Maruko Chan Kitchen 209
Chihshan Garden 263
Chun Shui Tang 200
CIRRUS 34
Citi Bank 34
CityInn Hotel Plus 408
C.K.S Shilin Residence Park 264
Club MYST 234
Coffee Alley 272
Colormix Hotel&Hostel 410
Commume A7 230
Control Yuan 93
Craftholic Café 209
Crown Prince Chalet 358
Crystal Spoon 111
Cyuanji Temple 359

D

Daan Forest Park 156
Damper 223
Damper Baby 223
Dandy Hotel 406
Danjianggaoji High School 304
Danshui Red Castle 301
Dante Coffee 108
Datun Nature Park 286
Day Tour 73
Dazzling Cafe Kiwi 99
Dazzling Cafe Pink 197
Design For Asia Awards 126
DFA 126
Diamond Tony`s 101 222
Dian Shui Lou 203
dicos 227
Dihua Street 128
Din Dai Fung 159
Discovery Center of Taipei 221
Dongqu 190
Dongqu Street 194
Dr. Mackay 302
Drop of Water Memorial Hall 306
Dr.Sun Yat-sen Memorial... 88
Duck and Traditional Goose.... 142
Du Hsiao Yueh 201

E

Earth Tree 125
Eastern Ice Store 205
Easy Card 66
EasyCard Add-Value Machine 67
ECFA Hotel 411
EcoARK 266
Ecole Cafe 170
ePassport 30
Eslite Hotel 393
Evergreen Maritime Museum 92
Expo Hall 267
Express Bus 63

F

Feicuiwan 329
FiFi 229
Fine Arts Park Area 267
FLIPFLOP Hostel 416
Follow me Trip 73
Fomosa 26
Fong Da Coffee 148
Formosa 101 Hostel 417
Formosa Vintage Museum... 167
Forte Orange Hotel 406
Fort San Domingo 303
France de Cordon Bleu 124
Fruit Taiwan Beer 182
FuJi Fishing Harbor 326
Fuxing Park Hot Spring Foot... 292
Fuyou Temple 301

G

Gao Jia 122
Ginger Rock 338
Gloden Impression Cafe 358
Gold Medal Taiwan Beer 182
Gold Mining Museum 357
Gold Temple 358
Gold Waterfall 359
Gongguan Night Market 173
good cho's 282

INDEX

Good Cho's	225	
Google Maps	29	
Grand Hotel	270	
Grand Hyatt Taipei	394	
Grass Mountain Chateau	286	
Grissini	120	
Guandu	293	
Guandu Bikeway	295	
Guandu Nature Park	294	
Guandu Riverside Park	295	
Guandu Temple	294	
Guanghua Digital Plaza	181	
Gudetama Chef	208	
Guling Street Avant-Garde...	96	
Guo Pa Yang Guo	165	

H

Hai Ba Wang	273
Halal	204
Halal Chinese Beef Noodle...	204
Hands Tailung	217
Hanzhong Street	135
Hello Kitty	307
Hello Kitty Kitchen and Dining	184
Henry Cats&Friends	355
Hi Sushi	227
Home Address	61
Home Hotel	399
Homey Hostel	412
Hostel H132	419
Hotel73	410
Hotel Éclat Taipei	399
Hotel Quote Taipei	400
HOT-STAR Large Fried Chicken	277
Houtong Coalmine Ecological...	363
Howard Beach Resort Green...	329
Hsing Tian Kong	270
HSR	87
Hsu-Ji	175
Hsu Yuei Shan	227
Huashan 1914 Creative Park	180
Hue Guesthouse	413
Humble House Taipei	391
Huwei Fort	305

I

Ice Monster	205
IC코인	69
Ijysheng	81
IKEA HOUSE	186
IL MARE	334
Immigration	60, 61
inHouse	235
inHouse Hotel	405
in Taiwan	61
Ireland's Potato	105
IVE&SEAN	127

J

James Kitchen	164
Jasons Market Place	226
Jianguo Holiday Flower Market	183
Jianguo Holiday Jade Market	183
Ji Guang Delicious Fried...	227
Jinboali Old Street	335
Jinfeng Braised Meat Rice	105
Jingtong	366
Jinguashih	356
Jiufen	340
Jiufen Old Street	343
Jiufen Teahouse	350
Joints	338
Joufunyouki	81
Juming Museum	331
Just Sleep Hotel	401
JV's Home	418

K

Kaifeng Street	103
Kao Chi	160
Karen Teppanyaki	227
Ketagalan Culture Center	289
KIKI Restaurant	202
King Ping Chayu	121
Kiosk	56
Kobitos Cafe	209
Kopi Luwak	170

L

La Farfalla	228
Lai Ah Po Taro Balls	348
Laomei Green Reef	327
Lattea	309
LAVA Club	235
LA VILLA Danshui	310
LeCoq	332
Legislative Yuan	93
Le Meridien Taipei	396
Lengshuikeng	285
Liang Ping Beef Noodles	102
Lin An-Tai Historic House	267
Lin Liu-Hsin Puppet Teatre...	128
little spoon	111
Little White House	305
Liu Shandong Beef Noodles	104
Lomography Gallery Store	213
Longmen Restaurant	251
Longshan Temple	140
Lovely Taiwan Shop	126

M

MAESTRO	34
MAJI MAJI Square	266, 274
Mandarin Oriental Taipei	392
MANO CAFFÉ	187
Maokong	242
Maokong CAFE Alley	254
Maokong Gondola	243
Maokong Tour Bus	243
Martyrs' Shrine	269
MASTER	34
MAYU Bistro Café	124
Mayur Indian Kitchen	187
Mazendo	230
Meander Taipei Hostel	414
Mei Guan Yuan	146
Meikuang Memorial Park	367
Melange Cafe	118
Merry Melody	215
Midori	225
Millennium Hot Spring	292

INDEX

Mimi Cracker	81
Minder Vegetarian	99
Miniatures Museum of Taiwan	182
Minibar	386
Mini Bus	70
Miramar Entertainment Park	271
MoCA Taipei	114
Modern Toilet	144
MOGU	119
Mogu Café	119
Mo-Mo-Paradise	111
Monga Night Market	150
Mousy	215
Mr. J	232
MRT	65
MRT노선	69
MRT 발권기	69
MRT 탑승	69
Museum of Korea Culture	59
Museum of Medical Humanities	93
Mushroom Rock	338
Muzik Hotel	408
Myowa Café	166

N

National Central Library	95
National Chiang Kai-Shek...	94
National Concert Hall	95
National Dr. Sun Yat-Sen...	195
National Museum of History	98
National Palace Museum	261
National Taiwan Arts Education...	97
National Taiwan Museum	91
National Taiwan University	157
National Theater	95
Neo19	237
Nepali Bazaro	125
New Taipei Martyrs	305
NiHao@Taipei Hostel	418
Ningxia Night Market	129
No2Good	215
Non-Citizen	61
North Gate	89
Nougat Cracker	81
NT$	26

N.Y.BAGELS CAFE	233

O

Office of the President	93
Okura Prestige Taipei	396
ONE PIECE Restaurant	208
Ootoya	100
Orange Fruit	107

P

Pacific Resort Green Bay	329
Palais de Chine Hotel	111
Palais De Chine Hotel	394
Panini	109
Paola Pivi	228
Pavilion of Angel Life	267
Pavilion of Aroma of Flowers	267
Pavilion of Dreams	267
Penny Black	96
People Tree	125
PHANTACi	214
Piece of Cake	123
Pin Chuan Lan	199
Pineapple Cake	80
Pingxi	365
Pingxi Old Street	365
Pingxi Railway	360
Plum Garden	290
PLUS	34
Postal Museum	96
PPaper Shop	126
P.S. BuBu	282

Q

Qianshui Bay	323
Qingshan Temple	139
Qingshui Temple	138
Qingtiangang	285
Q Square	110
Queen's Head	338

R

Raohe Street Night Market	240
Realguts Cafe	188
Regent Taipei Hotel	397
Remains of Copper Refinery	359
Rilakkuma Café	209
Room 18	235
Room Card Key	385
Room Cleaning	387
Rose Garden	267
Rose House Tea&Art	232
Rose Mary	120

S

Safety Deposit Box	386
San Domingo	303
Sanhoyan	198
Sanzhi Visitor Center	325
Self Check-In	56
Shangri-La's Far Eastern...	395
Sherngping Theater	345
Shida Night Market	174
Shifen	363
Shifen Old Street	363
Shifen Waterfall	364
Shilin	258
Shilin Night Market	277
Shimen Arch	328
Shimen Wedding Plaza	326
Shimen Wind Power Plants	328
Shin Kong Mitsukoshi Taipei...	111
Shun Chen Bakery	80, 216
Shung Ye Museum of Formosan	264
Shuqi Road	345
Shushinbou	80
Simple Market	225
Sinhsanhang Museum of...	317
Smoothie House	168
Snow King Ice Cream	149
Somebody Cafe	143
Songshan Airport	60
Songshan Cultural and...	196
Songshan-Xindian Line	68

INDEX

Space Inn	414
Sparkle Hotel	402
Star Hostel	415
StayReal	215
STAY&Sweet Tea	222
Suho Paper Memorial Museum	181
Sunmerry	80
SunnyHills	80
Sunrise Teppanyaki)	278
Sunway Siokudo	143

T

Taipei101 Food Court	226
Taipei101 Mall	236
Taipei 101 Observatory	223
Taipei 101 Tower	222
Taipei 228 Memorial Museum	92
Taipei Artist Village	89
Taipei Botanical Garden	97
Taipei Bus Station	87
Taipei Children's Recreation...	266
Taipei City Mall	110
Taipei Confucius Temple	265
Taipei East Gate	93
Taipei Expo Park	266
Taipei EYE	116
Taipei Film House	114
Taipei Financial Center	222
Taipei Fine Arts Museum	267
Taipei Free	29
Taipei Guest House	93
Taipei Hotel B7	409
Taipei Mass Rapid Transit	67
Taipei MRT merchandise shop	111
Taipei Museum of Drinking...	158
Taipei Pass	67
Taipei Public Library Beitou...	289
Taipei Railway Station	87
Taipei Songshan Airport	60
Taipei Story House	267
Taipei Tea Promotion Center	248
Taipei Tianhou Temple	135
Taipei Xia-Hai City God Temple	129
Taipei Zhongshan Hall	137
Taipei Zoo	245

Taiwan Beer Classic	182
Taiwan Excellence Pavilion	267
Taiwan North Coast	320
Taiwan Ocarina	353
Taiwan Railway Bento Honpo	100
Taiwan Taoyuan Airport	60
Taiwan Taxi Tour	72
Taiwan Tour Bus	71
Taiwan Tourist Shuttle	70
Tamsui	296
Tamsui Fisherman's Wharf	306
Tamsui Old Street	311
Tamsui Qingshui Temple	302
Tamsui Waterfront Promenade	300
Tamsu-Xinyi Line	68
Taoyuan International Airport	60
Taroko National Park	379
Taxi	65
Tea Dessert House	254
Telecommunication Service	62
TenRen's Tea	206
THAI LAO YEH	104
The Dancing Waters	246
The Eslite Bookstore	213, 239
The Grand Hotel	397
The island	109
The Red House	134
Thermal Valley	291
The Statue of Lin Tianzhen	339
The Tango Hotel	404
The Top	286
The Who Café	231
Three Stone Teapot Museum	250
Tianen Temple	247
Tian Jin Onion Pancake	161
Tianmu	280
Tianmu Creative Market	281
Tian Wai Tian Hotpot	147
Tim Ho Wan	101
Tour Taiwan	29
TRA	87
Trabee Pocket	29
Transit TW	29
Treasure Hill Artist Village	157
Tsai Jui-yueh Dance...	115
Tunnel of Nine Turns	380, 381
TWD	33

U

USIM	62
UZNA OMOM	198

V

VIESHOW Cinemas	237
VISA	34
Visa Type	61
Voice Guide	223
VVG Action	201
VVG Bistro	212
VVG Chiffon	212
VVG Something	212
VVG Thinking	185
VVG벤스	212
VVG비스트로	212
VVG시폰	212
VVG쓰웨이	185
VVG액션	201

W

Wangji Fucheng Zongzi	145
Wave Club	234
Wenhu Line	68
Westgate Hotel	398
Wistaria Tea House	171
W Taipei	392
Wufenpu	241
Wulai	368
Wulai Atayal Museum	371
Wulai Old Street	371
Wulai Trolley	374
Wulai Waterfall	375
Wulai Wild River Hot Spring	372
Wu Pao Chun Bakery	80
W타이베이	392

X

Xiangshan Hiking Trail	223
Xiaoyoukeng	285

431

# INDEX

Ximen Corner Hostel	416
Ximending	130
Ximending Theater Street	136
Xinbeitou	288
Xinsheng Park Area	267
Xinyi Assembly Hall Taipei City	224
Xinyigujihuaqu	218

Y

Yangmingshuwu	284
Yangminshan National Park	283
Yao-Yue Tea House	255
Yehliu Geopark	336
Yehliu Ocean Wolrd	339
Yeh's Wonton Restaurant	308
Yin Yang Hai	359
Yong-Kang Beef Noodle	161
Yong-Kang Dao Xiao Mian	162
Yongkang Street	152
You Bike	73
Yuanshan	258
Yuanshan Park Area	266
Yuanshan Plaza	266
Yuan-Yuan	275
Yu Lin Chicken Leg King	141
Yun Garden Teresa Teng...	329
Yun Hsien Park	375

Z

Zhinan Temple	247
Zhonghe-Xinlu Line	68
Zhongxiao Xinsheng	178
Zimmerli	239
Zuo'an Park	316